Vollständige Taschenbuchausgaben
Droemersche Verlagsanstalt Th. Knaur Nachf., München
Lizenzausgaben mit freundlicher Genehmigung des
Scherz Verlags, Bern und München
Umschlaggestaltung Adolf Bachmann
Umschlagfoto Meta Köhler / Bavaria
Druck und Bindung Ebner Ulm
Printed in Germany 5 4 3 2 1
ISBN 3-426-02352-0

Hayden/MacCracken
Park

Kinder wie Dibs

Elly, Bo und Lovey meistern ihr Schicksal

DREI BÜCHER IN EINEM BAND

ISBN 3-426-02352-0 1200

Torey L. Hayden:
Bo und die anderen

Die Geschichte einer ungewöhnlichen Schulzeit, in der die Lehrmethode Verständnis und der Lernstoff Liebe heißen.

Bo und die anderen, das sind die unglücklichen und verstörten Kinder, die der Heilpädagogin Torey L. Hayden anvertraut sind.
Da ist der unausgeglichene Nicky, der entweder voller Unruhe und Aufregung umherirrt oder sich still in eine Ecke zurückzieht. Da ist die liebebedürftige und gefühlvolle Bo, die nicht lesen und schreiben kann. Da sind die schüchterne und ängstliche Claudia und der aggressive und grausame Thomas. Torey L. Hayden kümmert sich wenig um graue Theorie, wie sie in Lehrbüchern der Psychologie aufgezeichnet ist. Wenn sie sich ihren vier problematischen Schützlingen nähert, folgt sie nur ihrem Herzen. Das Unverständnis und Mißtrauen ihrer Kollegen und die bürokratische Starrköpfigkeit der Behörden machen ihr das Leben dabei oft zusätzlich schwer. Doch voller Liebe und grenzenloser Geduld gelingt es ihr schließlich, das Vertrauen der Kinder zu gewinnen.

Torey L. Hayden, 1951 in Montana/USA geboren, verdiente sich ihr Studium der Biomedizin als Verkäuferin und später als Betreuerin in einer Vorschule, wobei sie feststellte, daß hier ihre eigentliche Begabung lag. Für ihre Doktorarbeit an der Universität von Minnesota führte sie Forschungsarbeiten über »elektiven Mutismus« (Stummheit bei vorhandener Sprechfähigkeit) durch und entwickelte eine Methode, die international Aufsehen erregte. Sie wurde zu Referaten in Amerika und Europa eingeladen. Seit 1980 lebt Torey L. Hayden mit ihrem schottischen Ehemann auf einer Farm in Wales, bewirtschaftet ihren kleinen Bauernhof und arbeitet unentgeltlich in einem Kinderspital. Inzwischen hat die Autorin drei erfolgreiche Bücher geschrieben. – »Die direkte Arbeit mit Menschen, mit Kindern, ist für mich das wichtigste. Aber schreiben ist eine so schöne und reiche Erfahrung, daß ich darauf nicht verzichten möchte.«

Lizenzausgabe mit freundlicher Genehmigung des
Scherz Verlags, Bern und München
Copyright © 1981 by Torey L. Hayden
Titel der Originalausgabe »Somebody Else's Kids«
Aus dem Amerikanischen von Annemarie Bänziger
Gesamtdeutsche Rechte beim Scherz Verlag, Bern, München, Wien

1

Es war eine Klasse, die sich von selbst ergab.

Einem alten physikalischen Gesetz nach läßt die Natur kein Vakuum zu. Ein Vakuum mußte in jenem Herbst aber doch vorhanden gewesen sein. Wir hatten es nur nicht bemerkt, denn auf einmal war eine Klasse da, wo keine hätte sein sollen. Nur geschah dies nicht auf einen Schlag – wie das Auffüllen eines Vakuums –, sondern allmählich, wie die Natur alle großen Dinge vollbringt.

Zu Beginn des Schuljahres im August arbeitete ich als Nachhilfelehrerin. Die schwächsten Kinder aller Elementarklassen kamen einzeln, zu zweit oder dritt für etwa eine halbe Stunde täglich zu mir. Ich sollte sie so weit fördern, daß sie in ihren Klassen mitkamen, vor allem im Lesen und Rechnen, manchmal auch in anderen Fächern. Ich führte also keine eigene Klasse.

Ich arbeitete bereits sechs Jahre in diesem Schulkreis. Vier Jahre hatte ich eine Klasse mit einem eigenen Klassenzimmer, deren Kinder keinen Kontakt mit den andern Schülern im Schulhaus hatten; sie waren alle seelisch schwer geschädigt.

Dann kam ein neues Schulgesetz, wonach Sonderklassenschüler in einem möglichst normalen Rahmen geschult werden sollten, indem ihre Schwächen mit zusätzlichem Nachhilfeunterricht angegangen wurden. Jede Absonderung sollte aufgehoben werden. Welch schönes, idealistisches Gesetz! Und da war die Wirklichkeit: ich und meine Kinder.

Als das Gesetz in Kraft trat, wurde meine Klasse aufgelöst. Meine elf Schüler wurden in die Normalklassen verteilt, zusammen mit vierzig anderen schwer geschädigten Kindern des Schulkreises. Nur noch eine Sonderklasse für die Schwerstbehinderten, die weder gehen, sprechen noch allein die Toilette benützen konnten, blieb übrig. Ich selbst wurde als Nachhilfelehrerin in einem anderen Schulhaus eingesetzt. Das war vor zwei Jahren. Wahrscheinlich hätte ich spüren können, wie sich das Vakuum während dieser Zeit bildete, und hätte nicht überrascht zu sein brauchen, als es offenbar wurde.

Es war Mittagspause, und ich packte gerade den mitgebrachten Hamburger aus. Meine Gedanken kreisten überhaupt nicht um die Schule.

«Torey?»

Ich schaute auf. Vor mir stand groß und mächtig, mit einer erkalteten Pfeife im Mund, Birk Jones, der Direktor für Sonderschulung. Ich war so in meinen Hamburger vertieft gewesen, daß ich sein Kommen nicht bemerkt hatte.

«Oh, hallo Birk.»

«Hast du einen Augenblick Zeit?»

«Natürlich, ja», sagte ich, obwohl ich keine hatte. Es blieben nur noch fünfzehn Minuten, in denen es galt, den Hamburger zu verdrücken, das Cola runterzuleeren und einen Riesenstapel unkorrigierter Arbeiten in Angriff zu nehmen.

«Ich habe da ein kleines Problem und hoffe auf deine Hilfe», sagte er.

«Um was geht's denn?»

Birk nahm die Pfeife aus dem Mund und inspizierte den Pfeifenkopf. «Um einen siebenjährigen Jungen.» Er lächelte mich an. «Drüben in Marcy Cowens Kindergarten. Ich glaube, daß der Junge autistisch ist. Du kennst das ja. Ruckartige, verkrampfte Bewegungen. Führt Selbstgespräche, genau wie deine Kinder es getan haben. Marcy weiß nicht mehr weiter. Sie hat ihn schon mehr als ein Jahr, und sogar zu zweit wurden sie mit ihm nicht fertig. Wir müssen etwas anderes versuchen.»

Ich kaute gedankenvoll. «Und wie kann ich dir behilflich sein?»

«Nun ...» Lange Pause. Birk schaute mir so intensiv beim Essen zu, daß ich mich beinahe verpflichtet fühlte, ihm etwas anzubieten. «Nun, ich dachte, Torey, daß wir ihn vielleicht hierher verfrachten könnten.»

«Was soll das heißen?»

«Du könntest ihn übernehmen.»

«Übernehmen?» Ein Bissen blieb mir im Halse stecken. «Du weißt genau, daß ich zur Zeit nicht eingerichtet bin, auch nur ein einziges autistisches Kind aufzunehmen, Birk.»

Er zwinkerte mir zu und beugte sich vertraulich vor. «Du schaffst das doch bestimmt irgendwie?» Er legte eine Kunstpause ein und wartete. «Er kommt ja nur halbtags. Normaler Kindergartenstundenplan. In Marcys Klasse verkümmert er. Ich dachte, du könntest vielleicht zusätzlich mit ihm arbeiten. Wie du das früher mit den anderen Kindern getan hast.»

«Aber Birk! Ich habe doch hier keinen passenden Raum mehr. Ich bin doch jetzt zu Höherem berufen! Was mache ich mit meinen Nachhilfeschülern?»

Birk sagte zuversichtlich: «Wir werden uns etwas einfallen lassen.»

Der Junge sollte täglich um zwölf Uhr vierzig kommen. Bis um zwei Uhr waren meine andern Schüler noch anwesend, aber nachher hatten wir eineinhalb Stunden für uns. Birk war es natürlich einerlei, ob das Kind *mein* Zimmer auf den Kopf stellte, während ich mit meinen Nachhilfeschülern arbeitete, oder das von Marcy Cowen. Dank der vier Jahre im eigenen Klassenzimmer verfügte ich über das geheimnisvolle Etwas, das Birk «Erfahrung» nannte. Im Klartext hieß das doch wohl, daß ich mich nicht mehr aufregen konnte, weil ich so abgebrüht war.

Ich schaffte Platz für den Jungen. Tat alles Zerbrechliche außer Reichweite, räumte alles Verschluckbare in einen Schrank, rückte Pulte und Tische zur Seite, damit wir freien Raum hatten, um uns auf handfestere Art auseinanderzusetzen, als dies mit meinen anderen Schülern nötig war. Nach diesen Vorbereitungen fühlte ich plötzlich Freude in mir aufsteigen. Die Nachhilfestunden hatten mich nicht besonders befriedigt. Ich vermißte einen eigenen Raum, eine eigene Klasse. Aber was mir am meisten fehlte, war das überströmende Glücksgefühl, das ich bei der Arbeit mit seelisch geschädigten Kindern immer empfunden hatte.

Am Montag der dritten Septemberwoche sah ich Nicky Franklin zum ersten Mal. Er war siebenjährig und hatte etwas Märchenhaftes an sich, wie so viele meiner Kinder. Er war eine Gestalt wie aus einem Traum: unwirklich und doch greifbar. Seine Haut, von der Farbe englischen Tees mit frischer Sahne, wies auf einen Mischling hin. Sein Haar war nicht völlig schwarz, ein richtiger Wuschelkopf. Seine Augen waren geheimnisvoll grün, umwölkt, meergrün, weich und schillernd. Er war wie aus einem Bilderbuch. Ein kleiner Knirps für seine sieben Jahre. Ich hätte ihn kaum auf fünf geschätzt.

Seine Mutter schob ihn durch die offene Tür, wechselte ein paar Worte mit mir und ging. Nicky gehörte nun mir.

«Grüß dich, Nicky», sagte ich.

Er stand wie angewurzelt dort, wo ihn seine Mutter zurückgelassen hatte. Ich kniete zu ihm nieder.

«Hallo, Nicky.»

Er schaute weg.

«Nicky?» Ich berührte seinen Arm.

«Nicky?» wiederholte er sanft, das Gesicht immer noch abgewandt.

«Nicky, ich heiße Torey. Ich bin deine neue Lehrerin. Das ist dein neues Klassenzimmer.»

«Das ist dein neues Klassenzimmer», wiederholte er im gleichen Tonfall.

«Komm, ich zeig dir, wo du deine Jacke aufhängen kannst.»

«Ich zeig dir, wo du deine Jacke aufhängen kannst.» Seine Stimme war sehr leise, kaum mehr als ein Flüstern, und sonderbar künstlich. Sie war hoch und wie der Singsang einer Mutter, die zu ihrem Kind spricht.

«Komm mit mir.» Ich stand auf und streckte eine Hand aus. Er rührte sich nicht und hielt das Gesicht immer noch abgewandt. Schließlich schlug er mit den Handflächen auf den Stoff seiner Hose. Das gedämpfte Klatschen war das einzige Geräusch im Zimmer.

Zwei Viertkläßler saßen noch vor ihren aufgeschlagenen Lesebüchern. Beide starrten wie gebannt auf die Szene. Ich hatte ihnen Nickys Kommen angekündigt. Sie hatten von mir besondere Aufgaben zur stillen Beschäftigung bekommen, damit Nicky und ich einander in Ruhe beschnuppern konnten. Doch die Jungen sperrten Mund und Augen auf, beugten sich neugierig und fasziniert dem Geschehen zu.

Nicky schlug noch immer die Hände gegen die Hosenbeine. Ich wollte ihn nicht drängen. Wir hatten Zeit. Ich trat einen Schritt zurück. «Willst du nicht deine Jacke ausziehen?» Keine Bewegung, kein Ton, nur die immer heftiger schlagenden Hände. Er schaute mich immer noch nicht an.

«Was hat er denn?» fragte einer der Viertkläßler.

«Ich hab's euch doch gestern erklärt, Tim. Weißt du nicht mehr?» gab ich zur Antwort, ohne mich nach ihm umzudrehen.

«Kannst du nicht machen, daß er aufhört?»

«Laß ihn doch, er tut ja niemand was zuleide. Macht jetzt eure Aufgaben, bitte.»

Tim gab nach und blätterte in seinem Buch herum. Nicky stand völlig starr da, die Arme an den Körper gepreßt. Nur die schlagenden Hände. Die Beine stocksteif. Der Kopf wie seitlich aufgeschraubt.

Plötzlich schrie er. Kein kurzer Schrei. Anhaltend und markdurchdringend. «AHHHHHHHHHHH! AHHHH-AHHHH! AWWWRRRKK!» Wie ein Tier, das zur Schlachtbank geführt wird. Er schlug die Hände vors Gesicht und fiel, sich windend, zu Boden. Stand gleich wieder auf, bevor ich bei ihm war. Raste im Zimmer umher. «ARRRRR!» Eine menschliche Sirene. Die Arme flogen empor; er schlug sie wild über dem Kopf zusammen wie ein Tänzer in Ekstase. Wieder fiel er zu Boden. Er wand und krümmte sich wie im Todeskampf. Die Hände vor dem Gesicht, schlug er den Kopf auf den Boden. Und schrie ununterbrochen. «AAAAAAHHHHHHH! EEEEEEEEEEE-AAAHHHH-AWWWWWWKKKKK!»

«Er hat einen Anfall! Er hat einen Anfall! Schnell, Torey, mach etwas!» Tim weinte. Er war auf den Stuhl geklettert, und seine eigenen Hände zitterten in panischer Angst. Brad, der andere Viertkläßler, saß wie versteinert an seinem Pult.

«Er hat keinen Anfall, Tim», übertönte ich Nickys Schreie, während ich ihn aufzuheben versuchte. «Er ist okay. Du mußt keine Angst haben.» Ehe ich mehr sagen konnte, entwand sich Nicky meinem Griff und raste wieder im Zimmer umher. Mit einem Satz über einen Stuhl, um ein Bücherregal herum, über den von mir geräumten Platz in der Mitte, zur Tür und hinaus.

2

«Nicky? Nicky?» rief ich halblaut in den stillen Flur hinaus und kam mir vor wie ein Geist, der die Geisterstunde verpaßt hat.

Ich hatte gerade noch die Türschwelle geschafft, um ihn wie eine kreischende Rakete am Ende des Flurs um die Ecke schwirren zu sehen. Er war verschwunden und ließ mich mit meinen Nicky-Rufen allein.

Ich suchte ihn im andern Flügel des Schulhauses. Wo immer er war, er hatte zu schreien aufgehört. Die Klassenzimmer waren leer, die Kinder draußen in der Pause. Es war mäuschenstill. Acht Zimmer mußte ich durchkämmen. Ich steckte meinen Kopf durch jede Tür. Panik überfiel mich. Ich mußte Nicky um jeden Preis einfangen und zurückschaffen, Tim und Brads Arbeit nachsehen, sie beide beschwichtigen, bevor sie wieder in ihre Klassenzimmer zurückkehrten, und mich schließlich auf Bo Sjokheim, meine nächste Nachhilfeschülerin, vorbereiten.

«Nicky?» Ich schaute in sämtlichen Schulzimmern nach. «Nikky, komm, wir müssen zurückgehen. Bist du hier?»

Schließlich öffnete ich die Tür zum Kindergarten. Da lag er unter einem Tisch, einen Teppich über den Kopf gezogen. Nur sein kleiner grüner Cord-Po guckte hervor. Wußte er, daß dies der Kindergarten war? Wollte er zu Marcy zurück? Oder war es bloßer Zufall, daß er sich hier unter einem Teppich verkroch?

Sanft auf ihn einredend, näherte ich mich ihm vorsichtig. Ich hörte die Kindergartenschüler aus der Pause zurückkommen. Was wohl die fremde Lehrerin hier zu suchen hatte, und wo kam bloß der Junge mit der grünen Hose her? Neugierig verfolgten die Kleinen den seltsamen Auftritt.

«Nicky?» hauchte ich. «Wir müssen unbedingt zurück, die Kinder brauchen dieses Zimmer.»

Die Kindergartenschüler beobachteten uns genau, hielten aber gebührend Abstand. Ich berührte Nicky sanft, fuhr zuerst außen mit der Hand über den Teppich, dann innen über seinen Körper, um ihn allmählich an meine Berührung zu gewöhnen. Ganz vorsichtig wickelte ich den Kopf aus der Umhüllung, nahm den leblosen Körper in meine Arme und kroch unter dem Tisch hervor. Nicky war stumm und starr wie eine Holzpuppe. Arme und Beine waren stocksteif. Diesmal jedoch wandte er sein Gesicht nicht ab. Er starrte vielmehr durch mich hindurch, als wäre ich Luft. Mit weit aufgerissenen, leeren Augen wie ein Toter.

Ein kleiner Junge mit Sommersprossen wagte sich näher, als ich mich anschickte, Nicky aus dem Zimmer zu bringen. Forschend sahen seine blauen Augen zu mir auf, mit einer Intensität, wie nur kleine Kinder sie haben. «Was hat er in meinem Zimmer gemacht?» fragte er.

Ich lächelte. «Er hat etwas gesucht unter eurem Teppich.»

Bo wartete schon vor dem Zimmer, als ich endlich mit dem steifen Nicky in meinen Armen ankam. Tim und Brad waren bereits gegangen, hatten die Tür geschlossen und das Licht ausgelöscht. Bo, ihr Lesebuch unter dem Arm, wußte nicht so recht, ob sie das dunkle Zimmer betreten sollte oder nicht.

«Ich wußte gar nicht, wo du warst», sagte sie vorwurfsvoll. Erst jetzt gewahrte sie Nicky. «Ist das der Junge, von dem du mir erzählt hast? Bleibt er mit mir zusammen?»

«Ja, das ist er.» Nur mit Mühe öffnete ich die Tür und machte Licht. Ich stellte den Jungen auf den Boden. Er blieb regungslos stehen, während Bo und ich uns zum Arbeitstisch auf der andern Seite des Zimmers begaben. Als Nicky sich nicht rührte, trug ich ihn zu uns herüber. Er stand jetzt zwischen Wand und Tür wie in einer Totenstarre. Kein Funken Leben glomm in seinen trüben Augen.

«Hallo, du kleiner Kerl», sagte Bo und setzte sich neben ihn. Sie beugte sich mit vor Teilnahme leuchtenden Augen zu ihm und fragte: «Wie heißt du denn? Ich heiße Bo. Ich bin sieben. Wie alt bist du?»

Nicky schenkte ihr keine Beachtung.

«Sein Name ist Nicky. Er ist auch sieben.»

Bo musterte ihn.

«Du bist ein kleiner Knirps für deine sieben Jahre. Ich glaube, ich bin größer als du, obwohl ich doch auch ziemlich klein bin. Bist du auch ein Zwilling?»

Bo. Was für ein Kind! Ich hätte ihr am liebsten den ganzen Tag zugehört. Sie war einzigartig. Während meiner ganzen Lehrtätigkeit war mir nie ein solches Kind begegnet. Sie sah aus wie das Urbild eines Kindes, so wie Kinder in meiner Vorstellung immer aussehen. Sie hatte langes, langes Haar – fast bis zu den Hüften. Sie trug es seitlich gescheitelt; eine Haarspange bändigte die gerade glatte Flut, die braun glänzte, ganz genau wie die polierte Mahagonikommode meiner Großmutter. Sie hatte einen großen, ausdrucksvollen Mund, der immer zum Lächeln bereit war.

Üble Umstände hatten sie zu mir geführt. Sie und ihre Zwillingsschwester waren mit fünf Jahren adoptiert worden. Ihre Schwester schaffte die Schule mühelos. Bo hingegen hatte von Anfang an mit Schwierigkeiten zu kämpfen gehabt. Sie war überaktiv, aber im schulischen Sinn kaum lernfähig. Sie konnte nicht einmal säuberlich vorgeschriebene Wörter nachschreiben. Dieser erschütternde Mangel war im zweiten Kindergartenjahr, das man aus Ratlosigkeit für sie eingeschaltet hatte, nicht mehr zu übersehen.

Bo war von ihren leiblichen Eltern schwer mißhandelt worden. Schläge hatten einen Schädelbruch bewirkt, bei dem ein Knochensplitter ins Hirn eingedrungen war. Röntgenaufnahmen zeigten deutlich die massiven Verletzungen. Der Knochensplitter war zwar entfernt worden, doch wie groß der bleibende Schaden sein würde, konnte niemand sagen. Epileptische Anfälle waren eine der Folgeerscheinungen. Zugleich war auch die optische Merk- und Wiedergabefähigkeit tangiert worden. Außerdem litt sie unter den bei Hirnschädigungen typischen Begleiterscheinungen wie Konzentrationsschwäche und motorische Unruhe. Dennoch war es wie ein Wunder für mich, wozu Bo trotz dieser Verletzung fähig war. Sie hatte wenig oder überhaupt nichts von ihrer Intelligenz, ihrer Wahrnehmungs- und Einfühlungsgabe eingebüßt. Sie war ein kluges Kind. Man sah ihr die Behinderung nicht an: sie schien rundum normal. Es bestand deshalb die Gefahr, daß ihre Umwelt, mich eingeschlossen, vergaß, daß sie es nicht war. Das Kind wurde dann für etwas getadelt, für das es nichts konnte.

Ihre Heilungsaussichten waren unsicher. Gehirnzellen, im Unterschied zu andern Zellen, können sich nicht regenerieren. Die Ärzte ließen nur die Hoffnung offen, daß andere Hirnteile mit der Zeit die ausgefallenen Funktionen übernehmen und dem Kind somit ermöglichen könnten, Lesen und Schreiben zu lernen. In der Zwischenzeit blieb Bo nichts anderes übrig, als sich abzumühen.

Bo war außergewöhnlich. Ihr Kopf funktionierte vielleicht nicht immer tadellos, aber ihr Herz war in Ordnung. Sie sah von Natur aus nur das Gute im Menschen. Obwohl sie selber soviel Übles erlitten hatte, war sie ohne Arg. Sie umarmte uns, Gute und Böse, in naiver Gutgläubigkeit. Und sie kümmerte sich um jeden. Das Wohl der ganzen Welt lag ihr am Herzen. Dieser Zug ärgerte und freute mich zugleich. Sie ließ nichts und niemanden in Ruhe und gab sich so vollständig und rückhaltlos einer Welt hin, die mit sensiblen Naturen nicht zimperlich umsprang, daß ich oft um sie bangte. Aber Bo war ohne Furcht. Die Liebe dieses siebenjährigen Kindes war vielleicht etwas ungestüm, noch nicht von gesellschaftlichen Normen zurechtgestutzt, aber – was mehr zählte – sie war echt.

Bo machte sich Gedanken über Nicky.

«Kann er nicht sprechen?» flüsterte sie mir zu, nachdem alle Versuche, eine Konversation in Gang zu bringen, gescheitert waren.

Ich schüttelte den Kopf. «Nicht besonders gut, deshalb kommt er zu mir.»

«Armer Nicky.» Sie ging zu ihm und fuhr ihm verständnisvoll über den Arm. «Mach dir nichts draus, du wirst es schon noch lernen. Ich habe auch Mühe, ich weiß, wie das ist. Du mußt nicht traurig sein, du bist trotzdem ein netter Junge.»

Nickys Finger begannen zu flattern, und ein Anflug von

Leben regte sich in seinem leeren Blick. Ein Flackern zu Bo hin, und schon drehte er sich wieder zur Wand.

Ich entschloß mich, Nicky stehen zu lassen und mit Bo die Arbeit aufzunehmen. «Ich bin hier drüben, Nicky», sagte ich. Er stand reglos, starrte die Wand an. Ich wandte mich Bo zu.

Sie schlug das Sprachheft auf. «Das blöde Lesen heute wieder.» Sie kratzte sich gedankenverloren am Kopf. «Diese Lehrerin und ich, mit uns zwei klappt das nicht so recht. Sie glaubt, daß du mir das besser beibringen solltest.»

Ich lachte und schaute mir das Heft genauer an. «Hat sie dir das gesagt?»

«Nein, aber ich weiß, daß sie das denkt.»

Nicky wagte eine Bewegung, einen zögernden Schritt. Zwei Schritte. Trippelnd wie eine Geisha. Noch ein Schritt. Über Bos Heft gebeugt, beobachtete ich ihn aus den Augenwinkeln. Nickys Gang war so steif, als wäre er eine Pappfigur. Die Muskeln am Hals waren völlig verkrampft. Sporadisch flatterten seine Hände. Versuchte er krampfhaft, sich unter Kontrolle zu halten? Und was hielt er so verzweifelt zurück?

«Er benimmt sich schon etwas komisch, Torey, aber das macht nichts», sagte sie. «Wir alle sind manchmal etwas komisch, weißt du.»

«Ja, ja, ich weiß. Komm, wir arbeiten jetzt.»

Nicky ging auf Entdeckungsreise. Das Zimmer war groß, quadratisch und sonnig. In einer Ecke stand mein vollbeladenes Pult, und der Fensterreihe entlang erstreckte sich der Arbeitstisch. Die wenigen Schulbänke standen an den Wänden. Auf der einen Seite waren meine Garderobe, der Ausguß, ein Geschirrschrank und zwei riesige Schränke für das Schulmaterial. Niedrige Bücherregale unterteilten das Zimmer in die Lese-Ecke und in unseren Zoo, wo zwei Grünfinken in einem großen, selbstgebastelten Käfig hausten, sowie Sam, der Einsiedlerkrebs, und Benny, die Boa constrictor, unsere alte Schulschlange.

Nicky tapste im Zimmer umher, bis er auf die Tiere stieß. Vor den Vögeln machte er halt, und ganz langsam näherte er sich mit flatternden Händen dem Käfig. Er begann auf den Fersen hin- und herzuwippen «Ti-witt, ti-witt.» Er bewegte Arme und Hände auf und ab wie zum Flügelschlag. «Ti-iii-iiii, aaa-aaa-ooo-ooo!» tönte es wie in einem Affenhaus.

Bo schaute von der Arbeit auf. Ein vielsagender Blick traf zuerst Nicky und dann mich. Kopfschüttelnd klemmte sie sich wieder hinter ihre Arbeit.

Aus Nickys Augen strahlte ein inneres Leuchten. Alles Steife in seinem Körper schmolz hinweg. Fröhlich schallte seine Stimme durch den Raum. Er sah mir voll ins Gesicht.

«Das sind unsere Vögel, Nicky.» Aufgeregt hüpfte er vor dem Käfig auf und ab. Zwischendurch schaute er immer wieder zu uns. Ich lächelte.

Plötzlich schoß Nicky wie ein Pfeil durchs Schulzimmer. Schrilles Lachen durchbrach die Stille. Die Arme ausgestreckt, segelte er wie ein Flugzeug durch den Raum.

«Torey!» Bo sprang von ihrem Stuhl hoch. «Schau nur! Er zieht alle seine Kleider aus!»

Genau das tat Nicky. Ein Schuh. Eine Socke. Ein Hemd – alles ließ er in seinem rasenden Lauf hinter sich liegen. Es war eine artistische Leistung, wie er sich seiner grünen Cordhose entledigte, ohne aus dem Rhythmus zu fallen. Er schnellte vor und zurück und lachte dabei wie im Delirium. Fasziniert schaute Bo dem entsetzlichen Spektakel zu. Sie hielt sich die Augen zu, konnte es sich aber doch nicht verkneifen, durch die Finger auf den tollen Nicky zu blinzeln. Einen Nackedei im Schulzimmer gab es ja auch nicht alle Tage!

Ich verzichtete auf eine Verfolgungsjagd. Was immer das für ein irrer Auftritt sein mochte, ich wollte mich nicht einmischen. Mein größter Kummer war die Tür. Nicky war jetzt splitternackt. Ich hatte schon den bekleideten Nicky kaum zu fassen bekommen, noch viel weniger würde mir das mit dem unbekleideten gelingen! Wir waren hier in einer braven, gepflegten und etwas langweiligen Schule, in der es nie vorkam, daß verrückte Kinder herumtobten. Dan Marshall, unser lieber Herr Direktor, würde bei Nickys Anblick auf der Stelle vom Schlag getroffen werden. Daran wollte ich auf keinen Fall schuld sein.

Während ich den Türhüter spielte, tanzte Nicky lachend durchs Zimmer. Hätte ich nur einen Riegel an der Tür gehabt! Dann hätte ich sie in aller Ruhe absperren und weiterarbeiten können. So hatte mich Nicky zum Spielball seiner Laune gemacht. Meine Statistenrolle machte ihm unendlich Spaß.

Das irrwitzige Spiel ging noch fünfzehn Minuten so weiter. Manchmal hielt er in meiner Nähe inne und sah mich herausfordernd an, nackt wie er war. Ich versuchte, in seinen meergrünen Augen zu lesen. Irgend etwas sah ich. Aber was war es nur?

Während einer dieser Pausen begann er die Daumen vor seinen Augen zu drehen, und der Vorhang ging auf einmal zu. Die Schnecke kroch in ihr Schneckenhaus. Alles Leben wich aus seinem Blick. Wie zum Schutz preßte er die Arme wieder an seinen steifen Körper. Die Pappfigur stand einen Augenblick reglos und stampfte dann los, um sich in der Mitte des Zimmers unter dem Teppich zu verkriechen. Bald waren nur noch ein Häufchen Teppich und zwei bloße Füße zu sehen.

Als ich zum Arbeitstisch zurückkehrte, warf mir Bo einen resignierten Blick zu. «Ich glaube, das geht lange, bis der wieder in Ordnung ist, Torey. Der spinnt nicht nur ein bißchen, sondern ziemlich stark.»

«Er hat Schwierigkeiten, das stimmt.»

«Auf jeden Fall hat er keine Kleider an.»

«Das ist jetzt egal, wir werden uns später darum kümmern.»

«Das ist überhaupt nicht egal, Torey. Ich glaube nicht, daß man in der Schule nackt herumgehen darf. Mein Vater sagte, das ist verboten.»

«Du hast sicher recht, Bo, aber...»

«Man kann ja sein Ding sehen, und für ein Mädchen schickt sich das nicht.»

Lächelnd sagte ich: «Du meinst sein Pfeifchen?»

Bo nickte und mußte sich das Lachen verbeißen.

«Ich hatte den Eindruck, daß du ziemlich interessiert zugeguckt hast, oder täusche ich mich da?»

«Nun, es war schon ziemlich spannend.»

So brachten wir den ersten Tag hinter uns, Nicky und ich. Nicky blieb die ganzen eineinhalb Stunden, die wir übrig hatten, unter dem Teppich. Ich ließ ihn dort. Als die Zeiger auf 15.15 Uhr rückten, zog ich ihn unter dem Teppich hervor und begann ihn anzukleiden. Nicky lag mit steifen, doch immer noch biegsamen Gliedern da, den Kopf zurückgeworfen, den Blick zur Decke gerichtet. Während ich ihn ankleidete, redete ich unaufhörlich auf ihn ein. Ich erzählte ihm vom Schulzimmer, von den Vögeln, von der Schlange, dem Krebs, was wir miteinander unternehmen würden, was für andere Kinder noch hier seien: Tim, Brad und Bo. Einfach alles, was mir in den Sinn kam. Ich schaute ihm in die Augen. Nichts. Absolut nichts. Ein Körper ohne Seele.

Er begann zu sprechen, wenn ich sprach, und wenn ich aufhörte, hörte er auch auf. Er starrte immer noch mit vagem Blick zur Decke.

«Was hast du gesagt, Nicky?»

Keine Antwort.

«Wolltest du mir etwas sagen?»

Immer noch verlor sich sein Blick in einer unbestimmten Ferne. «Die Tagestemperatur für heute bewegt sich im Maximum um 15 Grad, die nächtliche Tiefsttemperatur um 7 Grad. In den Bergtälern ist mit Frost zu rechnen.»

«Nicky, Nicky?» Ich berührte sanft seine Wangen. Einige seiner schwarzen Locken hingen auf den Teppich. Wie eine Maske lag die Bilderbuch-Schönheit auf seinem Gesicht. Seine Finger fummelten ruhelos am Teppich. Langsam, aber sicher knöpfte ich ihm das Hemd zu. Mir war, als fingerte ich an einer Puppe herum. Er plapperte in einem fort, wiederholte endlos die Wettervorhersage der Frühnachrichten, lückenlos, Wort für

Wort. Verzögerte Echolalie, um es fachmännisch auszudrücken.

«Heute noch vereinzelt Niederschläge, in der Nacht Aufklarung und morgen schönes Herbstwetter. Und jetzt kommen wir zum Sport. Hören Sie mit, bleiben Sie dabei.»

Nur keine Angst, ich bleibe.

3

In diesem Jahr führten wir gerade ein Leseversuchsprogramm in den Elementarklassen durch. Für mich war es nichts Neues. In meiner früheren Schule war dieses Programm auch schon ausprobiert worden. So wurde mir diese Katastrophe zweimal beschert.

Optisch gesehen, war das Programm hervorragend. Für die graphische Gestaltung hatte der Verlag offensichtlich Künstler beauftragt und keine Mühe gescheut. Die abgedruckten Geschichten waren teilweise literarisch hochstehend und machten beim Lesen richtig Spaß.

Sofern man lesen konnte.

Die Lesebücher richteten sich an Erwachsene – an solche Erwachsenen, die schon lange vergessen hatten, wie ein sechsjähriges Kind fühlen mochte, das noch nicht lesen konnte. Unzufriedene Vierzigjährige waren es leid, sich mit dem beschränkten Vokabular eines Erstkläßlers abfinden zu müssen, und das Produkt dieser Unlust waren die Lesebücher. Als Kinderbücher für Erwachsene waren sie unüberbietbar. Ich muß gestehen, daß ich sie am Anfang richtig verschlang. Ich war begeistert, ich wollte sie unbedingt lesen, aber ich war sechsundzwanzig Jahre alt! Wir kauften die Bücher im Grunde genommen für uns selbst.

Für die Kinder sah die Sache anders aus. Für meine Kinder

jedenfalls. Ich hatte immer mit Anfängern und Versagern zu tun gehabt, und für diese war das Programm verheerend.

Bei früheren Leselernmethoden war darauf geachtet worden, daß Wörter und Sätze nicht zu lang und der Wortschatz überblickbar waren. Im neuen Programm war das nicht mehr so. Sogar die Illustrationen, obschon künstlerisch wertvoll, erhöhten kaum das Verständnis. Der erste Satz in der ersten Folge des Programms, das sich an sechsjährige ABC-Schützen richtete, bestand aus acht Wörtern, wovon eines aus drei Silben zusammengesetzt war. Einige Kinder kamen damit zurecht. Sie schafften den ersten Satz und alle folgenden Sätze auch. Die Mehrheit der Kinder jedoch – und dazu gehörten selbstverständlich meine – schlugen sich ein volles Jahr mit der ersten Folge herum, ein Pensum, das sonst spielend bis Weihnachten bewältigt worden war. Sie kamen überhaupt nie in den Genuß der Fortsetzung.

Auch andere Lehrer hatten ihre liebe Not mit dem unglückseligen Lesestoff. Fast alle Erst- und Zweitklaßlehrer stöhnten und waren vom angestrebten Lernziel weit entfernt. Es war üblich, daß die Herausgeber eines neuen Leseprogramms bei uns in der Schule eine Tabelle anschlugen, wo genau markiert war, wie weit der Lehrer mit seinen Schülern bis zu einem bestimmten Stichtag sein sollte. So eine Tabelle gab es auch für diese Leseserie. Geknickt standen wir fünf betroffenen Lehrer davor und fanden bestätigt, was wir schon ahnten: Wir waren hoffnungslos im Rückstand. Keiner von uns würde das Programm in der vorgeschriebenen Zeit schaffen.

Nach fünf Monaten erfolglosen Ringens brach bei uns ein Sturm der Entrüstung los. Wir meldeten uns beim Schulamt und verlangten Rechenschaft für diesen Wahnsinn. Worauf uns die Ehre eines Besuchs des Verlagsvertreters zuteil wurde, der uns Rede und Antwort zu stehen hatte. Ich hatte erwartet, er würde meiner Feststellung, daß mehr als die Hälfte der Kinder die Anforderungen des Programms nicht erfüllten, entgegen halten, wir seien halt einfach schlechte Pädagogen. Aber weit gefehlt.

Der Mann war entzückt. Wir hätten unsere Sache prima gemacht, denn nur von 15% aller Anfänger werde überhaupt erwartet, daß sie das Erstklaßprogramm im ersten Schuljahr wirklich beherrschten. Bei den restlichen 85% werde gar nicht damit gerechnet.

Ich war sprachlos. Das Entsetzen packte mich. Da benützten wir also ein Programm, das sage und schreibe darauf angelegt war, die Schüler zum Scheitern zu bringen. Alle, ausgenommen einige Musterschüler, waren demzufolge dazu verurteilt, als «schwache Leser» abgestempelt zu werden. Alle jene Lehrer, die die Ziele des Verlages nicht kannten, mußten weiterhin annehmen, daß die Tabelle stimmte; sie würden ihre Kinder weiterhin durch das Erstklaßprogramm hetzen, in der falschen Annahme, der ganze Stoff müsse in einem einzigen Jahr bewältigt werden. Katastrophal aber waren die Folgen. Zwangsläufig fielen durchschnittlich intelligente Kinder im Laufe der Zeit immer weiter zurück. In der fünften oder sechsten Klasse waren sie bereits mit zwei Büchern im Rückstand, fühlten sich als Versager, obwohl sie leistungsmäßig genau dort waren, wo der Verlag sie haben wollte. Niemand konnte einem Kind, das in der sechsten Klasse beim Viertklaß-Lesebuch angelangt war, plausibel machen, es sei trotzdem ein völlig normaler und guter Schüler. Man hatte ihm ja bewiesen, daß es dumm war. Für den Verlag bedeutete die ganze Angelegenheit nicht mehr als eine statistische Spielerei. Für die Kinder war es bitterer Ernst. Sie mußten einen zu hohen Preis für ein ästhetisch ansprechendes Buch zahlen.

Bo war eines der unfreiwilligen Opfer dieses Leseprogramms. Dieses Kind, das schon mit genug Schwierigkeiten zu kämpfen hatte, dem Lesen und Schreiben in jedem Fall schwerfielen, war nun noch zusätzlich mit diesen verhängnisvollen Büchern und einer Lehrerin, die diese Bücher samt allen Sonderschülern haßte, geschlagen.

Edna Thorsen, Bos Lehrerin, war eine ältere Dame mit unendlich viel Erfahrung. Sie hatte seit Menschengedenken Schule gegeben und stand jetzt ein Jahr vor ihrer Versetzung in den Ruhestand. Edna war in vielen Beziehungen eine ausgezeichnete Lehrerin. Die Sonderschüler jedoch lagen ihr gar nicht. Sie war fest davon überzeugt, daß behinderte, gestörte oder sonst irgendwie auffällige Kinder nicht in eine normale Klasse gehörten. Erstens belasteten sie den Lehrer ungebührend, und zweitens hinderten sie die klügeren Schüler am Weiterkommen, wie sie meinte. Außerdem glaubte Edna, daß Sechsjährige durch die Konfrontation mit schwierigen Kindern Schaden erleiden würden. Sie seien noch zu jung, um mit Blinden und Gebrechlichen umzugehen.

Edna war noch eine Lehrerin von altem Schrot und Korn. Ihre Schüler saßen in Reihen, erhoben sich für jede Antwort, standen stramm und durften nicht sprechen, bevor sie angesprochen wurden. Die Lesefibel wurde im Gleichschritt mit der veröffentlichten Tabelle durchexerziert. Das angestrebte Ziel mußte auf Biegen oder Brechen erreicht werden. Sie hatte keine Ahnung, daß nur 15% der Kinder so weit hätten sein müssen. Ihr ausschließlicher Ehrgeiz bestand darin, daß am letzten Schultag im Juni alle siebenundzwanzig Kinder den Stoff vorgesetzt bekommen hatten. Was sie damit anfingen, war nicht ihr Problem. Sie war schließlich dazu da, den Stoff durchzunehmen, und nicht, um sich Gedanken zu machen, wenn ein Schüler diese Bücher gar nicht lesen konnte. Das war sein Fehler und nicht der ihre.

Bo hatte große Mühe. Die erhoffte Heilung der Hirnschädigung ließ auf sich warten. Zu ihren optischen Auffassungsschwierigkeiten kamen weitere typische Merkmale fast aller hirngeschädigten Kinder, wie Überaktivität und Konzentrationsschwäche. Ursprünglich war Bo nicht auf meiner Liste der Nachhilfeschüler aufgeführt gewesen. Einige Tage nach Schulbeginn stand sie in Ednas Begleitung vor meiner Tür. Wir hatten es da, wie Edna sich auszudrücken pflegte, mit einer «Schwachen» zu tun, der man nicht mal mit dem Hammer das Alphabet einbleuen konnte.

So stellten Bo und ich uns unermüdlich jeden Nachmittag eine halbe Stunde zur Schlacht um die Eroberung der Buchstaben auf. Zugegeben, wir kamen nur langsam vorwärts. Bo kannte nach den ersten drei Wochen die Buchstaben ihres Vornamens noch nicht. Mit viel Weh und Ach hatten wir dies schließlich geschafft. Sie konnte jetzt so was wie B-O aufs Papier malen. Manchmal verwechselte sie zwar das B und das O, ein Buchstabe stand vielleicht auf dem Kopf, oder alles war spiegelverkehrt. Meistens aber kam sie der Sache ziemlich nahe, darauf konnte ich mich inzwischen verlassen. Ich hatte darauf verzichtet, die Vorschulesefibel nochmals in Angriff zu nehmen, da Bo diesen Stoff schon dreimal vorgesetzt bekommen hatte und ihn immer noch nicht beherrschte. Da hatte ich schon lieber mit den Buchstaben ihres Namens begonnen. Von der Motivation her gesehen, schien mir dieses Vorgehen vielversprechender.

Ihre Schwierigkeit lag allein im Umgang mit Symbolen: Buchstaben, Zahlen, alles Geschriebene, das etwas anderes darstellte als ein konkretes Bild. Sie kannte schon lange alle Buchstaben und Laute des Alphabets. Aber es gelang ihr einfach nicht, ihr Wissen im Lesen und Schreiben anzuwenden.

Ihr etwas beizubringen zu müssen, war tatsächlich frustrierend. In dieser Hinsicht hatte Edna recht. Innerhalb von drei Wochen hatte ich meine gesamten didaktischen Fähigkeiten in bezug aufs Lesen erschöpft. Ich hatte alle erdenklichen Methoden ausprobiert. Auch solche, an die ich nicht glaubte. Ich hatte nur den einen Wunsch, daß sie lesen lernte.

Wir begannen mit einem einzigen Buchstaben, dem B. Auf jede mögliche und unmögliche Art versuchte ich, Bo diesen Buchstaben nahezubringen; riesengroß malte ich ihn auf Pappkarton, damit ihr Auge sich an die Form gewöhnte, ich ließ sie die Konturen aus Glaspapier ausschneiden, um ihren taktilen Sinn zu schärfen; sie mußte tausendmal mit dem Finger in einer

Schüssel mit Salz den Buchstaben eingraben, damit sie ihn auch wirklich spürte; ich schrieb ihr das B auch auf Handfläche, Arm und Rücken. Auf das Riesen-B am Boden klebten wir unzählige kleine B-Männchen, tanzten um sie herum, liefen, sprangen und krochen auf ihnen umher und sangen dabei gellend Be-Be-Be-Be-Be! Nachher kam das O dran, und wieder ging's los, mit allen Kniffen, die ein Menschenhirn ersinnen kann. Nach endlosen drei Wochen standen wir erst mit dem B und dem O auf vertrautem Fuß.

Unsere Arbeit ging tagtäglich ungefähr so vor sich: «Sag mal, was ist das für ein Buchstabe?» Ich halte ihr eine O-Karte unter die Nase.

«M», triumphiert Bo siegesgewiß.

«Schau doch mal die Form an, ganz rund, kugelrund. Welcher Buchstabe ist so rund wie ein Ball?» Ich zeichne das O mit dem Finger nach.

«Ah, jetzt weiß ich es. Q.»

«Aber Bo. Wir arbeiten doch nur mit B und O. Nicht mit dem Q.»

«Klar doch, ich dumme Gans.» Sie greift sich an den Kopf. «Wart mal. Hm! Eine Sechs vielleicht? Ach Quatsch. Jetzt hab ich's: Es ist ein A.»

Ich beuge mich über den Tisch und sage eindringlich: «Schau ihn dir noch mal an, Bo. Er ist ganz rund. Welcher Buchstabe ist so rund wie dein Mund, wenn du ihn sagst? So wie meiner jetzt.»

«Sieben?»

«Sieben ist doch eine Zahl. Wir suchen jetzt keine Zahl. Wir sind auf der Suche nach einem B oder einem O.» Noch einmal mache ich ein ganz übertriebenes Kußmündchen und sage beschwörend: «Es gibt doch nur einen Laut, der dir jetzt zum Mund herauspurzelt, wenn du die Lippen so hältst. Welcher ist das?»

Bo schürzt die Lippen so weit sie kann, und so sehen wir denn mit unseren Spitzmäulchen wie zwei Liebhaber in höchster Spannung aus. Ihre Lippen sind zwar zu einem perfekten O geformt, aber aus ihrer Kehle dringt röchelnd ein «Lllllll».

Flüsternd entweicht meinem schnappenden Fischmund ein enttäuschtes «Ohhhhhh».

«O!» ruft Bo erfreut. «Das ist ein O!»

«Bravo, jetzt hast du's erfaßt, Bo!»

Ich halte ihr die nächste Karte hin, wieder ein O, aber diesmal mit rotem Filzstift geschrieben und nicht mit blauer Tinte. «Was ist das für ein Buchstabe?»

«Acht?»

So ging es immerfort. Stunde für Stunde. Bo war nicht dumm. Sie hatte einen ziemlich hohen IQ. Aber der Sinn dieser Buchstaben blieb ihr gänzlich verschlossen. Für sie sahen sie wohl völlig anders aus. Nur dank ihrer Zuversicht und ihrem Frohsinn machten wir nicht schlapp und hielten das Schiff auf Kurs. Sie ermüdete und verzweifelte wohl einige Male, aber sie war im Innersten von der Tatsache überzeugt, daß es mit dem B und O eines Tages klappen würde.

Einen Tag nach Nickys Ankunft kam Bo mit Tränen in den Augen ins Klassenzimmer. Sie weinte nicht richtig, aber sie wirkte abgespannt und niedergeschlagen. Sie beachtete mich nicht, ging schleppenden Schrittes zum Arbeitstisch und ließ ihr Buch müde auf ihren Platz fallen.

«Was ist denn, mein Kleines?» fragte ich.

Sie zuckte resigniert die Achseln, gab dem Stuhl einen Puff und ließ sich hineinfallen. Sie stützte den Kopf in die Hände.

«Komm, wir plaudern ein bißchen zusammen, bevor wir beginnen.»

Sie schüttelte den Kopf und fuhr sich grob mit dem Ärmel über die feuchten Augen.

Ich setzte mich neben sie auf den Rand des Tisches und nahm sie etwas genauer unter die Lupe. Ihr schwarzes Haar war in zwei lange Zöpfe geflochten und wurde von einer leuchtend roten Schleife zusammengehalten. Sie zog ihre mageren Schultern hoch, atmete seufzend ein und versuchte krampfhaft, Haltung zu bewahren. Was für ein eigenartiges Kind! Trotz ihrer heiteren Natur, ihrer Offenherzigkeit und Feinfühligkeit war sie selbst unglaublich verschlossen. Ich kannte sie eigentlich nicht sehr gut, obwohl sie mich normalerweise glauben ließ, mir sei kein Winkel ihrer Seele verborgen.

Wir schwiegen beide. Ich erhob mich nach einer Weile, um nach Nicky zu sehen. Er stand wie immer bei den Tieren und beobachtete im Augenblick die Schlange. Dabei wippte er auf den Fersen hin und her, Auge in Auge mit Benny, die sich wohlig unter einer Wärmelampe um einen dicken Holzklotz gewunden hatte und den Kopf baumeln ließ. Es war eine verrückte Position für eine Schlange, und jeder, der sie nicht kannte, hätte geglaubt, sie sei tot. Benny aber wollte gestreichelt werden. Nicky stand wie angewurzelt, schaukelte und starrte. Ich ging zurück zu Bo und stellte mich hinter sie. Sanft begann ich ihr die Schultern zu massieren.

«Ärger?»

Sie nickte.

Nicky sah zu uns hin mit großen, fragenden Augen. Bo interessierte ihn.

«Ich durfte nicht in die Pause», murmelte Bo vor sich hin.

«Warum denn?»

«Weil ich meine Sprachübungen falsch gemacht habe.» Ruhelos glitten ihre Finger über den Umschlag der Vorschulfibel.

«Aber die machst du doch normalerweise hier bei mir, wenn wir mit Lesen fertig sind.»

«Mrs. Thorsen hat das jetzt geändert. Vor der Pause müssen alle Übungen fertig sein. Wer schnell arbeitet, darf früher in die Pause. Ich darf nie.» Bo schaute auf. «Ich muß die Aufgaben schnell *und* richtig machen.»

«Aha.»

Da quollen die Tränen wieder, sie fielen nicht, sondern hingen zitternd an den Wimpern. «Ich hab's versucht, wirklich! Aber es war alles falsch, und ich mußte die ganze Zeit drinnen bleiben. Wir wollten doch Schlagball spielen, und ich wollte unbedingt Mary Ann Marks in meine Mannschaft wählen. Dann hätten wir bestimmt gewonnen. Mary Ann spielt am besten. Sie hat mir versprochen, daß ich nach der Schule bei ihr zu Hause mit ihrer Puppe spielen darf und daß sie meine Freundin wird, wenn ich sie wähle. Aber ich durfte ja nicht gehen. Und jetzt hat Mary Ann bestimmt eine andere Freundin!» Sie wischte sich eine verirrte Träne weg. «Das ist einfach gemein. Ich war an der Reihe, die Mannschaft zu wählen, und durfte nicht in die Pause. Die andern dürfen immer. Ich nie. Gemein ist das.»

Nach der Schule suchte ich Edna Thorsen auf. Wir verstanden uns meistens ganz gut. Obwohl mir manche ihrer Methoden und Ansichten nicht paßten, respektierte ich doch ihr pädagogisches Wissen, das sie sich durch ihre große Erfahrung angeeignet hatte.

«Ich befolge jetzt deinen Ratschlag», sagte sie zu mir auf dem Weg ins Lehrerzimmer.

«Was für einen Ratschlag hab ich dir denn gegeben?»

«Ich hab mich doch früher mal darüber aufgeregt, daß ich die Kinder einfach nicht dazu bringe, ihre Arbeit in der Stunde fertig zu kriegen.»

Ich nickte.

«Dein Rat war, die Schnellen zu belohnen.» Edna lächelte. «Genau das habe ich mit den Übungsbüchern gemacht. Ich sagte den Kindern, sie könnten in die Pause gehen, wenn sie ihre Übungen gemacht hätten. Dein Trick ist Gold wert, sag ich dir! Die Arbeit ist seither in einer Viertelstunde geschafft.»

«Schaust du dir diese Übungen an, bevor sie hinausgehen?»

«Ach nein, die sind schon richtig.»

«Und Bo Sjokheim?»

Edna seufzte tief. «*Ihre* Arbeiten muß ich korrigieren. Dieser

Bo fehlt es ganz einfach an gutem Willen. Zuerst ließ ich sie mit den andern Kindern rausgehn, aber dann schaute ich mir einmal an, was sie da gekritzelt hatte. Alles falsch. Keine einzige richtige Antwort. Ein Kind, das die Toleranz der Erwachsenen bei jeder Gelegenheit ausnützt.»

Mein Herz krampfte sich zusammen. Ich konnte Edna nicht mehr in die Augen blicken. Arme Bo, die nicht lesen und nicht schreiben konnte und alle Fragen falsch beantwortete. «Aber ich dachte, die Sprachübungen würde sie mit mir zusammen machen», wagte ich einzuwenden.

«Ach, Torey.» Herablassendes Wohlwollen schwang in ihrer Stimme. «Das ist etwas, was du noch lernen mußt. Du darfst rebellische Kinder auf keinen Fall päppeln, schon gar nicht in der ersten Klasse. Zuerst müssen sie spüren, wer der Herr im Haus ist. Bo braucht eine strenge Führung. Die Kleine ist klug genug, laß dich nicht von ihr an der Nase herumführen. Du mußt ihr zeigen, wie der Hase läuft. Da kannst du sehen, wo diese moderne Kindererziehung hinführt – die Kinder lernen überhaupt nichts mehr.» Ein wissendes Lächeln umspielte Ednas Lippen.

«Bei allem Verständnis für deinen Einsatz, Torey, ich verstehe dich wirklich nicht. Ihr all diese Extrastunden zu geben, das ist doch reine Zeitverschwendung. Ich habe ein Auge dafür, bei wem sich der Aufwand lohnt und bei wem nicht, glaube mir. Es ist mir einfach schleierhaft, weshalb so viel Geld und Energie in die Schwachen gepumpt wird. Klüger wäre es meiner Meinung nach, diejenigen zu fördern, bei denen der ganze Aufwand auch anschlägt.»

Ich fummelte mit unterdrückter Wut an dem Coca-Automaten herum. Mir war klar, daß ich meinem Zorn freien Lauf hätte lassen und Edna zurechtweisen sollen, statt mich an der Coca-Maschine schadlos zu halten. Das war entschieden feige von mir, ich gebe es zu, aber ich hatte ein bißchen Angst vor Edna. Sie war so verdammt überzeugt von ihrer Sache. Und hatte eine so immense Erfahrung im Umgang mit Kindern. Ich war verunsichert – vielleicht war ich selbst auf dem Holzweg?

Unglücklicherweise blieb Edna bei ihren Prinzipien. Auch am nächsten Tag mußte Bo in der Pause durcharbeiten und schleppte nach der Schule ihr Übungsheft, das vor Fehlern strotzte, zu mir. Sie resignierte immer mehr. Tränenlose Trauer. Das ging immer so weiter. Wenn wir es in unserer Stunde nicht schafften, ein fehlerfreies Blatt hinzukriegen, mußte Bo auch nach der Schule bei Edna nachsitzen. Nichts, aber auch gar nichts brachte Edna von ihrer Überzeugung ab, Bo sei einfach faul und unkonzentriert. Bo ihrerseits beugte sich zähneknirschend Ednas Regiment.

Die Folgen dieser Taktik waren aber bald auf beiden Seiten nicht mehr zu übersehen. Bo konnte sich bei mir überhaupt nicht mehr konzentrieren. Eine verzweifelte Ruhelosigkeit überfiel sie. Sie konnte keinen Augenblick still sitzen. Kaum saß sie am Arbeitstisch, sprang sie wieder hoch. Pausenlos. Begann sie schließlich zu arbeiten, lehnte sie sich alle Augenblicke im Stuhl zurück, schloß die Augen und schüttelte die Hände, um den unerträglichen Druck loszuwerden. Auch Edna kam nicht ungeschoren davon. Sie litt plötzlich unter Migräne.

Am nächsten Montag spitzte sich die Lage zu. Bo erschien nicht. Ich wartete. Ich versuchte mein ungutes Gefühl loszuwerden, indem ich Nicky Tiergeschichten erzählte. Mein Blick heftete sich an die Uhrzeiger. Ich wußte, daß Bo im Haus war. Nach einer weiteren Viertelstunde hielt ich es nicht mehr aus. Mit Nicky an der Hand wollte ich der Sache auf den Grund gehen.

«Ich hab sie zum Direktor geschickt», empfing mich Edna unter der Tür. «Dieses Kind ist zum letzten Mal in meiner Klasse gewesen, darauf kannst du dich verlassen. Stell dir vor, sie hat das Sprachbuch quer durchs Zimmer geschmissen, knapp vorbei an Sandy Lathams Kopf. Sie hätte ein Auge verlieren können. Du hättest Bo sehen sollen, als ich ihr sagte, sie solle das Buch sofort aufheben. Stolz wie eine Prinzessin drehte sie sich um und schleuderte mir ein Wort entgegen, das ich nicht zu wiederholen wage. Sieben Jahre und schon so verdorben! Ich muß auch an die andern Schüler denken. Ich kann es nicht hinnehmen, daß meine Klasse diese unflätige Sprache lernt. Deshalb habe ich sie zu Mr. Marshall geschickt. Sie hat eine Standpauke verdient.»

Nicky hinter mir her schleifend, machte ich mich auf zu Mr. Marshalls Büro. Da saß Bo tränenüberströmt im Vorraum. Sie nahm Nicky und mich gar nicht wahr.

«Darf ich Bo mitnehmen?» fragte ich die Sekretärin. «Sie hat jetzt Nachhilfeunterricht.»

Die Sekretärin schaute von ihrer Schreibarbeit auf und äugte nach Bo. «Ich glaube schon. Sie sollte da sitzen bleiben, bis sie zu weinen aufhört. Bist du soweit?».

Bo nickte.

«Willst du jetzt ein braves Mädchen sein und dich diesen Nachmittag benehmen?» fragte die Sekretärin.

Wieder nickte Bo.

Zu mir gewandt, sagte sie gnädig: «Sie können sie mitnehmen.»

So gingen wir drei Hand in Hand den Flur hinunter. Den Kopf gesenkt, betrachtete ich unsere vereinten Hände und Bos blutig abgekaute Fingernägel.

In unserem Klassenzimmer ließ ich beide los. Nicky gesellte sich wie immer zu Benny, und Bo ging zum Arbeitstisch. Inzwischen schob ich den neuerstandenen Riegel zu.

Auf dem Arbeitstisch lag noch von der Stunde zuvor eine Vorschulesefibel. Bo betrachtete das Buch ernst und zugleich abwesend, wie ein Besucher im Museum. Sie fixierte zuerst mich und dann die Tür. In ihrem Gesicht spiegelte sich ein Gefühl, das ich nicht einordnen konnte.

Plötzlich wischte Bo das Buch vom Tisch und schlug es gegen den Heizkörper. Sie zerfetzte die bunten Bilder. «Ich hasse diesen Ort! Ich hasse ihn, ich hasse ihn!» schrie sie mir zu. «Ich will nicht lesen lernen, nie. Ich *hasse* Lesen!» Der Rest ihrer Worte ging in Schluchzen unter, während die Buchseiten im Zimmer umherwirbelten.

Wie ein Sturzbach ergossen sich die Tränen über Bos Gesicht. Sie war außer sich. In ihrem Zorn gruben sich ihre Fingernägel in die Seiten und zerrten und zogen, bis nur noch der Buchdeckel übrigblieb, den sie gegen die Fensterscheiben schmiß. Sie rannte zur Tür, die aber, was sie nicht wußte, verriegelt war. Ein dumpfer Aufprall war zu hören, ein klägliches Winseln, und wie ein Häuflein Elend lag sie am Boden.

Nicky und ich waren wie gelähmt. Wahrscheinlich waren nur Sekunden vergangen. Es war keine Zeit zum Eingreifen geblieben. In der tödlichen Stille waren nur mehr der dumpfe Laut von Nickys flatternden Händen und Bos Schluchzen zu hören.

4

Jetzt waren wir eine Klasse.

Nach dem Debakel mit Edna wurde mir Bo für den ganzen Nachmittag zugeteilt. Tim und Brad, meine beiden anderen Nachhilfeschüler, wurden auf den Morgen verlegt, und so konnten Nicky, Bo und ich fast drei Stunden täglich ungestört miteinander verbringen. Offiziell war ich zwar eine Nachhilfelehrerin und die beiden Kinder nichts weiter als meine Nachhilfeschüler, aber wir wußten alle, daß ich wieder eine Klasse hatte.

Bos Stunden bei mir hießen in der Amtssprache «Förderunterricht», aber alle Beteiligten – Dan Marshall, Edna, ich und wahrscheinlich sogar Bo – waren sich bewußt, worum es ging: Wir waren der Katastrophe nur um Haaresbreite entronnen und konnten so was nicht noch einmal riskieren. Unter günstigen Voraussetzungen hätte Bo vielleicht auch ganztägig in einer normalen Klasse Fuß fassen können. Aber nicht unter Ednas konservativer Ägide. Bos Schwächen waren für Ednas sturen Betrieb zu groß. So war ein Kompromiß gefunden worden. Am Morgen erhielt sie in ihrem regulären Klassenzimmer Rechen- und Leseunterricht, am Nachmittag aber, wenn Edna sich mit ihren Schülern an schwierigere Aufgaben machte, kam Bo zu mir.

Da waren wir also, wir drei.

Nicky war und blieb ein engelhaftes Geschöpf. Wie so viele autistische Kinder war er von einer unwirklichen Schönheit und paßte nicht in unsere Welt. Vielleicht gehörte er nicht hierher. Er und seinesgleichen kamen mir manchmal vor wie Wechselbälge aus alten Sagen. Der kalten, gleißenden Schönheit eines Märchens entsprungen, schien er ein Gefangener auf Erden, der die Unvereinbarkeit beider Welten in sich trug. Meine Erfahrung hatte mich gelehrt, daß autistische oder schizophrene Kinder etwas von ihrer Schönheit einbüßen, wenn es gelang, die Mauer zu durchbrechen und eine Kommunikation herzustellen, als ob wir sie damit irgendwie beschmutzt hätten. Nicky aber war noch ganz vom stillen Glanz eines Traumes umhüllt; ich hatte ihn noch nicht berühren können.

Unsere Tage liefen gleichmäßig ab. Jeden Nachmittag wurde Nicky von seiner Mutter zur Schule gebracht. Die Tür öffnete sich, Nicky wurde hereingeschoben. Ein Abschiedswinken, ein Gruß zu mir hin, und weg war sie. Es war mir bis jetzt noch nie gelungen, sie über die Schwelle zu bringen und einige Worte mit ihr zu wechseln.

Nicky pflegte darauf reglos und stumm im Zimmer stehenzubleiben, bis ich ihm seine Jacke auszog. Da ich aber von jenem Enthüllungsakt her wußte, daß er durchaus fähig war, sich selber auszuziehen, wollte ich eines Nachmittags die Probe aufs Exempel machen und schauen, was geschah, wenn ich ihm nicht half. Er stand sage und schreibe fast zwei Stunden da, bis ich es aufgab und ihm beistand.

Nickys Interesse schien sich ausschließlich auf die Tiere zu richten. Besonders Benny hatte es ihm angetan. Kaum im Zimmer, stand er schon vor den Tierkäfigen. Nickys einzige Kommunikationsversuche zur Außenwelt waren zu beobachten, wenn er vor Bennys Terrarium stand, mit den Fingern vor der Schlange herumschnippte und leise, glucksende Laute von sich gab. Die übrige Zeit wiegte er sich auf den Fersen, ruderte mit den Armen, flatterte mit den Händen oder drehte und beroch alles, was im Zimmer war. Er sog jeden Tag als erstes den Geruch der Farbe an den Wänden ein, um sich danach intensiv Teppich und Boden zu widmen. Alle Gegenstände wurden erst berochen, manchmal abgeleckt und dann auf ihre Beweglichkeit geprüft. Nicky konnte anscheinend nur auf diese Weise seine Umgebung aufnehmen und kennenlernen.

Mit ihm zu arbeiten, war keine leichte Sache. Er roch so intensiv an mir herum wie an den Wänden. Während ich ihn stillzuhalten versuchte, schnüffelte und schleckte er wie wild an meinen Händen, Armen und Kleidern. Wollte man seine Aufmerksamkeit auf ein bestimmtes Objekt lenken, mußte man ihn mit eisernem Griff festhalten. Trotz meiner Umklammerung wiegte und schaukelte er sich unaufhörlich hin und zurück. Die einzige Lösung war, sich der Bewegung anzupassen und mitzuschaukeln. Jeden Abend nach der Schule mußte ich zuerst alles, was in Nickys Reichweite gewesen war, vom Speichel befreien: Gesicht, Hals, Hände, Bluse...

Nickys Bewegungen im Raum glichen einer Art starrem, mechanischem Tanz. Er trippelte auf den Zehenspitzen, wie die Gaukler im Stadtpark. Manchmal, ganz selten, fuhr sprudelndes Leben in ihn. Meistens wurden diese Zustände durch eine Art stummer Zwiesprache mit Benny oder den Vögeln ausgelöst. Diese Phase wurde immer mit Affengekreisch eingeleitet, seine Augen leuchteten auf, und er sah mich direkt an, was sonst nie geschah. Darauf bewegte er sich in rasendem Tempo im Zimmer herum, alles Steife fiel von ihm ab; die Bewegungen waren jetzt vielmehr weich und anmutig. Er warf alle Kleidungsstücke ab und flitzte splitternackt, wie ein der Badewanne entflohener Dreikäsehoch, quietschend vor Vergnügen durch die Gegend. Dieser Augenblick von Freiheit war ebenso plötzlich vorbei, wie er gekommen war.

Nickys Kommunikationsmöglichkeiten beschränkten sich auf die vereinzelten glucksenden und surrenden Laute, die er von sich gab. Er wiederholte aber pausenlos und ohne Sinn Texte, die er irgendwo gehört hatte. Manchmal gab er das wieder, was ich unmittelbar zuvor gesagt hatte. Weitaus am häufigsten leierte er Werbesendungen, Radio- und TV-Shows, Wettervorhersagen, Nachrichten und sogar Wortgefechte zwischen seinen Eltern herunter – alles Dinge, die zeitlich weit zurücklagen und die er gespeichert hatte. Es war fast unglaublich, wie genau und in welchem Umfang er das Gehörte wiedergeben konnte. Er traf den Ton der Sprechenden haarscharf. Eine gespenstische Stimmung breitete sich dann im Zimmer aus, wenn wir über unserer Arbeit saßen und im Hintergrund längst vergangene Nachrichten und Gesprächsfetzen dahinplätscherten.

In der ersten Zeit war ich ratlos, wie ich diese beiden so verschiedenen Kinder an den Nachmittagen miteinander nutzbringend schulen sollte. Bo konnte ich wohl still beschäftigen, um mit Nicky arbeiten zu können, aber umgekehrt funktionierte das nicht. Wenn man mit Nicky etwas erreichen wollte, mußte man ständig seine Hände, seinen Mund, seinen ganzen Körper und seine Sinne in Bann schlagen und zielgerichtet beschäftigen. Dennoch lag oft ein unwirklicher Zauber auf uns. Nicky zeigte Interesse an Bo. Wenn er auch sonst nichts wahrzunehmen schien, Bo sandte er öfter verstohlene Blicke zu. Erwähnte sie seinen Namen in einem Gespräch, so konnte es geschehen, daß er aufhorchte und sich nach ihr umdrehte. Seine zärtlich glucksenden Laute waren nicht ausschließlich Benny vorbehalten. Sie richteten sich auch an Bo, wenn sie in seiner Nähe saß. Nach der ersten Woche unserer gemeinsamen Nachmittage fühlte ich mich glücklich und zufrieden. Sicherlich war es nicht die einfachste Art, diese Nachmittage zu verbringen, aber über Langeweile würden wir nie zu klagen haben. Ich war froh, daß wir jetzt eine richtige Klasse waren.

Es war nicht zuletzt der Begegnung mit Bos Vater zuzuschreiben, daß bei mir der Entscheid zugunsten der Nachmittagsbeschäftigung gefallen war. Mr. Sjokheim war ich das erste Mal begegnet, als wir mit Dan und Edna zusammen über Bos Klassenzuteilung berieten. Er war mir auf Anhieb sympathisch. Bos Vater war ein gutmütiger Mann, groß und wohlbeleibt, dem man ansah, daß er den schönen Seiten des Lebens etwas abzugewinnen verstand. Er hatte eine tiefe, weiche Stimme, und sein ansteckendes Lachen hallte weit auf den Flur hinaus. Sofort war mir klargeworden, von wem Bo einen Großteil ihrer lieben, fürsorglichen Art gelernt hatte.

Ich bat Mr. Sjokheim zu einem ausführlicheren Gespräch nach Schulschluß ins Klassenzimmer. Von Beruf war er Ingenieur und arbeitete in der Forschungsabteilung eines Flugzeugwerks – im besonderen auf dem Gebiet der Bekämpfung von Abgas- und Lärmemissionen. Mit Begeisterung sprach er von seinem Anliegen, die umweltschädigenden Einflüsse der Luftfahrt einzudämmen.

Sein Privatleben hingegen war von Schicksalsschlägen gezeichnet. Seine eigene Tochter war vierjährig durch ein Spiegelglasfenster gestürzt. Die Splitter waren ihr in den Hals gedrungen, und sie wäre fast verblutet. Die Ärzte konnten zwar ihr Leben retten, nicht aber ihr Bewußtsein. Nach dem Unfall lag sie drei Jahre künstlich ernährt und beatmet in einem Spital im Koma. Sie starb schließlich, ohne jemals das Bewußtsein wiedererlangt zu haben.

So waren die Sjokheims, vom Schicksal geschlagen und mit erschöpften Finanzen, in unsere Gegend gezogen, um ein neues Leben aufzubauen. Etwas später wurden Bo und ihre Zwillingsschwester Libby zu ihnen in Pflege gegeben. Sie entschlossen sich bald, die beiden Vierjährigen zu adoptieren. Sie wagten den Schritt, obwohl sie von den schweren seelischen und körperlichen Schädigungen der Kinder durch Mißhandlungen Kenntnis hatten. Schließlich, meinte er lächelnd, haben sie uns nötig gehabt und wir sie. Das war die Hauptsache.

Mitten im Adoptionsverfahren erkrankte Mrs. Sjokheim an Krebs und starb noch vor Bos und Libbys sechstem Geburtstag.

Für Mr. Sjokheim war es keine Frage, daß er die Kinder behalten würde. Sie waren zuvor aufeinander angewiesen gewesen und jetzt erst recht. Die Verwirklichung dieses verständlichen Wunsches gestaltete sich aber äußerst schwierig. Die bürokratischen Richtlinien bei Adoptionen standen ihm im Weg. Er hatte das zulässige Alter für Adoptiveltern überschritten. Die Kinder waren ihnen zuvor nur zugesprochen worden, weil seine Frau jünger war und die beiden Mädchen für eine Adoption schon recht alt waren. Die Adoptionsbehörde wehrte sich gegen die neue Situation, daß nur noch ein Elternteil und zudem nur der männliche vorhanden war. So gab es ein Tauziehen, das schließlich doch zugunsten von Mr. Sjokheim ausfiel, da die Mädchen schwer unterzubringen und die Adoptionsvorbereitungen beim Tode der Frau schon beinahe beendet gewesen waren.

Die letzten eineinhalb Jahre waren schwer gewesen für den fünfundvierzigjährigen Mann, der sich plötzlich mit der Situation konfrontiert sah, alleiniger Fürsorger zweier Töchter zu sein. Die Zwillinge ihrerseits mußten mit der schrecklichen Tatsache fertig werden, zwei Mütter innerhalb von zwei Jahren verloren zu haben. Mr. Sjokheims Leben veränderte sich von Grund auf. Er zog in ein kleineres Haus und gab seine Stellung als leitender Ingenieur auf, da er mehr Zeit für die Erziehung der Kinder benötigte. Die Betreuung der beiden Kinder wurde ihm zur hauptsächlichen Lebensaufgabe. Es gab wohl Zeiten, in denen er seinen Entschluß, die Kinder zu behalten, in Frage stellte, aber niemals war es ihm wirklich Ernst damit.

Bos Schwierigkeiten zeigten sich frühzeitig. Mrs. Sjokheim hatte den Mädchen vor der Einschulung das Schreiben ihres Namens beizubringen versucht. Libby konnte das im Nu, Bo überhaupt nicht. Das erste Kindergartenjahr war katastrophal. Bos Unfähigkeit, geschriebene Symbole zu erkennen oder zu schreiben, und die fortschreitende Krankheit ihrer Mutter überforderten das Kind bei weitem. Es war überaktiv und unkonzentriert. Zu Hause wirkten sich die unverarbeiteten Probleme in Bettnässen und Alpträumen aus. In Anbetracht der schwierigen Lebensumstände und des Alters der Kinder – sie waren im Herbst geboren und zählten somit zu den Jüngeren – hatten sich der Vater und die Schulleitung für beide Mädchen zu einem zweiten Kindergartenjahr entschlossen. Libby profitierte von dieser Rückstellung und wurde später eine ausgezeichnete Schülerin. Bo war nicht dasselbe Glück beschieden. Bald wurde allen klar, daß Bos Schwierigkeiten nicht nur auf mangelnde Schulreife und familiäre Umstände zurückzuführen waren. Auch gab es merkwürdigerweise Dinge, die Bo besser konnte als Libby: mündlich rechnen zum Beispiel. Hingegen lernte sie weder ihren Namen schreiben noch einen Buchstaben lesen. Die Probleme erreichten einen Höhepunkt, als Bo in der Schule einen epileptischen Anfall erlitt.

Der Arzt überwies das Kind in das Universitätsspital einer anderen Stadt. Hier wurde sie neurologisch untersucht. Auf Grund der Röntgenbilder, die einen Schädelbruch und Hirnquetschungen zeigten, wurden Bos Akten genau durchgesehen, und so kam die Mißhandlung mit anschließender Operation zur Extraktion der Knochensplitter zutage.

Die Ärzte waren vorsichtig mit ihrer Diagnose. Die Epilepsie war nach ihrer Ansicht eindeutig auf die Hirnverletzung zurückzuführen. Kleine, bisher unbemerkte Anfälle konnten allein schon der Hauptgrund des Schulversagens sein. Über die Ursachen der Schwierigkeiten auf dem Gebiet der Sprachsymbole etwas Genaues auszusagen, schien hingegen unmöglich. Die Auswirkungen von Gehirnoperationen lagen noch zu sehr im dunkeln, und außerdem spielten wohl noch andere Umstände mit. Vielleicht Geburts- oder Erbschäden? Sie war die Zweitgeborene der Zwillinge und zudem eine Frühgeburt. Wer konnte wissen, ob das einen Einfluß gehabt hatte. Die auf dem Röntgenbild sichtbare Schädelfraktur jedoch bewog auch den Chef-Neurologen zur Annahme, alles habe mit der erlittenen Mißhandlung zu tun.

Nach den neurologischen Untersuchungen im Spital wurde Bo mit Medikamenten gegen die epileptischen Anfälle nach Hause entlassen. Die äußeren Krankheitszeichen waren jetzt zwar unter Kontrolle, aber die Schulschwierigkeiten blieben. Im Juni trat Bo in die erste Klasse ein. Sie konnte das Alphabet nur so herunterhaspeln und spielend bis 1000 zählen, die Buchstaben ihres Namens jedoch kannte sie nicht.

Der einzige Lichtblick war die Hoffnung der Ärzte, Bos Zustand könne sich im Laufe der Zeit bessern. Da die Verletzung in so jungen Jahren stattgefunden hatte, bestand die Möglichkeit, daß ihr Gehirn noch vor der Pubertät Wege finden würde, die verletzten Teile zu kompensieren.

Mr. Sjokheim war froh, daß das Kind halbtags von der ersten Klasse dispensiert und zu mir gebracht worden war. Er hatte erkannt, wie sehr Bo unter Ednas Druck gelitten hatte, und sah die Notwendigkeit einer Spezialbetreuung ein.

Er schilderte mir Bos Verhalten während der letzten Wochen. Er schüttelte sorgenvoll den Kopf und sagte: «Ich mach mir solche Gedanken über das Kind. Es ist nicht das Lesen, was mir am meisten Sorgen macht. Sie wird es schon lernen, wenn ihr das bestimmt ist. Aber...» Er starrte auf den Tisch vor sich. «Aber manchmal wache ich nachts auf, und ich muß an sie denken. Es quält mich zu sehen, wie sehr sie bemüht ist, ihre Niederlagen tapfer zu ertragen und so zu tun, als machte sie sich nichts daraus. Ich aber weiß, wie sie darunter leidet.»

Während er mir dies alles anvertraute, versuchte ich mich in Bos Lage zu versetzen. Das war gar nicht so einfach. Ich hatte es immer leicht gehabt in der Schule und mich nie anstrengen müssen. Ich hatte Mühe, mir vorzustellen, wie sich eine Siebenjährige fühlen mußte, die bei allen Anforderungen versagte, obwohl sie sich doch so sehr anstrengte. Jeden Morgen aufstehen und Tag für Tag sechs Stunden an einem Ort verbringen zu müssen, wo einem ununterbrochen bewiesen wurde, wie unfähig man war, das mußte fürchterlich sein. Und das Schulgesetz schrieb ihr mindestens noch weitere sieben qualvolle Jahre vor. Nicht einmal Mörder wurden so hart bestraft. Bo war in die falsche Familie hineingeboren worden, das war ihre einzige Schuld.

5

Als kleines Mädchen äußerte ich meiner Mutter gegenüber den heißen Wunsch, später einmal eine Hexe zu werden und einen Dinosaurier zu heiraten. Das schien mir mit meinen vier Jahren der Gipfel der Glückseligkeit. Wir Kinder erfanden mit Leidenschaft vorsintflutliche Abenteuer, und ich konnte mir nichts Schöneres ausmalen, als ein Leben lang meiner Lieblingsbeschäftigung nachgehen zu können.

In dieser Hinsicht habe ich mich bis auf den heutigen Tag nicht sehr verändert. Irgendwo sitzt in mir noch das vierjährige kleine Mädchen, das seinen Dinosaurier sucht. Mein Privatleben nicht völlig von der Schule auffressen zu lassen, wurde immer mehr zu meinem Hauptproblem.

Ich war mir bewußt, daß ich selbst an dieser Entwicklung schuld war. Ich liebte meine Arbeit. Sie erfüllte mein ganzes Dasein und prägte auch mein Denken. Die Arbeit in den vier

Wänden meines Klassenzimmers hatte meine Ansichten über Leben und Tod, über Liebe und Haß, Gerechtigkeit, Wirklichkeit und über die schillernde Schönheit des menschlichen Geistes weitgehend geformt. Sie hatte mir die Augen für den Sinn des Lebens geöffnet. Ich fand umfassende Befriedigung in dieser Arbeit und gehörte jetzt zu den Menschen, die am Freitagabend schon wieder sehnlichst auf den Montag warten.

Gegen diese Ausschließlichkeit war hart anzukommen. Das wußte ich und gab mir alle Mühe, auch meine Freizeit zu genießen. Meine Gier nach geistigen und emotionalen Extremen, nach permanenter Herausforderung machte aus mir jedoch eine äußerst schwierige Lebensgefährtin.

Joc und ich waren schon beinahe ein Jahr miteinander befreundet. In unserem Fall traf das alte Sprichwort zu, daß Gegensätze sich anziehen. Er arbeitete als Chemiker in einem Forschungslaboratorium des Spitals und beschäftigte sich ausschließlich mit Dingen. Er liebte das konkret Greifbare, wie schnelle Autos, alte Gewehre, guten Wein und schöne Kleider. Er war stolzer Besitzer eines Smokings. Noch nie hatte ein Freund von mir so etwas besessen. Mit Dingen mußte man nicht reden, und vielleicht war das der Grund, weshalb Joc so wenig sprach. Er war an sich kein schweigsamer Typ, aber er redete nur über Konkretes. Es schien ihm nicht sinnvoll, über etwas zu reden, das man doch nicht ändern konnte. Joc zog es vor, sich schön anzuziehen, zum Essen auszugehen, eine Party oder ein Tanzlokal zu besuchen. Kurzum, sich zu amüsieren.

Und da war auf der anderen Seite ich, mit meinen drei Paar Jeans und der alten Militärjacke, einem Überbleibsel aus meiner Studentenprotestzeit, ich, die am liebsten abends zu Hause blieb, etwas Gutes kochte und ein interessantes Gespräch führte. Worte waren mir eine Notwendigkeit. Ich brauchte sie zur Lebensbewältigung und um Luftschlösser zu bauen.

Wir waren ein sehr ungleiches Paar. Aber irgendwie schafften wir es immer wieder, unsere Verschiedenheit zu überbrücken.

Wir stritten uns zwar unaufhörlich, aber wir versöhnten uns auch unaufhörlich. Ich liebte Joc. Er war Franzose, was ich exotisch fand, und er sah zudem sehr gut aus. Ich hatte noch nie einen so gutaussehenden Freund gehabt, was mir natürlich ungemein schmeichelte. Aber er besaß auch noch wichtigere Qualitäten. Er hatte Sinn für Humor, war romantisch veranlagt und dachte immer an all die kleinen Dinge, die ich so leicht vergaß. Was aber wahrscheinlich für mich am wichtigsten war: er schärfte meinen Sinn für die Wirklichkeit und brachte mich immer wieder von meinen Höhenflügen auf den Boden der Realität zurück. Es war eine gute, wenn auch keine einfache Freundschaft.

Der Oktober kam und mit ihm ein herrlich warmer Altweibersommer. Joc und ich sahen uns jetzt häufiger, aber er mäkelte auch häufiger an meiner Arbeit herum als zuvor. Er beschwerte sich, meine Gedanken würden auch am Feierabend um die Schule kreisen, was sicher der Wahrheit entsprach. Bo und Nicky beschäftigten mich intensiv, und ich wollte diese Probleme mit jemandem besprechen. Ich wollte Joc zeigen, wie besonders Nicky und Bo waren und weshalb ich sie liebte. Einfacher gesagt, ich brauchte jemanden, der meine Last und meine Freude mit mir teilte.

Joc aber deprimierten meine Erzählungen über all die schwierigen Kinder, wie er sagte. Weshalb mußte ich den ganzen Ballast nach Hause schleppen? Weshalb konnte ich das alles nicht hinter mir lassen? Ich hörte mir seine Vorwürfe schweigend an. Sie machten mich traurig. Ich wußte plötzlich, daß Joc niemals mein Dinosaurier sein würde.

Ich hatte eigentlich die Absicht gehabt, ein Abendessen zu kochen. Joc würde noch vorbeikommen. Wir hatten uns am Abend zuvor wieder einmal nicht einigen können. Joc wollte den neuesten Coppola-Film sehen, und ich wollte zu Hause etwas grillieren. Wie immer, wenn wir keine Einigung erzielen konnten, sagte Joc schließlich, er würde einfach mal vorbeischauen.

Als ich an diesem Abend von der Schule heimkam, erwartete mich ein Brief meiner alten Freundin Candy, die mit seelisch gestörten Kindern in einem anderen Teil des Landes arbeitete. Sie berichtete, wie sie mit ihren Kindern in der Schule Eis hergestellt hatte. Statt einer komplizierten Eiscreme-Maschine hatte sie einfach Konservendosen verschiedener Größen benützt, die sie ineinanderstellte. Auf einfachste Art war das Eis so in zehn Minuten hergestellt, und jedes Kind hatte zudem seine eigene Eismaschine.

Dieser Gedanke zündete Funken in mir. Genau das richtige für Bo, Nicky und mich! Endlich hätten wir eine gemeinsame Beschäftigung und würden auf diese Weise eine echte Klasse. Bo wäre begeistert, und Nicky würde von der Erfahrung viel profitieren. Wie leicht konnte ich das Experiment in den Rechen- und Sprachunterricht einbauen. Meine Gedanken jagten mit mir davon.

Ich suchte gerade im Tiefkühlfach eine zweite Dose gefrorenen Fruchtsaft, als Joc in meiner Wohnung erschien.

«Was, zum Teufel, machst du denn hier?» fragte er unwirsch.

«Sei doch ein Schatz und kauf mir schnell im Laden drüben noch eine Dose Orangensaft, ja?» hauchte ich aufgeregt vom Tiefkühlfach her.

«Da steht doch schon eine.»

Ich richtete mich auf, schloß den Kühlschrank und sagte: «Ich brauche aber drei Dosen und habe hier nur zwei gefunden. Sei doch ein Engel und tu mir den Gefallen, ich kümmere mich inzwischen ums Abendessen.»

Joc meinte stirnrunzelnd: «Ich dachte eigentlich, daß wir ausgehen würden, und hab bereits einen Tisch reserviert.»

Ich überdachte die ganze Angelegenheit nochmals. Auf dem Tisch lag Candys Brief, der mich so in Schwung gebracht hatte. Andrerseits stand da Joc mit einer neuen Stereokassette in der Hand, die er mir im Auto offensichtlich vorspielen wollte.

Candys Brief lockte mich wie eine Sirene. Das würde ich Joc niemals klarmachen können. Wir waren im Augenblick Lichtjahre voneinander entfernt.

«Nicht heute, Joc, ein andermal gerne. Ich mach uns jetzt etwas zum Essen, einverstanden?»

Sein Gesicht verfinsterte sich zusehends.

«Weißt du, ich wollte Eiscreme ausprobieren. Meine Freundin hat da so eine Idee...» versuchte ich mich zu rechtfertigen.

«Aber wir können das Eis doch *kaufen*, Torey.»

Stille vor dem Sturm. Ich beobachtete ihn ahnungsvoll.

«Das geht nicht, Joc. Ich muß es selbst machen. Es ist wegen der Kinder. Meine Freundin arbeitet in einer Schule wie ich.»

Zutiefst enttäuscht und verärgert legte er die Hand über die Augen. «Nicht schon wieder», stöhnte er auf.

Ich hegte im stillen immer noch die Hoffnung, daß er begreifen würde, wenn ich es ihm nur klar genug darlegen konnte. Er mußte doch einsehen, daß ich heute einfach nicht ausgehen konnte. An einem anderen Tag würde ich ja freudig mitgehen, nur heute nicht, bitte, bitte.

Ich sah seine Augen an. Sie waren grün, aber ganz anders als Nickys. Kaleidoskopisch waren sie, wie Kieselsteine auf dem Grund eines Bergbaches. Seine Augen sprachen Bände. Aber ich gab nicht auf. «Ich dachte, wir könnten das Eis heute abend ausprobieren, damit ich es morgen mit den Kindern versuchen kann, ich dachte... nun, ich hoffte...» Mir erstarben die Worte im Mund, ohne daß er überhaupt etwas sagen mußte. Ich fühlte mich wie ein kleines Mädchen. «Die Kinder hätten solche Freude daran», gelang es mir noch beizufügen.

«Deine Kinder hätten Freude daran, was?» Seine Stimme war verdächtig leise und ausgeglichen.

«Wir hätten das schnell gemacht.»

«Und was ist mit mir?»

Ich schaute betreten vor mich hin.

«Wo bin ich eigentlich in deinem Spiel?»

«Sei friedlich, Joc. Komm, wir wollen uns wieder vertragen.»

«Wir streiten nicht, sondern wir führen ganz einfach ein Gespräch unter Erwachsenen. Falls du das kapieren kannst. Was haben diese Kinder eigentlich Besonderes, was wir alle nicht haben? Warum kannst du sie nicht vergessen, wenigstens ein einziges Mal? Für dich zählen ja nur diese verrückten Kinder, sonst niemand, und das soll einer verstehen!»

«Das stimmt nicht, es zählen noch viele andere Dinge für mich.»

Wieder wurde es still. Warum, fragte ich mich, werden die wichtigsten Dinge immer wieder von diesen kleinen Pausen erstickt?

«Aber nicht wirklich. Dein Herz hängt immer an der Schule, was immer du sonst auch machst.»

Ich wußte nicht, was ich antworten sollte. Ich verstand mich nicht einmal selbst. Wie sollte ich da Joc etwas erklären können? Wir standen immer noch in der dunkel gewordenen Küche. Joc spielte mit der Kassette in seinen Händen. Ich konnte seinen Atem hören.

Schließlich schüttelte er den Kopf. Langsam. Unwillig. Ich muß gestehen, daß es mich trotz meines schlechten Gewissens Joc gegenüber unwiderstehlich zu Candys Eisrezept hinzog. Er hatte recht. Mein Herz hing an den Kindern und nicht an einem guten Nachtessen. Wie so oft zuvor stand ich vor dem unlösbaren Dilemma, es sowohl ihm wie auch mir recht machen zu wollen.

«Joc?»

Unsere Blicke trafen sich.

«Es tut mir leid.»

«Hol dir deine Jacke, wir gehen.»

Candys Rezept wurde nicht mehr an jenem Tag ausprobiert, sondern erst gegen Morgen. Nachdem mich Joc zu Hause abgeladen hatte, ging ich in ein Geschäft, das rund um die Uhr offen hat, um die dritte Fruchtsaftdose zu erstehen. Um ein Uhr dreißig konnte der Ballon steigen. Als das Experiment so richtig angelaufen war, entdeckte ich, daß ich keine Eiswürfelchen hatte. Viel zu müde, um mich darüber aufzuregen, sank ich erschöpft ins Bett.

Am nächsten Tag ging ich mit Candys Brief, einem halben Dutzend Dosen und allen für Vanille-Eis nötigen Zutaten bewaffnet zur Schule.

«Was hast du da?» fragte Bo, als ich meine ganzen Utensilien ausbreitete.

«Wir machen was Lustiges zusammen.»

«Was Lustiges», war prompt Nickys Echo zu hören.

«Was denn?» fragte Bo mißtrauisch. Zu oft war ihr schon Arbeit unter dem Deckmäntelchen von «lustigem Spiel» untergeschoben worden. Sie war auf der Hut.

«Wir werden zusammen Eis machen.»

«Eis? Solches Eis habe ich aber noch nie gesehen.» Sie stand so nahe bei mir, daß ihr Atem mich auf dem Nacken kitzelte.

«Hast du überhaupt schon mal gesehen, wie man Eis macht?»

«Nein, eigentlich nicht. Aber so habe ich es mir nicht vorgestellt.»

«Nicky! Nimm das sofort herunter!» Er hatte die große Schüssel wie einen Helm auf den Kopf gestülpt und schrie aus Leibeskräften.

«Ach, du lieber Himmel», rief Bo in weiser Voraussicht aus, «jetzt wird er alle Kleider ausziehen. Du hättest nicht so zu ihm sprechen sollen, Torey.»

«Bo, nimm ihm die Schüssel vom Kopf, bevor sie herunterfällt. Nicky, komm augenblicklich hierher und hör mit dem Geschrei auf. Nicky!»

Wir setzten Nicky nach, und eine wilde Jagd nach der Schüssel begann. Das Gefäß auf dem Kopf raste er kreischend im Zimmer herum. Plötzlich flog es in hohem Bogen in eine Ecke – und, o Wunder, es war noch ganz. Bo und ich machten uns an die Vorbereitungen. Nicky überließen wir seinem irren Taumel. Er war jetzt bereits splitternackt. Ich konnte mir nicht helfen, aber er sah wirklich aus wie ein Äffchen, das schreiend im Zoo herumhopst.

Ich zerkleinerte Eiswürfel im Ausguß, und Bo rührte das Eiscreme-Pulver in einer Schüssel an. Nicky tanzte närrisch lachend um uns herum. Neben mir hatte ich drei große Konservendosen mit drei kleineren darin bereitgestellt. Sorgfältig füllte ich den Zwischenraum mit Salz und Eisstückchen.

«Torey, ich bring dir jetzt das Eiscremezeugs», rief Bo.

«Bitte, Bo, laß das. Die Schüssel ist viel zu schwer für dich. Ich bringe die Dosen lieber zu dir.»

«Klar schaff ich das. Du weißt nicht, wie stark ich bin.»

«Bo, hast du nicht gehört, was ich gesagt habe?»

Sie hörte nicht, sondern versuchte, die Riesenschüssel, die sie kaum umfassen konnte, vom Fleck zu bringen. Ich sah das Verhängnis kommen, mußte ihm aber seinen Lauf lassen, da ich nicht schnell genug zur Stelle sein konnte. Die Schüssel fiel zu Boden und brach entzwei. Sie hatte den Sturz kein zweites Mal überlebt. Alles war voll Creme: Bos Kleider, die Tischdecke, der Boden, einfach alles.

Bo war vor Schreck wie versteinert. Sogar Nicky hielt einen Augenblick inne.

«Ich hab es nicht absichtlich getan», flüsterte sie mit einem hohen, tränenerstickten Stimmchen.

Ihre Reaktion rührte mich. Ich schluckte die unwillige Bemerkung, die ich auf der Zunge hatte, herunter. Es wäre jetzt billig gewesen zu sagen, ich hätte sie ja gewarnt. Statt dessen sagte ich: «Das kann jedem mal passieren, ist nicht so schlimm.»

«Ich hab's nicht absichtlich getan, es tut mir leid.»

«Ist schon gut, Bo. Es war ein Mißgeschick, und wir können nichts Gescheiteres tun, als sauberzumachen.»

«Ich habe es aber nicht absichtlich getan.»

«Bo, ich weiß das. Du mußt nicht weinen. So wichtig ist das doch nicht. Komm, hilf mir.»

Sie nahm meine Worte nicht auf. Ihr Gesicht war naß vor Tränen. Ihre Augen waren auf die zerbrochene Schüssel geheftet. Nicky hatte aufgehört, herumzutoben. Er kam zu mir. Alles Irre war von ihm abgefallen. Ich begann die Glassplitter zusammenzulesen.

Wieder sagte Bo: «Es tut mir leid, ich habe es nicht absichtlich getan.»

Ich sah sie forschend an. «Fühlst du dich in Ordnung, Bo? Schau mich mal an.»

«Ich habe es nicht absichtlich getan.»

Mir wurde wind und weh. Etwas stimmte da nicht. Ich versuchte, ihr in die Augen zu blicken. «Ich weiß, daß du nichts dafür kannst. Ich bin dir nicht böse. Vergiß es!»

«Es tut mir leid», piepste sie mit der Stimme eines verschüchterten Kindes. Sie schaute mich noch immer nicht an, stand wie festgenagelt noch am selben Ort, wo die Schüssel zu Boden gefallen war.

«Bo! Bo! Was hast du?» Ich hatte plötzlich Angst um sie. Etwas Schwerwiegendes ging in ihr vor. Es war nicht mehr nur die Schüssel. Bereitete sich ein Anfall vor? Ich zweifelte daran, da viele meiner Kinder schon epileptische Anfälle gehabt hatten, aber keines hatte vorher so ausgesehen. Mechanisch wiederholte sie, wie leid es ihr täte und daß sie es nicht absichtlich gemacht habe. Ich wußte nicht, wie ich auf dieses ungewöhnliche Verhalten reagieren sollte. In meiner Ratlosigkeit fuhr ich mit Aufwischen fort. Bo blieb wie angewurzelt mitten in der Cremepfütze stehen. Durch unheimliche Mächte gebannt.

Nicky teilte meine Angst. Sorgenvoll beobachtete er uns. Er nahm am Geschehen teil, stand nicht mit abwesendem Blick herum wie sonst.

Die Spannung wurde unerträglich. Ich suchte verzweifelt nach einer Möglichkeit, sie abzubauen. Es fiel mir nichts anderes ein, als ein Lied zu singen. Das einzige, das Nicky kannte.

«Der Bauer hatte einen Hund und Bingo war sein Name»,

trällerte er mit. «B-I-N-G-O!» rief er Bo eindringlich zu. «B-I-N-G-O!»

Aber alle Mühe war vergebens. Bo rührte sich nicht. Ich kniete vor sie hin und begann ihre Kleider abzuwaschen. Ich hörte ihren ängstlich verhaltenen Atem. Ihre Augen waren ausdruckslos. Geisterblick.

Wir waren jetzt gleich groß und dicht beieinander. Ich nahm ihr Gesicht sachte in meine Hände.

«Was ist los, Bo? Willst du nicht mit mir sprechen?»

«Du hast mir gesagt, ich soll's nicht tun. Ich habe nicht gehorcht. Ich bin schuld. Aber ich habe es nicht absichtlich getan.»

«Bo?»

«Wirst du mich jetzt schlagen?»

Sie sprach nicht zu mir. Sie richtete die Worte an eine unsichtbare Person. Meine Hände zitterten. Ich stand diesem Phänomen hilflos gegenüber. Ich fühlte die weiche, warme Haut ihrer Wangen und die angespannten Muskeln ihres Kinns unter meinen Händen. Obwohl wir so nahe beieinander waren, daß ich ihren heißen Atem in meinem Gesicht spürte, sah sie durch mich hindurch jemand anders an.

«Bitte, schlag mich nicht, bitte, bitte!»

Nicky kam zu uns und streckte die Hand abwechselnd nach Bo und nach mir aus, ohne uns jedoch wirklich zu berühren.

«Bo, ich bin's doch. Torey. Wir sind hier in der Schule.»

Was ging bloß in ihr vor? Ich nahm sie in die Arme und setzte mich mit der kostbaren Last im Schoß in den Kinder-Schaukelstuhl. Die Spannung in ihrem Körper war so groß, daß ihre Glieder steif waren. Ich mußte sie wie eine Puppe in die richtige Position biegen. Plötzlich löste sich der Krampf, und sie entspannte sich in meinen Armen. Ich schaukelte hin und her. Ihr Verhalten war und blieb ein Rätsel. Ich habe auch später nicht herausgefunden, wie dieser Zustand einzuordnen war. Eine Art

Anfall? Eine psychotische Episode? Eine Streß-Reaktion? Ich hatte keine Ahnung. Bo hat auch später nie davon gesprochen. Es war eines der erschreckendsten Erlebnisse meiner Lehrerlaufbahn.

Da ich sonst nichts zu tun wußte, schaukelte ich einfach hin und zurück, hin und zurück. Immer wieder. Wir waren eigentlich zu groß für den Stuhl. Bos lange Beine baumelten fast auf den Boden. Nicky beobachtete uns. Auf seinen Fersen schaukelte er im selben Rhythmus wie wir. Er war hellwach. Nichts Schlafwandlerisches war im Augenblick an ihm zu erkennen. Er tat etwas, was er noch nie getan hatte. Er berührte mich mit voller Absicht. Sanft legte er die Hand auf meine Wange und fuhr mit dem Finger über Lippen und Kinn. Dabei schaute er mich mit demselben forschenden Blick an wie ein Wissenschaftler seine Entdeckung. Nach dieser eingehenden Prüfung stieg er zu uns auf den Schaukelstuhl.

Was für ein Bild muß das gewesen sein! Wie eine kleine Pyramide türmten wir drei uns auf dem Kinder-Schaukelstuhl. Bo hielt ich an meine Brust gepreßt, und Nicky saß auf der Lehne, seine bloßen Beine lagen auf Bos Schoß. Er legte zärtlich meinen freien Arm um seine Schultern, und sein Kopf ruhte auf Bos Haar. Mit der einen Hand hielt er seinen Penis und mit der anderen streichelte er Bos Wange. «B-I-N-G-O», klang seine helle, klare Engelsstimme durch den Raum, «und B-I-N-G-O war sein Name.»

Wir boten einen absurden Anblick. Was würde wohl einer denken, der jetzt hereinkäme! Im Schaukelstuhl der nackte Nicky, die fassungslose Bo und ich. Meine Gedanken wanderten merkwürdigerweise zu Joc. Ich fühlte Mitleid mit ihm, weil er das nie verstehen würde.

6

Ich mußte die Eltern sehen, mit ihnen sprechen. Das war unbedingt nötig, damit sich die vielen Mosaiksteinchen zu einem Bild fügten. Ich mußte doch wissen, was die achtzehn Stunden außerhalb der Schule mit den Kindern geschah. Manchmal half mir auch die Erkenntnis, daß Mutter und Vater ebenso ratlos waren wie ich.

Ich versuchte mich in die Lage der betroffenen Eltern zu versetzen, aber da ich keine eigenen Kinder hatte, gelang es mir nur bruchstückhaft, wie sehr ich mich auch anstrengte. Mathematisch gesehen, kam es auf dasselbe heraus, ob man vier Kinder sechs Stunden am Tag betreute oder ein einziges während vierundzwanzig Stunden. Aber zwischen Mathematik und Gefühlen liegt eine ganze Welt.

Deshalb lag mir so viel daran, Nickys Mutter zu erwischen. Ich mußte von ihr erfahren, wie Nicky zu Hause lebte, damit ich wußte, was für ihn gut war. Außerdem sollte sie auch spüren, wie sehr Nicky mir am Herzen lag.

Jeden Tag lieferte sie mir den Jungen ab, kam aber nie herein. Erwartete ich sie vor der Tür, hatte sie immer eine Entschuldigung, um sich schnellstens davonzumachen. Es war nicht mehr zu übersehen, daß Frau Franklin mir aus dem Weg ging.

Die letzte Woche im Oktober war jeweils für Gespräche zwischen Eltern und Lehrern reserviert. Die Kinder hatten in dieser Zeit frei. Als Nachhilfelehrerin hatte ich unglaublich viele Gespräche zu führen. Es war kein Problem, mit Bos Vater in einem solchen Fünfzehnminuten-Gespräch ein wichtiges Thema zu behandeln, da wir uns regelmäßig trafen und uns gut genug kannten. Aber mit Frau Franklin war das anders. Ich konnte ihr nicht zumuten, siebeneinhalb Jahre in einer Viertelstunde zusammenzufassen. Ich ließ sie deshalb als letzte kommen.

Sie war eine kleine, feingliedrige Negerin mit einem überaus ängstlichen Ausdruck. Als sie in ihrer scheuen Art mir gegenüber Platz nahm, fragte ich mich, was sie wohl schon alles über ihren «Engel» gehört haben mußte.

«Mein Junge, wie steht's mit ihm?» Die Frage war so leise gestellt, daß ich sie bitten mußte, sie zu wiederholen. «Ich möchte so gern, daß er sprechen lernt. Wie die anderen Kinder. Kann er jetzt richtig sprechen? Haben Sie es ihm schon beigebracht?»

«Ich habe den Eindruck, Nicky macht schöne Fortschritte bei uns, Mrs. Franklin.»

Ich versuchte meiner Stimme eine zuversichtliche Note zu geben. «Wir haben noch viel vor, Nicky und ich, aber wir sind auf dem besten Weg, habe ich das Gefühl. Ich freue mich, daß er in meiner Klasse ist.»

«Sie haben ihn auch noch nicht dazu gebracht, richtig zu reden, stimmt's?»

«Nein, noch nicht.»

Sie senkte den Kopf, rutschte nervös auf dem Stuhl hin und her. Ich hatte Angst, sie wolle gehen.

«Ich will nicht, daß sie ihn mir wegnehmen. Daß er in eine Irrenanstalt kommt. Ich will meinen Jungen behalten.»

«Ich kann mir nicht vorstellen, daß jemand das im Sinn hat, Mrs. Franklin.»

«Charles, das ist mein Mann, hat das aber schon gesagt. Er sagt, wenn Nicky nicht richtig reden lernt wie andere Jungens, sperren sie ihn später in eine Anstalt, und wir können nichts mehr für ihn tun. Charles kennt sich in solchen Dingen aus. Er sagt, Nicky ist krank, und solche Kranke nehmen sie den Eltern weg.»

«Nicky ist nicht krank. Er ist nur anders.»

«Charles sagt aber, daß sie ihn wegnehmen. Die Ärzte, die werden das tun. Sie haben zu Charles gesagt, sie holen ihn, wenn er nicht richtig sprechen kann.»

Die Frau war so angsterfüllt, daß es schwierig war, ihr irgend etwas klarzumachen.

«Die Irrenhäuser, die sind nicht gut, Miß. Ich war mal in einem. Ich weiß es. Den Bruder meiner Mutter haben sie eingesperrt. Ich weiß, was ich sage.» Sie hielt inne, und das Schweigen gab mir einen Stich bis ins Herz hinein. «Dort war dieser große Junge», sagte sie mit weicher Stimme. «Groß war er, fast schon ein Mann. Er hatte Locken, genau wie mein Nicky. Und da stand er nackt in seinem eigenen Urin und weinte. Der große Junge. Er war doch schon fast ein Mann.» Ihre Augen waren voller Tränen. «Und dieser Junge war doch auch der Sohn einer Mutter.»

Ihre Angst war so groß und vielleicht sogar berechtigt, daß ich Mühe hatte, sie zu beschwichtigen. Wir sprachen lange miteinander. Sie war um drei Uhr gekommen, und jetzt fiel langsam die Oktober-Dämmerung herein. Braunes Herbstlaub wirbelte vor dem halboffenen Fenster, und ein kühler Wind versuchte unsere düstere Stimmung aufzufrischen. So ging das Gespräch immer weiter. Wir sprachen lange von nebensächlichen Dingen, weil die Wahrheit immer noch zuviel Angst einflößte. Ihr Hobby waren Quiltarbeiten, wie sie mir erzählte. Sie hatte damit schon einen Preis gewonnen, und ihre Großmutter hatte ihr eine hundertfünfzig Jahre alte Quiltarbeit hinterlassen, die noch in einer Sklavenhütte hergestellt worden war. Ich sprach von meiner ungestillten Sehnsucht nach dem fernen Wales. Schließlich kamen wir wieder auf ihren Sohn zu sprechen.

Nicky war kein Wunschkind gewesen. Seine Eltern waren damals nicht verheiratet. Die Schwierigkeit hatte darin bestanden, daß er weiß und sie schwarz war. Die Familien widersetzten sich einer Heirat aus Angst vor dem Wirbel, den eine solche Mischehe in einer kleinen Provinzstadt im Süden auslösen würde. Die beiden brannten durch und flohen nach Norden, in der Hoffnung, dort ein gemeinsames Leben aufzubauen. Die Familie von Charles wollte nichts mehr von ihm wissen, und

Mrs. Franklin hatte ihre Mutter seit dem Tag ihrer Flucht vor acht Jahren nie mehr gesehen; ihr Vater war inzwischen gestorben. Die übrige Verwandtschaft hingegen pflegte einen normalen Kontakt mit ihr.

Während der ersten Monate nach der Geburt hatten die Franklins nichts Außergewöhnliches an Nicky wahrnehmen können. Er war vielleicht ein ungewöhnlich ruhiges Baby gewesen, das schon, aber der Kinderarzt sah darin keinerlei Anlaß zur Beunruhigung. Er hatte zwar etwas spät sitzen und gehen gelernt, aber immer noch im Rahmen einer normalen Entwicklung, höchstens geringfügig verspätet. Kriechen konnte er nicht. In den ersten Jahren konnte er sogar einige Worte sprechen. Wau-wau, ade, bäng-bäng. Und kleine Verschen. Nie aber hörte man ihn Mama oder Papa sagen. Nach etwa achtzehn Monaten wurde sein Verhalten auffällig. Er weinte ununterbrochen. Nichts und niemand konnte ihn trösten. Er strampelte die ganze Nacht in der Wiege und schlug mit dem Kopf gegen die Wand. Etwas, das leuchtete, glänzte oder sich bewegte, wie sein eigener Finger zum Beispiel, erweckte sein Interesse mehr als die Menschen um ihn herum. Er sprach kein Wort mehr.

Erst als er drei Jahre alt war, begannen die Franklins sich ernsthaft Sorgen zu machen. Der Kinderarzt hatte sie immer mit «das ist sicher nur eine vorübergehende Phase» vertröstet. Nicky sei eben ein Spätentwickler, und er würde schon noch alles nachholen. Als sie ihn dann aber mit drei Jahren in den Kindergarten schickten, erkannte eine Lehrerin, daß der Junge autistisch war.

Die Jahre zwischen der erschütternden Diagnose und Nickys Eintritt in meine Klasse waren voller Leid und finanzieller Schwierigkeiten, da sich die Eltern alles am Munde absparten, um das erträumte Wunderheilmittel zu finden. Sie verkauften ihr kleines Haus und alles, was sie sonst noch besaßen, und zogen mit den beiden Kindern nach Kalifornien. Sie hatten gehört, es gebe hier eine Sonderschule für Kinder wie Nicky. Nach neun

Monaten zähen Bemühens gab die Schule auf. Sie fuhren in ihre Heimat zurück, diesmal mit einer Vitaminkur in der Tasche. Nach einer Weile zog die Familie um nach Pennsylvania, weil es da eine Schule für Hirngeschädigte gibt. Hier versuchte man, die Kinder zu heilen, indem die früheste Kindheit wiedererlebt wurde, der Mutterleib, die Geburt, das Wachsen. Nickys Eltern investierten ihr gesamtes Geld und ihre gesamte Hoffnung in diese Therapie. Vollkommen ruiniert, kehrten sie nach Hause zurück. Drei Jahre waren seither vergangen. Mr. Franklin hatte inzwischen zwölf verschiedene Stellungen angenommen, manchmal drei gleichzeitig, um für die immensen Ausgaben aufzukommen und die Familie zusammenzuhalten. Die Ehe, die Gefühle, das Geld, alles war erschöpft. Und Nicky hatte noch immer keine Fortschritte gemacht. Sein Zustand wurde für sie im Gegenteil immer unverständlicher. Jede neue Schule hatte mit einer neuen Therapie, einer neuen Methode, einer neuen Diagnose zu erklären versucht, weshalb sie gescheitert war. Immer wieder das alte Lied, in neuer Variation. Trotz des ungeheuren Aufwands wußten die Franklins kein bißchen mehr über ihren kleinen Engel als zu Beginn. Ausgelaugt und entmutigt waren sie für immer zurückgekehrt und hatten Nicky in der öffentlichen Schule angemeldet. Das war letztes Jahr gewesen.

Die Ehe, auf so unsicherem Boden geschlossen, war wohl arg mitgenommen nach all diesen Strapazen, aber sie hielt stand. Die Franklins waren beide keine gebildeten Leute, und die Probleme mit diesem Jungen überforderten sie. Mrs. Franklin gab zu, daß es manchmal schwer sei, nicht einen Schuldigen für dieses Unglück suchen zu wollen. Besonders, da die Umwelt genußvoll mit dem Finger zeigte. Aber sie liebten Nicky, trotz allem, das sei keine Frage.

Diese Art von Geschichten nahmen mich mehr mit als die schrecklichsten Berichte über rohe Gewalt, Vernachlässigung und körperlichen Schmerz. Ich haßte diese Geschichten, auf die es keine Antwort gab. Schuldlose Menschen in unverschuldeten

Umständen. Mein ausgeprägter Sinn für Gerechtigkeit litt unter all diesen Geschichten, die ich mitanhören mußte. Wo blieb da der Sinn, weshalb mußten Unschuldige leiden? Ohnmacht und Wut gegen eine Welt, die ich nicht begreifen konnte, loderten in mir hoch.

«Es ist so schwer», sagte Mrs. Franklin und starrte auf die polierte Tischplatte. «Wissen Sie, meine Schwester hat einen kleinen Jungen, einige Monate jünger als Nicky. Sie schreibt mir oft von ihm. Er ist jetzt in der zweiten Klasse und darf sogar im Kirchenchor mitsingen.» Sie sah mich an. «Ich wäre ja schon glücklich, wenn er Mama zu mir sagen würde.»

Allerheiligen war an einem Freitag. Nicky, Bo und ich nutzten jede freie Minute, unser Schulzimmer auszuschmücken. Am Morgen wurde jeweils der normale Stundenplan eingehalten, am Nachmittag jedoch fand in jedem Klassenzimmer ein Kostümfest statt. Bo wollte sich unbedingt verkleiden, und so schlug ich ihr vor, in Ednas Klassenzimmer mit den anderen Schülern zu feiern statt nur mit Nicky und mir.

Die Frage der Verkleidung versetzte Bo in große Aufregung. Eine Idee nach der andern wurde aufgegriffen und wieder verworfen. Schließlich entschloß sich Bo, sich als Hexe zu verkleiden. Geduldig hörte ich mir alle Phasen der Hexengeburt an.

«Mein Daddy hilft mir», erzählte sie mir aufgeregt. «Das Kleid ist lang und schwarz und hat einen Schal. Er hat einen Mop gefärbt, und jetzt habe ich lange schwarze Haare. Einen spitzen Hut werde ich auch aufhaben. Und rate mal, was noch?»

«Ich habe wirklich keine Ahnung, du mußt es mir sagen.»

Eine Lachsalve ging los. «*Warzen* werde ich haben!»

«Das glaube ich nicht!»

«Doch, bestimmt! Man kann sie im Laden kriegen. Ich hab's aus meinem Taschengeld gekauft. Und weißt du, was ich noch machen werde?»

«Keinen Dunst.»

«Ich werde meiner Schwester einen Schrecken einjagen. Mein Kostüm ist besser als ihres. Sie hat keine Warzen, weil sie das ganze Taschengeld für Schleckwaren ausgibt.»

«Die wird vor Schreck bestimmt umfallen, wenn sie dich sieht.»

Nicky und ich hatten unsere eigenen Pläne für diesen Nachmittag. Er hatte noch immer nicht gelernt, die Toilette selbständig zu benützen, und doch widerstrebte es mir, ihn ständig in Windeln zu halten. Auch fiel es ihm schwer, den Verschluß der Wegwerfwindeln zu öffnen, so daß seine seltenen Versuche, die Toilette rechtzeitig zu erreichen, meist mißglückten. Davon zeugten etliche Pfützen. Wenn Bo da war, hatten wir keine Zeit fürs Töpfchen-Training! Also nutzten wir jetzt die Gelegenheit. Nachher wollte ich Nicky noch zum Einkaufen mitnehmen. Er war noch nie in einem Lebensmittelladen gewesen. Wir beabsichtigten, Zutaten für unsere Eis-Kochkünste zu erwerben. Ich hatte die Hoffnung auf gutes Gelingen noch nicht gänzlich aufgegeben.

Es war bereits später Nachmittag, nach der Pause. Wir befanden uns im Ruheraum der Mädchen. Mit einem Exemplar von «Wie krieg ich mein Kind in einem Tag aufs Töpfchen» und einer Flasche Orangensaft bewaffnet, versuchten wir unser Bestes. Damit ich ihm etwas beibringen konnte, mußte er natürlich wacker trinken.

«Torey!» rief eine schluchzende Stimme. «Torey!»

Ich schaute auf den Flur hinaus. Es war Bo, das Hexchen. Ein Tränenstrom hatte die schwarze Schminke verschmiert, die Perücke war verrutscht, die kleine Gestalt war ganz aufgelöst. Sie klammerte sich verzweifelt an mich. «Was ist denn, Liebes?»

«Ich hatte solche Angst, als ich dich nicht fand», stammelte sie.

«Was ist denn passiert? Du hättest doch heute nachmittag in

Mrs. Thorsens Klassenzimmer sein sollen, weißt du nicht mehr?»
Ich hob ihr Kinn hoch. Eine Gummiwarze klebte jetzt an meiner Bluse. Nicky kam mit heruntergelassener Hose aus dem Badezimmer gehopst.

Bo wich meinem Blick aus. Sie warf den Kopf zurück, als ich ihr ins Gesicht sehen wollte. Schließlich zog ich Nicky die Hose wieder an und sagte beruhigend zu ihr: «Willst du wieder zu uns kommen, Bo? Wir haben dich vermißt.»

Sie nickte.

Bo ließ sich auf einen Stuhl fallen. Ich hatte immer noch keine Ahnung, was geschehen war. Der spitze Hut war ihr beinahe über die Augen gerutscht. Die Diskrepanz zwischen ihrem Aufzug und ihrem jämmerlichen Zustand war herzergreifend. «Was ist denn? Komm, sag es mir. Hattest du einfach Angst, als du uns nicht gleich fandest? Ist es nur das?»

Sie hörte mir nicht einmal zu. Die Tränen hatten noch eine Warze gelöst, die jetzt auf den Tisch gespült wurde. Bo zerquetschte sie mit dem Fingernagel.

«Ist etwas im Schulzimmer geschehen?»

Sie nickte wieder.

«Glaubst du nicht, es wäre besser, wenn du's mir sagen würdest?»

Sie schüttelte den Kopf.

Aus den Augenwinkeln sah ich, daß Nicky sich an seiner Hose zu schaffen machte. Ich stand auf, um das Schlimmste zu verhüten.

«Bleib bei mir», bat Bo.

Ich setzte mich wieder hin und ließ es bei einem mahnenden Blick zu Nicky hin bewenden.

«Mikey Nelson hat gesagt, ich sei dumm», murmelte Bo. «Er sagt, daß das eine Klasse für Dumme ist.»

Sie hielt den Kopf immer noch gesenkt und nestelte an einer Strähne ihrer Perücke herum.

«Ich sei das dümmste Kind in der ganzen Schule, sagt er. Ich könnte nicht einmal die Bücher von einem Kindergartenschüler lesen, so dumm sei ich.»

«Auslachen ist etwas Häßliches, ich verstehe, daß dir das weh getan hat.»

Sie verstummte wieder.

«Vielleicht ist das schon richtig», sagte sie sanft. «Ich bin schließlich länger im Kindergarten gewesen als die anderen, und wahrscheinlich bleibe ich in der ersten Klasse auch noch mal sitzen.»

Nicky saß auf der anderen Seite des Zimmers bei seiner geliebten Schlange. Wie er so im Schneidersitz dasaß und uns unverwandt ernst und aufmerksam beobachtete, hätte man meinen können, er verstünde jedes Wort und leide mit.

Bo schaute mich an. «Stimmt das, Torey? Bin ich dumm?»

Ich hob ihren Kopf hoch, damit ich ihre Gesichtszüge in der Dämmerung besser erkennen konnte. Was für ein schönes Kind! Was war es, das mir diese Kinder so schön erscheinen ließ? Eines Tages würde mir noch das Herz brechen, so wunderbar kamen sie mir vor. Äußerlich waren sie bestimmt nicht hübscher als andere Kinder, sagte ich mir immer wieder. Es mußte also etwas anderes sein. Oder bildete ich mir alles nur ein? War ich verblendet?

«Torey?» Ihre fragende Stimme holte mich in die Wirklichkeit zurück. Die Frage, die sie gestellt hatte, lag jenseits aller Worte und lag jetzt in ihren Augen.

Es gab keine Antwort auf meine Frage. Es gab keine Antwort auf ihre Frage. Wie würde eine ehrliche Antwort lauten? Eine Antwort, die sie befriedigte? Sollte ich ihr sagen, daß sie nicht dumm war, daß ihr Gehirn aus einem anderen Grund nicht richtig funktionierte und Mikey Nelson den falschen Ausdruck gewählt hatte? So etwas hätte ich vielleicht sagen können, oder ich hätte sagen können, daß das alles eine Lüge sei. Für mich jedenfalls war es eine. Mikey Nelson wußte nicht, was er sagte. Aber in einer Welt, die vom Leistungsdenken beherrscht war, klangen meine unausgesprochenen Worte wie Hohn. *Ich* wäre plötzlich der Lügner. Es war gut möglich, daß kein Lehrer, keine Therapie, kein Bemühen, ja sogar nicht einmal Liebe genügte, um wiedergutzumachen, was der Zorn einer Nacht angerichtet hatte. Wenn das stimmte, käme ich gegen Mikey Nelsons Worte nicht an.

Sanft strich ich ihr das Haar aus der Stirn, richtete den Zauberhut wieder auf und sagte: «Dir fehlt nichts, Bo.»

Ihre Augen hingen an meinem Gesicht.

«Das ist die reine Wahrheit, und du mußt sie glauben. Höre auf niemanden, der etwas anderes sagt. Auf gar niemanden. Was er auch immer sagen mag. Dir fehlt nichts, hörst du?»

7

«Guten Tag, Thomas», sagte ich, «ich heiße Torey. Ich bin deine Lehrerin für die Nachmittagsstunden.»

«Einen verdammten Dreck interessiert mich das. Ich bleibe sowieso nicht hier. Wo sind wir hier überhaupt?»

Wir starrten uns an. Ich stand zwischen ihm und der Tür. Unter der schwarzen Kunststoffjacke hatte er die mageren Schultern abwehrend hochgezogen. Er war groß für sein Alter, aber viel zu dünn. Schwarze, fettige Haarsträhnen hingen über seine zornfunkelnden Augen. Bestimmt stammte er aus einer Wanderarbeiter-Familie. Seine Hände waren rauh und voller Schwielen. Dieser Junge wußte mit seinen zehn Jahren bereits, was Feldarbeit war.

Ich war nicht auf Thomas vorbereitet gewesen. Birk hatte erst am Morgen telefoniert, und schon stand der Junge da. Ein Blick auf seine herausfordernde Haltung, und ich wußte, weshalb er mir gebracht worden war. Keiner, der sich in ein Schulschema einordnen ließ, dieser Thomas.

«Was ist das für ein Scheißort, hab ich gefragt!» rief er jetzt lauter.

Bo kam und stellte sich zwischen mich und Thomas. Sie schaute ihn lange und gründlich an. «Das ist unser Klassenzimmer.»

«Wer, zum Teufel, bist denn du?»

«Bo Ann Sjokheim. Und wie heißt du?»

«Wo haben die mich hier reingesteckt, in ein Säuglingsheim?» Er fixierte mich. «Herrgott noch mal, ich bin in einer verdammten Babyklasse gelandet.»

«Ich bin kein Baby», protestierte Bo.

«Eine verfluchte, stinkende Babyklasse ist das. Mit kleinen Mädchen drin. Geh doch lieber zum Kinderfest, Puppe!»

Bo schob die Unterlippe vor und sagte trotzig: «Ich bin kein Baby, ich bin fast acht. Da hast du's!»

«Scheiße. Ich bleibe nicht hier.» Sein Körper nahm eine Kampfstellung ein, und die Hände hatte er zu Fäusten geballt. «Du läßt mich jetzt da vorbei, sonst kriegst du was ab.»

Angst überfiel mich. Ich wollte ihn nicht noch mehr reizen und schwieg. Die nackte Wut sprang ihm aus den Augen wie ein loderndes Feuer.

In diesem spannungsgeladenen Augenblick ging die Tür auf, und Mrs. Franklin schob Nicky zu uns herein.

«Ein Nigger! Ein Nigger ist im Zimmer! Ich will raus», rief Thomas. «Ich will nicht mit einem verdammten Nigger zusammen sein.»

Bo war entrüstet. «Er ist kein Nigger. Es ist Nicky. Du darfst nicht so mit ihm sprechen.» Sie nahm Nicky an der Hand.

Thomas überraschte mich, als ich die Tür verriegeln wollte. «Dieses Schloß wird dir nicht viel nützen. Das sprenge ich, bevor du bis zwei gezählt hast.»

«Es ist gar nicht wegen dir», entgegnete ich ihm, «es ist wegen ihm.» Ich zeigte auf Nicky. «Manchmal verirrt er sich, so weiß er besser, wo er hingehört.»

Thomas funkelte mich zornig an: «Du haßt mich, ich weiß.»

«Ich hasse dich nicht. Wir kennen uns ja überhaupt nicht.»

Plötzlich packte er einen Stuhl, schwang ihn wie ein Lasso über dem Kopf und ließ ihn durchs Zimmer in den Vogelkäfig sausen. Aufgeregt flatterten die Vögel im schwankenden Käfig herum. Nicky flüchtete unter den Tisch, und Bo gab kleine Schreie des Entsetzens von sich.

Die Wirkung, die er erzielte, feuerte Thomas offensichtlich an. Zerstörungswut packte ihn. Wie eine Furie stob er durchs Zimmer und fegte alles, was ihm in die Hände fiel, zu Boden. Bevor ich richtig realisierte, was geschah, wirbelten Bücher, die Sachen auf meinem Pult und Bos Arbeitsmappe wie Konfetti in der Luft herum. Ein zweiter Stuhl flog durchs Zimmer. Hilflos war ich der Raserei ausgeliefert. Ich hielt mich still, da ich ihm auf keinen Fall Nahrung für weitere Zornesausbrüche liefern wollte.

Thomas hielt inne und wandte sich an mich. «So, jetzt haßt du mich aber bestimmt.»

«Ich müßte lügen, wenn ich behaupten wollte, ich sei begeistert von deiner Aktion. Aber hassen tue ich dich deswegen nicht, und ich finde es auch nicht gut, daß du dir eine solche Mühe gibst, mich so weit zu bringen.»

«Aber wütend bist du, gib zu, daß ich dich wütend gemacht habe.»

Was bezweckte dieses Kind um Himmels willen? Ich wußte überhaupt nicht, was ich ihm antworten sollte. Ich war nicht wütend, und ich haßte ihn auch nicht. Angst war es eher, was ich fühlte, und das wollte ich nicht zugeben. Meine Hände waren feucht und kalt. Auf so was hatte mich Birk wahrlich nicht vorbereitet.

«Ich wette, du glaubst, daß es mir leid tut, jetzt. Es tut mir aber nicht leid, und ich werde dir das beweisen.» Er nahm einen Blumentopf und schmetterte ihn zu Boden. «Da hast du's!»

Ich bewachte immer noch die Tür, damit er auf keinen Fall entwischen konnte. Meine Gedanken jagten sich. Krampfhaft versuchte ich mich auf ein geschicktes Vorgehen zu besinnen, bevor mir dieses Kind das ganze Zimmer zerstörte oder, noch schlimmer, sich an einem Menschen vergriff. Aus Furcht, das Falsche zu tun und ihn damit noch mehr zu reizen, zögerte ich.

«Was ist eigentlich mit dir, Herrgott noch mal! Hast du die Sprache verloren? Warum unternimmst du nichts? Warum bist du nicht wütend? Vielleicht bist du nicht ganz normal, so eine Spinnerlehrerin.»

«Ich laß mich von dir nicht zornig machen, Thomas. Ich habe einfach keine Lust dazu.»

«So, du hast keine Lust dazu, was? Du spinnst ja total. Kannst du mich nicht hassen, wie alle andern auch? Glaubst wohl, du seist was Besonderes!»

«Thomas, du ziehst jetzt deine Jacke aus und setzt dich hin. Es ist höchste Zeit, mit unserer Arbeit anzufangen.»

Er schmiß mir als Antwort die Scherben des Blumentopfes entgegen. Wahrscheinlich hätte er mich getroffen, wenn das seine Absicht gewesen wäre. Aber es war nur ein halbherziger Wurf.

«So, was machst du jetzt mit mir? Willst du mich versohlen? Oder den Direktor holen?»

«Nein, ich werde ganz einfach warten, bis du dich zum Arbeiten entschließt.»

«Da kannst du bis zum Jüngsten Gericht warten. Dazu werde ich mich nie entschließen.»

Ich wartete. Der Schweiß rann mir in Bächen herunter.

«In der Schule, in der ich vorher war, holten sie die Polizei und brachten mich ins Heim. Du kannst mir also keine Angst einjagen, wie du siehst.»

«Ich will dir doch gar keine Angst einjagen, Thomas.»

«Es ist mir ganz egal, was du willst. Mir ist alles schnuppe.»

«Ich warte ganz einfach, das ist alles.»

«Schlepp mich doch zum Direktor! Der kann mich dann versohlen. Ich pfeife darauf, ich hab schon hunderttausendmal Schläge gekriegt.»

Ich wartete schweigend ab. Ich bezahlte meinen äußeren Gleichmut mit Magenkrämpfen.

«Ich könnte dir die Titten abbeißen.»

Immer wenn ich keine Antwort gab, stieß Thomas die merkwürdigsten Geräusche aus. Er hielt das Schweigen nicht aus. Sein Stolz erlaubte ihm nicht, klein beizugeben. Ich hatte irgendwie das Gefühl, daß er gar nicht raus wollte. Es gab zwar keine, aber auch gar keine Indizien dafür, ich glaubte das einfach zu spüren. Ich ließ ihn jedoch nicht aus den Augen.

Immer wieder gab es Augenblicke, in denen ich glaubte, ich hätte den Beruf verfehlt. Jetzt bewegte ich mich auf sehr unsicherem Boden. Verlassen konnte ich mich zu guter Letzt immer noch am besten auf meinen Instinkt, und der sagte mir immerhin, daß Thomas auch nicht ganz so heiß essen würde, wie er kochte. Dies mußte mir für den Augenblick genügen. Ich gab mir einen Ruck, schritt an Thomas vorbei auf die andere Seite des Zimmers und setzte mich mit scheinbarer Ruhe an meinen Schreibtisch. Zuerst zerrte ich Nicky hervor und plazierte ihn neben mich. Darauf rief ich Bo samt ihren B- und O-Karten zu mir. Mein Magen war in Aufruhr, ein sicheres Zeichen dafür, wieviel mir daran lag, als Siegerin aus diesem psychologischen Kampf hervorzugehen. Wenn Thomas jetzt hinausgehen wollte, müßte ich ihn mit physischer Gewalt zurückhalten. Das wäre ein mißlicher Anfang für eine Beziehung.

Der Zwischenfall hatte Nicky durcheinandergebracht. Er wippte auf seinem Stuhl hin und her und fuchtelte mit den Fingern vor seinen Augen herum. Ich beugte mich zu ihm und wollte ihn beruhigen. Er packte meinen Arm und schnüffelte laut die bloße Haut hinauf und hinunter.

Thomas näherte sich, als ich die Karten für Bo bereitmachte und mich mit Nicky abmühte. Da er hinter mir stand, konnte ich ihn nicht sehen, ich hörte ihn nur.

«Kannst du Spanisch?»

«Nein, fast gar nicht.»

«Weiße Hure. Ich gehe in kein Zimmer mit einer weißen Hurenlehrerin drin.»

«Ich wünschte, ich könnte Spanisch sprechen.»

«Ich könnte dir in die Fotze treten.»

Ich schluckte leer. «Kannst du denn Spanisch sprechen?»

«Natürlich. Ich bin doch Spanier. Bist du blöd oder blind? Der Großvater meines Vaters, meines richtigen Vaters, kam aus Madrid. Im richtigen Spanien, nicht in Mexiko. Der Großvater meines Vaters war ein Stierkämpfer.»

«Das ist ja toll.»

«Es stimmt auch wirklich. Ehrenwort. Der Großvater von meinem Vater war ein Stierkämpfer, ich schwör's.»

«Der muß aber mutig gewesen sein.»

«War er auch. Er hätte getötet werden können. Wurde aber nicht. Der hatte Mut, wirklich Mut. Mehr Mut als alle hier.» Kleine Pause. «Mehr Mut als du.»

«Das kann gut sein.»

Thomas stand immer noch hinter mir, so daß ich sein Gesicht nicht sehen konnte. Während ich mit ihm sprach, sah ich nur den fuchtelnden Nicky und die uns scharf beobachtende Bo.

«Was fehlt denn dem Kleinen da?» fragte Thomas. Er war jetzt ganz nahe, ich fühlte ihn dicht hinter meiner rechten Schulter. «Wieso macht er das mit seinen Händen?»

«Er macht das manchmal, wenn er unsicher ist oder Angst hat. Vielleicht hilft es ihm. Ich weiß es auch nicht genau. Er kann es uns nicht sagen, weil er nicht sprechen kann.»

«Er sieht aus wie ein Spinner, wenn er so fuchtelt. Was ist das eigentlich für ein Spinnerort? Was fehlt denn der?» Er zeigte auf Bo.

«Mir fehlt überhaupt nichts!» wehrte sich Bo zornig.

«Bo», versuchte ich sie zu beruhigen, «ich weiß das schon, aber

Thomas ist neu und muß uns erst kennenlernen. Deshalb stellt er auch Fragen.»

«Er soll sie lieber bleiben lassen. Sie sind frech. Überhaupt kommt er einfach hier rein, macht sich lustig über uns, macht unsere Sachen kaputt, und du sagst nicht mal was. Er nennt Nicky einen Nigger, findest du das nicht gemein? Er hat das Mäppchen mit all meinen Arbeitsblättern zerrissen, die ich meinem Dad zeigen sollte», schimpfte sie vor sich hin.

«Bo, nicht jetzt, bitte», sagte ich leise, aber bestimmt. «Ich werde dir das alles später erklären, sei jetzt vernünftig, okay?»

Sie schlug in stillem Protest auf den Tisch.

Wir schwiegen alle, wie mir schien, endlos. Plötzlich blickten wir uns in die Augen. Thomas hatte mir gegenüber Platz genommen. Nicky ließ den Kopf auf den Tisch fallen und schnüffelte daran herum. Ich versuchte ihn abzulenken und zeigte ihm Bos Buchstabenkarten.

Bo funkelte Thomas noch immer böse an.

«Was glotzt du so, Kleine? Gefällt dir etwas nicht, habe ich vielleicht drei Köpfe? Hat dir noch niemand gesagt, daß es nicht höflich ist, jemanden so anzuglotzen?»

«Wieso läßt dich dein Dad so reden? Mein Dad würde mir eine runterhauen, wenn ich solche Wörter in den Mund nehmen würde.»

Thomas' Gesicht bekam einen merkwürdigen Ausdruck. «Ich hätte die größte Lust, dich ungespitzt in den Boden zu hauen und dir eins in deine dumme kleine Fresse zu verpassen, und ich werde es auch tun, wenn du deine Klappe nicht augenblicklich hältst.»

«Kümmert sich dein Vater nicht um dich?»

Gespanntes Schweigen.

«Willst du wohl ruhig sein, du vorwitzige kleine Göre, du!» Er drehte seinen Stuhl so, daß er sie nicht mehr ansehen mußte. «Das stimmt überhaupt nicht, was sie sagt, weißt du. Mein Vater kümmert sich schon um mich. Mein richtiger Vater. Der wohnt in Texas. Wenn der hört, daß die mich in eine Pflegefamilie und in diese verdammte Babyklasse gesteckt haben, kommt er und holt mich raus, bestimmt.»

Ich nickte.

«Ich gehöre nicht in eine solche Klasse. Mein richtiger Vater kommt mich bald holen. Er weiß, daß ich auf ihn warte.»

In der Pause übergab ich die drei Kinder einer Hilfskraft, die sie mit auf den Spielplatz nahm. Ich nutzte die Zeit, um mir im Büro Einblick in Thomas' Akten zu verschaffen.

Da gab es nicht viel durchzublättern. Thomas war eines jener unzähligen Kinder von Wanderarbeitern, die das Land Jahr für Jahr auf der Suche nach Arbeit durchstreifen. Er war nur sporadisch zur Schule gegangen. Seine Ausbildung war lückenhaft, und niemand schien sich ernstlich darum zu kümmern.

Seine familiären Umstände gaben hingegen mehr Aufschluß, obwohl auch sie sich mit denen so mancher anderer Kinder deckten, die den Weg zu mir gefunden hatten. Er war anscheinend in Texas geboren, ich tippte allerdings eher auf Mexiko. Seine Mutter starb, als er noch im Säuglingsalter war. Sein Vater hatte sich wieder verheiratet. Als Thomas fünf Jahre alt war, hatte die Stiefmutter seinen Vater und seinen älteren Bruder während eines Streites im Affekt erschossen. Ich las diese Zeilen noch einmal sorgfältig durch. Ich hatte richtig gelesen: der Junge hatte alles mitangesehen, war Zeuge dieser schrecklichen Tat gewesen.

Die Stiefmutter kam hinter Schloß und Riegel, und Thomas, das einzig übriggebliebene Familienmitglied, bekam einen Amtsvormund. Nicht weniger als siebenmal wechselte der kleine Junge die Pflegefamilie. Danach tauchte ein Onkel väterlicherseits auf und nahm ihn zu sich. Als nächstes entdeckten die Behörden den Knirps beim Erdbeerlesen auf dem Feld. Der Onkel hatte den schulpflichtigen Knaben lieber für sich arbeiten lassen. Hinzu kamen Mißhandlungen, und dem Onkel wurde das Sorgerecht entzogen. Wieder ein Karussell verschiedener Pflegefamilien. Nirgends blieb er lange. «Asoziale Persönlichkeitsstruktur, nicht bindungsfähig» war überall vermerkt. Nach einer viermonatigen Odyssee landete er wieder bei seinem Onkel, der ihn etwas später für fünfhundert Dollar an ein Ehepaar in Michigan verkaufte. Sie konnten aber Thomas nicht bändigen und verlangten ihr gutes Geld vom Onkel zurück. Bei diesem stießen sie mit ihrer Forderung jedoch auf taube Ohren und wandten sich deshalb an die Behörden. Der Onkel wurde festgenommen, und aus unerfindlichen Gründen wurde Thomas in unserem Staat in Pflege gegeben.

Thomas' Schulkarriere war, gelinde gesagt, wirr. In keiner Schule war er länger als vier Monate gewesen. Niemand hatte auch nur die leiseste Ahnung, in welche Klasse er gehörte. Im Rechnen war er anscheinend nur ein Jahr hinter seinen Altersgenossen zurück, im Lesen hingegen hätte er in die erste Klasse eingeteilt werden müssen. Eine Untersuchung bescheinigte ihm einen IQ von 92, ein Gruppentest attestierte ihm lediglich 87.

Ich wußte natürlich genau, daß dies nicht die ausschlaggebenden Gründe waren, weshalb er an jenem Novembertag zu mir gebracht wurde. Lange hatte man versucht, ihn in eine normale Klasse einzugliedern, aber seine Lehrerin gab auf, nachdem sie ihn beim Versuch ertappte, einen jüngeren Schüler auf dem Spielplatz zu erdrosseln. Schelte, Schläge, Jugendhaft, nichts hatte Thomas' Benehmen bessern können. Da keine Klasse für schwererziehbare Kinder vorhanden war, schlugen die Behörden Privatunterricht zu Hause vor. Dagegen aber protestierten seine Pflegeeltern. Sie drohten, Thomas auf die Straße zu stellen, wenn sie sich den ganzen Tag mit ihm herumschlagen müßten. Mein Klassenzimmer war die letzte Möglichkeit, und so blieb Thomas am Morgen zu Hause und war am Nachmittag jeweils bei mir.

Nach der Pause war alles wieder so ziemlich beim alten. Nicky war immer noch nervös und unruhig, trotz meiner Ablenkungsmanöver. Widerwillig setzte sich Bo an die Arbeit, und Thomas blieb kampflustig. Allmählich spürte ich, wie diese heikle Situation an meinen Kräften zehrte. Ich fühlte mich unsäglich müde.

«Was ist das für ein Buchstabe, Bo?» Ich fuhr ihr mit dem Finger ein B im Salzgefäß vor.

Verlegen rutschte sie auf dem Stuhl hin und her. Sah Thomas wohl zu ihr hin? Ja, er schaute ihr gespannt zu.

«Schau dir die Form genau an. Was für ein Buchstabe ist das?»

Immer noch zögerte Bo. Thomas schaute mir über die Schulter, um herauszubekommen, was ich da vorgemalt hatte.

«Könntest du ihr vielleicht helfen, Thomas. Kannst du ihr einen Tip geben, was es sein könnte, ohne zu verraten, was es wirklich ist?»

Er runzelte die Stirn und dachte angestrengt nach.

«Zwei Halbkreise, Bo. Welcher Buchstabe hat zwei Halbkreise?»

«R?» hauchte Bo.

«R!» rief Thomas. «R? Du meine Güte! Dieses Mädchen ist ja kreuzdumm! Kannst du denn nicht mal lesen? Schau ihn dir doch an. Das ist doch kein R.»

«Das war jetzt genauso ein Tip, den ich im Kopf hatte, Thomas. Das hast du gut gemacht. Vielleicht würde es ihr helfen, wenn du einige Wörter, die mit dem gesuchten Buchstaben beginnen, aufzählen würdest.»

«Ich mache überhaupt nichts mehr, wenn er hierbleibt», stieß Bo böse hervor.

Thomas sagte grinsend: «Du kannst gar nicht lesen, stimmt's?»

«Thomas», sagte ich streng, «ich muß da etwas klarstellen. In diesem Zimmer wird niemand ausgelacht. Wir haben nicht viele Verbote hier, aber das ist eines.»

«Tu ich auch gar nicht. Ich hab ja nur etwas festgestellt.»

«Das stimmt nicht», schrie Bo. «Du willst nur, daß ich böse auf dich bin, daß alle böse auf dich sind und dich hassen.»

«Sag das noch mal, und ich schlag dich windelweich!»

«Seid friedlich, ihr zwei», versuchte ich zu vermitteln.

Bo sprang vom Stuhl hoch, stampfte beleidigt zum Tierkäfig hinüber und ließ sich dort auf den Boden fallen.

«Was hab ich denn getan, was? Die ist aber empfindlich, ein Babyarsch ist sie, sonst nicht's!»

Es war hoffnungslos. Wenn nicht einmal Bo diesen Jungen akzeptierte, was war da noch zu machen? Ich hatte die schlimmsten Befürchtungen. Abgekämpft rappelte ich mich hoch und ging zu Bo, um sie zu besänftigen. Nicky gesellte sich zu uns. Thomas blieb allein zurück.

Der Nachmittag schien sich endlos hinzuziehen. Thomas tat keinen Streich, und ich war nicht in der Verfassung, ihn zu animieren. Bo war immer noch zornig. Nicky befand sich sowieso in einer anderen Welt. Schließlich gelang es mir, die beiden zur Arbeit an einem Topflappen zu bewegen. Inzwischen wollte ich mir Thomas vorknöpfen, um ihm einige Regeln klarzumachen. Er hatte mich offensichtlich durchschaut, denn er verkroch sich in einen Schrank und schloß ihn hinter sich zu. Ich hätte Lust gehabt, die Tür einzutreten, aber ich nahm mich zusammen und ging zu den beiden Bastlern zurück.

«Mein Vater wird mich da rausholen, da kannst du Gift drauf nehmen!» schallte Thomas' Stimme dumpf durch den Raum.

Er bekam keine Antwort, und so mußte er wohl oder übel die Tür aufmachen.

«Er wird mich zu sich nehmen, wenn er hört, daß ich in dieser verdammten Schule und bei diesen verdammten Pflegeeltern bin.»

Bo schaute aufmerksam zu Thomas hinüber und sagte: «Ich war auch mal in einer Pflegefamilie, weißt du.»

«Ich bleib da nur, bis mein Vater mich findet.»

«Wo ist er denn?»

«In Texas, hab ich schon mal gesagt. Putz dir deine Ohren.»

«Warum ist er in Texas und nicht bei dir?»

«Der muß Geld verdienen, damit wir später zusammen leben können.»

«Ach so», sagte Bo jetzt mit sanfterer Stimme. Ihr Zorn war teilweise verraucht, dennoch blieb etwas seltsam Gespanntes in ihrem Ton. Es war eine merkwürdige Konversation, der eine Gesprächspartner immer noch im Schrank und Bo am Boden weiterwerkelnd.

«Warum warst du bei Pflegeeltern untergebracht?» fragte Thomas.

Ohne aufzuschauen, zuckte sie mit den Achseln und sagte: «Keine Ahnung. Sie hatten wahrscheinlich genug von mir.»

«Wer? Deine Eltern?»

Bo nickte. Es rumorte im Schrank, und Thomas stand vor uns. «Warum weißt du das, ich meine, wie weißt du, daß sie dich nicht mehr wollten?»

«Ich wußte es einfach.» Sie schien ganz in ihre Näharbeit vertieft.

«Hast du Heimweh nach ihnen?» fragte Thomas.

Sie zuckte wieder die Achseln. «Ich weiß nicht, ich glaube schon. Ich hab jetzt eine andere Familie.»

«Ich auch», bemerkte Thomas und begann ziellos im Zimmer herumzuwandern. «Du, Lehrerin, hast du irgendwo Klebstreifen?»

Ich zeigte ihm, wo, und widmete mich wieder Nicky.

Nach einer Weile stand Thomas plötzlich vor Bo. «Hier hast du dein Mäppchen wieder. Ich hab's zusammengeklebt. Sieht nicht gerade toll aus, aber besser ging's nicht.» Er legte ihr das Mäppchen in den Schoß.

Bo schaute sich das Flickwerk an und legte es auf die Seite.

«Kannst du Spanisch?»

«Nein.»

«Du siehst ein bißchen wie eine Spanierin aus. Wie eine richtige Spanierin, nicht wie eine aus Mexiko.»

«Ich glaube nicht, daß ich das bin. Was ist das überhaupt: ‹Spanisch›?»

«Mein Gott, wie blöd sie ist! Spanien, Dummkopf. Spanisch, wie man in Spanien spricht», rief er aus.

«Spanien ist ein Land, Bo», sagte ich, «ein Land in Europa. Die Leute, die von dort kommen, sind deshalb Spanier.»

«Ich glaube nicht, daß ich eine Spanierin bin. Ich bin aus Buffalo.»

«Ich glaube aber trotzdem, daß du ein klein bißchen eine Spanierin bist. Ich spüre das», meinte er.

8

Für Thomas und mich war es keinesfalls Liebe auf den ersten Blick. Er war eine ungeheure Herausforderung. Die Wochen nach seiner Ankunft im November waren traumatisch. Er konnte ruhig und fügsam sein und im nächsten Augenblick gewalttätig und zerstörerisch. Er war launisch und, was für mich am schwierigsten war, er provozierte mich ständig. Oft fiel ich darauf herein und durchschaute nicht, daß er es darauf angelegt hatte, mich zornig zu machen. Immer wieder schleuderte er mir trotzig entgegen: «Jetzt bist du aber böse auf mich. Du haßt mich, gib's zu!» Nach einigen Tagen wirkte dieser Ausspruch allein schon wie eine sich selbst erfüllende Prophezeiung.

Er hatte unsere Klasse ganz schön durcheinandergebracht. In den ersten Wochen weigerte er sich, irgend etwas zu arbeiten. Er beobachtete uns lediglich. Im Unterschied zu früher war ich hier nicht für den Umgang mit schwererziehbaren Kindern eingerichtet. Jede Auseinandersetzung mit Thomas artete in physische Gewalttätigkeiten aus. Natürlich hätte es Mittel gegeben. Der Direktor hätte ihm zum Beispiel eine Tracht Prügel verabreichen können. Aber Schläge würden ihn wohl kaum lehren, weniger gewalttätig zu sein. Ihn nach Hause oder in eine Erziehungsanstalt zu schicken, war auch keine wirksame Lösung, da die Schule für Thomas unbedingt notwendig war.

Ich hatte mir für den Anfang zwei Strategien ausgedacht. Ich ließ ihn frei im Raum zirkulieren. Im Unterschied zu Nicky, der sich in eine eigene Welt zurückzog, beobachtete uns Thomas dauernd. Er setzte sich manchmal zu uns und machte mit. So konnte er sich an uns gewöhnen. Seiner Gewalttätigkeit hingegen begegnete ich mit einer körperlichen Aktion. Wenn Thomas explodierte, umarmte ich ihn mit festem Zugriff von hinten, seine Arme voll umklammernd. Vielleicht auch keine ideale Lösung, dachte ich jedesmal und verfluchte mein Unvermögen. Die Erfahrung hatte mich jedoch gelehrt, daß Thomas Körperkontakt brauchte, um sich wieder aufzufangen. Befahl man ihm, auf dem Stuhl sitzen zu bleiben, schürte dies nur seinen Zorn. Auch wenn ich ihn nicht beachtete, wurde es nur schlimmer. Umfaßte ich ihn hingegen, beruhigte er sich mit der Zeit. Es ging nie ohne einen kurzen Kampf ab. Diesen Moment fürchtete ich, da Thomas noch nicht gelernt hatte, fair zu kämpfen. Ich mußte aufpassen, daß er mich nicht biß, mir nicht auf die Zehen trat oder die Ellbogen in die Brust stieß. Sein Widerstand ließ aber jedesmal nach, und ich konnte ihn loslassen.

Bo war mir eine unerwartete Hilfe. Ich vermute, das war unbeabsichtigt, da Thomas sie anfangs schwer gekränkt hatte. Auch sie verweigerte die Arbeit einige Zeit. Wahrscheinlich wollte sie vor Thomas ihre Schwächen verbergen. Doch zogen sich die beiden irgendwie an. Es waren leise Töne. Sie kamen meistens von Thomas und waren nicht zu überhören, seit er ihr das Mäppchen geflickt hatte. Vielleicht imponierte ihm ihre Furchtlosigkeit, vielleicht auch ihre ähnlichen Erfahrungen, die sie in der ihr eigenen offenen Art erzählte. Oder war es bloß ihr langes, schwarzes Haar, das es ihm angetan und das in der Tat etwas Spanisches an sich hatte. Ich habe es nie herausgefunden.

Bo konnte ohnehin nie lange wütend sein. Als klar wurde, daß Thomas bleiben würde, akzeptierte sie ihn. Dies besänftigte Thomas. Er ließ kleine Zeichen der Freundschaft gegenüber Bo erkennen: er setzte sich neben sie, hörte ihr aufmerksam zu, wenn sie etwas erzählte, und half ihr ohne provokative Zwischenbemerkungen bei den Aufgaben. Ich war dankbar, daß dieser zornige Junge Menschen noch gern haben konnte.

Ich war schon mit vielen schwierigen Charaktereigenschaften von Thomas konfrontiert worden, aber noch problematischere sollten auf mich zukommen. Der Junge hatte schnell kapiert, daß seine Zerstörungswut und Gewalttätigkeit bei mir nicht viel ausrichteten und mich nicht zu Fall brachten. Sein Repertoire war aber noch lange nicht ausgeschöpft. Ich gelangte bald zur Überzeugung, daß er irgendein Buch im Stil von «Wie treibe ich meinen Lehrer in den Wahnsinn» eingehend studiert haben mußte! Er kannte jeden Schachzug.

Seine wirksamste Waffe war die Fähigkeit, nach Belieben zu furzen. Diese Kunst beherrschte er, wie mir schien, vollkommen. Er nahm sein Opfer richtig aufs Korn, so daß dieses Geräusch und Gestank auch wirklich voll mitbekam. «Das müssen die Bohnen von heute mittag sein», pflegte er harmlos zu kommentieren. Er hätte bestimmt die Landeshymne nach Noten furzen können, wenn wir die Partitur hier gehabt hätten. Als Krönung dieser Zeremonie ließ er die Hose herunter, damit er seine Leistung auch mit der Hand fühlen konnte. Ich versuchte, das ganze Theater zu übersehen. Am besten ging man auf ein solches Benehmen gar nicht ein. Thomas aber hatte Ausdauer. Wenn der erste, zweite oder zwölfte Furz bei mir noch immer keine Reaktion hervorgerufen hatte, sprang er auf und roch genießerisch an seiner Hand: «Junge, Junge, das riecht aber verheerend! Ich halt es hier nicht mehr aus, ich muß einen anderen Stuhl haben.» Danach erhob er sich jeweils und furzte mir mitten ins Gesicht. Auch wenn ich es fertigbrachte, nicht zu reagieren, war da immer noch Bo, die sich nicht jedesmal zurückhalten konnte.

So fand er wegen seiner Hartnäckigkeit immer ein Publikum.

Leider war das nicht der einzige Lehrerschreck, den Thomas auf Lager hatte. Für mich persönlich der unangenehmste war sein Mundgeruch-Tick.

«Mein Gott», rief er eines Tages aus, als ich mich zu ihm an den Tisch setzte, «stinkst du aus dem Mund!» Dieser Ausspruch brachte mich so in Verlegenheit, daß ich mir sofort zu überlegen begann, was ich wohl zu Mittag gegessen hatte. In der Pause schlich ich mich ins Lehrerzimmer und holte mir einen Kaugummi.

Am nächsten Tag wieder der entsetzte Ausruf: «Mensch, brauchst du denn kein Mundwasser? Du hast aber wirklich einen schlechten Atem.»

Das ging eine ganze Woche so weiter. Ich bekam so etwas wie einen Verfolgungswahn. Ich nahm eine Zahnbürste mit in die Schule und putzte mir nach dem Mittagessen regelmäßig die Zähne. Ich kaufte mir ein Mundwasser nach dem andern, hauchte zur Kontrolle in meine hohle Hand, bevor ich das Klassenzimmer betrat, und erwog sogar einen Besuch beim Zahnarzt. Dieser neuerworbene Komplex wirkte sich auch auf mein Privatleben aus. Wenn ich mit Leuten sprach, hielt ich mir die Hand vor den Mund, und mit Joc hatte ich den größten Streit seit unserer Bekanntschaft, als ich mich weigerte, Knoblauchbrötchen für eine Party zuzubereiten.

Erst viel später ging mir ein Licht auf. Dan Marshall schaute eines Tages bei uns herein und beugte sich bei seinem Rundgang über Thomas, um zu sehen, woran er gerade arbeitete.

«Mensch, du hast aber einen schlechten Mundgeruch», ließ sich Thomas hören.

Dan richtete sich schockiert auf und wurde krebsrot.

Das hatte mir die Augen geöffnet, ich hatte Thomas' Taktik durchschaut. So schnell gab er aber nicht auf. Er mußte sich noch etwas Originelleres einfallen lassen.

Wir saßen gemütlich beisammen und arbeiteten an der Dekoration für den Thanksgiving-Tag. Thomas hatte seinen Platz neben mir. Er lehnte sich im Stuhl zurück, legte seine Schere beiseite und atmete ostentativ ein. Er wandte sich an mich mit der Bemerkung: «Weißt du, was du nötig hast, Torey?»

«Was denn?»

«Intimspray.»

Thomas wartete ständig mit neuen, noch abscheulicheren Einfällen auf. Eine beliebte Variation war, sich den Finger in den Hals zu stecken. Obwohl er sich nie direkt erbrach, gab er doch die ekelhaftesten Geräusche von sich. Jedesmal ließ ich mich ins Bockshorn jagen und sprang entsetzt vom Stuhl hoch.

Da war außerdem seine Nasebohr-Manie. Er bohrte zwar nicht in seiner eigenen Nase, dafür aber war Nicky eine unerschöpfliche Zielscheibe. Thomas bohrte unaufhörlich in Nickys Nase herum. «Torey, schau mal, was ich gefunden habe! Das ist doch gut, daß ich Nickys Nase mal so richtig herausputze, findest du nicht?» Kam ich dann voller Schreck angerannt, fügte er unschuldig hinzu: «Da hast du aber wirklich Glück mit mir, nicht wahr?»

Und was für ein Glück!

Das eigenartige war, daß ich nach wenigen Wochen ernstlich die Überzeugung gewann, tatsächlich ein Glückspilz zu sein. Der Junge war mir ans Herz gewachsen. Meine Liebe war irrational und heftig, wie so oft bei diesen Kindern. Ich liebte Thomas' schockierende Lebenseinstellung sowie seine Fähigkeit, sich in einer Welt zu behaupten, die ihm so übel mitgespielt hatte, und bei alledem das Lachen nicht zu verlernen. Ich schaute ihn manchmal an, wenn er so dasaß, die dünnen Schultern hochgezogen, in seiner Kunststoffjacke, die er nie auszog, und mit seinen lebhaften dunklen Augen voller Angst. Zuerst hatte ich darin nur Zorn gesehen, bis ich erkannte, daß der Zorn eigentlich nur seine Angst verbergen sollte, die dort lauerte. Vielleicht liebte ich ihn deshalb so sehr. Er war ein mutiger kleiner Kerl, den nicht einmal die Angst ganz bezwingen konnte. Thomas gab nie auf, trotz seiner Schwierigkeiten.

9

Der Dezember kam, und mit ihm kamen auch Schneestürme, Weihnachtslieder und all unsere geheimen Wünsche. Bo glaubte immer noch an den Weihnachtsmann. Oder besser gesagt, sie wollte an ihn glauben. Sogar von Thomas hörte man keine Ausfälligkeiten über dieses Thema. Was Nicky darüber dachte, wußte natürlich niemand. Er gab seine Gedanken nicht preis, falls er überhaupt darüber nachdachte.

«Gestern habe ich den Weihnachtsmann gesehen», erzählte uns Bo, als wir beim Basteln zusammensaßen. «Mein Daddy nahm mich und Libby mit ins Einkaufszentrum, und da war der Weihnachtsmann. Ich durfte sogar mit ihm sprechen.»

Ich sah, wie Thomas ihr einen Blick zuwarf, ohne den Kopf von seiner Arbeit zu heben. Danach suchten seine Augen mich. Unsere Blicke trafen sich in stillem Einverständnis.

«Hat Libby auch mit ihm gesprochen?» fragte ich.

«Nein.» Bo sah mich nicht an und arbeitete ohne Unterbrechung an der Papierdekoration weiter. «Ich hab ihn gefragt, ob er mir die Puppe, die ich im Fernsehen gesehen hatte, zu Weihnachten schenken könnte. Weißt du, was die alles kann, Torey?»

«Keine Ahnung.»

«Weißt du's, Thomas?»

«Bei dir piept's wohl ein bißchen. Glaubst du, ich spiel mit Puppen, oder was?»

«Ich will dir's sagen. Diese Puppe kann trinken und bettnässen, aber das ist noch lange nicht alles. Weißt du, was noch?»

«Herrgott, Bo, so rück doch endlich mal heraus damit! Du

plapperst und plapperst und plapperst...»

Ein bißchen beleidigt kam Bo zum Kern ihrer Geschichte. «Sie kann essen! Richtig essen, ich hab's gesehen. Man kann die Puppennahrung in speziellen Päcklein kaufen, und die Puppe kann sie ganz allein essen. Wie richtig. Sie kann kauen und alles. Ich schwör's. Wenn ich sie bekomme, bring ich sie mit und zeig sie euch.»

Thomas beobachtete sie genau und sagte nach einer Weile zu ihr: «Glaubst du an den Weihnachtsmann, Bo?» Er hatte die Frage ruhig und sachlich gestellt, und dennoch war eine unterschwellige Zärtlichkeit in seiner Stimme.

Bo schaute auf. «Ja», sagte sie etwas trotzig.

Keine Antwort.

«Den Weihnachtsmann, den gibt's auch wirklich», betonte Bo noch einmal, wie um jeglichem Widerspruch vorzubeugen. «Ich hab ihn ja gestern selbst gesehen, Thomas!»

Thomas nickte. Er schaute nicht auf. Ich liebte diesen Jungen. Diese harte Schale, und doch war da ein weicherer Kern, als ihm selber lieb war.

«Den Weihnachtsmann, den gibt's doch, nicht wahr, Torey?» wandte Bo sich jetzt direkt an mich.

Ich sträubte mich, in die Diskussion hineingezogen zu werden. Ich war mit diesem Thema selbst nie zu Rande gekommen. Ich hatte mehr Hemmungen, über den Weihnachtsmann zu sprechen, als über Sex. Da konnte man auf gar keine Realität zurückgreifen. Da gab es nur verschiedene Interpretationen. Ganz besonders für meine Kinder, wie mir schien. Der gute Mann mit dem Bart, der alle Wünsche erfüllte, war eine so tröstliche Vorstellung, daß sie aufrechterhalten werden mußte, allen Schwierigkeiten zum Trotz. Und dennoch hatte diese Vorstellung für jedes Kind eine andere Bedeutung. Ich kannte Kinder, die an die Existenz des Weihnachtsmannes glauben mußten, weil sie zu Hause eine Mutter hatten, die sie schlug oder ihnen alle ihre Spielsachen verbrannte. Andere waren auf diesen

Glauben angewiesen, weil ihnen das Leben nichts gab, sondern alles nahm. Wieder andere brauchten keine Phantasiewelt, weil sie auch keine Wirklichkeit kannten. Der Weihnachtsmann brachte mir eigentlich nur Sorgen – er war für mich ein echt problematisches Thema.

Bo, glaube ich, hatte einen Weihnachtsmann nötig. Mit so vielen entwürdigenden Niederlagen, die sie täglich zu erdulden hatte, war eine Figur, die sie nicht nach der Richtung ihrer Buchstaben fragte, von zentraler Bedeutung. Der Weihnachtstraum, der die harte Wirklichkeit verdrängte! Bos Mängel konnten sonst durch nichts und niemand kompensiert werden.

Thomas mußte so wie ich gefühlt haben. Er ersparte mir eine Antwort, indem er mein Schweigen durchbrach und sagte: «Ich glaube auch an den Weihnachtsmann, Bo.»

«Sicher?» rief sie erstaunt aus.

«Ja, ja, sicher.»

«Meine Schwester glaubt nämlich nicht, daß es ihn gibt. Sie lacht mich aus. Aber ich habe ihr gesagt, daß es ihn wirklich gibt. Libby sagt, der Weihnachtsmann im Einkaufszentrum ist nur verkleidet und gar kein richtiger. Auch der im *Bon Marché* unten ist verkleidet. Das weiß ich doch auch. Sie braucht mir doch gar nichts zu sagen, ich bin kein Baby mehr. Ich weiß, daß das nur blöde alte Männer sind.» Sie schaute mir voll ins Gesicht, Empörung war in ihren Augen. «Und trotzdem gibt es einen richtigen Weihnachtsmann.»

Ich nickte.

«Libby aber sagt, wo ist er denn, der Weihnachtsmann, wenn man ihn doch nie sieht? Der Weihnachtsmann ist nur für Babys, damit die dran glauben, sagt Libby.»

«Es gibt aber viele Dinge, die man nicht sehen kann, und die Menschen glauben trotzdem dran», meinte Thomas. «Ich habe Jesus noch nie gesehen, glaube aber an ihn. Auch an die Mutter Gottes Maria. Jede Nacht, wenn ich mein Gebet spreche, weiß ich, daß Jesus und Maria mir zuhören, obwohl ich keinen von beiden je gesehen habe. Ich weiß auch nicht, wo das Paradies ist. Ich habe es nie gesehen.» Gedankenvoll betrachtete er Bo bei der Arbeit. «Sie sind wahrscheinlich alle eine Art von Geistern, auch der Weihnachtsmann.»

Bo wollte sich bei mir absichern. «Stimmt das, was er sagt?»

«Ich glaube, Thomas hat recht», sagte ich.

Thomas fuhr fort: «Ich glaube, der Weihnachtsmann gibt den Menschen ein gutes Gefühl, er macht, daß sie andere lieben und ihnen etwas schenken. Er kommt nicht vom Himmel herunter und macht das selbst, er bringt andere dazu, es für ihn zu machen.»

«Warum verkleiden sich dann die Männer in den Läden? Warum wollen die uns hintergehen?»

«Sie wollen dich nicht hintergehen, sie wollen uns einfach Freude machen», entgegnete ihr Thomas.

«Libby glaubt aber überhaupt nicht an ihn.»

«Libby ist blöd», erklärte Thomas darauf folgerichtig.

«Sie versteht das alles noch nicht, Bo», fügte ich hinzu. «Manchmal merken wir, daß etwas nicht stimmt, und dann wollen wir für den Augenblick nichts mehr damit zu tun haben. Aber unsere Gefühle können sich ändern. So, stell ich mir vor, ist es bei Libby. Sie glaubt jetzt nicht mehr an den Weihnachtsmann, weil er in Wirklichkeit kein netter alter Herr im roten Mantel ist, aber später wird sie merken, daß der richtige Weihnachtsmann noch viel lieber ist. Dann wird sie an ihn glauben.»

Bo überlegte kurz. «Ist es wohl in Ordnung, an den Kerl im Einkaufszentrum zu glauben, ihm die Wunschliste zu geben, wenn er doch nicht echt ist?»

Ich lächelte. «Ich glaube, das ist schon gut so. Was meinst du, Tom?»

Er nickte. «Ich glaube, das ist okay so. Der richtige Weihnachtsmann wird schon nichts dagegen haben.»

Und dann gab es auch jene Kinder, die nichts wußten von einem Weihnachtsmann.

In der zweiten Dezemberwoche ging ich mit den Kindern in der Pause ins Freie. Jener Mittwoch war ein strahlender Wintertag. Vielleicht hätte ich nicht mit ihnen hinausgehen sollen. Es war immer noch bitterkalt, und eine dünne Eisschicht bedeckte Pausenplatz, Schaukel und Klettergerüst. Mit der Ermahnung, die schlüpfrigen Geräte nicht zu benützen, ließ ich sie laufen. Der Tag war wie ein glitzerndes Juwel im trüben Wintergrau. Sollten die Kinder doch ihren Spaß haben!

Bo und Nicky sausten herum, während ich und Thomas an der Sonne miteinander plauderten. Thomas erzählte mir gerade von seiner Lieblingssendung am Fernsehen, beschrieb mir seinen Lieblingsschauspieler und verriet mir seine Absicht, diesem einen Brief zu schreiben. Das Gespräch hatte meine Aufmerksamkeit von Bo und Nicky abgelenkt.

Ein Schrei durchschnitt die Luft.

Nicky. Ich sah gerade noch, wie er vom Klettergerüst fiel. In Zeitlupe, wie so oft bei Unfällen. Der Schrei war von Bo gekommen. Nicky gab keinen Ton von sich.

«Nicky!» rief ich entsetzt und rannte los, dicht gefolgt von Thomas. «Nicky! Nicky!» Ich berührte sein Gesicht. Er lag zusammengekrümmt unter dem Turngerät. Vorsichtig, ganz vorsichtig bog ich seinen Kopf zurück. Blut rann aus seinem rechten Mundwinkel.

Bo weinte. Aufgeregt meinte Thomas: «Warum bewegt er sich nicht? Ist er tot?» Darauf weinte Bo noch lauter.

«Um Himmels willen, Thomas, natürlich ist er nicht tot. Wie kannst du auch so etwas sagen?»

«Vielleicht sollten wir beten», schlug er vor und kniete neben mich hin.

«Thomas! Ich bitte dich», rief ich verzweifelt, «hol Hilfe, so schnell du kannst. Irgend jemand, beeil dich!»

Außer sich sprang er auf, wußte aber nicht, wohin. Ich zeigte zum Schuleingang, und er rannte los wie ein Pfeil.

Nicky regte sich. Ich hielt ihn in meinen Armen. Soweit ich feststellen konnte, hatte er sich nichts gebrochen. Ich befürchtete eher eine Hirnerschütterung. Er schlug die Augen auf und begann zu wimmern.

Angeführt von Thomas, stürzten Dan Marshall und die ganze Belegschaft der Schule zum Unfallort. Dan untersuchte Nicky mit kundigen Händen.

Sanft öffnete er Nickys Mund. Blut rann über seine Hand. «Es ist seine Zunge. Schau mal.»

In Nickys Zunge klaffte ein tiefer Riß. Bo schrie erneut auf.

«Das muß genäht werden», sagte Dan, «und die Mutter muß benachrichtigt werden, damit sie uns im Spital treffen kann. Komm, wir gehen. Ich werde fahren.»

Thomas sagte ernst: «Mach dir keine Gedanken, Torey, wir kommen schon zurecht, Bo und ich. Wir werden schön brav sein, darauf kannst du dich verlassen.»

Während der ganzen Fahrt hielt ich Nicky in meinem Schoß. Er schrie nicht einmal mehr. Ich hielt eine Schüssel unter sein Kinn, falls die Wunde wieder blutete oder er sich erbrechen mußte. Nicky schlug seine Hände unaufhörlich gegen meine Beine und versuchte, sich in meinen Armen zu wiegen.

Mrs. Franklin erwartete uns auf dem Parkplatz vor dem Spital. Wir liefen zusammen zur Notfallstation, wo Mrs. Franklin Formular um Formular ausfüllen mußte. Inzwischen legten wir Nicky auf den Untersuchungstisch. Kraftlos lag er da, Blut sickerte aus seinem Mund, und nur das Geräusch seiner flatternden Hände auf der papierenen Unterlage war zu hören.

«So, junger Mann, wie fühlen wir uns denn?» Ein Arzt im weißen Kittel trat mit diesen jovialen Worten zu Nicky. Seine laute, feste Stimme durchbrach unser ängstliches Schweigen.

Ich drehte mich nach Dan um, der aber vom Erdboden verschluckt war. Er hatte mich im Stich gelassen. Bestimmt war er eine Zigarette rauchen gegangen. Er rauchte höchst selten, aber er konnte kein Blut sehen, das wußte ich. Sein Gesicht hatte sich vorhin schon grünlich verfärbt.

Der Doktor war ein älterer Herr, um die Fünfzig vielleicht, mit graumeliertem Haar, breiten Schultern, ein Arzt vom Scheitel bis zur Sohle. «Sind wir in der Schule gefallen, was?»

Nicky begann wild zu fuchteln, packte des Doktors Arm und schnüffelte daran herum.

«Was machst du denn! Hör sofort auf damit. Nimm deine Hände weg und sag mir, wie du heißt.»

Gurgelnd stieß Nicky nochmals einen Schwall Blut heraus.

«Kannst du mir nicht deinen Namen nennen? Du bist doch schon ein großer Junge. Deine Zunge kann dir nicht so weh tun, daß du nicht sprechen kannst.»

«Er kann überhaupt nicht sprechen», erklärte ich.

«Sind Sie seine Mutter?» fragte der Arzt.

«Nein, ich bin seine Lehrerin.»

«Was fehlt ihm denn?» Der Doktor deutete auf seinen Kopf. «Ich meine, psychisch.»

«Er ist einfach verängstigt. Komm, Nicky. Schau, ich bin's. Leg dich wieder hin. Der Doktor will dich nur untersuchen. Halt meine Hand da.»

«Ist er psychotisch?»

Ich zuckte mit den Achseln. «Wahrscheinlich autistisch. Wir wissen es nicht genau.»

«Jammerschade, nicht?» antwortete er. «So hübsch wie der Junge ist. Haben Sie schon bemerkt, wie gut sie alle aussehen? Was für eine Verschwendung.»

Mrs. Franklin gesellte sich zu uns und nahm meinen Platz am Kopf des Bettes ein. Dem Arzt gelang es allmählich, Nickys Mund zu öffnen.

Er murmelte irgend etwas von der Notwendigkeit, die Zunge nähen zu müssen. Eine Schwester schnallte Nicky am Tisch fest. Das konnte ich noch nachvollziehen. Nicky war zu diesem

Zeitpunkt so voller Angst, daß seine hektischen Bewegungen die Arbeit im Rachenraum behindert hätten. Die Gurten störten mich also nicht, aber der Arzt bereitete mir Kopfzerbrechen. Ich sah, wie er Nadel und Faden bereitmachte, wie er sich über Nicky beugte, während die Schwester die Gurten fester schnallte.

Nicky schrie laut auf.

Ich war etwas vom Bett entfernt gestanden. Jetzt kam ich näher. Ich begriff immer noch nicht.

«Wo bleibt denn die Betäubungsspritze?» flüsterte ich Mrs. Franklin zu.

Die arme Frau war total verschüchtert und realisierte überhaupt nicht, was um sie herum geschah. Sie begann zu weinen.

Nicky schrie wieder.

Ich war immer noch wie vor den Kopf gestoßen. Nicky schrie jetzt so laut, daß ich nicht mehr klar denken konnte. Ich stand so dicht beim Bett, daß ich den gestärkten Kittel des Arztes hätte berühren können.

«Entschuldigen Sie bitte», sagte ich noch höflich zurückhaltend, denn schließlich war es nicht direkt meine Angelegenheit und dieser Mann war immerhin Mediziner. Ich setzte nochmals an: «Entschuldigen Sie bitte, aber bekommt das Kind keine Narkose, wenigstens eine lokale?»

Der Arzt wandte sich mir mit dem Ausdruck größter Verständnislosigkeit zu. Mit belehrender Herablassung sagte er: «Der merkt das doch gar nicht. Diese Art Menschen fühlen nicht wie wir. Sie haben keine wirklichen Gefühle. Es existiert alles nur in ihrer Phantasie. Da hat es doch bestimmt keinen Sinn, gute, teure Medizin zu verschwenden.»

Nickys Schreie waren nur noch ein heiseres Krächzen. Er schnappte nach Luft.

Ich glaubte, meinen Ohren nicht zu trauen, und starrte den Arzt ungläubig an. So etwas hätte ich mir in den schlimmsten Träumen nicht vorstellen können – ich war wie gelähmt.

Dann aber packte mich eine blinde Wut. Eine Kaskade wüster

Beschimpfungen ergoß sich über den Arzt. Mein Zorn war unbändig und maßlos. Was fiel diesem Teufel in Weiß eigentlich ein? Der würde mir nicht ungeschoren davonkommen, und wenn ich ihn eigenhändig vierteilen müßte!

Zum ersten Mal in meinem Leben trachtete ich jemandem nach dem Leben. Es waren keine bewußten Gedankengänge, ich war vollkommen außer mir. Ein anderer Mann in weißem Kittel entfernte mich aus dem Raum. Es wurde mir nahegelegt, das Spital zu verlassen.

So schnell verrauchte mein Zorn aber nicht. Ich ging mit Mrs. Franklin, die ebenfalls vom Operationstisch verwiesen worden war, auf die Suche nach Dan. Da saß er im Warteraum, rauchte eine Zigarette und versuchte, sich das Blut von der Krawatte zu wischen. Ich hätte beide ohrfeigen können: Mrs. Franklin für ihr serviles und Dan für sein feiges Verhalten.

Das Adrenalin in meinem Blut erlaubte mir nicht, mich hinzusetzen. Ich tigerte den Flur hinauf und hinunter. Dan war inzwischen aus Frustration zum Kettenraucher geworden, und Mrs. Franklin kauerte auf dem Rand des Stuhles, von Zeit zu Zeit ihre feuchten Augen abtupfend.

Meine Ohnmacht angesichts dieses Zwischenfalls zehrte an mir. Da war ein wehrloses Geschöpf vorsätzlich gequält worden, und mir blieb nichts, als eine Beschwerde mit drei Kopien einzureichen.

Die ganze Szene hatte wohl nicht mehr als zehn Minuten gedauert, aber sie brannte sich für immer in mein Bewußtsein ein.

In die Schule zurückgekehrt, mußte ich Thomas und Bo beruhigen. Nicky ginge es gut, er sei mit seiner Mutter nach Hause gegangen und käme morgen bestimmt wieder zur Schule. Meine Hände zitterten immer noch, als ich ihnen die Arbeitsblätter verteilte. Ich war dankbar, daß sie mich nicht mit Fragen bestürmten. Das Erlebnis war noch zu schmerzhaft, und ich hätte es deshalb unmöglich mit irgendeinem Menschen teilen können.

«Weißt du», sagte Bo, als ich ihr die Jacke zum Nachhausegehen überzog, «es ist mir gar nicht recht, daß ich so geschrien habe auf dem Pausenplatz.»

«Mach dir keine Gedanken, ich hatte auch Angst.»

«Ich glaube, ich habe eigentlich gar nicht geschrien, weil ich Angst hatte, sondern weil es Nicky war. Ich wollte nicht, daß es ihm weh tat. Wenn ich es nur besser erklären könnte. Es wäre mir manchmal lieber, wenn es mir selbst weh täte. Ich wüßte dann, wie es ist, und könnte etwas dagegen tun. Aber wenn ein anderer Mensch leidet, kann man nichts machen. Weißt du, was ich meine?»

«Ich versteh dich gut, glaube ich.»

Ich lächelte ihr zu. Ein schwacher Ausdruck für das, was ich fühlte, für das, was sie in mir ausgelöst hatte. Ich dankte dem Schicksal, daß ich hier arbeitete und nicht im Spital dort drüben.

10

Das Traurigste am Menschsein ist das Ausmaß unserer Unwissenheit.

Im Umgang mit Kindern fühlt sich der Erwachsene so leicht allmächtig. Das ist aber leider eine Täuschung. Ich versuchte, diese Erkenntnis in der Arbeit mit meinen Kindern nie zu vergessen. Ich gab mir Mühe, mich von den unzähligen tröstlichen und einleuchtenden Erziehungstheorien nicht einlullen zu lassen. Das war gar nicht so einfach. Wir suchen ständig nach Antworten auf unsere Fragen. Intellektuell sah ich wohl ein, daß im Leben vieles unbeantwortet bleiben mußte, gefühlsmäßig konnte ich mich hingegen nie damit abfinden.

Thomas blieb eine Herausforderung für mich. Sobald ich glaubte, ihn durchschaut zu haben, warf er alles über den Haufen. Er bot sich als ideales Opfer für Erwachsenen-Theorien an. Auf Grund von dem und dem handelte er so und so. Der junge Freud hätte an mir seine helle Freude gehabt. Ich suchte und fand eine Erklärung nach der andern für sein Verhalten, obwohl ich nicht wußte, was in ihm vorging, und ich vor meiner Unwissenheit Angst hatte. Ich hatte mich des uralten Erzieher- und Psychologentricks bedient, ein Phänomen zu nennen, um es zu beherrschen. Dann, wie der Zauberlehrling, entdeckte ich trotz meiner Unwissenheit plötzlich einen Zipfel der Wahrheit.

Im Laden nebenan wurden Hyazinthenzwiebeln zum Verkauf angeboten und beim Eingang mit einer großen Tafel angepriesen: Einmalige Gelegenheit: Frühlingspracht in allen Farben! 3 für 1 $. Alte Erinnerungen an riesige Blumenbeete vor meinem College entlockten mir ein Lächeln, als ich das mickrige Kistchen sah. Aber hier in diesem rauhen Klima gediehen sie eben nicht besonders gut, und ich fürchtete, diese kleinen Blumenzwiebeln würden nie einen Frühling erleben.

Wie wäre es, wenn wir die Pflanzen in unserem Schulzimmer ziehen würden? Vielleicht könnten wir sie sogar dazu bringen, an den langen, schneereichen Tagen im Januar und Februar zu blühen. Bo hätte ihre Freude daran, sicher auch Nicky. Bei Thomas war ich mir im unklaren. Ich überprüfte blitzartig meine finanziellen Möglichkeiten und stellte fest, daß ich $ 3.28 in der Hosentasche hatte. Ich kaufte neun Zwiebeln in drei verschiedenen Farben.

Was für ein herrliches Durcheinander! Töpfe, Erde, Zeitungspapier, alles lag verstreut auf dem Boden herum. Vor uns hatten wir ein Buch mit Anleitungen aufgeschlagen. Ich las den Kindern daraus vor, wie man die Pflanzen eintopfen und während sechs Wochen in den Kühlschrank stellen mußte, damit die Zwiebeln Wurzeln schlugen.

Bo hörte meinen Erläuterungen aufmerksam zu und drehte während der ganzen Zeit eine Zwiebel in der Hand herum. «Ich muß gut aufpassen, ich will das nämlich zu Hause auch machen. Ich werde meinen Daddy fragen, ob er mir und Libby ein paar Zwiebeln kauft.» Sie wandte sich Nicky zu. «Du mußt auch schauen, Nicky. Guck, hier sind die Blumen.»

Nicky mit seiner armen, geschwollenen Zunge erlaubte Bo, seinen Kopf in die von ihr gewünschte Richtung zu drehen.

«Ich will vier Zwiebeln pflanzen», meldete Thomas.

«Wir machen das zusammen, Tom, wir haben ja nur zwei Töpfe», erklärte ich ihm.

«Ich will sie in meine eigenen Töpfe setzen. Ich will meine Blumen nicht in deinen Misttopf tun.»

«Das ist gar keine schlechte Idee, sie nachher in verschiedene Töpfe zu verpflanzen, aber laß sie uns jetzt zuerst hier einsetzen. Ich habe im Moment keine andern, und außerdem ist es doch sicher egal, in welchem Topf sie im Kühlschrank stehen.»

«Ich will zwei haben, ich will meine eigenen Töpfe.» Er drohte mir wütend mit der kleinen Hacke. «Ich will einen Topf für mich und einen für meinen Vater.»

«Wir wollen doch alle Töpfe hier lassen, Tom, und sie im Januar auf unser Fensterbrett stellen.» Ich hatte immer noch keinen Weg gefunden, das Problem seines ermordeten Vaters anzugehen. «Keiner von uns nimmt den Topf nach Hause.»

«Nein!» Er stampfte mit dem Fuß auf, warf die Hacke nach mir und überschüttete mich mit Schimpfworten. «Hörst du nicht, du verdammte Kuh, ich will einen für mich, für mich.»

«Thomas», sagte Bo, «du kannst meinen haben.»

«Geh zum Teufel!» Mit einem gewaltigen Fußtritt schleuderte er die Töpfe gegen die Wand, wo sie in tausend Scherben zersprangen. «Ich hasse dich!»

Ich versuchte, ihn in meiner Umklammerung zu beruhigen. Wir kämpften miteinander, wie so oft zuvor. Er trat mir mit Wucht auf meine Turnschuhe, und ich biß die Zähne zusammen.

Bo und Nicky schauten unserem wilden Tanz gebannt zu. Sie hatten wohl Angst, aber sie ließen sich nichts anmerken. Bo setzte sich höchstens in Alarmbereitschaft, falls sie sich mit Nicky in Sicherheit bringen mußte.

Während unserer verzweifelten Umklammerung rasten sämtliche mir bekannten Theorien durch meinen Kopf. Warum führte sich Thomas so auf? Was für schreckliche Kindheitserinnerungen wurden durch meine Verweigerung in ihm freigesetzt? Welche unerfüllten Sehnsüchte ließen den toten Vater im Kopf dieses Jungen weiterleben? Woher dieser unberechenbare Zorn? Inbrünstig bat ich in meiner Not: Es soll doch um Himmels willen jemand kommen und mir diesen Jungen erklären und mir meine Angst nehmen.

Wie immer, spürte ich nach einer Weile, wie Thomas' Widerstand brach. Sein Körper erschlaffte, halb auf dem Boden, halb auf meinem Schoß liegend.

«Ich glaube, ich kann den Topf flicken», sagte Bo, auf die Scherben zeigend. «Oder mein Vater hat vielleicht einige Töpfe in der Garage. Ich kann sie mitbringen.»

«Mach dir keine Gedanken, Bo, wir können Pappschachteln aus dem Kindergarten nehmen. Für unsere Hyazinthen ist das sowieso besser.»

Thomas kauerte jetzt zu meinen Füßen, schaute zu mir hoch und fragte kaum hörbar: «Kann ich einen Topf meinem Vater bringen, wenn wir damit fertig sind?»

Was sollte ich ihm antworten? Was konnte ich ihm antworten? «Warum nicht, Tom. Wenn du nachher noch Lust hast, bestimmt.»

Während wir die Scherben zusammenfegten, holte Bo die Schachteln, und bald waren wir wieder eifrig dabei, Zwiebeln in die Erde zu stecken. Thomas schien noch nicht so recht munter.

«Bo, steck sie nicht zu tief in die Erde, schau, so», mahnte ich sie. «Tom, wie kommst du voran?»

Er schaute auf. «Warum nennst du mich eigentlich immer so?»

«Wie denn?»

«Tom. Mein Name ist Thomas, ich heiße nicht Tom.»

«Ich hab mir nichts dabei gedacht. Ich kürze manche Namen ab.»

«Auf jeden Fall mag ich das nicht, also hör auf damit.»

«Ich werde mir Mühe geben.»

«Das rat ich dir auch.» Seine Stimme hatte wieder die altbekannte zornige Note.

Ich arbeitete mit Bo und Nicky weiter an unserer Hyazinthenplantage, behielt aber Thomas im Auge. Ich spürte seine zunehmende Aggression und wußte, daß ein neuer Ausbruch kurz bevorstand.

Nicky langte nach einem Gerät und kippte dabei die Schachtel mit Erde um.

«Paß doch auf, du kleiner Dummkopf, du. Ich schlag dir den Schädel ein, wenn du das noch mal machst.»

«Thomas», sagte ich streng.

«Halt die Klappe!»

Seine Wut machte ihn ungeschickt. Er konnte die Erde nicht mehr in die Schachtel zurückfüllen. Er schmiß alles in weitem Bogen von sich. «Ich mach diese Scheiße nicht mehr mit! Du bist schuld, daß es nicht geht. Mein Vater hätte besser gewußt, wie.»

Ich schaute ihn an. «Dein Vater macht dich aber ordentlich wütend, nicht wahr?»

Was für ein dummer Ausspruch! Er war meiner unwürdig. Er gehörte zur Terminologie eines Psychiaters oder in ein Buch über Erziehung. In mein Klassenzimmer paßte er jedenfalls nicht, auch wenn er sehr wahrscheinlich der Wahrheit entsprach.

Thomas versteifte sich sichtlich. Seine Augen weiteten sich vor Entsetzen. Blitzartig wurde mir klar, daß ich zu weit gegangen war. Ich sah Tränen in seinen Augen. Der Ausbruch, den ich befürchtet hatte, blieb zwar aus, aber er hielt sich die Ohren zu, wand sich am Boden wie in unerträglichen Schmerzen und preßte die Augen zu. «Herrgott noch mal, wieso ist es so laut hier drin? Meine Ohren tun mir weh. Das bringt mich noch um! Ich höre das Blut in meinen Ohren rauschen. Mach, daß das aufhört!» jammerte er.

Bevor ich Zeit hatte, etwas zu unternehmen, hatte er den Riegel an der Tür zurückgeschoben und war auf und davon.

Wir saßen alle wie versteinert. Niemand gab einen Laut von sich. Bo wandte sich langsam zu mir. «Was ist denn passiert?»

«Ich weiß es selbst nicht genau.»

Nicky schaute uns mit seinen runden grünen Augen verloren an und sagte: «Oh, oh, oh, oh.» Da konnte ich ihm nur beistimmen.

Thomas war unauffindbar. In Panik durchsuchte ich das ganze Gebäude. Wenn er bloß nicht auf die Straße gerannt war! Ich schaute in jedes Zimmer, in jede Ecke. Ich verzichtete jedoch darauf, nach ihm zu rufen. Er würde mir doch nicht antworten, wo immer er war. Keinesfalls wollte ich Alarm schlagen und Hilfe von außen herbeiholen.

Ich durchkämmte die nähere Umgebung, suchte den Parkplatz ab, den Garten, das ganze Viertel. Falls er sich draußen verirrte, würde er wohl den Weg zurück finden? Mit dem sicheren Instinkt eines Naturgeschöpfs bestimmt, aber er würde Angst haben. Ich suchte noch einmal im Schulgebäude. Die Sorge um ihn und die Vorstellung, ich müßte seine Pflegeeltern von seinem Verschwinden benachrichtigen, schnürten mir die Kehle zu.

Plötzlich entdeckte ich ihn. Eine kleine Bewegung hatte ihn verraten. Ganz hinten in der Turnhalle war er, auf der Bühne, wo die alten Pulte und ausgedienten Schulutensilien standen. Hier kauerte er unter einem Tisch, das Gesicht von Tränen und uraltem Bühnenstaub verschmiert.

Der ganze Raum war nur von einer kleinen, mickrigen Lampe

erhellt. Ich konnte ihn nur schwach sehen. Ich mußte auf allen vieren kriechen und mein Gesicht auf den Boden ducken.

«Hallo», sagte ich.

Er sah mich mit seinen großen schwarzen Augen stumm an.

«Es tut mir leid Tom – Thomas. Ich hätte das nicht sagen sollen. Kommst du mit mir zurück ins Schulzimmer?»

Er schüttelte den Kopf.

Ich legte mich flach auf den Boden, um ihn besser sehen zu können. Er hatte sich ganz in den Wald von Möbelbeinen verkrochen. Wie er dieses Versteck gefunden hatte, war mir ein Rätsel.

Wir starrten uns an. Meine unbedachte Äußerung im Schulzimmer hatte uns nun in diese Lage gebracht. So nah beieinander und doch so fern.

«Glaub mir, Thomas, es tut mir aufrichtig leid. Wie kann ich das wieder gutmachen?»

«Geh doch einfach weg.»

«Alle Leute machen einmal einen Fehler. Ich bin da bestimmt keine Ausnahme. Es ist mir nicht recht, daß ich dich geärgert habe, ich weiß, daß ich unrecht hatte.»

«Kannst du nie deine Klappe halten, verdammt noch mal! Du sprichst und sprichst und sprichst. Kannst du nicht mal zuhören?»

So, jetzt hatte ich's gehört. Es tat weh, und ich schwieg. Wir beobachteten uns in der staubigen Dunkelheit.

Die Zeit verrann. Der Zeiger meiner Uhr schritt unerbittlich voran. Ich wagte nicht, genau hinzusehen; er würde meine Bewegung mißdeuten. Wie kam die Kollegin, die ich geholt hatte, wohl mit Bo und Nicky zurecht? Wir lagen immer noch regungslos am Boden.

Thomas bewegte sich. Er wischte sich die Tränen von den Wangen. Die Entfernung zwischen uns schien kleiner zu werden, der Graben weniger tief.

Draußen hörte man das Stimmengewirr der Kinder. Mein

Gott, es war doch bestimmt noch nicht Schulschluß! Was sollte ich bloß machen? Ich verlagerte mein Gewicht.

«Laß mich nicht allein», flüsterte er. Die Worte waren kaum hörbar.

«Nein, ich geh nicht weg.» Unwillkürlich hatte ich auch geflüstert.

Die Schule war aus, da gab es keinen Zweifel. Die Kinder stürmten lärmend nach Hause. Ich war von Angst geplagt, jemand könnte hereinplatzen und uns stören.

Totenstille. Es befand sich niemand mehr im Haus. Bo würde jetzt auch schon zu Hause sein, sie wohnte ja so nahe bei der Schule, und Nicky war bestimmt von seiner Mutter abgeholt worden wie immer.

Wir warteten und warteten. Meine Brust tat mir weh vom endlosen Auf-dem-Bauch-liegen. Staub kitzelte mich in der Nase.

«Ich möchte sterben», flüsterte Thomas.

«Sterben?»

Er nickte.

«Warum?»

«Ich hasse alles hier.»

«Hier? Ist die Schule so schlimm?»

«Nicht hier, meine ich, *hier*, diese Welt.»

«Ach so.»

«Ich weiß, wie ich mich umbringen kann. Ich schlucke Pillen. Ich habe schon welche. Mein Pflegevater muß Pillen nehmen, so blaue, ich glaube für den Blutdruck. Ich habe immer wieder eine geklaut. Jetzt hab ich genug. Ich werde in mein Zimmer gehen, sie schlucken und mir ein Kopfkissen aufs Gesicht binden, damit ich auch sicher bin. Ich will sterben.»

Ich schaute ihn an, wie er so dalag, ein zehnjähriges Häufchen Elend.

«Ich will nicht mehr leben. Ich will einfach nicht mehr. Ich ertrag's nicht mehr.»

Ich blieb stumm. Was hätte ich auch sagen können? Mit welchen Worten hätte ich ihn trösten sollen?

Ich schlängelte mich auf dem Bauch in seine Nähe, so nah es eben ging, und streckte meine Hand durch das Möbelgewirr nach ihm aus. Es reichte nicht. «Thomas, kannst du meine Hand fassen?»

Keine Antwort. Ich sah immer noch Tränen in seinen Augen glitzern.

«Kannst du mich berühren, Thomas?»

«Ich glaube schon.»

«Komm, halt meine Hand.»

Ich hörte ein Rascheln und Scharren, dann fühlte ich Thomas' kalte, feuchte Hand in meiner.

«Halt mich fest, Thomas.»

So lagen wir wieder eine Weile Hand in Hand mit verrenkten, steifen Gliedern. Ich hörte mein Herz schlagen.

«Mein Vater ist tot», flüsterte Thomas.

«Ich weiß.»

«Ich möchte auch tot sein. Ich will zu meinem Vater. Ich will fortgehen.»

«Halt mich fest, Thomas.»

«Ich halt's nicht aus hier, es ist zu schlimm.»

Ich sagte nichts.

«Mein Pflegevater haßt mich. Meine Pflegemutter haßt mich. Das ist denen egal, ob ich lebe oder sterbe. Ich gehöre niemandem. Alle hassen mich.»

«Bo nicht.»

«Was?»

«Ich hab gesagt, Bo haßt dich nicht.»

«Was bedeutet das schon. Sie ist doch nur ein kleines Mädchen.»

«Ja, aber sie ist doch immerhin jemand.»

«Stimmt.» Stille breitete sich aus. «Dich hasse ich nicht», sagte er schließlich.

«Das glaub ich dir.»

«Man kann Bo nicht hassen, auch wenn man wollte.»

«Nein. Ich glaube, das kann man wirklich nicht.»

Wieder Stille. Thomas hielt meine Hand jetzt fester.

«Haßt du mich, Torey?»

«Nein.»

«Doch, du haßt mich.»

«Nein.» Ich lächelte ihm zu. Wehmütig, leise. Wieder kam mir die Unangemessenheit jeglicher Worte zum Bewußtsein. Was konnte ich ihm sagen, das er glauben würde?

Wir starrten uns immer noch an. Wie Überlebende einer Katastrophe hielten wir uns an den Händen, damit wir nicht auseinandergerissen wurden. Plötzlich war ich nicht mehr Herr meiner eigenen Gefühle. Sie überschwemmten mich, und ich fragte nicht mehr lange nach der Richtigkeit meiner Worte. Die Tränen waren mir zuvorderst.

«Nein, Thomas, ich hasse dich nicht. Ich weiß nicht, was ich machen soll, daß du mir glaubst. Siehst du, du bringst mich zum Weinen, weil ich nicht weiß, was ich sagen soll, aber du mußt mir einfach glauben.»

Keine Antwort.

«Du bist etwas ganz Besonderes für mich. Ich liebe dich, so wie du bist. Das ist die Wahrheit.» Wie schwierig war das auszusprechen.

Er erwiderte nichts und schaute mich nur an. Wieder flossen seine Tränen.

«Komm, Thomas, komm zu mir.»

Er schüttelte den Kopf.

«Bitte, bitte!»

Wieder schüttelte er den Kopf.

«Ich brauche dich. Komm zu mir, daß ich dich umarmen kann.»

Er kam. Weder langsam noch schnell, weder leise noch laut. Da stand er jetzt über mich gebeugt. Einen Moment lang bewegten wir uns beide nicht. Sein Gesicht war immer noch naß, seine Haare zerzaust. Dann umschlang er meinen Hals. Da ich immer noch auf dem Boden kniete, gelang es mir nur, seine Beine zu umfangen.

«Du sagst ihnen nicht, daß ich geweint habe?» bat er schließlich, sein Gesicht immer noch in meine Haare vergraben.

«Nein.»

«Du sagst es auch Bo nicht?»

«Nein.»

«Ich wollte nicht weinen. Ich bin schon zu groß dazu. Ein Mann weint doch nicht.»

«Das macht doch nichts. Alle müssen mal weinen, auch Männer.»

Er trat einen Schritt zurück und ließ mich los. Er sah auf mich herab. Sachte kniete er sich nieder und legte seine Hände auf meine Wangen, als wäre ich ein kleines Kind, das getröstet werden mußte. Ein rührendes Lächeln breitete sich über sein Gesicht. «Du kannst mich Tom nennen, wenn du willst.»

11

Weihnachten. Von überall her schallten Lieder durch die tiefverschneite Landschaft. Kerzen flackerten in den Fenstern, und farbige Lämpchen glühten an den Türen. Die Menschen waren fröhlich und munter.

Ich genoß diese Zeit der Festlichkeiten in vollen Zügen. Ich hatte mit meinen Kindern die üblichen Weihnachtsvorbereitungen getroffen. Den Weihnachtsbaum kauften wir bei einem achtzigjährigen Mann, der die Tannen noch selber im Wald schlug und sie auf dem Parkplatz des Einkaufszentrums feilbot. Wir kauften den größten und buschigsten Baum. Nur mit Mühe schafften wir ihn in meinem kleinen Auto zur Schule. Wir drehten Girlanden, bis wir Blasen an den Fingern hatten, sangen Weihnachtslieder, bis wir heiser waren, und backten Kuchen, bis der Ofen rauchte. Der Zauber der Weihnachtszeit hüllte uns ein. Für kurze Zeit herrschte eitel Freude und Wonne. Dann kamen die Weihnachtsferien, und wir trennten uns für zehn Tage.

Joc und ich gaben eine Party. Ich beabsichtigte, zwei Tage vor Weihnachten nach Montana zu fahren, und deshalb planten wir unser Fest auf den Freitag vor meiner Abreise. Alle unsere Freunde waren eingeladen, und ich hatte einige Bedenken, wenn ich an die vierzig Gäste dachte. Joc aber war wie immer zuversichtlich. Er besorgte das Essen, die Kerzen, Stühle – einfach alles.

Trotz meiner Bedenken wurde die Party ein Erfolg. Die Gäste fühlten sich wohl, und Joc und ich waren in Hochstimmung.

Am nächsten Tag kam Joc zu mir, um beim Aufräumen zu helfen. Nachdem alle Überreste der Party verschwunden waren, setzten wir uns hin und begannen, Weihnachtsgeschenke einzupacken. Joc hatte seine auch mitgebracht, und so türmte sich ein unförmiger Berg vor uns auf dem Boden. Auf Jocs Wunsch hin hatte ich einen Weihnachtsbaum gekauft, den er jetzt anzündete. Das Kaminfeuer brannte, und Joc erzählte amüsante Anekdoten, während er mit Papier und Schnur kämpfte – eine wohlige Stimmung breitete sich aus. Wie gut er doch aussah, besonders wenn er lachte. Ich fühlte mich zufrieden und glücklich.

«Die Party hat mir gefallen», sagte er, nachdem wir eine Weile geschwiegen hatten.

«Mir auch.»

«Ich glaube, alle haben sich amüsiert, meinst du nicht auch?»

Ich hatte gerade ein Stück Weihnachtsband im Mund und konnte nicht antworten.

«Ist doch besser herausgekommen, als du gedacht hast.»

«Wie meinst du das? Ich dachte doch nicht, daß es schiefgeht.»

Er lächelte. «Ich weiß doch, daß die Party für mich war. Solche

Feste sind nicht unbedingt dein Stil, das ist mir schon klar. Ich möchte aber, daß du weißt, wie sehr ich den Abend genossen habe.»

Ich gab sein Lächeln zurück. «Ich auch.»

Wieder gab es eine Pause. Wir knabberten während der Arbeit an den Nüßchen von gestern abend herum, und da mich keine tiefschürfenden Gedanken plagten, wurde mir plötzlich die knackende Stille bewußt. Ich schaute auf. Joc beobachtete mich. Ich beugte mich über eine Schachtel.

«Torey?»

«Ja?»

«Laß uns doch heiraten.»

Meine Papierrolle raschelte gerade so stark, daß ich dachte, ich hätte mich verhört. «Was?»

«Laß uns heiraten!»

Ich hatte also doch richtig gehört. Um aber auch den leisesten Zweifel auszuräumen, fragte ich noch mal: «Was hast du eben gesagt?»

«Ich habe gesagt, ich möchte dich heiraten.»

Das kam wie ein Blitz aus heiterem Himmel. Traf mich völlig unvorbereitet. Nie hatten wir eine Heirat in Erwägung gezogen oder auch nur ein einziges Mal im Ernst darüber diskutiert. Ich fühlte mich zu jener Zeit noch nicht reif für eine Ehe und hatte das Joc auch bei Gelegenheit gesagt. Ich hatte nicht im entferntesten vermutet, daß er unserer Beziehung eine andere Form geben wollte.

Das Schweigen war voll von meinen unausgesprochenen Gedanken, und ich erinnere mich nur noch, wie ich über seine Schulter aus dem Fenster in die blaue Dunkelheit hinausblickte.

«Ich möchte, daß das weitergeht», fuhr er mit sanfter Stimme fort. «Nächte wie heute, wie gestern. Ich wünsche mir, daß wir immer so zusammenbleiben. Ich möchte mein Leben mit dir teilen.»

Ich fand noch immer keine Worte. So vieles ging mir durch

den Kopf, aber ich konnte es nicht formulieren.

Joc beobachtete mich. Die Stille im Raum schaffte eine unendliche Distanz zwischen uns. Ich wollte «ja» sagen. Ich hatte den Wunsch, «ja» zu sagen, stärker als ich je gedacht hatte. Aber ich war noch nicht so weit. Und manchmal fürchtete ich, daß ich es auch nie sein würde.

Und nicht mit Joc. Das wußte ich plötzlich ganz genau. Ich hatte es eigentlich schon immer gewußt. Wir waren im Grunde doch sehr verschieden, auch wenn wir viel Gemeinsames hatten. Beide waren wir ausgeprägte Individualisten. Wir hielten es nie lange miteinander aus; der Alltag würde uns zermürben. So sehr ich es in dieser Winternacht auch wünschte, der Mann, den ich vielleicht einmal heiratete, würde bestimmt nicht Joc heißen.

Joc wartete noch immer. Zärtlich lehnte er sich über das knisternde Geschenkpapier und küßte mich. Ich spürte seine warmen Lippen und wünschte mir nichts sehnlicher, als ihn zu heiraten. Nur einmal sein wie die andern! Aber das alles war so kompliziert, so viel komplizierter als in meinen Kindheitsträumen, daß mir die Tränen kamen.

Joc lehnte sich zurück. «Du brauchst mir jetzt keine Antwort zu geben. Nimm dir nur Zeit. Ich versteh dich gut.»

Meine Tränen wollten nicht versiegen.

Er beobachtete mich aufmerksam. Ein Funke flog aus dem lodernden Feuer, und Joc zertrat ihn auf dem Teppich. Ich war verheult und brauchte ein Taschentuch.

«Es sind deine Kinder, stimmt's», überrumpelte mich Joc, als er mir eine Schachtel Kleenex brachte.

Ich schüttelte den Kopf.

«Natürlich sind es deine verwünschten Kinder. Denen gegenüber habe ich keine Chancen.» Seine Stimme war immer noch liebevoll.

«Die Kinder haben nichts damit zu tun, Joc.»

«Du bist mit deiner Arbeit verheiratet. Da stehe ich auf verlorenem Posten.»

«Joc, das stimmt einfach nicht. Diese Angelegenheit hat nichts mit meiner Arbeit zu tun. Ich habe nicht im entferntesten daran gedacht. Ich muß es mir überlegen, sonst nichts. Du mußt zugeben, daß alles doch etwas überraschend kam.»

Der Ton unserer Stimmen hatte sich verschärft. Ich fühlte Jocs Zorn wachsen und wußte nicht, wie ihn besänftigen. Außer ich hätte ihm mein Jawort gegeben.

Es schmerzte mich, die Idylle dieses Nachmittags auf diese Weise trüben zu müssen.

«Ich weiß, daß ich recht habe. Immer wenn wir streiten, ist es wegen deiner Arbeit. Eines Tages, Torey, wirst du dich entscheiden müssen. Kein Mann wird sich je dazu bereitfinden, sein Leben mit einem halben Irrenhaus zu teilen.»

Mehr denn je wußte ich, daß die Beziehung zwischen Joc und mir nicht ewig dauern würde.

Er starrte ins Feuer, bevor er sich wieder mir zuwandte. «Dir bedeuten die Kinder, ich spüre das, mehr als einfach eine Arbeit. Es ist eine Leidenschaft. Ich habe an sich nichts gegen deine Arbeit oder dein Engagement einzuwenden, solange es sich in Grenzen hält, aber die zweite Geige werde ich in deinem Leben nie und nimmer spielen.»

«Du verstehst mich nicht», protestierte ich.

«Mir kannst du nichts vormachen, Baby. Ich verstehe dich besser, als du denkst. Ich will dir jetzt im Klartext sagen, daß ich es satt habe, zu dritt das Bett zu teilen.»

«Zu dritt?»

«Ja. Du, ich und deine Arbeit.»

«Joc, das sind nicht drei. Nur zwei. Die Arbeit gehört zu mir.»

So argumentierten wir weiter. Die Auseinandersetzung lief auf Sparflamme, da wir beide Angst hatten, sie richtig auflodern zu lassen. Etwas später stampfte er wütend aus dem Zimmer und ließ mich mit den Scherben unseres ruinierten Samstagnachmittags zurück.

Wieder mußte ich weinen. Still vor mich hin. Meine Tränen

sollten die Ungereimtheiten von Traum und Realität lindern helfen.

Joc kam zurück. Es war schon zehn Uhr vorbei, und ich war gerade noch unter der Dusche gestanden. Im Näherkommen sagte er sanft: «Es tut mir leid, Torey.»

«Mir auch.»

Ein trauriges Lächeln spielte um seine Lippen. Er hatte keine Hoffnung mehr. «Ich hab schon immer gewußt, daß wir's nicht schaffen. Aber ich mußte es einfach nochmals versuchen, verstehst du das?»

Ich nickte und brachte sogar ein Lächeln zustande.

«Du bist mir doch nicht böse?»

«Ich bin dir nicht böse.» Ich wollte noch mehr sagen, aber ich brachte keinen Ton heraus. Joc stand da, die Handschuhe noch in der Hand, sein Haar übersät mit frisch gefallenen Flocken. Wir fanden beide keine Worte.

10

Der Januar kam und brachte mir eine Fülle von Überraschungen.

Die erste war Claudia, meine vierte Schülerin für die Nachmittagsstunden. Sie schneite am ersten Tag nach den Weihnachtsferien herein.

Sie war zwölf, wie mir Birk mitteilte. Mit meinen anderen Schülern hatte sie nichts gemeinsam. Sie hatte die sechste Klasse einer katholischen Schule besucht und war eine gute, ruhige, wohlerzogene Sechstkläßlerin. Ihre Familie war gutsituiert, der Vater Zahnarzt, die Mutter Zeichenlehrerin an einem College. Weiter wußte ich von Birk, daß sie nie ein Problemkind gewesen war. Es fehlte ihr nichts, außer daß sie schwanger war.

«*Schwanger!*» hatte ich Birk am Telephon angebrüllt. Was bildete er sich eigentlich ein? Schon der Gedanke allein brachte mich auf die Palme. Alles hatte mir Birk schon zukommen lassen: Verwahrloste, Verstörte, Tobsüchtige, Kriminelle und sogar einmal einen Jungen ohne Arme, ohne Beine und mit einem Loch im Kopf. Ich hatte geglaubt, ich sei mit allen Wassern gewaschen. Aber das stimmte offensichtlich nicht. Ich hatte keine Ahnung, was ich mit dem Mädchen anfangen sollte.

Birk wußte es unglücklicherweise auch nicht. Bis vor Weihnachten hatte die ahnungslose Familie nicht gemerkt, daß Claudia schwanger war. Ein Besuch beim Arzt brachte ein böses Erwachen und die sofortige Entfernung Claudias aus der privaten katholischen Schule, die sie besucht hatte. In unserem Schulkreis gab es keine Sonderklassen für schwangere Mädchen. In seiner Ratlosigkeit hatte Birk sie mit den Gymnasiasten einen Halbtagskurs in Babypflege besuchen lassen. Meine Klasse schien ihm die einzige Möglichkeit für Claudia, trotz der Umstände noch ihr Sechstklaßexamen zu machen.

«Reg dich nicht auf», beruhigte mich Birk am Telephon. «Du wirst keine Probleme mit ihr haben. Ihre ehemalige Schule schickt dir den ganzen Lehrstoff zu, so daß du überhaupt nichts vorbereiten mußt. Claudia soll ein sehr nettes und manierliches Mädchen sein, absolut kein Problem. Sie muß einfach irgendwo die Schule besuchen können, wo man sie nicht sieht.»

Mein Schulzimmer wurde also auch noch zum Versteck!

«Bist du einverstanden?» fragte Birk.

Stille.

«Also gut», quetschte ich hervor.

Die Schwierigkeit für mich war im Augenblick eigentlich nicht Claudia selbst, sondern wie ich ihre Anwesenheit meinen anderen Kindern erklären sollte.

«*Schwanger!*» kreischte Thomas ungefähr so schrill wie ich, als Birk mir die Mitteilung gemacht hatte. «Was? Die wird ein Baby hier drin bekommen?»

Bevor ich diese Aussage berichtigen konnte, mischte sich Bo ein: «Ein *Baby!* Ich dachte, sie ist noch ein Kind wie wir.»

«Sie ist zwölf Jahre alt», sagte ich.

«Aber dann ist sie doch noch ein Kind, nicht?»

Mit großem Ernst meinte Thomas: «Torey, wäre es nicht besser, wenn Bo und Nicky nicht hörten, was wir besprechen? Sie sind noch zu klein dafür.»

«Zu klein wofür?» rief Bo aufgebracht.

Thomas packte mich am Arm. «Dann mußte sie es doch tun! Du weißt schon, was ich meine. *Es.*»

«Was flüstert ihr da?» fragte Bo. Sie wandte sich zu mir. «Wovon spricht er eigentlich, weshalb bin ich zu klein?»

«Tom, du meinst wahrscheinlich, daß sie Geschlechtsverkehr –»

«Torey! *Torey!* So was sollst du doch vor den Kleinen nicht sagen!» Er wurde feuerrot. Es rührte und belustigte mich, daß ausgerechnet Thomas, der andere mit seinen Unflätigkeiten nicht genug erschrecken konnte, selbst so zart besaitet war.

Bo ihrerseits war einfach beleidigt, daß man sie nicht ins Vertrauen zog, und bald artete die Diskussion in ein wirres Durcheinander aus.

Ein Großteil unserer Bedenken wurde durch Claudias außergewöhnlich scheue und zurückhaltende Art zerstreut. Sie war ungewöhnlich groß für ihre zwölf Jahre, einen Kopf größer als Thomas und fast so groß wie ich. Sie hatte ein kantiges Gesicht mit hohen Backenknochen, buschigen, dunklen Augenbrauen und großen Augen. Ihr dichtes Haar fiel ihr bis über die Schultern. Es war weder blond noch braun, aber – wie oft bei Jugendlichen – etwas strähnig. Ihre Augen hatten eine undefinierbare Farbe. Trotz der Ecken und Kanten hatte Claudia etwas Weiches an sich, weich auf eine unschuldig provokative Weise, wie bei ganz kleinen Kindern.

Man kann nicht behaupten, daß Tom und Bo bei Claudias

Ankunft ein Muster guten Benehmens abgegeben hätten. Thomas blieb auf Distanz, als hätte er Angst, von ihrem Zustand angesteckt zu werden, und starrte gebannt auf ihren Bauch. Bo zeigte ihre Neugierde unverhohlen, so daß ich sie scharf zurechtweisen mußte. Claudia trug das alles mit Fassung. Sie war mehr als höflich zu Bo und fragte Thomas, ob er seine alte Schule am Anfang hier vermißt hätte. Sie habe Angst, es würde ihr so ergehen.

Ich beobachtete sie, während ich mich mit Bo abgab. Sie war so schüchtern, daß es mir fast weh tat, ihr beim Gespräch zuzusehen. Ihr Gesicht verfärbte sich hochrot, sie biß sich auf die Lippen, zog die Schultern hoch, und ich fragte mich, wie sie wohl nahe genug an einen Jungen herangekommen war, um schwanger zu werden.

Eine weitere Überraschung im Januar bescherte uns Nicky.

Den ganzen September, Oktober, November, Dezember hindurch hatte ich unaufhörlich versucht, eine verbale Kommunikation mit ihm herzustellen. Ich hatte alle mir verfügbaren Mittel eingesetzt: List, Überzeugungskraft, Bestechung, Überredungskunst. Nichts hatte gefruchtet. Er sprach nur ganz sporadisch, und dann waren seine Worte immer ohne Sinn. Seine Äußerungen waren fast ausschließlich verspätete Echolalien. Er trieb uns fast zum Wahnsinn mit seinem endlosen Nachgeplapper von Werbespots, Wettervorhersagen und sinnlosen Gesprächsfetzen, die er irgendwo aufgeschnappt hatte. Öfters wiederholte er auch aus dem Zusammenhang gerissene Sätze aus einem Gespräch, das Bo und ich vor Tagen oder vielleicht auch schon vor Wochen zusammen geführt hatten. Es war wie eine ständig sprudelnde Quelle von Gehörhalluzinationen.

Er wiederholte manchmal aber auch einzelne Sätze, die er nach irgendeinem unsichtbaren Prinzip auswählte. Einen hatte er offensichtlich während meiner Unterrichtsstunden mit Bo aufgegabelt: «Was für ein Buchstabe ist das?» sagte er eine

Zeitlang endlos, wie die Nadel einer Grammophonplatte, die sich unaufhörlich in derselben Rille dreht. «Was ist das für ein Buchstabe? Was ist das für ein Buchstabe?» Ganz genau so, wie ich es zu sagen pflegte, wiederholte er diesen einen Satz, stand dabei vor Bennys Käfig und starrte das Tier an. Und noch nie, gar nie hatte er auf etwas eine Antwort gegeben.

Obwohl er doch so viele Töne von sich gab, hatte er kein einziges Mal, wie es schien, eine Beziehung mit Worten zu jemandem hergestellt. Nur seine kleinen Ausrufe, wie «Hroop» und «Whirr» schien er direkt an jemanden zu richten, meistens an Benny, manchmal auch an Bo. Aber niemand konnte sie verstehen.

Meine Hoffnung, ihm sinnvolle Sätze zu entlocken, war etwas gesunken, und so richtete ich mein Hauptaugenmerk auf seine alltäglichen Verrichtungen. Sie schienen mir eher im Rahmen des Möglichen zu liegen. Wir übten also Anziehen, Waschen, Klo-Benützen, immerhin mit etwas mehr Erfolg.

«Nicky, setz dich hin, bitte», rief ich ihm zu.

Bo und ich waren gerade dabei, die Weihnachtsdekoration wegzuräumen. Ich stand auf dem Tisch und versuchte, eine Girlande von der Decke zu angeln. Es war der Freitag der ersten Woche nach den Ferien und beinahe Schulschluß, und ich ließ die Kinder machen, was sie wollten.

Tom spielte mit kleinen Rennwagen am Boden, und Claudia las in einem Buch. Nicky drehte sich wild im Kreis, die Arme ausgebreitet, die Augen geschlossen wie in Ekstase. Ich hatte versucht, ihn zum Stillstand zu bringen. Das Getanze kümmerte mich weniger als die Vorstellung, er könnte sich weh tun oder auf Thomas' Spielsachen treten. Jetzt hatte ich aber endgültig genug und bemühte mich, mit lauter Stimme auf ihn einzuwirken.

Bo ging zu ihm hin und umklammerte ihn, so wie sie es bei mir gesehen hatte, wenn ich Thomas hielt.

«Bo, laß ihn, bitte. Er kann mich ganz gut hören, und ich

möchte ihn wirklich daran gewöhnen, daß er auch auf den Inhalt der Worte hört.» Wieder zu Nicky gewandt, sagte ich bestimmt: «Du setzt dich jetzt hin. *Jetzt.*»

Er drehte sich immer weiter.

Manchmal hörte er auf das, was ich sagte. Obschon er unfähig war, seinen eigenen Worten einen Sinn zu geben, hatte er doch gelernt, Worte aufzunehmen. Manchmal, wie gesagt. Wenn er aber derart in Bewegung geriet, mußten wir meistens handgreiflich werden und ihn zur Ruhe zwingen.

Plötzlich sprang Nicky auf Claudia zu, entriß ihr das Buch und stürzte damit zu Boden. Ich sprang hinzu und hob ihn hoch.

«Du wirst noch mein Untergang sein, Nicky», sagte ich erschöpft.

«Du wirst noch mein Untergang sein, Nicky», wiederholte er in einem hohen Singsang. Bo und Claudia konnten sich das Lachen nicht verkneifen.

Seufzend bemühte ich mich, ihn auf einem Stuhl festzuhalten, während Bo ihn mit seinem Lieblingsspielzeug, einem Kreisel, abzulenken versuchte. Fasziniert schaute er jeweils den schillernden Farben zu. Aber schon hob er wieder seine Arme zu einer Drehbewegung und stand auf wie ein Blitz.

«Du bleibst jetzt sitzen, Nicky», sagte ich, so streng ich konnte.

Er fing wieder an: «Was ist das für ein Buchstabe?»

Ich packte ihn und schrie ihm ins Gesicht: «*Setz* dich!» Ich versuchte, ihn auf einen Stuhl zu zerren, schaute ihm dabei direkt in seine großen grünen Augen und sagte etwas freundlicher: «Ich meine es ernst, Nicky. Setz dich.»

Die andern schauten uns alle zu. «Ich hol ihm was zum Spielen, soll ich?» schlug Bo vor. Nicky war immer noch ihr Baby, das sie betreuen wollte.

«Du sollst nicht, Bo. Er ist schon aufgeregt genug. Ich möchte einfach, daß er sich hinsetzt und sich beruhigt.» Ich hielt ihn jetzt auf dem Boden fest, meine Hand auf seinem Kopf. Wir starrten einander an wie der Schlangenbeschwörer und seine Kobra.

«Setz dich», sagte ich und hob meine Hand vorsichtig ein bißchen hoch. Es kam mir vor, als fügte ich einem Kartenhaus die letzte Karte hinzu.

Er blieb auf dem Boden liegen und sah mich an. Ob er mich wahrnahm oder in die Ferne schaute, konnte ich nicht feststellen.

«Hier hast du ein Bilderbuch.» Ich drückte ihm das Buch in die Hand und machte mich wieder an die Arbeit. Nicky und ich hatten diese Szene schon unzählige Male durchgespielt.

Bo und ich mühten uns wieder mit den Girlanden ab. Im Hintergrund hörte ich Nickys Gemurmel, auf das ich nicht mehr achtete. Es war Bo, die das Geplauder mit mir plötzlich unterbrach und sagte: «Was hast du gesagt, Nicky?»

Ich wandte mich nach Nicky um.

«Faß das nicht an, Nicky», sagte er, «ich hab dir das schon hundertmal gesagt, faß das nicht an. Jetzt hast du's wieder getan!»

«Ach, er plappert wieder irgend etwas nach», bemerkte ich achtlos zu Bo.

Trotzdem sprang sie zu Boden und fragte ihn eindringlich: «Was sollst du nicht anfassen?»

Nicky hielt seinen Kopf etwas schief, als ob er mit einer imaginären Person redete. Er schimpfte ununterbrochen mit sich selbst. Er drohte mit dem Zeigefinger: «Faß das nicht an! Du wirst noch mein Untergang sein, Nicky. Ich meine es ernst, laß das!»

«Faß was nicht an?» beharrte Bo weiter. Sie kniete zu ihm nieder. «*Was* sollst du nicht anfassen?» schrie sie ihn wie einen Taubstummen an.

«Laß ihn in Frieden, Bo», ermahnte ich sie.

Da blickte Nicky zu ihr auf. Ein Hauch von Erkenntnis huschte über sein Gesicht. «Die Steckdosen. Faß die Steckdosen nicht an, Nicky», antwortete er. Langsam, wie ein Schlafwandler, stand er auf und schritt an uns vorbei zu den Steckdosen an der Wand. Er tippte sie mit dem Finger an. «Faß die Steckdosen nicht an, Nicky.» Er wandte sich an uns.

«Die beißen dich, wenn du den Finger reinsteckst.»

Ich konnte mich von meiner Überraschung kaum erholen. Gewiß war das keine brillante Unterhaltung gewesen, aber Nicky hatte mit uns gesprochen. Zum allerersten Mal. Abgeschwächte Echolalie würde vielleicht ein sturer Fachmann sagen, aber was hieß das angesichts dessen, daß Nicky uns endlich einen Gedanken mitgeteilt hatte.

Dann lehnte er sich an die Wand, seine Hände begannen nach dem Deckenlicht zu flattern, und er ratterte los: «Wettervorhersage für morgen; ganzes Gebiet schön und klar. Nebel im Flachland. Windböen an den Osthängen der Rockies möglich.»

13

Der Weihnachtsmann hatte Bo nicht übergangen. Nachdem sich die Aufregung um Claudias Ankunft und Nickys Kommunikationsversuche gelegt hatte, schleppte Bo in der zweiten Januarwoche eine Riesenschachtel zu uns in die Schule. Die heißersehnte Puppe!

Es war das Wunderbaby, eine meisterhafte Schöpfung, die saugend aus der Flasche trank und eine übelriechende, klebrige Masse mit einem Plastiklöffel verschlang. Stolz zeigte uns Bo diese tollen Leistungen bis zum bitteren Ende: Der Brei plumpste anschließend aus einem Loch im Puppenpo direkt in die Windeln.

Thomas war während der Vorstellung ungewöhnlich duldsam. Er saß manierlich bei uns am Arbeitstisch, ohne sarkastische Bemerkungen, Stoßseufzer oder Fürze von sich zu geben. Toms rücksichtsvolles Benehmen freute mich um so mehr, als Bos Erläuterungen sich in endlosen Einzelheiten verloren. Ich lobte Thomas.

Er erklärte: «Ich hatte auch mal einen Lieblings-Teddybär und hab ihn überall rumgezeigt. Kleine Kinder sind nun mal so.»

Die Puppe an ihre Brust gedrückt, fragte Bo: «Hast du deinen Bären noch? Wenn du ihn mitbringst, könnten wir zusammen spielen.»

Thomas lächelte wohlwollend. Hätte irgend jemand anders dieses Ansinnen gestellt, wäre Thomas in die Luft gegangen. Zu Bo sagte er nur: «Nein, ich habe meinen Bären schon lange nicht mehr.»

«Was ist denn mit ihm geschehen?» fragte Bo weiter.

«Dort, wo ich früher gewohnt habe, wurde er mir weggenommen. Ein großer Junge schmiß ihn zum Fenster hinaus. Wir kämpften wie wild um ihn, und als mein Pflegevater nach Hause kam, sagte er, ich sei sowieso schon zu groß für einen Teddybären, warf ihn auf den Müll und verbrannte ihn.»

Mitfühlend runzelte Bo die Stirn. «Wie alt warst du da?»

«Ach, einfach klein», meinte Thomas vage.

«Kleiner als ich?»

«Ich weiß es nicht mehr.»

Es schauderte Bo bei dem schrecklichen Gedanken, und sie umschlang ihre Puppe noch enger. «Dem würd ich's aber zeigen, der versuchte, *meine* Spielsachen auf den Müll zu werfen.»

Väterlich beruhigend sagte er zu ihr: «Mach dir keine Gedanken, kleine Maus, ich würde es auch nicht zulassen. Die sollten mich kennen lernen. Ich würde sie windelweich schlagen.»

«Ich könnte mich schon selber wehren. Hast du denn keine anderen Bären oder sonst was?»

Ohne sie anzusehen, sagte er: «Doch, klar hab ich andere Sachen.» Seine Stimme klang etwas beleidigt: «Ich hab ein Würfelspiel und eine Legoschachtel. Und manchmal darf ich auch zu den anderen Kindern nach Hause gehen und ihre Spielsachen ansehn. Einer heißt Barry, der ließ mich sogar seinen Baseballhandschuh anziehen, und vielleicht darf ich ihn sogar mal ausprobieren, sagt er.»

«Aber hast du wirklich gar keine Stofftiere?»

«Hör doch auf, Bo. Das sind doch Sachen für Mädchen. Ich brauch doch so was nicht. Mein Pflegevater hatte recht, ich bin zu alt dafür.»

«Aber was hast du denn zum Liebhaben?»

«Herrgott noch mal, Bo, du fällst mir auf den Wecker. Torey, sieh zu, daß sie die Klappe hält. Natürlich hab ich Sachen, die ich liebe, Bo Sjokheim. Bist du jetzt zufrieden? Ich hab's dir doch gesagt: Legosteine, das Würfelding und Barrys Baseballhandschuh. Was braucht denn ein Junge mehr? Also, laß mich bitte zufrieden.»

«Aber hast du nie Angst, wenn es dunkel ist?» fragte sie zutraulich.

«Scheiße!» Thomas sprang heftig auf und stieß dabei seinen Stuhl um. «Du verdammte kleine Kröte, kannst du nicht mit deiner verfluchten Fragerei aufhören? Ich hätte die größte Lust, dir das Maul zu stopfen.» Zu mir gewandt, sagte er: «Warum bringst du sie nicht zum Schweigen?» Erregt lief er in die entfernteste Ecke des Zimmers, setzte sich dort auf den Tisch und fluchte aus sicherer Distanz.

Bo legte ihre Puppe neben sich auf den Boden und griff nach ihren Leseblättern. Sie sagte nichts mehr. Ich verteilte auch den andern ihre Aufgabenblätter, und wir begannen zu arbeiten.

Eine lastende Stille breitete sich aus, nur unterbrochen von kleinen Geräuschen, die Thomas von sich gab. Er fluchte nicht mehr. Wir fühlten alle, daß etwas geschehen war, das weh tat, aber wir wußten nicht genau, was.

Schließlich kam Thomas zum Arbeitstisch und schaute zu, was ich mit Nicky trieb. Ich übersah ihn willentlich, weil ich im Augenblick ihm gegenüber irgendwie gehemmt war. Er stand jetzt hinter Bo und sagte leise zu ihr: «Ich kenne alle diese Wörter. Willst du, daß ich sie dir vorlese?»

Sie nickte. Er las sie vor und setzte sich darauf an seine eigene Arbeit. Er schaute uns an, zuerst Bo, dann mich. Müde stützte er den Kopf in seine Hände und murmelte gedankenverloren: «Ich

bin manchmal schon etwas einsam, sehr einsam sogar.»
Ich nickte. «Wir alle fühlen uns manchmal einsam.»

Claudia blieb ein Rätsel für mich. Nicht was sie tat, war mir ein Problem, sondern was sie nicht tat. Sie tat überhaupt fast nichts. Wenn ich ihr an einem Tag drei vollständige Sätze entlocken konnte, war das schon viel. Sie hielt den Blick immer auf den Boden geheftet. Sie mußte das Muster unseres Linoleumbodens bereits auswendig kennen!

Sie war eine ausgezeichnete Schülerin. Die katholische Schule belieferte mich mit dem ganzen Sechstklaßstoff, den Claudia zu bewältigen hatte. Jeden Abend legte ich ihr die Aufgaben für den darauffolgenden Tag in ein Mäppchen. Sie kam am Morgen, nahm das Mäppchen, setzte sich an den Tisch, und man hörte nichts mehr von ihr, bis die Aufgaben gelöst waren. Ihre Schüchternheit isolierte sie völlig. Wie war dieses Mädchen bloß schwanger geworden, fragte ich mich immer wieder.

Die Unterlagen attestierten Claudia durchwegs ausgezeichnete Noten. Ihr IQ war nicht hervorragend, aber doch überdurchschnittlich. Kurzum, sie war eine Musterschülerin.

Über ihre Familie war nicht viel in Erfahrung zu bringen. Sie war das älteste von fünf Geschwistern, alles Mädchen. Drei jüngere Schwestern besuchten, wie zuvor Claudia, die katholische Schule. Das jüngste Mädchen war noch nicht schulpflichtig. Über die Eltern wußte ich nur, daß sie kühl, reserviert und ehrgeizig waren.

Den Angaben zufolge war Claudia im dritten Monat schwanger, die Geburt wurde Anfang Juli erwartet. Offensichtlich hatte die streng katholische Familie eine Abtreibung nie in Betracht gezogen. Es ging auch nicht klar hervor, ob die Schwangerschaft für einen solchen Eingriff früh genug entdeckt worden war. Vom Vater des Kindes wurde nicht gesprochen.

Die Berichte erwähnten allesamt Claudias außergewöhnlich schüchterne und zurückhaltende Art. In jedem Jahresschlußbericht kam die Lehrerin darauf zu sprechen. Claudia machte nur unter Zwang in einer Gruppe mit, und sie wurde richtig krank, wenn sie vor der Klasse etwas sagen mußte. Sprach sie mit Erwachsenen, überzog sich ihre Haut mit roten Flecken. Obwohl die anderen Kinder sie nicht eigentlich mieden, gelang es ihr doch nicht, wirkliche Freundschaften zu schließen. Ihr einziges Interesse war das Lesen. Sie flüchtete sich förmlich in ihre Bücher.

Ich schloß die Akte. Sie glitt vom Tisch und fiel dorthin, wo sie hingehörte, auf den Boden! Kindern wie Claudia galt mein ganzes Mitgefühl. Sie vegetierten dahin, ohne daß jemand sie so richtig wahrnahm. Da saßen sie jahrelang im selben Klassenzimmer, und niemand kümmerte sich um sie. Sie waren wie Luft – unsichtbare Kinder. Claudia war in Wahrheit emotional ebensosehr gestört wie Thomas. In unserem heutigen Schulsystem jedoch wurden hauptsächlich die Auffälligen erfaßt und behandelt. Solange sich jemand still und ruhig hielt und keine Menschenseele störte, wurde er kaum beachtet. Und schon gar nicht kam es jemandem in den Sinn, sich um ihn zu kümmern.

Ich starrte eine Weile auf die verstreuten Akten, und Zweifel stiegen in mir hoch. Bildete ich mir vielleicht nur ein, daß sie Probleme hatte? Hatte meine Sonderschule etwa meinen Blick bereits allzusehr getrübt? Sah ich Probleme, wo keine waren? Solche Fragen plagten mich oft. Die Akten konnten noch so normale Kinder beschreiben, bei mir schienen sie immer zu Problemkindern zu werden. Vielleicht war ich einfach voreingenommen, vielleicht war es die Atmosphäre meines Klassenzimmers. Wer weiß? Ich beschloß, nicht mehr weiterzugrübeln, schloß das Klassenzimmer hinter mir ab und machte mich gutgelaunt auf den Heimweg.

Thomas und Bo nahmen Claudia willig in ihre Gemeinschaft auf. Ihre Neugierde in bezug auf die Schwangerschaft war bestimmt noch längst nicht gestillt, und sie erhofften sich wahrscheinlich durch freundliches Benehmen weitere Enthüllungen in dieser Richtung.

An einem Nachmittag hatte ich vor, mit den Kindern zu malen. Ich hatte den Boden mit Zeitungen ausgelegt und große Bogen Zeichenpapier daraufgelegt. Pinsel und Farben waren bereitgestellt. Tom hatte sich augenblicklich entschlossen, die Pinsel nicht zu benützen und lieber mit den Fingern zu malen. Bevor ich ihn davon abhalten konnte, hatte er sein eigenes und Nickys Papier mit Farbe übergossen und schmierte drauflos. Claudia machte überhaupt nichts. Sie saß dabei und schaute zu, ohne den Pinsel in die Hand zu nehmen. Allmählich getraute sie sich, ein bißchen Farbe aufs Papier zu drücken und mit einem Finger im Farbklecks herumzuschmieren.

Den Kindern gefiel diese Betätigung außerordentlich. Sie lachten, kreischten und genossen das Malen ganz einfach in vollen Zügen. Ich ließ sie gewähren. Für den Rest des Nachmittags hatte ich zwar etwas anderes mit ihnen vorgehabt, aber mir schien es wichtiger, daß sie sich zusammen freuen konnten.

Thomas vergnügte sich am Spiel mit den Fußabdrücken. Farbe auf die Fußsohlen schmieren, aufs Papier treten, und schon war eine Fußspur da. Bo hingegen experimentierte mit anderen Körperteilen: mit den Ellbogen, den Knöcheln und – bevor ich sie daran hindern konnte – sogar mit der Nase. Selbst Claudia taute auf. Sie scherzte und lachte mit den andern. Als ich das nächste Mal in die Malecke guckte, hatten sich Claudia und Tom bis hinauf zu den Ellbogen knallrot angemalt. Was für ein lohnendes Chaos!

Als ich die Kinder schließlich zum Aufräumen zusammentrommeln wollte, überraschte ich Claudia und Thomas dabei, wie sie sich am Ausguß gegenseitig mit schmutzigem Wasser bespritzten. Sie tobten herum wie ausgelassene kleine Kinder. Thomas benützte den entspannten Augenblick und fragte: «Wie bist du eigentlich in diese Klasse gekommen? Nur weil du ein Kind bekommst?»

Sie nickte.

«Junge, Junge, das ist ein Ding.» Eine kleine Pause trat ein, als er den ganzen Arm bis zum Ellbogen unter den Wasserstrahl hielt. «Sag mal, hast du es wirklich getan? Du weißt schon, ich meine das mit einem Jungen.»

«Ja-ah.»

«Mensch, Claudia.» Seine Stimme war ernst und voller Respekt. «War es ein großer Junge?»

Sie zuckte die Achseln.

Ich wischte gerade hinter ihnen die Wasserlachen auf und hielt es für klüger, in diese Konversation einzugreifen. «Tom, ich glaube, jetzt ist es genug. Die Nase in anderer Leute Angelegenheiten hineinzustecken ist nicht fein.»

«Das tu ich gar nicht. Ich habe nur gefragt, nicht wahr, Claudia?»

Um Claudia zu schonen, sagte ich rasch: «Das weiß ich schon, Tom, aber es gibt private Dinge, die man lieber für sich behält. Wir wollen doch Claudia nicht in Verlegenheit bringen.»

«Willst du denn lieber nicht darüber sprechen?» fragte Tom zerknirscht.

Wieder zuckte Claudia nur die Achseln.

Nach Schulschluß trödelte Claudia noch etwas im Zimmer herum und half mir beim Aufräumen.

«So, das reicht, ich möchte nicht, daß du deinen Bus verpaßt.»

«Ach, das macht doch nichts, ich kann auch zu Fuß gehen. Wir wohnen ja nicht weit weg.»

«Werden sie sich keine Sorgen machen zu Hause?»

Sie verneinte, und so machte ich die Schulhefte zum Korrigieren bereit, ohne auf Claudia zu achten. Plötzlich hörte ich ihre Stimme.

«Weißt du, es macht mir gar nicht soviel aus, darüber zu reden.»

Ich schaute auf. Ich war mit meinen Gedanken ganz woanders

gewesen und fragte abwesend: «Worüber?»

«Über das Baby.»

«Da bin ich aber froh. Die Kinder sind manchmal etwas neugierig. Ich will nicht, daß sie dich mit Fragen bedrängen.»

«Da gibt es gar nicht viel zu erzählen. Ich habe diesen Jungen ein paarmal getroffen. Randy heißt er. Er ist fünfzehn Jahre alt. Dann wurde ich schwanger. Das ist alles.» Sie sagte das so ungerührt, als handle es sich lediglich um einen Kinobesuch.

Ich schaute sie an. Auf eine merkwürdige Art verunsicherte mich Claudia. Ich hatte keine große Erfahrung mit Jugendlichen, und die wenigen, die ich in der Schule betreut hatte, waren so sehr in ihrer Entwicklung gestört gewesen, daß sie sich wie Kleinkinder benahmen. Meine Verunsicherung ging aber nicht nur auf mangelnde Erfahrung zurück. Sie hatte sehr direkt mit mir zu tun, das fühlte ich. Manchmal hatte ich den Eindruck, daß ein Teil von mir mitten in der Kindheit steckengeblieben war. Mein Körper war wohl gewachsen und älter geworden, aber im Innern war ich ein Kind geblieben. Ich hatte also nicht etwa eine spezielle Begabung im Umgang mit Kindern, sondern mein einziger Vorteil war, daß ich wie sie war; nur hatte ich mehr Lebenserfahrung. Ihre Gedanken waren mir vertraut, und sie verstanden mich. Größere Kinder wie Claudia hingegen standen mir nicht so nahe, wahrscheinlich ganz einfach deshalb, weil sie im Geist älter waren als ich. Und dieser Vorsprung war es, der mich verunsicherte.

Ich saß auf der Tischkante, und Claudia setzte sich zu mir. Körperlich waren wir uns noch nie so nahe gewesen.

«Ich mag deine Jeans», sagte sie freundschaftlich und faßte meine Hosenbeine an. Sie schenkte mir dabei ein kleines Lächeln. Ich bemerkte, daß jetzt sogar ihre Arme rotgefleckt waren.

«Vielen Dank für das Kompliment», erwiderte ich.

«Ich hab meine Mutter gefragt, ob sie mir welche kauft. Sie stehen dir gut. Ich finde auch dein Haar so schön.»

Ich war gerührt und wollte ihr auch etwas Nettes sagen. Daß

ich sie gut verstünde, sie gern hätte und sie sich nicht mehr verlassen vorkommen müsse. Aber ich brachte kein Wort über die Lippen. Wäre sie jünger gewesen, wäre mir dies gar kein Problem gewesen, aber vor mir stand, im eigentlichen Sinn des Wortes, eine Frau wie ich. Ich fühlte mich gehemmt und fand den ungezwungenen Ton nicht, der mir sonst mit kleineren Kindern so leicht fiel. Ihre eifrigen Versuche, diese Kluft zu überwinden, waren herzergreifend.

«Bist du gern Lehrerin?» fragte sie mich. Sie schaute mich an, noch immer etwas mißtrauisch, wie mir schien.

Ich bejahte ihre Frage.

«Vielleicht werde ich auch einmal Lehrerin.» Sie legte sich die Hand auf den Bauch und sagte zweifelnd: «Ich weiß zwar nicht, ob das geht.» Sie holte tief Luft. «Ich hab's doch nur ein einziges Mal gemacht.»

«Wirklich?»

«Bestimmt. Nur einmal. Randy sagte, ich könne gar nicht schwanger werden. Eine Frau müsse zuerst Brüste haben, und schau mich mal an: Ich hab doch auch jetzt fast keine Brüste. Sogar jetzt!» Zum Beweis fuhr sie mit der Hand über ihren Pullover.

Ich nickte.

«Er sagte, ich würde bestimmt nicht schwanger. Wir haben es nur einmal gemacht.» Sie hob den Kopf und schaute in die Ferne. Wieder fiel mir die merkwürdige, unbeschreibbare Farbe ihrer Augen auf und die Bitterkeit, die sich in ihnen spiegelte. «Eine gemeine Lüge war das.» Sie betrachtete einen roten Fleck auf ihrem Arm: «Es war nicht mal schön. Weh hat es getan.»

Wir saßen beieinander, ohne zu sprechen. Das Schweigen drückte besser aus, was ich sagen wollte, was so schwer in Worte zu fassen war. Ich legte meinen Arm um sie.

«Ich habe Angst», sagte sie. «Was soll ich mit einem Baby? Ich bin doch selbst noch ein Kind.»

14

Ich glaubte seit einiger Zeit, kaum merkliche Veränderungen an Bo festzustellen. Das beunruhigte mich. Ich konnte nicht genau sagen, wann ich sie zum ersten Mal bemerkt hatte. Aber ich täuschte mich bestimmt nicht. An sich waren es nur kleine Anzeichen, die mir jedoch bedeutungsvoll schienen. Wie fallende Herbstblätter den nahen Winter ankündigen. Sie war nicht mehr so munter und gutgelaunt. Geringfügige Dinge brachten sie aus der Fassung.

Ich spürte dies am deutlichsten, wenn wir zusammen spielten. Es waren Buchstabenspiele, die ich erfunden hatte, um Bo das Lesenlernen zu erleichtern. Wir hatten selbst Karten angefertigt. Es ging darum, Buchstabenpaare zu finden. L zu L oder S zu S, ungeachtet der Farbe des Kärtchens. Den eigentlichen Buchstaben brauchte sie nicht zu kennen.

Am Anfang bereiteten uns diese Spiele viel Spaß. Da es Glücksspiele waren, hatten wir beide die gleichen Chancen. Dank meiner langjährigen Erfahrung hatte ich aber natürlich gewisse Vorteile und konnte den Ausgang der Spiele beeinflussen.

Bo schrieb die Resultate für ihr Leben gern mit Kreide auf eine kleine Tafel und führte lange Zeit Buch über Verlierer und Gewinner. Das allein war schon eine gute Übung für sie.

Wir spielten unser Spielchen täglich ein- bis zweimal. Ich hatte im Lauf der Zeit immer wieder neue Karten angefertigt, so daß der Lerneffekt erhalten blieb. Bo hatte bis jetzt immer ungeduldig nach dem Spiel gefragt, wenn ich es für einmal ausfallen lassen wollte. Bos Interesse hatte zwar nicht abgenommen, aber das Spielklima war nicht mehr dasselbe. Lange Zeit war mir nicht klar, woran das lag, bis ich merkte, daß ich sie absichtlich gewinnen ließ. Und zwar fast immer, das konnte ich auf der Tafel nachsehen. Ich hatte also unbewußt Angst, sie verlieren zu lassen.

Ich nahm mir vor, der Sache beiläufig auf den Grund zu gehen. Als wir wieder einmal beim Spielen waren, sagte ich lachend: «Jetzt werde *ich* aber mal gewinnen.»

«Nein, das wirst du nicht», sagte sie, ohne die Miene zu verziehen.

«Und wenn ich trotzdem gewinne?»

Kleine Pause. Bo sah mich an, und in ihren Augen konnte ich wieder diese unnennbare Veränderung erkennen. Plötzlich öffnete sich ihr Gesicht in einem entwaffnenden Lächeln. «Versuch das besser nicht!»

Ich gewann das Spiel nicht. Fast hätte ich zum Schluß die entscheidende Karte gezogen. Ich wußte, wo sie war, aber ich machte mir vor, ich wüßte es nicht. Ich wich also aus, und Bo gewann auch dieses Spiel. Was immer für eine Veränderung in ihr vor sich ging, ich wollte nichts davon wissen.

Ich hatte mir fest vorgenommen, dem undefinierbaren Gefühl nachzugehen. Aber die Tage kamen und gingen, und ich hatte nichts herausbekommen. Ich verdrängte meine Ahnungen und spielte immer weiter den Verlierer, gegen meinen Instinkt und mein besseres Wissen.

In Wahrheit wußte ich schon die ganze Zeit, was eigentlich los war. Ich wollte es nur nicht zugeben. Ich redete mir ein, daß es mit Bo vorwärts ging. Daß unsere Arbeit an den Nachmittagen genügte, um den Druck von ihr zu nehmen, daß sie selbstsicherer geworden war und auch das Lesen eines Tages schaffen würde. Mit den Augen der Liebe wollte ich die Sache so sehen. Ich klammerte mich verzweifelt an diese Illusion und wußte doch im Innersten meines Herzens, daß sie nicht stimmte.

«So, jetzt gewinne ich. Ich habe die ganze Zeit verloren. Findest du nicht, es wäre gerecht, wenn die Reihe mal an mich käme?»

«Nein.» Sie sah nicht auf. Sie legte ein M auf ein N und sagte: «Du bist an der Reihe.»

«Bo, deine Karten passen aber nicht zusammen. Schau sie dir nochmals an.»

«Klar passen sie zusammen.»

Ich machte sie auf den Unterschied aufmerksam. Daß der eine Buchstabe einen Fuß mehr hatte als der andere. Schließlich sah sie ein, daß es zwei verschiedene Karten waren.

Sie runzelte die Stirn. «Aber ich hab keine, die paßt.» Ich gab ihr die Karten zurück und sagte: «Halt sie jetzt so lange, bis du eine findest, die paßt.»

«Nein, das mach ich nicht», protestierte sie. «Ich habe keine passende Karte. Ich will, daß diese zwei passen. Laß sie liegen. Sie gelten.»

«Nein, Bo, sie gelten nicht. Nimm sie wieder auf.»

Meine Unnachgiebigkeit regte sie auf. Sie warf mir einen bösen Blick zu. «Laß sie liegen, Torey. Ich kann sonst nicht gewinnen. Ich habe noch viel mehr Karten als du.»

«Das ist aber gemogelt. So ist das Spiel nicht mehr lustig.»

«Ist mir egal. Du sollst die Karten liegen lassen.»

Ich ließ es dabei bewenden, aber ich war ebenfalls zornig geworden. Wir spielten einige Minuten schweigend weiter.

So, jetzt kam der kritische Moment. Ich hatte die Siegeskarte in der Hand. Ein X, das zu meinem X paßte. Ich hielt die Karte eine Weile zögernd in der Hand und starrte sie an. Jetzt oder nie!

«Ich habe mein X gekriegt», sagte ich schnell, damit mein Mut mich nicht verließ. «Siehst du, hier ist es. Ich bin fertig.» Und ich legte meine letzte Karte ab.

Ihr Ausdruck veränderte sich schlagartig. Staunender Unglaube breitete sich auf ihrem Gesicht aus. Das Schweigen zwischen uns wurde unerträglich. Sogar Claudia und Tom spürten die Spannung. «Was macht ihr eigentlich da hinten», ließ sich Thomas vernehmen.

Bo weinte. Unsagbar vorwurfsvoller Schmerz stand in ihren

Augen. «Das hättest du nicht tun dürfen, Torey. Das ist nicht fair. *Ich* hätte doch gewinnen sollen.»

«Das ist doch nur ein Spiel, Bo.»

Ihr Schmerz machte sich plötzlich in Zorn Luft, und sie fegte die Karten in weitem Bogen vom Tisch herunter. «Warum bist du so gemein zu mir. Du mußt doch *mich* gewinnen lassen!» Schluchzend sagte sie: «Es ist einfach nicht gerecht. Das ist der einzige Ort auf der ganzen Welt, wo ich überhaupt gewinnen kann, und du verpfuschst mir auch das. Ich hasse das alles!» Sie traktierte den Tisch mit heftigen Fußtritten.

Da. Jetzt hatte ich es getan. Ich saß wie versteinert, sagte kein Wort. Was hätte ich auch tun sollen? Wie Pandora hatte ich die Büchse geöffnet. Aber im Unterschied zu ihr hatte ich im Grunde genommen gewußt, was mich erwartete, und hatte auch gewußt, daß sie geöffnet werden mußte. Es war nur nicht klar, was weiter geschehen würde.

Ich lud Claudias Eltern zu einem unverbindlichen Gespräch ein. Ich wollte ihnen über Claudias schulische Fortschritte Bericht erstatten, da ich ja wußte, wie leistungsorientiert sie waren. Außerdem interessierte es mich, was sie mit Claudia und ihrem Baby später zu tun beabsichtigten. So könnte ich mich darauf einstellen und Claudia besser unterstützen.

Ich hatte noch nie so unkooperative Eltern gesehen. Sie sprachen zwar ohne Unterbrechung, aber sie sagten überhaupt nichts aus. Der Vater war ein selbstsicherer, jovialer Mann, der offensichtlich in den Klang seiner eigenen Stimme verliebt war. Die Mutter war darauf erpicht, jede Pause im Gespräch, und sei sie auch noch so kurz, sofort mit Worten auszufüllen.

Im Zusammenhang mit meinen Kindern hatte ich im Laufe der Zeit schon mit den verschiedenartigsten Leuten zu tun gehabt: von Schulvorstehern, Anwärtern auf den Nobelpreis und namhaften Künstlern bis zu Alkoholikern, Prostituierten und ehemaligen Häftlingen. Ihnen allen war ich einst am Tisch gegenübergesessen und hatte mit ihnen über ihr großes Problem gesprochen: über ihr Sorgenkind. Welcher Gesellschaftsschicht sie auch immer angehören mochten, ihre Probleme waren die gleichen. Wenn ich ehrlich sein will, muß ich zugeben, daß ich lieber mit den Armen und den Ungebildeten zusammenarbeitete. Gebildete Eltern neigen nach meiner Erfahrung viel mehr dazu, sich aus einer Situation herauszureden und nichts zuzugeben.

Das traf besonders deutlich auf Claudias Eltern zu. Der Vater war ein richtiges Ekel. Trotz seiner Intelligenz versagte er im menschlichen Bereich vollkommen. «Wissen Sie», sagte er zu mir, «Claudia kommt manchmal nach Hause und erzählt von der Klasse, die Sie führen. Sie hat mir gesagt, daß Sie ihr die Beaufsichtigung einiger Kinder übertragen hätten.» Im Klartext hieß das: Können Sie eigentlich Ihre Klasse nicht selbst beaufsichtigen?

«Sie hat mir weiter gesagt, daß sie mit einem... einem schwarzen Kind arbeiten muß.» Klartext: Ihnen ist sicher klar, daß ich von den Schwarzen nicht viel halte.

Ich nickte. «Das stimmt. Da dürfte Nicky gemeint sein.»

«Wenn ich richtig orientiert bin, handelt es sich in diesem Fall um ein autistisches Kind. Ich habe schon einiges über Autismus gelesen. Unheilbar, nicht?» Klartext: Das Kind spinnt.

«Stimmt es, daß Sie Claudia aufgefordert haben, mit diesem kleinen, schwarzen, autistischen Jungen zu arbeiten?»

«Ganz genau», sagte ich spitz. «Hat Claudia etwas dagegen?»

Er hob eine Schulter etwas hoch: «Nicht eigentlich. Sie hat einfach davon erzählt.» Klartext: *Ich* habe etwas dagegen.

«Sie hat noch von einem anderen Jungen gesprochen. Es soll ein Wanderarbeiter-Junge sein. Einer, der auf dem Feld arbeitet.» Klartext: Sicher ist Ihnen auch klar, wie wenig ich von den Wanderarbeitern halte.

«Thomas arbeitet nicht auf den Feldern. Bestimmt nicht jetzt. Er ist einer meiner besten und pünktlichsten Schüler.»

Der Vater räusperte sich gedankenvoll und bedachte meine Aussagen gründlich. Er lehnte sich über den Tisch und senkte seine Stimme zu einem Flüstern: «Unter uns gesagt, diese Kinder sind doch nicht etwa gefährlich, oder?»

Ich neigte mich zu ihm und zischte: «Nein, meine Kinder sind nicht gefährlich, da kann ich Sie beruhigen.»

«Um so besser», erwiderte er. «Wie steht es denn mit ihren Manieren? Darüber habe ich schon die schlimmsten Sachen gehört. Müssen wir uns darauf gefaßt machen, daß Claudia bei Ihnen so was lernt? Da besteht doch sicher eine große Gefahr, wenn sie mit diesem farbigen Jungen arbeiten muß. Wir haben Claudia bis anhin eine teure Ausbildung zukommen lassen. Ich würde es absolut nicht schätzen, wenn sie hier schlecht beeinflußt würde.»

Nach dieser Diskussion verdiente ich bestimmt eine Goldmedaille für meine Höflichkeit. Die einzige Person, die ebenfalls eine verdiente, war Claudia, die trotz dieses schrecklichen Vaters ein so nettes Mädchen geworden war.

«Seien Sie unbesorgt», sagte ich, so freundlich ich konnte, «die Kinder in meiner Klasse haben nichts Ansteckendes.»

«Dann ist es ja gut. Ich hatte mir schon Gedanken gemacht, Sie werden das verstehen.»

Die Mutter schien so weit in Ordnung, abgesehen davon, daß sie nie ein Wort sprach, außer um Pausen zu füllen. Drohte unsere Konversation zu stocken, fuhr sie mit den unsinnigsten Bemerkungen dazwischen. Sie ängstigte sich offensichtlich ganz gewaltig vor den Pausen in einem Gespräch. In der übrigen Zeit lächelte sie ausdauernd und nickte mit dem Kopf, als wäre sie eine Puppe in der Hand eines Puppenspielers. Sie und Claudia waren der Inbegriff von Schüchternheit. Trotz ihres Berufs als Zeichenlehrerin schien sie mir das Musterbeispiel einer unterdrückten, unbefriedigten Frau, die ganz von Familie und Haushalt aufgesogen wurde.

Weder Vater noch Mutter hatten sich konkrete Vorstellungen

über Claudias Zukunft gemacht. Sie wiesen den Gedanken, daß eine psychologische Beratung Claudia guttun könnte, weit von sich. Der Vater meinte sofort, dem Kind fehle doch nichts! Es sei ausschließlich die Schuld dieses Jungen. Ob ich nicht wisse, daß Claudia sozusagen vergewaltigt worden war? Um so eher brauche sie Hilfe, um damit fertigzuwerden, legte ich ihm nahe. Er erwiderte scharf, ich sei wohl zu lange mit übergeschnappten Kindern zusammen gewesen, wenn ich für seine Tochter einen Psychologen ins Auge fassen würde. Überhaupt gefalle ihm diese Klasse gar nicht, und er werde es sich überlegen, ob ein Privatlehrer für Claudia nicht angebrachter wäre. Darauf sagte ich nichts mehr. Das schlimmste, was Claudia passieren konnte, war eine solche Absonderung.

Unser Gespräch endete trotz meiner Zurückhaltung eher feindselig. Ich konnte mich nicht dazu bringen, alle Differenzen zu überspielen. Der Vater seinerseits hielt mich für eine Lehrerin, die ihre Kompetenzen überschritten und sich in fremde Angelegenheiten mischte. Er nahm kein Blatt vor den Mund. Wenn ich nicht aufpaßte, würde er Claudia von der Schule nehmen und mich vielleicht sogar gerichtlich verfolgen.

15

«Was wird geschehen, wenn das Kind da ist?» fragte ich Claudia eines Nachmittags nach Schulschluß. Der Himmel war grau, und die Wolken hingen tief. Ich sah den großen Schneeflocken zu, wie sie zur Erde segelten.

«Ich weiß nicht.»

«Denkst du denn nie dran?» fragte ich und drehte mich zu ihr um.

«Manchmal schon.»

«Sprecht ihr zu Hause nicht darüber? Was meinen deine Eltern dazu?»

«Nichts. Wir sprechen zu Hause nicht darüber. Ich darf nicht. Mein Vater hat es verboten. Wegen Corinna und Melody.»

«Sind das deine Schwestern?»

«Ja. Corinna ist elf und Melody neun. Mit Caroline und Rebecca darf ich sprechen. Die sind erst sechs und vier Jahre alt. Sie wissen noch nicht, was vor sich geht, sagt mein Vater, da macht's nichts. Rebecca ist meine Lieblingsschwester. Ich habe keine Geheimnisse vor ihr.»

«Ich versteh dich gut, aber was geschieht mit dem Baby, wenn es da ist? In fünf Monaten ist es soweit.»

«Ich hab dir doch gesagt, ich weiß es nicht. Es wird uns schon etwas einfallen, wenn das Baby da ist, sagt Mami. Ich werde es natürlich behalten. Meinst du das?»

«Willst du das Baby tatsächlich bei dir behalten?» Ich setzte mich zu ihr an den Tisch.

«Natürlich.» Ein Lächeln glitt über ihr Gesicht. «Es wird mir ganz allein gehören, mein Baby. Ich werde es pflegen, damit es nur mich liebt, mich, nur mich allein. Und Rebecca vielleicht ein bißchen.»

«Du willst es selber betreuen?»

Sie nickte. «Ich und meine Mutter. Ich werde es füttern und wickeln. Das macht mir nichts aus. Sie kann alles übrige besorgen. Mami hat mal gesagt, daß ihr ein Baby im Haus fehlt, jetzt, wo wir alle schon größer sind.»

«Aber deine Mutter arbeitet doch, sie ist den ganzen Tag weg, Claudia.»

«Ich weiß, aber es wird schon irgendwie gehen.»

«Babys sind nicht wie Puppen. Man kann sie nicht einfach in eine Ecke schmeißen, wenn man sie satt hat.»

Die Stille wuchs. Es war so ruhig, daß ich das Gefühl hatte, die Schneeflocken fallen zu hören. Claudia betrachtete eingehend ihre Finger und fuhr sich mit der Hand über den Bauch.

«Es wird schon gehen. Ich weiß das bestimmt.»

Als ich keine Antwort gab, begann sie nervös auf dem Stuhl herumzurutschen.

«Bestimmt, Torey. Du machst dir immer solche Gedanken über alles. Es wird schon gut werden. Irgend etwas wird geschehen.»

Es bestand kein Zweifel, daß etwas geschehen würde. Claudia lebte noch in einer Märchenwelt. Ich sah die Sache realistischer. Ihr Leben würde mit größter Wahrscheinlichkeit so ablaufen wie das der meisten ledigen Teenage-Mütter. Kein Schulabschluß, keine gute Stellung, nicht genug Geld, um sich selbst und das Kind zu erhalten, endlose Familienzwiste und endlich die Flucht in eine Heirat, weil das Ganze unerträglich geworden war. Am schlimmsten aber war, daß diese Mütter ihre eigene Kindheit nicht ausleben konnten und zu früh ins Erwachsenendasein gedrängt wurden, was ihnen und dem Kind unausweichlich Schaden zufügte. Ich glaubte, schon das Zuschlagen der jetzt noch offenen Türen im Leben dieses Mädchens zu hören.

«Claudia, hast du auch schon daran gedacht, das Baby zur Adoption freizugeben?»

Sie war von Entsetzen gepackt. «Nein. Natürlich nicht!»

«Ich weiß, daß ein solcher Gedanke weh tut, und trotzdem glaube ich, es wäre für dich und das Kind die beste Lösung.»

«Sei still! Das darfst du nicht sagen. Ich werde das Kind nie aufgeben. Es ist *mein* Kind. Niemand darf es mir wegnehmen.»

Ich wollte noch etwas sagen, aber ihre ablehnende Haltung ließ mich schweigen.

Sie fing an zu weinen: «Wie kannst du so etwas zu mir sagen? Du warst noch nie schwanger und weißt nicht, wie das ist. Ich will dieses Baby haben. Es wird vieles in Ordnung bringen.»

Du lieber Himmel, was waren das für wirklichkeitsferne Vorstellungen!

Sie wandte sich zur Tür, und ich dachte schon, sie würde hinausstürmen, aber sie blieb schluchzend stehen.

Ich seufzte. In diesem Zimmer schien in letzter Zeit immer irgend jemand in Tränen auszubrechen. Ich fühlte mich müde und abgespannt. Ich wußte, daß ich zu weit gegangen war, daß ich meine Worte nicht vorsichtig genug gewählt hatte. In dieser ersten Gesprächsrunde hätte ich zunächst den Boden für diesen neuen Gedanken vorbereiten sollen. Mir war zu spät bewußt geworden, daß dieses Thema für uns beide emotional zu stark geladen war.

Ich fühlte mich vollkommen überfordert. Claudia schluchzte jetzt in ein Kissen hinein. Meine Hemmung hinderte mich daran, sie in die Arme zu schließen und sie wie ein kleines Kind zu trösten. Ich war der Situation nicht gewachsen.

Da mir in meiner Hilflosigkeit nichts anderes einfiel, sagte ich: «Ich gehe jetzt für einen Augenblick ins Lehrerzimmer. Ich bin bald zurück.»

Ich mußte mir einfach irgendwie Luft schaffen. In der Halle nahm ich mir eine Cola aus dem Automaten und preßte die kühle Dose auf meine Stirn. In Gedanken blätterte ich krampfhaft alle mir bekannten didaktischen Werke durch, in der Hoffnung, ein Rezept gegen Müdigkeit, Unvermögen und Hilflosigkeit zu finden.

Als ich nach einer Weile zurückkam, lag Claudia immer noch auf dem Kissen in der Leseecke. Das Zimmer war in Dämmerung gehüllt. Claudias trostloser Anblick machte mir wieder schmerzlich klar, wie sehr diese Situation das Mädchen überfordern mußte. Sie hätte besser wie ihre Altersgenossinnen Posters ihrer Lieblingsschauspieler an die Wand heften und Musik hören sollen!

Ich kniete neben sie hin: «Ich hab dir eine Cola mitgebracht, magst du?»

Sie setzte sich mit rotverschwollenen Augen auf, sog aber gierig aus der Dose. Die Stille der Januardämmerung senkte sich leise auf uns herab.

«Es tut mir leid, Claudia», sagte ich und wußte plötzlich nicht mehr weiter. Was tat mir denn überhaupt leid? Wahrscheinlich die Tatsache, daß ich mit so wenig Feingefühl einen Standpunkt vertreten hatte, der mir selber nicht besonders klar war.

Sie sah mich an. Zum ersten Mal schaute sie mir direkt in die Augen. «Warum kümmerst du dich eigentlich um mich? Niemand kümmert sich sonst.»

Ich hatte keine Antwort darauf.

Sie beobachtete mich noch immer scharf. «Was hast du eigentlich vor? Wir sind doch hier alles Kinder fremder Leute. Warum kümmerst du dich um uns, wir gehen dich doch gar nichts an.»

Das Zimmer lag jetzt fast im Dunkeln. Ich fühlte mehr, als ich es sah, daß Claudia wieder Tränen in den Augen hatte. Es drängte mich, die Hand nach ihr auszustrecken, aber mir fehlte der Mut dazu. Unsere Blicke verloren sich ineinander. Wie Alice im Wunderland fiel ich ins Bodenlose. Ich ahnte soviel und verstand doch so wenig.

Claudia strich sich das Haar aus der Stirn, seufzte einmal tief auf und sagte: «Du bist eine seltsame Frau, weißt du das?»

Und dann war da noch Bo. Bo machte alles wett. Alle Fehler, die ich machte, alle Mühsal, die ich auf mich nahm, alle Chancen, die ich verpaßte. Hätte ich doch ein Fläschchen voll Bo-Gemüt mit mir herumtragen können! Es gelang mir nie, jemandem das Besondere ihres Wesens zu erklären, wenn ich von ihr sprach.

Es war am Tag nach dem Gespräch mit Claudia. Ich saß über Mittag im Schulzimmer und drückte gerade den letzten Bissen meines Lunch hinunter, als Bo, ein Blatt Papier schwenkend, ins Zimmer stürmte. Sie sprang auf meinen Schoß und hielt mir das Papier unter die Nase.

«Ich hab dir was mitgebracht, willst du's sehen?»

Sie hatte einen Paradiesvogel gemalt. Einen blauen Vogel mit schwarzen Flügeln und gelben Beinen. Die Zeichnung war kein Meisterwerk, denn alles, was Bo zu Papier brachte, war eben Bo!

Aber der Vogel strahlte vor Glück, das konnte man von weitem an seinem gelben Schnabel sehen.

«Ich glaube, das ist mein schönstes Bild. Ich hab es mit meinen besten Farbstiften gemalt, und er steht auch schön gerade, findest du nicht?»

«Ich finde deinen Vogel wunderbar.»

«Mrs. Thorsen hat er auch gefallen. Sie wollte ihn sogar ans Anschlagbrett hängen. Aber ich hab ihr gesagt, daß er dir gehört und sie ihn nicht haben kann.»

«Das hättest du nicht sagen sollen. Das Bild ist so schön. Am Anschlagbrett wäre dafür der richtige Platz gewesen. Du kannst stolz sein auf diese Zeichnung.»

«Ich bin auch stolz. Aber ich hab sie für dich gemacht.»

«Ich nehme sie natürlich gern. Vielleicht finde ich auf unserem Brett ein Plätzchen, dann können alle den Vogel bewundern.»

Bo nahm mir das Blatt aus der Hand und schaute es genau an. Nachdenklich sagte sie: «Weißt du, was ich dachte, als ich es gemalt habe? Der Vogel ist schon nicht ganz richtig so. Nicht so wie auf einer Photographie oder wie in einer Illustrierten. Und ich wollte doch, daß er ganz genau so wird, wie ich ihn draußen sehe. Aber es gelang mir nicht. Er ist nicht vollkommen.»

«Ach Bo, sag das nicht. Es ist ein wunderbarer Vogel, viel schöner als auf irgendeinem Photo.»

«Das mein ich doch gar nicht. Er ist nicht richtig, weil er nicht so herausgekommen ist, wie ich ihn haben wollte. Das Bild ist wirklich nicht vollkommen, aber weißt du, ich habe mir nachher gedacht, es ist doch vollkommen. Nicht das, was wir sehen, sondern das, was wir fühlen, ist wichtig. In mir drin habe ich diesen Vogel ganz genau gesehen. Und deshalb hab ich ihn gern, obwohl er nicht vollkommen ist, weil ich weiß, daß er es hätte sein können.»

Sie wandte sich wieder mir zu: «Verstehst du, was ich meine?»

Ich nickte. «Ich glaube schon.»

«Nichts ist vollkommen», sagte sie, «aber in mir drin kann ich etwas vollkommen sehen, wenn ich will. Das macht die Dinge so wunderschön für mich.»

«Was bist du doch für eine kleine Träumerin, Bo!»

Sie schaute mich mit ihren großen, dunkeln Augen an. «Träumen ist etwas Gutes.»

Der Paradiesvogel ist nicht auf unserem Anschlagbrett gelandet. Ich hängte ihn zu Hause über mein Bett. Er sollte mich mindestens zweimal am Tag daran erinnern, wieviel Schönheit es doch gab in unserer unvollkommenen Welt.

16

Das Schuljahr teilt sich nicht so sehr in die einzelnen Monate auf wie bei den übrigen Sterblichen, sondern die Ferien bilden die natürlichen Zäsuren. Da gibt es Höhepunkte wie Halloween, Thanksgiving und Weihnachten, aber auch Zwischenzeiten wie Nach-den-Sportferien, Noch-nicht-Ostern oder Noch-nicht-ganz-Schluß-Zeiten des Bastelns und Aufräumens.

Der Februar nahte und mit ihm der St.-Valentins-Tag. Ich versuchte, den unvermeidlichen Trubel solcher Festtage möglichst einzudämmen, da meine Kinder leicht außer Rand und Band gerieten. Nach den trüben Januartagen freute ich mich hingegen ungemein auf die farbenfrohe St.-Valentinszeit.

Bo war unser Zugpferd für alle Festlichkeiten. Sie begann jeweils mit Planen, bevor wir überhaupt wußten, was für ein besonderer Tag wieder vor der Tür stand. Eifrig erörterte sie Geschenke, Partys und Dekorationen. Da machte der St.-Valentins-Tag keine Ausnahme.

Anfang Februar überraschte uns Bo mit einer Rieseneinkaufstasche voller St.-Valentinssachen. Ein Amörchen mit Honigwabenherz, gebrauchte Girlanden aus dem Altwarengeschäft, eine leere, herzförmige Bonbonnière aus Plastik. Und Karten. «Das sind meine Valentinskarten für euch alle.» Sie zeigte uns eine Handvoll Briefumschläge mit merkwürdigen Formaten. «Libby und ich haben sie gestern gemacht. Ich habe die Bilder ausgeschnitten, und Libby hat mir mit dem Schreiben geholfen.» Sie überreichte mir das Sortiment.

«Soll ich sie hier bis zum Valentins-Tag aufs Regal stellen?»

«Nein», äußerte Bo entschieden, «ich will, daß ihr sie jetzt aufmacht. Ich hab sie extra für heute gemacht.»

«Aber es ist doch erst der fünfte Februar», meinte Claudia.

«Ist mir doch egal. Mein Daddy muß mir dann noch Sachen kaufen für meine andere Klasse, aber das habe ich nur für euch gekauft. Für heute. Ihr müßt sie jetzt öffnen.»

Ich lächelte und gab mich geschlagen: «Also gut, Bo. Du mußt sie aber selber verteilen, sie sind ja nicht angeschrieben.»

«Natürlich sind sie nicht angeschrieben, ich könnte die Namen doch auch gar nicht lesen.» Sie sah mich mitleidig an, daß ich so dumm sein konnte und nicht daran gedacht hatte. «Das ist Toms und das ist Claudias Karte. Der große Umschlag ist für Nicky, und das hier gehört dir.»

Es waren ganz persönliche Karten. Für Claudia hatte sie eine Frau mit einem Baby auf dem Arm ausgeschnitten. «Ich liebe Dich und Dein Baby» stand darunter in Libbys großen Anfängerbuchstaben. Auf der Vorderseite von Thomas' gefalteter Karte war eine verrucht aussehende spanische Tänzerin aufgeklebt, und innen befand sich eine unentzifferbare Botschaft. Bo hatte sie selbst geschrieben.

«Was heißt das, Bo?» fragte er.

«Ich mußte es selbst schreiben, sonst hätte Libby gedacht, du seist mein Schatz, und das bist du nämlich nicht. Du bist einfach ein Freund von mir.»

«Also sag jetzt, was draufsteht!» munterte ich sie auf.

Sie errötete und wollte sich nicht weiter dazu äußern. Ich schlug vor, daß es so etwas wie «Ich liebe dich» heißen könnte.

«Am Valentins-Tag darf man so was sagen», meinte Bo schnell. «Auf den gedruckten Karten steht das ja auch. Er ist aber nicht mein Schatz, das weißt du doch.»

Claudia kicherte.

«Ja, ja, wir wissen das, Bo.»

Meine Karte war eine Zeichnung. Bos Erklärung war, daß sie kein Bild gefunden habe, das uns ähnlich gesehen hätte. So hatte sie uns fünf Arm in Arm gezeichnet, und in einem gelben Ballon, der über den Köpfen schwebte, stand «Ich liebe Dich, Du machst mich Gluklig».

Nicky erhielt die größte Karte. Sie bestand aus mehreren Blättern mit anschaulichen Abbildungen von Tieren, Spielsachen und Menschen.

«Ich hab ihm nur Bilder geschenkt, weil er doch nicht lesen kann. Er hat gern Bilder, er schaut manchmal lange ein Bilderbuch an, ich hab das schon gesehen.»

Nicky grapschte sich sofort das selbstgemachte Büchlein und begann darin zu blättern.

«Das gehört dir, Nicky. Ich hab das für dich gemacht, weil ich dich gerne mag.» Sie fuhr ihm zärtlich über seinen Wuschelkopf.

Auf der zweiten Seite war ein zottiger Hund abgebildet. Nicky hielt das Bild nahe an seine Nase und schnüffelte daran herum: «Hund. Hund.»

«Hör doch, Torey, hör doch!» rief Bo aufgeregt. «Er spricht, er spricht. Er hat Freude an meinen Bildern.»

Nicky klopfte mit dem Finger auf das Bild: «Hund.»

Thomas kniete neben ihn auf den Boden. «Das ist Benji, Nicky. Benji. Sag mal Benji!»

«Hund.»

«Ja, ja, du mußt aber sagen: Benji.»

«Benji», wiederholte Nicky. «Hund. Benji.»

«Und was ist das?» Bo zeigte auf die gegenüberliegende Seite.

Es war eine Katze, aus einer Reklame.

«Hund», meinte Nicky.

«Nein», belehrte ihn Thomas. «Das ist kein Hund, Nicky. Das ist eine Katze. Sag mal Katze.»

«Katze.»

«Und was ist das?» fragte Tom weiter.

«Hund.»

«Nein», klang es schon etwas ungeduldiger.

«Katze.»

«Ja, prima!» Thomas und Bo brachen gleichzeitig in ein Freudengeheul aus.

Wie ein Steppenbrand breitete sich die Aufregung unter uns aus. Wir drängten uns alle um Nicky. Thomas hatte sich zum Vorredner aufgeschwungen. Er blätterte die Seiten um, gegen Nickys unmißverständlichen Willen. Nicky wollte nämlich unbedingt bei Katze und Hund verweilen. Sanft, aber bestimmt zwang Thomas ihn, auch die Sujets auf den anderen Bildern nachzusprechen.

Ich lehnte mich auf den Fersen zurück und betrachtete das eifrige Grüppchen. Ein Wunder spielte sich hier vor meinen Augen ab. Mein ganz privates kleines Wunder. Und die es bewirkten, waren: ein Mädchen, das nicht lesen konnte, ein Junge, der aus der Schule geflogen war, und eine zwölfjährige Schwangere!

«Du mußt Nicky mal zuhören, Torey», hörte ich Thomas sagen, «er spricht wirklich, und nicht sinnloses Zeug wie vorher.»

Sie befragten Nicky weiter. Bo umarmte mich plötzlich und flüsterte mir zu: «Ich bin so glücklich. Ich könnte lachen und weinen. Wir haben Nicky dazu gebracht, wie ein normaler Mensch zu sprechen. *Ich* habe das eigentlich bewirkt, nicht wahr? Weil ich ihm das Büchlein gemacht habe.»

Ich nickte. «Das stimmt, Bo. Du hast das gemacht.» Es hätte mich nicht gewundert, wenn sie vor Freude geplatzt wäre.

Unsere Euphorie war von kurzer Dauer. Nicky fiel bald in seine alten Gewohnheiten zurück und plapperte wahllos TV-Sendungen nach. Ich hatte diesen Rückfall vorausgesehen. Aber es blieb die Genugtuung, daß Nicky zweimal innerhalb eines Monats den Kontakt zu uns gefunden hatte, und heute mehr denn je. Das war bereits ein Wunder.

Die Kinder hingegen erlebten eine bittere Enttäuschung. Sie hatten fest daran geglaubt, Nicky sei von Stund an geheilt, ein normales Kind wie sie. Daß Nicky so schnell wieder in seine eigene Welt versunken war, bedeutete für sie, daß alles keinen Sinn gehabt hatte.

Besonders für Bo war es ein Schlag. «Ich dachte, wir hätten ihm geholfen», sagte sie mit tränenerstickter Stimme. «Er hat doch mit uns gesprochen. Was ist denn los mit ihm? Will er nicht gesund werden?»

Ich legte meinen Arm um ihre Schultern. «Er macht das nicht absichtlich, Bo. Er kann einfach manchmal nicht anders. Aber bestimmt war er sehr glücklich, daß du ihm geholfen hast, ein bißchen zu sprechen.»

«Warum hat er denn plötzlich aufgehört?»

«Ich weiß es nicht.»

«Warum machst du nichts dagegen, warum hilfst du ihm nicht?»

«Das liegt nicht in meiner Macht, Bo. Glaub mir, es liegt mir ebensosehr daran, daß er sprechen lernt. Nicky macht seine Fortschritte mit kleinen, aber ihm angemessenen Schritten.»

«Aber ich habe doch jeden Tag mit ihm geübt, wie du es gesagt hast, und trotzdem kann er es noch nicht. Er wird nie ein normaler Junge sein.»

«Es ist manchmal entmutigend, ich weiß. Auch für mich. Wir werden aber immer weiter mit ihm üben. Das wichtigste ist, die Hoffnung nicht aufzugeben und immer daran zu denken, daß er heute mit uns gesprochen hat. Nichts zählt für uns, außer daß er heute gesprochen hat, verstehst du das?»

Sie schaute mich an, als wollte sie mir beistimmen, sagte dann aber doch: «Nein, ich versteh es eigentlich nicht richtig.»

Ich nahm sie in die Arme und versuchte, sie zu trösten. Die Enttäuschung hatte ihren Körper starr gemacht. Über Bos Kopf hinweg sah ich Nicky allein auf dem Boden sitzen. Mit der einen Hand zupfte er an seinen Augenwimpern herum, die andere hob er flatternd dem Licht zu. Seine weichen, kindlichen Züge schienen sich in einer Traumwelt zu verlieren.

Aber heute hast du mit uns gesprochen.

17

Thomas' elfter Geburtstag war am zweiundzwanzigsten Februar. Sollten wir ihn feiern oder lieber nicht? Wenn ja, in welchem Rahmen? Thomas war ein merkwürdiges Kind, und seine Reaktionen waren oft unberechenbar. Einerseits wollte er unbedingt im Mittelpunkt sein, wollte geliebt und verwöhnt werden. Andrerseits markierte er den starken Mann und wollte keinesfalls wie ein Kind behandelt werden. Schließlich entschloß ich mich, mindestens einen Kuchen zu backen. Was weiter geschehen sollte, würde sich von selbst ergeben.

Natürlich war es wieder einmal Bo, die an Geschenke dachte.

Einige Tage vor Thomas' Geburtstag flüsterte sie mir geheimnisvoll zu: «Ich muß dich etwas sehr Wichtiges fragen.»

Ich blinzelte mit gespielter Überraschung.

«Du weißt doch, Thomas hat am Freitag Geburtstag. Dürfen wir ihm Geschenke geben?»

«Lieber nicht, Bo. Wir essen den Geburtstagskuchen und spielen etwas Lustiges zusammen. Keine Geschenke.»

Sie gab sich aber nicht so schnell geschlagen: «Ich habe ihm aber schon etwas gekauft. Ich habe es gestern abend gekauft, als

Daddy die Turnhose für Libby geholt hat.»

Sie war schon für die Pause angezogen, und mit ihrer roten Wollmütze, die ihr fast über die Augen rutschte, sah sie aus wie ein Gnom.

«Ich hab extra gespart, ich hab Thomas' Geschenk mit meinem eigenen Geld gekauft. Mein Dad hat mir nichts dazu gegeben. Außerdem habe ich bereits neunundzwanzig Cents für eine Geschenkmasche ausgegeben.»

«Dann gibst du ihm halt dein Geschenk, Bo. Aber wir andern haben nichts für ihn, und niemand kriegt sonst Geschenke hier bei uns, findest du das gerecht?»

Ungeduldig sagte Bo: «Ach, Torey, Geburtstage müssen doch nicht gerecht sein. Bist du einverstanden?»

Ich gab nach. «Willst du mir nicht wenigstens verraten, was du ihm schenkst?»

«Ich werde es dir nicht verraten, es ist eine Überraschung!» Und fort war sie.

Am Freitagmorgen des Zweiundzwanzigsten überzogen Bo und ich Thomas' Stuhl mit Crêpepapier, und Claudia heftete einen riesigen «Happy Birthday Thomas»-Gruß über die Tür. Wir waren auf dem besten Weg, eine Staatsaffäre aus diesem Geburtstag zu machen.

Thomas freute sich sichtlich. «Ich habe noch nie ein Geburtstagsfest gehabt», sagte er mit glänzenden Augen. «Habt ihr das alles für mich gemacht? Für mich allein?»

Er war überwältigt. Mit großen Augen bestaunte er unsere kläglichen Dekorationsversuche. «Und auch einen Kuchen bekomme ich? Einen ganzen Kuchen?» Noch nie in meinem Leben habe ich ein Kind gesehen, das an einer Grußschrift, einem Kuchen, acht Ballonen und einer Rolle gelben Crêpepapiers solche Freude hatte. Er kreiste unaufhörlich im Zimmer und rief andauernd: «Für mich, wirklich für mich?» Es wurde mir bei dieser Gelegenheit schlagartig klar, wie groß die Entbehrungen dieses Jungen gewesen sein mußten.

«Thomas, rate, was du noch bekommst. Ich hab dir ein Geschenk gebracht!» platzte Bo heraus.

Thomas schaute uns ungläubig an.

«Sag ihm, daß es stimmt, Torey. Kann ich's ihm geben?»

«Ich glaube, wir sollten zuerst unsere Arbeit erledigen, nach der Pause essen wir dann den Kuchen, und Thomas kann sein Geschenk auspacken.»

Großes Protestgeschrei. Bo rang mir schließlich die Erlaubnis ab, Thomas das Geschenk wenigstens zeigen zu dürfen. Es war auf den ersten Blick zu erkennen, daß Bo das Paket selbst gemacht hatte. Ein ganzer Zirkus paradierte auf dem Geschenkpapier, und die Krönung war eine Riesengoldmasche.

«Für mich?» sagte Thomas sofort. «Das ist für mich?» Er machte Augen wie Pflugräder.

Ich hatte meine liebe Not, alle zum Arbeiten zu bewegen. Thomas saß neben Bo, die leuchtend gelbe Schachtel zwischen ihnen auf dem Tisch. Sie waren sich innig verbunden, das war offensichtlich.

Eine kurze Zeit breitete sich Stille im Zimmer aus, als alle das Aufgabenblatt vor sich studierten. Bald aber hörte ich Thomas flüstern: «Hast du das wirklich für mich gekauft, hast du's *selbst* für mich gekauft?»

Bo nickte, ohne aufzusehen.

«Weil du mir ein Geschenk geben *wolltest*?»

Ich blickte auf die rührende Szene, und ein bittersüßes Gefühl durchströmte mich. Diese kleinen Alltagstragödien trafen mich immer zutiefst.

Es verging eine kleine Ewigkeit bis zur Pause. Bo hielt die anderthalb Stunden kaum aus und fragte unaufhörlich nach der Uhrzeit, weil sie sie selbst nicht lesen konnte. Auch Claudia merkte man die Spannung an, ganz zu schweigen von Thomas. Nur Nicky ließ sich von uns nicht anstecken.

Endlich war es zwei Uhr. Eine Kollegin übernahm die Kinder in der Pause, während ich den Kuchen aufschnitt und Orangensaft bereitstellte. Zu guter Letzt pflanzte ich die Riesenschachtel mit der Riesenmasche mitten auf den Tisch.

Da kamen sie auch schon. Thomas setzte mit einem Hürdenlauf über die Möbel, und Nicky schwirrte wie ein Flugzeug auf den Tisch zu. Er mußte etwas mitbekommen haben, denn er befand sich jetzt ganz offensichtlich in Partystimmung. Bo schmetterte ein Lied vor sich hin. Nur Claudias Gesicht schien von dunklen Ahnungen getrübt.

«Mein Geschenk, du mußt zuerst mein Geschenk auspacken!» rief Bo aufgeregt.

Ich war gerade am Ausschenken des Orangensaftes, als sie an mir vorbeifegten. «Nicky, nein, nicht!» Er schwang den Kuchen über dem Kopf.

«Du mußt mein Geschenk öffnen, Tom!»

«Torey, Nicky streut sich Kuchen auf den Kopf.»

«Bo, schau doch, wo du hintrittst, um Himmels willen, du bist beinahe auf mir rumgetrampelt.»

«Hilfe! Es soll mir doch jemand helfen, sonst laß ich den Orangensaft fallen.»

«Nicky, würdest du dich jetzt *bitte* hinsetzen. Du sollst das nicht ins Ohr stecken. Claudia? Bo? Nehmt ihm doch bitte den Kuchen wieder aus dem Ohr. Nicky!»

«Schaut, ich hab eine Blume auf meinem Kuchenstück.»

«Warum hab ich keine Blume auf meinem Stück? Torey, ich will auch eine Blume haben.»

«Nicky!»

Chaos. «So, ihr Plagegeister. Ich zähle jetzt bis fünf, und dann sitzt ihr alle schön auf dem Boden mit eurem Teller vor euch. Verstanden? Eins...»

Ich hielt die Augen geschlossen und hörte während des Zählens ein Zischen und Rumoren. «So, mach jetzt, Bo, sonst bist du schuld, wenn sie böse wird.»

«Fünf.»

Vier Engelsgesichter strahlten zu mir herauf. Thomas und

Claudia hatten Nicky fest im Griff. Seine schwarzen Locken waren noch voller Zuckerguß, aber es saßen doch immerhin alle, auch er.

«Das gefällt mir schon besser. Ihr wart ja schlimmer als eine Horde losgelassener Äffchen. Wir führen uns jetzt wie anständige Menschen auf und essen Kuchen und trinken unseren Saft. Okay?»

Ein dreifaches Nicken. Nicky schlürfte bereits aus seinem Becher.

Die Gespräche von Kindern beim Essen sind unbezahlbar.

«Ich finde diesen Kuchen prima, Torey», kommentierte Tom. «Aus was ist er denn gemacht?»

«Aus Schokolade.»

«Ja, natürlich. Genau das wollte ich sagen, es lag mir auf der Zunge.»

Diese Bemerkung brachte Bo so sehr zum Lachen, daß ihr der Orangensaft in den falschen Hals geriet und sie fast erstickt wäre. Inzwischen hatte Claudia ihren Teller an die Nase gehalten und rief aus: «Schokolade riecht wunderbar!» Das mußten natürlich alle ausprobieren, und so schnüffelten alle an ihrem Kuchenstück herum, Nicky eingeschlossen.

«Junge, das riecht wirklich toll», ließ sich Thomas begeistert hören.

Plötzlich platzte Bo mit dem folgenden, unverständlichen Zwischenruf in unsere friedliche Runde: «Ihr wißt nicht, was ich weiß! Ihr seid verbunden da hinten. Da!» Sie riß ihren Mund weit auf und zeigte tief in ihren Schlund hinein. «Eure Nase und euer Mund sind da hinten miteinander verbunden. Wollt ihr wissen, warum ich das weiß?»

«Klar, los damit», verlangten die Kinderstimmen.

«Also, wir hatten mal Böhnchen zum Nachtessen, meiner Schwester Libby wurde schlecht, und wißt ihr, was sie erbrochen hat? Böhnchen, durch die Nase!» rief sie triumphierend aus.

«Bo!» erschallte meine gestrenge Lehrerstimme.

«Ich schwör's dir, Torey, das hat sie wirklich getan. Ich war dabei und hab's gesehen. Es muß miteinander verbunden sein.»

«Ich habe nicht behauptet, daß du lügst, Bo. Es geht um das Gesprächsthema...»

«Wißt ihr, was mein Großvater macht?» schaltete sich Claudia ein, «er gurgelt Salzwasser die Nase hinauf.»

Jetzt kamen alle erst so recht in Fahrt. Die Konversation lief unaufhaltsam auf dieser Ebene weiter.

Die Spannung war auf dem Siedepunkt, als Bo feierlich die gelbe Schachtel vor Thomas hinstellte: «Da hast du dein Geschenk», sagte sie mit vor Erregung heiserer Stimme.

Thomas rührte sich einen Augenblick nicht vom Fleck, seinen Blick starr auf die Schachtel gerichtet. Dann begann er ganz vorsichtig, die Schnur zu lösen, und flüsterte dabei vor sich hin.

Wie ein Gummiball tanzte Bo in ihrer Aufregung auf und ab. Die ersten Hüllen waren gefallen, aber jetzt galt es noch, die nackte Pappschachtel vom Klebstreifen zu befreien. Die Erregung lähmte Thomas' Finger, so daß ich ihm eine Schere zum Aufschneiden anbot. Er akzeptierte und hob ganz sachte den Deckel. Zuerst kam Seidenpapier zum Vorschein. Neben mir sprang Bo von einem Bein auf das andere. Thomas steckte jetzt seine Hand in die Schachtel und zog das Geschenk heraus.

Ein Teddybär. Braun und mollig. Er trug ein dunkelbraunes T-Shirt. Nicht zu klein und nicht zu groß.

Thomas hielt den Bären vor sich hin und starrte ihn an. Bo brach in Freudengeheul aus. Claudia lächelte mir zu. Thomas schien so überwältigt, daß er die Sprache verloren hatte. Er sagte nichts. Er bewegte sich nicht.

«Gefällt er dir?» fragte Bo. «Ich hab ihn mit meinem eigenen Geld gekauft. Er hat $ 10.98 gekostet. Seit Januar habe ich gespart dafür. Ich habe sogar einen Teil von Tante Gerdas Weihnachtsgeld drangegeben. Aber ich wußte doch, daß du keinen Bären hast, und deshalb habe ich das Geld gern gegeben.»

Thomas explodierte mit einem Schlag. Das Papier flog in

Fetzen in alle Richtungen, und außer sich schrie er: «Was für ein doofes Geschenk! Ich bin doch kein Baby. Was meinst du eigentlich, was ich mit diesem Quatsch machen soll? Du stellst dich bei allem genauso blöd an wie beim Lesen. Kein Wunder, bist du in diese Hohlkopf-Klasse geraten. Da gehörst du auch hin. Du begreifst überhaupt nichts!»

Für Bo brach eine Welt zusammen. Sie stieß einen markerschütternden Schrei aus. Tränen rannen ihr über die Wangen.

Ich sprang wie von der Tarantel gestochen auf und wollte Thomas in den Arm fallen, aber ich war nicht schnell genug.

«Da siehst du, was ich von deinem verdammten Geschenk halte!» Er stach mit der Schere wütend in den Bauch des Bären und riß ihm die Schaumgummifetzen aus dem Leib. Der verstümmelte Bär fiel zu Boden, und die Schere flog hinter ihm her. Darauf raste Thomas hysterisch fluchend im Zimmer herum. Bo jammerte vor sich hin.

«Thomas, halt!» Eine wilde Verfolgungsjagd begann. Ich versuchte, ihn an die Wand zu drängen, aber er entwischte mir. Und wieder ging es über Tische und Bänke. In panischer Angst, daß er mir in diesem Zustand aus dem Zimmer rennen würde, lief ich auf die Tür zu.

Thomas nutzte seinen Vorteil und schmiß mir einen kleinen Stuhl ans Schienbein. Er hatte seine Sinne also doch noch ganz schön beieinander. Schmerz durchdrang mich. Ich prallte gegen die Tür.

Als ich mich wieder aufrichtete, sah ich die spitze Schere auf meinen Magen gerichtet. Sie war einen Fingerbreit von meinem Körper entfernt, und Thomas hielt mich damit drohend in Schach.

Totenstille. Sogar Bo hatte zu schluchzen aufgehört.

«Du hörst jetzt auf, mich rumzukommandieren», krächzte er heiser. «Ich habe es satt, auf deine gottverdammten Befehle zu hören. Wenn du deine Klappe nicht hältst, werde ich dich durchbohren.»

Ich glaubte ihm aufs Wort. Ich sah es seinen Augen an, daß er es ernst meinte. Er brachte die Spitze der Schere näher an meine Bluse heran. Immer noch war kein Laut zu hören.

Ich zwang mich, zur Entspannung tief ein- und auszuatmen. Mein Bein schmerzte. Die Luft roch nach Geburtstagskuchen, Orangensaft und Angst. Ich wußte nicht, wessen Angst es war, die ich stärker wahrnahm, seine oder meine. Claudia und Nicky waren wie Wachsfiguren.

Mein Herz klopfte zum Zerspringen. Ich hatte bei meiner Arbeit schon zu oft mit Gewalt zu tun gehabt, als daß mich diese Begebenheit gänzlich aus der Fassung gebracht hätte. Trotzdem war ich in Schweiß gebadet. *Tu mir das nicht an, Tom. Bitte.*

Wir beobachteten uns gegenseitig gespannt. Die Schere in der Hand gab ihm genug Sicherheit, mir direkt in die Augen zu blicken. Was für ein hübscher Junge, ging es mir durch den Kopf, mochte dieser Gedanke im Augenblick noch so fehl am Platz sein. Meine Angst wich allmählich.

Wir warteten, Aug in Aug in gespenstischer Stille.

Zuerst hoffte ich inständig auf Hilfe von außen. Zugleich aber schauderte mir vor den Konsequenzen. Ich mußte Zeit gewinnen, das war meine einzige Chance. Wenn ich nur genug Durchhaltevermögen hatte, um seine cholerische Phase auszuhalten. Ein Eingreifen von außen könnte ihn leicht zum äußersten treiben. Ich mußte so lange ausharren, bis er sich beruhigt hatte.

«Thomas», flüsterte ich, «du willst das doch gar nicht tun.»

«Halt die Klappe.»

«Du willst doch niemandem weh tun, Tom.»

«Du sollst die Klappe halten, hörst du! Die ganze Zeit sagst du mir, was ich tun soll. Du bringst mich dazu, Sachen zu fühlen, die ich gar nicht will. Ich hab das satt. Ich gehöre nicht dir.» Nach einer Weile durchschnitt wieder seine Stimme die Stille: «Ich halt das nicht mehr aus! Ihr macht zuviel Lärm. Meine Ohren tun mir weh.»

Er zitterte und mußte sich mit der freien Hand über die Augen fahren. «Ich hasse dich. Es ist dein Fehler», schrie er.

«Mein Fehler?»

«Und ihr Fehler.» Er zeigte auf Bo.

«Sind wir schuld, daß du so zornig bist?»

«Ich bin *nicht* zornig! Warum sagst du das immer. Ich bin nicht zornig, merk dir das!»

«Ich hab's kapiert, du bist nicht zornig.»

Schluchzend sagte er: «Nein, ich bin nur unglücklich.» Ich nutzte seine Schwäche und versuchte mich etwas zu bewegen. Thomas mißverstand mich und setzte mir die Schere an die Brust.

«Du bewegst dich nicht von der Stelle, hörst du.»

Ich schaute auf die Uhr. Mir schien es eine Ewigkeit seit der Pause. Es war aber nicht mehr als eine halbe Stunde. Ich sah, daß Claudia sich um Nicky kümmerte. Bo weinte wieder. Was hatte dieser Teddybär doch angerichtet!

«Es tut mir leid, Thomas. Was immer ich falsch gemacht habe, ich entschuldige mich dafür. Sag mir wenigstens, was ich getan habe.»

«Du weißt es wirklich nicht?»

«Unglaublich», fuhr er fort, nachdem ich den Kopf geschüttelt hatte, «du bist genauso blöd wie alle andern.»

Die Tränen rannen ihm jetzt über die Wangen. «Warum schaust du immer in mich hinein? Ich wollte dich hassen, warum hast du mich nicht in Ruhe gelassen?»

Er ließ die Schere fallen und vergrub das Gesicht in den Händen.

Seine Fragen hatten mein Innerstes getroffen. Was hatte ich eigentlich für ein Recht, sein Mitgefühl für eine Welt zu wecken, die nicht mit ihm fühlte? Diese Frage galt für alle meine Kinder. Und er war auch nicht der erste, der mich selber in Frage stellte. Das traurige war für mich, daß ich keine Antwort wußte. Ich war mir nie ganz sicher, ob der Schmerz, den ich linderte, den

Schmerz, den ich verursachte, auch wirklich wettmachte.

«Tommy, mein lieber Tommy, es tut mir ja so schrecklich leid», sagte ich mit tränenerstickter Stimme.

Wir lagen uns in den Armen und versuchten uns gegenseitig zu trösten..

So blieben wir fast eine halbe Stunde eng umschlungen, bis die andern Kinder sich bemerkbar machten und mich in die Wirklichkeit zurückholten. Ich gab mir einen Ruck und kümmerte mich um unsere kleine Gemeinschaft. Wie oft nach solchen Zornesausbrüchen bemühten sich alle, ausgesprochen sanft und rücksichtsvoll zueinander zu sein.

Am meisten war mir daran gelegen, mich mit Bo zu beschäftigen. Thomas' Reaktion mußte ihr immer noch zu schaffen machen. Aber in den fünfzehn Minuten, die uns blieben, war das nicht gutzumachen, und so gingen wir alle unseren Freitagsgeschäften nach. Wir brachten das Zimmer in Ordnung und verteilten die Ämter für die nächste Woche.

Wie ein Blinder irrte Thomas umher. Ich bemerkte, daß Bo ihn von Zeit zu Zeit ansah.

Als ich das nächste Mal aufschaute, sah ich, wie Thomas sich über den Bären beugte und vorsichtig versuchte, die Füllung wieder in den Bauch des Tieres zu stopfen. Zerknirscht kam er mit dem Bären zu mir.

«Kannst du ihn wieder ganz machen?» fragte er. Er hielt den Kopf gesenkt. «Vielleicht kann man ihn flicken.»

Ich schaute mir die Wunde genauer an: «Es könnte gehen», meinte ich nach einer Weile.

«Hast du eine Nadel und Faden? Kannst du ihn zusammennähen?» Eine kleine Pause. «Ich meine, jetzt?»

«Ich weiß nicht, ob alles da ist, was wir dazu brauchen.»

«Sieh doch nach, bitte, bitte!»

Ich nahm den verwundeten Bären zu mir und begann in meinem Nähzeug zu wühlen. Thomas sah mir dabei gespannt zu. Während der Suchaktion gesellte sich Bo zu uns.

Thomas und Bo musterten sich mit vielsagendem Schweigen. Ich hätte Worte gebraucht, sie brauchten keine. Bo sagte zu mir: «Soll ich im Büro nachfragen, ob sie Faden haben?»

Nicht zum ersten Mal beneidete ich dieses Mädchen um seine Stärke. «Ja, gern.»

Die Schulglocke hatte den heutigen Tag schon ausgeklingelt, und Bo war mit dem Faden noch nicht zurück. Claudia hatte inzwischen geholfen, Nicky anzuziehen, und wartete jetzt vor der Schule auf Nickys Mutter. Thomas stand noch immer geduldig neben mir und drückte seinen Bären fest an sich.

Nachdem ich das Loch nochmals gründlich untersucht hatte, sagte ich zu Thomas: «Ich werde ihn nicht mehr genauso hinkriegen, wie er zuvor war, Tom.»

«Das macht nichts.»

Ich steckte meinen Finger in die Öffnung.

«Torey, machst du es bitte jetzt gleich?»

«Du mußt doch auf den Bus, Thomas. Das geht eine ganze Weile. Ich bring ihn dir am Montag. Abgemacht?»

Seine Augen füllten sich wieder mit Tränen. Ich konnte ihn so gut verstehen. «Kann ich noch etwas bleiben? Ich mag jetzt nicht nach Hause gehen.»

«Gut», sagte ich, «ich bring dich dann nachher selbst nach Hause.»

«Machst du jetzt meinen Bären?»

«Also gut.»

«Kann ich auch bleiben?» bat Bo. «Ich hab auch noch keine Lust, nach Hause zu gehen.»

So saßen sie beide zu meinen Füßen und warteten auf mein Wunderwerk. Die Sekretärin hatte Bo nur einen blauen Faden geben können, und meine ungeschickten Stiche waren auf dem braunen Stoff nicht zu übersehen. Ich bemühte mich aber nach Kräften.

Meine Emotionen waren vorher auf solchen Touren gelaufen, daß die entspannte Stille mir beinahe physischen Schmerz bereitete. Es war wie früher, als ich noch ein kleines Mädchen war und zu lange draußen im Schnee gespielt hatte: Die Wärme im Wohnzimmer bereitete meinen gefühllosen Fingern und Zehen zuerst ein wohliges Schmerzgefühl.

Bos und Thomas' Augen verfolgten andächtig jede meiner Bewegungen. Kein Chirurg hatte je ein aufmerksameres Publikum.

Nach etwa fünfzehn Minuten mußte ich mich etwas ausruhen. Der Stoff war so dick, daß meine Finger vom Durchstechen der Nadel wund geworden waren und mein Rücken krumm.

Diese Augen. So voller Glauben, daß ich alles wieder gutmachen würde.

Ich lächelte. «Wißt ihr eigentlich, daß ihr zwei meine Lieblingskinder seid?»

Ein leises Lächeln glitt über Bos Gesicht. Thomas blieb ganz ernst.

«Hast du mich gern?» fragte er nach einer Weile mit kaum hörbarer Stimme.

Ich nickte. «Ja. So kann man es auch sagen.»

18

Ich habe nie herausgefunden, weshalb Bos Teddybär eine solch starke Reaktion in Thomas hervorgerufen hatte. Vielleicht hatte das Geschenk Erinnerungen an eine Zeit in ihm geweckt, als seine Liebe zum Bären brutal mißachtet worden war. Vielleicht konnte er ganz einfach Bos Güte nicht ertragen, weil er in seinem Leben so wenig Güte erfahren hatte. Ich wußte es nicht. Was ich wußte, war nur, daß der Bär an jenem Nachmittag samt seinen blauen Stichen von Thomas nach Hause mitgenommen wurde, auf Nimmerwiedersehen.

Dieses Vorkommnis hatte Auswirkungen auf Thomas' Benehmen. Es waren nur kleine, aber für mich fühlbare Veränderungen. Er war vorher niemals einem Menschen gegenüber gewalttätig gewesen und auch nachher nie mehr. Trotz seiner Aggressionen war Thomas im Grunde genommen nicht der Typ, der seine Hand gegen einen Mitmenschen erhob. Er hatte zwar immer noch seine Zornesausbrüche, die mir jedoch nicht mehr solche Angst bereiteten, und auch er verlor seine Angst vor mir. Wir wußten jetzt beide, daß auch die allerschlimmste Begebenheit unsere Beziehung nicht zerstören konnte. Wir hatten die Probe bestanden. Ich fühlte, daß ich viel gelernt hatte und daß dieser schwierige Nachmittag für Thomas und mich einen Meilenstein darstellte.

Claudias Schwangerschaft bereitete mir immer noch große Sorgen. In Anbetracht ihres Alters und der mangelnden Zuwendung während der ersten Schwangerschaftsmonate war eine Frühgeburt von hoher Wahrscheinlichkeit. Ich hatte auch schwere Bedenken, was nachher mit dem Kind geschehen würde. Unerwünschte Kinder, von unreifen, geplagten Eltern aufgezogen, waren für mich nichts Neues. Ich konnte voraussehen, daß Claudia einen Kandidaten für mein Klassenzimmer liefern würde, und das tat mir weh.

Bisher waren alle meine Versuche, mit ihr über die Zukunft ihres Kindes zu sprechen, kläglich gescheitert. Sie lebte in einer Kinderwelt der schönen Vorstellungen. Nach der Geburt des Babys würde alles einfach wunderbar sein. Ein ideales Kind: rosa, hübsch und weich. Es würde sie, Claudia, über die Maßen lieben und ihr das Gefühl vermitteln, die wichtigste Person auf Erden zu sein. Diese Wunschträume wollte sie von niemandem zerstören lassen.

Das war die eine Seite, jene, die Claudia nach außen hin vorzeigte. Aber da gab es noch eine andere Claudia, eine, die nicht sagte, was sie wirklich dachte. Auch während sie von ihren

Phantasien schwärmte, straften ihre Augen sie Lügen. Da lauerte die Angst: Wie werde ich das überstehen?

Wir waren uns in der letzten Zeit wohl nähergekommen, aber noch nie war mir der Zugang zu einem Kind so schwer gewesen. Ich hatte ihr gegenüber immer noch ein Gefühl der Machtlosigkeit. Es war manchmal wie in einem bösen Traum, wenn man verzweifelt versucht, vorwärtszukommen, und bleibt doch immer am selben Fleck. Es war nur eine Frage der Zeit, bis für Claudia Wirklichkeit und Vorstellung aufeinanderprallen würden. Es war ein Wettlauf mit der Zeit. Und ich würde ihn ohne Hilfe nicht gewinnen können.

Claudias Eltern waren nach wie vor uneinsichtig. Die Mutter hatte ich vor kurzem angerufen, in der Hoffnung, ein Gespräch unter uns Frauen könnte weiterhelfen. Nach vielen belanglosen Floskeln fragte ich sie, ob sie und ihr Mann eine therapeutische Unterstützung für Claudia inzwischen in Betracht gezogen hätten. Natürlich nicht. Ich versuchte ihr klarzumachen, daß ich überzeugt sei, Claudia leide an schweren Depressionen und flüchte sich in Bücher, Filme, Musik und, wenn das alles nichts nütze, in ihre Schularbeiten. Ich nahm kein Blatt vor den Mund und sagte ihr, wie sehr ich eine Katastrophe befürchtete.

Depressionen? fragte sie freundlich, aber verständnislos. Nichts als eine Pubertätskrise. Sie selber sei mit zwölf genauso gewesen. Abgesehen davon habe doch ein kleines Mädchen wie Claudia noch keine Depressionen.

Frustriert hielt ich den stummen Hörer in der Hand und beschloß, die Sache selbst in Angriff zu nehmen. Was mir vorschwebte, war eine Art Stützgruppe, eine Gruppe jugendlicher Mütter mit einem Therapeuten. Claudia sollte die Möglichkeit haben, ihre Gefühle mit anderen zu teilen, Alternativen zu hören, über die Zukunft zu reden und sich einfach aufgehoben zu fühlen. Eine solche Gruppe mußte es bestimmt geben, sagte ich mir. Zu Unrecht, wie sich herausstellen sollte.

Als erstes wählte ich die Nummer der Schul-Beratungsstelle.
«Wie alt ist Ihre Tochter?» war die erste Frage des Beraters.

«Es handelt sich nicht um meine Tochter, sondern um eine Schülerin von mir. Ich habe gehört, Sie hätten ein spezielles Therapieangebot für schwangere Mädchen.»

«Haben Sie die Einwilligung der Eltern für Ihre Anfrage?»

«Nein, ich wollte zuerst die Möglichkeiten prüfen.»

«Da kann ich Ihnen leider nicht helfen. Sagen Sie doch den Eltern, sie sollen mich anrufen. Ich halte es für falsch, wenn wir untereinander vertrauliche Informationen austauschen.»

Vertraulich? Ein Blick auf Claudia genügte, um zu sehen, wo das Problem lag. Klick, und der Berater war nicht mehr am Draht.

«Hallo, ich heiße Torey Hayden.»

Diesmal war ich mit einer Krankenschwester im Spital verbunden. Gerüchtweise hatte ich vernommen, daß sie Unterricht in Lebenskunde gab. Ich erklärte ihr mein Anliegen.

«Es gibt ein ausgezeichnetes Buch. Ich habe es geschrieben. Es heißt ‹Wunder des Lebens›.»

«Um was handelt es sich genau?» fragte ich unschuldig.

«Um die Tatsachen des Lebens. Wie der Samen im Vater reift und dann in den Leib der Mutter gelangt, wie das Baby in diesem Augenblick gezeugt wird. Genau das richtige für eine Zwölfjährige. Sehr modern und aufgeschlossen. In der Sprache der Jugendlichen geschrieben. Und mit einigen elektronenmikroskopischen Abbildungen von Sperma und Ovum.»

«Das klingt alles sehr gut. Das Problem ist nur, daß die werdende Mutter das Wunder von Sperma und Ovum schon erfahren hat. Ich suche eine Stützgruppe für dieses Mädchen.»

«Ach so», meinte die Schwester nach einer Pause. «Eine ausgezeichnete Idee, die Sie da haben. Versuchen Sie es doch mal in der psychiatrischen Klinik.»

Ich wurde in der Klinik mit einem Psychologen verbunden. Er gab nach meinen einleitenden Worten ein langes und bedeutungsvolles «Hmmmmmm» von sich.

Ich erklärte weiter: «Das Mädchen hat keine Ahnung von Verhütungsmitteln. Ich glaube, sie wußte nicht einmal, wie ein Mädchen schwanger wird.»

«Hmmmmmm. Ja-ah, wirklich schrecklich, so was. Wir füttern die Kinder mit Sexualität und helfen ihnen nicht, damit fertigzuwerden. In unserer Jugend war das anders, nicht wahr? Die Leute realisieren nicht, daß ihre Kleinen es draußen auch wirklich treiben. Sie wissen schon, was ich meine.» *Es* treiben, hatte er gesagt, wie Thomas.

«Absolut richtig, was Sie da sagen, aber ich suche nach Hilfe für das Mädchen. Sie ist erst zwölf Jahre alt.»

«Das leuchtet mir ein. Ja, ja. Denken Sie an eine Art Therapie?»

«Eher an eine Gruppe junger Mädchen mit demselben Problem. Vielleicht mit einem Gesprächstherapeuten. Damit sie sich nicht so einsam fühlt.»

«Schwierig, muß ich sagen, schwierig...»

«Die Eltern würden sich außerdem einer Therapie widersetzen, fürchte ich.»

«Aha, sehr problematisch, muß ich sagen. Wie wär's denn mit der Elternvorbereitungsstelle?»

Diesmal war am andern Ende der Leitung eine Frau, die sich in gepflegtestem Oxford-Englisch ausdrückte.

«Zwölf Jahre alt, haben Sie gesagt? Ist das nicht fürchterlich? So etwas sollte einfach nicht geschehen können.»

«Schon, aber...» Zum vierten Mal erklärte ich mein Anliegen. Ich kam mir vor wie ein Papagei.

«Weiß sie etwas über Verhütungsmittel?»

«Anscheinend nicht.»

«Anscheinend nicht», wiederholte sie zuerst nachdenklich und fing dann an zu lachen. Es schien sie zu amüsieren.

«Nun, ich könnte ihr Literatur über Geburtenkontrolle senden.»

«Ich suche eine Stütztherapie für dieses Mädchen.» Oder für mich. Ha-ha.

«Eine andere Möglichkeit wäre, sie für ein Gespräch hierherzubringen. Erlauben die Eltern, daß man ihr die Pille verschreibt? Für junge Mädchen sind die anderen Verhütungsmittel nicht geeignet.»

«Ich glaube nicht, daß Geburtenkontrolle im Augenblick das wichtigste ist. Sie ist ja schwanger.»

«Ohne Erlaubnis der Eltern können wir dem Mädchen nichts verschreiben. Würden die Eltern eine Vollmacht unterschreiben?»

«Wie ich schon gesagt habe, braucht sie im Moment keine Verhütungsmittel.»

«Da haben Sie eigentlich recht. Nun, was kann ich denn für Sie tun?»

«Eine Gruppe?»

«Haben wir aber nicht, leider. Versuchen sie's doch mal im Spital. Ich hab gehört, daß eine Schwester dort ein hervorragendes Buch geschrieben hat. Genau auf diese Altersgruppe zugeschnitten.»

Wahllos griff ich im Telefonbuch die Nummer eines Priesters heraus und legte auch ihm mein Problem vor.

«Ja, wir haben eine solche Gruppe», sagte er mir. «Wie alt ist denn Ihre Tochter?»

«Zwölf.»

«Zwölf? Erst zwölf?»

«Ja, Sie haben richtig gehört, erst zwölf.»

«Es tut mir leid, aber wir können erst Mädchen ab sechzehn in die Gruppe aufnehmen.»

Es gelang mir kaum mehr, einen Seufzer zu unterdrücken. «Aber sie ist trotzdem schwanger.»

«Wie gesagt, es tut mir leid, aber eine Zwölfjährige halte ich für absolut unfähig, an unseren Diskussionen teilzunehmen. Die Gespräche sind sehr anspruchsvoll.»

Du lieber Himmel. Sie war also alt genug, schwanger zu sein, aber nicht alt genug, darüber zu sprechen, dachte ich, gab aber der Diplomatie den Vorrang und meinte nur: «Könnten Sie nicht für einmal eine Ausnahme machen? Sie ist sehr reif für eine Zwölfjährige, und sie hat einen hohen IQ.»

«Es tut mir leid.»

Ich raffte mich zu einem letzten Telefongespräch auf. Die Schulschwester, die ich oberflächlich kannte, hatte zwar bestimmt keine solche Gruppe, aber sie war meine letzte Hoffnung, Ideen zu schöpfen. Ich muß ihr einen ziemlich verzweifelten Eindruck gemacht haben, denn sie versuchte sofort, mich zu beruhigen.

«Dorothy, das einzige, was ich im Moment brauche, ist ein vernünftiger Ratschlag.»

«Da bin ich aber überfragt.»

«Es muß doch einfach so etwas geben hier. Was die High-School anbietet, genügt sicher nicht.»

Darin stimmte sie mir bei. Sie sah aber das Problem in Claudias Alter, nicht in ihrer Schwangerschaft. Niemand will wahrhaben, meinte sie, daß ein so kleines Mädchen schwanger werden kann und auch tatsächlich wird. Physische oder sexuelle Gewalt Kindern gegenüber sei ihrer Ansicht nach immer noch ein Tabu. Die Leute sähen deshalb nicht ein, weshalb man darüber sprechen sollte. Sie dächten vielmehr, das Problem verschwinde vielleicht, wenn man die Augen nur fest genug zudrücke.

Ich verstand zwar ihre Philosophie und stimmte sogar mit ihr überein, aber wie war Claudia damit zu helfen? «Du willst damit sagen, daß es keine solchen Gruppen gibt?»

«Das Thema ist einfach zu heikel», antwortete sie.

«Könnten wir nicht eine solche Gruppe gründen?»

Dorothy lachte. «Das sieht dir wieder ähnlich, typisch Torey.»

19

Ich hatte die Schreie schon eine Weile gehört.

Ich dachte mir zuerst nicht viel dabei. Es war zehn Uhr vormittags, und ich half einem Drittkläßler bei der Rechtschreibung. Die drei andern Kinder, die ich zum Nachhilfeunterricht hatte, saßen am Arbeitstisch und spielten irgend etwas.

Inzwischen waren die Schreie zum Geheul angeschwollen und näherten sich unmißverständlich unserem Zimmer. Ein dumpfer Schlag gegen die Tür schreckte uns alle auf. Ich wollte der Sache auf den Grund gehen und die Tür öffnen. Ich mußte mich richtig dagegen stemmen, denn irgend etwas lag da vor der Tür.

Es war Bo.

Sie hing am Türknauf und schluchzte jämmerlich.

«Bo? Was ist denn los?» Mir schwante Unheil, und mit trockener Kehle forderte ich sie auf, hereinzukommen.

Wie eine Furie schoß sie plötzlich an mir vorbei, raste durchs Zimmer und verschwand hinter dem Vorhang eines kleinen Schrankes. Ich wußte nicht, wie mir geschah. Wir waren alle sprachlos vor Verblüffung.

«Bo?» Ich ging auf den Schrank zu und versuchte, sie hinter dem Vorhang zu erspähen. Wie ein Häufchen Elend lag sie zusammengekauert in der dunkelsten Ecke und weinte. Sie gab mir keine Antwort auf meine Fragen.

Zu meinen fassungslosen Nachhilfeschülern sagte ich: «Ihr könnt in eure Schulzimmer zurückkehren.»

«Aber es ist erst zehn Uhr dreißig, Torey», beschwerte sich der Drittkläßler. «Und wir sind noch nicht mit unserem Spiel fertig», sagten die andern im Chor.

«Ich weiß, aber für heute ist Schluß. Ihr könnt jetzt gehen.»

Als wir allein im Zimmer waren, versuchte ich vorerst gar nicht, Bo aus ihrem Versteck herauszuholen. Etwas Entsetzliches mußte ihr zugestoßen sein. Ihr Schluchzen war erschütternd.

«Bo, ich bin's, Liebes. Alle anderen sind weg. Komm, sprich doch mit mir!»

Keine Reaktion.

Hinter mir ging die Tür auf, und herein kamen Dan Marshall und Edna Thorsen.

«Ist sie nicht hier? Ich dachte, sie habe sich hierhergeflüchtet», sagte Dan.

«Sie ist hier», antwortete ich. Das Schluchzen war von dieser Stelle aus nicht zu hören, und die beiden schauten sich verblüfft im Zimmer um. «Dort, in jenem Schrank ist sie.»

«Du gütiger Himmel», rief Edna aus und wandte sich Dan zu, «dieses Mädchen spinnt total und wird eines Tages im Irrenhaus enden, das kannst du mir glauben.»

Dan fuhr sich ratlos über das Kinn.

«Was ist eigentlich geschehen?» fragte ich.

«Wer, zum Teufel, soll das wissen. Wir arbeiteten wie immer zusammen in der Lesegruppe. Bo benahm sich wie üblich, und ich sagte ihr wieder einmal, daß ich bald endgültig genug von ihr hätte. Sie machte eine Szene, erbrach sich auf ihr Kleid, auf den Boden und auf Sandy Lathams neue Schuhe. Das ist doch kein Benehmen für ein so großes Mädchen! Aber das ist noch nicht alles. Kaum hatte sie alles verdreckt, raste sie wie eine Verrückte kreischend aus dem Zimmer. Ich sage es euch noch einmal: das Mädchen ist nicht normal.»

Dan schüttelte beunruhigt den Kopf: «Ich mache mir große Sorgen um das Kind.»

«Und wohin ist sie gegangen? Natürlich hierhin! Zuerst mußte ich das ganze Haus nach dem kleinen Teufel absuchen und hätte sie wahrscheinlich ohne Dans Hilfe immer noch nicht gefunden. Dabei hatte ich ihr gesagt, ich würde ihr eine Tracht Prügel verpassen, wenn sie nicht sofort zurückkäme.»

Ich wußte überhaupt nicht, was ich tun sollte. Alle schauten wir auf den Schrank.

«Sollen wir sie da rausholen?» fragte Dan zögernd. Er war ein großer, sanftmütiger Mann, so ungefähr Ende Vierzig. Auch er wußte nicht recht, was machen.

«Warte noch, Dan», sagte ich, ihn am Ärmel zurückhaltend. «Können wir sie im Moment nicht dort lassen, wo sie ist? Sie ist ganz durcheinander, aus welchem Grund auch immer. Wir machen die Sache sonst nur schlimmer.»

«Ach, du mit deinem ewigen Mitgefühl, Torey!» schimpfte Edna. «Nimm doch nicht immer soviel Rücksicht auf sie. Ich weiß, daß du sie magst, aber siehst du denn nicht, daß sie dich ausnützt?»

«Das Kind ist verzweifelt, merkst du das nicht? Wir müssen ihr doch Zeit lassen, sich zu erholen, bevor wir sie in die Zange nehmen. Sonst erreichen wir nichts.»

«Du bist zu weich», sagte Edna verächtlich. «Sogar du mußt zugeben, daß das kein normales Verhalten ist. Das Kind ist offensichtlich ... Wie nennst du das denn? Gestört? Da wirst du mir doch beipflichten müssen.»

Ich nickte abgekämpft.

«Hörst du, Dan? Auch Torey ist der Meinung, daß Bo spinnt. Ich weiß nicht, warum ihr sie in einer Schule für normale Kinder behaltet. Sie kann nicht lesen, sie kann nicht schreiben, sie ist in jeder Hinsicht anormal. Sogar die hochqualifizierte Torey gibt das zu. Jetzt muß endlich etwas geschehen.»

Ich witterte meine Chance. «Also gut, dann lassen wir sie im Augenblick am besten hier. Da gehört sie ja deiner Meinung nach am ehesten hin. Lassen wir sie jetzt in Ruhe, ich werde mich später um sie kümmern.»

«Mach, was du willst. Ich bin froh, daß ich sie los bin.» Und Edna verließ, mit Dan im Schlepptau, mein Zimmer.

«Bo? Bo? Geht's dir besser?» Ich pirschte mich an den Vorhang heran und schaute durch einen Spalt. «Komm, setz dich zu mir. Wir sind ganz allein, niemand tut dir etwas zuleide.»

Kein Laut war zu hören. Ich konnte rufen und bitten, alles war vergebens. Ich machte mir Vorwürfe, daß ich diese Krise nicht hatte kommen sehen. Bos Verhalten deutete auf eine schwere Störung, die ich allzu lange ignoriert hatte. Das war jetzt die Quittung. Ich fühlte mich miserabel.

«Hör zu, Bo. Die andern Kinder kommen bald, und ich muß mich um sie kümmern. Du kannst hier bleiben, so lange du willst. Niemand wird dich herausholen. Ich werde auch nicht aus dem Zimmer gehen und dich allein lassen.»

Der Rest des Morgens ging normal vor sich. Die Nachhilfeschüler merkten nichts von Bos Anwesenheit. Sie war wie ein Geist: still und unsichtbar.

Meine Mittagspause verbrachte ich im Klassenzimmer. Als ich mich halbwegs durch mein Erdnuß-Sandwich gebissen hatte, stürmte Billie, unsere Logopädin, ins Zimmer. «Was ist denn mit dir, Hayden?» rief sie auf ihre leutselige Art. «Ich hab dich überall gesucht. Wolltest du nicht mit uns in der Cafeteria einen Salatteller essen?»

Ich liebte Billie. Sie war ein wunderbarer Mensch. Vor zehn Jahren war Billie, eine Schwarze aus South Carolina, frisch geschieden mit fünf Kindern, alle unter zwölf Jahren, quer durchs Land zu uns in den Nordwesten gezogen. Sie hatte keinen Beruf, und alle sagten ihr voraus, daß sie scheitern würde. Sie kannten aber Billie nicht. Nicht nur hatte sie es bis zur Logopädin und drei ihrer fünf Kinder ins College gebracht, sie tat sich auch auf anderen Gebieten hervor. Sie stand einem Komitee für geschlagene Frauen vor, sie hatte eine Petition für die Errichtung einer Nottelephonstelle für mißhandelte Kinder eingereicht und noch vieles mehr. Trotz dieser Verpflichtungen hatte sie Zeit und Verständnis für jeden von uns.

Obwohl ich Billie so sehr schätzte, brachte ich es nicht übers Herz, Bo zu verraten. Ich gab irgendeine fadenscheinige Erklärung ab, weshalb ich da mutterseelenallein mein Sandwich herunterwürgte.

Die Tür ging wieder auf, und herein kam Dan Marshall. Billie rollte bedeutungsvoll die Augen und sagte: «Hier ist ein Gewitter im Anzug.»

Dan war aber nicht aufgelegt für Billies Späße. Er kam schnurgerade auf mich zu. «Ist sie immer noch da?»

Ich nickte.

Ein peinliches Schweigen trat ein. Dan sagte nichts, und ich wußte nichts zu sagen. Billie schaute verständnislos vom einen zum andern.

«Hast du im Sinn, sie einfach dort zu lassen?» fragte er ohne Sarkasmus in der Stimme.

«Ich glaube, es ist das beste. Dan, sag mir, was ist eigentlich in Ednas Zimmer wirklich geschehen?»

«Ich weiß es nicht, Torey, ehrlich.»

«Manchmal habe ich das Gefühl, sie sollte besser nicht Lehrerin sein. Sie macht einige Kinder ganz einfach kaputt.» Ich machte meinem Zorn endlich Luft.

«Sicher hat sie Bo etwas hart angefaßt, aber was sollen wir machen? Sie tritt ja nächstes Jahr in den Ruhestand.»

Wieder wurde es still im Zimmer.

«Ich mache mir wirklich Sorgen, Torey. Ganz im Ernst, glaubst du nicht, wir sollten jemanden zu Rate ziehen? Ich bin äußerst beunruhigt, muß ich dir ehrlich sagen.»

«Ich auch.»

Schließlich nickte Dan verständnisvoll und wandte sich zum Gehen: «Wir sprechen uns später noch. Halt mich auf dem laufenden.»

Billie war neugierig geworden, und ich erzählte ihr alles.

Inzwischen war es zwanzig Minuten vor eins, und Nicky kam als erster. Was sollte ich den Kindern sagen? Bo duckte sich immer noch wie ein verschüchtertes Vögelchen in ihre Ecke.

Ich teilte Dans Beunruhigung voll und ganz. Wen aber sollten wir zu Hilfe rufen. Die psychiatrische Klinik vielleicht? Hatten die ein Team in Alarmbereitschaft, das, wie die Feuerwehrmänner in Not geratene Kätzchen retteten, unglückliche kleine Mädchen betreute? Ich wußte weder ein noch aus. Die psychiatrische Klinik war natürlich keine Lösung. Auf unsere Fragen hatten die auch keine Antwort. Sollte ich Bos Vater einschalten?

Thomas kam hereingefegt wie ein Wirbelwind. «Hallo, Torey, hallo Nicky.» Er tanzte um den Arbeitstisch herum und nahm seine Aufgaben zur Hand. «Hallo, Claudia», begrüßte er die eben Hereintretende.

«Wo ist denn Bo geblieben?» rief er verblüfft. Bo hatte das ganze Jahr noch kein einziges Mal gefehlt. «Wo ist sie?»

«Setz dich zuerst einmal hin!»

«Wo ist Bo, hab ich gefragt.»

«Darüber wollen wir ja gerade sprechen.»

Angstvoll blickte er mich an: «Ist ihr etwas passiert? Ist sie krank?»

«So etwas Ähnliches.»

Es war ein schwieriges Gespräch. Schwierig, weil ich nichts zu sagen wußte. «Bo hat heute einen schlechten Tag. Irgend etwas ist in ihrem Schulzimmer geschehen, und es geht ihr jetzt gar nicht gut.»

«Aber wo ist sie denn?»

Was sollte ich antworten? Sie schauten mich so offen und arglos an, daß ich lächeln mußte. «Sie hat sich aus Verzweiflung versteckt. Da hinten.»

Thomas stürmte auf den Schrank los, bevor ich ihn zurückhalten konnte.

«Tom!» schrie ich. «Komm sofort zurück und setz dich wieder hin!» Er hielt auf halbem Weg inne.

«Hört mir jetzt zuerst mal zu. Ich will nicht, daß jemand sie stört. Keiner von euch geht da rüber oder schaut in den Schrank rein, verstanden? Bo ist unglücklich und will in Ruhe gelassen werden.»

«Vielleicht will sie gar nicht in Ruhe gelassen werden», meinte Claudia.

«Ich glaube aber schon», antwortete ich.

«Wie willst du das denn wissen. Du bist ja nicht sie», entgegnete mir Tom.

Ich war todmüde. Der Tag schien endlos. «Ich glaube einfach, es ist besser, wenn wir sie da lassen, wo sie ist. Vertraut mir doch und plagt mich nicht die ganze Zeit.»

Der Nachmittag schleppte sich dahin. Alle drei Kinder waren unglücklich. Claudia unterbrach andauernd ihre Arbeit und stellte Fragen, deren Antwort sie genau kannte. Nicky murmelte noch lauter als sonst vor sich hin, und Thomas regte sich bei jeder Aufgabe, die er lösen mußte, auf. Die Zeit schien stillzustehen.

Thomas trieb mich beinahe zur Weißglut. Er konnte keine Minute ruhig sitzen bleiben. Auf, ab, hin und her. Ich fürchtete jeden Augenblick, er würde explodieren. Meine eigenen Sorgen machten mich ungeduldig. Ich schimpfte mit Nicky, weil ich Angst hatte, mit Thomas zu schimpfen, und Nicky mir immer im Weg stand. Schließlich fauchte ich alle an.

Die Pause kam, und ich kniete zu Bo hinunter, um ihr mitzuteilen, daß ich jetzt mit den Kindern hinausginge, aber daß wir nachher alle wieder zurückkommen würden. Sie schluchzte wieder oder immer noch leise vor sich hin. Ein kleiner See hatte sich neben ihr gebildet. Urin oder Erbrochenes, ich konnte es nicht ausmachen. Wir gingen.

Drei Stunden lag sie jetzt schon dort. Der Anblick von vorhin hatte mich deprimiert. Edna hatte recht. Bo war im Augenblick nicht zurechnungsfähig. Sie war regelrecht zusammengebrochen.

Ich lehnte mich an die Wand des Schulhauses und schaute den spielenden Kindern zu. Meine Gedanken aber waren bei Bo.

«Torey, kann ich aufs Klo raufgehen?» riß mich Thomas aus meinen düsteren Gedanken.

«Klar.»

Was sollte ich am Abend tun, falls sie sich dann immer noch verkrochen hatte? Ach, Bo. Ich fühlte mich schuldig. Ich hätte das Unglück voraussehen können. Die kleinen Veränderungen: der Zusammenbruch im letzten Herbst, die immer stärker sich manifestierende Unfähigkeit, sich mit anderen zu messen. Warum hatte ich eine so wichtige Sache schlittern lassen? Ich hätte es besser wissen müssen.

Ich schaute auf die Uhr. Die Pause war beinahe vorbei. «Wo ist Thomas?» fragte ich Claudia.

«Keine Ahnung. Er ist reingegangen und nicht mehr herausgekommen.»

«Ach, du lieber Himmel. Paß schnell auf Nicky auf, während ich nachsehe.»

Aufgeregt stürmte ich die Treppe hinauf. Im Klo war er nicht. Vielleicht im Schulzimmer.

Da war er auch. Wie ein betender Guru saß er, den Kopf fast auf dem Boden, im Schneidersitz vor dem Schrank. Er sprach leise und beschwörend in den Hohlraum unter dem Schrank.

Irritiert packte ich ihn am Kragen. «Du stehst jetzt sofort auf, Thomas. Hab ich dir nicht gesagt, daß du Bo in Frieden lassen sollst? Setz dich auf deinen Stuhl, bevor ich meine Nerven verliere! Und rühr dich nicht vom Fleck!»

Thomas brach in Tränen aus.

Das hatte mir gerade noch gefehlt. Ich ging schnell die andern Kinder holen.

Wie ein Musterschüler saß Thomas auf seinem Stuhl, als wir zurückkamen, und verteidigte sich: «Ich hab doch nur versucht, sie zu trösten. Ich hab nichts Böses getan.»

Claudia begann auch, auf mich einzureden: «Dürfen wir nicht

mal mit ihr sprechen?»

«So, ihr setzt euch jetzt alle hin. Heute ist ein schwieriger Tag, und ich mach mir genauso Sorgen um Bo wie ihr. Auch ich bemühe mich, ihr zu helfen. Wenn ihr mich aber vorher ins Irrenhaus bringt, hilft das nicht viel.»

«Eine schöne Demokratie ist das», maulte Claudia.

«Im Moment existiert sie nicht.»

Thomas murmelte ständig vor sich hin: «Aber sie braucht mich doch!»

Ich hatte keine Kraft mehr zum Widerstand. Ich ließ mich auf einen Stuhl fallen und sagte: «Du wirst mich noch eines Tages ins Grab bringen, du kleiner Teufelskerl!»

Die letzten zwanzig Minuten bis Schulschluß sprach Thomas unaufhörlich auf Bo ein. Ich verstand nicht, was er sagte, vieles war gar nicht Englisch.

Dan Marshall erkundigte sich nach dem Stand der Dinge.

«Ich glaube, es ist unvermeidlich, daß wir ihren Vater benachrichtigen, damit er sie abholen kommt. Allein schaffen wir das nicht», meinte er resigniert.

Es würde mich große Überwindung kosten, Bo in einer solchen Verfassung Mr. Sjokheim zu übergeben. Er war ein so verständiger, gütiger Mann. Ich hätte ihm das lieber erspart, aber es mußte sein.

Nach Schulschluß hielt ich auf dem Flur hin und wieder Ausschau nach Mr. Sjokheim. Ich wußte nicht, ob und wann Dan ihn erreicht hatte.

Ich war wieder allein mit Bo. Sie kauerte immer noch in ihrem Schlupfwinkel.

«Bo, hörst du mich? Es ist Zeit, daß du jetzt herauskommst. Wir sind ganz allein, Liebes. Dein Vater wird dich bald abholen. Du mußt nach Hause gehen.»

Mit gekreuzten Armen und Beinen versetzte ich mich langsam, aber stetig in eine wiegende Bewegung, die etwas Beruhigendes an sich hatte. Ich begriff jetzt Nickys Freude daran. Zentnerschwer fühlte ich plötzlich die Last des Tages. Vor Erschöpfung zitterte ich am ganzen Körper.

«Bo. Booooo. Bo-Bo-Bo.» Die ständige Wiederholung wurde bald zum sanften Singsang, am Ende gar zum eintönigen Liedchen: «Bo. Bo-Mädchen, wo bist du? Bo, Bo, Bo.»

Ich begann mein ganzes Repertoire an Liedern zu singen. Alles, was mir irgend in den Sinn kam. Dazu wiegte sich mein Oberkörper im Takt hin und her, hin und her.

Ein Rascheln unter dem Schrank. «Bo, Bo, Bo kommt heraus», dichtete ich weiter.

Bos Kopf war plötzlich zu sehen. Der Hohlraum zwischen Schrank und Boden war so niedrig, daß sie sich hervorschlängeln mußte, bis sie den Kopf mit einem Stoßseufzer auf meinen Schoß legen konnte. Erschöpft schloß sie die Augen.

Ich sang und sang. Sie lag immer noch auf dem Bauch, den Kopf auf meinen gekreuzten Beinen, und klammerte sich mit letzter Kraft an den Stoff meiner Jeans. Die Haare klebten ihr auf der Stirn. Sie sah aus wie ein frischgeschlüpftes Kücken. Ohne meinen Singsang zu unterbrechen, tupfte ich ihr den Schweiß vom Gesicht.

Als meine Kehle mit der Zeit austrocknete und ich kein einziges Lied mehr wußte, umhüllte uns wieder undurchdringliches Schweigen. Aber es hatte nichts Bedrohliches mehr an sich wie zuvor. Ich streichelte sie sachte.

Es war schon vier Uhr vorbei. Wann würde wohl Mr. Sjokheim kommen? Wie sollte ich ihm die Situation erklären? Bo verharrte in derselben Position.

«Wie geht's, Bo?» flüsterte ich.

Keine Antwort.

Ich nahm sie in die Arme. Ein mächtiges Gefühl oder besser gesagt ein Urinstinkt durchdrang mich, dieses hilflose Wesen zu lieben und zu beschützen.

«Ich habe in die Hose gemacht», flüsterte sie kaum hörbar an meiner Brust und blickte verschämt auf.

«Macht nichts, Liebes.»

Draußen war der Märzregen in Schnee übergegangen. Lautlos weinte Bo vor sich hin.

«Ich liebe dich, und du wirst sehen, wir schaffen das schon miteinander. Bestimmt. Ich werde dich nicht im Stich lassen. Ich versprech's dir.»

Ihre Tränen rannen unaufhörlich.

20

Völlig ausgelaugt schleppte ich mich an jenem denkwürdigen Abend mit letzter Kraft zu meinem Auto. Es schneite jetzt richtig, und auf der Straße lag Schneematsch. Es war erst fünf Uhr, aber bereits stockdunkel. Ich war zwar todmüde, dennoch wurde ich, wie so oft nach solchen Anstrengungen, von einer inneren Ruhelosigkeit getrieben. Die Aussicht auf eine einsame Wohnung und ein Abendessen aus der Dose war nicht verlokkend. Ich beschloß also, nicht gleich nach Hause zu fahren, sondern bog auf die Autobahn ab.

Autofahren war meine Leidenschaft. Die leichte Vibration des Lenkrades und das Gefühl der Geschwindigkeit bereiteten mir Lust und beruhigten mich zugleich. Es war eine kurvenreiche Straße, die aufs Land hinausführte. Heute abend war nicht viel Verkehr. Nach einer Weile bog ich in ein Kiessträßchen ein, das sich die Berge hinaufschlängelte. Ich ließ das Fenster hinunter, und der kühle Nachtwind brauste mir um die Ohren.

Ich dachte nichts, als ich fuhr. Mein Kopf war leer, und ich nahm nur die feuchte Kälte um mich wahr und die dunkle Straße vor mir. Die dumpfe Schwere des Nachmittags löste sich in Regen auf, und meine Müdigkeit wich einer fast beschwingten

Stimmung. Ich fuhr immer weiter.

Es war fast sieben Uhr dreißig, als ich das erste Mal auf die Uhr schaute. Ich war mehr als hundert Kilometer gefahren, den Berg hinauf und wieder hinunter, über Stock und Stein, bis ich in einer kleinen Stadt landete. Bei einer Imbißstube am Straßenrand machte ich halt. Ich hatte zwar immer noch keinen richtigen Hunger, aber Lust, mir etwas Gutes zu gönnen. So bestellte ich einen Eisbecher mit heißer Schokoladencreme. Ein wahrer Luxus, da er ebensoviel kostete wie eine ganze Speisefolge. Da saß ich also im strömenden Regen, an einem kleinen, weißen, abgeblätterten Tischchen in einem Anfall von Hochstimmung und ließ Löffel um Löffel genießerisch auf meiner Zunge zergehen.

Es gelang mir immer noch, den Tag zu verdrängen. Nichts plagte mich im Augenblick. Ich stieg wieder in den Wagen und fuhr nach Hause.

«Wo, zum Teufel, bist du eigentlich gewesen?» Ich konnte Jocs Silhouette im Eingang zwischen Küche und Garage ausmachen. Er bebte vor Zorn.

«Auf der Straße.»

«Da hört doch einfach alles auf! Weißt du eigentlich, was heute für ein Abend ist? Wo hast du deinen Kopf, Herrgott noch mal!»

«Joc, würdest du so gut sein und dich beruhigen?»

«Beruhigen? Hast du vergessen, daß wir heute bei Carol und Jerry eingeladen sind? Daß die jetzt schon über zwei Stunden auf uns warten?»

Donnerwetter, das hatte ich glatt vergessen! Ich schlug die Wagentür zu und lächelte entschuldigend: «Wie blöd.»

«Ist das alles, was du zu sagen hast? Nachdem Carol ein Nachtessen für uns gekocht hat, weißt du nichts Besseres zu tun, als dich auf der Straße rumzutreiben. Das ist eine gottverdammte Frechheit!»

«Hör auf, Joc, ich bitte dich.»

Wir stritten immer noch in der Küche herum. Ich hatte noch

nicht mal den Mantel ausgezogen. Joc stampfte wütend ins Wohnzimmer voraus und ich hinterher.

«Wenn du die Wahrheit wissen willst: ich habe einen scheußlichen Tag hinter mir. Meine ganze Klasse ist zusammengebrochen. Eine Schülerin hat den Kopf verloren, und ich hätte es kommen sehen müssen. Ich war aber blind und fühlte mich total beschissen. Ich mußte einfach rausgehen und wegfahren. An einer Party wäre ich sowieso nicht zu gebrauchen gewesen.»

«Wenn du nur mal von deinem Scheißtrip runterkommen würdest. Du bist nicht so unentbehrlich in der Schule, wie du immer denkst.»

Ich wurde langsam auch wütend.

Jocs Augen waren vor Zorn nur noch schmale Schlitze. Er starrte mich eine Weile an und sagte schließlich: «Soll ich dir sagen, was dir fehlt? Du lebst in einer Traumwelt. Für dich zählen deine Vorstellungen mehr als die Wirklichkeit. Das ist ein verdammtes Scheißleben.»

«Es muß Leute geben, die so leben, Joc.»

«Sicher. Und vielleicht bist du so ein Mensch. Ich für meinen Teil habe absolut keine Lust, den Rest meines Lebens in Gesellschaft einer Schar hoffnungsloser Irrer zu verbringen.» Er riß seinen Mantel vom Kleiderständer und warf ihn sich über. «Ich hoffe nur, daß deine Träume dir genug Wärme geben, denn du wirst sie bitter nötig haben, so wie du leben willst. Deine Arbeit möge dich glücklich machen!»

Und weg war er.

Ich stand noch immer wie angewurzelt in der Mitte des Wohnzimmers und starrte auf die geschlossene Tür. Ich fühlte nichts als das Klopfen meines Herzens. Wir hatten schon oft gestritten. Dieser Streit aber war anders gewesen.

Er war endgültig. Das wußte ich genau.

21

Am nächsten Tag erschien Bo nicht zur Schule. Ich hatte es befürchtet, aber im stillen doch gehofft, der gestrige Tag würde sich als ein böser Traum entpuppen. Inzwischen war es zwölf Uhr vierzig, und keine Bo war gekommen.

Die Kinder waren in gedämpfter Stimmung. Nicky war durch Bos Abwesenheit ganz durcheinander. Er stand immer wieder auf, schaute auf den Flur hinaus, suchte in allen Ecken des Zimmers und legte sein kleines, dunkles Gesicht in Sorgenfalten.

«Was ist das für ein Buchstabe?» wiederholte er endlos im Auf- und Abgehen. Zum ersten Mal kam mir der Gedanke, daß dieser Satz vielleicht ein Synonym für Bo war. Ironie des Schicksals.

Thomas hatte Angst um Bo. «Wo ist sie? Was ist mit ihr passiert? Warum ist sie nicht hier?» fragte er in einem fort. Meine Erklärungen beruhigten ihn keineswegs. Er blieb den ganzen Nachmittag über in meiner Nähe und folgte mir auf Schritt und Tritt.

Nur Claudia schien einigermaßen normal zu funktionieren. Sie war meine stille Helferin geworden. Ohne mein Geheiß kümmerte sie sich um Nicky, wenn sie spürte, daß Thomas mich allzusehr in Anspruch nahm. Sie unterstützte mich, wo sie konnte.

Nachdem wir die nötigste Arbeit erledigt hatten, setzten wir uns in die Leseecke. Ich hatte den Kindern über längere Zeit aus demselben Buch vorgelesen und dachte mir, daß uns die Geschichte am besten von unseren trüben Gedanken ablenken würde.

Als wir uns setzten, nahm Thomas das Kissen, das Bo normalerweise benützte, in die Hand und wollte es auf die Seite legen. In diesem Augenblick sprang Nicky auf, entriß Thomas das Kissen und lief damit schreiend zur Tür. Er hämmerte dagegen und rief dabei: «Was ist das für ein Buchstabe? Was ist das für ein Buchstabe?» Er drehte sich um, und da waren tatsächlich Tränen auf seinen Wangen. Ich hatte ihn noch nie weinen gesehen. «Hallo, kleiner Junge», piepste er in hohen Tönen. «Hallo, kleiner Junge. Du bist ein netter Kerl, Nicky. Du bist trotzdem ein netter Junge.»

«Machst du dir Sorgen um Bo, Nicky?« fragte ich ihn. Ich versuchte ihn zu beschwichtigen. Er hörte mir jedoch nicht zu, sondern begann wie wild in seiner Spielecke zu wühlen. Er warf alles in hohem Bogen hinter sich und suchte ganz offensichtlich nach etwas Bestimmtem. Er fand es auch. Triumphierend schwang er Bos Valentins-Büchlein über dem Kopf. Er brachte es zu uns an den Tisch.

Er war jetzt hellwach. Alles Träumerische war von ihm abgefallen. Tränen rannen ihm immer noch über die Wangen, sonst gab es keinerlei Anzeichen, daß er weinte. Er begann zielstrebig zu blättern.

«Hund», sagte er laut und deutlich und schaute uns an. Er kam zu meinem Stuhl und zerrte mich am Ärmel zum Buch. Er nahm meine Hand und drückte sie auf das Bild. «Hund. Hund. Was ist das für ein Buchstabe?» fragte er in der gewohnten Weise.

Dann kam die nächste Seite dran. «Katze. Was ist das für ein Buchstabe? Katze.» Er schaute mich an, dann wieder das Bild. So ging er durch das ganze Büchlein.

Galten alle diese Anstrengungen Bo? Vielleicht hatte die Spannung, die ihre Abwesenheit bewirkte, in seinem Hirn etwas ausgelöst. Wer weiß!

Nicky nahm auch Verbindung mit Claudia auf. Er ging auf sie zu, blieb aber auf halbem Weg stehen und starrte sie an, als sähe er sie heute zum ersten Mal. Er stellte sich auf die Zehenspitzen und fuhr ihr ganz sanft über Haar und Gesicht. Dabei fragte er: «Was ist das für ein Buchstabe?»

Er setzte sich wieder vor sein Büchlein und blätterte es nochmals durch. Manchmal schaute er auf und blickte uns nachdenklich an. Wir hatten im Augenblick einen normalen kleinen Jungen vor uns, der uns wahrnehmen konnte. Wenn ich nur gewußt hätte, was er wollte!

Er schaute sich erneut suchend im Zimmer um. Langsam, aber bestimmt schritt er auf den Schaukelstuhl zu. Im Nu hatte er seine Kleider abgestreift, setzte sich auf den Stuhl und begann zu schaukeln. Ich war verblüfft. Seit Monaten hatte er das nicht mehr getan. Es war aber heute ein deutlicher Unterschied zu früher: kein irres Gelächter, kein zielloses Gerenne dabei.

«B-I-N-G-O», sang er mit klarer Stimme. «Und B-I-N-G-O war sein Name.»

Er lächelte uns engelhaft an, wie einer, der von weit her kommt und sich freut, ein bekanntes Gesicht zu sehen. Freundlich winkte er uns zu und sang weiter.

Ich wußte nicht, ob ich einschreiten oder ihn gewähren lassen sollte. Nicky löste mein Dilemma. Er hob eine Hand flatternd dem Licht zu, und das Lied erstarb auf seinen Lippen. Er war in sich selbst eingekehrt, er weilte nicht mehr unter uns. Ich hatte zu lange gewartet.

Bo kam auch am nächsten Tag nicht. Ich hatte vergeblich versucht, ihren Vater telefonisch zu erreichen. In der Lehrerschaft vermieden wir das Thema Bo. Begegnete ich Edna auf dem Flur, setzten wir beide ein gekünsteltes Lächeln auf und ließen es dabei bewenden. Auch mit Dan berührte ich das heiße Eisen nur ganz oberflächlich. Es war, als ob wir alle auf etwas warteten.

Die Gestalt erinnerte mich an jemanden. Eine Ähnlichkeit wie aus einem Traum, greifbar und doch verschwommen. Hatte ich sie nicht schon gesehen? Aber wo? Dieses Mädchengesicht mit der altmodischen Frisur, den runden Brillengläsern, die ihr etwas Eulenhaftes verliehen. Ein Bild wie aus dem Album meiner Großmutter.

Wortlos durchquerte sie mein Klassenzimmer, machte vor

meinem Tisch halt und musterte mich von oben bis unten. «Ich heiße Libby. Ich bin Bos Schwester.»

Sie waren eineiige Zwillinge. Jedenfalls stand das in den Akten. Ich bin nicht sicher, ob ich in ihr Bos Schwester erkannt hätte. Bestimmt aber hätte ich nie und nimmer auf eineiige Zwillinge geschlossen. Dieses ernste Gesicht hinter den dicken Brillengläsern hatte nichts von Bos Aura um sich. Das lebendig Sprühende fehlte in diesem Kind, das aussah, als trüge es die Last der ganzen Welt auf den Schultern.

«Was kann ich für dich tun, Libby?»

«Ich möchte die Hausaufgaben für meine Schwester abholen.»

«Ach so.» Wir schauten uns an. «Wie geht es Bo?»

«Sie kommt nicht mehr in die Schule.»

«Du meinst, sie kommt diese Woche noch nicht.»

«Sie kommt überhaupt nie mehr.»

«Wer hat diese Entscheidung getroffen?»

«Bo. Aber mein Vater hat gesagt, daß ich ihre Aufgaben holen soll.» Sie warf den Kopf zurück und sagte: «Du bist nicht so hübsch, wie meine Schwester gesagt hat.»

Nachdem Bo drei Tage nicht mehr erschienen war, kam Mr. Sjokheim in die Schule. «Ich weiß nicht, was ich mit ihr machen soll», sagte er, als wir auf Edna und Dan warteten. «Ich bin am Ende meiner Weisheit. Sie schaut sich nicht einmal die Aufgaben an, die ihr Libby bringt. Sie quält sich den ganzen Tag mit dem Gedanken, wieder in die Schule zu müssen. Ich weiß, daß es nicht in Ordnung ist, sie zu Hause zu behalten, aber was soll ich denn tun?»

Es war ein schwieriges Gespräch. Dan sprach schon bald von psychiatrischer Intervention, und zwar von einer internen Abklärung. Er fuhr gleich zu Anfang mit schwerem Geschütz auf. Eine solche Möglichkeit gab es aber in der nächsten Umgebung nicht. Sie hätte in die Universitätsklinik zurückgehen müssen, wo man sie damals neurologisch abgeklärt hatte. Mr. Sjokheim suchte mit allen Mitteln nach Alternativen. Er kam mit unzähligen Vorschlägen, die meisten absolut undurchführbar.

Als wir auf Bos Benehmen in der Schule vor ihrem Zusammenbruch zu sprechen kamen, konnte es sich Edna nicht verkneifen, alles was sie störte, aufzuzählen: Bos Lernunfähigkeit, ihr mangelndes Durchhaltevermögen, ihre motorische Überaktivität usw., usw. Sie malte Bo in den düstersten Farben.

Edna hatte nicht in allem Unrecht. Bo hatte tatsächlich Mühe im Klassenverband und benahm sich, das konnte niemand bestreiten, oft wie ein verhaltensgestörtes Kind. Sie brauchte Hilfe. Und doch sprachen wir am effektiven Problem vorbei. Weshalb waren wir denn so sicher, daß Bo die Schuld an diesem Zusammenbruch hatte? Hatten wir nicht alle Scheuklappen vor den Augen?

Wir hatten versagt, nicht Bo. Dan, Edna, ich und das ganze stupide Schulsystem. War die Reaktion des Kindes nicht im Gegenteil absolut normal? Das Kind hatte sich drei Jahre lang bemüht, etwas zu erreichen, was es nicht erreichen konnte. Wäre Bo blind, taub oder einarmig gewesen, hätte es keiner von uns gewagt, sie für ihr Unvermögen haftbar zu machen. Keinem von uns wäre es eingefallen, ihr die Verantwortung für den Zusammenbruch in die Schuhe zu schieben. Vielmehr wären wir uns brutal vorgekommen. Aber weil sie eine Behinderung hatte, die niemand sehen konnte, saßen wir wie die Götter über sie zu Gericht.

Mir wurde richtig schlecht bei dem Gedanken, was hier vor sich ging. Daß ausgerechnet über Bo der Stab gebrochen wurde, über Bo, die das höchste Gut besaß, das Erziehung überhaupt vermitteln konnte, nämlich Menschlichkeit; das wollte mir nicht in den Kopf.

Ich war in mancher Hinsicht keine sehr mutige Person. In meinem Beruf hätte man das sein müssen. Wenn ich nur den Mut gehabt hätte, meine Gedanken an Ort und Stelle auszusprechen! Oder wenn ich wenigstens demonstrativ das Zimmer verlassen hätte. Aber ich fand keine Worte, und meine Füße versagten mir den Dienst. Ich würde also zu einem anderen Zeitpunkt handeln müssen. Während der ganzen Verhandlung saß ich da, stumm wie ein Fisch.

Es referierten eigentlich ausschließlich Edna und Dan. Mr. Sjokheim sagte kaum etwas. Seine Augen waren klar und sanft, ein warmes Braun. Er wehrte sich nicht. Schließlich sagte Edna, Bos Störung sei zu groß, als daß sie in einer normalen Klasse bleiben könne. Es müßte etwas anderes für sie gefunden werden.

Mr. Sjokheim sank in sich zusammen und barg das Gesicht in den Händen. Ich ahnte sofort, daß er weinen würde. Ein peinliches Gefühl überkam mich, wie immer, wenn ein Erwachsener Tränen vergoß. Ich holte Papiertaschentücher.

«Es tut mir leid, es tut mir leid», versuchte er dauernd seine Tränen zu entschuldigen. «Aber ich weiß wirklich nicht, was ich tun soll.»

«Ich kann das gut verstehen», sagte Dan, «das Gespräch muß eine Qual für Sie sein.»

Niemand sprach. Mr. Sjokheims Demütigung lastete auf uns. Ich versuchte krampfhaft, meine schwere Zunge zu lösen, aber kein Laut drang aus meiner Kehle. Nachdem Mr. Sjokheim sich wieder aufgefangen hatte und nur noch das zerknüllte Papiertaschentuch von seiner Krise zeugte, schloß Dan die Zusammenkunft mit der Bemerkung, daß Bo so schnell wie möglich wieder zur Schule gehen müsse, was auch immer wir langfristig mit ihr vorhätten, sonst entstehe zusätzlich zu ihren vielen anderen Problemen noch eine Schulphobie.

Als die anderen gegangen waren, bat ich Mr. Sjokheim, noch etwas zu bleiben. Das einzige, was ich anbieten konnte, war Schokoladenpulver zum Anrühren. Ich wärmte Wasser mit einem Tauchsieder und braute das ganze in einem Mayonnaise-Glas zu einer klumpigen heißen Schokolade, die wir aus Pappbechern schlürften.

Wir sprachen nicht viel. Ich hatte ihn eigentlich fragen wollen, wie es Bo ging und ob er herausgefunden hatte, was an jenem Morgen in der Schule geschehen war. Aber ich fand die richtigen Worte nicht. Ich wollte ihm auch sagen, daß ich Bo nicht als einen hoffnungslosen Fall betrachtete wie Edna. Es gelang uns aber nur, über Nebensächlichkeiten zu reden. Seine Stimme war immer noch belegt.

«Hören Sie», sagte ich endlich, «wir schaffen das schon, alles wird in Ordnung kommen.»

«Meinen Sie?»

«Ich glaube schon. Wir müssen sie aber unter allen Umständen zuerst in die Schule zurückbringen. Jeder Tag, den sie zu Hause bleibt, erschwert die Sache.»

«Ich weiß nicht, ob ich sie dazu überreden kann. Ich werd's auf jeden Fall versuchen.»

Aber am Freitag war immer noch keine Bo zu sehen.

22

Auch am Montag nachmittag erschien Libby, um die Hausaufgaben für Bo abzuholen. Ich hatte ihr gleich am Anfang klarzumachen versucht, daß Bo von mir bisher nie Aufgaben gekriegt habe. Sie kam trotzdem jeden Abend und wollte welche mitnehmen.

Libby war heute später als sonst. Ich glaubte schon, sie hätte kapiert, daß es bei mir nichts zu holen gab, als sie doch noch auftauchte.

«Ich möchte die Hausaufgaben für meine Schwester abholen.»

Ich lächelte. «Ich hab aber immer noch keine.»

Sie musterte mich scharf durch ihre Brille.

«Wie geht es Bo?» fragte ich.

«Gut.»

«Wir vermissen sie sehr. Kommt sie morgen wieder zur Schule?»

«Nein. Ich hab dir schon einmal gesagt, daß sie überhaupt nie mehr kommt.»

Wir sahen uns herausfordernd an. «Nie mehr?»

Libby erwiderte nichts. Was für ein merkwürdiges Kind! Sie konnte mir endlos lange in die Augen sehen, ohne mit der Wimper zu zucken. Sie traf keinerlei Anstalten, wieder zu gehen, also schob ich ihr einen Stuhl hin.

«Sag mal, Libby, was machst du eigentlich am liebsten?» fragte ich, weil mir sonst nichts einfiel.

«Spielen.»

«Was denn zum Beispiel?»

«Mit der Puppe.»

«Wie heißt deine Puppe?»

«Sie hat keinen Namen.»

«Wahrscheinlich nennst du sie einfach ‹Baby›, wie ich das früher gemacht habe, ja?»

«Ich sag ihr überhaupt nichts, sie ist doch nur eine Puppe.»

«Ach so.»

Das war in der Tat eine zähflüssige Konversation. Ihr Blick war die ganze Zeit starr auf mich geheftet. Dieses Kind trieb mich noch zum Wahnsinn. Wie war sie doch Bo unähnlich!

Ich arbeitete an meinen Korrekturen weiter. Sie stand daneben und sah mir zu.

Ich klappte die Hefte zu und entschloß mich, den Stier bei den Hörnern zu packen. «Libby, ich muß unbedingt etwas wissen, vielleicht kannst du mir dabei helfen. Weißt du, was letzte Woche in Mrs. Thorsens Zimmer geschehen ist?»

«Sie kommt nicht mehr in die Schule zurück.»

«Gut, aber weißt du, weshalb?»

«Ja.»

«Sagst du's mir?»

Keine Antwort.

«Ich muß es aber wissen, Libby. Ich kann Bo sonst nicht helfen.»

«Bo und ich, wir erzählen unsere Geheimnisse niemandem.»

«Dir hat sie's doch auch gesagt.»

«Das ist etwas anderes. Wir sind doch Zwillinge. Wir erzählen uns alles.»

«Lib, hör mir jetzt mal gut zu. Du kannst Bo nicht genügend helfen. Sie braucht auch Erwachsene, die ihr beistehen.»

«Ich und Bo, wir sind die einzige richtige Familie, die wir haben. Unser Daddy ist auch nur adoptiert.»

Ich mußte lächeln. «Ich weiß das, aber ich muß noch viele andere Sachen wissen.»

Zum ersten Mal zögerte Libby ein bißchen und schaute auf die Seite. «Weißt du, was ich einmal gemacht habe?»

«Was denn?»

«Ich habe sie angespuckt.»

«Wen? Bo?»

«Die alte Dame. Ich habe sie angespuckt. Nachher hab ich ihr in der Pause gesagt, ich ginge aufs Klo, ich bin aber zurück ins Zimmer gegangen und hab ihr aufs Pult gespuckt.»

«Von welcher alten Dame sprichst du denn?»

«Von Mrs. Thorsen.»

Erregt beugte sich Libby zu mir. «Ich werde dir sagen, was sie Bo getan hat.» Ihr kleines Gesicht war jetzt ganz nahe, und ich konnte plötzlich sehen, wie ähnlich es Bo war.

«Sie hat Bo gezwungen zu lesen. Sie mußte vor der ganzen Klasse aufstehen und vorlesen. Zuerst aus den großen, schwierigen Büchern, bei denen ich schon Mühe habe. Bo kann diese natürlich nicht lesen. Und alle lachten. Früher haben sie Bo nie ausgelacht, erst jetzt. Die alte Dame gab ihr immer doofere Bücher in die Hand und zwang sie, daraus zu lesen. Wenn es nicht ging, sagte sie jeweils: ‹Geht es immer noch nicht, liebe Bo?›

Und als sie bei dem Lesebuch angelangt war, das sie eigentlich lesen kann, war Bo viel zu aufgeregt und verschüchtert, um überhaupt noch einen Buchstaben zu kennen. Alle lachten, und sie weinte. Aber Mrs Thorsen erlaubte ihr immer noch nicht, sich zu setzen. Das sollte Bo ein für allemal eine Lehre sein. Bo mußte sich erbrechen. Sie hat Bo dazu gebracht, sich vor der ganzen Klasse zu erbrechen und hat sich nicht einmal dafür entschuldigt.»

«Ist das wirklich passiert?»

«Ich schwör's. Du kannst fragen, wen du willst. Nancy Shannon oder Mary Ann Marks oder sonst jemanden. Du kannst auch Robby Johnson fragen. Er ist ein Pfadfinder und lügt nie.»

Sie zitterte vor Entrüstung: «Ich hasse sie. Ich werde ihr eines Tages mitten ins Gesicht spucken.»

Und Libby konnte hassen, das sah man an ihren funkelnden Augen!

«Bo ist nicht dumm», sagte sie, «sie ist genauso gescheit wie die andern auch. Sie kann nur nicht lesen, weil sie verwundet worden ist.»

Ich nickte. «Ja, ich weiß.»

Libby lehnte sich zurück. Das Wichtigste war gesagt. «Bo kommt nicht mehr in die Schule, und ich finde das auch richtig.»

«Da bin ich nicht mit dir einverstanden. Ich bin der Meinung, sie muß wieder zur Schule, aber wir müssen vieles für sie ändern.»

«Genau. Ich bin der Meinung, jemand sollte Mrs. Thorsen mit einem Auto überfahren.»

Ich betrachtete das Kind, das vor mir stand. Wozu konnte doch Haß einen Menschen verleiten!

Unsere Konversation versiegte. Libby wurde wieder einsilbig. Es war schon vier Uhr dreißig, und ich wollte nach Hause. Ich begann die Schularbeiten weiterzukorrigieren.

«Ich muß unbedingt heute fertig werden», sagte ich zur Erklärung.

Libby blieb sitzen und nahm meinen Wink mit dem Zaunpfahl nicht zur Kenntnis. Schließlich klappte ich die Hefte zu und sagte: «Du mußt jetzt nach Hause, Libby.»

Libby rührte sich nicht. Wie wenn ich in einer Sprache gesprochen hätte, die sie nicht verstand.

«Torey?»

«Ja.»

«Wird sie immer so bleiben?»

«Was meinst du denn, Libby?» Sie sah plötzlich hilflos aus.

«Wird Bo immer so bleiben, wie sie jetzt ist?»

Eine Vision aus einem Traum, dieses Mädchen. Aus einer längst vergangenen Zeit. Ich hatte das Gefühl, die Gestalt könnte sich jeden Moment in Luft auflösen.

«Ich meine», sie mußte sich überwinden zu sprechen, schluckte und setzte noch einmal an: «Ich meine, mit Bo steht es wirklich schlimm. Schlimmer als die meisten Leute merken. Sie kann überhaupt nichts. Sie kann nicht einmal die einfachsten Baby-Bücher lesen, die ich schon vor zwei Jahren lesen konnte. Sie kann nicht mal ihren Namen schreiben. Oder ihre Schnürsenkel binden. Es ist wirklich schlimm, ganz schlimm.»

Ich war von Mitleid erfüllt für dieses siebenjährige Mädchen. Wie konnte ein so kleines Kind mit diesem enormen Problem fertig werden?

Ich setzte mich zu ihr. Sie sah mir voll in die Augen: «*Ist* Bo nicht normal?»

Wieviel Überwindung mußte diese Frage Libby gekostet haben. Obwohl sie für Bo auf die Barrikaden gegangen war, nagten Zweifel an ihr.

Ich war für einen Augenblick sprachlos. Libby faßte mein Schweigen als Bestätigung ihrer eigenen Befürchtungen auf und erhob sich zum Gehen.

«Libby, komm zu mir, Liebes.» Ich hielt sie an der Hand zurück.

«Ist sie wirklich nicht normal?» fragte sie noch einmal.

Ich schüttelte den Kopf. «Nein, Bo ist normal.» Ich faßte sie um die Schultern und drückte sie sanft auf den kleinen Stuhl neben mir. «Du kennst Bos Schwierigkeiten besser als alle anderen. Sie hat eine Hirnverletzung, und das ist etwas anderes, als wenn jemand nicht normal ist. Durch diese Verletzung ist ihr das Lernen erschwert. Es ist aber durchaus möglich, daß sie eines Tages lesen lernen wird. Ich habe in medizinischen Büchern von solchen Fällen gelesen. Vielleicht wird sie es nie so gut können wie du, aber wenn sie älter wird, besteht die Möglichkeit, daß ihr Hirn neue Wege findet. Aber das heißt nicht, daß Bo dumm ist. Du hast absolut recht, wenn du sie in diesem Punkt verteidigst. Du weißt ja selbst, wie gut sie in Mathematik ist. Und was noch viel wichtiger ist: ihr menschliches Verständnis und ihr Mitgefühl. Wir haben hier in der Klasse einen Jungen, der nicht sprechen kann, und du müßtest einmal sehen, wie Bo ihn versteht! Sie liest in den Herzen der Menschen wie ich und du in Büchern lesen, und glaub mir, Libby, das ist viel, viel wichtiger als alles, was man in der Schule lernt.»

Libby atmete tief ein. Ich hielt meinen Arm fest um ihre Schultern.

«Warum hat sie diese Schwierigkeiten und ich nicht?»

«Das kann niemand sagen, Liebes. Wir können nur Vermutungen anstellen.»

«Mein Vater sagt, daß ihr Kopf verletzt war. Er sagt, das könne man auf den Röntgenaufnahmen sehen.»

Ich nickte. «Das habe ich auch gehört.»

Libby hielt den Kopf immer noch gesenkt, den Blick starr auf den Boden geheftet. Ganz sachte griff sie nach meiner Hand, die auf ihrer Schulter lag. Es war nur der Hauch einer Berührung. «Ich weiß, wie es passiert ist», sagte sie fast tonlos. «Mein Vater, mein richtiger Vater, hat Bo oft geschlagen. Auch meine Mutter hat uns viel geschlagen. Aber mein Vater nahm manchmal den Stock, wenn wir nicht gehorchten.»

Sie stockte und fuhr dann fort: «Wir müssen oft unfolgsam

gewesen sein. Bo hat er aber öfter geschlagen als mich. Manchmal hat er sie so verprügelt, daß sie sich nicht mehr rührte und nicht einmal mehr weinte. Ich konnte sie dann schütteln, soviel ich wollte, sie war wie tot.»

Libby fuhr sich mit der Hand über den Arm. «Mein Vater hat mir einmal diesen Arm gebrochen. Meine Mutter hat ihn darauf in einen Kissenbezug gewickelt, aber er tat mir so weh, daß ich schrie. Ich konnte nicht anders. Sie mußte mich zum Arzt bringen. Mein Vater hat gesagt, ich müsse sagen, ich sei die Treppe hinuntergefallen. Auf keinen Fall dürfe ich die Wahrheit sagen. Dabei hatten wir gar keine Treppe zu Hause. Ich habe ihm gehorcht. Einmal hat er mich auch ans Bett gebunden. Aber das mit Bo war viel schlimmer. Ich hatte solche Angst, damals.»

Libby schaute mich an. «Manchmal träume ich von meinem alten Zuhause und wache auf vor Angst. Ich muß dann sogar weinen. Ich denke, vielleicht finden sie mich und nehmen mich mit.» Nachdenklich fuhr sie fort: «Am Tag vermisse ich sie manchmal. Ich stelle mir dann so schöne Sachen vor. Aber nachts nie. Wenn ich aus den schrecklichen Träumen erwache, kann ich nicht wieder einschlafen. Ich krieg immer Kopfweh, und es wird mir schlecht. Mein Daddy muß dann kommen und bei mir sitzen. Ich weiß nicht, ob Bo sich an all das erinnert. Sie spricht nie darüber.»

«Du weißt doch, daß dein Daddy so etwas nie zulassen würde», sagte ich. «Er würde euch von niemandem holen lassen. Er liebt euch. Ihr seid jetzt seine kleinen Mädchen, und er würde euch um keinen Preis weggeben. Da könnt ihr ganz sicher sein. Du mußt das auch Bo sagen.»

Sie nickte. «Ich weiß das eigentlich schon. Manchmal weiß ich es ... Aber manchmal vergeß ich's.»

Wie aus einer längst vergangenen Zeit blickten mich ihre Augen an. «Bestimmt hat das mein Vater getan. Bestimmt hat er Bo so zugerichtet, daß sie jetzt nicht lesen und die anderen Sachen machen kann.»

«Wir können das nicht wissen. Wir werden es nie wissen.»

«Ich weiß es aber», sagte sie mit Bestimmtheit, «und wenn ich groß bin, werde ich ihn finden. Ich werde ein langes Messer mitnehmen und es ihm mitten in den Bauch stoßen. Ich werde ihn töten. Garantiert. Ich werde ihn töten für das, was er Bo angetan hat. Und mir. Niemand wird mich daran hindern.»

Was hätte ich darauf sagen sollen? Der unselige Keim von Haß und Zerstörung hatte sich schon in diesem siebenjährigen Kind festgesetzt.

Wir saßen wortlos nebeneinander. Libby schaute auf die Uhr und sagte: «Ich muß jetzt gehen, sonst machen sie sich Sorgen.»

«Soll ich dich nach Hause fahren?»

Sie schüttelte den Kopf und ging auf die Tür zu: «Ich gehe gern zu Fuß.»

«Libby», rief ich, bevor sie ganz verschwunden war, «auf Wiedersehn.»

Sie drehte sich noch einmal um und schenkte mir so etwas wie ein Lächeln. «Auf Wiedersehn.»

23

Jeden Abend, bevor ich in mein kaltes und dunkles Haus trat, glomm in mir ein Fünkchen Hoffnung, daß Joc mich vielleicht doch auf der Türschwelle erwarten würde. Aber das Haus blieb leer und düster.

Vor einer Woche war er gegangen, und ich hatte nichts mehr von ihm gehört. Kein Telephonanruf, kein Brief, einfach nichts. Er hatte nicht mal seine Schallplatten abgeholt. Als er an jenem Abend das Haus verließ, hatte ich gewußt, daß es für immer war. Eigentlich hatte ich schon vorher geahnt, daß es so enden würde. Und trotzdem hatte ich die Hoffnung nie ganz aufgegeben. Ich ließ die Fotos hängen und sandte ihm seine Schallplatten nicht nach. Meine Tür verriegelte ich nicht von innen. Falls er doch...

Ich beglückwünschte mich selbst zu meiner Tapferkeit. Keine Tränen, keine Depressionen, keine demütigenden Anrufe. Er war gegangen. Es war vorbei. Ich hatte Stärke gezeigt, war der Situation gewachsen und hatte sie akzeptiert.

Leider stimmte das alles nicht ganz. Meine rationalen Überlegungen genügten nicht, die Leere auszufüllen, die sein Verschwinden verursacht hatte. Ich wußte nicht, was ich mit mir anfangen sollte. Die Probleme in der Schule begannen mich aufzufressen. Tag und Nacht dachte ich an Bo Sjokheim, seit niemand mehr da war, der mich am Abend ablenkte. Ich war von Unrast getrieben.

Wie Schuppen fiel es mir von den Augen, daß mein Freundeskreis ganz und gar von Joc bestimmt gewesen war. Plötzlich saß ich Abend für Abend allein zu Hause. Ich hatte nie eine Unmenge Freunde gehabt, aber während meiner Freundschaft mit Joc waren mir auch diese wenigen noch abhanden gekommen. Wir hatten nur noch mit seinen Freunden verkehrt, und so hatte ich jetzt niemanden mehr.

Billie war mein Rettungsanker. Sie lud mich am Samstag zu einem «Überlebens»-Nachtessen ein. «So ging es mir nach meiner Scheidung. Alle stellten sich als *seine* Freunde heraus. Niemand war interessiert an einer alleinstehenden Frau.»

«So schlimm ist es nun auch wieder nicht. Wir hatten irgendwie nie gemeinsame Freunde. Es waren einfach alles Bekannte, bei denen sich Joc gerne amüsierte.»

Ich bekam einen aufmunternden Klaps, als sie das Fleisch in die Pfanne schmiß: «Mach dir nichts draus, Liebste. Männer! Haben wir die überhaupt nötig?»

Ich glaube schon, dachte ich im stillen.

Ich muß zugeben, daß ich unter meiner Einsamkeit litt. Joc fehlte mir in meinem Privatleben mehr, als ich vermutet hätte. In einem hatte Joc recht behalten: es mangelte mir an Wärme und Geborgenheit. Ich brauchte einen menschlichen Kontakt. Die uralte Frage, die meine Familie schon so lange beschäftigte, tauchte wieder auf: Warum nicht heiraten? Ja, Herrgott noch mal, warum eigentlich nicht? Ich nahm mein Kopfkissen und schmiß es mit aller Kraft an die Wand. Warum war alles so schwierig?

Was sollte mit Bo geschehen? Libbys Bericht hatte mich nicht erstaunt. Ich hatte mir die Vorgänge in Ednas Schulzimmer ungefähr so vorgestellt. Ich kannte schließlich Edna, und ich kannte auch Bo gut genug.

Edna würde nichts zugeben. Sie würde sich keiner Schuld bewußt sein. Nichts und niemand könnte an ihrem Unterrichtsstil etwas ändern. Dafür war sie schon zu lange im Schuldienst, und abgesehen davon, wer in aller Welt würde es wagen, einer Lehrerin im letzten Dienstjahr Vorhaltungen zu machen? Es wäre also sinnlos, ihr die Unmenschlichkeit ihres Verhaltens Bo gegenüber vor Augen zu halten.

In Ansätzen hatte ich es trotzdem versucht. So diplomatisch wie möglich. Die Gespräche hatten aber mehr geschadet als genützt. Wir sprachen aneinander vorbei, und ich hatte nachher jeweils ein schlechteres Gewissen als zuvor.

Es waren nicht nur sachliche Gründe, die mich hinderten, mit Edna ins Gespräch zu kommen. Ich hatte Angst vor ihr und vor Auseinandersetzungen ganz allgemein. Ich konnte Streit schlecht ertragen und war bereit, dem lieben Frieden zuliebe allerhand zu schlucken. Außerdem lagen Welten zwischen unseren Ansichten. Was ich in der Schule mit meinen Schülern anstrebte, war ihr gänzlich fremd. Ich verstand sie nicht, und sie verstand mich nicht. Bei mir fiel noch negativ ins Gewicht, daß ich soviel jünger war und entsprechend weniger Erfahrung hatte. Wie oft hatte ich mich schon geirrt. Edna trat so selbstsicher auf, daß ich mich nach jedem Gespräch klein und häßlich fühlte.

Es gab tausend Gründe, weshalb ich es unterließ, diese alte, unsensible Frau dafür zur Rechenschaft zu ziehen, daß sie ein siebenjähriges Kind in die Verzweiflung getrieben hatte. Sie leuchteten auch Billie und anderen Freunden ein. Aber nachts quälte mich meine Tatenlosigkeit. Da mußte ich vor mir selbst geradestehen. Das war hart.

Weil ich mit Edna nicht zu Rande kam, hielt ich mich an Dan.

«*Wir* sind die Versager, Dan. Ich will nicht, daß Bo ein Leben lang unter etwas leiden muß, woran wir die Schuld tragen.»

Dan saß an seinem Pult. Er hatte die Hände hinter dem Nacken verschränkt und hörte mir aufmerksam zu.

«Ich frage mich oft, was eigentlich unsere Erziehungsziele sind. Den Kindern Lesen, Schreiben und Rechnen beizubringen vielleicht? Oder aus ihnen Menschen zu machen, die unsere Welt verbessern helfen?»

Dan schüttelte den Kopf. «Sei nicht romantisch.»

«Das nennst du romantisch! Wenn ich Hoffnung auf die Menschen setze und ihnen mehr beibringen möchte als bis jetzt üblich!»

Wieder schüttelte er den Kopf. «Unsere Aufgabe ist es, die Schüler zu unterrichten, Torey. Lesen, Schreiben, Mathematik und was es sonst auf dem Lehrplan noch gibt. *So* kann man die Menschen zu etwas bringen, etwas aus ihnen machen, da gibt es kein Mogeln, die Basis ist nötig.»

Ich wußte ihm nichts zu entgegnen.

«Ich geb ja zu, Torey, daß mir das, was mit Edna und Bo passiert ist, in keiner Weise gefällt. Ich wünschte auch, Edna hätte anders gehandelt. Aber so ist das Leben. Sie hat von Bo nichts Außergewöhnliches verlangt. Wenn Bo in der ersten Klasse schon zusammenbricht, wie soll sie den Druck später ertragen?»

«Vielleicht wäre es an der Zeit, unser Schulsystem in Frage zu stellen.»

«Wegen eines einzigen Kindes? Ich kann dir deine Empörung

voll nachfühlen, aber dies ist eine Schule. Ich hab dir schon vorhin gesagt, unsere Aufgabe ist das Unterrichten. Wenn ein Kind das Pensum nicht schafft, dann tut es mir leid, aber ich kann das auch nicht ändern.»

«Dan, es gibt keine Rechtfertigung dafür, daß Menschen irgendeinem System geopfert werden. Sonst ist etwas faul am System.»

«Wer weiß», sagte er niedergeschlagen, «vielleicht hast du recht.»

Die Entscheidung, was mit Bo nach ihrer Rückkehr geschehen sollte, war äußerst schwierig. Klar war nur, daß sie nicht mehr Edna zugeteilt würde. Aber wohin mit ihr? Die einzige Sonderklasse, die ganztags geführt wurde, war Betsy Kerrys Gruppe schwerstbehinderter Kinder. Da gehörte Bo auf keinen Fall hin. Es bestand die Möglichkeit, Bo in Ednas Parallelklasse zu tun, dann wäre sie aber mit Libby zusammengewesen. Außerdem wurde diese Klasse von einer jungen Lehrerin geführt, die schon mit ihren eigenen Schülern genug Probleme hatte.

Schließlich schlug ich vor, Bo den ganzen Tag über zu mir in die Klasse zu nehmen. Formell wäre sie zwar immer noch Ednas Schülerin, aber in Wirklichkeit hätte sie alle Fächer bei mir, außer Musik, Turnen, Zeichnen und Lebenskunde. Sicher war das keine Ideallösung, aber wir hofften, Bo damit zu entlasten und ihr eine intensivere Spezialschulung zukommen zu lassen.

Am Dienstag war immer noch keine Bo da. In der Mittagspause rief ich Mr. Sjokheim im Büro an. Er entschuldigte sich damit, daß er es nicht übers Herz gebracht habe, Bo unter Zwang in die Schule zu schleppen. Er teilte mir mit, daß er mit einem Psychologen einen Termin für die nächste Woche abgemacht habe. Ich war der Meinung, daß das nicht genügte, und sagte ihm das auch. Jetzt mußte endlich gehandelt werden. Wir hatten schon zu lange zugewartet. Bo mußte in die Schule zurück, und zwar gleich. Ich fragte, ob ich am Abend vorbeikommen könne. Wir verabredeten uns auf sieben Uhr dreißig.

Jetzt war meine Zeit zum Handeln gekommen. Jetzt mußte ich den andern die Stirn bieten. Was ich Bo heute abend versprechen würde, mußte ich nachher auch halten. Wie groß die Widerstände auch sein mochten. Sonst machte ich mich mitschuldig an dem Unrecht, das Bo widerfahren war. Dieser Gedanke war mir unerträglich. All das ging mir durch den Kopf, als ich durch die Frühlingsnacht zu den Sjokheims fuhr.

Mr. Sjokheim begrüßte mich an der Tür. Libby war im Wohnzimmer und trocknete sich gerade ihr vom Waschen noch nasses Haar. Ohne Brille war die Ähnlichkeit mit Bo unverkennbar. Sie war ernst wie immer und erwiderte mein Begrüßungslächeln nicht.

Mr. Sjokheim führte mich in Bos Schlafzimmer. Ich spürte ein unangenehmes Kribbeln in der Magengegend. Die Tür war offen, aber Unsicherheit ließ mich zögern. Was sollte ich sagen? Ich hatte Herzklopfen. Libbys wachsame Augen folgten mir. Mit gespielter Selbstsicherheit lächelte ich Mr. Sjokheim zu und trat ein.

Bo saß in einem gelben Pyjama auf dem Bett. Sie trug ihr langes dunkles Haar offen und starrte mich ohne ein Lächeln mit ihren nachtschwarzen Augen wortlos an. Auf ihrem Gesicht war aber auch nicht das kleinste Zeichen der Freude wahrzunehmen.

«Hallo, Bo», sagte ich.

Keine Antwort. Ihr Atem ging fast keuchend.

«Bo, grüß dich.»

«Hallo, Torey.»

Ich ging auf sie zu. «Ich vermisse dich, Bo. Ich mußte dich unbedingt sehen. Wir vermissen dich alle.»

Wieder keine Antwort. Nur diese pechschwarzen, unergründlichen Augen. Sie gab sich kühl und distanziert. Sie kam mir keinen Schritt entgegen.

«Darf ich mich zu dir setzen?» fragte ich.

Sie nickte, rückte aber sofort zur Seite, als ich mich neben sie aufs Bett setzte.

«Bo, wir möchten, daß du wieder zu uns kommst.»

Sie schaute mich mit Libbys Augen an. Voller Haß. Ich hätte weinen können.

«Ich komme nie mehr zurück.»

«Ich weiß, daß du das denkst.»

«Ich denke das, weil es eben stimmt. Ich komme nie mehr zurück.»

«Du machst mich traurig, wenn du nicht kommst. Auch Nicky vermißt dich. Und Tom und Claudia. Wir brauchen dich, Bo. Ohne dich macht unsere Klasse keinen Spaß.»

«Ist mir egal.»

Wie sehr müssen wir dich verletzt haben! Ich konnte die Tränen kaum mehr zurückhalten. Ich wandte meinen Kopf zur Seite, damit sie mein Gesicht nicht sehen konnte.

Ein dumpfes, stetiges Rascheln durchbrach die Stille. Ich suchte nach dem Grund. Vor dem Fenster bei Bos Bett stand ein Blumenkistchen mit Narzissen. Inmitten der braunen, verwelkten Stengel stand eine einzige gelbe Blume in voller Blüte und pochte beharrlich an die Scheibe. Bo hielt den Kopf gesenkt und zeichnete mit dem Zeigefinger Muster auf das Bettlaken.

«Bo, wir sind im Unrecht. Wir hätten dich nicht auf diese Weise behandeln dürfen. Es war falsch von uns, dich glauben zu machen, Lesen sei etwas so Wichtiges. Es ist nicht wichtig.»

«Natürlich ist es wichtig.» Trotz und Wut klangen aus ihrer Stimme. Sie glaubte wohl, ich wollte ihr etwas vormachen.

«Das stimmt nicht. Wir hätten dir das nie einreden dürfen. Es ist unser Fehler.»

«Klar ist Lesen wichtig. Sie hat die Kinder dazu gebracht, mich auszulachen. Sie hat gemacht, daß ich mich vor der ganzen Klasse erbrechen mußte. Ich gehe nie mehr zu ihr zurück. Ist mir ganz egal, was alle sagen. Ich laufe fort, wenn man mich zwingt. Auch wenn du's bist.»

«Bo, hör mir mal zu, bitte!»

«Nein! Geh weg. Ich werde *nicht* zurückgehen. Und ich will

nicht, daß du hier bist. Geh und laß mich allein.»

«Bo.»

«Hast du nicht gehört, was ich sage?» Sie hatte Tränen in den Augen. «Warum gehst du nicht? Ich will dich nicht mehr sehen.» Sie vergrub das Gesicht im Kopfkissen. Wie ein Überzug breitete sich ihr schwarzes Haar darüber.

Ich fühlte mich hilflos wie noch nie. Poch, poch, poch, hörte ich die gelbe Narzisse am Fenster. Ich hatte den Impuls, Bo in meine Arme zu schließen und damit alle schrecklichen Erinnerungen auszulöschen; sie war so klein und hilflos. Ich hätte meine Unsicherheit allzu gerne mit einer Umarmung zugedeckt und mich der Illusion hingegeben, daß Probleme so einfach aus der Welt zu schaffen sind. Wir Erwachsenen gefallen uns in der Rolle des Hexenmeisters, der alles kann. Ich wußte natürlich, daß das nicht stimmte, und Bo wußte es offensichtlich auch, denn als ich sie berühren wollte, schrie sie: «Geh endlich weg!»

Ich zog meine Hand wieder zurück. Libby stand bei der Tür. Sie war nur halbbekleidet, und ihr Haar war immer noch feucht. Wir tauschten einen langen, schweigenden Blick. Ich vermochte ihre Gedanken jedoch nicht zu lesen. Nach einer Weile verschwand sie wieder.

Ich strich Bo nochmals sanft über den Rücken. Zuerst wehrte sie sich gegen die Berührung, als ich aber nicht nachließ, entspannte sie sich plötzlich unter meinen Händen. Sie hatte ihr Gesicht noch im Kissen vergraben.

«Bo? Setz dich doch zu mir, bitte.»

Mit großer Anstrengung richtete sie sich auf und rückte näher zu mir. Ich wagte nicht, ihr allzu nahe zu kommen; so stützte ich ihr lediglich den Rücken mit meinem Arm.

«Ach, Bo, was haben wir dir getan!»

Sie hielt den Blick gesenkt.

«Ich bitte dich um Verzeihung.»

Sie sah mich an.

«Wofür?»

«Daß wir dich glauben machten, so unwichtige Dinge seien wichtig. Wir haben viele Fehler gemacht. Wenn Leute in einer kleinen Welt leben, erscheinen ihnen Kleinigkeiten ungeheuer wichtig. Es war gemein von uns, so zu tun, als sei uns das Lesen wichtiger als du selbst. Das stimmt überhaupt nicht.»

«Aber ich kann doch wirklich nicht lesen.»

«Ich weiß, daß du's nicht kannst. Und ich streite auch nicht ab, daß es eine nützliche Sache ist, aber vielleicht lernst du's später noch. Wer weiß. Aber auch wenn du nie lesen lernst, ist das nicht so schlimm. Mir würde das überhaupt nichts ausmachen. Irgendwie kämen wir auch so zu Rande. Um glücklich zu sein, muß man nicht lesen können.»

Ihre Augen waren dunkle, unergründliche Teiche.

Ich lächelte. «Übrigens kannst du etwas, was viel wichtiger ist als lesen.»

«Was denn?»

«Du schaust die Menschen auf eine besondere Weise an und spürst gleich, was sie fühlen. Wie mit Thomas und seinem Teddybär. Du weißt, was die Leute glücklich oder traurig macht. Und du liebst die Menschen. Das ist viel, viel wichtiger als lesen. Vergiß das nie. In unserer heutigen Welt brauchen wir Menschen, die lieben können, mehr als alles andere. Solche, die lesen können, gibt es genug.»

Bo schaute mich unverwandt an. Ich sah mein Spiegelbild in ihren Augen. Sie fuhr sich mit einer Haarsträhne über die Lippen. «Aber ich möchte trotzdem lesen lernen.»

Ich fühlte mich müde und alt. «Du weißt, daß ich alles tun würde, um dir diesen Wunsch zu erfüllen. Alles in der Welt würde ich hergeben dafür.»

Sie schien verwirrt und unsicher geworden.

«Bo, ich will nichts anderes, als daß du glücklich bist. Du mußt mir das glauben. Wenn der liebe Gott mir meine Fähigkeit zu lesen raubte, um sie dir zu geben, würde ich mich darüber freuen.» Ich fand keine Worte mehr, meine Gefühle mitzuteilen.

Bo runzelte die Stirn: «Aber...» Sie drehte den Kopf zu der Narzisse vor dem Fenster, und dann schaute sie auf ihre Hände hinunter. «Wenn das so wäre, könntest du nicht mehr meine Lehrerin sein. Und das möchte ich nicht.»

In der Dämmerung konnte ich gerade noch erkennen, wie ein Lächeln sich in ihre Augen stahl. Sie neigte sich zu mir und streichelte meine Hand.

24

Bo kam wieder in die Schule, aber es kostete sie große Überwindung. Sie schrie und weinte, als ich sie am nächsten Tag um zwölf Uhr mit Billie zu Hause abholte. Auf der kurzen Fahrt erbrach sie sich in eine Tüte, und ich mußte sie mit Gewalt in unser Schulzimmer schleppen. Aber Bo war wieder in der Schule; das war die Hauptsache.

Kaum war sie im Zimmer und hatten sich die anderen etwas beruhigt, ging ich ein großes Wagnis ein. Ich nahm alle Schulbücher, die mir Edna für Bo gegeben hatte, tat meine dazu und warf sie allesamt in den Mülleimer. Ich zerriß Seite um Seite der wunderschön illustrierten Fibeln und ließ die Fetzen einzeln in den Eimer schweben. Thomas und Nicky waren fasziniert. Claudia, unser Bücherwurm, war starr vor Entsetzen. Bo beobachtete das Geschehen von weitem.

«Was machst du da?» wagte Thomas endlich zu fragen.

«Ich schaff das alles fort. Bo liest vorerst nicht mehr.»

«Was?» rief Thomas staunend aus. Plötzlich war bei ihm der Groschen gefallen, und strahlend anerbot er sich: «Kann ich dir helfen?»

«Nein, das erledige ich selbst.»

Bo näherte sich. «Aber das ist doch eine Schule, da muß man

lesen lernen», gab sie ihrer Mißbilligung Ausdruck.

«Muß man nicht. Bo jedenfalls muß nicht mehr lesen. Und nicht mehr schreiben», sagte ich bestimmt.

Verwundert fragte Tom: «Was wird sie denn machen?»

«Vieles.» Die letzte Seite flatterte gerade in kleinen Stücken in den Eimer. «So, das hätten wir!»

Zögernd kam Bo näher und schaute auf die Fetzen zu ihren Füßen. Sie schaute mich an, aber ihre Augen waren nicht glücklich.

«Hast du Angst?»

Sie schien etwas sagen zu wollen, aber es kam kein Laut über ihre Lippen.

«Ich weiß, wieviel dir daran liegt, lesen und schreiben zu können wie die andern. Ich geb dich nicht auf, du mußt keine Angst haben. Ich bin sicher, daß du es später einmal lernen wirst. Aber jetzt ist nicht der richtige Augenblick dafür.»

Immer noch der traurig finstere Blick.

Ich setzte mich auf einen Stuhl und nahm Bo auf meinen Schoß. «Du mußt mir vertrauen. Ich erzähl dir jetzt eine kleine Geschichte, damit du mich besser verstehst.»

Sie sah mich mit großen, fragenden Augen an.

«Erinnerst du dich noch daran, wie wir im letzten Dezember die Hyazinthen pflanzten?»

Sie nickte.

«Dann weißt du auch noch, daß wir sie zum Wachsen in den Kühlschrank legten?»

Zustimmendes Nicken.

«Und was geschah mit ihnen, während sie im Kühlschrank waren?»

Bo dachte einen Augenblick nach und sagte: «Sie haben Wurzeln geschlagen.»

«Genau. Und hast du die Wurzeln sehen können? Hast du damals überhaupt irgendeine Veränderung an ihnen entdecken können?»

Sie schüttelte den Kopf.

«Aber sie haben doch nachher geblüht, stimmt's?»

«Ja.»

Ich lächelte. «Und wahrscheinlich weißt du auch, was geschehen wäre, wenn du sie gezwungen hättest, im Dezember zu blühen, ja? Was wäre wohl passiert, wenn du die kleine Blumenzwiebel aufgerissen hättest, um das schlafende Blümchen freizulegen? Hättest du es zum Blühen bringen können?»

«Nein, es wäre gestorben.»

«Ja, es wäre gestorben. Auch wenn du es noch so gut gepflegt hättest. Die Blume war nicht zum Blühen bereit, und du hättest sie umgebracht.»

Sie hing mir an den Lippen.

«Die Menschen sind wie diese Hyazinthenzwiebeln. Alles, was uns übrigbleibt, ist, den Menschen eine Umgebung zu verschaffen, in der sie wachsen und gedeihen können. Aber jeder einzelne Mensch ist für seine Entwicklung selbst verantwortlich, er bestimmt Zeit und Dauer seines Wachstums. Wir verletzen die Struktur, wenn wir uns einmischen. Auch wenn wir dies mit bester Absicht tun. Und manchmal geschieht das Wachsen im Verborgenen, wie bei den Zwiebeln im Kühlschrank. Wir sehen nichts, und doch geschieht etwas.»

Ernst und still hörte sie mir zu.

«Vertrau mir doch, Bo. Ich möchte dir noch etwas Zeit zum Wachsen lassen. Du wirst das Lesen schon lernen, aber erst dann, wenn es für dich Zeit ist dazu. Verstehst du, was ich meine?»

Sie nickte verständig. «Du steckst mich in den Kühlschrank, damit ich Wurzeln schlagen kann.»

Die große Lesekrise hatte somit ein Ende gefunden. Bo war jetzt den ganzen Tag über bei mir und ging anderen Beschäftigungen nach. Wir betrieben Mathematik und kümmerten uns hauptsächlich um die naturwissenschaftlichen Fächer, bei denen man vieles mit den Sinnen erfassen konnte. War das Lesen unumgänglich, setzte ich Thomas als Bos offiziellen Vorleser ein. Es war seine Aufgabe, Bo alles vorzulesen, was sie selbst nicht lesen konnte, aber wissen mußte. Ich hatte Thomas erklärt, daß Bo ganz von ihm abhängig sei, wie ein Blinder von seinem Hund. Ich hatte ihm eingeschärft, Bo nie in eine Patsche geraten zu lassen oder ihr sofort herauszuhelfen. Thomas nahm seine Aufgabe ernst und stand Bo bei, wo er konnte.

Jeden Tag arbeiteten Bo und ich an den kleinen, praktischen Verrichtungen, die ihr aufgrund ihrer Hirnschädigung schwerfielen. Bo konnte zum Beispiel die Schnürsenkel nicht binden und die Uhrzeit nicht lesen. Ich schaffte mir sogar eine Blindenuhr an, damit sie nicht auf Zahlen angewiesen war.

Die übrige Zeit war mit den verschiedensten Ämtchen ausgefüllt. Bo wurde unser Mädchen für alles. Sie half Nicky mit seiner Montessoritafel, fütterte die Tiere, putzte die Käfige, goß die Pflanzen und verteilte die Schulaufgaben. Ich hatte die Arbeitsmäppchen der Nachhilfeschüler, die am Morgen kamen, mit unterschiedlichen Farben markiert, damit Bo die richtigen Aufgaben ins richtige Mäppchen legen konnte. Wir legten auf einem Teil des Spielplatzes Blumenbeete an. Bo hackte, grub und säte nach Herzenslust. Sie half Thomas bei der Errichtung einer Wetterstation, in der Regen, Temperatur, Feuchtigkeit und Wind gemessen wurden. Sie lernte nichts Außergewöhnliches. Unsere Bemühungen würden sie wahrscheinlich nie zum ersten weiblichen Präsidenten der Vereinigten Staaten oder zur ersten Marsbewohnerin machen. Meine Ambitionen gingen lediglich dahin, aus Bo ein lebenstüchtiges Mädchen zu machen, das seine Fähigkeiten nutzen lernte. Das schien mir wichtig genug.

Für Bo war die Schreckenszeit vorbei, für mich begann sie erst. Ich war aus dem Busch hervorgekommen und hatte mich aufs offene Feld gewagt. Jetzt mußte ich auch bereit sein, die Konsequenzen zu tragen. Ich schlich im Schulhaus herum, in ständiger Angst, Dan oder Edna entdeckten meine vermessene Tat. Schließlich befand sich Bo immer noch unter Ednas Fittichen. Sie war offiziell ihre Schülerin, und ich war mir meines Vergehens bewußt, wenn ich Bo den Lernstoff, den Edna mir gegeben hatte, nicht beibrachte. Auch Dan würde an meinem eigenmächtigen Vorgehen keine Freude haben. Über mir hing das Damoklesschwert!

Schlimmer noch als die Angst vor Edna, Dan und der Außenwelt überhaupt plagte mich die Angst vor mir selbst. Würde ich standhaft genug sein, meine Handlungsweise vor potentiellen Gegnern zu vertreten? Die Durchführung meiner Pläne mit Bo war im Vergleich einfach. Bo glaubte noch immer an meine Allmacht, und wenn wir in der abgeschlossenen Welt unseres Klassenzimmers waren, fühlte ich mich sicher. Alles schien dort möglich.

Obwohl ich mich in letzter Zeit vorwiegend mit Bo beschäftigt hatte, vergaß ich die andern Kinder nicht.

Von den dreien gab mir Claudia am meisten zu denken. Sie ließ sich am wenigsten in die Klasse integrieren. Sie blieb zwar nach der Schule oft noch bei mir im Zimmer, aber wir kamen selten so richtig ins Gespräch. Unsere Beziehung erinnerte mich an ein Erlebnis aus meiner Collegezeit. Auf einer zoologischen Exkursion hatten wir in einer Mondnacht das Balzen von Kranichen im Moor beobachtet: auf, ab, hin und zurück, fasziniert, ängstlich, sich nähernd, aber nie zu nahe. Claudia und ich kamen mir genauso vor wie jene tanzenden Kraniche. Mir ging durch den Kopf, daß das vielleicht bei «normalen» Kindern immer so war. Vielleicht lernte ein Lehrer seine Schüler üblicherweise nicht mit jener beinahe brutalen Offenheit kennen, die im Umgang mit gestörten Kindern die Regel war. Ich konnte das nicht beurteilen, weil ich selten mit «normalen» Kindern gearbeitet hatte. Jedenfalls wünschte ich meine Beziehung zu Claudia zu vertiefen.

In der letzten Zeit hatte Claudia ungeheuer an Gewicht zugenommen. Anscheinend kommt das bei sehr jungen Müttern häufig vor, aber damals war mir dieses Phänomen unbekannt und beunruhigte mich. Zu Hause vegetierte Claudia dahin. Eingeschlossen, von der Außenwelt abgeschirmt wie die verrückten Verwandten aus einem Roman, die man in irgendeinem Schloßgemach versteckte, damit keine Schande über die ehrbare Familie kam. Claudia hatte keine anderen Kontakte als Schule, Fernsehen, Bücher und ihre vierjährige Schwester Rebecca.

Ich hatte auf dem Gebiet der Schwangerschaft nur mangelhafte Kenntnisse und stand der Sache ziemlich hilflos gegenüber. Ich versuchte, mittels Leihbüchern aus der Bibliothek und Gesprächen mit einem mir bekannten Arzt meine Lücken zu füllen. Eine Stütztherapie für Claudia konnte ich nirgends finden und hatte die Hoffnung auch aufgegeben, noch rechtzeitig so etwas zu organisieren. Hilfe konnte also nur von uns kommen. Eine schwierige Situation, der ich mich kaum gewachsen fühlte.

Wie an so vielen Nachmittagen nach Schulschluß war Claudia noch im Zimmer geblieben und half mir beim Aufräumen. Später schlug sie ein Magazin auf, das sie unter dem Pult hervorgezogen hatte.

«Was ist das für ein Heft?» fragte ich.

Sie zeigte es mir und forderte mich auf, den Leserbrief einer Frau zu lesen, die keinen Orgasmus haben konnte.

«Ich möchte wissen, was ein Orgasmus ist. Aber ganz genau.»

Der Ball war an mich weitergereicht worden, und ich konnte jetzt zusehen, was ich damit anfing. So etwas hatten wir im Seminar nicht gelernt. «Das ist gar nicht so einfach zu erklären. Es ist eine Empfindung, ein ganz bestimmtes körperliches Gefühl, das sich einstellt, wenn die Frau sexuell erregt ist. Meistens während des Geschlechtsverkehrs.»

«Aber wie ist das Gefühl? Schmerzt es?»

«Nein, eher wie elektrisierende, rhythmische Impulse.» Ich überlegte, wie ich mich besser ausdrücken könnte. «Es ist ein sehr schönes Gefühl, das den Menschen Lust bereitet.»

«Wirklich, etwas Schönes?»

Ich nickte.

Sie sah mich skeptisch an und las die Spalte im Magazin nochmals durch.

«Du willst damit sagen, daß der Geschlechtsverkehr mit einem Jungen etwas Gutes sein soll?»

Wieder nickte ich.

Claudia machte ein ungläubiges Gesicht. Sie blickte wieder auf den Leserbrief und schien ihn jetzt mit anderen Augen zu lesen. «Dann ist es ja ganz normal, daß der Mensch den Wunsch nach Geschlechtsverkehr hat. Das hab ich wirklich nicht gewußt. Ich dachte, das müsse man einfach einem Jungen zuliebe tun, damit er ein Mädchen gern hat und es nicht verläßt. Nie hätte ich gedacht, daß es etwas Schönes sein soll.»

Eine leise Trauer überfiel mich, als ich sah, wie ketzerisch ihr meine Worte vorkamen. Claudia seufzte und sagte: «Mensch, ich hab's aber wirklich nicht genossen. Es war schrecklich. Es tat auch weh.»

«Bei dir ist eben viel schiefgegangen. Sex ist nicht einfach eine körperliche Betätigung. Du warst viel zu jung, Claudia. Dein Körper war zwar reif, aber deine Gefühle noch nicht. Wahrscheinlich ist es Randy nicht besser ergangen. Ich hoffe, daß auch du das Schöne daran erkennen wirst, wenn du älter geworden bist.»

Claudia fingerte abwesend an den Ecken des Magazins herum. «Überall tun sie so, als ob Sex etwas ganz Tolles sei. Am Fernsehen, im Film, überall. Sie tun so, als ob alles ganz einfach sei mit einem Jungen; alles geht glatt, alle sind glücklich, keine Probleme weit und breit. Das ist in Wirklichkeit aber nicht so.»

«Da hast du recht», pflichtete ich ihr bei.

Man hörte nur das Kratzen ihrer Fingernägel auf dem Glanzpapier des Magazins. «Ich fühle mich manchmal so einsam. Oft denke ich, daß ich schon mein ganzes Leben einsam gewesen bin. Ich glaube, ich bin so geboren worden. Wie ein unscheinbares, winziges Pünktchen auf einem großen Bogen Papier komme ich mir manchmal vor. Umgeben von nichts als Leere.»

Sie seufzte wieder. «Randy war so nett. Weißt du, was er getan hat? Er hat mir im McDonald's Milkshakes und andere gute Sachen gekauft. Einfach so. Ich mußte ihn nicht mal darum bitten. Randy war so gut zu mir.»

Ein Mädchen, das seine Seele für einen Milkshake bei McDonald's verkaufte! Und die Umwelt glaubte noch, ein solches Mädchen habe keine Hilfe nötig.

Schweigen breitete sich im Zimmer aus, aber es war nicht spannungsgeladen. Wir fühlten uns beide wohler als sonst. Ich schaute zum Fenster hinaus. Windig und grau. Claudia beobachtete mich.

«Torey?»

«Ja, Claudia?»

«Bin ich ein schlechter Mensch?»

Ich schüttelte den Kopf. «Nein. Das gibt es nicht, schlechte Menschen.»

Claudia stützte den Kopf in die Hände. Sie war weit weg und blickte durch mich hindurch.

«Du glaubst doch auch, daß ich schmutzig bin, nicht wahr? Wegen dem, was ich gemacht habe.»

«Nein.»

Stille. «Ich glaube das aber», sagte sie langsam. «Manchmal dusche ich mich dreimal am Tag und fühle mich immer noch schmutzig.»

25

Nach diesem Gespräch mit Claudia versuchte ich noch einmal, ihre Eltern von der Notwendigkeit therapeutischer Hilfe zu überzeugen. Ich wollte ihnen klarmachen, daß Claudia Unterstützung brauchte, die ich ihr im Schulzimmer nicht bieten konnte. Claudias Probleme lagen viel tiefer. Ihre Mutter gab mir gegenüber endlich zu, daß Claudia Hilfe benötige; sie konnte sich aber dem Vater gegenüber nicht behaupten. Dieser war nach wie vor völlig uneinsichtig. Da Claudia in der Schule keine Schwierigkeiten machte, waren mir die Hände gebunden, und ich konnte nicht eingreifen.

Ich verbrachte meine Mittagspause wieder einmal im Schulzimmer, weil ich mit meiner Arbeit im Rückstand war.

Plötzlich ging die Tür auf, und herein kam Mrs. Franklin. Besser gesagt, sie steckte nur den Kopf herein und fragte schüchtern: «Stör ich Sie?»

«Kommen Sie doch herein.»

Meine Einladung freute sie offensichtlich. Sie ließ sich nicht noch einmal bitten, sondern sagte, Nicky stolz vor sich herschiebend: «Ich wollte Ihnen zeigen... Nicky kann... Nun, ich glaube, vielleicht wird es doch besser mit ihm.»

Sie hob Nicky auf den Tisch und zog ihm Schuhe und Socken aus. Nicky kicherte dabei unentwegt. Ich legte mein angebissenes Sandwich auf die Seite und setzte mich so hin, daß ich einen guten Blick auf die Darbietung hatte.

«Nicky, schau mal her.» Sie schüttelte seine nackte Zehe. «Dieser kleine Kerl geht auf den Markt.»

Nicky beugte sich voller Interesse über seine Zehen und begann aufgeregt mit den Händen zu flattern. Wieder schüttelte Mrs. Franklin liebevoll seine Zehe.

«Komm, Nicky, zeig deiner Lehrerin, was du kannst. Tu's deiner Mami zuliebe. Dieser kleine Kerl...»

Ich begann die Szene mit Spannung zu verfolgen. Wir beugten uns alle über Nickys nackten Fuß.

Seine Hände hörten allmählich auf zu flattern, und er griff nach der Zehe. «Dieser kleine Kerl geht auf den Markt», sagte er klar und deutlich. «Dieser kleine Kerl bleibt zu Hause, und dieser kleine Kerl geht in den Wald!» Nicky quietschte vor Vergnügen.

Mrs. Franklin strahlte über das ganze Gesicht. «Genau so hat er es früher auch gesagt.» Sie verstummte. «Bevor er älter wurde. Als er noch ein kleines Baby war. Mach's noch einmal Nicky, für Mami.»

Nicky hob seinen Fuß begeistert in die Luft, griff voller Übermut an seine Zehen und sprach dabei das Verslein, das seine Mutter ihm vorgesagt hatte.

Wir bestaunten seine Leistung wie ein Weltwunder. Mrs. Franklin überschäumte vor Glück. Immer wieder sagte sie: «Genau so hat er es früher gesagt. Das ist das erste Mal, daß er wieder mit uns spricht.»

Ihre Worte rührten mich. Hätte Liebe diesen Jungen heilen können, wäre er längst gesund gewesen. Wir wußten, daß diese lichten Augenblicke noch keine Heilung bedeuteten, aber wir klammerten uns dankbar an jeden Strohhalm.

Nicky hüpfte vom Tisch hinunter und durchs Zimmer. Mrs. Franklin schaute mich erwartungsvoll an und sagte: «Er macht Fortschritte, finden Sie nicht?» Ihre Stimme zitterte vor neu erwachter Hoffnung. «Das ist ein gutes Zeichen, nicht wahr?»

«Jeder kleine Fortschritt zählt», entgegnete ich.

«Vielleicht bringen wir ihn noch soweit, daß er Mama sagt. Wenigstens ein einziges Mal. Glauben Sie nicht auch?»

Ich nickte.

Thomas blühte auf. Bei ihm waren die Fortschritte am sichtbarsten. Er hatte fast alle seine unangenehmen Eigenschaften verloren. Sogar das Fluchen hatte sich auf ein Mindestmaß reduziert. Aber was am allerwichtigsten war: wir bekamen seine Ausbrüche allmählich in den Griff. Sie stellten sich zwar hin und wieder noch ein, aber sie waren nicht mehr so heftig und leichter unter Kontrolle zu halten. Es genügte bereits, ihm zu sagen, er solle sich hinsetzen, bis er sich gefaßt habe. Seit dem unseligen

Geburtstagsfest war er nie wieder gewalttätig geworden.

Die Freundschaft mit Bo trug viel zu seiner Besserung bei. Seine Rolle als Bos Vorleser hatte ungeahnt positive Auswirkungen auf beide Kinder. Thomas nahm seine Aufgabe ungeheuer wichtig. Sie hatte sein Selbstgefühl gestärkt und ließ ihm auch weniger Zeit, sich in Zornesausbrüche hineinzusteigern.

«Ich muß mich zusammennehmen», erklärte er mir eines Nachmittags. «Bo verläßt sich ganz auf mich. Ich kann nicht mehr so wütend werden, weil ich immer auf sie aufpassen muß. Ich bin aber wirklich ein guter Freund, findest du nicht auch?» Da konnte ich ihm voll beistimmen.

Die einzige Schwierigkeit, die wir noch nicht bewältigt hatten, war die Beziehung zu seinem toten Vater. Er wußte wohl, daß sein Vater nicht mehr lebte, und doch sprach er fast täglich von ihm, wie von einem Lebenden. Ich war zum Schluß gekommen, daß Thomas sich diese Phantasien zur Lebensbewältigung zurechtgelegt hatte. Dagegen hatte ich nichts einzuwenden, ich hatte sogar Verständnis dafür. Schwirig wurde es nur, wenn er die Umwelt in sein Phantasiereich miteinbezog. Oft machte er ganz realistische Bemerkungen, und ich wußte nicht, wie ich darauf reagieren sollte. Anfangs ignorierte ich sie einfach und hoffte, daß er sie mit der Zeit lassen würde. Meine Rechnung ging aber nicht auf. Immer wieder sprach er so selbstverständlich von seinem Vater, daß ich im Ernst befürchtete, er könne Wirklichkeit und Wahn nicht mehr auseinanderhalten. Die Kinder, mit denen er im Bus fuhr, begannen ihn auszulachen und sprachen von seinem «Superdad». Das war schlimm; es mußte etwas unternommen werden.

Thomas sorgte selbst für eine Möglichkeit zum Eingreifen. Eines Nachmittags brachte er eine große Gipsfigur, die einen Stierkämpfer darstellte, mit in die Schule. Ich hatte genau solche Figuren schon in den Schaufenstern von Kunstgewerbeläden gesehen. Er hatte sie offensichtlich eigenhändig angemalt. Die Farben waren schreiend und ungenau aufgetragen.

«Schaut mal her», rief er und pflanzte die Statue vor uns auf den Tisch. Nicky und Bo inspizierten das Objekt von allen Seiten. Claudia war noch nicht da. «Es ist ein Stierkämpfer, wie der Großvater meines Vaters. Genau so.»

«Mensch, das ist aber ein riesiges Ding», sagte Bo bewundernd.

«Sieht gut aus, findest du nicht?»

«Klasse!»

Thomas setzte eine wichtige Miene auf. «Ich weiß etwas, was du nicht weißt», wandte er sich an mich.

«Was denn?»

«Mein Vater hat diese Figur für mich gemacht. Mein richtiger Vater.»

Ich schenkte ihm einen ungläubigen Blick, sagte aber nur: «Aha.»

«Klar. Für mich ganz allein hat er die gemacht. Zuerst hat er sie modelliert, dann im Ofen gebrannt, und dann hat er sie angemalt.»

«Toll», meinte Bo. Sie kam aus dem Staunen nicht heraus. «Er hat einfach einen Klumpen Lehm genommen und daraus diesen Stierkämpfer geformt? Das ist ja einsame Spitze.»

«Genau so hat er es gemacht.»

«Dein Vater ist ja ein richtiger Künstler. Wenn nur mein Vater mir auch so etwas machen könnte. Da hast du aber wirklich Glück. Mein Dad kann nicht mal etwas schön anmalen.»

«Mein Vater ist eben ein ganz besonderer Typ. Er macht mir alles, was ich will. Ich sehe ein Spielzeug im Schaufenster, das mir gefällt, und schon macht er's mir. Er hat mir mindestens schon fünfhundert Sachen gemacht.»

«Würde er mir auch etwas machen?» fragte Bo.

Claudias Interesse war jetzt auch geweckt worden. «Was soll das sein?» fragte sie.

«Ein Stierkämpfer», antwortete Bo. «Thomas' Vater hat ihn gemacht.»

Claudia machte keinen Hehl aus ihrer Skepsis.

«Ach, geh doch, Thomas, du lügst. Das Ding hat nicht dein Vater gemacht. Die gibt's überall, sie werden in der Fabrik hergestellt.»

«Natürlich hat er diese Figur gemacht. Er hat sie im Laden gesehen und dann kopiert.»

«Das kannst du mir nicht erzählen. Wahrscheinlich hast du's selbst gemacht. Ein Blinder kann sehen, daß diese Arbeit nicht von einem Erwachsenen stammt. Du weißt ganz genau, daß du lügst.»

Flammende Röte überzog Thomas' Gesicht. «Du glaubst wohl, du hättest die Weisheit mit Löffeln gefressen! Mein Vater hat diesen Stierkämpfer gemacht, ob's dir nun paßt oder nicht.»

«So, genug jetzt, ihr zwei», griff ich beschwichtigend ein. «Macht euch an eure Schulaufgaben. Tom, du stellst die Figur aufs Fenstersims.»

«Sie nennt mich einen Lügner, und du schimpfst nicht mal mit ihr.»

«Wir sprechen darüber, wenn du dich beruhigt und die Figur weggestellt hast.»

«Die ganze Zeit nimmst du sie in Schutz. Ich werde nicht tun, was du sagst.»

«Thomas», sagte ich scharf.

«Halt die Klappe! Alle hacken auf mir rum. Ich red überhaupt nicht mehr mit dir.»

Ich versuchte ihm nochmals gütlich zuzureden. Die andern Kinder gingen auf Distanz. Alle spürten, daß ein Gewitter im Anzug war; Thomas war wie ein Vulkan vor dem Ausbruch. Nur Claudia mochte das Feld noch nicht räumen. Sie schien ein Vergnügen daran zu haben, es mit Thomas auf eine Konfrontation ankommen zu lassen. Erst auf einen Wink meinerseits bequemte sie sich, ihre Arbeit aufzunehmen.

Thomas blitzte mich wütend an, während ich die Figur aufs Sims stellte. Schließlich setzte er sich.

«Gut, jetzt können wir miteinander reden», sagte ich.

«Ich hab aber keine Lust. Du bist immer auf der Seite der andern. Nie auf meiner.»

«Erklär doch mal, wie du die Sache siehst.»

«Das hast du ja gehört, oder bist du taub? Sie hat gesagt, ich bin ein Lügner, sie hat sich lustig gemacht über meine Figur, und du hast nichts dagegen unternommen. Und so was soll eine Lehrerin sein.»

«Claudia hat nur gesagt, dein Vater habe die Figur nicht gemacht.»

«Aber er hat sie gemacht. Er hat sie für mich gemacht, weil er weiß, daß ich spanische Sachen gerne mag.»

Es war schwierig, jetzt die richtigen Worte zu finden.

«Tom?» sagte ich ruhig. Eher beschwichtigend als fragend.

«Manchmal ist das Leben nicht ganz so, wie wir es uns wünschen, nicht wahr?»

Er schüttelte trotzig den Kopf, sagte aber immer noch nichts.

«Wir müssen dann oft kleine Geschichten erfinden, damit es erträglicher wird. Das macht auch nichts, wenn es nicht zu weit geht. Wenn wir aber anfangen, selber an unsere Geschichten zu glauben, und sogar andere zwingen, sie zu glauben, dann ist das nicht mehr richtig. Diese Geschichten sind nur für uns selbst gemeint.»

«Es ist aber *keine* Geschichte», knurrte er.

«Tom.»

«Es ist keine!» wiederholte er starrköpfig.

Ich zog es vor, nichts mehr zu sagen, und so breitete sich eisiges Schweigen zwischen uns aus.

Plötzlich murmelte er: «Ich wünschte so sehr, daß er sie für mich gemacht hätte.» Er sprach so leise, daß ich ihn kaum hören konnte.

«Ich versteh dich gut, Tom.»

Seine Augen waren voller Trauer. «Ich vermisse ihn. Warum mußte er fortgehen?» Er weinte nicht, aber abgrundtiefer

Schmerz schwang in seiner Stimme mit. Ich fuhr ihm zärtlich übers Haar.

Thomas wandte sich zu mir. Er sah durch mich hindurch in die Ferne. «Er ist tot. Du hast das gewußt, nicht? Mein Vater ist tot.»

«Ich weiß.»

«Ich versuchte, nicht hinzuhören. Ich hielt die Ohren zu. Aber sie schrien so laut. Ich und César waren auf dem Sofa.»

«César?»

«Mein Bruder. Wir schliefen beide auf dem Sofa. Sie hielt diese Pistole in der Hand. Ich weiß nicht, woher sie die hatte. César sprang auf, als er das sah. Er weinte. Sie sagte: ‹Leg dich sofort wieder hin, sonst wirst du was erleben.› Mein Vater schrie sie an, er schrie und schrie...»

Thomas starrte immer noch wie gebannt auf einen weit entfernten Punkt.

«Soviel Lärm war da. Ich konnte nichts dagegen machen. César lag wieder neben mir auf dem Sofa und schrie so laut. Meine Ohren taten mir weh... Ich dachte, es sei mein Blut. Ich dachte, ich blute, und rannte... es war so warm... direkt in mein Ohr, und ich konnte es immer noch hören. Das Blut machte soviel Lärm.»

Thomas erwachte wie aus einer Trance. «Wo ist César hingegangen? Wo ist er?» Plötzlich fiel sein Kopf vornüber auf den Tisch, als wäre er zu schwer geworden.

Ich hörte meinen eigenen Atem.

Jede Stille setzt sich aus vielfältigen Geräuschen zusammen. Ich hörte den Wind um die Ecke säuseln, die Vögel im Käfig zwitschern, Claudia mit ihren Buchseiten rascheln und Bo und Nicky im Hintergrund murmeln. Und trotzdem herrschte Stille.

Thomas fragte mich eindringlich: «Warum müssen die Menschen sterben, Torey?»

«Ich weiß es auch nicht, Thomas.»

«Ich wünschte, es gäbe keinen Tod.»

«Das wünsche ich manchmal auch.»

Thomas richtete seinen Blick auf den Stierkämpfer auf dem Sims. «Er ist nicht von meinem Vater. Ich habe ihn selbst gemacht.» Seine Stimme war leise und sanft. «Es war blöd von mir zu behaupten, mein Vater hätte die Figur gemacht. Er hätte sie gar nicht machen können. Er ist ja jetzt in Spanien und sucht ein Haus für mich und für ihn. Wahrscheinlich hat er bereits etwas gefunden und holt mich bald zu sich.»

Eine einsame Träne rollte die Wange hinunter auf seine Hand.

26

Am ersten April tauchte Edna bei mir auf. Ich wußte sofort, daß es kein Freundschaftsbesuch war.

«Zeig mir bitte Bo Sjokheims Lesebücher.»

«Sie sind nicht hier.»

«Würdest du die Güte haben, mir zu sagen, wo sie sich befinden? Woraus liest sie denn bei dir? Ich möchte die Bücher unverzüglich sehen.»

«Ich habe keine Lesebücher.»

Ednas zorniges Gesicht flößte mir Furcht ein. Kalte Schauer rieselten mir den Rücken hinunter. So mußte es wohl Bo zumute gewesen sein. Ich schrumpfte in ihrer Gegenwart zu einem kleinen Zwerg zusammen und mußte meinen ganzen Mut aufbringen, um ihr in die Augen zu schauen.

«Ich darf wohl annehmen, daß du mit ihr den Stoff behandelst, den ich dir gegeben habe», fragte sie mit gespielter Höflichkeit.

«Nein.» Ich schüttelte den Kopf. «Das mach ich nicht.»

«Was fällt dir eigentlich ein? Du weißt ganz genau, daß Bo Sjokheim meine Schülerin ist. Du hast absolut kein Recht, dich einzumischen.»

«Bo ist noch nicht reif, lesen zu lernen, Edna.»

«Und wer sagt das. Etwa du?»

Jetzt war die Stunde der Abrechnung gekommen, die ich schon seit drei Wochen gefürchtet hatte. Mir brach der kalte Schweiß aus, obwohl ich darauf gefaßt gewesen war.

«Ich werde dir mal was sagen, und du hörst mir zu, ob es dir paßt oder nicht. Wir haben hier eine Schule und keinen Babysitter-Dienst für kleine Dummköpfe. Unsere Aufgabe ist es, Schule zu geben und nichts anderes.»

Ich rang krampfhaft um Haltung. Wenn ich nur nicht weinen mußte.

«Wenn die Kinder das Schulpensum nicht schaffen, sollen sie woanders hingehen; das ist meine Meinung. Sie sollen dort hingehen, wo sie hingehören.» Sie war rot im Gesicht und zitterte. «Du quälst diese Kinder, indem du ihnen sagst, sie seien gleich wie die anderen. Sie werden gehätschelt und gepflegt, nur damit sie später wieder ihresgleichen zeugen und immer so fort. Keine Menschenseele hat einen Nutzen davon. Was lehrst du deine Kinder überhaupt? Ich finde es eine Anmaßung, daß du dich eine Lehrerin nennst.» Sie wandte sich zum Gehen. «Ich hab deine weiche Tour ein für allemal satt! Ich warne dich, entweder du nimmst den Stoff mit Bo durch, den ich bestimmt habe, oder es geschieht etwas!»

Die Tür fiel krachend ins Schloß.

Um neun Uhr fünfzehn erschien Dan Marshall und sagte: «Edna ist über eine Stunde bei mir im Büro gewesen, Torey. Und sie hat eine Stinkwut, kann ich dir sagen. Sie hat irgend etwas von einem Lernstoff gefaselt, den du nicht mit Bo behandeln würdest. Sie hat sogar behauptet, du würdest Bo nicht lesen lehren.»

Ich hatte einen richtigen Klumpen im Magen.

«Es liegt mir eigentlich nicht, meine Nase in anderer Leute Angelegenheiten zu stecken, aber ich muß unbedingt wissen, was du hier mit Bo treibst. Edna wird sonst nicht lockerlassen.»

Ich versuchte, ihm so gerade wie möglich in die Augen zu blicken. «Es stimmt, was sie sagt, Dan. Ich lehre Bo nicht lesen.»

Er fiel regelrecht in sich zusammen. «Du kannst sagen, was du willst, nur das nicht, ich bitte dich.»

Peinliches Schweigen.

«Dan?»

Er schaute mich an.

«Ich kann einfach nicht. Bo ist noch nicht soweit, daß sie lesen lernen kann. Oder schreiben. Aber wir lernen andere Sachen miteinander und kommen bestens voran. Sie ist ein kluges Kind mit großen Fähigkeiten. Du mußt mir vertrauen.»

«Es ist nicht eine Frage des Vertrauens, Torey. Wir tragen unseren Schülern gegenüber eine große Verantwortung. Unsere Verpflichtung ist es, den Kindern einen ganz bestimmten Stoff beizubringen. Und deshalb müßte –»

«Aber Bo *kann* den Lehrplan nicht einhalten. Weder ihr noch mir mangelt es an gutem Willen.»

Dan schüttelte verständnislos den Kopf. «Was macht sie denn bei uns an der Schule, wenn du sie nicht für fähig hältst, die regulären Klassen zu besuchen? Das heißt doch ganz einfach, sie gehört nicht hierher. Du mußt dich, um Himmels willen, entscheiden, Torey. Einerseits erzählst du uns ständig, wie normal sie ist, andrerseits willst du uns weismachen, daß sie den Lernstoff nicht bewältigen kann. Entweder sie ist eine normale Schülerin und bewältigt das normale Pensum, oder sie muß in eine Sonderschule. Du kannst einfach nicht auf zwei Hochzeiten tanzen.»

«Überleg dir doch, was du sagst. Was denn für eine Sonderklasse? Denkst du etwa im Ernst an Betsy Kerrys Klasse? Du weißt so gut wie ich, daß nicht einmal die Summe der IQs all ihrer Schüler an Bos IQ heranreicht. Du bist bald so schlimm wie Edna.»

Wir stritten weiter wie zwei Kampfhähne. Wir waren uns im Grunde genommen nicht gram, und wahrscheinlich lagen unsere Ansichten gar nicht so weit auseinander. Trotzdem erzielten wir keine Einigung.

Mich widerte die Situation an. Wie ich da im Flur stand und Wortgefechte führte, statt im Klassenzimmer meine Kinder zu betreuen. Ich haßte meine Stimme, wenn ich mich ereiferte, und die Gefühle, die diese Wortkaskaden in mir auslösten. Aber was hätte ich anderes tun sollen, als stur meinen Standpunkt zu vertreten.

Schließlich verlor ich die Nerven. Statt ruhig und sachlich alle stichhaltigen Argumente aufzuzählen, statt ihm klarzumachen, was Bo außer Lesen alles konnte, wurde ich immer erregter und flüchtete mich in Sarkasmen. Dan seinerseits rächte sich mit einer autoritären Haltung.

«Wir werden eine Entscheidung treffen müssen. Und wenn ich dafür Birk Jones herbeischaffen muß. Ich kann die Sache nicht länger anstehen lassen.»

«Mach das nur. Das paßt mir ausgezeichnet.»

«Also gut.» Wir standen uns noch eine Weile schweigend gegenüber und wünschten im stillen verzweifelt, der andere möchte doch nachgeben. Doch wir trennten uns wie zwei störrische Esel.

Ich sah ihm nach, wie er den Flur hinunterschritt. Ich hatte immer noch einen Klumpen im Magen, und aus meinem Klassenzimmer drang wildes Geschrei. Trotz meiner Erregung war mir bewußt, daß wir die Angelegenheit maßlos aufgebauscht hatten und sie uns zu entgleiten drohte.

Was für ein entsetzlicher Tag. Ich hatte schon viel Schwieriges in der Schule erlebt, aber so schlimm war es noch nie gewesen.

Die eigentliche Ursache unserer Meinungsverschiedenheiten über Bos Ausbildung waren die Mängel des neuen Schulgesetzes. Ich hatte mich mit diesem Gesetz nie anfreunden können, obwohl es wunderbar idealistisch klang. Für viele Kinder war es zwar ein Segen, besonders für solche mit einem körperlichen

Gebrechen. Niemand hätte einen Nutzen davon gehabt, diese Kinder gesondert zu schulen. Da war das neue Gesetz, das keine Absonderung mehr zuließ, durchaus sinnvoll. Für die geistig und seelisch behinderten Kinder jedoch brachte es keine Erleichterung, sondern neue Schwierigkeiten. Das Selbstbewußtsein eines Kindes, das trotz größter Anstrengungen immer der schwächste Schüler seiner Klasse bleibt, wird unweigerlich gebrochen. Die Konsequenzen für später sind katastrophal. Wie konnten schwierige Schüler wie die meinen in einer regulären Klasse richtig betreut werden? Für diese Kinder mußte das Gesetz ein langsames Absterben bedeuten.

Das war der Grund, weshalb Bos Fall mir soviel Schwierigkeiten bereitete. Hätte es in unserem Schulkreis eine ganztägige Sonderschule gegeben, wäre ich die erste gewesen, Bo dort unterzubringen. Als ich vorgeschlagen hatte, sie den ganzen Tag bei mir unterzubringen, hatte mir eine Ersatz-Sonderschulung vorgeschwebt, mangels anderer Möglichkeiten. Der Haken war nur, daß mir das neue Schulgesetz die Kompetenz entzogen hatte. Die Paragraphen erfaßten eine Klasse wie die meine nicht – wir existierten laut Gesetz überhaupt nicht!

Nach der Schule saß ich im Lehrerzimmer und versuchte, meine Erregung mit einer kühlen Cola zu dämpfen, als Billie mit einem Arm voller Bücher hereinstürmte und die ganze Last neben mir aufs Sofa knallte. Sie schaute mich forschend an. «Was ist dir denn heute über die Leber gekrochen? Du setzt vielleicht eine Leichenbittermiene auf!»

Ich schüttete ihr mein Herz aus.

Billie streichelte zärtlich meine Hand, während ich sprach. Ich konnte die Tränen nicht mehr zurückhalten.

«Wenn es nur wieder heute früh wäre und ich alles rückgängig machen könnte. Wenn ich nur diesen Druck von mir wegkriegen würde. Billie, ich bin für solche Konflikte nicht gemacht. Ich halt das nicht aus.»

Billie tröstete mich: «Niemand ist für so was gemacht, meine Liebe. Für seine Meinung gradezustehen, ist nicht einfach, das kostet jeden etwas.»

«Vielleicht würden die Leute mehr wagen, wenn man ein angenehmeres Gefühl dabei hätte. Mir wird richtig schlecht davon.»

Sie lachte laut auf. «Da kenne ich ein gutes Mittel. Um die Ecke wartet ein saftiger Hamburger auf dich. Komm, wir gehen!»

«Billie, nimm mir's nicht übel, aber ich –»

«Ach, komm doch», sagte sie und gab mir einen freundschaftlichen Puff, «mach doch nicht so ein Gesicht. Mein Vater pflegte in solchen Situationen zu sagen, entweder überlebst du das Drama oder nicht. Wenn du's überlebst, wirst du glücklich sein. Wenn du stirbst, kommst du in den Himmel oder in die Hölle. Im Himmel bist du glücklich, und sonst wirst du dich in guter Gesellschaft befinden.»

Darauf hatte ich keine Antwort.

Die Kinder sorgten dafür, daß ich nicht zuviel Zeit zum Grübeln hatte. Sie rückten die Angelegenheit unwillkürlich in die richtigen Proportionen.

Am nächsten Abend half mir Claudia, die Überreste eines wissenschaftlichen Versuchs zusammenzuräumen. Wir spülten Reagenzgläser und Röhrchen im Ausguß.

«Erinnerst du dich noch an unser letztes Gespräch?» fragte sie. «Als du mir das vom Geschlechtsverkehr erklärtest?»

«Ja, ich erinnere mich gut.»

«Ich hab mir einiges durch den Kopf gehen lassen. Muß man verliebt sein in einen Jungen, um den Geschlechtsverkehr schön zu finden?»

«Ich glaube schon, daß das hilft.»

«Ich bin wahrscheinlich nicht verliebt gewesen in Randy. Nicht richtig. Ich weiß nicht. Was ist Liebe?»

Ich versuchte, mir mit der nassen Hand eine Haarsträhne aus

dem Gesicht zu wischen. «Das ist eine ganz schwierige Frage, auf die es viele Antworten gibt.»

Sie schüttelte den Kopf. «Sex und Liebe, das ist alles so kompliziert. Und niemand kann es mir erklären. Meine Mutter spricht die ganze Zeit nur von Engeln und Glockengeläute. Bei ihr klingt alles nach Hochzeit.»

Ich lächelte und schrubbte weiter.

«Torey?»

«Ja, was ist?»

«Wie alt warst du, als du das erste Mal mit einem Jungen schliefst?»

Der private Charakter der Frage ließ mich zuerst ein bißchen zögern. «Ich war neunzehn Jahre alt.»

«Fandest du es schön?»

Ich nickte.

«Warst du verliebt?»

Alte Erinnerungen stiegen in mir auf. Die Zeit der Studentenunruhen. College. Es war lange her. «Ja, ich war verliebt.»

«Wo hast du ihn kennengelernt? Seid ihr zusammen in die Schule gegangen?»

«Früher, ja. Ich dachte, er sei der tollste Junge auf der ganzen Welt. Ich liebte ihn sehr.»

Claudias Augen bekamen einen träumerischen Ausdruck. «Wo ist er denn jetzt?»

«Damals war Krieg. In Vietnam. Er war Helikopterpilot.» Ich mußte tief Atem holen. «Er kam nie mehr zurück.»

Traurigkeit erfüllte den Raum. Wir schwiegen eine Weile. Claudia schaute mich gebannt an, mit großen romantischen Augen. Ihr Gesicht war jetzt beinahe schön.

«Wie hieß er, Torey?»

«Rolf. Rudolf eigentlich. Aber wir nannten ihn Rolf.»

«Erzähl mir doch bitte, wie es war. Bitte.»

Und das tat ich auch.

Wir hatten die Gefäße schon längst gespült und eingeräumt.

Aber immer noch waren wir in das Gespräch vertieft. Claudia legte auf einmal die Hände auf den Bauch. «Es bewegt sich. Ich spür's. Leg mal deine Hand auf diese Stelle.»

Auch ich spürte sofort die Bewegungen des Kindes im Mutterleib.

Claudia fragte mich dabei eindringlich: «Glaubst du, daß ich auch einmal so werde wie du?»

«Wie meinst du das?»

«Glaubst du, daß ich je glücklich sein werde?»

27

Als letzte Instanz wurde schließlich Birk Jones eingeschaltet. Edna und ich waren auf keinen grünen Zweig gekommen, und Dan weigerte sich, überhaupt noch auf dieses Thema einzugehen. Der Tag, an dem Recht gesprochen wurde, war auf den nächsten Dienstag festgelegt worden.

Die sechs Tage bis zu diesem Datum waren eine reine Tortur für mich. Nicht nur mußte ich Dan und Edna dauernd aus dem Weg gehen, sondern ich zermarterte mein Hirn mit immer denselben Gedanken.

Die Sache war ungeheuer komplex geworden. Ich fragte mich immer wieder, ob mein Standpunkt vertretbar war. Trübte vielleicht blinder Idealismus mein Bild? Rannte ich gegen Windmühlen an? Oder war ich ethisch verpflichtet, so zu handeln? Wie schwer war es, das alles auseinanderzuhalten.

Ich nahm Ermüdungserscheinungen an mir wahr. Es drängte mich deshalb, die Angelegenheit entweder fallenzulassen oder voll in Angriff zu nehmen. Ich verfiel sogar auf den Gedanken, Bo einem anderen Lehrer zu übergeben. Sollte der doch fertigbringen, was Edna und mir nicht gelungen war. Ich wußte im

Innersten natürlich, daß dies keine Lösung war, aber ich war so müde geworden, daß mir allmählich alles gleichgültig wurde.

Schließlich kam ich auf den schlimmsten Gedanken, den ich überhaupt haben konnte. Ich fragte mich in diesen schrecklichen Tagen, ob Bo die Mühe wirklich wert sei. Öfter ertappte ich mich dabei, wie ich Bo ansah und dachte: Bedeutet sie mir eigentlich soviel? Ist sie nicht ein Kind wie alle andern auch? Niemand würde mir Vorwürfe machen, wenn ich sie abschob. Bo war liebenswürdig und munter wie immer und ahnte nicht, was für Entscheidungen bevorstanden.

Ich haßte mich für diese Gedanken. Aber sie waren nun einmal da, und das einzige, was ich dagegen tun konnte, war, an die Zukunft zu denken. Nicht an Bos Zukunft, sondern an meine eigene. Und die sah düster genug aus.

Joc war bereits einen ganzen Monat fort. Es schien mir eine Ironie des Schicksals, daß auch die Beziehung zu ihm wegen dieses kleinen Mädchens auseinandergegangen war. Wenn ich nur auf einer Waage hätte ablesen können, ob der Preis, den ich in diesem Konflikt zahlte, nicht zu hoch war.

Endlich war der Tag der gefürchteten Aussprache gekommen. Sie war auf ein Uhr dreißig angesetzt. Eine Kollegin betreute meine Klasse. Wir trafen uns alle vier in Dans Büro. Wie Birk so schön zu sagen pflegte: eine Familienzusammenkunft. Dem Ton, den er anschlug, konnte ich entnehmen, daß er vorhatte, den Streitfall hier und jetzt aus der Welt zu schaffen.

Es war eine ruhige Begegnung. Birk befragte zuerst Edna. Wie sah sie die Angelegenheit? Wo wich ihre Meinung von der meinen ab? Wo, glaubte sie, waren Bos größte Probleme? Wie war sie darauf eingegangen? Was störte sie an meiner Methode?

Ich beobachtete Edna, als sie die Fragen beantwortete. Sie sprach ruhig und beherrscht. Ich hatte das Gefühl, eine andere Person sitze da vor mir. Wo waren nur die unsympathischen Züge geblieben, die ich zuvor an ihr wahrgenommen hatte? Zum ersten Mal sah ich die Falten um ihre Augen und auf ihrer Stirn. Wie waren sie dorthingekommen? Was hatte sie wohl für ein Leben gelebt? Sie sah aus wie die Großmutter von nebenan. Groß, vollbusig und grauhaarig. Ihre Worte klangen lieb und vertrauenerweckend. Wie schwierig war es doch, das wahre Gesicht eines Menschen zu erkennen!

Danach richtete Birk dieselben Fragen an mich. Er hörte mir aufmerksam zu, den Kopf in die Hände gestützt, und sog an seiner kalten Pfeife.

Schließlich war die Reihe an Dan. Wie hatte er die Sache bis jetzt angegangen? Was schrieb das neue Schulgesetz in solchen Fällen vor? Wie wurden solche Vorkommnisse in der Praxis gehandhabt?

Dann verlangte er Bos Akten und las Blatt für Blatt genau durch. Grabesstille. Edna veränderte ihre Stellung auf dem Stuhl, und ich nahm das schmatzende Geräusch wahr, als sie ihre schweißnasse Haut vom Kunstlederpolster abhob. Ich starrte gedankenverloren aus dem Fenster.

Geräuschvoll klappte Birk den Ordner zu, wandte sich mir zu und fragte: «Könnten wir uns noch schnell unter vier Augen sprechen?»

Ich hatte ein mulmiges Gefühl in der Magengegend, als müßte ich vor dem Jüngsten Gericht erscheinen.

Dan und Edna begaben sich auf den Flur. Wenn sie nur hier bleiben würden. Ich wollte um keinen Preis mit Birk allein sein. Aber die Tür ging zu, und ich begann mich in das Unvermeidliche zu schicken.

Birk lächelte mir väterlich zu. «Was ist eigentlich los hier bei euch?» Immer noch der freundliche Blick.

Verblüfft entgegnete ich: «Aber wir haben dir doch alles erzählt.»

«Warum habt ihr die Sache soweit kommen lassen? Weshalb konntest du dich nicht mit Edna darüber einigen? Ich versteh nicht, weshalb es nötig war, mich einzuschalten.»

«Ich weiß es selbst nicht so genau.»

«Dan wollte mir weismachen, du wünschtest gar keine Lösung.»

«Ich? Natürlich will ich eine.» Pause. Meine Nerven waren zum Zerreißen gespannt. Ich würde meine Fassung nicht mehr lange bewahren können. Wenn ich doch verurteilt werden sollte, dann bitte so schnell wie möglich.

«Wo liegt denn das Problem?»

Meine Widerstandskraft war zusammengebrochen. Ich mußte meinen ganzen Willen aufbringen, um nicht in Tränen auszubrechen. «Ich kann es einfach nicht tun.»

«Was kannst du nicht tun?»

«Bo aufgeben!» rief ich verzweifelt.

Birk nickte und klopfte seine Pfeife auf dem Tisch aus. Ich versuchte, mich in die Nase zu zwicken, damit ich nicht weinen mußte.

«Was möchtest du denn tun?»

«Ich möchte Bo behalten, sonst nichts. Ich möchte mit ihr einen veränderten Lehrplan durchführen. Ich möchte einfach weiterversuchen.» Als er nicht gleich antwortete, fühlte ich mich gedrängt, fortzufahren. «Birk, wir bringen dieses Kind um, glaub mir. Und ihr verlangt noch von mir, daß ich die Rolle des Henkers spiele. Ich kann einfach nicht. Mir ist alles egal, aber ich werde nicht zulassen, daß man dieses Kind zugrunde richtet. Nie und nimmer.»

Klopf, klopf, klopf hörte ich die Pfeife auf der Tischplatte.

Ich richtete mich gerade auf: «Laß mir noch ein bißchen Zeit, Birk. Du kennst mich doch. Ich bin kein Spring-ins-Feld, der Kopf und Kragen riskiert. Du kannst sicher sein, ich setze alles daran, daß sie wieder eine normale Klasse besuchen kann. Auch, daß sie lesen lernt. Aber nicht gerade jetzt. Vielleicht schon im nächsten Monat, vielleicht auch erst im Herbst. Aber jetzt auf keinen Fall. Sie kann es im Augenblick einfach nicht, und ich kann sie nicht dazu zwingen.»

Birk antwortete immer noch nichts. Seine ganze Aufmerksamkeit war auf seine Pfeife gerichtet. Wie bei einem feierlichen Ritual klaubte er sorgfältig Tabak, Pfeifenstopfer und Streichhölzer aus der Tasche und breitete alles umständlich vor sich aus. Sein Schweigen verwirrte und ängstigte mich.

«Bitte, vertrau mir», versuchte ich es noch einmal.

«Sag mal ehrlich, glaubst du, daß das Kind eine Chance hat, lesen zu lernen?»

War das eine Fangfrage? Ich war auf der Hut.

«Keine gute, hab ich den Eindruck», antwortete ich.

«Dieser Meinung bin ich auch. Bei einer solchen Verletzung sind die Prognosen nicht gut. Besonders, da es noch immer keine Anzeichen gibt, daß der Schaden sich auswächst.» Birk fummelte ununterbrochen an seiner Pfeife herum. Jetzt schaute er mich an. «Warum denn all diese Aufregung? Mir scheint, du hast einen vernünftigen Weg gewählt.»

Ich war wie vom Blitz getroffen. Ich muß ihn mit offenem Mund angestarrt haben.

Die Erleichterung nach der vorangehenden Spannung kam so plötzlich und unvermutet, daß mir nun wirklich die Tränen kamen. Ich fühlte mich kraftlos wie ein Ballon, aus dem die Luft entwichen war. Die Belastung war so groß gewesen, daß ich den guten Ausgang nicht gleich so verdauen konnte.

«Dein Vertrauen in unser Schulsystem scheint mir nicht allzu groß zu sein, hab ich recht?» fragte er.

«Das stimmt.»

«Vergiß nie, daß viele von uns sich ehrlich bemühen, du bist nicht allein. Du mußt nur die richtigen Leute finden und etwas mehr Vertrauen haben, Torey.»

«Ich setze mein ganzes Vertrauen in meine Kinder.»

«Das glaub ich dir.»

Ich brauchte noch einen Augenblick, bis ich mich gefaßt hatte. Zum Schluß dankte ich ihm und entschuldigte mich für die Mühe, die ich ihm bereitet hatte.

«Ich muß dich noch um etwas bitten, Torey. Ich möchte, daß dieses Gespräch unter uns bleibt. Edna werde ich alles erklären. Laß die Sache ruhen und geh einfach wieder deiner Arbeit nach.»

Ich nickte.

Die Kinder arbeiteten fleißig, als ich wieder ins Klassenzimmer zurückkehrte. Claudia las in einem Buch, und Thomas saß über eine Rechenaufgabe gebeugt. Nicky und Bo knieten am Boden und bemalten zusammen ein riesiges Zeichenpapier, das sie vor sich ausgebreitet hatten. Ich nahm ein Kissen aus der Leseecke und machte es mir in ihrer Nähe bequem.

«Willst du uns helfen?» fragte Bo. «Wir malen einen Blumengarten. Komm, mach doch mit.»

«Ich möchte lieber zusehen.»

Die Sonne schien ins Zimmer, und Hunderte von Staubflöckchen tanzten in der Luft. Während ich Nicky und Bo beobachtete, fiel mir das Bild mit dem Paradiesvogel wieder ein, das Bo mir im Januar geschenkt hatte. Ich lächelte still vor mich hin.

«Wo warst du vorhin?»

«Ach, ich mußte nur schnell was erledigen.»

«Thomas hat gesagt, daß du nicht wiederkommst.»

«Ich komme immer wieder zu euch, Bo.»

Sie beugte sich lächelnd über das Papier. «Ich weiß, daß du nicht fortgehst.»

«Bo, wie geht es Libby?»

«Gut.»

«Als du fort warst, hat sie mich jeden Abend besucht.»

«Sie hat mir's gesagt. Einmal hat sie deshalb sogar ihre Ballettstunde versäumt. Daddy hat es herausgefunden und Libby bestraft. Das hat ihr aber nicht viel ausgemacht. Ich glaube, Libby wäre am liebsten selbst in unsere Klasse gekommen.»

«Ich hab Libby gern.»

Bo nickte. «Libby ist aber nicht so wie ich. Sie ist klug und kann alles.»

«Und du etwa nicht?»

Sie schenkte mir ein schelmisches Lächeln. «Ich kann *fast* alles.»

«Das dachte ich mir doch.» Ich betrachtete eingehend das Gemälde am Boden. «Würden nicht Paradiesvögel in diesen Garten passen?»

Nach reiflicher Überlegung sagte Bo: «Ich weiß nicht so recht. Nicky, was meinst du, gehören Vögel auf unser Bild?»

Nicky grinste verständnislos.

«Darf ich ein paar Vögel auf euer Bild malen?» fragte ich.

«Klar. Da über den Blumen ist noch Platz.»

Ich nickte zufrieden. «Ich habe große Lust, Paradiesvögel zu malen.»

28

Der April kam mit seinen milden Frühlingstagen. Die Osterferien gingen vorüber. Der Flieder blühte. Die Natur war in voller Entfaltung. Als ich an einem Samstagnachmittag zu Hause an meinem Schreibtisch saß und auf den Kalender schaute, wurde mir plötzlich bewußt, daß das Schuljahr bereits in sechs Wochen zu Ende ging.

Nicky machte langsame, aber sprunghafte Fortschritte. Es kam immer öfter vor, daß er mit uns sprach, richtig sprach. Ich hatte im Laufe der Zeit ein paar Tricks herausgefunden, um seinen Realitätssinn zu wecken und ihn zu einer Kommunikation zu überlisten. Bei den Kinderverslein zum Beispiel konnten wir auf Nummer sicher gehen. Man brauchte ihn nur an den Zehen zu schütteln, und schon kam ein zusammenhängender Vers. Das begeisterte unser Grüppchen ungemein, obwohl die Methode ihre Nachteile hatte, wenn man bedenkt, daß jedesmal die

Schuhe ausgezogen und die Zehen gekitzelt werden mußten!

Auch auf anderen Gebieten machte Nicky sichtbare Fortschritte. Mit Claudias Hilfe war es gelungen, ihm die selbständige Benützung der Toilette beizubringen. Wenigstens beinahe. Seine Konzentrationsfähigkeit hatte stark zugenommen. Als er frisch in unsere Klasse gekommen war, hatte er sich kaum mehr als ein, zwei Minuten auf eine Sache einstellen können. Wenn ihn hingegen jetzt etwas interessierte, gelang es ihm, bis zu einer halben Stunde dabei zu verweilen. Zum größten Teil war das Bos Verdienst. Seit sie nicht mehr lesen mußte, hatte sie Nicky mit unendlicher Geduld in verschiedene Aktivitäten eingeführt. Sie hatte nicht lockergelassen, bis er die einzelnen Tätigkeiten ganz sicher beherrschte. Sie machten alles zusammen: malen, Montessori-Aufgaben lösen, kochen, die Tierkäfige putzen, Puzzlespiele zusammensetzen, Bücher einreihen und überhaupt das Zimmer in Ordnung halten. Nicky hatte durch ständige Übung gelernt, einige dieser Aufgaben selbständig oder mit nur geringer Hilfe auszuführen.

Viel wichtiger aber war, daß seine Fortschritte in der Schule auch zu Hause ihren Niederschlag gefunden hatten. Mrs. Franklin berichtete, Nicky sei jetzt fähig, seine Kleider auf Geheiß aufzulesen, und er könne sich sogar manchmal an Familienunternehmungen beteiligen. Er sagte zwar immer noch nicht Mama, aber Mrs. Franklin war überglücklich, daß er mit den anderen Kindern Ostereier gesucht und geholfen hatte, Salat für das Osterabendessen zuzubereiten. Bestimmt keine Heldentaten für einen fast achtjährigen Jungen, aber für Nicky grenzte es an ein Wunder.

Auch Thomas zeigte sich von der besten Seite. Seit vier Wochen war er kein einziges Mal explodiert. Ein Rekord! Er hatte das Fluchen sozusagen eingestellt. In den Schulfächern hatte er große Fortschritte erzielt. Obwohl er im Lesen noch nicht ganz soweit wie seine Altersgenossen war, hatte er doch tüchtig aufgeholt.

Mit der Mathematik tat er sich schwerer. Er zeigte eindeutig eine mathematische Lernschwäche. Er konnte noch so lange über einer Rechnung brüten, er verstand sie einfach nicht. Die in einen Text eingekleideten Rechnungen machten ihm am meisten zu schaffen. Stand da zum Beispiel, Janet habe zehn Äpfel und möchte ihren fünf Freundinnen gleich viele geben, war Thomas aufgeschmissen. Wenn ich ihn hingegen fragte, was zehn geteilt durch fünf ergebe, wußte er die richtige Antwort sofort.

Trotz dieser Schwierigkeiten war Thomas ein eifriger Schüler, besonders in allen naturwissenschaftlichen Fächern. Fast jeden Tag brachte er irgend etwas mit, das er uns zeigen wollte, oder er erzählte Geschichten von Vulkanen, Dinosauriern und Freiluftballonen. Sein Herz hing im besonderen an einigen alten geographischen Zeitschriften, die ich in der hintersten Ecke des Zimmers verstaut hatte. Über die Gräber in China, die Füchse auf der Insel Gull und den Nordpol wußte er besser Bescheid als ich.

Der Schatten von Thomas' Vater war immer noch wahrnehmbar, wenn auch nicht mehr so deutlich wie zuvor. Ich hatte den Vorschlag gemacht, den Jungen in eine Therapie zu schicken, was mit der Begründung abgelehnt wurde, er habe bei mir so große Fortschritte gemacht, daß sich eine weitere Betreuung erübrige.

Claudia war nach wie vor eine hervorragende Schülerin: gründlich, ordentlich und konzentriert. Wir hatten den für die sechste Klasse vorgeschriebenen Stoff schon längst durchgearbeitet, und ich benutzte die verbleibende Zeit, um ihre Allgemeinbildung zu fördern und sie ihren Neigungen nachgehen zu lassen. Das war es also nicht, was mich an Claudia beunruhigte, sondern daß sie keinerlei therapeutische Hilfe gefunden hatte. Ich mußte ohnmächtig zusehen, wie die Zeit verrann, in der Gewißheit, auf einem Pulverfaß zu sitzen.

Und Bo. Sie war jetzt den ganzen Tag über bei mir und hatte in mancher Hinsicht Fortschritte gemacht, obwohl sie durch ihre Hirnverletzung immer noch stark behindert war. In Mathematik gelang es ihr sogar, ihre Altersgenossen zu überflügeln, wenn die Aufgaben mündlich gelöst werden konnten. Das Erlernen von Lesen und Schreiben war und blieb eine unüberwindbare Hürde.

Bo teilte Thomas' Begeisterung für naturwissenschaftliche Experimente. Seit wir das Lesen auf Eis gelegt hatten, beschäftigte sie sich immer mehr mit dieser Materie. Als Grundlage diente uns ein Buch, das eigentlich für größere Kinder mit Leseschwierigkeiten konzipiert war. Alle Versuche waren mit genauen Illustrationen versehen, so daß Bo nach wenigen Erklärungen meinerseits selbständig arbeiten konnte. Sie war so begeistert, daß sie später unbedingt Wissenschaftlerin werden und in einem Laboratorium mit Tieren und Chemikalien experimentieren wollte. Ich ließ ihr diesen Glauben. In ihrer Freizeit saßen Bo und Thomas vor den geographischen Zeitschriften, Thomas las ihr den Text Wort für Wort vor, so daß sie Gräber, Füchse und Eisberge bald in- und auswendig kannte.

Mit den praktischen Verrichtungen jedoch kamen wir nur im Schneckentempo vorwärts. Sie konnte die Uhrzeit jetzt auf die Viertelstunde genau ablesen, aber exakter ging's einfach nicht. Die Schnürsenkel konnte sie immer noch nicht binden, was uns beiden sehr zu schaffen machte. Ich wußte nicht, ob diese Schwierigkeit auf eine feinmotorische Schwäche zurückzuführen war oder auf die Unfähigkeit, die Gestalt einer Masche zu erkennen. Wir übten unermüdlich an allen möglichen und unmöglichen Objekten: an Schuhen, Montessori-Tafeln und an eigens von mir zu diesem Zweck gebastelten Modellen. Als sie endlich eine lose Masche aus Stoffstreifen fertiggebracht hatte, schlang sie sich das windschiefe Gebilde triumphierend um die Taille und lief den ganzen Tag damit herum.

Ich erfand laufend «Basis-Leseübungen» für Bo, in der Hoffnung, dies würde ihr später den Wiedereinstieg ins Leseprogramm erleichtern. Sie lernte zum Beispiel die Namen der anderen Kinder nicht, indem sie sie entzifferte, sondern indem sie die Buchstaben zählte und darauf achtete, aus wieviel hohen und niedrigen Buchstaben das Wort zusammengesetzt war. Wir klapperten die ganze Nachbarschaft nach Straßenschildern und Wegweisern ab und versuchten mit allerlei Tricks herauszubekommen, was auf ihnen stehen mochte. Bo war Feuer und Flamme. Würde sie es auch kaum je zu einer Wissenschaftlerin bringen, ein ausgezeichneter Detektiv würde sie allemal.

Das Schuljahr näherte sich dem Ende. Ich starrte auf den Kalender und wünschte mir nichts sehnlicher als mehr Zeit. Noch ein Jahr, ein Vierteljährchen, einen Monat wenigstens... Alle Jahre wieder überkam mich der unbezähmbare Drang, die Zeit aufzuhalten, das unerbittlich vorwärtsrollende Rad zurückzudrehen.

Claudia fehlte schon seit fünf Tagen in der Schule. Kinder aus Sonderklassen pflegen den Unterricht erfahrungsgemäß überaus regelmäßig zu besuchen. Claudias Abwesenheit gab mir deshalb zu denken.

Am zweiten Tag ihrer Abwesenheit rief ich bei ihr zu Hause an. Niemand meldete sich. Ich beauftragte daher die Schulsekretärin, es während der nächsten Tage immer wieder zu versuchen, aber die Familie schien verreist zu sein. Es kam mir schon deshalb merkwürdig vor, daß sie mich nicht benachrichtigt hatten, aber ich maß der Angelegenheit keine allzugroße Bedeutung bei.

Nach einer Woche erschien Claudia wieder. Sie sah mitgenommen aus; kreideweiß, fast gespenstisch durchsichtig, mit dunklen Augenringen.

«Wir haben dich vermißt», begrüßte ich sie.

Sie gesellte sich zu mir. Ich war gerade mit den Vögeln beschäftigt. Das Weibchen hatte Eier gelegt, die nicht befruchtet worden waren, und ich versuchte, sie aus dem Käfig zu angeln, bevor sie verdarben. Claudia beobachtete mich eine Weile und streckte dann die Hand aus, um die Eier in Empfang zu nehmen.

«Soll ich dir etwas sagen?»

«Was denn?»

«Ich gehe jetzt zum Psychiater.»

Ich schaute sie an. Etwas in ihrer Stimme ließ mich aufhorchen. Freude, Hoffnung, Erleichterung? Ich war nicht sicher.

«Er heißt Dr. Friedman. Er ist wirklich nett.»

«Das ist ja prima.»

Sie schwieg erwartungsvoll. Wieder spürte ich ihr heftiges Verlangen nach Kommunikation, das mir schon bei unserer ersten Begegnung aufgefallen war. Obwohl sie nicht direkt lächelte, wirkte sie glücklich. «Ich bin froh darüber», sagte sie, «so froh.»

Am Nachmittag arbeitete Claudia wieder im gewöhnlichen Trott. Sie hatte sich schnell zurechtgefunden, aber ihr Aussehen ließ mir keine Ruhe. Sie sah krank aus und schien übermüdet. Ich überraschte sie dabei, wie sie über dem Geographiebuch einnickte.

Ich fand erst später Zeit, mich mit ihr zu unterhalten. «Fühlst du dich nicht gut, Claudia?» fragte ich und setzte mich zu ihr.

«Doch, doch», sagte sie schnell.

«Vielleicht bist du zu früh wieder in die Schule gekommen. Du solltest dich mehr schonen.»

«Ich war nicht krank.» Sie unterbrach ihre Arbeit und schaute zu mir auf. «Ich war im Spital, weil ich mir das Leben nehmen wollte.»

Von Gefühlen überwältigt, stand ich auf und ging zum Fenster.

«Ich hielt es einfach nicht länger aus», sagte Claudia tonlos.

Der Regen trommelte auf das Dach. Kalte Frühlingsnässe.

«Sie brachten mich ins Spital. Und jetzt gehe ich zu Dr. Friedman. Er hat mich im Spital betreut. Ich mag ihn gern. Aber er hat mir Pillen gegeben, die mich so müde machen, daß ich am liebsten schlafen würde. Wenn ich mich daran gewöhnt habe, wird es besser, sagte er. Ich möchte einfach schlafen.»

Ich wandte mich von ihr ab und schaute dem Regen zu.

«Ich gehe jetzt jede Woche zum Psychiater. Mutter fährt mich hin. Letzte Woche durfte ich mir sogar ein Geschenk aussuchen. Vielleicht spricht sie selbst einmal mit Dr. Friedman, hat sie gesagt. Sie hat mir auch versprochen, daß wir einmal miteinander zum Esssen ausgehen. Siehst du, so schlimm ist es gar nicht.»

«Ich bin froh, daß es dir besser geht, Claudia.»

Stille. Ich warf einen Blick auf die anderen Kinder. Sie malten alle drei friedlich an einer Zeichnung. Sie nahmen keine Notiz von uns.

«Weißt du, wie ich es gemacht habe?»

Ich schüttelte den Kopf.

«Ich stülpte mir eine Plastiktüte über den Kopf und schnürte sie fest zu. Vorher hatte ich meine Tür verriegelt, damit mich niemand finden würde. Aber es hat mich doch jemand gefunden.»

29

Der Mai ist der Monat der besonderen Anlässe. Muttertag, 1. Mai, Schuljahresende. Die fünfte Klasse führte ein Theaterstück auf. Die ganze Schule nahm an einer «Talentshow» teil. Kindergarten- und Erstklaßschüler gaben Lieder und Gedichte für die Mütter zum besten. Dutzende von kleinen, mit Papierblumen geschmückten Köpfen hüpften während Wochen vor unserer Glastür auf und ab.

Nur wir beteiligten uns nicht. Mit meinen früheren Klassen hatte ich immer eine Theateraufführung für die Eltern auf die Beine gestellt. Wie sollte ich aber mit meinen vier Schülern ein Stück inszenieren, wenn zwei nicht lesen konnten, einer sich zu sprechen weigerte und eine im achten Monat schwanger war!

Drei der Kinder waren zufrieden, daß wir nichts vorhatten.

Nur Bo war untröstlich. Wäre sie in Ednas Klasse geblieben, könnte sie jetzt eine Waldblume sein, Papiertulpen ins Haar stecken und singen «Der Mai ist gekommen, die Bäume schlagen aus». Libby hatte ihr den Text beigebracht, und gnadenlos waren wir von nun an Bos eher erbärmlichem Gesang ausgeliefert. Schlimmer noch, sie brachte auch Libbys Papiertulpen mit. Nachdem sie einfach nicht lockerlassen wollte, verlor ich allmählich die Geduld und herrschte sie an: «Geh doch zu Edna zurück, wenn du unbedingt so eine dämliche Blume sein willst, aber laß mich damit in Frieden.» Sie brach in Tränen aus und schmollte. Ich bereute meinen harschen Ton und entschuldigte mich.

Das Thema war damit noch nicht erledigt. Eines Nachmittags brachte ich meine Gitarre mit.

«Jetzt weiß ich, was wir tun könnten!» schrie Bo aufgeregt. «Ich hab eine Idee. Wir spielen in der Talentshow mit. Wir vier. Und du spielst Gitarre dazu.»

Ich zuckte zusammen. Der bloße Gedanke, auftreten zu müssen, verursachte mir Lampenfieber.

«Ich finde das doof», sagte Thomas, «was sollen wir denn in dieser Show machen?»

«Singen natürlich, Dummkopf», antwortete Bo.

«Nicht ich bin dumm, du bist es. Wenn du dir einbildest, wir könnten an dieser albernen Talentshow etwas vorsingen, dann spinnst du. Wir haben ja gar kein Talent.»

Bo war zerschmettert. Ihre Traurigkeit war so überwältigend, daß Thomas etwas nachgab.

«Nun, vielleicht war die Idee nicht *wirklich* dumm.»

Bo hatte den Kopf in beide Hände gestützt. Ganz beleidigte Leberwurst.

Versöhnlich sagte ich: «Ich weiß ja, wie gerne du etwas tun möchtest, Bo. Aber im Moment geht das einfach nicht. Nicky kennt nur ein einziges Lied, und ich glaube kaum, daß ‹Bingo› für eine Show das richtige wäre. Claudia bekommt bald ihr Baby. Also bleiben nur noch Thomas, du und ich.»

«Ich mach auf keinen Fall mit!» meldete sich Thomas bestimmt.

«Dann bleiben nur noch du und ich. Das wäre eine magere Darbietung. Zudem spiele ich nur für den Hausgebrauch Gitarre. Ein Auftritt liegt nicht drin.»

«So schlecht singen wir nun auch wieder nicht», murmelte Bo verbissen. «Aber niemand will mitmachen, das ist der Punkt.» Vorwurfsvoll schaute sie mich an. «Wir hätten auch Tulpen ins Haar stecken können und so.»

Thomas machte eine unmißverständliche Grimasse, aber ich schaute ihn strafend an.

«Wenn ich in der richtigen ersten Klasse wäre, dann könnte ich in einem Stück mitmachen. Dann hätte ich meine eigenen Blumen und alles andere auch. Wenn ich nur in der richtigen ersten Klasse hätte bleiben können.» Plötzlich liefen ihr Tränen über die Wangen. «Du wolltest ja, daß ich in diese Klasse mit den dummen Schülern komme. Jetzt werde ich nie in einem Stück mitspielen können. Das alles ist nur dein Fehler.» Zitternd vor Wut wandte sie uns den Rücken zu und stampfte durchs Zimmer in die entfernteste Ecke, vergrub ihr Gesicht in den Händen und schluchzte herzzerbrechend.

Überrascht schauten wir ihr nach. Einen solch heftigen Ausbruch hätte ich nicht erwartet. Keiner rührte sich.

Es war hart, mit sieben Jahren in eine Klasse wie diese verbannt zu sein. Hart, so wie alle andern sein zu wollen und nie ganz zu verstehen, weshalb es nicht gelang. Ich hatte Bo unterschätzt. Ich hatte geglaubt, es genüge, sie vom Leistungsdruck, den Kränkungen und Demütigungen zu befreien. Das erwies sich als falsch. Sie fühlte sich hier bei mir zwar sicherer, und alles ging leichter, aber es war eine Notlösung. Bos innigster Wunsch war und blieb es, «richtige» Erstkläßlerin zu sein. Sogar Edna hätte sie dabei in Kauf genommen.

Mir taten ihre Worte weh. Am deprimierendsten war die bittere Erkenntnis, daß ich mich selbst überflüssig machen mußte. Trotz meiner Wehmut griff ich kräftig in die Saiten. Thomas wünschte sich «Er hält uns alle an der Hand». Er sang dieses Lied besonders gern, weil wir für jeden von uns einen eigenen Vers gedichtet hatten.

Ich beobachtete sie liebevoll, meine kleinen, inbrünstigen Sänger. Nicky, der arme, verschlossene, zauberhafte Nicky. Bo mit ihren dunklen Augen, in denen sich das Lächeln der anderen Kinder spiegelte, während auf ihren Wangen die Tränen trockneten. Thomas, draufgängerisch und empfindsam, den ich mehr liebte als je ein Kind zuvor. Und Claudia, die schüchterne, ernste, unglückliche Claudia mit ihrem dicken Bauch. Für mich war sie schön, unbeschreiblich schön.

Plötzlich sah ich alles verschwommen. Sie waren so schön, und ich war so hilflos. Es gab viel zuviel zu tun hier, jedenfalls für eine Person. Nicht einmal eine ganze Armee von Helfern, eine Ewigkeit an Zeit und alle Gelehrten einer Universität würden ausreichen, um Nicky, Bo, Tom oder Claudia glücklich zu machen. Mein Hals war plötzlich wie zugeschnürt, und ich brachte keinen Ton mehr hervor.

Bo berührte sachte meinen Arm. «Warum weinst du, Torey?»
«Ich weine nicht, Liebes, meine Augen brennen ein wenig.»
Sie glaubte mir nicht. «Nein, nein, du weinst. Sag mir doch, warum.»

Ihre Hartnäckigkeit entlockte mir ein Lächeln. «Ich bin einfach traurig, daß du bei den Veranstaltungen nicht mitmachen kannst.»

«Aber Torey, deswegen mußt du doch nicht weinen! So schlimm ist das nun auch wieder nicht. Eigentlich ist es mir egal.»

«Das ist es dir nicht, Bo. Und mir auch nicht. Traurige Momente im Leben gibt es immer wieder, und man muß sich auch nicht schämen, deshalb zu weinen. So werden die Schmerzen weggeschwemmt.»

«Kommt, hört doch auf!» sagte Thomas mit belegter Stimme.

«Singen wir weiter, sonst packt mich auch noch das heulende Elend.»

30

Der Mai brachte eine große Hitze mit sich. Unser Zimmer lag auf der Sonnenseite und wurde nachmittags ungemütlich heiß. Deshalb arbeiteten wir öfter an einem schattigen Platz im Freien.

Claudia und Nicky waren mit dem Montessori-Material beschäftigt. Bo arbeitete etwas abseits im Garten bei den Salat-, Spinat-, Erbsen- und Radieschenbeeten. Sie las emsig Ungeziefer von den Spinatblättern. Ich lag wohlig im Gras, während Thomas mir aus dem Lesebuch vorlas. Ich vernahm alles mögliche und unmögliche über Durchschnittstemperaturen im Januar in Leningrad und Florida und darüber, ob Hunde die angenehmsten Haustiere seien oder nicht.

Die warme Maisonne tat meinen wintermüden Knochen unendlich gut. Ich zog die Sandalen aus und döste vor mich hin. Im Halbschlaf bekam ich mit, daß Nicky auf die Toilette mußte und Claudia ihn ins Haus begleitete.

Bo rief aufgeregt: «Ich hab schon zwölf Käfer.»

«Was für welche?» fragte ich schläfrig.

«Ich weiß nicht. Spinatkäfer, wahrscheinlich.»

«Zeig mal», mischte Thomas sich ein.

«Du liest jetzt zuerst fertig», ermahnte ich ihn.

«Ich bewahre die Käfer für dich auf, Tommy. Kann ich ein Glas holen, um sie reinzusperren?»

«Natürlich, und schau doch bitte mal nach, was Claudia und Nicky treiben. Sie sind schon so lange weg.»

«In Ordnung.» Bo rannte los.

Ich legte mich wieder hin und schloß die Augen. Man hörte es

Thomas' Stimme an, daß er lieber etwas anderes getan hätte. Im Takt schlug er mit seinen Schuhen gegen meinen bloßen Fuß.

Unsere Idylle wurde jäh zerstört. «Torey, Torey, komm schnell.» Das war Bos Stimme. «Hilfe, Nicky ist etwas passiert!»

Ich sprang auf und rannte los. Thomas folgte mir dicht auf den Fersen. «Was ist geschehen?» fragte ich, während wir zum Haus stürmten.

«Ich weiß nicht», schluchzte Bo.

Nicky und Claudia waren im Klassenzimmer. Letzte Woche hatten Arbeiter angefangen, die Decken der Schulzimmer zu isolieren. Offensichtlich hatten sie angenommen, unser Schulzimmer werde nicht benützt, denn eine riesige Isolierscheibe aus Fiberglas lehnte gegen den Schrank neben dem Waschbecken.

Nicky stand gebannt vor dieser spiegelnden Fläche. Sein ganzer Körper zitterte in maßloser Erregung. Wie früher flatterte er wild mit den Händen und bewegte rhythmisch seinen Kopf, einer hypnotisierten Schlange gleich. Zwischendurch packte er seine nackten Oberarme und zerkratzte sie mit den Nägeln. Lange Striemen zogen sich über die Haut.

Claudia war totenblaß: «Ich wußte nicht, was machen. Plötzlich fing er damit an und schrie wie am Spieß, wenn ich ihn wegziehen wollte. Er scheint mich nicht einmal mehr zu kennen», jammerte sie.

«Nicky!» Ich legte meine ganze Autorität in dieses eine Wort.

Keine Reaktion. Meine Stimme drang nicht zu ihm durch. Er war in einer anderen Welt und lebte nur noch in seinem Spiegelbild. Dann faßte er ein Büschel von seinem Haar und riß es mit einem Ruck aus.

Ich wollte ihn an der Schulter packen. Das war ein Fehler. Er schrie hysterisch auf, als ich ihn berührte, und stob kreischend davon, sein schwarzes Haar büschelweise auf dem Boden zurücklassend. Sein Kopf baumelte schlaff hin und her, als wäre er eine Stoffpuppe.

Sollte ich ihm nachjagen oder nicht? Einerseits befürchtete

ich, er könnte sich Schlimmeres antun, als nur Haare auszureißen, andererseits drehte er vielleicht vollends durch, wenn ich ihn verfolgte. Ich zog Bo und Thomas ins Zimmer und verriegelte die Tür, zum ersten Mal seit Monaten.

Jetzt kam die Sache mit den Kleidern. Er zog alles aus: Schuhe, Socken, Hemd. Aber nicht mit der wendigen Sicherheit wie sonst; er riß sich alles vom Leib, genau wie vorher die Haare vom Kopf. Die Knöpfe seines Hemdes flogen nach allen Seiten. Binnen Sekunden war er nackt, bis auf die Trainingshose, die zu elastisch war, um sie zu zerreißen. Wir kriegten ihn nicht zu fassen, weil er sich wie ein wild gewordener Kreisel um seine Achse drehte.

«O Gott», hörte ich Bo traurig murmeln. Sie sprach mir aus dem Herzen. Die leise Hoffnung, Nicky entwickle sich langsam, aber stetig zu einem normalen Jungen, schwand dahin.

Vorsichtig versuchte ich, mich an ihn heranzupirschen. Doch entwischte er mir immer wieder. Falls jemand auf dem Flur sein markdurchdringendes Geschrei hörte, mußte er annehmen, es handle sich um ein verwundetes wildes Tier.

Es war entsetzlich, Nicky zuzuschauen. Der Rückfall kam zu unerwartet, nach all den Monaten der Fortschritte. Er war für uns alle ein Fremder geworden.

Ich versuchte, mich von hinten anzuschleichen, während er wie versteinert vor der glänzenden Scheibe stand. Er spürte meine Absicht und stürzte mit einem gellenden Schrei davon. Mit vor Schrecken weit aufgerissenen Augen standen die andern dicht aneinandergedrängt an der Tür. Thomas hatte auf mein Geheiß die Deckenlampe gelöscht, da grelles Licht Nickys Anfälle noch verschlimmerte. Im nüchternen Tageslicht wirkte die Szene noch unheimlicher als zuvor.

Nicky blieb vor dem Fenster stehen. Er bedeckte sein Gesicht mit den Händen und stieß einen hohen Schrei aus, der allmählich in ein heiseres Stöhnen überging. Mit langsamen, kratzenden Bewegungen zog er nun die Fingernägel über seine Wangen. Immer wieder. Rote Spuren wurden auf der dunklen Haut sichtbar. Blut sickerte zwischen seinen Fingern hervor.

Thomas und ich versuchten nun mit vereinten Kräften, den blutüberströmten Nicky in die Enge zu treiben. Endlich hatte ich ihn gefaßt, und wir stürzten in einem wilden Knäuel zu Boden. Ich hatte aber den Dämon in ihm noch nicht besiegt. Seine Nägel krallten sich in meine Wange. Ich wußte nicht, war es mein Blut oder seins, das mir übers Kinn rann. Als ich versuchte, das Blut abzuwischen, biß er mich in den Arm. Nun drückte ich ihn so fest an mich, daß er sich nicht mehr rühren konnte.

Ineinander verschlungen blieben wir am Boden sitzen. Nicky wand sich noch immer. Der Aufruhr in seinem Innern hatte sich noch nicht gelegt, aber ich spürte, daß sein Widerstand sich abschwächte. Ich ließ ihn erst los, als er wieder zu sich gekommen war. Er ratterte kichernd seine Sportnachrichten und Wetterberichte herunter, während ich ihn ankleidete. Erleichtert atmeten wir auf. Alles war besser, als was zuvor geschehen war.

Den Rest des Nachmittags waren wir auf der Hut, die angeschlagene Stimmung nicht etwa durch zuviel Lärm oder Fröhlichkeit zu gefährden. Tom und Bo trugen die Glasfiberplatte in den Flur hinaus. Ich ging mit Nicky auf die Toilette, um ihm und mir das getrocknete Blut von Gesicht und Haar zu waschen. Wir sahen aus wie Krieger nach einer Schlacht.

Als seine Mutter ihn abholen kam, versuchte ich ihr den Zwischenfall so schonend wie möglich beizubringen. Enttäuschung spiegelte sich auf ihrem Gesicht, und Tränen traten ihr in die Augen, als sie mit Nicky an der Hand das Zimmer verließ.

Zu meinem größten Erstaunen zeigte sich Claudia durch Nickys Rückfall am meisten betroffen. Sie war völlig verzweifelt und wurde das Gefühl nicht los, sie sei an allem schuld. Ich versuchte vergeblich, sie zu beschwichtigen. Erst jetzt merkte ich, wie sehr die ruhige, ernste Claudia Nicky ins Herz geschlossen hatte.

Ihre Erregung hatte sich im Laufe des Nachmittags nicht gelegt, und so hielt ich sie nach der Schule noch etwas zurück, indem ich sie bat, mir beim Aufräumen zu helfen.

«Warum hat er das getan?» fragte sie. «Er war doch völlig normal, als ich mit ihm hineinging. Wirklich. Wir waren auf der Toilette und wollten dann hier noch schnell meinen Pullover holen.»

«Du brauchst dir keine Vorwürfe zu machen. Kein Mensch kann sagen, was mit ihm los war. Vielleicht war's die Spiegelung auf der Glasfiberplatte, wer weiß?»

«Aber weshalb?»

«So ist er nun eben.»

«Wird er je anders werden?»

Ich zuckte mit den Achseln. «Ich weiß nicht, jedenfalls nicht viel anders.»

Sie starrte mich an, ernst und durchdringend. «Wie kannst du das nur aushalten? Immer da sein und nichts tun können dagegen. Ich könnte das nicht, auf keinen Fall.»

Ich schaute sie an. «Ich *kann* aber etwas tun. Ich kann jeden Tag etwas für mich tun, etwas für Nicky tun. Jeden Tag nehmen, wie er kommt, Claudia, das habe ich gelernt, deshalb kann ich's auch aushalten. Keine großen Ziele vor Augen, Schritt für Schritt, Tag für Tag.»

Sie fuhr gedankenverloren mit der Hand über die Tischdecke. «Sind alle deine Kinder so? So wie Nicky, meine ich.»

Ich wußte nicht recht, worauf sie hinauswollte.

«Fehlt ihnen allen etwas? Hier drinnen, wo man nicht hineinsehen kann. Auch Tom und Bo?»

Ich kam gar nicht dazu, die Frage zu beantworten. Claudia fuhr gleich weiter. «Sie sind verrückt, nicht wahr?» sagte sie leise, ohne Verachtung. «Mein Vater sagte einmal zu mir, in diesem Zimmer seien nur verrückte Kinder.»

«Du kannst das so ausdrücken, wenn du willst. Es stimmt und stimmt auch wieder nicht.»

«Sie sind aber anders, als ich dachte. Ich stellte mir vor, verrückte Leute seien bösartig und gefährlich. Wie zum Beispiel

Jack the Ripper. Ich hatte Angst vor ihnen. Aber das stimmt alles nicht. Nicky ist kein schlechter Mensch und Tom und Bo doch auch nicht.»

«Nein, sie sind bestimmt keine schlechten Menschen.»

«Aber gut sind sie auch wieder nicht, sonst hätten die Leute keine Angst vor ihnen.»

«Niemand ist gut oder schlecht, Claudia. Das sind doch nur leere Worte.»

Ihre Augen bohrten sich in meine. «Wir Menschen sind einander alle ziemlich ähnlich, nicht wahr? Da gibt es keine großen Unterschiede.»

Schweigend arbeiteten wir weiter. Fünfzehn bis zwanzig Minuten vergingen so.

«Claudia, erinnerst du dich noch an das, was ich dir über dein Baby gesagt habe? Was du mit ihm machen solltest?»

«Ja.»

«Ich mache mir immer noch Sorgen.»

«Das mußt du nicht, Torey.»

«Ich möchte nicht, daß dein Kind einmal hier in diesem Zimmer sitzen muß.»

Sie runzelte die Stirn. «Das wird nicht geschehen.»

«Das denken alle Mütter. Nickys Mutter dachte das auch. Alle Mütter lieben ihre Kinder. Aber manchmal, wenn die Erwachsenen Schwierigkeiten haben, leiden die Kleinen darunter.»

«Mir wird das nicht passieren.»

«Auch Bos Eltern haben das gedacht, und doch haben sie ihr fast den Schädel eingeschlagen. Sie hatte das nicht verdient. Niemand verdient so etwas. Du denkst doch nur an dein eigenes Glück, wenn du dich weigerst, das Baby wegzugeben. Denk doch auch mal an *sein* Glück. Ich weiß, es ist schwer. Halte dir immer Bo vor Augen oder Tommy mit seinem toten Vater oder Nicky, wie er heute nachmittag war. Ich möchte dein Kind nicht hier sehen, Claudia. Manchmal, wenn ich mir so überlege, was du alles vor dir hast, mache ich mir solche Sorgen. Das ist alles, was ich dazu zu sagen habe. Ich werde dir nicht weiter damit in den Ohren liegen.»

Claudia erhob sich und ging zum Fenster. Ich sah ebenfalls hinaus. Auf dem Rasen unten lagen Thomas' Lesebuch und meine Sandalen. Eine Blüte war auf das offene Buch gefallen.

«Manchmal fühle ich mich uralt, wie eine Großmutter», sagte Claudia leise.

31

Nun mußte entschieden werden, was mit den Kindern im nächsten Jahr geschehen sollte. Ich blieb zwar in derselben Schule, wurde aber wieder ganztags als Nachhilfelehrerin eingesetzt. Ein Gerücht ging um, wonach einige Sonderklassen eröffnet werden sollten, aber ich hatte weder Stellenausschreibungen gesehen, noch war ich direkt angefragt worden.

Claudia war kein Problem. Der Übertritt in die siebte Klasse ihrer alten Schule würde nahtlos über die Bühne gehen. Ich war froh, denn sie mußte unbedingt wieder mit ihren Altersgenossen zusammengebracht werden.

Auch Thomas würde hoffentlich wieder in eine Normalklasse eintreten können. Seine Zukunft erfüllte mich mit Zuversicht. Er war ein lieber, sensibler Junge und hatte mittlerweile gelernt, mit seiner Aggressivität umzugehen. Bestimmt würde er den Anforderungen einer fünften Klasse gewachsen sein. Was er jetzt brauchte, waren gleichaltrige Freunde. Unterstützt vom Nachhilfelehrer seiner alten Schule, würde Thomas den Wiedereinstieg in die Alltagswelt schaffen.

Was aber sollte mit Nicky geschehen? Wie sein Ausbruch letzte Woche bewiesen hatte, mußte er ständig unter Kontrolle sein. Hier konnten wir aber auf die Dauer unmöglich Spezialprogramme für ihn zusammenschustern. Er brauchte eine richtige Sonderklasse für Kinder mit ähnlichen Schwierigkeiten, wo er gezielt im sprachlichen und praktischen Bereich gefördert werden konnte. Die Schule mußte auch den Sommer über für ihn offen sein, da sich Kinder wie Nicky keine Ferien gestatten konnten.

Leider gab es im Schulkreis keine geeignete, öffentliche Klasse für Nicky, und erst nach langem Suchen entdeckte Mrs. Franklin eine kleine Privatschule in einer Nachbargemeinde. Ich nahm sie unter die Lupe, und was ich sah, gefiel mir.

Bos Zukunft war noch nicht zur Sprache gekommen. Da sie auf Ednas Liste war, ging mich ihre Einteilung eigentlich nichts an. Die Sache war für mich erledigt, deshalb kümmerte ich mich auch nicht weiter darum. Ich hielt es für selbstverständlich, daß Bo in die zweite Klasse versetzt und einen großen Teil des Tages bei mir verbringen würde. Beide Zweitklaßlehrerinnen waren gut, eine sogar ganz ausgezeichnet. Ich freute mich bereits darauf, mit ihr zusammen Bos Stundenplan auszuarbeiten.

Nach der Schule saß ich mit Billie im Lehrerzimmer, als Dan hereinkam. Er goß sich eine Tasse Kaffee ein und setzte sich neben mich auf das Sofa. Wir plauderten eine Weile unbeschwert miteinander.

«Wann treffen wir uns eigentlich, um Bo Sjokheims Einteilung zu besprechen?» fragte ich beiläufig, als eine Gesprächspause entstand. «Ich glaube, Ella Martinson wäre eine ideale Lehrerin für sie. Wie es jetzt aussieht, könnte ich Bo etwa drei Stunden pro Tag intensiven Nachhilfeunterricht geben. Den Rest der Zeit könnte Ella sie sicher übernehmen, meinst du nicht auch?»

Gebannt starrte Dan in seine Kaffeetasse, wie ein Wahrsager, der die Zukunft aus dem Kaffeesatz liest. Er antwortete nicht.

«Bist du etwa nicht einverstanden mit Ella?»

Dan errötete zusehends. «Wir lassen Bo die erste Klasse nochmals repetieren.»

«Was?»

«Komm, wir besprechen die Angelegenheit woanders.»

Wir gingen in mein Zimmer. Was Dan eben gesagt hatte, schien mir einfach unglaublich. Ich hoffte immer noch, ich hätte mich verhört.

«Was willst du damit sagen? Wir haben ja noch gar nicht über Bos Einteilung gesprochen!»

Dan ließ sich in ein Kinderstühlchen sinken. «Ich wollte es dir schon lange sagen...»

«Aber?»

«Edna, Bos Vater und ich haben beschlossen, Bo nicht zu versetzen. Es gibt keine andere Möglichkeit. Da sie das Erstklaßpensum in keiner Weise erfüllt hat, kommt eine Versetzung nicht in Frage.»

Ich war sprachlos.

Beschwichtigend hob Dan die Hand. «Bevor du loslegst, denk einmal darüber nach, was für eine Alternative wir gehabt hätten.»

«Was für ein lausiger Trick! Du wußtest haargenau, daß ich mein Einverständnis für so was nie und nimmer geben würde, und deshalb habt ihr alles hinter meinem Rücken eingefädelt.»

«Bos Vater hat bereits eingewilligt. Er hält unsere Entscheidung für absolut richtig.»

«Dan, das könnt ihr nicht machen. Das geht einfach nicht.»

Er würdigte mich nicht einmal eines Blickes.

«Sie wird im September acht Jahre alt. Schon jetzt ist sie einen Kopf größer als die anderen Erstkläßler.»

«Aber sie kann nicht lesen, Torey. Wir müssen auch an Ella denken. Die Belastung wäre zu groß.»

«An Bo hingegen denkst du nicht! Mit unseren blöden Ideen haben wir sie ja sowieso schon beinahe umgebracht. Und jetzt soll sie es verkraften, auch noch ein zweites Mal sitzenzubleiben. Das Kind hat ein physisches Gebrechen. Du kannst sie in der ersten Klasse behalten, bis sie eine grauhaarige Großmutter ist, und sie lernt vielleicht trotzdem nie lesen.»

Dan ließ den Kopf hängen. «Mach es mir doch nicht so schwer, Torey.»

«Ich will es niemandem schwermachen. Tief drinnen mußt du doch wissen, daß das eine Fehlentscheidung ist. Sonst hättest du mit mir auch nicht so lange Versteck gespielt. Das Kind wird bestraft, nur weil es anders ist und wir ihm nichts beibringen können. Das ist die Wahrheit, und alles andere sind nichts als billige Rechtfertigungen.»

«Aber sie *ist* anders, wie du ja selber zugibst.»

«Das stimmt. Aber sie ist nun einmal hier, und es wäre langsam an der Zeit, daß wir uns ihrer Behinderung anpaßten. Warum nehmen wir ihre Lesetexte nicht auf Band auf? So könnten wir sie mündlich abfragen. Wie oft soll ich dir noch sagen, daß Bo nicht dumm ist. Sie hat ganz einfach eine Behinderung. Kein Lehrer kann das ändern, und wenn sie ein Leben lang in der ersten Klasse sitzt.»

Aber alle Mühe war umsonst. Die Würfel waren längst gefallen. Bo hatte einfach das Pech, daß man ihr die Behinderung nicht ansah und sie deshalb kein Mitleid erweckte.

Dan schüttelte müde den Kopf. «Tut mir leid, daß du dich so aufregen mußt, aber ich möchte nicht weiter darüber diskutieren. Es war ein gemeinsamer Entschluß von Edna, Mr. Sjokheim und mir, und dabei bleibt's.»

Ich starrte ihn an. Wie gerne hätte ich ihn gehaßt, so wie ich Edna letzten April gehaßt hatte. Aber ich fühlte nichts mehr. Ich war zu müde, um weiterzukämpfen.

«Jetzt ist Ednas Stunde doch noch gekommen. Die ganze Zeit über hast du mir zu verstehen gegeben, es sei richtig, Bo nicht mit dem Erstklaßstoff zu belasten, obwohl du wußtest, daß Edna die Trümpfe schon lange in der Hand hielt.»

«Torey, das ist nicht wahr, und du weißt das auch.»

«Hoffentlich habt ihr euch wenigstens gut amüsiert auf meine und Bos Kosten!»

Eine Mauer des Schweigens umgab uns. Auf noch Schlimmeres gefaßt, duckte sich Dan soweit als möglich in sein Stühlchen.

Ich sagte nichts mehr. Ich gab auf, ich streckte die Waffen. Der lange, harte Kampf hatte mich zermürbt, und außerdem erkannte ich die Ausweglosigkeit jeglichen Bemühens. An der Entscheidung gab es nichts mehr zu rütteln.

Mein Blick schweifte über den Paradiesvogel auf dem Anschlagbrett, über die Tierkäfige, den Schrank, unter dem sich Bo versteckt hatte, und landete wieder bei Dan.

«Weiß sie es schon?»

«Ich bin nicht sicher. Ich glaube aber nicht.»

«Falls ihr geglaubt habt, *ich* würde ihr die Hiobsbotschaft übermitteln, seid ihr auf dem Holzweg. Diese Schmutzarbeit überlasse ich euch!»

Müde und abgeschlagen ging ich nach Hause. Meine Widerstandskraft war gebrochen. Ich konnte mich nicht mehr aufraffen, weiterzukämpfen. Ich stand auf verlorenem Posten, und zudem war ich keine ausgesprochene Kämpfernatur. Zum ersten Mal, seit Joc fort war, vermißte ich ihn schmerzlich. Ich hatte ein so starkes Bedürfnis nach Trost und Geborgenheit, daß ich weinen mußte. Ich wollte um keinen Preis mehr die Starke spielen.

Später wärmte ich mir ein Glas Milch und gab einen Löffel Honig hinein: ein altbewährtes Schlafmittel. Während ich wartete, bis die Milch etwas abgekühlt war, dachte ich an die Zeiten, in denen ich noch nicht unterrichtet hatte. Die unschuldigen Zeiten. Ich hatte die Schule satt.

Am schlimmsten war der nächste Morgen. Bo wußte offensichtlich noch nichts. Fröhlich wie immer ging sie ihren Aufgaben nach, und ich suchte krampfhaft nach einem Einfall, der die bevorstehende Enttäuschung etwas mildern könnte. Ein Plan begann in meinem Kopf zu reifen.

«Bo, komm doch mal her», sagte ich. «Heute machen wir etwas anderes, du und ich.»

«Was denn?» fragte sie mißtrauisch.

Ich legte ein Buch auf den Tisch und sagte: «Das werden wir zusammen lesen.»

Ihre Augen wurden groß und dunkel, Tränen liefen ihr über die Wangen. «Ich will nicht!»

«Aber Bo», sagte ich und nahm ihr Gesicht in beide Hände.

«Ich kann es doch nicht.»

«Hör auf zu weinen. Ich werde dich nicht zwingen, etwas zu tun, was du nicht kannst. Das versprech ich dir.»

Sie putzte sich die Nase.

«Wir sind ganz unter uns, wir beide. Kommt etwas Schwieriges, machen wir es einfach zusammen.»

Noch immer hielt ich ihr Gesicht in den Händen und versuchte, den Tränenbächen mit dem Daumen Einhalt zu gebieten. Sie zitterte. «Du darfst nicht weinen, Bo.»

«Ich habe Angst. Ich kann's bestimmt nicht. Ich weiß es.»

«Ich werde dir helfen. Was wir zusammen nicht schaffen, lassen wir bleiben. Du hast mein Wort dafür.»

«Aber ich kann wirklich nicht lesen, Torey.»

Ich lächelte. «Aber *ich* kann es.»

Das Buch hieß *Dick und Jane*. Es war das gute alte Lesebuch aus dem Jahr 1956, gründete also keineswegs auf neueste pädagogische Erkenntnisse, war aber genau das richtige für uns: wenig Text und viele Bilder. Der einfache Aufbau kam meinen schulmüden Kindern entgegen; deshalb hatte ich es schon öfter benützt. Es war ein Taschenbuch, wie fast alle Vorschulfibeln. Bo schaute es schreckerfüllt an.

Ich erzählte ihr von den Kindern, die im Buch vorkamen: Dick, Jane und das Baby Sally. Sie traute mir noch nicht ganz. Ab und zu warf sie einen verstohlenen Blick auf das Büchlein.

«Du kennst das Buch noch nicht. Es heißt ‹Wir schauen und

sehen›.» Ich schlug die erste Seite auf. «Komm zu mir, wir wollen es zusammen lesen.» Sie näherte sich zögernd. Ich nahm sie auf den Schoß, und wir schauten uns das erste Bild an. Sally zieht ihre weißen Handschuhe aus und steigt in die riesigen Gummistiefel ihres Vaters. Darunter steht «schau». Ich zeigte darauf und sagte: «Das heißt ‹schau›.»

«Schau», wiederholte Bo unsicher.

Ich blätterte um. Sally und Dick im Freien. Dick spielt mit dem Wasserschlauch. Sally stapft in den großen Gummistiefeln durch die Pfützen. «Schau, schau» steht darunter. Offensichtlich sagt Sally dies zu ihrem Bruder. «Siehst du, das ist genau dasselbe Wort wie zuvor. Erinnerst du dich daran?»

«Schau», gab Bo ohne Zögern zur Antwort.

«Richtig. Diesmal steht es zweimal. Sally will die Aufmerksamkeit ihres Bruders auf sich lenken.»

«Schau nur», rief Bo aus. «Sally hat die Stiefel verloren. Bestimmt kriegt sie nasse Füße. Ihr Papi wird wütend sein, glaubst du nicht auch?» Bo mußte lachen.

«Ganz sicher. Sieh mal, was Sally jetzt sagt: ‹oh, oh, oh›. Kannst du das lesen?»

«Oh, oh, oh», kam die Antwort, wie aus der Pistole geschossen.

«Sehr gut. Was geschieht wohl auf der nächsten Seite?» Es war die letzte Seite der Geschichte. Dick kommt der Schwester mit seinem roten Schubkarren zu Hilfe. Sie läßt sich hineinplumpsen. Die Situation ist gerettet. Darunter steht: »Oh, oh, oh, schau». Keine Weltliteratur, gewiß, aber Bo war begeistert. Sie klatschte in die Hände.

«Prima, jetzt lesen wir es von Anfang an durch. Wir zwei zusammen.»

«Schau», sagten wir im Chor. «Schau, schau. Oh, oh, oh.» Und die letzte Seite: «Oh, oh, oh, schau.» Ende.

«So, jetzt versuchst du es mal selbst. Schau dir die Wörter genau an. Das lange heißt ‹schau›, das kurze ‹oh›.»

Bo hielt das Buch vor die Nase. Sie holte tief Atem. «Schau», stieß sie heiser hervor.

«Sehr gut! Und jetzt die nächste Seite.»

«Schau, schau.» Auf der folgenden Seite zögerte sie.

«Guck dir Sally genau an, Bo. Was ist ihr passiert? Was sagt sie?»

«Oh?» kam es fragend von Bos Lippen.

«Phantastisch! Wie oft sagt sie das?»

«Oh, oh, oh.»

Ich schlug die letzte Seite auf.

«Oh, oh», sagte Bo sofort. «Oh ...» Pause.

«Wie war noch das andere Wort?»

«Schau. Oh, oh, oh, schau.»

Ich faßte sie am Kinn und drehte ihr Gesicht zu mir. «Weißt du, was du da eben getan hast, Bo Sjokheim?»

Sie schaute mich mit großen Augen an.

«Du hast diese Geschichte gelesen, oder etwa nicht?»

Sie strahlte wie ein Maikäfer.

«Ganz allein hast du die Geschichte gelesen, genau wie die andern. Daran gibt's nichts zu rütteln.»

«Ich hab sie gelesen», flüsterte sie ungläubig staunend. «Ich will sie gleich noch einmal lesen. Ohne Fehler. Du wirst sehen.»

Sie räusperte sich, wie ein Redner, der zu einem wirkungsvollen Anfangswort ansetzt. Dann legte sie los. Seite um Seite. Triumphierend rief sie mir zu: «Ich hab's geschafft, ich hab's geschafft!»

Sie sprang von meinem Schoß. «He, Thomas, Claudia. Habt ihr gehört? Ich kann lesen. Richtig *lesen*!» Sie las ihnen die Geschichte vor, wieder und wieder.

Ich beobachtete sie von meinem Stuhl aus. Lesen konnte man das eigentlich streng genommen nicht nennen, bestimmt konnte sie die Geschichte längst auswendig. Vermutlich würde sie die beiden Wörter in einem anderen Zusammenhang nicht mehr erkennen. Aber all dies spielte im Augenblick keine Rolle. Was zählte, war dieses siebenjährige Mädchen, das mir freudestrahlend mit dem Buch zuwinkte und voller Begeisterung die lapidare Geschichte von Dick und Jane in die Welt hinausposaunte. Auch Nicky, Benny und die Finken mußten zuhören. Was immer jetzt auch geschehen mochte, ich wußte, daß ich ihr das Wichtigste gegeben hatte, nämlich das Vertrauen, lesen zu können. Niemand würde in Zukunft das Gegenteil behaupten können, der Beweis war erbracht. Bo Sjokheim konnte lesen.

32

Was für eine Woche! Bo war von ihrem Erfolg berauscht. Sie legte das Buch nicht aus den Händen. Sie nahm es nach Hause, um ihrem Vater und Libby vorzulesen. Jeder Vormittagsschüler, sogar Edna, kam in den Genuß dieser Rezitationen! Thomas, Claudia, Nicky und ich konnten sie schon bald nicht mehr hören. Während ich mit anderem beschäftigt war, schlich sich Thomas manchmal von hinten an und flüsterte: «Schau, schau. Oh, oh, oh.» Es klang unanständig, wie er es sagte, und ich reagierte mit gutmütigem Schimpfen und der Drohung, es sei gefährlich, wenn Schüler ihre Lehrer in den Wahnsinn trieben.

Immer aber mußte ich an Bos Rückversetzung denken. Mir war bange vor dem Tag, an dem sie es erfahren würde. Ich konnte nur hoffen, daß das Erfolgsgefühl anhalten und sie darüber hinwegtrösten würde.

Am Freitag hatte ich Geburtstag, und ich versprach den Kindern, einen Kuchen mitzubringen. Wir planten eine Geburtstags-Lesefeier.

Neue Aufregung am Donnerstag. Mit großem Hallo kam Thomas ins Zimmer gestürzt.

«Ratet mal, was los ist!»

«Was ist denn los?» fragte ich.

«Ich werde umziehen!» Er schoß durch das Zimmer und sprang auf das Pult, an dem ich gerade beim Korrigieren saß. Er rutschte darüber hinweg auf seinen Stuhl, die Hefte landeten in meinem Schoß.

«Was wirst du?»

«Umziehen! Mein Onkel holt mich zu sich nach Texas!»

Die anderen scharten sich um ihn.

«Ist das der Onkel, bei dem du früher schon gewohnt hast?» fragte ich mißtrauisch.

«Nein, nein! Mein Onkel Jago, der Bruder meiner Mutter. Er will, daß ich bei ihm wohne, richtig mit seiner Familie! Jawohl! Die Zeit der Pflegefamilien ist jetzt vorbei.» Vor Begeisterung tanzte er auf dem Tisch herum.

«Tom, das ist wirklich toll!»

«Freust du dich auch darüber?»

«Aber sicher, Tom.»

Bo boxte ihn ins Bein. «Ich freue mich aber nicht.»

«Bo», sagte ich überrascht. «Das ist doch das Schönste, das Tom geschehen konnte.»

«Aber ich möchte nicht, daß Tom fortgeht.» Sie schob ihre Unterlippe schmollend vor. «Ich will, daß du hierbleibst, Tom!»

Ihre Worte gingen in seinem Glückstaumel unter. Immer noch auf dem Tisch stehend, warf er fröhlich Bleistifte in die Luft und versuchte, sie zu fangen. «Jetzt gibt es morgen eine Geburtstags-Lese-Abschiedsfeier! Der Abschied aber gilt mir!»

Papierschlangen, Ballone und Hüte für alle trugen wesentlich zum Erfolg der Feier bei. Mein Kuchen stand auf dem Tisch bereit. Herr Sjokheim hatte Schokoladegebäck gestiftet. Stolz erklärte Bo, sie habe beim Backen mitgeholfen. Mrs. Franklin hatte liebenswürdigerweise Orangensaft und eine Schachtel mit gehäkelten Tier-Fingerpuppen gebracht. Claudia setzte den Plattenspieler in Betrieb, und heiße Rock-Musik ertönte. Ich hoffte, mit dieser Feier so vieles gutzumachen: alle nicht gehabten

Freuden und alle Ungerechtigkeiten, die sie hatten erfahren müssen, nur weil sie in dieser Klasse waren.

Plötzlich merkte ich, daß Thomas fehlte. «Wo ist Tom?» fragte ich Claudia, die in einem Stuhl neben dem Plattenspieler saß. Ich mußte schreien, so laut war die Musik.

«Ich weiß nicht, eben war er noch hier.»

«Bo!» Sie und Nicky hüpften wild im Zimmer herum. Das war ihre Vorstellung vom Tanzen. «Weißt du, wo Tom ist?»

«Ja», rief sie, die Musik übertönend. «Er ist im Schrank.»

«Wie? Was? In welchem Schrank? Wovon sprichst du überhaupt?»

Sie hörte auf zu tanzen. «Im Schrank dort drüben. Aber störe ihn bitte nicht, er weint.»

Ich starrte sie an. Nicky zog sie fort, er wollte weitertanzen. «Warum weint er, Bo?»

«Ich glaube, er hat jetzt schon Heimweh nach uns.»

Ich ging zum Schrank. Alle schienen sich dieses Jahr irgendeinmal zu verstecken. Vorsichtig öffnete ich die Tür einen Spaltbreit. Zusammengekauert saß Tom am Boden, das Gesicht zwischen den Knien. Ich bückte mich und sagte leise: «Tommy, was ist los?»

«Nichts, laß mich in Ruhe!»

Ich bückte mich zu ihm hinunter.

«Geh fort!»

«Also gut.» Ich stand auf.

«Nicht...», murmelte er, zu mir aufschauend. «Ich meine, nicht wirklich fortgehen.»

«Möchtest du doch lieber hierbleiben?»

Er nickte.

«Es macht schon Angst, an einen neuen Ort zu gehen.»

«Ich will nicht gehen, ich will hierbleiben.»

«Es ist ganz natürlich, daß du so fühlst.»

«Ich wollte gar nie gehen. Meine Fürsorgerin sagte, ich müsse, er sei ein Verwandter und habe ein Recht auf mich. Aber ich will nicht. Ich kenne ihn ja gar nicht und habe ihn nicht mehr gesehen, seit ich ein Säugling war. Ich will bei meinen Pflegeeltern bleiben und hierher in diese Klasse kommen. Ich will nicht mehr umziehen, davon habe ich genug.»

«Es ist schwer, sich an etwas Neues zu gewöhnen.»

«Ich will nicht gehen! Ich will hierbleiben. Aber wir Kinder haben ja keine Rechte. Die machen doch mit uns, was ihnen gerade einfällt, diese Schweine. Wenn ich groß bin, werde ich sie alle erschießen.»

Ich streckte eine Hand hinein, er nahm sie.

Thomas fing wieder an, laut zu schluchzen. Er preßte meine Hand an seine nasse Wange. Da meine Knie langsam weh taten, setzte ich mich hin, den Arm immer noch im Schrank. Ich schaute den anderen Kindern zu.

«Ich weiß gar nicht, warum ich mir je solche Mühe gegeben habe», murrte er durch die Öffnung. «Jetzt zwingen sie mich ja doch, wegzugehen. Alles was ich gemacht habe, hat keinen Sinn mehr.»

Ich drehte mich zu ihm. «Aber bestimmt war es sinnvoll, Thomas. Für mich jedenfalls, für uns alle; du und deine Versuche, dich hier zusammenzunehmen und lieb zu sein, sind uns nicht gleichgültig und werden es auch nie sein.»

«Ich frage mich, warum sich die Menschen überhaupt um ihre Mitmenschen kümmern. Zuletzt wird man doch nur verletzt. Du hast gemacht, daß ich dich gern habe. Jetzt wünsche ich, es wäre nicht so. Dann täte es auch nicht weh, von dir weggehen zu müssen. Immer muß ich Menschen verlieren. Ich werde nie wieder jemanden gern haben.»

«Menschen zu lieben tut immer weh. Da hast du recht. Aber ich glaube, das gehört auch dazu.»

«Es schmerzt zu sehr. Es lohnt sich nicht. Wenn ich nie wieder jemanden gern habe, muß ich mir auch keine Sorgen mehr machen.»

Ich beobachtete ihn, wie er so zusammengekauert im Schrank

saß. «Da hast du auch wieder recht, Tom. Wenn du nie jemanden liebst, wirst du auch nie Kummer haben. Wie langweilig wäre aber dann das Leben.»

Wieder brach er in Tränen aus. Ich verlangte zuviel, er verstand es noch nicht. Leise machte ich die Tür wieder zu, erhob mich und ging zu den andern.

Die Feier ging weiter. Thomas blieb im Schrank. Später kauerte Bo davor und sprach durch eine schmale Öffnung mit ihm. Kurz darauf kam sie zu mir.

«Thomas möchte, daß du den andern sagst, er habe nicht geweint.»

«Wie bitte?»

Sie rümpfte die Nase ob meiner Begriffsstutzigkeit. «Komm her.» Sie zog mich zu sich herunter und flüsterte mir ins Ohr: «Ich glaube, er schämt sich. Er möchte, daß du den andern sagst, er habe nicht wirklich geweint.»

Das tat ich.

Mit rotverweinten Augen kroch Thomas schließlich aus dem Schrank. «Habt ihr noch etwas Kuchen übriggelassen? Ich möchte auch ein Stück. Sicher habt ihr nicht alles gegessen.»

«Nein, nein. Es ist noch genug da, dort auf dem Tisch.»

Bevor er zugriff, wandte er sich zu mir und sagte: «Torey, viel Glück zum Geburtstag!»

Während Thomas seine Sachen zusammenpackte, standen wir um ihn herum, schüttelten ihm die Hand und klopften ihm auf den Rücken. Wir alle hatten plötzlich Hemmungen, ihn zum Abschied zu umarmen. Diese ungewöhnliche Scheu fiel erst von mir ab, als die andern heimgegangen waren und Thomas und ich zusammen zum Bus gingen.

«Mein Vater kommt mich heute holen», sagte er.

Ich schaute ihn an.

«Er ist wieder da. Er kommt heute abend und nimmt mich zu sich nach Spanien.»

Ich nickte. Wir warteten zusammen auf den Bus. Im Westen braute sich ein Sturm zusammen. Schwarze Wolken jagten am Himmel dahin. Regen lag in der Luft.

«Wir werden in Spanien zusammen leben, nur er und ich. Er hat dort ein Haus. Ich werde ein eigenes Zimmer haben. Er wird mich das Stierkämpfen lehren. Das war wahrscheinlich die letzte Schule, die ich besucht habe. Das habe ich mir schon immer gewünscht, mit meinem Vater zu leben. Jetzt wird dieser Wunsch erfüllt.»

Er schaute mich lange an. Seine dunklen Augen waren weich und nachdenklich. «Ich bin überglücklich.» Von Glück war keine Spur.

«Ich weiß, Tommy», sagte ich und fuhr ihm mit den Fingern durchs Haar.

«Ich werde mit meinem Vater zusammen leben.»

Ich betrachtete die Wolken und fragte mich, ob es anfangen würde zu regnen, bevor der Bus kam. Mein Herz schlug, als wäre ich eine weite Strecke gerannt.

«Torey?» Er zupfte mich am Ärmel. «Ich werde bei meinem Vater leben.»

Ich blickte ihm in die Augen. Pause, eine lange, lastende Pause.

«Nein, ich weiß», flüsterte er. «Ich weiß es ja. Ich werde bei meinem Onkel Jago leben. Ich werde nie bei meinem Vater leben, niemals.» Seine Sachen fielen zu Boden, als er seine Arme um mich schlang.

Der Regen kam noch vor dem Bus, aber wir schenkten ihm keine Beachtung.

33

Nun ging alles dem Ende entgegen. Es blieben uns nur noch eineinhalb Wochen. Thomas hinterließ eine große Lücke, und wir waren alle froh, auch bald gehen zu können und nicht noch lange ohne ihn weitermachen zu müssen.

Mitte der nächsten Woche erzählte Claudia von einem Fehlalarm. «Hier hat es weh getan. Meine Mutter hat auf die Uhr geschaut: Wehen alle zwanzig Minuten. Mein Vater ging mit mir ins Spital.» Sie riß die Augen auf. «Aber nichts geschah. Noch vier lange Wochen!»

Claudia schaute mich entrüstet an. «Wenn es nur schon vorbei wäre. Mein Rücken tut weh, der Bauch tut weh, die Füße, alles tut weh. Ich habe genug.»

Ich lächelte.

«Ich habe übrigens schon Namen gewählt. Wenn es ein Junge ist, heißt er Matthias und wenn es ein Mädchen ist, nenne ich es Jenny. Gefallen dir diese Namen? Was möchtest du, daß es ist?»

«Gesund.»

Sie konnte ein Lächeln nicht unterdrücken.

Ich sah Claudia nicht wieder. Das zweite Mal war's kein Fehlalarm mehr. Am nächsten Morgen in der Frühe gebar Claudia ein Mädchen, zweieinhalb Kilo schwer. Mutter und Tochter waren wohlauf. Das Baby hatte allerdings Gelbsucht und war in der Intensivstation. Es hieß Jenny.

«Jetzt ist es wieder wie früher», sagte Bo nachdenklich. «Nur Nicky und ich.»

Ich nickte.

«Und du natürlich.»

«Und ich.»

Sie öffnete ihr Lesebuch, betrachtete es eine Weile und schaute wieder zu mir auf: «Es gefällt mir schon nicht mehr so gut, ohne die anderen.»

«Mir auch nicht, Bo.»

Wir fuhren mit unserer täglichen Arbeit fort. Je weiter wir im Lesebuch vorrückten, desto mehr zeigten sich Bos alte Leseschwierigkeiten. Die Anzahl der Wörter hatte zugenommen, sie konnte sich nicht mehr nur auf die Handlung stützen. Nach vier Geschichten hätte sie sieben Wörter fließend lesen sollen. Ich hatte nie geglaubt, Bo mit diesen Bildergeschichten das Lesen beibringen zu können. Ich wollte ihr lediglich beweisen, daß sie überhaupt fähig war zu lernen. Sie brauchte vor dem neuen Schuljahr dringend eine Aufmunterung.

Nicky war so verrückt wie eh und je. Wie verloren hatte ich mich doch anfangs mit Nicky und Bo gefühlt und wie überfordert, mit zwei so unterschiedlichen Schülern gleichzeitig fertig zu werden. Jetzt, nachdem Thomas und Claudia nicht mehr da waren, hatte ich soviel Zeit, daß es ein Luxus schien, nur zwei Schüler zu haben. Von Überlastung keine Spur.

Für den Sommer hatte ich mir Pläne gemacht. Zuerst wollte ich für eine Weile nach Hause fahren, danach ein paar pädagogische Sommerkurse belegen, um nicht aus der Übung zu kommen. Umziehen wollte ich auch noch. Meine Wohnung war zu klein geworden für Bücher, Lehrmaterial und all den Kleinkram, der sich so unbemerkt ansammelt. Zudem war sie so weit von der Schule entfernt, daß ich immer das Auto nehmen mußte. Ich hatte nun eine größere, näher gelegene Wohnung gefunden und wollte noch vor Schulschluß umziehen. So verbrachte ich meine Abende meist packend.

Eines Abends Anfang Juni kam Billie zum Abendessen, um mir danach zu helfen. In der ganzen Wohnung herrschte ein solches Durcheinander, daß ich das Telefon, als es klingelte, erst gar nicht finden konnte.

«Hallo?»

Jemand weinte, schluchzte ins Telefon.

«Wer ist da?»

«Torey?»

«Ja, wer spricht denn?»

«Ich bin's, Claudia.»

«Claudia! Claudia, was ist denn los?»

Schluchzen. «Ich habe mir überlegt...» Wimmern. «Ich habe mir überlegt, wegen Jenny. Sie ist so winzig, Torey. Bis heute war sie noch im Brutkasten.» Wieder brach sie in Schluchzen aus.

«Claudia, was ist los mit dir? Was hast du?»

«Ich gebe sie weg, Torey. Ich habe heute morgen unterschrieben. Meine Mutter auch. Ich gebe sie weg.»

«Oh, Claudia...»

«Die Frau von der Agentur sagt, sie hätten einen guten Platz für sie. Ihre Mami und Papi hätten schon lange auf sie gewartet...» Nun weinte sie laut.

«Claudia, das hast du gut gemacht, ich bin stolz auf dich.»

«Ich wollte nicht, daß sie wird wie Nicky. Ich wollte ihr nicht weh tun.»

Dann kam der letzte Tag. Niemand arbeitete. In der ganzen Schule wurde gefeiert. Bo wollte den Tag in der ersten Klasse verbringen, da dort die Feier besonders schön zu werden versprach. Sie wollte nachher vorbeikommen, um ihre Sachen aufzuräumen und auf Wiedersehen zu sagen.

Nicky und ich räumten die letzten Überreste des vergangenen Jahres weg. Die offenen Bücherregale mußten zugedeckt, das Spülbecken und die Tische tüchtig geschrubbt werden. Wir kontrollierten die Schränke und legten sie mit Papier aus. Nicky war ein eifriger Helfer. Nach getaner Arbeit gingen wir im Park spazieren.

Sonst war der letzte Tag immer voller Wehmut, die jeder Abschied mit sich bringt, aber auch voller Vorfreude auf die langen Ferien. Von all dem war heute nichts zu spüren. Ich hatte nur noch einen Schüler, und den kümmerten solche Dinge nicht. Für Nicky war es ein Tag wie jeder andere auch.

Wir spazierten um den Teich herum und fütterten die immer gefräßigen Enten und Gänse mit dem übriggebliebenen Finkenfutter. Wir wateten barfuß zusammen durch das Bächlein. Nicky haschte nach den bunten Schmetterlingen. Auf dem Rückweg lutschten wir beide an einem Eis, das ich zur Krönung des Tages bei einem Straßenverkäufer gekauft hatte.

Mrs. Franklin wartete in der Schule bereits auf uns, um Nicky zum letzten Mal in Empfang zu nehmen.

«Auf Wiedersehen, Nicky», verabschiedete ich mich.

Er starrte an mir vorbei ins Leere. Mrs. Franklin drehte seinen Kopf so, daß er mich anschauen mußte. Doch er wandte seine Augen ab.

«Nicky! Auf Wiedersehen, Nicky», sagte ich eindringlich.

«Achtung Sturm! Achtung Sturm!» schrie er und stieß einen langen, durchdringenden Ton aus, ähnlich dem der Sturmwarnung am Fernsehen. Er flatterte mit den Fingern vor meinem Gesicht herum.

Mrs. Franklin lächelte entschuldigend, wir tauschten ein paar Worte, und sie berührte meinen Arm in stummem Dank. Dann war alles vorbei.

Die Sandalen in den Händen, schaute ich Mrs. Franklin und dem elfenhaften Nicky nach. Die stille, märchenhafte Schönheit umgab ihn noch immer. Ich hatte ihr nichts anhaben können.

Ich blieb in der Mitte des Zimmers stehen. Die leeren, verhüllten Regale ließen es fremd und kalt erscheinen. Die Tiere waren nicht mehr da, der Teppich war aufgerollt, die Stühle standen auf den Tischen – und trotzdem, die Wände hätten Bände sprechen können, so vieles war geschehen hier drinnen. Wie jedes Jahr tat es mir auch diesmal leid, daß es schon vorüber war.

Die Tür ging auf.

Bo.

Ohne mich eines Blickes zu würdigen, ging sie durch das Zimmer, kniete vor ihrem kleinen Schrank nieder und fing an, ihn auszuräumen. Plötzlich hielt sie inne. Was sie gerade in den Händen hielt, fiel krachend zu Boden. Sie bedeckte ihr Gesicht mit den Händen.

«Bo, was ist denn nur los?»

«Ich bin nicht versetzt worden.» Sie packte ihr Zeugnis und schleuderte es in meine Richtung. Dann fing sie an zu weinen. Sie kauerte am Boden, verbarg ihr Gesicht und weinte die bitteren, enttäuschten Tränen derer, die trotz harter Arbeit und Mühe versagen.

Ich ging zu ihr und setzte mich neben sie auf den Boden. Da wir keine Taschentücher mehr hatten, mußten wir uns mit Haushaltpapier begnügen. Bo versuchte, ihre Wut hinunterzuschlucken, und wischte unwillig die Tränen weg. «Ich glaube einfach nicht, daß ich dumm bin.»

«Das bist du auch nicht, Bo.»

«Im Kindergarten bin ich sitzengeblieben, jetzt auch noch in der ersten Klasse. Ich werde eine Million Jahre alt sein, wenn ich aus der Schule komme.»

«Du bist nicht dumm, Bo.»

«Das kommt doch auf dasselbe heraus, ob ich es bin oder nicht.»

Da mir nichts einfiel, schwieg ich.

«Sitzenbleiben tut weh. Wissen die denn nicht, wie weh es tut?» Sie schaute mich vorwurfsvoll an. «Du etwa auch nicht?»

«Ich wurde nicht gefragt.»

«Aber wußtest du es denn nicht?»

Lange Pause. «Doch.»

«Warum hast du denn nichts dagegen getan?» Sie warf mir böse Blicke zu.

«Ich konnte nicht, Bo.»

«Natürlich hättest du etwas tun können, wenn du nur wirklich gewollt hättest, das weiß ich.»

Ich schüttelte den Kopf. «Nein, Bo. Ich konnte nicht mit entscheiden. Andere haben beschlossen, daß es für dich das beste ist, die erste Klasse zu wiederholen. Nach meiner Meinung wurde überhaupt nicht gefragt.»

Sie schaute mich lange an, bevor sie sich von mir abwandte. «Du weißt genau, wie gern ich in die zweite Klasse gegangen wäre. Warum hast du dich nicht dafür eingesetzt?»

«Bo, das war einfach nicht möglich.»

«Aber warum nicht?»

Ich faßte ihr Kinn und drehte ihr Gesicht zu mir. «Hör mir jetzt einmal gut zu. Ich konnte *nichts* dagegen tun. Es gibt Dinge, die nicht in meiner Macht stehen. Das war eines davon.»

Wieder quollen Tränen aus ihren Augen, rannen über ihre Wangen und meine Hände. «Du konntest also wirklich nichts tun?»

Ich schüttelte den Kopf. Es tat weh. Uns beiden.

Wir saßen eine Weile schweigend. Ich ließ sie weinen und saß ruhig daneben. Ich war mir nicht sicher, ob sie meinen Trost wollte oder nicht.

Sie schnupfte und schluckte. Schließlich trocknete sie sich das Gesicht mit ihrem Ärmel.

«Wie sage ich das Libby?» fragte sie. «Jetzt sind wir ja keine Zwillinge mehr. Libby wird sich furchtbar aufregen.»

«Aber natürlich seid ihr noch Zwillinge. Das werdet ihr immer bleiben, was auch geschehen mag.»

«Nein, nein, wir werden nicht mehr gleich alt sein. Sie wird älter sein.»

«Das wird sie nicht. Sie wird in einer anderen Klasse sein, das ist alles. Dieses Jahr war sie ja auch in einem anderen Zimmer. Aber Zwillinge werdet ihr bleiben; wichtige Dinge wie diese können nicht einfach geändert werden. Jedenfalls bestimmt nicht von einer dummen Schule.»

Wieder schwiegen wir. Bo weinte nicht mehr, aber ich wagte

noch immer nicht, sie zu berühren. So saßen wir stumm nebeneinander auf dem Boden. Um uns war absolute Ruhe. Nur von ferne drang unbeschwertes Kindergeschrei herein. Das leere Zimmer bedrückte mich.

Bo hob ein Blatt auf, das sie vorher aus ihrem Schrank geworfen hatte. Es war eine Zeichnung, die sie und Nicky gemacht hatten.

«Ist Nicky schon gegangen?» fragte sie.

«Ja.»

«Ich habe mich ja nicht einmal richtig von ihm verabschiedet. Er kommt nächstes Jahr nicht mehr zurück, nicht wahr?»

«Nein.»

«Und Claudia? Kommt sie auch nicht mehr?»

«Nein.»

«Und Tommy auch nicht», sagte sie traurig. «Nur ich. Nur ich komme wieder. Nur ich allein.»

«Und ich», fügte ich bei.

Bo schaute mich an. Dann nickte sie. «Ja. Nur du und ich.» Sie vertiefte sich in die Zeichnung.

«Du, Bo, komm wir gehen feiern!»

«Feiern?» Ärgerlich runzelte sie die Stirn. «Was gibt es denn da zu feiern?»

Ich zuckte die Achseln. «Ich weiß auch nicht. Mir ist einfach danach zumute.»

Keine Antwort.

«Vielleicht könnten wir den letzten Schultag feiern», schlug ich vor. «Wir haben den ganzen schulfreien Sommer vor uns. Wie wäre es damit?»

«Nein, ich muß doch Sommerkurse besuchen.»

«Hm, nun gut, aber es regnet nicht mehr. Es ist ein schöner Tag. Das könnten wir doch feiern.»

«Es ist viel zu heiß. Ich schwitze.»

«Du machst es mir wirklich schwer, Bo.»

«Ist mir doch schnuppe.»

«Komm, gib dich nicht so. Weißt du was, Nicky und ich haben unten an der Ecke einen Eisverkäufer entdeckt. Wollen wir uns ein Eis kaufen gehen? Und dazu noch Butterbrezeln?»

«Ich hasse Butterbrezeln!»

«Bo! Bitte! Jetzt reicht's aber!»

Plötzlich fing sie an zu kichern. Die Spannung war gebrochen, und wir fingen beide an zu lachen. «Es ist nicht leicht, mit mir auszukommen, nicht wahr?» sagte sie.

«Du sagst es!»

«Aber ich will ganz bestimmt kein Butterbrezel-Eis. Das ist fast noch schlimmer als Sitzenbleiben.»

Wir lächelten einander zu. Sie nagte an der Unterlippe und schaute mich erwartungsvoll an: «Also, was wollen wir jetzt feiern?»

«Du bist dran, ich habe keine Ideen mehr.»

Sie zuckte die Achseln. «Ich weiß nicht. Uns, wahrscheinlich. Dich und mich. Feiern wir einfach uns.»

«Und wie machen wir das?» fragte ich.

«Keine Ahnung. Du kannst wählen.»

Ich stand auf. «Ich schaue mal nach, wieviel Geld ich habe.»

«Nein, Torey, warte.» Bo sprang auf. «Wir holen Libby auch noch.»

Ich zögerte und dachte an die Demütigung, die vielleicht in Libbys Gegenwart wieder aufleben würde. «Wäre es dir nicht lieber, wenn wir nur zu zweit wären? Schließlich –»

«Ich weiß, aber Libby ist immer so traurig, wenn die Schule aus ist. Sie mag die Schule viel besser als wir.»

«Ach so.»

«Und ich habe eine Idee.» Sie griff tief in ihre Tasche. «Ich habe noch sieben Cents. Ich könnte für uns alle Kaugummi kaufen. Wir könnten in den Park gehen und dort den Indianer-Hügel hinunterrollen.» Ihr Gesicht leuchtete auf. «Schau mal, wieviel ich habe.»

«Ja, ich dachte nur ..., ich meine, ich weiß, wie du dich

fühlst... ich meine, es tut mir leid, daß ich nichts machen konnte...» Die Worte blieben mir plötzlich im Hals stecken. Wir schauten uns an. Bo klimperte mit den Geldstücken.

Sie öffnete die Hand und betrachtete die Münzen, dann lächelte sie. Es war ein ruhiges, verzeihendes Lächeln. «Mach dir doch keine Sorgen, Torey. Du machst dir immer Sorgen. So wichtig ist es nun auch wieder nicht. Komm, wir gehen!»

Epilog

Ich blieb an der Schule und begleitete Bo durch ein weiteres Erstklaßjahr. Ihre Familie ist inzwischen in den Osten der USA gezogen, und sie besucht dort eine Privatschule für Lernbehinderte. Sie hat bis auf den heutigen Tag nicht lesen gelernt, womit sich aber glücklicherweise alle abgefunden haben.

Nicky ist immer noch in der Sonderschule für autistische Kinder. Es ist noch nicht gelungen, ihn aus seiner Welt in unsere herüberzuholen. Immerhin macht er kleine Fortschritte und hat gelernt, sich verständlicher auszudrücken. Er kann jetzt auch Mama sagen.

In ihrer alten Schule war Claudia bald Klassenerste und absolvierte ihre Schulzeit mühelos. Keiner von uns weiß, wo ihre Tochter Jenny ist.

Vor kurzem las ich in einem Zeitungsbericht von einem Jungen, der vier Kinder und einen Säugling unter Lebensgefahr aus einem brennenden Haus gerettet hatte. Auf dem dazugehörigen Bild sah man den Jungen, wie er eine Ehrenmedaille für «seine selbstlose Tat im Dienste der Mitmenschen» entgegennimmt. Der Junge war Thomas.

Mary MacCracken:
Lovey

Die Verwandlung eines »schwierigen« Kindes
durch die befreiende Kraft der Liebe

Lovey ist verhaltensgestört, ein in sein Gefängnis von Einsamkeit, Angst und Zorn gesperrtes kleines Mädchen. Die Wissenschaft nennt diese Kinder autistisch und weiß wenig darüber; die meisten Eltern verstecken sie; für ihre Erziehung hat der Staat kein Geld. Sie sind auf ein Übermaß an Geduld und Einfühlung angewiesen. Beides hatte Mary MacCracken bereits an drei gestörten Jungen erfolgreich erprobt, als sie das achtjährige schreiende, brüllende und tobende Mädchen mit dem Namen Hannah Rosnic in ihre Gruppe aufnahm und ihm den Namen Lovey gab.

Der Weg von diesem Augenblick bis zu dem Moment, da Lovey ihr erstes Lied singt, war weit. Man geht ihn mit der Lehrerin, wird mitgerissen von ihrer unerschöpflichen Mühe, hält durch dank ihrer nie erlahmenden Hoffnung. Was für Mary MacCracken Gewißheit ist, erlebt der Leser wie ein Wunder: Lovey wird ein glückliches Kind.

Mary MacCracken studierte am Wellesley College, bevor sie 1962 Assistentin an einer Schule für verhaltensgestörte Kinder wurde. 1965 wurde sie dann an derselben Schule Therapie-Lehrerin. 1970 ging sie an das William Patterson College in New Jersey, wo sie ihren Bachelor of Arts und ihr Lehrerinnen-Diplom machte.

Ihre Erfahrungen mit emotional schwer gestörten Kindern schlugen sich in ihren zwei Büchern »A Circle of Children«, das für das amerikanische Fernsehen verfilmt wurde, und »Lovey«, mit dem sie internationalen Erfolg hatte, nieder.

»Ich hatte eigentlich nicht vor, Lehrerin zu werden«, erzählt Mary MacCracken über sich selbst, »doch schon an meinem ersten Tag als Hilfskraft an der Schule für verhaltensgestörte Kinder habe ich meine Meinung geändert: Als ich mich meinen Schülern gegenübersah, wußte ich sofort, daß in Zukunft diese Jungen und Mädchen mein Lebensinhalt sein würden.«

Lizenzausgabe mit freundlicher Genehmigung des
Scherz Verlages, Bern und München
© 1976 by Mary Burnham MacCracken
Titel der Originalausgabe: »Lovey«
Aus dem Amerikanischen von Margitta de Hervás
Gesamtdeutsche Rechte beim Scherz Verlag, Bern, München, Wien

*Für meinen außergewöhnlichen Vater
und für Anne*

Erläuterungen der wichtigsten Fachausdrücke

Auditiv: das Hören betreffend

Autismus: eine Art des Denkens, in deren Verlauf eine Person sich von seinen persönlichen Wünschen leiten läßt, ohne seine Umwelt besonders zu berücksichtigen. Wunschdenken

Behaviorismus: psychologische Forschungsrichtung, die sich nicht mit psychischen Deutungen, sondern mit objektiv erfaßbaren Vorgängen beschäftigt

Dehydratation: Wasserentzug aus den Körpergeweben

Dyslexie: Störung der Lesefähigkeit bzw. des Auffassens gelesenen Stoffes, unabhängig von Sprechstörungen auftretend

Elektroenzephalogramm: Aufzeichnung des Verlaufs der Aktionsströme des Gehirns

Eskapismus: Flucht vor der Realität, Ausweichen

Inkohärent: unzusammenhängend

Kohärent: zusammenhängend

Legasthenie: Schwäche, Wörter oder Texte zu lesen oder zu schreiben

Monosyllabum: einsilbiges Wort

Motorische Koordination: das harmonische Zusammenwirken von Muskeln in einer komplexen Handlung

Obstruktion: Verstopfung

Phobie: abnorme, unkontrollierbare Furcht vor Objekten oder Situationen

Psychose: Geistes- oder Nervenkrankheit

Retardation: Zurückbleiben in der Intelligenzentwicklung bei Kindern im Vergleich zur normalen Entwicklung

Rezeptiv: aufnehmend, empfangend

Schizophrenie: Gruppe psychotischer Erkrankungen, die sich besonders durch einen Zerfall der emotionalen und intellektuellen Aspekte des Verhaltens kennzeichnen läßt. Bewußtseinsspaltung

Skinner: amerikanischer Psychologe (geb. 1904), Anhänger des Behaviorismus

Syntax: Satzlehre

Visuell: das Sehen betreffend

Erstes Kapitel

»Warten Sie doch einen Moment, Mary. Ich möchte mit Ihnen sprechen.« Die Direktorin legte die Hand auf die Telefonmuschel und wies mit dem Kopf auf die Kaffeekanne. »Gießen Sie sich eine Tasse ein. Ich bin gleich soweit.«
Den Arm voller Bücher und alter Zeitschriften, die ich mitgebracht hatte, blieb ich zögernd stehen. Es paßte mir nicht, daß ich jetzt aufgehalten wurde. Es war der erste Schultag, und die Kinder würden in ein paar Minuten kommen. Ich wollte in mein Klassenzimmer, um die Sachen zu verstauen und mich davon zu überzeugen, daß nichts fehlte.
»Na, wie steht es, alles vorbereitet?« fragte die Direktorin, als sie aufgelegt hatte.
»Ich glaube schon, ich will nur noch die Bücher hier unterbringen und vielleicht ein paar Reiseplakate aufhängen, bis wir selbst etwas gemalt haben.« Unsere Kinder waren gegenüber der Atmosphäre, die sie umgab, noch empfindlicher als die meisten anderen. Ich wollte keine Hektik, keine Hast, kein Durcheinander in den ersten Augenblicken. Der Direktorin waren meine Motive ebenso klar wie mir selbst. Warum vergeudeten wir hier die Zeit?
»Hm, Mary, ich wollte Ihnen sagen... nun, es hat einen Wechsel in Ihrer Klasse gegeben.«
»Einen Wechsel? Wie meinen Sie das? Was ist geschehen? Ist einem der Kinder etwas passiert?«
»Nein, nein. Nichts dergleichen. Ich habe die Dinge lediglich ein bißchen anders geregelt.«
Ich war sofort auf der Hut. Euphemismen aus dem Mund der Direktorin waren immer ein Zeichen für Gefahr. »Ein bißchen anders geregelt?«
»Ja. Gestern abend, als ich die Klassenlisten durchsah, beschloß ich, Hannah Rosnic zu Ihnen zu geben und dafür Carolyn...«
»Hannah Rosnic!« platzte ich heraus. »Wie soll das gutgehen? Brian und Rufus sind schon fast soweit, daß sie in eine normale Schule überwechseln können – Brian ist zwölf, dies ist sein letztes Jahr – und sogar Jamie ist jetzt imstande, lange genug sitzen zu bleiben, um

ein bißchen zu lesen. Carolyn paßt ausgezeichnet zu ihnen, ich weiß das. Wir haben sie voriges Jahr verschiedentlich bei uns gehabt. Ich weiß, sie ist introvertiert, und ihre Phantasien...«
»Ich habe Carolyn für Ellens Klasse eingeteilt«, fiel mir nun ihrerseits die Direktorin ins Wort. »Es wurde mir gestern abend klar, daß Ellen überfordert wäre, wenn sie Hannah übernehmen müßte. Ellen ist noch zu neu. Sie schafft es mit ihren anderen drei Kindern, und sie wird auch mit Carolyn zurechtkommen. Aber Hannah ist bei Ihnen in besseren Händen.«
»Hören Sie«, sagte ich. »Und was ist mit den Jungen? Außerdem kenne ich Hannah ja nicht einmal – nur ihre Stimme, die im letzten Jahr oft bis zu uns gedrungen ist. Ich habe keine Beziehung zu ihr. Wie soll ich es anstellen, daß sich zwischen ihr und den Jungen ein Kontakt entwickelt? Wie wollen Sie wissen, ob sie sie überhaupt akzeptieren?«
Die Direktorin trank ihren Kaffee, zündete sich eine Zigarette an und wedelte den Rauch von ihren Augen fort. Sie sah genauso aus wie immer, heiter und dynamisch, mit ihrem weichen, weißen Haar, das einen wohltuenden Kontrast zu dem sehnigen Hals bildete. »Ich habe darüber nachgedacht. Die Jungen werden ein guter Ausgleich für sie sein.« Sie machte eine Pause und lächelte mich an. »Und Hannah wird sie ein wenig wachrütteln – etwas mehr Betrieb in Ihr Klassenzimmer bringen.«
»Betrieb? Wofür brauchen wir Betrieb? Wir sind weit gediehen, aber wenn Hannah da ist, könnte es sein, daß wir all das, was wir bisher erreicht haben, wieder aufs Spiel setzen.«
»Warten wir ab«, entgegnete die Direktorin kühl. Das Telefon klingelte. Sie nahm meine unberührte Tasse und ihre halb ausgetrunkene, ging zum Schreibtisch und verabschiedete mich mit einem Nikken. »Also, das wäre dann geregelt. Schön. Ich schicke Hannah zu Ihnen, sobald sie kommt.«
Ich sammelte meine Bücher und Zeitschriften ein und ging hinaus. Was sollte ich tun? Ich wußte von Hannah Rosnic nur, daß sie irgendwann um die Mitte des Schuljahres herum zu uns gekommen und in Shirleys Klasse am anderen Ende des Korridors gewesen war. Ich hatte sie auf dem Spielplatz gesehen, dick, plump und schmutzig, und ich hatte sie in ihrem Klassenzimmer schreien und brüllen hören. Aber das und ein paar vage Erinnerungen an die Gespräche auf Lehrerkonferenzen waren auch alles. Und jetzt sollte sie eins meiner vier Kinder sein!

Eine solche Änderung im letzten Augenblick war noch nie dagewesen. Unsere Schule betreute Kinder mit schweren emotionalen Störungen. Jedes von ihnen war ein Einzelfall, hatte derartig individuelle Probleme und Stärken, daß das, was einem bestimmten Kind helfen konnte, Zorn, verletzte Gefühle und Isolierung zu bewältigen, einem anderen nichts nützte. Was ich für Carolyn vorbereitet hatte, würde bei Hannah zu nichts führen.
Doch es war zwecklos, mit der Direktorin über die Angelegenheit zu diskutieren. Wenn sie beschlossen hatte, Hannah zu uns zu schicken, dann würde Hannah auch kommen.
Ich öffnete die Tür meines Klassenzimmers, und sogleich hob sich meine Stimmung wieder. Es war ein schöner, nach Süden gelegener Raum, groß, sonnig und hell. Ein Mitglied unseres Schulkuratoriums hatte erreicht, daß wir das Gebäude, das der Kirchengemeinde gehörte, mietfrei benutzen konnten, bis eine neue Schule für uns fertiggestellt war. Diesen speziellen Sonntagsschulraum allerdings hatten wir bis dahin nicht verwenden dürfen. Er war der Stolz und die Freude der Gemeinde, enthielt Spielgeräte, Teppiche, Tische und sogar eine Staffelei. Eine ganze Wand bestand nur aus Fenstern, die vom Boden bis zur Decke reichten und die Sonne ungehindert hereinließen. Überdies hatte das Zimmer eine zweite Tür, die auf die Einfahrt hinausging. Es gibt nichts Besseres, als eine eigene Tür zur Außenwelt. Verglichen mit den unfreundlichen, kahlen Räumen, in denen ich zuvor unterrichtet hatte, war dies das Paradies.

Brian erschien als erster – so leise, daß ich ihn nicht bemerkt hätte, wenn mein Blick nicht auf die offene Tür gerichtet gewesen wäre. Unmittelbar davor blieb er stehen, die Hände in die Taschen vergraben, so daß ich nicht sehen konnte, ob sie zitterten oder nicht. Jedes Jahr erwartete ich, der lächerlich überschwenglichen Erregung, die mich ergriffen hatte, als ich an der Schule anfing und zum erstenmal die Kinder sah, entwachsen zu sein. Jedes Jahr stellt sich heraus, daß ich mich geirrt habe. Immer wieder durchzuckt mich die gleiche überwältigende Freude, und ich muß mich zusammennehmen, um nicht quer durch den Raum Purzelbäume zu schlagen, wenn die Kinder kommen.
»Hallo, Brian, wie schön, daß du da bist.« Ich ging ihm entgegen und wartete darauf, daß sein schüchternes, liebes Lächeln das spitz zulaufende kleine Gesicht überziehen würde.
Doch Brian lächelte nicht. Er kam nicht einmal herein. »Warum sind

wir hier drin?« fragte er. »Das ist nicht unser Zimmer. Letztes Jahr waren wir woanders.«
Es ist für unsere Kinder so schwer, mit neuen Situationen fertig zu werden. Ihr Ichbewußtsein ist so gering, ihr Wesen so fragil, daß sie, sobald sich ihre Umgebung ändert, Angst haben, sie selbst könnten auseinanderfallen.
»Hör mal«, sagte ich. »Dies ist das beste Zimmer, das wir je hatten. Du solltest Luxus nicht verschmähen. Schau, wir haben einen richtigen Wandschrank für die Mäntel, nicht nur Haken.«
Brian trat zwei Schritte vorwärts und beäugte den Garderobenschrank. »Mir gefielen die Haken«, sagte er.
»Und wir haben Bauklötzchen und Lastwagen und eine komplette Spielküche mit Herd, Spülbecken und Tischen und dazu noch – sieh nur – unsere eigene Tür. Wie findest du das? Jetzt brauchen wir nicht mehr durch das Büro zu gehen, wenn wir vor dem Mittagessen hinausschlüpfen wollen, um ein bißchen mit unseren Rädern herumzufahren.«
Brian war mittlerweile wieder ein Stückchen näher herangekommen. »Haben wir die Räder noch?«
»Natürlich. Wir haben sogar ein paar neue.« Die Damen der Kirchengemeinde hatten sie uns geschenkt, und sie waren nicht im eigentlichen Sinne neu – nur für uns.
Eine Minute später erschien Rufus. Er sah braungebrannt und gesund aus und hatte offenkundig einen schönen Sommer hinter sich.
»He, Mary«, verkündete er, »vielleicht kriegen wir eine Katze. Ich bin fast gar nicht mehr allergisch, und meine Mama sagt, sobald ich nicht mehr allergisch bin, können wir eine haben.« Er wandte sich Brian zu. »Und dann bring ich sie mit, Brian, damit du sie anschauen kannst.«
Rufus wanderte völlig unbefangen im Zimmer herum, hatte über alles etwas zu sagen, und ich konnte beobachten, wie Brian gelöster wurde und seine Ängste schwanden. Die Kinder taten so viel füreinander, ohne es zu merken. Rufus' Erkundungsgang ermunterte Brian, sich selbst auch einmal umzuschauen, und bald hockten beide Jungen auf dem Boden und kramten aus ihren Wandfächern Bücher, Papier und verschiedene Kleinigkeiten heraus, die ich für sie zurechtgelegt hatte.
Dann stürmte Jamie herein, der dritte meiner Jungen, und trabte schwankend durch den Raum.

Ich setzte mich schnell. Jamie war acht, und ich hatte ihn erst ein Jahr gehabt. Bei ihm waren noch immer Ausbrüche möglich, und je mehr physischen Kontakt er in Streßzeiten hatte, um so besser. Ein neues Klassenzimmer und der erste Schultag ergaben zusammen eine starke Belastung.
Ein breites Grinsen überzog Jamies Gesicht, als er mich erspähte und auf mich zusteuerte. Ich spreizte die Beine, so weit ich konnte, und breitete die Arme aus. Ohne sein Tempo zu verlangsamen, tat Jamie einen Satz und landetete auf meinem Schoß.
»Hallo, Jamie«, sagte ich und drückte ihn an mich. »Wo bist du denn so lange geblieben?«
Jamie erwiderte nichts, aber er sprach sowieso nur selten. Er barg lediglich seinen Kopf an meinem Hals, während ich ihn hin und her wiegte. Dann richtete er sich auf, um Luft zu holen, und musterte von seinem sicheren Platz aus den Raum. Als er Brian und Rufus so zufrieden den Inhalt ihrer Fächer sortieren sah und merkte, daß er bei mir bleiben konnte, solange er wollte, begann er sich ganz allmählich zu befreien: zuerst einen Arm, danach den anderen Arm, einen Fuß, den anderen Fuß – eine schnelle Runde um meinen Stuhl herum, auf meinen Schoß zurück und wieder herunter, diesmal zu einem eigenen Stuhl.
Gegen zehn Uhr war uns das Zimmer bereits etwas vertraut. Die Jungen hatten mindestens ein dutzendmal die Fächer leer gemacht und wieder eingeräumt – sämtliche Gegenstände hatten sie berührt, befühlt, an allem gerochen, bis sie überzeugt waren, daß es wirklich ihnen gehörte. Jamie hatte jeden Stuhl ausprobiert, bevor er sich endlich für einen entschied und ihn von da an überallhin mit sich schleppte.
Ich war gerade dabei, Namensschilder für Hannahs Fach und ihren Mantelhaken anzufertigen, als das Kreischen anfing. Zuerst war es gedämpft, dann wurde der Lärm lauter. Es ertönten schrille Schreie, denen Stille folgte. Und wieder Schreie, mit rauhem, ersticktem Schluchzen vermischt.
War das Hannah? War sie gekommen? Und wenn, wo war sie? Die Direktorin hatte gesagt, sie würde sie sofort herschicken. Es war halb elf. Sie mußte inzwischen da sein.
Einen Augenblick später stand die Direktorin in unserer Tür. »Guten Morgen, Kinder.« Sie lächelte. »Ist das nicht ein schönes Zimmer? Ich sehe, ihr seid schon fleißig bei der Arbeit. Mary, kann ich Sie einen Moment sprechen?«

Ich ging zu ihr hin, und sie berichtete mir mit gesenkter Stimme, daß Hannah in ihrem alten Klassenzimmer sei. »Ich kann sie nicht dazu bewegen, es zu verlassen und zu Ihnen zu kommen, und da dachte ich, ob Sie vielleicht kurz hinüberschauen würden.«
Es war mir nicht recht. Die Dinge kamen bei uns gerade ein wenig in Gang. Spannungen und Ängste begannen sich zu verflüchtigen, aber sie konnten sehr leicht wiederkehren, wenn man die Jungen plötzlich allein ließ. Andererseits mußte das Schreien und Schluchzen, das man jetzt bei offener Tür noch lauter hörte, ein Ende finden.
»Würden Sie hierbleiben, bis ich zurück bin?« fragte ich die Direktorin. Sie nickte, und ich ging zu Brian hinüber und kauerte mich neben ihn. »Brian, ich muß schnell einmal in ein anderes Zimmer. Die Direktorin bleibt solange bei euch. Ich bin gleich wieder da, okay?«
Ich beobachtete sein Gesicht. Er lächelte nicht, aber es war auch kein Anzeichen von Panik zu sehen. Er nickte nur und wandte sich wieder seinem Buch zu. Die Direktorin setzte sich zu Jamie neben den Plattenspieler. Es schien alles in Ordnung zu sein.
Ich schloß die Tür. Hoffentlich nahmen die Dinge einen guten Verlauf. Es hing soviel vom ersten Tag ab. Wenn sich die Kinder in ihrem Zimmer und innerhalb ihrer Gruppe wohl und geborgen zu fühlen begannen, war sehr viel gewonnen.
Schulgeräusche aller Art erfüllten den Korridor: Man hörte Stühlerücken, Plattenspieler, die in den verschiedensten Lautstärken liefen, Türen, die auf- und zugingen, die ruhigen Worte der Lehrerinnen, ein paar Kinderstimmen, hier und da ein kurzes Auflachen. Und noch immer zerrissen Hannahs Schreie die Luft, in kurzen, quälenden Abständen.
Ich blieb vor ihrem Klassenzimmer stehen und schaute durch das Fenster. Die neue Lehrerin, Ellen, hatte die Tür verriegelt, und eine Sekunde lang bedauerte ich, daß ich hergekommen war. In diesem Raum hatte ich zu unterrichten begonnen, als ich vor fünf Jahren als Aushilfskraft eingestellt wurde. Ich dachte daran, wie unerfahren ich gewesen war. Meine erste Handlung hatte darin bestanden, daß ich die Tür aufriegelte, und gleich darauf war ich der Länge nach hingefallen, als ich ein Kind festhielt, das fortlaufen wollte. Doch wir hatten beide etwas dazugelernt, und die Tür war unverriegelt geblieben. Ich fand es grausam, Kinder wie in Käfige einzusperren, und es erfüllte mich jetzt mit Trauer und Frustration, die Tür wieder verschlossen zu sehen.

Durchs Fenster sah ich, daß Hannah sich in dem hölzernen Klettergerüst verbarrikadiert hatte, das in einer Ecke des Raumes aufgebaut war. Sie klammerte sich an die Stangen, abwechselnd schreiend und schluchzend, das Gesicht vor Kummer oder Wut, vielleicht auch vor Angst, verzerrt. Die anderen Kinder standen herum und starrten sie an, aber wenn sie sich in ihre Nähe wagten, griff sie durch die hölzernen Sprossen und schlug nach ihnen.
Ich klopfte ans Fenster. Ellen blickte hoch, und ein Ausdruck der Erleichterung erschien auf ihrem runden, sanften Gesicht, als sie zur Tür eilte, sie aufsperrte und mich nach drinnen zog.
»Bin ich froh, daß Sie da sind«, sagte sie. »Das geht jetzt schon eine Stunde so. Es war nichts dagegen zu machen. Hannah entwischte der Direktorin heute früh und rannte hierher. Vermutlich dachte sie, ihre Lehrerin vom letzten Jahr sei noch da, denn als sie mich sah, geriet sie außer sich und schrie und zerrte an meinen Kleidern, als glaubte sie, sie könnte ihre Lehrerin irgendwo darunter finden. Am Ende gab sie es auf und kletterte in das Gerüst, und jetzt läßt sie niemanden an sich heran.« Ellen senkte die Stimme. »Hören Sie, Mary, Sie müssen sie hier herausschaffen. Sie verängstigt mir die anderen Kinder. Ich habe alles versucht, aber es wird nur schlimmer.«
Ich schaute zu Hannah hinüber. Sie erschien mir kleiner, als ich sie in Erinnerung hatte, aber was Ellen sagte, stimmte – es wurde immer schlimmer. Ihr Schluchzen und ihre Schreie waren lauter und tiefer als zuvor. Wie konnte sie das überhaupt solange durchhalten? Wider Willen verspürte ich so etwas wie Bewunderung. Irgendwo in diesem Kind mußte eine ungeheure Kraft stecken. Ich ging auf das Klettergerüst zu, ohne recht zu wissen, was ich tun sollte. Ich wollte lediglich versuchen, ein Gefühl, ein Gespür für Hannah zu bekommen. Ich war nicht erpicht darauf gewesen, sie in meiner Klasse zu haben – mit Carolyn hätte sich alles viel leichter gestalten lassen. Doch wenn sie schon zu uns kommen sollte, dann mußte ich sie auch kennenlernen. Wie war das wohl, wenn man zurückkam und die Lehrerin, die man zu sehen erwartete, nicht mehr vorfand? Wie mochte es sein, wenn man acht Jahre alt und verletzt und zornig und verwirrt war? Wonach würde ich verlangen, was würde ich brauchen, wenn ich Hannah wäre?
Als ich mich ihr näherte, begann Hannah mit den Füßen aufzustampfen. Es war, als ob ihre Stimmbänder bereits ihr Letztes hergäben und sie nun angesichts einer neuen Gefahr mit anderen Mitteln Lärm erzeugen müßte.

An zwei Seiten wurde das Klettergerüst von Wänden begrenzt. Hannah klammerte sich an die dritte Seite, schüttelte sie und stampfte mit den Füßen. Ohne einen festen Plan kletterte ich die vierte Seite hinauf.
Hannahs Geschrei verstummte, und ich nutzte ihre Überraschung, um bis nach oben zu gelangen, wo sie mich nicht mehr mit ihren Fingernägeln kratzen konnte. Ich legte mich auf die Plattform und versuchte gleichsam mit all meinen Sinnen, nicht nur mit den Ohren, zu lauschen. Nichts. Es kam kein Laut von unten. Ich beugte mich über den Rand, und da war Hannah, vornübergeneigt, den Kopf gegen die Sprossen gepreßt, große rosafarbene Kaugummiklumpen in ihrem rotblonden Haar. Ich richtete meine Worte an ihren schmalen schmutzigen Nacken.
»Tag, Hannah.«
Keine Antwort, keine Reaktion, nicht einmal ein leichtes Zucken; dennoch hatte ich das Gefühl, daß sie mich gehört hatte.
»Paß mal auf«, fuhr ich fort. »Das ist nicht deine Klasse. Du solltest eigentlich schon längst bei uns sein, in dem Zimmer auf der anderen Seite des Korridors. Wir haben dort auf dich gewartet.«
Hannah gab keinen Ton von sich, aber ihr Kopf drehte sich ein winziges Stückchen zur Seite. Ich redete weiter.
»Shirley, deine Lehrerin vom letzten Jahr, wollte nicht fort von hier. Ihr gefiel unsere Schule, und sie gab dir gerne Unterricht. Aber ihr Mann hat jetzt seine Ausbildung als Arzt abgeschlossen und ist an ein weit entferntes Krankenhaus geschickt worden – und so mußte sie hier aufhören, um ihn begleiten zu können.«
Mein Kopf hing schon so lange über der Plattform, daß meine Halsmuskeln allmählich müde wurden, und ich wäre gern wieder heruntergeklettert, um mich neben Hannah zu stellen und sie mir etwas genauer anzuschauen, vielleicht sogar ihren plumpen, stämmigen Körper festzuhalten und ihr die Möglichkeit zu geben, ihrem Zorn ein wenig Luft zu machen. Doch Hannah schien noch längst nicht so weit zu sein. Ich würde warten müssen.
Plötzlich drehte sie sich um und verrenkte Hals und Körper, um zu mir heraufzuschauen. Eine Sekunde lang hing sie an der Außenseite der Holzsprossen, das Gesicht mir zugekehrt, und dann war sie fort, war aus dem Klettergerüst herausgestiegen und durch die Tür gelaufen, die Ellen, als sie mir aufmachte, unverriegelt gelassen hatte. Ich stieg schnell herunter und ging ihr nach. Ellens Tür schloß sich hinter mir, und der Riegel wurde vorgeschoben.

Hannah rannte im Korridor hin und her wie eine dicke Maus in einem Labyrinth. Sie trug einen Hauskittel aus Kattun, der um die Taille mit einer Kordel zusammengehalten war. Er reichte bis auf ihre derben braunen Schuhe hinab, und sie stolperte darin herum, prallte gegen die Wände und stieß rauhe, kehlige Jammerlaute aus. Einmal drehte sie sich zu mir um, und ich sah, daß sowohl ihr Gesicht als auch die Vorderseite ihres Kleides feucht waren – von Tränen benäßt, verschwitzt, vielleicht auch beides. Dann, mehr zufällig als absichtlich, öffnete sie die Tür zu unserem Klassenzimmer. Die Jungen und die Direktorin sprangen auf, als sie in den Raum stürzte. Ich war nur einen Schritt hinter ihr und schloß sofort die Tür. Wir brauchten jetzt für eine Weile einen Ort, an dem wir unter uns waren.

Es war schwer zu unterscheiden, wer mehr verängstigt war, Hannah oder die Jungen. Schweigend starrten sie einander an, bis die Direktorin freudig ausrief: »Na, Hannah, wie ich sehe, hast du dein Klassenzimmer gefunden. Jetzt ist also jeder untergebracht, und ich kann wieder zu meiner Arbeit zurück. Das Telefon läutet unaufhörlich, und es gibt eine Unmenge zu tun. Einen schönen guten Tag wünsche ich euch.«

Die Direktorin war draußen, bevor sich einer von uns bewegt hatte, doch als die Tür zuging, schoß Hannah darauf zu. Aber ich stand bereit. Brian und Rufus hatten eng aneinandergedrängt vor der Außentür Zuflucht gesucht. Jamie kam wimmernd zu mir gerannt und drückte seinen Kopf an meine Beine. Ohne vorherige Planung hatten wir die Ausgänge verbarrikadiert. Es gab kein Entwischen für Hannah. Ob sie es wollte oder nicht, sie war bei uns.

Hannah wich ein paar Schritte zurück und stürzte noch einmal auf die Eingangstür los. Ich hielt sie fest, als sie vorbeikam. »Da hab' ich dich. Und jetzt ist es genug, ja?«

Ich sagte es, um die Jungen zu beruhigen und um Hannah zur Vernunft zu bringen. Den Jungen mochte es geholfen haben, daß sie einen vertrauten Ton hörten – bei Hannah richtete ich nichts damit aus. Sie glitt aus meinen Armen zu Boden und begann, auf Hände und Knie gestützt, ihren in das lange Hauskleid gehüllten Körper unter durchdringenden stöhnenden Lauten hin und her zu wiegen.

Die Geborgenheit, die wir aufzubauen angefangen hatten, war wie weggewischt. Trauma, Angst und Gewalt hatten sich in unserem Zimmer breitgemacht. Ich schickte der entschwundenen Direktorin

eine stumme Verwünschung nach, doch es nützte nichts. Sie war fort; Hannah war hier. Wir mußten irgendwie zurechtkommen.
Ich wandte mich an die Jungen. »Hannah wird dieses Jahr in unserer Klasse sein. Sie ist traurig, weil sie ihre frühere Lehrerin nicht mehr hat und aus einigen anderen Gründen. Es dauert sicherlich eine Weile, bis wir uns aneinander gewöhnen, aber es wird schon alles gut. Wir brauchen nur ein bißchen Zeit. Und jetzt an die Arbeit. Rufus, Brian, bringt eure Bücher her und laßt uns einmal schauen, womit wir uns beschäftigen wollen.«
Während ich noch redete, war ein dumpfer, dröhnender Schlag zu hören, und ich drehte mich nach Hannah um. Sie wiegte sich noch immer hin und her, schlug aber jetzt dabei mit dem Kopf gegen die schwarzen Fliesen. Ich wußte, daß sie uns damit einerseits testen wollte, doch daneben war es auch ein Versuch, das, was sie innerlich peinigte, zu zerstören.
Ich setzte mich neben Hannah auf den Boden und schob mein Bein unter ihren Kopf, um den Aufprall abzudämpfen. »Nein. In diesem Zimmer tust du weder dir noch irgend jemand anders weh. Und niemand tut dir weh. Du kannst dich hin und her wiegen, wenn es sein muß, aber mit dem Kopf aufschlagen, das gibt es nicht.«
Sie stieß noch einmal heftig mit dem Kopf nach vorn gegen meinen Schenkel, und dann, gerade als der schrille Pfeifton die Mittagszeit ankündigte, rührte sie sich plötzlich nicht mehr. Ich lehnte mich an die Wand, Hannah, in Schweiß gebadet, lag unbeweglich auf meinem Bein, und die drei Jungen beobachteten uns stumm von der anderen Seite des Zimmers aus.

Zweites Kapitel

Jamie verließ das Klassenzimmer an diesem Tag als letzter. Wir hatten, beide schlapp von so viel Aufregung, auf einem Stuhl am Fenster auf seinen Bus gewartet. Doch als er kam und Jamie eingestiegen war, ging ich ins Büro, schloß den Aktenschrank auf und nahm Hannahs Ordner heraus.
Die Direktorin war noch da, eine friedliche Oase inmitten verwirrter Busfahrer, besorgter Mütter und erschöpfter Lehrerinnen. Hier zeigte sie sich von ihrer besten Seite, beruhigend und aufmunternd. Sie hatte die Schule fünfzehn Jahre zuvor gegründet und von Jahr zu Jahr mehr gearbeitet, um die für den Weiterbestand erforderlichen

Mittel herbeizuschaffen, das Niveau zu heben und Schritt zu halten mit dem Tatbestand, daß die Institution immer bekannter und die Wartelisten immer länger wurden. Und seit dem Tode ihres Mannes lebte sie überhaupt nur noch für die Schule. Jahrelang hatte sie sich mit gemieteten oder ihr zur Benutzung überlassenen Gebäuden begnügen müssen, doch jetzt war der Traum beinahe Wirklichkeit: In ein paar Monaten sollte der Grundstein zu einem geräumigen neuen Schulhaus gelegt werden, das den Vorstellungen der Direktorin entsprach. Ihr entging nie etwas, und sie nickte mir zu, als ich Hannahs Ordner in mein Zimmer trug.
Ich schlug ihn auf einem der Tische vor den offenen Fenstern auf. Ab und zu strich ein leiser Luftzug durch den Raum und wellte die Kanten der Bögen. Ich war gespannt auf die Berichte, denn ich wollte herausfinden, was Hannahs Zorn und Angst verursacht hatte. Sie glich mehr einem jungen Tier als einem kleinen Mädchen. Warum ließ sie niemanden an sich heran? Woher rührten ihre Heftigkeit und ihr Hang zur Selbstzerstörung?
Der Ordner enthielt ein von Mrs. Rosnic ausgefülltes Aufnahmeformular, ein Attest des Kinderarztes, einen Bericht des Leiters der Volksschule, die Hannah besucht hatte; außerdem gab es ein von einem Psychologen und einem Sozialhelfer in einer psychiatrischen Klinik gemeinsam verfaßtes Gutachten, ein anderes von dem Psychologen der Volksschule und einen halbseitigen Jahresabschlußbericht, den Hannahs frühere Lehrerin geschrieben hatte. Aus diesen Unterlagen stückte ich mir nach und nach Hannahs Geschichte zusammen.
Sie war vor acht Jahren in einem Krankenhaus in New York City zur Welt gekommen. Ihr Leben war von Anfang an mit Gewalttätigkeit angefüllt gewesen. Sie hatte während der ersten Tage und Nächte unaufhörlich geschrien, wenig Nahrung zu sich genommen und sie schließlich ganz verweigert. Die verzweifelte Mrs. Rosnic hatte sie in die Klinik zurückgebracht, wo man eine Obstruktion* im Unterleib fand, die Nahrungsblockierung und Dehydratation hervorgerufen hatte. Hannah wurde operiert und lag mehrere Wochen im Krankenhaus.
Als sie heimkam, konnte sie essen, und das Schreien ließ ein wenig nach, aber sie wiegte sich in ihrem Bett hin und her und schlug mit dem Kopf gegen die Fußwand.

* Erklärung der Fachausdrücke auf Seite 4 und 5

Ihr um drei Jahre älterer Bruder Carl lehnte das neue Baby ab. Kurz nach Hannahs Entlassung aus dem Krankenhaus kam Mrs. Rosnic dazu, wie er den Kopf seiner Schwester mit den Fäusten bearbeitete. Trotz alledem wuchs sie heran; sie konnte mit dreizehn Monaten laufen und war mit zwei Jahren sauber. Mrs. Rosnic fütterte sie allerdings mit der Flasche, bis sie drei Jahre alt war, und ich sah hier einen Zusammenhang mit der Tatsache, daß Hannah bis dahin keine richtigen Sprechversuche machte. Ihre Sprache bestand vornehmlich aus Grunzlauten und Monosyllaba, die nur Mrs. Rosnic verstehen konnte.

Als Hannah vier war, zog ihre Familie in die triste Industriestadt, in der sie auch jetzt noch lebte. Sie bewohnten ein Zweifamilienhaus in einem verwahrlosten Stadtviertel – Mrs. Rosnics Vater das Erdgeschoß, die Rosnics selbst das erste Stockwerk.

Hannahs Vater war ein seltsamer, brutaler Mann gewesen, den sowohl emotionale als auch physische Leiden plagten. Die Berichte zeigten, daß er die ganzen Jahre hindurch immer wieder von neuem in Heilanstalten eingewiesen wurde und, wenn er zu Hause war, meist schrie und brüllte und seine Kinder prügelte. Später sah er sich an einen Rollstuhl gefesselt, von dem aus er die Welt und die gesamte Menschheit befehdete. Sein Tod war genauso grotesk, wie es sein Leben gewesen war. Als er sich auf dem Begräbnis seiner Mutter plötzlich aus seinem Rollstuhl erhob, bekam er einen Herzschlag und starb, zwei Jahre bevor Hannah in unsere Schule eintrat.

Beim Tode ihres Mannes erwartete Mrs. Rosnic gerade ihr drittes Kind. Erst Anfang Dreißig, eine Witwe mit wenig Geld und keinerlei Ausbildung, mit einem kränklichen, tyrannischen Vater, zwei kleinen Kindern und einem noch ungeborenen Baby, wurde sie selbst krank und verfiel in eine tiefe Depression.

Sie wandte sich an ihre Kirche um Hilfe und wurde an eine psychiatrische Klinik verwiesen, die dieser Religionsgemeinschaft gehörte. Dort bescheinigten ihr ein psychiatrischer Sozialhelfer und ein Psychologe in einem gemeinsamen Gutachten einen »wachen normalen Verstand und ein befriedigendes Maß an Einsicht und Urteilsvermögen« und stellten andererseits fest, sie habe »das Gefühl, den Dingen nicht gewachsen zu sein«.

Ich stand vom Tisch auf und begann hin und her zu gehen, während ich weiterlas. Wer würde unter solchen Umständen nicht das Gefühl haben, »den Dingen nicht gewachsen zu sein«? Kalt und erbarmungslos reihten sich die Informationen aneinander. Carl, Hannahs

Bruder, wurde mit zwei kurzen Sätzen abgetan. Er habe, so hieß es, »ein kindliches Anpassungsproblem mit der ungewöhnlichen Phobie, sich vor dem Schlüssel einer alten Uhr zu fürchten«. Hannah war als eine »siebenjährige Angehörige der weißen Rasse« beschrieben...
Angewidert von der gestelzten Sprache legte ich den Bericht hin. Wer konnte sich nur so ausdrücken? Und warum? Um irgendein unsichtbares Publikum zu beeindrucken oder einfach, weil man den Psychologen beigebracht hatte, ihre Berichte so abzufassen? Hannah war ein trauriges, kräftiges, lebendiges kleines Mädchen mit blauen Augen und rotblondem Haar. Wie konnte man sie als »siebenjährige Angehörige der weißen Rasse« bezeichnen? Warum verteilte man Etiketten, statt ein Kind anzuschauen? Vergiß es, sagte ich mir. Schluck deinen Ärger hinunter. Er hilft dir jetzt nicht weiter.
»... eine siebenjährige Angehörige der weißen Rasse, die ein unruhiges Verhalten zeigt und deren unverständliche Sprache hauptsächlich aus Grunzlauten besteht. Urteilsvermögen und Einsicht außerordentlich gering. Diagnose: Psychose. Organische Hirnkrankheit im Gegensatz zur Schizophrenie.«
Eine gefährliche, anmaßende Diagnose nach einer einzigen kurzen Befragung, so schien es mir. Ich suchte in den verbleibenden Seiten nach konkreteren Informationen. Ein Elektroenzephalogramm war gemacht worden, und da es sich in normalen Grenzen hielt, wurde Hannah auf Versuchsbasis in eine Kindergartenklasse gesteckt. Dort blieb sie allerdings nur kurze Zeit. Bald schickte man sie wegen ihres »gespaltenen Verhaltens« wieder nach Hause. Die Angaben in den Berichten waren unklar und verwirrend, aber es mußte eine harte, freudlose Zeit für Mrs. Rosnic gewesen sein.
Ich schüttelte den Kopf. Kein Wunder, daß sich die Lehrkräfte unserer Schule selten beklagten. Unsere Sorgen, ganz gleich, worum es sich handelte, waren klein, wenn man das Leben unserer Kinder und ihrer Angehörigen betrachtete.
Der Spätnachmittagshimmel war dunkel, und die Luft roch modrig nach Regen. Zumindest würde es morgen kühler sein. Ich schaltete die Deckenbeleuchtung ein und überflog die restlichen Seiten.
Mrs. Rosnics Schwangerschaft war normal verlaufen, und Helen, ein gesundes, siebenpfündiges Mädchen, kam zur Welt. Hannah blieb zu Hause, bis sich hier ein Platz für sie fand; dann wurde in der Volksschule eine letzte psychologische Begutachtung vorgenommen. Darin hieß es, daß Hannah – ein aggressives Kind, dessen Ver-

halten pathologische Ursachen hatte – in einer eigenen Welt zu leben scheine. »Dieses Kind muß als eine Gefahr für andere Kinder angesehen werden.«

Blitze zuckten über den Himmel. Außer mir war niemand mehr in der Schule. Ich mußte mich beeilen, damit es nicht allzu spät wurde.

Wie sollte sich ein Kind an einem Ort entwickeln, wo man es als eine Gefahr betrachtete? In dem Bericht gab es nur eine positive Bemerkung: Der Psychologe stellte fest, Hannahs Zeichnungen enthüllten »eine überdurchschnittliche Intelligenz«.

Nun, vielleicht mußte ich mich über ihren Geist, ihren Verstand an sie heranarbeiten. Aber wie konnte ich zu diesem Bereich vordringen? Sie hatte sich in acht Jahren schon gegen so viele Feinde zur Wehr setzen müssen und mehr Schmerz und Grausamkeit kennengelernt als die meisten anderen Menschen im Verlauf eines ganzen Lebens. Ihr Verstand verbarg sich bestimmt unter vielen Schichten, denn sie hatte zweifellos dicke Mauern errichten müssen, um bis jetzt zu überleben.

Draußen prasselte der Regen heftig auf den schwarzen Schotter herunter. Ich schloß meine Fenster und las die letzte Seite durch. Hannahs Lehrerin aus dem vergangenen Jahr beschrieb sie in ihrem Bericht als ein gestörtes, trauriges kleines Mädchen, unfähig oder nicht gewillt, Eßutensilien zu benutzen, zu langen Weinkrämpfen und Wutausbrüchen neigend, mit einer Sprache, die ein wahlloses Gemisch unverständlicher, undeutlicher Konsonanten war. Hannahs Handlungen verrieten aber nichtsdestoweniger, daß sie ihre Umgebung bewußt wahrnahm. Sie hatte das ganze Jahr hindurch ein schwieriges, gespaltenes Verhalten gezeigt, doch es war eine gewisse Besserung eingetreten, und zwischen Lehrerin und Kind entwickelte sich allmählich eine Beziehung.

Es mußte ein grausamer Schlag gewesen sein, an diesem Morgen wiederzukommen und ihre Lehrerin nicht mehr vorzufinden, den ersten Anschein einer Sicherheit zerschmettert zu sehen. Jedwede winzige Hoffnung, die vielleicht in ihr lebendig geblieben war, mußte vernichtet und von Verzweiflung abgelöst worden sein.

Ich legte den Bericht in das oberste Fach meines Schrankes und ging durch die Glastür nach draußen. Eine Weile stand ich unter dem Vordach und sah zu, wie das Regenwasser in kleinen Gießbächen vorbeistrudelte; dann zog ich meine Schuhe aus und rannte barfuß zum Parkplatz. Doch als ich meinen Wagen erreichte, wartete ich

noch einen Moment, ehe ich einstieg. Mein Kleid und mein Haar waren bereits tropfnaß, und ich fand den Regen auf meinem Gesicht und den Armen ungemein erfrischend. Ich hoffte, er würde auch meinen Kopf und mein Herz abkühlen. Hannah würde genug Gefühlsausbrüche in unser Klassenzimmer tragen. Sie brauchte eine Lehrerin, die vernünftig, unbefangen, widerstandsfähig und stark war.
Ich nahm mir vor, sobald wie möglich Mrs. Rosnic zu einem Gespräch herzubestellen. Es gab so viele Faktoren, die Hannahs Leben kompliziert hatten: die Operation, die Isolierung des Krankenhausaufenthalts, die Schläge auf den Kopf, der brutale Vater, die überlang verabreichte Flaschennahrung. Ich war genauso verwirrt wie zuvor.

Drittes Kapitel

»Guten Morgen, Rufus«, sagte ich, als wir am nächsten Tag zusammen ankamen. »Na, wie geht's?«
Doch seine Überschwenglichkeit vom vorangegangenen Morgen war fort. Mürrisch setzte er sich hin und schaute mich durch seine Hornbrille an, ohne zu antworten. Statt dessen fragte er: »Geht das Mädchen wieder in ihre andere Klasse zurück?«
»Hannah? Hannah hat keine andere Klasse. Sie war gestern nur versehentlich noch einmal dort. Das hier ist ihr Klassenzimmer.«
Rufus betrachtete seine Füße. »Ich mag sie nicht. Ich will sie hier nicht haben. Sie stört bloß.«
Ich setzte mich neben Rufus. Ich wußte, wie ihm zumute war. Ich hatte zu der Direktorin fast das gleiche wie er gesagt. »Hannah hat schlimme Zeiten hinter sich...« begann ich.
Rufus stand auf. »Ich will nicht über sie reden!« schrie er. »Ich finde sie gräßlich! Verstehen Sie das nicht? Ich finde sie gräßlich, und ich will nicht über sie reden!«
»Okay«, sagte ich. »Okay. Worüber möchtest du denn reden?«
»Über nichts«. Rufus trat mit der Schuhspitze gegen das Tischbein. »Ich möchte einfach, daß alles so ist wie im letzten Jahr, ohne dieses dumme Mädchen.«
Es war nicht nur Hannah. Für die Kinder war es immer schwer, wenn ein neues Kind kam. Bei nur vier Schülern in einer Klasse entwickelte sich eine so enge Gemeinschaft, daß alles das, was einer tat,

sich auf die anderen auswirkte. Normalerweise besuchten die Kinder die Schule drei Jahre lang. Manche durften aber auch länger bleiben, wenn sie gute Fortschritte machten und das dreizehnte Lebensjahr noch nicht vollendet hatten. Dies war Rufus' viertes Jahr, und er war von Anfang an in meiner Klasse gewesen. Als er damals in unsere Schule gekommen war, hatte er eher wie ein Geschäftsmann mittleren Alters als wie ein achtjähriger Junge ausgesehen. Er trug einen dunklen Anzug und eine dickrandige Hornbrille, und sein untadelig gekämmtes Haar war glatt an den Kopf gepreßt. Er hatte eine große braune Aktentasche bei sich, auf die er während der ersten Wochen, nervös hinter einem Büchergestell kauernd, fast ständig mit monotoner Stimme einredete.

Rufus fürchtete sich vor der Welt, vor der Schule und vor sich selbst. Er war intelligent, und er benutzte seine Intelligenz, um die Welt zu manipulieren, was diese nur noch erschreckender machte. Sein Druckmittel waren Erkrankungen. Allem, was Rufus unangenehm oder schwierig erschien, begegnete er mit Leibschmerzen. Das hieß gewöhnlich, daß er daheim blieb oder besondere Beachtung genoß, und genau darum ging es ihm.

Doch allmählich war Rufus stärker und unabhängiger geworden. Wenn er unter Streß stand, konnte es zwar noch immer vorkommen, daß er sich mit einem imaginären Gefährten unterhielt, und manchmal, wenn es zu Hause Schwierigkeiten gab, reagierte er mit Bettnässen. Aber er entwickelte sich unablässig weiter. Wenn es überhaupt eine Führerfigur in unserem Klassenzimmer gab, dann war es Rufus.

Jetzt hatte er einmal zu sprechen angefangen, also verfolgte er sein Thema auch weiter. »Sie ist ein dummes Mädchen. Sie kann nicht einmal etwas sagen, und sie ist dick und schmutzig.«

Jedes neue Kind bringt Probleme mit sich, aber ein Kind wie Hannah ist eine dreifache Gefahr. Sie beanspruchte meine Aufmerksamkeit in hohem Maße, zerstörte die Atmosphäre der Geborgenheit in unserem Klassenzimmer und erinnerte zudem die Jungen daran, wie schwach sie selbst waren. Wenn ein Kind in der Klasse zerbrechen konnte, dann konnte es allen so ergehen.

Rufus versetzte jetzt dem Stuhl einen Tritt. »Warum brüllt sie so? Warum tun Sie nichts, damit sie aufhört?«

»Ich versuche es, Rufus. Glaub mir, ich versuche es. Gib ihr nur ein bißchen Zeit; gib uns allen ein bißchen Zeit. Die ersten Tage sind schwer. Entsinnst du dich noch, wie es vor einem Jahr mit Jamie war? Er schrie und trat um sich und rannte fort, wann immer er konnte. Ich weiß, Hannah ist schwierig, doch wir haben erst den zweiten Schultag, und vielleicht wird es ja auch heute schon besser.«

Gegen halb zehn begann mein Optimismus zu schwinden. Die Jungen waren da, aber sie wirkten verkrampft, und von Hannah war nichts zu sehen. Rufus rieb ständig seinen Bauch, als dächte er an die Schmerzen, die er oft gehabt hatte. Jamie hatte den Plattenspieler überlaut aufgedreht und wiegte seinen mageren kleinen Körper hin und her, die Hände gegen die Ohren gepreßt. Brian zeichnete mit simplen Strichen Figuren, die die Stars aus den Fernsehshows des Vorabends darstellten, und murmelte dabei unablässig Werbesprüche vor sich hin. Jede Gestalt umrahmte er sorgfältig mit einem Rechteck, wie um sie von den anderen zu trennen. Das Fernsehen repräsentierte Brians Verbindung zu Menschen. Hier, hinter dem Bildschirm wie in einen Glaskasten eingesperrt, waren sie weit genug entfernt, um ihm keine Angst einzujagen.

Als Brian vier Jahre zuvor in die Schule gekommen war, sprach er völlig inkohärent und verweigerte sowohl zu Hause als auch bei uns außer Milch und Salzcrackern jegliche Nahrung. Aber er hatte eine liebenswerte, gutmütige Art und brachte zudem Wißbegier und Intelligenz mit; dank dieser Eigenschaften hatte er viel erreicht. Auch er war von Anfang an in meiner Klasse gewesen. Ich konnte mir vorstellen, wie bedrohlich Hannahs Zorn auf ihn wirken mußte.

Eine so gespannte Atmosphäre und keine Hannah. Wo mochte sie sein? Es war fast zehn Uhr. War sie wieder in Ellens Zimmer gegangen? Hing sie wieder in dem Klettergerüst? Hatte sie oder ihre Mutter nach dem gestrigen Tag der Mut verlassen? War dieser Tag ihr einziger bei uns gewesen?

Komm doch, Hannah, dachte ich. Gib es nicht schon auf, bevor wir überhaupt begonnen haben. Es würde schwer sein, aber sie hatte viel latente Kraft. Alle Berichte über sie bezeugten das – und auch ihre Augen. Man mußte ihre Energiequellen nur anzapfen. Am Vortag war sie mir fast lästig gewesen; jetzt erwartete ich sie voll Ungeduld.

Genau in diesem Moment wurde mein Blick auf das Fenster gelenkt. Hannah? Ich konnte es kaum glauben. Völlig regungslos stand sie da, dicht vor der Glasscheibe. Ihr Gesicht, von dem langen, verfilzten, kaugummiverklebten Haar halb verdeckt, war seitwärts gewandt. Ich versuchte sie zu beobachten, ohne meinen Kopf zu bewe-

gen. Ich hatte das Gefühl, sie würde sofort davonlaufen, wenn sie merkte, daß man sie gesehen hatte. Doch sie war hier, und das war das Wesentliche. Sie war wiedergekommen, sie erinnerte sich, wo unser Zimmer lag, und sie bekundete immerhin so viel Interesse, uns von draußen zu betrachten.
Jetzt hatte auch Brian sie erspäht, und seine eine Hand flatterte aufgeregt, während er mit der anderen zum Fenster deutete. »Da! Da ist das Mädchen. Sie guckt zu uns herein.«
Rufus und Jamie drehten sich um, und Hannah verschwand. Ich lief zur Tür, öffnete sie und trat hinaus, aber Hannah war nirgendwo zu sehen. Weder im Gebüsch noch in der Einfahrt. Ich kehrte wieder um und rief den Jungen zu: »Vielleicht ist Hannah im Büro. Ich werde...«
Doch bevor ich meinen Satz beenden konnte, ging die andere Tür auf, und da war Hannah.
Dick, das Gesicht und die Hände schmutziger denn je, stand sie in unserer Tür, eine zerknitterte Tüte umklammernd, und wippte ganz leicht, fast schwerelos auf den Zehen.
»Guten Morgen, Hannah«, sagte ich. »Komm herein.«
Einen Augenblick lang rührte sie sich nicht, doch plötzlich steuerte sie halb laufend, halb tanzend auf den Wandschrank zu und zog die Türen auf. Wieder blieb sie ein paar Sekunden regungslos stehen, und dann ließ sie sich ganz langsam auf dem Boden nieder. Wir starrten sie an. Sie war eine wunderliche Gestalt mit dem langen Kleid und dem wirren Haar, und dennoch hatte ihr plumper Körper eine undefinierbare Anmut.
Ich sprach ein bißchen lauter als gewöhnlich, um den Bann zu brechen. »Ich freue mich, daß du hier bist, Hannah.«
Hannah saß stumm teils in, teils vor dem Schrank. Ich merkte mit einemmal, daß sie es war, die die Szene beherrschte. Das war kein guter Anfang.
Ich stand auf. »Stell bitte den Plattenspieler ab, Jamie. Brian, Hannah, Rufus, kommt. Wir gehen hinüber zu Patty. Es ist Zeit für den Spielkreis.«
Hannah rührte sich natürlich nicht vom Fleck, aber die Jungen liefen schnell in den Korridor hinaus.
Ich wartete noch einen Moment, um zu sehen, ob sich Hannah anders besinnen würde. Nichts. Nur ihr Blick huschte immer wieder wachsam und argwöhnisch zu mir. Ihr Gesicht und ihr Hals starrten vor Schmutz, und die rosafarbenen Kaugummiklümpchen klebten

unverändert in ihrem Haar, doch ihr Kleid war sauber. Es war ein ähnlich formloser, mit einer Kordel zusammengehaltener Kittel wie am Vortag, aber er sah gewaschen aus. Ich ließ Hannah im Schrank sitzen und folgte den Jungen. Ein sauberes Kleid. Irgend jemand kümmerte sich um Hannah.

Der Garderobenschrank wurde Hannahs Stammplatz. Sie verbrachte darin den größten Teil der ersten beiden Wochen. Sie hatte ihr eigenes Wandfach, ihren Tisch und einen Stuhl, sogar eine Arbeitsmappe, doch sie berührte diese Dinge kaum. Kummer, Zorn und Verwirrung beherrschten sie anfangs viel zu sehr, als daß sie etwas hätte tun können. Das wichtigste – wichtiger als Arbeit oder Disziplin – war zunächst, ihr zu zeigen, daß wir sie akzeptierten.
Kinder sind nicht lernfähig, solange sie sich nicht sicher fühlen, und das Gefühl der Sicherheit stellt sich erst dann ein, wenn man sie aufrichtig und uneingeschränkt akzeptiert.
Ein Kind wie Hannah – mit sechs Wochen in ein Krankenhaus gebracht, ihrem Zuhause entrissen, von ihrem Bruder und ihrem Vater geschlagen, von der Volksschule abgewiesen – fürchtete sich nicht nur vor den Menschen, mit denen es in Berührung kam, es fürchtete sich auch vor sich selbst.
Hannah wußte, daß sie nicht so war wie andere Kinder, sie wußte, daß manches an ihr ihre Umwelt und sie selbst erschreckte. Aber sie wußte nicht, wie sie sich ändern sollte. Sie konnte sich nicht in zwei Hälften spalten und nur die gute Hälfte präsentieren. Sie brauchte das Bewußtsein, daß man sie freundlich aufnahm, ihre ganze Person, das Gute und das Schlechte. Das genügte fürs erste. Änderungen konnten später kommen.
Hannah begriff das offenbar zum Teil, und allmählich wurde sie friedlicher. Jeden Morgen stieg sie aus dem Bus, ging durch das Büro der Direktorin und den Korridor in unser Klassenzimmer und schloß die Tür hinter sich. Dann hängte sie ihre Wolljacke an den Haken unter ihrem Namen und setzte sich in den Wandschrank, um die Ankunft der Jungen abzuwarten. Sie begrüßte mich nie, aber sie beobachtete Rufus, Jamie und Brian, wenn sie einander etwas zuriefen oder mich umarmten. Die Jungen ließen die Tür unweigerlich offen, und Hannah stand jedesmal auf und machte sie leise wieder zu. Unser Raum schien ihr ein Gefühl der Geborgenheit zu geben.
Sie nahm an nichts teil, schaute uns aber aufmerksam zu. Für ein Kind gibt es keinen besseren Lehrer als ein anderes Kind. Ich wußte,

daß sie eines Tages beginnen würde, das, was sie die Jungen hatte tun sehen, nachzuahmen.

Hannah lernte etwas, obwohl sie ihre Arbeitsmappe niemals aufschlug. Sie fing an, immer öfter zu ihrem Wandfach zu gehen, um mit dem Finger den Namen nachzuziehen, der darüber stand, und ihre Mappe, ihren Malkittel, ihr Buch und ihr Heft herauszuholen. Es war alles unbenutzt, aber immerhin gehörte es ihr. Sie hielt die Gegenstände eine Weile auf ihrem Schoß und packte sie dann sorgfältig wieder weg, um zu ihrem Platz im Garderobenschrank zurückzukehren. Sie machte sich mit den Details unseres Alltags vertraut.

Mit den Details und der Routine. In meinem Privatleben plante ich nichts voraus und vermied Schablonenhaftes, soweit es möglich war. Doch in der Schule folgten wir jeden Tag der gleichen Routine. In der verworrenen Welt emotionell gestörter Kinder gibt Routine Sicherheit. Daß ein Tag so verläuft wie der andere, erleichtert es ihnen, die Dinge zu bewältigen.

Die Kinder trafen um neun Uhr ein, und die erste halbe Stunde war von größerer Bedeutung, als ein Außenstehender sich vorstellen konnte. Nächtliche Krisen entluden sich im Klassenzimmer, und man mußte trösten, schlichten und beruhigen. Schätze wurden mitgebracht, und man sollte die Freude über jede kleine Entdeckung teilen. Manchmal waren unterwegs Probleme entstanden, oder ein Kind hatte noch nichts gegessen, und man holte aus dem Schul-Kühlschrank, wo ständig ein paar Vorräte bereitlagen, Milch und Cornflakes. Obwohl unsere Kinder keineswegs vorwiegend minderbemittelten Schichten entstammten, herrschte in vielen Fällen zu Hause so ein Chaos, daß ein Frühstück unmöglich war.

Gegen halb zehn hatten wir die individuellen Krisen in der Regel überwunden und konnten es nun wagen, in die größere Welt des Spielkreises überzuwechseln. Der Spielkreis gehörte zum Vormittagsprogramm und hatte noch im letzten Jahr alle Klassen vereint, doch inzwischen waren wir zu viele für einen Raum, und so hatte die Direktorin die größeren Kinder von den kleineren getrennt. Wir befaßten uns in dieser Zeit mit Singen, Tanz und Gruppenspielen. Das diente einem dreifachen Zweck: Einmal sollte es den Kindern helfen, Beziehungen anzuknüpfen und sich einer Gruppe anzuschließen, zum anderen ihre motorische Koordination verbessern, und im übrigen den Lehrern Gelegenheit verschaffen, auch die Kinder zu beobachten, die sie nicht selbst unterrichteten. Bei den mittwochs stattfindenden Lehrerbesprechungen wurde jeder Einzelfall erörtert, und es war notwendig, daß wir zumindest in groben Zügen über die verschiedenen Schüler orientiert waren.

Nach dem Spielkreis gingen die Kinder in den Waschraum und kehrten sodann in ihre Klassenzimmer zurück. Für den Rest des Tages hatten die Lehrkräfte für jedes Kind ein eigenes Programm.

Meine Gruppe begann stets mit einer Übung, die ich »Das Beste und das Schlimmste« nannte. Ich war darauf gekommen, als ich mir überlegte, wie man den Kindern dazu verhelfen könnte, sich mitzuteilen. Die meisten unserer Kinder hatten erhebliche Kommunikationsschwierigkeiten. Manche konnten überhaupt nicht sprechen, andere waren dazu imstande, sträubten sich jedoch dagegen; einzelne, wie Rufus, waren allzu redefreudig, und dann gab es noch diejenigen, deren verbale Äußerungen zwar deutlich artikuliert, aber sinnlos waren. Und da Kommunikation so ungeheuer wichtig ist, mußte man Mittel und Wege finden, sie den Kindern zu erschließen.

Die Aufforderung: »Zeig mir etwas und erzähl mir was darüber!« führte nirgendwohin. Unsere Kinder hatten wenig zu zeigen und nichts zu berichten. »Erzähl mir, was du gestern getan hast!« blieb ebenso ergebnislos; es war zu allgemein, zu vage. Dann kam mir die Idee, sie tagtäglich nach ihrem besten und ihrem schlimmsten Erlebnis zu fragen, und mit einemmal beteiligten sie sich und lernten allmählich sogar die Gelegenheit schätzen, die sich ihnen hier bot. Die Anfänge waren allerdings sehr bescheiden. Als ich die Frage vier Jahre zuvor zum erstenmal gestellt hatte, waren ein oder höchstens zwei Worte das ganze Ergebnis gewesen. Aber ich blieb beharrlich bei meinem Vorsatz, jedem eine Chance zu geben, ob er sie nutzte oder nicht, und nach und nach wurden sie alle etwas gesprächiger, und – was noch bemerkenswerter war – sie begannen einander zuzuhören.

Sehr bald mußte ich ihnen Grenzen setzen, damit niemand die ganze Zeit für sich allein in Anspruch nehmen konnte. Da die Welt der Phantasie für sie noch lebendiger war als für andere Kinder und deshalb von der Wirklichkeit nicht so stark abwich, fingen sie irgendwann an, »das Beste« mit ihren Wünschen und »das Schlimmste« mit ihren Träumen zu identifizieren. Das war natürlich gut – so gut und erstaunlich, daß ein Schulpsychiater, der unsere Klasse besuchte, verblüfft den Kopf schüttelte, als er »schizophrene« oder »autistische« Kinder miteinander reden und einander zuhören sah.

Aber es genügt nicht, die Kinder lediglich zum Sprechen zu bringen. Sie mußten den Unterschied zwischen Realität und Phantasie begreifen lernen. Wenn sie je in die normale Welt zurückkehren sollten, dann – so fand ich – mußten sie fähig sein, die beiden Bereiche voneinander zu trennen. So kam es, daß »Das Beste und das Schlimmste« in zwei Abschnitte geteilt wurde, und die Kinder erinnerten sich gegenseitig daran. Wenn ein Kind gleich zu Anfang von den »Augen« eines Lastwagens sprach, als handelte es sich um einen Menschen, so wurde es unweigerlich von einem anderen Kind auf unsere Regel »Zuerst die Wirklichkeit, dann der Schein« aufmerksam gemacht.

»Das Beste und das Schlimmste« war somit ein fester Bestandteil meines Unterrichts, und ich maß ihm auch eine besonders große Bedeutung bei. Wir konnten es immer kaum erwarten, damit anzufangen, wenn wir nach dem Spielkreis ein paar Tische zusammenrückten. Dabei standen jedem Kind nur fünf Minuten zu, denn wir wollten uns anschließend ja auch noch mit Lektüre, Sprachübungen und Rechnen befassen und vor dem Mittagessen ins Freie gehen oder spielen.

Nach dem Lunch gab es eine Ruhepause, dann folgten Zeichnen, Naturkunde, Filmvorführungen, ein kurzer Aufenthalt auf dem Spielplatz sowie Hör- und Augentraining. Der Nachmittag verstrich noch schneller als der Morgen. Überhaupt war der Tag zu kurz; ich kam nie dazu, alles zu tun, was ich mir vorgenommen hatte.

Während der ersten zwei Wochen stellte ich keine Anforderungen an Hannah. Ich ließ sie ungestört die Details und die Atmosphäre unserer Schule absorbieren und gab damit zugleich den Jungen Gelegenheit, sich ein wenig an sie zu gewöhnen. Es wurde wieder friedlicher und ruhiger bei uns. Wir waren nicht mehr ständig Hannahs Verzweiflung ausgesetzt, die alle Geborgenheit aus unserem Klassenzimmer verscheuchte. Solange ich nichts von ihr verlangte, saß sie still in ihrem Wandschrank, aß etwas aus ihrer Tüte, wenn sie Lust danach verspürte, und beobachtete uns unentwegt.

Doch dieses Zwischenspiel näherte sich seinem Ende. Mrs. Rosnic war für den dritten Montag des neuen Schuljahres bei mir angemeldet. Nach ihrem Besuch würde ich beginnen können, mehr von Hannah zu fordern.

Viertes Kapitel

Hannahs Mutter betrat unser Klassenzimmer sichtlich niedergeschlagen und zögernd: eine große, kräftig gebaute Frau in einem ähnlichen Kittelkleid wie Hannah, das ihr allerdings nur bis zu den Knien reichte, und einem dunklen Tuchmantel darüber.
Ich hatte Mrs. Rosnic am Ende des ersten Tages angerufen, um sie zu fragen, ob sie zu einer Besprechung kommen könne. Sie hatte gezaudert und zwei Wochen verstreichen lassen, doch nun war sie hier, und ich war dankbar. Hannah zu helfen, würde nicht leicht sein. Sie mußte alte, gewohnte Verhaltensmuster aufgeben und neue lernen. Es lagen schwierige Wochen vor uns, und ehe ich meine bisherige Taktik Hannah gegenüber änderte, wollte ich mich erst einmal mit ihrer Mutter unterhalten und hören, wie sie sich zu Hause benahm. Ich mußte ein paar Punkte aufklären, über die die psychologischen Gutachten nichts ausgesagt hatten, um eine Vorstellung davon zu bekommen, was für eine Beziehung Hannah zu ihren Geschwistern und zu ihrer Mutter hatte. Unser Schultag war fünfeinhalb Stunden lang. Ich brauchte Informationen über die anderen achtzehneinhalb Stunden.
Ich hatte an einem der niedrigen Tische gesessen, und als Mrs. Rosnic nun so unschlüssig stehenblieb, ging ich ihr entgegen. »Bitte, kommen Sie doch herein.«
Aber sie rührte sich nicht vom Fleck und ließ nur ihre Augen durch den Raum gleiten. Eine Wand war mittlerweile mit Arbeiten und Zeichnungen der Jungen bedeckt, eine andere hatten wir zu bemalen begonnen. Von Hannah gab es nichts als ihren Namen auf dem Wandfach und über dem Haken im Garderobenschrank.
»Wollen Sie nicht ablegen?« fragte ich.
Jetzt blickte mich Mrs. Rosnic zum erstenmal an, und ich erstarrte förmlich, als ich die Angst in ihren Augen sah.
Fürsorglich half ich ihr aus dem Mantel und brachte ihn im Garderobenschrank neben meiner Jacke unter, um jedoch gleich darauf, einer spontanen Regung folgend, die beiden Sachen noch einmal umzuhängen – an Hannahs Haken. Dann kehrte ich zurück und setzte mich an den runden Holztisch. »Ich bin Ihnen sehr dankbar für Ihren Besuch«, sagte ich. »Ich weiß, wie schwer es bei drei Kindern für Sie sein muß, diese Zeit zu erübrigen, aber ich wollte mich mit Ihnen ein wenig über Hannah unterhalten. Es freut mich, daß sie dieses Jahr in meiner Klasse ist.«

Mrs. Rosnic kam heran und blieb vor mir stehen.
»Hannah müssen nicht wieder weg?«
Also da lag die Angst; selbst aus dem abgehackten, gutturalen Satz war sie noch herauszuhören. Und dieser Akzent... Ich durfte nicht vergessen, gelegentlich einmal festzustellen, was für eine Sprache bei ihnen zu Hause gesprochen wurde. Womöglich war Hannahs unartikulierte Sprechweise zum Teil ganz einfach eine schlechte Imitation der Wörter, die sie von ihrer Mutter und ihrem Großvater hörte. Aber das hatte noch Zeit.
Zunächst galt es, Mrs. Rosnic die Angst zu nehmen und ihr zu versichern, daß ich Hannah keineswegs loswerden wollte, sondern im Gegenteil daran interessiert war, mehr über sie zu erfahren. Das beste war wohl, es geradeheraus zu sagen.
»Ich werde Hannah nicht wegschicken«, erklärte ich. »Sie bleibt in unserer Klasse.«
Nun setzte sich Mrs. Rosnic mir gegenüber, die Augen unverwandt auf mich gerichtet. »Immer wenn sie mich in andere Schule zu Unterredung bestellen, es heißen, Hannah sein zu schlimm und Hannah müssen gehen.«
»Hier nicht. Wenn ich Sie bestelle, dann tue ich das, weil ich mehr wissen will, weil ich herauszufinden versuche, wie ich ihr besser helfen könnte.«
Mrs. Rosnic atmete erleichtert auf. Doch jetzt, da ihr Körper nicht mehr so verkrampft wirkte, merkte man um so deutlicher, wie abgespannt sie war. »Ach, sie sein eine solche Last, meine Hannah. Ich weiß nicht, was mit ihr machen. Die halbe Zeit sie schreien und brüllen. Und die übrige Zeit sie fast immer irgendwo herumsitzen, einfach so, und nichts tun. Ab und zu sie machen einen Spaß. Legt Maus in Opas Bett und lacht sich kaputt, wenn er schreien.«
Ich versuchte mir das Haus vorzustellen. Ich wußte, daß der Großvater im Erdgeschoß wohnte, aber wo bekam Hannah eine Maus her?
»Eine richtige Maus?« fragte ich.
»Haufenweise Mäuse in unserer Gegend. Stören uns nicht. Hannah findet nett die Mäuse. Die Katzen sind gut, erledigen die meisten. Nur wenn Ratten kommen, dann Katzen Angst.«
»Mrs. Rosnic, Hannah spricht nicht mit uns hier in der Schule. Spricht sie zu Hause?«
»Sie nicht sprechen mit Carl oder Großvater, aber manchmal sie sprechen mit mir. Sagen ja, nein, andere Wörter. Opa immer sagen,

Hannah reden bloß sinnloses Zeug, aber ich weiß, was sie meinen.«
Es war schwer, aus dieser Erklärung einen gültigen Schluß zu ziehen. Vielleicht sprach sie mit ihrer Mutter wirklich mehr. Vielleicht waren auch nur Mrs. Rosnics Interpretationen besser.
»Hören Sie«, sagte ich. »Wie benimmt sich Hannah in anderer Hinsicht zu Hause? Ich weiß, daß sie allein zur Toilette geht. Wäscht sie sich auch selbst, putzt sie sich die Zähne, zieht sie sich ohne Hilfe an?«
»Nein.« Mrs. Rosnic stieß jetzt einen tiefen Seufzer aus. »Sie nie sich waschen. In ihrem Kleid schlafen. Will sich nicht ausziehen. Am nächsten Tag Carl oder Opa sie halten und ich ziehen ihr anderes Kleid über.«
»Spielt Hannah mit Carl oder mit ihrer Schwester?«
»Spielen? Niemand tun das. Nur streiten, streiten, streiten. Tag und Nacht. Carl sie immer hänseln. Jetzt sagen, daß sie in Idiotenschule ist, und sie weinen und weinen.«
Mir war auch zum Weinen zumute. Armut, Schmutz, Spott. Ich blickte einen Moment zur Seite und überlegte mir, was ich als nächstes tun sollte. Dann wandte ich mich wieder Mrs. Rosnic zu. »Wie ist es mit Freundschaften? Spielt Hannah mit Kindern aus der Nachbarschaft?«
Mrs. Rosnics Rücken straffte sich, und ihre Miene wurde entschlossen. »Ich achten auf sie. Lassen sie nur in den Hinterhof, damit die Nachbarskinder sie nicht aufziehen. Manchmal, wenn ich mit Essenmachen für Opa beschäftigt, sie rauslaufen, aber nicht oft. Meistens sie in meiner Nähe.« Ein wehmütiger Ausdruck erschien in Mrs. Rosnics Gesicht. »Manchmal ich wollte... ich denke, wie gut, wenn sie ein bißchen helfen könnte. Sie wissen schon. Wie Tisch decken. Vielleicht sogar abtrocknen.«
Ich streckte die Hand aus. Wenn sie ein Kind gewesen wäre, hätte ich sie in diesem Augenblick gestreichelt; so strich ich statt dessen über das Wasserglas, in dem ein paar Rosen standen, und ließ meine Hände dann auf den Tisch sinken.
»Ich weiß, ich zu viel wollen«, fuhr sie fort. »Sollte froh sein, daß sie nicht noch schlimmer. Opa sagen, schlimmer gar nicht möglich, sagen, sie besser bei Operation gestorben. Aber ich weiß nicht. Es schön, irgendwie, wissen Sie – jemand zu haben, der mich mögen.«
Das Herz tat mir weh, und gleichzeitig fühlte ich Zorn in mir aufstei-

gen, noch mehr Zorn als an dem Tag, an dem ich die Berichte gelesen hatte. Kein Wunder, daß diese gute, ungebildete Frau nahe daran war, das letzte bißchen Mut zu verlieren. Hatte es früher einmal unter so viel Erschöpfung und Verzweiflung Lachen und Illusionen gegeben? Jetzt war es zu spät, die Träume von einst wiederzufinden; zu spät für Großvater und wahrscheinlich auch für Mrs. Rosnic. Aber nicht für Hannah. Ich konnte vielleicht nichts an der Armut und der Einsamkeit ändern, nichts für Carl und die kleine Helen tun, aber ich konnte Hannah helfen. Und Mrs. Rosnic konnte es auch.
»Hören Sie«, sagte ich. »Sie erwarten überhaupt nicht zuviel. Sie haben vollkommen recht. Hannah sollte lernen, Ihnen im Haus zu helfen. Sie kann das alles lernen. Und mehr. Viel mehr.«
Mrs. Rosnic schaute mich an und kramte in ihrer großen schwarzen Handtasche herum, offenbar auf der Suche nach einem Taschentuch. Ich stand auf, holte ein Kleenexpaket und legte es vor sie hin.
»Hannah kann lernen, sich zu waschen und anzuziehen und bei der Hausarbeit zu helfen. Und sie kann lesen und schreiben lernen.«
Das war zuviel. Ich war zu weit gegangen. Mrs. Rosnic sah mich kopfschüttelnd an. »Nein«, erklärte sie. »Sie nicht Bescheid wissen. Opa sagen, Hannah schwachsinnig.«
»Ich weiß sehr wohl Bescheid, und Opa irrt sich«, beharrte ich. »Ich habe andere Kinder gekannt, die ebenso viele Probleme hatten wie Ihre kleine Tochter. Ich habe Hannahs Unterlagen gelesen, und ich habe das Kind hier in der Klasse beobachtet. Ich halte Hannah nicht für zurückgeblieben. Ich glaube, daß sie lern- und entwicklungsfähig ist und viel mehr bewerkstelligen kann, als sie bisher getan hat.«
Mrs. Rosnic blickte mich fragend an. »Warum Sie kümmern sich? Warum Sie wollen das alles tun?«
Es war eine offene, aufrichtige Frage, und ich wünschte, ich hätte sie beantworten können. Doch so unbefangen ich auch war, wenn ich mit den Kindern oder von ihnen redete – sobald es um mich selbst, um meine eigenen Gefühle ging, war ich unfähig, mich auszudrücken. Vielleicht rührte meine tiefe Beziehung zu diesen Kindern, in denen so viele unausgesprochene Worte ruhten, daher, daß ich etwas mit ihnen gemein hatte. Ich versuchte mein Schweigen durch ein Lächeln zu mildern, damit sie es nicht als kränkend empfand. »Ich weiß es nicht«, sagte ich schließlich. »Ich wollte, ich könnte es in Worte kleiden. Ich kann es nicht erklären, aber ich hoffe, daß Sie mir vertrauen.«

Ich ging zum Garderobenschrank, nahm unsere Sachen von Hannahs Haken und hielt ihr den Mantel hin. Mrs. Rosnic stand mir gegenüber und sah mich an. Dann drehte sie sich um und schlüpfte in die Ärmel. »Ach, na ja, macht nichts. Worte oft schwer zu finden. Ich weiß. Und außerdem, die, die sie so leicht sagen – na, ich haben schon viele Worte gehört.«

»Es wird nicht einfach sein mit Hannah«, sagte ich. »Das steht fest. Es wird eine Menge Arbeit für uns beide bedeuten, und für Sie wird es schwer sein, weil Sie mehr Zeit mit ihr zusammen sind. Manchmal werden Sie sehr viel Kraft brauchen. Hannah ist gewöhnt, daß man ihr immer ihren Willen läßt, und das wird sich jetzt etwas ändern müssen. Es wird ihr nicht gefallen, und sie wird manchmal sehr zornig auf uns beide sein.«

Ich hängte mir meine Strickjacke um, und Mrs. Rosnic hob in einer rührenden Geste die Hand, um ein paar Falten auf meinen Schultern glattzustreichen. Ihre Finger waren rauh und blieben an der weichen Wolle hängen, aber ihre Hand war kräftig und warm. »Hören Sie. Alles ganz gut. Ich erzählen Opa. Alles gut. Hannah Glück haben dieses Jahr.«

Fünftes Kapitel

Am nächsten Morgen, als wir vom Spielkreis zurückkehrten, ging ich zu Hannah und setzte mich neben sie auf den Boden des Wandschranks. Die Zeit der Informationssuche war vorüber. Ich hatte alles erfahren, was ich von dritter Seite erfahren konnte. Jetzt begann meine eigentliche Aufgabe. Ich steckte Hannah Ziele. Sie konnten sich ändern, aber ich brauchte etwas, worauf ich hinarbeitete.

Als erstes mußte ich erreichen, daß Hannah aus dem Garderobenschrank herauskam. Beobachtung hat ihr Gutes, doch es war an der Zeit, daß Hannah näherrückte, Teil unserer Gruppe wurde. »Hör mal«, sagte ich. »Ich möchte, daß du dich heute zu uns setzt, wenn wir das Beste und das Schlimmste besprechen. Du brauchst nichts zu sagen, ich will dich nur am Tisch sehen. Du gehörst zu unserer Klasse, und ich möchte, daß du bei uns bist.«

Hannah schlug sich den langen Rock über den Kopf.

Ich zog ihn wieder herunter und blickte ihr ins Gesicht. »Wenn du allein kommen kannst, gut. Wenn nicht, dann helfe ich dir.«

Ich wollte ihr verständlich machen, daß es hier nicht um eine Wahl

zwischen zwei Möglichkeiten ging. Hannah brauchte nichts zu beschließen. Ich hatte den Beschluß gefaßt. Sie hatte zwei Wochen lang in dem Wandschrank verbracht. Das war lange genug.
Ich zögerte einen Moment. Der Trick bestand darin, daß man wußte, wann man mehr fordern durfte und wann man aufhören mußte. Jeder derartige Schritt war ein Risiko; Erfolg und Fehlschlag liegen sehr nahe beieinander. Ich hatte gründlich darüber nachgedacht, wann und womit ich bei Hannah beginnen sollte, und jetzt entschied ich mich dafür, weiterzumachen. Der Moment konnte nicht günstiger sein, denn das Beste und Schlimmste faszinierte Hannah. Ich hatte bemerkt, wie sie von ihrem Schrank aus zuschaute und lauschte. Und – so widersprüchlich es auch scheinen mag – ich wußte, daß der erste Schritt manchmal leichter ist, wenn jemand anders darauf beharrt. Also stand ich auf. »Okay, Hannah. Gehen wir.«
Wieder schlug sie sich den Rock über den Kopf.
Ich tastete nach ihrer Hand und zog sie auf die Füße, was mir ziemlich mühelos gelang, da sie nicht damit gerechnet hatte. Allerdings stieß sie sofort ein Wutgeheul aus.
»Heute morgen wirst du bei uns sitzen. Heute und von nun an immer. Du gehörst zu unserer Klasse.«
Hannah stemmte die Füße auf den Boden wie ein störrisches Maultier und versuchte mit aller Kraft, sich von meiner Hand loszureißen.
Das Klassenzimmer war groß, über zwölf Meter lang. Die Jungen hatten die Tische in der Mitte des Raumes zusammengerückt, und dort saßen sie und beobachteten uns. Wir mußten ungefähr sechs Meter weit gehen. Ich war überzeugt, daß ich es schaffen würde. Hannah war kräftig, aber ich hatte ihr viele Zentimeter, Pfunde und Jahre voraus, und mein Wille war ebenso stark wie der ihre.
»Wenn du dich beruhigen könntest, Hannah, dann wäre das prächtig. Wenn nicht, helfe ich dir, dich zu beruhigen.« Ihre Hand fest umschlossen, begann ich auf den Tisch zuzugehen.
Hannahs Gebrüll verstummte. Sie stemmte wieder beide Beine gegen den Boden, so daß wir stehenbleiben mußten, und plötzlich trat sie kräftig gegen meinen Knöchel. Ich schrie auf, erwischte aber gerade noch ihren Fuß und zog ihr erst den einen und dann den anderen Schuh aus. Jetzt konnte sie treten, soviel sie wollte.
Ich hatte das schon oft erlebt. Andere Kinder hatten mich getreten und gebissen, waren mit der Zeit friedfertiger geworden und am Ende soweit gelangt, daß sie eine normale Schule besuchen konnten.

Das Gebrüll begann von neuem, aber Hannah konnte nicht mehr viel tun und ließ sich mehr kummervoll als zornig zum Tisch zerren.
»Hol bitte noch einen Stuhl, Brian.«
Ich setzte Hannah neben mich und fragte: »Wer ist heute als erster dran mit dem Besten und dem Schlimmsten?«
Meine Augen waren den Jungen zugewandt, meine ganze Aufmerksamkeit auf sie konzentriert. Ich hielt zwar Hannahs Hand umklammert, doch das war auch alles. Ansonsten ignorierten wir sie. Eine halbe Stunde weinte und schrie sie abwechselnd. Sie war laut, aber wir waren lauter und konnten uns miteinander verständigen.
Nach Ablauf der halben Stunde holten die Jungen ihre Arbeitsmappen aus ihren Fächern. Ich blickte auf Hannahs tränenverschmiertes Gesicht hinunter. »Nett von dir, daß du bei uns gewesen bist, Kleines.« Jetzt ließ ich ihre Hand los.
Eine Sekunde lang schaute sie mich an und rannte dann zu ihrem Schrankplatz. Ihre schäbigen braunen Schuhe lagen noch immer auf dem Boden. Ich brachte sie ihr und ging zu den Jungen zurück, um ihnen beim Lesen zu helfen. Den ganzen restlichen Morgen saß sie in ihrem Winkel, stumm, ihre Schuhe auf dem Schoß.
In der Mittagspause schickte ich die Jungen mit einer anderen Klasse hinaus. Die gespannte Atmosphäre war eine große Belastung für sie gewesen, wenn sie auch kein Wort darüber verloren und den ganzen Morgen tüchtig gearbeitet hatten. Sie mußten sich einmal austoben können. Andererseits durfte ich Hannah nicht allein lassen. Sie mußte das Gefühl haben, daß ich bei ihr sein wollte. Es ist ein großer Unterschied, ob jemand willkürlich Forderungen an einen stellt, oder ob einem jemand hilft, eine schwierige Situation zu bewältigen. Ich wollte Hannah die Gewißheit geben, daß sie nichts von alledem, was ich ihr abverlangte, allein würde tun müssen.
Ich brauchte noch etwas, was ihr Interesse erregte und sie einmal von sich selbst ablenkte. Ich wollte Hannah keinem Zwang unterwerfen, ich wollte sie gewinnen, anlocken. Plötzlich fiel mir die Puppenfamilie ein.
Ich hatte die Puppen im Vorjahr bestellt und im Schrank verstaut, um sie im geeigneten Augenblick zur Hand zu haben. Einen geeigneteren Augenblick als diesen konnte es gar nicht geben.

Am nächsten Morgen verkündete ich nach dem Spielkreis, daß ich mir für das Beste und das Schlimmste etwas Neues ausgedacht hätte. Ich stellte die Schachtel mit den Puppen auf den Tisch. Dann ging ich

zu Hannah und sagte: »Komm, du darfst eine Schachtel aufmachen.«
Sie spähte aus dem Garderobenschrank heraus, um zu sehen, wovon ich redete. Einladend stand die Schachtel auf dem Tisch. Hannah konnte nicht widerstehen. Zweimal strich sie um den Tisch herum, doch schließlich setzte sie sich hin, entfernte das Klebeband und nahm den Deckel ab. Sie holte das zerknüllte braune Packpapier heraus und starrte den Inhalt an. Dann hob sie nacheinander die einzelnen Figuren der Miniaturfamilie heraus, wickelte sie sorgfältig aus und legte sie auf den Tisch. Mann, Frau, Junge, Mädchen, Baby.
Die Puppen waren aus einem harten, gummiartigen Material, das sich wie Wachs anfühlte – biegsam, dauerhaft und widerstandsfähig genug, um auch eine derbe Behandlung auszuhalten.
Wir saßen da und schauten die Puppen an. Niemand schien so recht zu wissen, was er tun sollte. Dann nahm ich impulsiv die beiden weiblichen Puppen und legte ihre Arme umeinander. »Mein Bestes ist, daß Elizabeth gestern abend aus dem College zu Besuch kam.«
Ich sprach etwa zwei Minuten lang und schilderte, wie meine Tochter und ich ins Kino gingen und uns ein Eis kauften. Während ich erzählte, bog ich die Puppen zusammen, und schob sie den Tischrand entlang, um die Autofahrt zu illustrieren.
Die Kinder wandten kein Auge von den kleinen Figuren. Als ich fertig war, legte ich die Puppen auf den Tisch. Rufus, der neben mir saß, ergriff die männliche Puppe und erklärte laut und autoritär: »Wenn ich schon das Kochen übernehme, dann mache ich es auch so, wie ich will. Also *halt den Mund!*«
Wir starrten ihn entgeistert an. Niemand hatte Rufus je so sprechen hören. Er stellte ganz offensichtlich eine andere Person dar.
Jetzt nahm er die Puppenfrau und sagte mit hoher, klagender Stimme: »Du hörst nie auf mich, ganz gleich, ob es ums Kochen oder um sonstwas geht.«
Wie gebannt saßen wir da und vergaßen alle zeitlichen Beschränkungen, während er uns mit Hilfe der Puppen ein häusliches Drama vorführte. Als es zu Ende war, schob er die Puppen in die Mitte des Tisches und lehnte sich mit einem müden, befriedigten Seufzer zurück.
Jamie nahm jede Puppe in die Hand, betrachtete sie eingehend, tätschelte das Baby und küßte die Mutter und legte alle wortlos zurück.
Brian imitierte eine Fernsehwerbesendung.

Und jetzt war Hannah an der Reihe. Sie packte den Puppensohn, legte ihn unter die Schachtel und gab ihr einen kräftigen Stoß. Doch die Schachtel wackelte nur, und Hannah war offensichtlich nicht so recht zufrieden. Sie stand auf und zog den Wagen mit den Bauklötzchen heran. Was hatte sie vor? Sie schob ein, zwei, drei, vier Bauklötzchen zu einem viereckigen Rahmen zusammen und legte den Puppensohn in die Mitte. Sollte er etwa ihren Bruder Carl darstellen? *Rums*, sie setzte ein Bauklötzchen darauf, dann noch eines und noch eines.

Hannah blickte zu uns hoch und lächelte. Zum erstenmal, seit sie in unserer Klasse war, lächelte sie fröhlich, während sie ein Bauklötzchen nach dem anderen über dem Puppenjungen aufschichtete.

Sechstes Kapitel

Hannah kam jeden Tag an unseren Tisch, wenn das Beste und das Schlimmste berichtet wurde, aber sie saß nach wie vor im Schrank. Allmorgendlich verstaute sie ihre zerknitterte braune Lunchtüte sorgsam hinter ihrem Mantel. Wann immer sie hungrig war, holte sie sich, auf dem Schrankboden sitzend, etwas heraus und verzehrte es.

Sie aß wie ein Tier, riß mit den Zähnen an allem, mochte es auch noch so weich sein. Bei kleinen Kuchen begann sie in der Mitte, um das beste Stück zuerst zu bekommen, wobei ihre Augen, selbst während des Essens wachsam, unaufhörlich hin und her huschten. Sobald sie in etwas hineingebissen hatte, nahm sie die Finger zu Hilfe und stopfte sich schnell soviel wie möglich in den Mund. Wenn nichts mehr hineinging, biß sie die Zähne zusammen und schnitt den Rest ab. Kruste, Käse, Aspik, Krümel, alles fiel auf ihren Schoß oder auf den Boden. Doch auch das sammelte sie sorgfältig ein und aß es, wenn sie wieder Hunger hatte.

Es war eine traurige, schreckliche Art zu essen. Die ersten Wochen ließ ich Hannah gewähren, weil ich sie zunächst einmal besser kennenlernen mußte. Ich beobachtete sie, machte mich mit ihrem Verhalten vertraut. Um mit einem sinnvollen Unterricht beginnen zu können, brauchte ich einen Ansatzpunkt.

Ich kannte Hannah jetzt ein wenig, nicht sehr genau, aber gut genug, um zu wissen, daß sich die Mühe lohnte. Intellekt, Neugier, latente Kraft und Motivation waren vorhanden. Essen stellte etwas unge-

heuer Wichtiges für sie dar. Auf diesem Gebiet war mir Hannahs Aufmerksamkeit sicher.
Ich wartete noch eine Woche; als Hannah am nächsten Morgen erschien, nahm ich ihr ganz schnell, bevor sie reagieren konnte, die Lunchtüte ab und legte sie auf das Wandschrankbord, wo sie sichtbar, für sie aber unerreichbar war.
Hannah stürzte zu dem Schrank, sprang hoch und versuchte an die Tüte heranzukommen. Dann rannte sie zurück, um sich einen Stuhl zu holen. Es freute mich insgeheim, daß sie das Problem sofort erfaßte und sich um eine Lösung bemühte. Nichtsdestoweniger nahm ich ihr den Stuhl fort und sagte: »Heute nicht, Hannah. Heute wirst du mit uns essen.«
Sie kochte vor Wut. Sie verstand, was ich sagte, und sie war nicht gesonnen, sich zu fügen. Also schleppte sie noch einen Stuhl und noch einen und noch einen herbei, und ich vereitelte ihre Absicht jedesmal. Am Ende sank sie, von Frustration und Zorn übermannt, auf den Boden nieder und stieß wie am ersten Tag unter anhaltendem Gebrüll mit dem Kopf gegen die harten Fliesen.
Ich setzte mich neben sie. »Hannah. Niemand nimmt dir dein Essen weg. Es gehört dir. Ich verwahre es nur für dich. Wir essen unseren Lunch um zwölf Uhr. Siehst du die Uhr da? Wenn beide Zeiger nach oben weisen, dann essen wir.«
Sie konnte nicht widerstehen. Das Hin- und Herwiegen hörte auf, und sie gestattete sich einen flüchtigen Blick auf die Uhr über der Tür. Sie verstand mich; zumindest rezeptiv war ihr die Sprache zugänglich, und sie wußte, was eine Uhr war!
Aber die Unterbrechung war nur kurz. Sie begann wieder, sich hin und her zu wiegen. Und es war erst halb zehn. Ich konnte nicht den ganzen Vormittag Stühle forttragen. Was sollte ich die verbleibenden zweieinhalb Stunden tun, wenn drei andere Kinder auf ihren Unterricht warteten?
Ich überlegte und sah mich im Raum um. Schließlich entdeckte ich in dem Wandschrank ein Rohr, das an der Decke entlanglief. Wenn ich die Lunchtüte dort oben unterbrachte, war sie nach wie vor sichtbar, aber es gab keinen Stuhl bei uns, der so hoch gewesen wäre, daß Hannah sie hätte erreichen können.
Ich stand auf, stieg auf einen Stuhl und klemmte die Tüte hinter das Rohr. Hannah holte sich sogleich ebenfalls einen Stuhl und rannte zu dem Schrank, doch jetzt half alles nichts: Es fehlten ihr fast fünfzig Zentimeter, um an die Tüte heranzukommen. Als sie das merkte,

stieß sie den Stuhl um und lief mir nach. Heulend und schreiend versuchte sie ihre Hände in mir zu verkrallen.
Ich legte von hinten die Arme um sie und hielt sie fest. »Hannah, Hannah. Du bist so töricht. Was soll denn dieser ganze Wirbel? Niemand wird dir deine Lunchtüte wegnehmen, ich verspreche es dir. Niemand außer mir kann sie holen, und ich werde sie dir in der Mittagspause geben. Um zwölf Uhr, wenn die beiden Zeiger nach oben weisen. Achte darauf! Dann wirst du es sehen.« Hannah riß sich los und rannte zu den Stühlen.
Brian und Rufus versuchten ein bißchen zu arbeiten, aber ihre Augen kehrten immer zu Hannah zurück. Schließlich nahm Rufus sein Buch und legte sich hinter die freistehenden Bücherregale. Er las laut, und am Ende jeder Zeile führte er Selbstgespräche. »Keine Sorge, Rufus, das dumme Mädchen da geht bald heim«, oder manchmal auch nur: »Es ist schon gut. Du brauchst keine Angst zu haben, Rufus.« Kein Wunder, daß er auf diese Weise kaum mit einer Seite fertig wurde.
Brian fiel es noch schwerer, die Situation zu bewältigen. Er ließ sein Buch liegen und begann wie in seinen alten Zeiten im Kreis herumzugehen. Nur rannte er jetzt nicht mehr, stieß keine krächzenden, erstickten Schreie aus, und seine Arme machten auch keine wilden Flatterbewegungen wie damals, als er in unsere Schule kam. Stumm zog er die Wände entlang seine Kreise, und lediglich seine Fingerspitzen bebten.
Aber Jamie konnte die Atmosphäre einfach nicht ertragen. Sein eigenes Bedürfnis nach Sicherheit war so ungeheuer stark, seine Fähigkeit, mit Gefühlen fertig zu werden, so begrenzt, daß er auf Hannahs Ausbrüche mit einem ähnlichen Verhalten reagierte. Als sie Stühle umwarf, stieß er andere Stühle gegen die Wände und packte schließlich einen, um damit auf den Boden zu stampfen.
Doch allmählich wurde Hannah ein bißchen friedlicher, und auch Jamie beruhigte sich. Ich kauerte mich neben ihn, schlang die Arme um ihn und hielt ihn fest. »Jamie« flüsterte ich, »Jamie, es tut mir so leid. Ich weiß, es ist schwer. Gib dir jetzt nur ein klein wenig Mühe, ja? Es genügt, wenn du bei uns bleibst.«
Ich wußte, daß er kaum etwas von dem aufnahm, was ich sagte, aber das spielte keine Rolle. Unsere Kommunikation basierte mehr auf Lauten und physischem Kontakt als auf Worten. Ich brauchte die Sicherheit, daß er nicht in seine verzweifelten Fluchtversuche von früher zurückfallen und in Richtung Autobahn forttrennen würde. Ja-

mie wiederum brauchte die Sicherheit, daß ihn das sonderbare, lärmende Mädchen nicht von seinem Platz verdrängt hatte.
Jamie besuchte unsere Schule seit zwei Jahren, und im ersten Jahr war er ständig ausgerissen, immer in etwas zu weitem Abstand von seiner jungen, verwirrten Lehrerin verfolgt. Dann wurde er mir anvertraut. Ich hielt Jamie für retardiert, bis zu einem gewissen Grad zumindest. Eigentlich war die Schule ja nur für emotionell gestörte Kinder bestimmt, aber es ist oft schwer, Autismus und Retardation voneinander zu trennen. Wenn ein Kind auf irgend etwas nicht reagiert, kann man manchmal kaum unterscheiden, ob das auf Widerstreben oder Unfähigkeit zurückzuführen ist.
Bei Jamie waren möglicherweise sowohl Autismus als auch Retardation gegeben, wenn beides nicht überhaupt, wie einige Experten annehmen, miteinander verflochten ist. Auf jeden Fall verlangte ich von ihm nur das, wozu er imstande zu sein schien und freute mich über seine kleinen Erfolge.
Ich seufzte, während ich Jamie im Arm hielt; hinter mir hörte ich Rufus murmeln, und Brian war inzwischen an der Tafel stehengeblieben und begann nervös die Stars der gestrigen Fernsehschau zu zeichnen. Soviel Zeit ging verloren, Zeit, die ich brauchte, um Jamie zu überwachen, Rufus Gelegenheit für eine Weiterentwicklung zu geben und Brian zu helfen, damit er den Übergang auf die normale Schule schaffte. Und doch gab es keine andere Möglichkeit. Hannah mußte sich in unsere Gruppe integrieren, mußte in der Klasse ihren Platz finden. Es war meine Aufgabe, sie auf irgendeine Weise dahin zu bringen, daß sie diesen Punkt erreichte.
Ich schaute über Jamies Kopf hinweg zu ihr hinüber. Sie versuchte gerade, im Garderobenschrank zwei Stühle aufeinanderzustellen. Nun, zumindest lag sie nicht mehr auf dem Boden, sondern tat etwas für die Lösung des Problems. Ich wandte mich wieder Jamie zu, der sich jetzt auf meinem Schoß umdrehte und mir die Augen zuhielt. Enge Beziehungen haben ihre eigenen Rituale, und ich wußte, was ich zu sagen hatte. »Wo bist du, Jamie? Wohin bist du gegangen? Ich kann dich nirgendwo sehen.« Die Hände wurden weggezogen. »Oh, da bist du? Junge, bin ich froh, dich zu sehen!« Er schmiegte sich eng an mich, und ich wußte, daß unser altes, albernes Spiel erfolgreich gewesen war.
Nach einer halben Stunde hatte Hannah die Hoffnung aufgegeben, an ihre Lunchtüte heranzukommen, und sich dazu entschlossen, sie statt dessen zu bewachen. Sie stellte einen der kleinen Stühle mit der

Lehne zu uns vor den Schrank und verbrachte dort die nächsten einundeinhalb Stunden – die Augen auf die Tüte oder gelegentlich auch auf die Uhr gerichtet.

Als Hannah zur Ruhe kam, kehrte ein wenig Friede in unseren Raum zurück. Die Jungen nahmen nach und nach wieder ihre Plätze ein oder setzten sich an einen der runden Tische und standen nur noch auf, wenn sie ihre Aufgabenliste anschauen oder sich aus ihren Fächern andere Bücher holen wollten. Ich stellte täglich neue, individuelle Arbeitsprogramme für die Kinder zusammen und befestigte diese Liste auf dem Bord über ihrem Fach. Dabei bemühte ich mich, jeden Teil der Aufgaben, mit denen sie sich beschäftigen sollten, einzeln aufzuführen, damit sie durchstreichen konnten, was erledigt war, und sofort sahen, was als nächstes kam. So empfanden sie ein Gefühl der Befriedigung, wenn sie etwas geleistet hatten, und ihre Aktivitäten vollzogen sich auf eine geordnete, konstruktive Weise.

Um elf Uhr fünfundvierzig hatten wir ein erstaunliches Pensum bewältigt, und die Jungen räumten ihre Sachen auf und gingen hinaus, um sich für das Mittagessen ein bißchen zu waschen. Hannah war ganz offenkundig nicht gesonnen, sich vom Fleck zu rühren. Es bestand keinerlei Aussicht, daß sie diese Lunchtüte auch nur für einen Moment aus den Augen lassen würde. Doch obwohl sie genauso schmutzig war wie immer, erschien mir das Reinlichkeitsproblem ziemlich bedeutungslos im Vergleich zu dem, was auf mich zukam. Ich würde die Tüte herunterholen und in Pattys Zimmer tragen müssen, wo wir auch unseren Spielkreis abhielten.

Ich verzichtete darauf, mich selbst etwas frisch zu machen und blieb bei Hannah. Sie achtete überhaupt nicht auf mich. Ich saß neben ihr auf einem Stuhl, aber sie drehte den Kopf nicht den Bruchteil eines Zentimeters. Eine Weile starrten wir schweigend auf die zerknitterte Tüte, die jetzt ungeheure Dimensionen anzunehmen schien. Dann dachte ich, es sei vielleicht besser, Hannah über den weiteren Verlauf der Dinge aufzuklären. Wenn sie mir ähnlich war, würde sie es schätzen, vorbereitet zu sein.

»Um zwölf Uhr werde ich deinen Lunch herunterholen und in Pattys Zimmer tragen, damit du heute mit uns essen kannst und nicht mehr so allein im Schrank sitzen mußt. Einverstanden?«

Sie zuckte mit keiner Wimper.

Ich entschied mich für Optimismus. »Na gut. Dann wäre ja alles in Ordnung.«

Ich hatte mir schon einen Plan zurechtgelegt. Ich würde Hannahs Sandwich in vier kleine Quadrate zerschneiden und sie ihr, während wir zusammen aßen, eins nach dem anderen geben.
Zusammen aßen? Mit ihr essen? Ich setzte mich auf. Wie konnte ich nur so dumm sein! Sie würde jemanden brauchen, der ihr zeigte, wie man es machte, jemanden, der ebenfalls ein Sandwich aß. Ich hatte kein Sandwich. Die Jungen auch nicht. Zoe, unsere Sekretärin, wärmte jeden Tag für den Schul-Lunch eine Kasserolle mit einem Fertiggericht auf, das wir geschenkt bekamen, und davon aßen wir alle. Doch von Hannah zu verlangen, daß sie auf ihren Lunch verzichtete und das Essen aus der Kasserolle akzeptierte, war nicht fair. Ich hatte ihr das Sandwich versprochen.
Ich schaute zur gleichen Zeit auf die Uhr wie Hannah. Elf Uhr fünfundfünfzig. So gelassen wie möglich, jede brüske Bewegung vermeidend, um nur keine Unruhe zu entfachen, stand ich auf und ging.
»Ich bin gleich wieder da.«
Hannah erhob sich protestierend.
»Wirklich. Ich bin um zwölf Uhr zurück. Ich muß nur schnell etwas erledigen.« In aller Eile lief ich den Korridor entlang und in den Abstellraum. Irgendwo im Kühlschrank gab es ein Glas Erdnußbutter, das wir für Notfälle bereithielten. Gut. Nun Brot. Kein Brot... Doch, da, im Gemüsefach. Jetzt noch ein Messer. So. Es blieb keine Zeit mehr, das Sandwich zu richten.
Ich hastete zu unserem Zimmer, öffnete langsam die Tür, holte einen Stuhl, ging zum Schrank und zerrte Hannahs Lunchtüte hinter dem Rohr hervor. Anschließend steuerte ich wieder auf die Tür zu.
»So, Hannah. Essenszeit. Komm.« Es war Punkt zwölf Uhr.
Ich war schon ein paar Meter weit gelangt, bevor mich Hannah einholte. Sie war wütend, und sie wollte ihren Lunch. Ich hatte volles Verständnis für sie, wußte aber andererseits, was geschehen würde, wenn ich ihr jetzt die Tüte gäbe. Sie würde umkehren, in das Klassenzimmer zurückrennen und ihr Sandwich im Schrank hinunterschlingen.
Unter einem Arm die Erdnußbutter, Brot und Messer in der linken Hand, mit der Rechten Hannahs Lunchtüte über dem Kopf haltend, beschleunigte ich meine Schritte.
»Wir werden ganz fein zu Mittag essen. In einer Minute ist alles bereit... Wupps.«
Beinahe wäre mir die Erdnußbutter entglitten, als Hannah ihre Arme um meine Beine schlang und sich auf meine Füße setzte.

Aber wir waren fast angelangt. Hannah auf meinen Füßen, schlurfte ich langsam weiter. Brian erwartete uns in der offenen Tür, und drinnen kam mir der Überraschungseffekt der neuen Umgebung zu Hilfe. Pattys Klasse bestand aus vier Mädchen, die sich jetzt um uns drängten und Hannah beäugten, wie sie auf meinen Füßen in den Raum befördert wurde. Die dunkelhäutige, dickliche Wanda Gomez berührte Hannahs Kopf. »Keine Beine. Mädchen hat keine Beine. Armes Mädchen.«
Verwirrt lockerte Hannah für eine Sekunde ihren Griff, und ich zog rasch meine Füße unter ihr weg, lief zum Klavier, das an der anderen Seite des Raumes stand, und leerte Hannahs Lunchtüte darauf aus. Ein Sandwich in Wachspapier, ein Stück Schokoladenkuchen. Ich schnitt zuerst das Aspiksandwich in vier Stücke, dann den Kuchen und verstaute alles mit Ausnahme eines Sandwichvierecks wieder in der Tüte.
Patty hatte bereits gedeckt; ich setzte mich an ein Tischende und legte das Sandwichstück auf den Papierteller neben mir. Die Erdnußbutter und das Brot legte ich auf meinen Teller. Hannahs Tüte erhielt einen sicheren Platz zwischen meinen Füßen. Ahhh! Es war geschafft. Ich blickte auf.
Hannah stand am anderen Ende des Tisches und starrte mich an.
»Komm, Lovey«, sagte ich. »Es ist Essenszeit. Siehst du, so machen wir das hier. Stück für Stück. Nun komm. Setz dich zu mir.«
Ich begann mein Sandwich zu richten. Hannah näherte sich ganz langsam, ohne jemanden zu schubsen oder mit den Fingernägeln zu bedrohen. Sie stellte sich neben mich und schaute zu, wie ich die kalte, klumpige Erdnußbutter auf einer Brotscheibe verstrich und eine zweite darauflegte. Ich schnitt mein Sandwich in ebensolche Stücke wie das ihre.
Hannah stand noch immer neben mir. Mit einer einladenden Geste zog ich ihren Stuhl zurück, griff dann nach einem meiner Sandwichvierecke, führte es zum Mund, biß es durch und legte die andere Hälfte wieder auf den Teller.
Plötzlich setzte sich Hannah hin, nahm ihr Stückchen Brot und stopfte es sich in den Mund. Sie biß es nicht noch einmal durch, aber was machte das schon? Verfeinerungen konnten später kommen. Keine Krümel, kein Aspik hing an ihrem Kinn; sie kauerte nicht mehr im Schrank, sondern aß mit uns am Tisch. Kalte Erdnußbutter klebte an meinem Gaumen, aber ich lächelte Hannah zu und legte uns beiden ein weiteres Sandwichstück vor.

Brian, nicht Rufus, begann sich als erster mit Hannah zu befassen. Es faszinierte ihn, ihr beim Essen zuzuschauen, was eigentlich auch zu erwarten gewesen war.
Brian hatte selbst Eßprobleme gehabt, sogar weitaus schwerwiegendere. Als er vier Jahre zuvor an die Schule kam, bestand seine Nahrung ausschließlich aus Kakao und Salzcrackers. Wir versuchten alles mögliche, bis es uns ein Jahr später endlich gelang, ihn zum Essen zu bewegen. Das hatte – zumindest mir – bewiesen, daß man ein Kind zwar nicht zum Essen zwingen soll, daß aber bei entsprechender Betreuung fast alles eine Lernerfahrung werden kann.
Brians Eßgewohnheiten waren jetzt absolut normal, doch Hannahs Schwierigkeiten hatten ihn wahrscheinlich an vieles erinnert, und so war seine Faszination begreiflich. Er fing an, sich beim Lunch an ihre andere Seite zu setzen. Ganz still, ohne jede Bemerkung, kam er und nahm den Platz neben ihr ein.
Allmählich verlor Hannah ihre Angst. Nach einer Woche wußte sie schon, wie sich das Ritual abwickelte. Jeden Tag holte ich ihre Lunchtüte herunter und brachte sie in Pattys Zimmer, wo ich ihr Sandwich in Stücke schnitt, die ich ihr dann gab. Jeder Tag verlief gleich; ich tat immer genau das, was ich versprochen hatte.
Um die Mitte der darauffolgenden Woche drückte ich Hannah die beiden Päckchen zum Tragen in die Hand. Ihre Augen weiteten sich, als ich sie ihr reichte.
Ich wartete. Ich hatte diesen Versuch gemacht, weil ich ihr zeigen wollte, daß ich ihr vertraute, und Vertrauen läßt sich besser durch Handlungen ausdrücken als durch Worte. Man kann nie mit Sicherheit wissen, wann der richtige Zeitpunkt gekommen ist, aber ich glaubte, Hannah sei nun soweit, und ich wollte ihr die Entscheidung überlassen: Sie konnte fortlaufen, sich mit unseren Sandwiches wieder in den Schrank flüchten, oder mit mir weitergehen und unseren Lunch tragen.
Sie nahm ihre Tüte in die eine Hand und mein Sandwich in die andere und trat in den Korridor hinaus. Ich folgte ihr langsam. Dann blieb sie abrupt stehen und kam zurück. Hatte ich mich geirrt, zu früh gehandelt? Wollte sie zu dem Garderobenschrank?
Als sie bei mir angelangt war, verhielt sie den Schritt und stellte sich vor mich, so daß ich ebenfalls stehenbleiben mußte. Dann, den Kopf gebeugt, öffnete sie ihre Tüte und steckte mein Sandwich hinein. Ohne aufzublicken, griff sie nach meiner Hand, und wir gingen zusammen weiter. Mein Herz pochte freudig erregt.

In einer Schule wie der unseren, wo jedes Kind ein so faszinierendes, kompliziertes Individuum ist, vergeht die Zeit sehr schnell. Ein paar Tage später sah ich, wie Hannah beim Lunch plötzlich nach Brians Teller grapschte und sich eine Handvoll Spaghetti nahm. Doch da hielt ich auch schon ihre Finger umklammert und zwang sie, die Spaghetti wieder auf den Teller fallen zu lassen. Unsere Hände waren über und über mit roter, dickflüssiger Soße beschmiert.
»Nein, Hannah. So nicht. Spaghetti ißt man mit einer Gabel.«
Aber Brian hatte eine bessere Idee. Er schob schnell ein paar Spaghetti auf Hannahs Teller und zerteilte sie mit seiner Gabel in löffelgerechte Stücke.
»Helfen Sie ihr, Mary. Helfen Sie Hannah, die Spaghetti zu essen.«
Er schob mir seinen Löffel herüber, und ich klemmte ihn Hannah zwischen die fettigen Finger und führte ihre Hand zum Teller.
Brian begann hastig zu essen. Er war so aufgeregt, daß sein magerer, kleiner Körper nach jedem zweiten oder dritten Bissen vom Stuhl hochhüpfte.
Ich spürte Hannahs verkrampfte Finger unter meiner Hand, und ganz langsam löste ich meinen Griff. Sie hielt den Löffel jetzt allein. Dann, die Augen auf Brian gerichtet, fing sie zu essen an.
Gleich nach der Mittagspause rief ich Mrs. Rosnic an, um ihr zu erzählen, was sich ereignet hatte. Ich bat sie, Hannah kein Lunchbrot mehr mitzugeben. Sie würde von jetzt an das gleiche essen wie wir. Sie würde nie mehr im Wandschrank sitzen und einsam ihr Sandwich hinunterschlingen. Sie gehörte zu uns, und wir würden unsere Mahlzeiten zusammen einnehmen.

Siebtes Kapitel

Die zweite und dritte Oktoberwoche vergingen wie im Flug. Hannah setzte sich nur noch ganz selten in den Garderobenschrank. Meist tanzte sie im Klassenzimmer herum, faßte jeden Gegenstand an und inspizierte ihn eingehend, während wir sie beobachteten und daneben unsere Arbeit zu tun versuchten.
Sie sprach noch immer nicht, sie trug nach wie vor das lange Hauskleid, aber sie war bezaubernd und schien immer hübscher zu werden. Die Schmutzschichten verschwanden allmählich, und man sah ihre zarte, feine Haut.

Da Hannah jetzt mit uns aß, konnte man auch von ihr verlangen, daß sie sich wusch – oder besser gesagt damit einverstanden war, gewaschen zu werden. Jeden Tag vor dem Lunch ließ ich im Waschraum warmes Wasser in das Becken laufen und wusch ihr die Hände und das Gesicht. Zuerst hatte ich nur ihre Hände gesäubert, und ich hatte einen dünnen Waschlappen dazu benutzt, einmal, weil er nicht so hart und glitschig und furchterregend war wie Seife, und zum anderen, weil ich damit ganz langsam dazu übergehen konnte, Hals und Gesicht in die Reinigungsprozedur miteinzubeziehen.
Ich rief Mrs. Rosnic an, um ihr zu erzählen, was ich erreicht hatte, und sie zu bitten, vor dem Abendessen das gleiche zu versuchen. Sie versprach es mir und sagte noch, daß auch sie bei Hannah eine gewisse Besserung festgestellt habe, aber ihre Stimme klang bedrückt. Als ich fragte, ob etwas nicht in Ordnung sei, antwortete sie, das Baby habe eine Erkältung, und sie habe das Gefühl, sie bekomme sie auch.
Als ich zwei Tage später Hannahs Gesicht wusch, wimmerte sie und wich zurück, und ich sah, daß ihr rechtes Ohr unter dem verfilzten, schmutzigen, rötlichen Haar, das ich bisher noch nicht berührt hatte, mit einer dicken gelben Kruste bedeckt war.
Ich brachte Hannah sofort ins Büro. Wir hatten keinen Arzt an der Schule (oder besser, unser einziger Arzt war ein Psychiater), aber Dianne, eine unserer Lehrerinnen, war ausgebildete Krankenschwester, und die Direktorin ließ sie holen. Sie bestätigte, was wir schon vermutet hatten, und die Direktorin rief sogleich Mrs. Rosnic an, um ihr zu sagen, daß Hannah ein stark entzündetes Ohr habe und ärztliche Behandlung brauche.

Hannah fehlte zehn Tage, und als sie wiederkam, verhielt sie sich, als erkenne sie uns kaum wieder. Sie steuerte geradewegs auf den Garderobenschrank zu und setzte sich nicht nur hinein, sondern schloß auch noch die Tür bis auf einen winzigen Spalt. Sie brachte zwar keinen Lunch mit, aber sie aß nichts; alles, was man ihr vorlegte, warf oder schob sie fort.
Was war los? Handelte es sich lediglich um Folgeerscheinungen ihrer Krankheit oder war irgend etwas geschehen, während sie zu Hause war? Ich sprach mit Mrs. Rosnic, doch sie konnte mir nur sagen, daß die ärztliche Untersuchung und die Infektion als solche sehr schmerzhaft gewesen waren. Gab Hannah mir die Schuld an ihren Ohrenschmerzen? Brachte sie ihre Krankheit mit der Schule in Ver-

bindung? Ich versuchte durch den Türspalt auf sie einzureden, aber es schien zweifelhaft, daß sie mich überhaupt hörte.

Es erschwert die Arbeit mit sprachbehinderten Kindern ungeheuer, daß man nie weiß, was geschieht, wenn sie fern von einem sind, und was in ihren Köpfen vorgeht, wenn man sie bei sich hat. Wie soll man herausbekommen, was sie erlebt haben?

Rückfälle waren nichts Neues für mich. Ich hatte sie oftmals bei anderen Kindern erlebt und gemeistert. Nach jeder Ferienperiode hatte man den Eindruck, daß einem die Kinder bis zu einem gewissen Grad entglitten waren; nach einer Erkrankung zeigte sich das noch deutlicher. Es war nie leicht. Jeder winzige Fortschritt war unter so großem Einsatz errungen worden, daß es hart war, ihn – wenn auch nur vorübergehend – wieder ausgelöscht zu sehen. Aber keine Lernerfahrung ist eine stetig ansteigende Kurve. Es gibt immer Höhen, Ebenen, Täler.

Was mich bei Hannah aber so sehr beunruhigte, war nicht das. Es war ihr Zorn.

Sie wollte mit niemandem von uns etwas zu tun haben. Alles, was man versuchte, war falsch. Selbst die Puppenfamilie und das Beste und das Schlimmste konnten sie nicht aus ihrem Schrank herauslokken. Wir standen da, wo wir angefangen hatten – wenn nicht an einem noch tieferen Punkt. Und wieder war es für die Jungen noch schwerer als für mich. Sie waren über Hannahs Fortschritte so froh und glücklich gewesen. Und Hannah hatte etwas ungeheuer Liebreizendes und Sonniges an sich gehabt, während sie unser Zimmer erforschte. Manchmal, wenn sie sich mit neuen Dingen beschäftigte, hatte sie den einen oder anderen der Jungen auf eine fast clownhafte, komische Weise imitiert. Das alles war jetzt vorbei, und es stellte eine zusätzliche Schwierigkeit für die Jungen dar, daß es ihnen genauso ergehen konnte. Ihre eigene emotionale Stabilität war noch sehr leicht zu erschüttern. Wenn sich Hannah so sehr ändern konnte, dann war das auch bei ihnen möglich.

Ich bemühte mich die ganze Woche unentwegt, den verlorenen Boden wiederzugewinnen und gleichzeitig die Jungen zu beruhigen. Doch ich hatte nicht viel Erfolg, und bis Freitag nachmittag war ich ziemlich entmutigt und müde.

Nun, es waren nur noch ein paar Stunden von der Woche übrig. Ich würde einfach versuchen, sie so glatt wie möglich hinter mich zu bringen. Ich legte eine Schallplatte auf und holte Papier und Pinsel heraus. Vielleicht verschaffte uns Malen eine kleine Atempause oder

eine Chance, irgendwelche Gefühle auszudrücken. Die Jungen freuten sich, und eine Weile später waren wir alle beschäftigt.
Jeder arbeitete an etwas Eigenem. Brian malte die Seiten eines Kühlschrankkartons an, um sich eine Telefonzelle zu machen. Jamie hatte Zeitungen auf dem Boden ausgebreitet und verteilte glücklich die feuchten leuchtenden Farben mit dem Finger auf dem schlüpfrigen Papier und auf sich selbst. Rufus wußte nicht, was er anfangen sollte, und beobachtete zuerst eine Weile die anderen. Am Ende beschloß er, sich zu mir zu gesellen.
Ich hatte unseren Kürbis von dem Bord genommen, die getrockneten Kornhalme von unserer Außentür und einen alten gelben Krug aus dem Abstellraum und alles zusammen auf einen Tisch vor dem Fenster gestellt.
Es gab keine Ölfarben in der Schule, aber ich besaß orangefarbene, rote, weiße, gelbe und braune Plakatfarbe und mischte mir neue Farbtöne, wenn ich sie brauchte. Ich war keine Künstlerin, doch es machte mir Spaß, zu skizzieren und zu malen. Es half mir, die Dinge besser zu erfassen, schärfte meinen Blick für Linie, Farbe und Realität. Ganz besonders faszinierend fand ich die Perspektive; es erstaunte mich immer wieder, daß die Hälfte von dem, was ich sah, von meinem geistigen Auge beigesteuert wurde.
Rufus griff nach Papier und Pinsel, requirierte das Orange, das ich gemischt hatte, und begann einen Kürbis zu malen. »Kann ich ihm ein Gesicht machen?« fragte er. »Auch wenn er in Wirklichkeit gar keines hat?«
Ich blickte ihn an. »Es ist dein Kürbis. Du kannst mit ihm tun, was du willst, Rufus.«
Ich hatte nur eine Minute weggeschaut. Doch diese Minute reichte Hannah, um aus dem Schrank herauszukommen und den Inhalt der roten und gelben Farbtöpfe auf mein Papier zu gießen.
Zorn stieg in mir hoch, und ich wandte mich ihr abrupt zu. »Jetzt ist aber Schluß, Hannah. Was bildest du dir denn überhaupt ein? Hör auf! Das reicht.«
Meine Stimme war laut, und Jamie brach in Tränen aus, als Hannah den gelben Farbtopf nach mir warf. Er zerbrach auf dem Fliesenboden neben meinen Füßen, und gleichzeitig schienen auch all die Träume und Pläne in Stücke zu gehen, die ich mit Hannah verbunden hatte.

Achtes Kapitel

Doch ein Farbtopf ist nur ein Farbtopf und längst nicht soviel wert wie ein Traum. Außerdem sind Lehrerträume nur schwer zu zerstören und leicht wiederzubeleben, und bis Montag morgen hatte ich einen neuen Plan.

Wir mußten einfach einmal aus dem Klassenzimmer herauskommen. Ich hatte mich zu sehr bemüht, Hannah zu sehr angetrieben, um die zunichte gemachte Entwicklung wiederzugewinnen, und war gescheitert. Hannah hatte den Schlußpunkt unter eine unfruchtbare Woche gesetzt, als sie die Farbtöpfe umwarf. Wir brauchten frische Luft, um unsere Arbeit und unsere Fehler für eine Weile vergessen zu können. Wir brauchten einen neuen Start.

Für mich ist der Nachsommer die schönste Jahreszeit – das Beste des Sommers mit Herbst vermischt –, und genau das hatten wir an jenem Montag morgen; einen leuchtendblauen Oktoberhimmel und eine milde Sonne, die sich gleißend in jeder glatten Oberfläche spiegelte. Die Welt strahlte, und die Temperatur war genau richtig für Sweaters und ein Picknick.

Ich erwartete die Kinder auf dem Parkplatz und holte sie so, wie sie nacheinander ankamen, gleich zu mir in den Wagen, damit sie sich erst gar nicht an den Zwischenfall vom Freitag erinnern müßten. Bald saßen sie alle im Auto – die drei Jungen hinten, Hannah neben mir.

Es hatte eine kleine Verzögerung wegen der Sicherheitsgurte gegeben, weil sich Hannah zuerst geweigert hatte, den ihren anzulegen; doch jetzt hatte alles seine Ordnung, und wir waren zum Donnerberg unterwegs. Sandwiches, Limonade, Äpfel und Gepäck waren zusammen mit Decken und Märchenbüchern im Kofferraum verstaut.

Meine Stimmung hob sich, als wir die Randviertel hinter uns ließen und die Gegend ländlicher wurde. Wie immer, sangen wir während der Fahrt. Diesmal begann Rufus:

>»She'll be comin' round the mountain
>when she comes (giddy-ap-whoa!),
>She'll be comin' round the montain
>when she comes...«

Zumindest die Jungen und ich sangen. Hannah saß stumm daneben.

Einmal beugte sich Brian zu ihr vor und meinte: »Warum singst du nicht mit, Hannah? Warum sagst du nichts? Bitte sag doch was. Sag wenigstens deinen Namen.«
Und gleich fiel Rufus ein. »Ja, Hannah. Es ist besser, wenn du redest. Dann können wir dich leichter wieder hinkriegen. Verstehst du? Schau mich an. Ich hab' geredet, und Mary hat einen neuen Jungen aus mir gemacht.«
»Das hast du ganz allein getan, Rufus«, erklärte ich. »Wie wär's mit einem Spiel? Zum Beispiel Buchstabenraten?« Ich wollte nicht, daß die Jungen Hannah bedrängten, aber Rufus war nicht so leicht abzulenken. Nachdem er Hannah zuerst ablehnend, dann gleichgültig gegenübergestanden hatte, verhielt er sich jetzt, da er Ansätze zu einer Entwicklung gesehen hatte, wie wir alle und bemühte sich um sie. Beharrlich spann er seinen Faden weiter.
»Hör mal, Hannah, ich weiß, daß du sprechen kannst. Ich hab' einfach so das Gefühl. Und wenn du redest und uns sagst, was los ist, bringen wir die Sache in Ordnung. Schau, ich hab' immer Angst gehabt, aber jetzt nicht mehr, und dir wird's ganz genauso gehen. Dein größtes Problem ist, daß du nicht sprichst, und wenn du sprichst, dann bist du das Problem los.« Rufus lächelte, befriedigt über seine Logik, doch Hannah hielt sich die Ohren zu.
Ich versuchte Rufus auf andere Gedanken zu bringen. »He, Rufus, was sagte der große Knallfrosch zum kleinen Knallfrosch?«
»Ich weiß es nicht«, antwortete Rufus. »Was sagte er denn?«
»Mein Knall ist größer als deiner.«
Und jetzt lächelte Hannah. Gut. Ich begann wieder zu singen.

>»She'll be drivin' six white horses
>when she comes (clippety-clop),
>»She'll be drivin' six white horses
>when she comes (clippety-clop)...«

Wir erreichten das Eingangstor des Beardsley-State-Parks. Den Namen »Donnerberg« hatten wir uns dafür ausgedacht. Brian gab dem Pförtner die zwei Dollar Eintrittsgeld, und er ließ uns passieren. »Schöner Tag, um mit den Sprößlingen mal aus dem Haus rauszukommen!«
Die Kinder lachten. Es machte ihnen immer großen Spaß, wenn man uns für eine Familie hielt.
Wir fuhren an der alten Blockhütte und dem leeren Parkplatz vorbei

zum See hinunter. Im Sommer konnte man hier Ruderboote und Kanus mieten, aber jetzt schaukelten neben dem Anlegesteg nur zwei verlassene grüne Boote auf dem Wasser.
Kaum hatte ich den Wagen abgestellt, als die Jungen auch schon draußen waren und fortrannten. Wir waren im Mai und im Juni des Vorjahres ein paarmal dagewesen, und sie strebten jetzt ihrem Lieblingsplatz zu: dem Anlegesteg, wo sie sich flach auf den Bauch legen und durch die Ritzen zwischen den Brettern in dem dunklen Wasser nach Fischen Ausschau halten konnten. Alle Kinder interessieren sich für Tiere, aber meine Kinder, die so oft Koordinationsschwierigkeiten hatten, waren von den gleitenden, mühelosen Bewegungen der Fische völlig gefesselt.
Ich ging auf den Anlegesteg zu und sah mich unterwegs einmal nach Hannah um. Sie saß noch im Wagen, doch ihre Tür stand offen, ihr Gurt war gelöst, ein Fuß hing bereits heraus. Sie war ganz offenbar dabei auszusteigen, und so ging ich weiter.
Die Jungen riefen einander dies und jenes zu; aus dem Hohlraum unter dem Steg kam das dumpfschallende Echo ihrer Stimmen.
»Schau dir den Fisch da an. Mann, ist der groß.« Das war Rufus.
»Der groß«, wiederholte Jamie.
»Nein. Das ist kein Fisch. Da ist bloß ein Stein«, verkündete Brian, wie immer auf Genauigkeit bedacht.
»Und da ist auch ein Fisch. He, Mary, schauen Sie – ist da nicht auch ein Fisch?«
Ich lachte Rufus an. »Stell das lieber selbst fest. Du hast bessere Augen als ich.« Ich hatte gelernt, nie Partei zu ergreifen, wenn es um völlig unwesentliche Streitfragen ging.
Hannah war inzwischen heruntergekommen und stand vor dem Anlegesteg. Tastend setzte sie einen Fuß auf die Bretter, dann, langsam und vorsichtig, den anderen. Doch ausgerechnet in diesem Augenblick sprang Rufus auf, und seine plötzliche Gewichtsverlagerung brachte den Steg zum Schwanken. Erschrocken wich Hannah sofort wieder zurück.
Es mußte sie seltsam und gefährlich anmuten – ein schmaler Holzsteg, der über das Wasser hinweg in den See stieß. Ich kehrte ihr den Rücken zu und hüpfte ein paarmal auf und nieder. Die Jungen wandten sich um, erstaunt, aber nicht beunruhigt.
»He, Mary. Was tun Sie denn da?«
Ich rannte auf sie zu, machte einen Satz und landete mit einem harten Aufprall neben ihnen. Daß der alte Steg dies alles unbeschadet

überstanden hatte, würde Hannah zeigen, daß er auch ihre behutsamen Bewegungen aushalten mußte.
Ich schlang meinen Arm um Jamie und zog ihn mit mir auf den Rükken. »Nicht die schlechteste Art, zur Schule zu gehen, wie?«
Aus meiner Rückenlage heraus schaute ich über mein T-Shirt und meine Jeans hinweg zum Ufer, und da, von meinen Segeltuchschuhen eingerahmt, war Hannah. Sie hatte sich wieder auf den Steg gewagt, kam aber diesmal – um eine sicherere Fortbewegungsweise bemüht – auf allen vieren zu uns gekrochen.
Es war kein leichtes Unterfangen. Ihr langes Kleid erwies sich als überaus hinderlich, und sie konnte sich nur Zentimeter für Zentimeter vorwärtsbewegen. Dabei hielt sie immer wieder inne und schaute zurück, um zu sehen, wie weit sie schon vom Ufer entfernt war. Als sie herankam, rückten wir instinktiv näher zusammen, um ihr Platz zu machen. Und dann war sie endlich da und lag keuchend zwischen uns, das Gesicht vor Anstrengung schweißbedeckt. Doch kaum zwei Minuten später spähte sie schon mit weitgeöffneten Augen durch einen Bodenspalt nach unten. Die Jungen begannen sofort, ihr alles mögliche zu zeigen.
»Siehst du den Baumstamm da, Hannah? Da leben die großen, die ganz großen Fische.«
»Dort drüben, wo die Steine sind, war im letzten Sommer ein alter Penny.«
»Schau, Hannah, da, schau dir den Fisch an...«
»Das ist kein Fisch. Bewegt sich ja gar nicht. Es ist ein Stein.«
Plötzlich merkte ich, daß Hannah mir ihr Gesicht zukehrte. Ich drehte meinen Kopf zur Seite, drückte die Wange gegen die warmen Bretter, und während unter uns stumme Fische herumschwammen, blickten Hannah und ich einander an. Wir waren nur wenige Zentimeter voneinander entfernt, unsere Nasen berührten sich beinahe. Etwa eine Minute blieben wir so liegen.
Hannah hatte ihre Augen weit geöffnet. Das Weiße war fast durchscheinend klar, die Iris bestand aus verschiedenen Farbschichten, war an der Oberfläche hellblau, darunter dunkler. Die Sonne umrahmte Hannahs Gesicht, und wieder einmal überraschte mich, wie schön und intelligent es wirkte.
Ich vergaß den plumpen Körper und die entstellende Kleidung; das verfilzte Haar war nur ein verschwommener Umriß. Bewegung und die Freude über den Erfolg hatten ihrer Haut einen rosigen Schimmer verliehen. Alles, was Hannah erreichen konnte, war in diesem

Moment deutlich sichtbar, und ich versprach ihr im stillen, daß ich ihr helfen würde. Hab Vertrauen, Hannah. Wir wollen es noch einmal versuchen, ja?
Dann hob sie ihren Arm herüber – zufällig, absichtlich? Ich hätte es nicht sagen können. Jedenfalls schob sie ihren Arm herüber, bis er den meinen berührte.
Schließlich hatten die Jungen keine Lust mehr, die Fische zu beobachten, und rannten fort, um unter den Steinen am Ufer Schnecken zu suchen – ein Vergnügen, das noch durch die Möglichkeit gesteigert wurde, eventuell sogar einen Blutegel zu finden.
Ich stand langsam auf und hielt Hannah meine Hand hin. Sie nahm sie, und wir schlenderten langsam zurück. Einmal blieb ich stehen, um ihr Kleid über der Kordel nach oben zu ziehen; so waren ihre Beine frei, und sie konnte sich leichter bewegen. Bald würde ich etwas für ihre Kleidung und ihr Haar tun müssen. Es gab so viel zu erledigen, doch zunächst war es genug, die Sonne zu spüren, herumzuwandern, zu leben.
Am Ufer angelangt, gingen wir zu den Jungen. Hannah schaute ihnen zu, und wir schlossen uns ihnen an, als sie kurz darauf einem der bequemen Pfade zustrebten, die zwischen Kiefern, Birken und Eichen auf den Berg hinaufführten. Rufus lief voraus, kletterte über herumliegende Baumstämme und verließ den Weg ab und zu, um einen Felsblock zu erklimmen und uns im Vollgefühl seiner Freiheit von dort etwas zuzurufen. Brian ging langsam, immer bemüht, in Hannahs Nähe zu bleiben, während er die gelben Blätter aufhob, die von den Eichen gefallen waren. Jamie und ich bildeten die Nachhut. Für diese Kinder, die so selten in die Natur kamen und noch nie eine Schlange oder einen Frosch gesehen hatten, geschweige denn ein Stachelschwein, war jeder Schritt ein Abenteuer.
Um die Mittagszeit kehrten wir um und gingen zum See zurück. Diesmal wählten wir die weiße Bucht auf der Ostseite. Wir holten unser Essen aus dem Wagen und eine Decke, die wir auf dem Sand ausbreiteten. Dort aßen wir dann sandige Brote und tranken aus Pappbechern warme Limonade, wie es bei einem echten Picknick sein mußte.
Danach legten wir uns in die warme Sonne und dösten und fingen an, uns etwas zu erzählen. Unsere Geschichten waren immer reine Phantasieprodukte, aber sie hätten genausogut wahr sein können. Nie erzählte sie einer allein; wir reichten sie reihum. Irgend jemand begann, ein anderer übernahm die Mitte und ein dritter das Ende.

»Es war einmal ein Kater, der hatte den längsten Schwanz, den es auf der Welt gab. Er war so lang, daß er ihn dreimal um sich herumwikkeln konnte, wenn er sich setzte. Es war ein schöner Schwanz, aber dem Kater gefiel er nicht, weil alle anderen Katzen...«
Hier griff jemand den Faden auf und fuhr fort, bis ihm nichts mehr einfiel oder er jemand anders weitermachen lassen wollte, um zu sehen, was er sagen würde. Uns gefiel diese Art des Geschichtenerzählens, weil sie einem eine zusätzliche Möglichkeit bot, sich mitzuteilen. Manches, was für ein normales Gespräch zu gewichtig oder zu erschreckend war, konnte in einer Geschichte Ausdruck finden.
Nach einer Weile verstummten wir wieder. Rufus nahm sich ein Buch und schlenderte fort, um zu lesen. Jamie fing an, eine Sandburg zu bauen – vielleicht war es auch ein Berg –, und Hannah zog ihre Schuhe und Söckchen aus und spielte mit ihren Zehen im Sand. Dann – es gefiel ihr offenbar, den Sand auf der Haut zu spüren – stand sie auf und begann barfuß in immer weiteren Kreisen um uns herumzugehen.
Brian blieb bei mir, einen kleinen Stein in der Hand, den er unablässig hin und her drehte. Ich saß mit gekreuzten Beinen da, malte Buchstaben in den feuchten Sand und versuchte mich auf das zu konzentrieren, wofür Brian noch nicht die Worte gefunden hatte. Er nahm ein dünnes Stück Holz, glättete den Sand und zeichnete Menschen in Fernsehschirmen. In Kästen eingeschlossene Menschen – weit entfernt, nicht nahe oder real. Menschen waren Brians Problem. Er konnte mit Buchstaben, Zahlen, Wörtern umgehen, aber Menschen waren schwierig.
Schließlich sagte er: »Wie ist die Schule? Die richtige Schule, meine ich.«
Brian machte sich offenbar Sorgen wegen des nächsten Jahres. Er wußte, daß dies sein letztes Jahr hier war.
»Nun«, antwortete ich und versuchte mich so auszudrücken, daß es beruhigend klang und doch auch mit der Wahrheit übereinstimmte, »das hängt davon ab, was für eine Schule es ist. Ich kann dir etwas über die Schule sagen, in die ich ging.« Ich sprach von den Klassenzimmern und dem Turnsaal, von den Theaterstücken, die wir aufführten, und von unserer Zeitung.
Die Zeitung interessierte ihn. »Die Schüler haben eine eigene Zeitung gehabt? Wie haben sie die denn gemacht?«
Ich erzählte ihm, daß wir in meiner ersten Schule Geschichten auf der Schreibmaschine schrieben und einen Holzschnitt für die Titel-

seite anfertigten. In der Oberschule hatten wir bereits Sport- und Nachrichtenreporter; wir füllten Satzschiffe, suchten die Schrifttypen für die Schlagzeilen aus und ließen die Seiten am Ende von einem Fachmann drucken.
»Wenn ich gehe... ich meine, wenn ich in die Schule gehe, gibt es dort dann auch eine Zeitung?« fragte er.
»Ich weiß es nicht«, erwiderte ich. »Wenn nicht, könntest du ja eine gründen. Nur eine ganz kleine zuerst, aber ich bin sicher, du bringst sie schon in Schwung.«
Er war still, doch er schien befriedigt. »Vielleicht«, sagte er, »vielleicht ist diese neue Schule gar nicht so schlimm.« Er blickte zum See und deutete dann plötzlich mit dem Finger. »Schauen Sie, da ist Hannah. Da... Hannah... Ich glaube, sie... Mary, es sieht aus, als ob Hannah tanzen würde.«
Brian hatte recht. Es sah tatsächlich so aus, als ob Hannah tanzte. Ihren Rock mit den Händen raffend, lief sie genau da, wo das Wasser den Sand berührte, das Ufer entlang. Doch obwohl die Sonne so warm schien, war das Wasser herbstlich kalt, und immer wenn sie zu nahe herankam und es gegen ihre nackten Füße stieß, wich sie mit einem Satz nach hinten oder seitwärts aus. Trotz ihres plumpen Körpers hatte Hannah eine angeborene Grazie, und was bei einem anderen Kind vielleicht linkisch gewirkt hätte, floß bei ihr in einem weichen, natürlichen Rhythmus zusammen. Ich genoß es, ihr zuzusehen. Tief in ihr gab es unter Zorn, Schmerz und Demütigung ein unzerstörbares Reservoir der Freude. Sie war im Grunde ihres Wesens ein absolut fröhlich veranlagtes Kind.
Der Gedanke rief eine Erinnerung in mir wach, und mir fiel ein Tag kurz nach der Geburt meines zweiten Kindes ein. Eine Freundin besuchte mich im Krankenhaus und brachte mir eine Flasche Wein, die sie mir mit den Worten entgegenstreckte: »Für eine fröhliche Frau – denn das bist du für mich.«
Ich weiß nicht, ob sie so ganz recht hat, doch auf jeden Fall habe ich gern fröhliche Menschen um mich. Das ist es unter anderem auch, was mich zu Kindern hinzieht. Wenn sich ein Kind wohl fühlt und weder Nahrung noch Liebe entbehren muß, steckt es normalerweise immer voll Fröhlichkeit.
Aber daß sich Hannah durch all die Schrecken ihres Lebens hindurch – die Operation, Prügel, Zurückweisung und Vernachlässigung – ihren fröhlichen Kern bewahrt hatte, zeigte, daß sie die Fähigkeit, sich zu freuen, in besonderem Maße besaß und ungewöhnlich stark war.

Hannah hatte ein ausgeprägtes Selbstbewußtsein. Sie wußte, wer sie war. Wieder einmal zweifelte ich an der Diagnose des Psychologen. Denn autistische Kinder wissen nicht, wer sie sind. Nein, ich konnte nicht glauben, daß Hannah retardiert oder psychotisch sein sollte.
Eine Wolke schob sich vor die Sonne, und ich schaute auf meine Uhr. Fast zwei. Wir mußten uns beeilen, um bis Schulschluß um halb drei zurück zu sein. Die Stunden waren so schnell verflogen. Ich hätte so gern noch etwas Zeit zur Verfügung gehabt. Es war eigentlich zu früh, um das Picknick zu beenden. Ich brauchte mehr Zeit, doch das galt im Grunde für jeden Tag.
Ich rief die Kinder zusammen und packte unsere Sachen ein. Dann trocknete ich Hannahs Füße mit Papierservietten, zog ihr die Söckchen und Schuhe an und scheuchte dann alle zum Wagen. Wir mußten unbedingt um zwei Uhr dreißig da sein. Busse kamen an, und diese Busse holten auch noch Kinder von anderen Schulen ab. Die Fahrpläne gerieten durcheinander, und Aufregung entstand, wenn die Kinder nicht rechtzeitig eintrafen.
Der warme, sonnige Tag an der frischen Luft hatte die Kinder schläfrig gemacht, und auf der Rückfahrt dösten sie oder träumten vor sich hin. Glücklich und zufrieden, weil ich sie alle bei mir hatte, saß ich am Steuer.
Nach einer Weile wurde Rufus wieder munter. Er begann zu summen und leise zu singen. Zuerst ergaben die Worte keinen Sinn, doch dann erkannte ich einen populären Werbesong.

>>Ich wollt, ich wär ein Wiener Würstchen von O. Meyer,
Oh, würd ich das genießen.
Denn wär ich so ein Wiener Würstchen von O. Meyer,
Würd jeder sich in mich verlieben müssen.<<

Jetzt schlug Brian die Augen auf, und sie wiederholten es noch einmal zu zweit. Der Song war ein durchschlagender Erfolg, und die Jungen wurden zusehends munterer. Jamie schrie fast genau an den richtigen Stellen »mich« und etwas, was ganz ähnlich klang wie »Wiener«, und sogar Hannah drehte sich um.
Rufus war im siebten Himmel. Er stand im Mittelpunkt der allgemeinen Aufmerksamkeit und war nicht gesonnen, diese Position so schnell abzugeben. Er senkte die Stimme und flüsterte wie ein Verschwörer: »Wollt ihr auch den schmutzigen Text hören?«
Sie konnten es kaum erwarten. Rufus sang:

>»Ich wollt, ich wär ein Wiener Würstchen von O. Meyer,
Oh, würd ich das genießen,
Denn wär ich so ein Wiener Würstchen von O. Meyer,
Würd jeder auf mich pissen müssen.«

Die Jungen brachen in Gelächter aus, und Hannah kicherte. Diese Version hatte sogar noch mehr Erfolg als die erste, und die Kinder sangen sie voll Begeisterung immer wieder.
Ich fuhr schweigend die Autobahn entlang, beobachtete die Jungen im Rückspiegel und streifte Hannah ab und zu mit einem Seitenblick. Was war hier im Gange? Ich wußte es nicht, konnte es nicht beeinflussen, aber ich hatte das Gefühl, daß sich etwas ganz besonders Aufregendes vorbereitete.
Und dann trat das Ereignis ein, und ich erfaßte es zunächst gar nicht richtig. Ich hörte es nicht einmal. Die Erkenntnis kam erst, als sich Brian mit einem eindringlichen »Pssst« um Ruhe bemühte und Hannah sagte – *Hannah* sagte: »Ich singen Lied.«
Ich hätte am liebsten angehalten, um auszusteigen und den Verkehr zu stoppen.
Hannahs Stimme war dünn und schwach, aber man hörte sie ganz klar:

>»Ich wollt, ich wär ein Sicherheitsgurt von General Motors,
Oh, würd ich das genießen,
Denn wär ich so ein Sicherheitsgurt von General Motors,
Würd jeder auf mich scheißen müssen.«

Den Jungen und mir verschlug es die Sprache. Woher waren diese perfekten, zusammenhängenden Sätze gekommen? Zwei Monate lang hatte Hannah in unserem Klassenzimmer nichts als Grunzlaute, Stöhnen und Gebrüll von sich gegeben. Zu Hause gebrauchte sie offenbar ein paar Wörter, aber in der Schule nicht. Wenn Hannah »gut« oder »singen« gesagt hätte, wären wir hocherfreut gewesen und hätten sie mit Lob überschüttet. Doch so unvermutet diesen kompletten, skurrilen Song zu hören, das war zuviel, und wir saßen zuerst stumm und wie erstarrt da, bis Brian sich von seinem Erstaunen erholte und sagte: »Hannah. Sing das doch noch mal. Bitte, sing es noch einmal.«
Er begann selbst damit, Rufus fiel ein, und dann war auch Hannahs Stimme wieder da und vereinte sich mit den beiden anderen. Diese spontane Anerkennung war genau das, was sie brauchte. Wirklich –

man kann nie wissen, in was für einer Gestalt sich ein Wunder zeigt...

Hannahs »Werbesong« war zweifellos ein höchst unkonventionelles Unterrichtsmaterial. Doch was machte das schon? Mich störte es in keiner Weise. Hannah sang. Sie hatte die Barrikade des Schweigens durchbrochen, und als die Kinder das sonderbare kleine Lied zweimal gesungen hatten, war ich es, die Hannah zu einer weiteren Wiederholung ermunterte.

»Sing es noch einmal, Liebchen«, sagte ich »Komm, sing es noch einmal.«

Nachdem Hannah jetzt gesprochen hatte, war es wichtig, daß sie in Übung blieb. Sie hatte einen vollständigen Satz verwendet. »Ich singen Lied.« Sie hatte Rufus' simplen Reim aufgegriffen und abgeändert, um eine eigene Idee auszudrücken – eine grobe, vulgäre Idee, aber das war hier nicht das Entscheidende. Mich interessierte, daß sie fähig war, die Sprache als Mitteilungsinstrument zu benutzen.

Ich wußte, daß sie rezeptiven Zugang zur Sprache hatte, daß sie hören, verstehen, begreifen konnte, was man zu ihr sagte. Jetzt zeigte sie, daß sie, wenn sie wollte, Worte verwenden konnte, um eine Idee auszudrücken.

Bei Hannah würde es nicht so sehr darum gehen, ihr neue Wörter beizubringen, obschon ich überzeugt war, daß sie einen sehr begrenzten Wortschatz hatte. Das Wesentliche würde sein, ein Klima zu schaffen, das sie zum Sprechen anregte. In ihrem Kopf schien es alle Wortarten zu geben. Sie besaß sogar ein Gefühl für syntaktische Details: »Ich singen Lied« – Subjekt, Verb, Objekt. Zweifellos hatte sie diese Fähigkeiten schon vorher gehabt und lediglich keinen Gebrauch davon gemacht.

In unserer Schule waren Sprachschwierigkeiten nichts Ungewöhnliches. Über zwei Drittel unserer Kinder hatten schwere Probleme mit der verbalen Kommunikation; das gehörte zu dem, was sie von anderen Kindern unterschied. Das Sprechvermögen wird gemeinhin als etwas so Selbstverständliches betrachtet, daß die Leute ein Kind, das nicht mit Worten umgehen kann, schockierend oder sogar unheimlich finden.

In unserer Klasse hatten außer Hannah auch Jamie und Brian schwere Sprachprobleme gehabt, als sie kamen. Bei Rufus war es anders. Er hatte, wenn er verängstigt war, eine bizarre Sprache benutzt und – im Schutz seiner Aktentasche auf dem Boden kauernd – sonderba-

re Kinderlieder vor sich hin geleiert. »Der kleine Hans Becker saß in einer Ecke. Er steckte einen Daumen rein und zog heraus' nen Zahn. Laß das Tortenessen sein. Putz dir die Zähne immer fein, sonst kriegst du Löcher, o Graus, und die Zähne fallen dir aus.« Hier lag kein Sprachproblem vor. Die Sprache stellte für Rufus sogar eine Hilfe dar, weil sie ihm die Möglichkeit gab, einige seiner Ängste aus seinem Inneren herauszuholen. Doch bei den anderen waren echte Sprachprobleme vorhanden. Jamie hatte überhaupt keine Wörter gekannt. Er verfügte jetzt über knapp hundert, und jedes einzelne hatte ihn große Mühe gekostet, bis er es sprechen lernte. Doch zumindest wußte er seinen Namen, seine Adresse und seine Telefonnummer und war fähig, sie sowohl zu sagen als auch zu schreiben. Wenn er wieder einmal fortlaufen sollte, weil Zorn oder Angst ihn überwältigten, konnte er wenigstens heimfinden.
Bei Brian hatte eine selbstgewählte Stummheit vorgelegen; er konnte sprechen, wollte es aber nicht oder besser, er sperrte sich dagegen, kohärent zu sprechen. Statt uns Wörter anzuvertrauen, hatte er sich eines sonderbaren Wortsalats bedient, der klang, als liefe eine Schallplatte zu schnell ab. Mit zunehmender Sicherheit wurde er fähig, auf den Schutzmantel seiner wirren Redeweise zu verzichten und sich in normalen Sätzen mit uns zu unterhalten.
Alle drei entwickelten sich, kämpften gegen ihre Probleme an, begannen sie allmählich zu überwinden. Jetzt Hannah. Würden wir erreichen, daß Hannah auch weiterhin mit uns sprach?

Am Tage nach unserem Picknick saß Hannah neben mir, während wir das Beste und das Schlimmste durchexerzierten, und Rufus verkündete, kaum daß wir um den Tisch versammelt waren: »Also – das Beste ist ja ganz einfach. Das Beste seit dem letztenmal war das Picknick. Mir gefallen diese Picknicks. Ich könnte jeden Tag ein Picknick machen, vielleicht sogar zweimal am Tag.«
Ich wartete einen Moment, um zu sehen, ob jemand eine Frage stellen würde, doch die Kinder schwiegen, und so sagte ich: »Welchen Teil fandest du denn am schönsten, Rufus? Gab es etwas, was dir besser gefiel als alles andere?«
»O ja. Ich finde immer die Fische am schönsten. Einmal werd' ich hingehen und einen von diesen Fischen fangen. Mann, wie da mein Vater staunen würde, wenn ich mit einem ganz großen Fisch heimkäme.«
Brian meinte: »Mir hat was anderes am besten gefallen. Ich...«

Rufus stand auf. »Du bist nicht dran. Ich hab' ja noch nicht mal das Schlimmste erzählt.«

Brian zog gekränkt den Kopf ein; er war allzu leicht zu verletzen. Ich hatte meinen Arm um Hannahs Stuhl gelegt, für den Fall, daß sie plötzlich auf die Idee käme, fortzulaufen.

Mit meiner freien Hand tätschelte ich Brians Arm. »Du bist als nächster an der Reihe, Brian. Okay, Rufus. Mach weiter. Sag uns das Schlimmste.«

Rufus holte aus der Schachtel, die die Puppenfamilie enthielt, den Vater heraus. »Das Schlimmste war, daß mein Vater gestern gebrüllt hat. Ich finde es scheußlich, wenn er brüllt.«

»Ich auch«, pflichtete ihm Brian, schon wieder munterer geworden, bei. »Ich find' es scheußlich, wenn sie sich anbrüllen.«

»Er schrie meine Mutter an, und dann schrie sie ihn an. Sie sagte, er bildete sich ein, daß er alles wüßte. Meinen Sie, es ist wahr? Weiß er alles?«

»Sieht es denn so aus, als ob er alles wüßte?« fragte ich.

Rufus dachte nach. »Nicht alles. Manchmal tut er bloß so. Manchmal ist es, als wenn er Angst hätte, wir könnten herausfinden, daß er nicht alles weiß.«

Ich beugte mich ein Stück vor. »Findest du denn, daß man vor so etwas Angst haben muß?«

»Die Zeit ist um, Mary.« Brian deutete auf die Uhr. »Er hat seine fünf Minuten gehabt. Jetzt bin ich dran. Nicht wahr?«

Wir hatten nie genug Zeit. Es gab so viele Gedanken, die man hätte verfolgen müssen. Es war so wichtig, jedes einzelne Kind bis ins Detail zu kennen. Doch es mußte eben jeder einmal an die Reihe kommen.

»Du hast recht, Brian. Du bist dran. Aber vergiß das nicht, Rufus, vielleicht können wir uns nach dem Mittagessen noch einmal unterhalten.« Widerstrebend gab Rufus den Puppenvater an Brian weiter.

»Tu sie alle wieder hinein«, forderte Brian. »Man muß die Puppen in die Schachtel packen, wenn man fertig ist.« Er ordnete die Puppen so an, daß der Junge dicht neben der Mutter lag. »Das Schlimmste war«, sagte er, »daß die Mutter nicht zum Fernsehen zu mir reinkam. Hab' alles allein anschauen müssen.«

In Brians Zimmer stand ein großer Farbfernsehapparat am Fußende des Bettes; meist sah sich seine Mutter nach dem Abendessen irgend etwas mit ihm an, weil es im Wohnzimmer nur ein Schwarzweißge-

rät gab. Oft schlief sie über dem Programm ein und blieb dann bis zum Morgen bei ihm.
Ich hatte mich sowohl mit Brian als auch mit seinen Eltern über diese Situation unterhalten und begann nun noch einmal: »Ich dachte, ihr wolltet den großen Apparat ins Wohnzimmer stellen, Brian? Wir haben das doch so besprochen, erinnerst du dich?«
Brian schüttelte den Kopf. »Geht nicht. Mimmie, Oma Mimmie, schläft jetzt im Eßzimmer. Daddy sagt, der große Fernseher ist zu laut. Er würde Mimmie wachhalten.«
»Er ist nicht lauter als der kleine. Na, es ist schon gut.« Ich würde noch einmal mit den Eltern sprechen und ihnen endlich begreiflich machen müssen, daß Brian nicht mehr mit seiner Mutter in einem Bett schlafen konnte.
Wenn unser Psychiater nur Zeit hätte, hin und wieder zu unseren Elternabenden zu kommen... »Deine Mama hat also gestern abend nicht mit dir ferngesehen?«
»Nein. Sie wollte nicht. Ist mit Mimmie zu einem Bingospiel gegangen und hat dann in Daddys Zimmer geschlafen.«
Wie gut, daß es Bingo gab.
»He, Brian, beeil dich. Du hast nur noch eine Minute, und du kannst keine Verlängerung kriegen. Mich hast du ja auch nicht gelassen. Du hast noch nicht mal das Beste erzählt«, sagte Rufus.
»Ich weiß.« Brians Stimme klang plötzlich so leise und sanft, daß wir ihn alle anschauten. Jetzt also kam das Beste. »Ich weiß«, wiederholte er. »Also – das Beste war das Picknick.«
»Das gilt nicht!« schrie Rufus. »Das ist mein Bestes. Mary, nicht war, das gilt nicht?!«
»Still, Rufus. Laß ihn ausreden. Er ist dran.«
»Das Picknick«, sagte Brian noch einmal. Dann nahm er das Puppenmädchen und blickte Hannah an. »Das Mädchen, Hannah, hat auf dem Picknick geredet. Das war das Beste.«
Wenn es natürliche Liebende gibt, dann müssen es Kinder sein. Trotz all seiner Probleme dachte Brian an Hannah. Für ihn war es das Beste des Tages gewesen, daß sie gesprochen hatte.
Ich beugte mich über den Tisch, und meine Hände legten sich in liebevollem Druck auf Brians Arme. »Ja, das hat sie getan. Hannah hat gesprochen, und das war wirklich das Beste.«
Brian tat die kleine Puppe in die Schachtel zurück. Sofort griff Hannah danach und stellte sie fest und breitbeinig auf die Füße. Dann, den Blick auf Brian gerichtet, erklärte sie laut und nachdrücklich:

»Ich nicht gut sprechen Picknick. Ich singen Lied. Ich sprechen jetzt.«
Die drei Jungen starrten Hannah an. Brian konnte seine Augen gar nicht mehr von ihr lösen.
Hannah stand auf, die Puppe noch immer in der Hand. »Jetzt sprechen ich sehr gut. Sagen Hallo. Hallo Dschei-mi, hallo Rufus, hallo Brai-en.«
Ein paar Sekunden lang betrachteten wir Hannah stumm, als fürchteten wir, den Zauber durch Worte zu verscheuchen.
Dann meinte Rufus: »He, Hannah. Du hast Mary vergessen. Sag auch zu ihr hallo. Sag ›hallo, Mary‹.«
Doch Hannah schüttelte den Kopf, und mir wurde das Herz schwer. Würde sie mit den anderen reden und mit mir nicht? Waren in ihren früheren Schulen so viele Fehler gemacht worden? Hatte auch ich sie schon so tief verletzt, daß sie nicht mit mir sprechen wollte? Ich senkte die Augen. Was konnte ich tun?
Doch ehe ich auch nur einen Gedanken gefaßt hatte, legte sich eine Hand auf meine Schulter, und ich blickte hoch und sah Hannahs Gesicht dicht vor mir.
»Hallo«, sagte sie. »Hallo, Lehrerin.«

Neuntes Kapitel

In den folgenden sechs Wochen setzte Hannah fast jeden Tag einen neuen Meilenstein. Sie war nicht mehr aufzuhalten. Sie lernte nicht nur, sie bestand geradezu darauf, daß ich ihr alles beibrachte, was ich konnte, und sie machte das ganz klar. Die Jungen sagten immer »Mary« zu mir, für Hannah hingegen blieb ich die »Lehrerin«, so als wollte sie uns beide ständig daran erinnern.
Ich redete alle Kinder mit ihrem Vornamen an und hatte für jedes noch einen oder zwei Kosenamen. Hannah nannte ich »Hannah« und »Kleines« oder auch »Lovey«, wie früher meine eigene Tochter. Die zärtlichen Wendungen ergaben sich völlig zwanglos und natürlich – ich merkte kaum, daß ich sie gebrauchte.
Doch Hannah merkte es. Als ich einmal mittags auf der kleinen Veranda vor unserer Tür ein paar dürftige Sonnenstrahlen genoß, während ich den Kindern beim Spielen zusah, kam sie zu mir. Die Novembersonne war bleich und schwach, aber ich fühlte mich dennoch innerlich von ihr erwärmt. Vielleicht war es Energie, nicht Hitze,

was ich suchte. Wer weiß? Möglicherweise haben wir eine Art Speicher für Sonnenenergie in uns.
Ein Schatten fiel über mein Gesicht, und ich blickte hoch und sah Hannah auf mich herunterschauen. »Sie braun werden wollen, Lehrerin?«
»Oh, Hannah, hallo. Du hast mich fast ein bißchen erschreckt. Die Sonne ist noch sehr schwach. Was kann ich für dich tun?«
Sie zeigte kein Lächeln. »Nicht Hannah. Nicht Hannah nennen. Lovey sagen. Ich mag Lovey. Noch nie jemand Lovey zu mir sagen.«
Ich zog sie zu mir herunter. »Also gut. Lovey, Lovey, Liebchen, Liebchen. Hallo, Hannah-Liebchen.«
Hannahs Kopf lag auf meinem Schoß, und in ihren Augen spiegelte sich ein leichtes Lächeln. Ich strich ihr das Haar aus der Stirn und berührte ein kaltes, hartes Kaugummiklümpchen.
»Hör mal« meinte ich. »Es wird Zeit, daß wir dieses eklige Zeug aus deinem Haar holen. Wie ist es überhaupt hineingekommen?«
Hannah stieß meine Hand fort, schüttelte den Kopf und drückte das Gesicht in meinen Schoß. Es war offenkundig, daß sie nicht darüber sprechen wollte, aber früher oder später mußten wir den Kaugummi doch entfernen, und so beschloß ich, die Gelegenheit zu nutzen und das Thema weiterzuverfolgen.
»Wie wäre es, wenn wir uns eine Schere holen und die verklebten Stellen herausschneiden würden? Ich werde ganz vorsichtig sein und langsam machen. Es tut nicht weh, ich verspreche es dir.«
Hannah richtete sich auf. »Nein«, sagte sie. Klar, definitiv. »Keine Haare schneiden.« Hannah würde nicht so leicht nachgeben.
»Okay«, sagte ich. »So wichtig ist es ja nicht. Wir können warten, wenn du so sehr an diesen Kaugummiklumpen hängst. Du bist eine richtige wandelnde Kaugummifabrik.«
Das Lächeln war jetzt aus Hannahs Augen verschwunden. »Mir«, verkündete sie und legte die Hand auf ihr Haar. »Mir.«
»Gut. Du hast recht. Es ist dein Haar. Ich werde den Kaugummi nicht herausschneiden, solange du es nicht selbst willst.«
Aber ich hatte Hannahs Mut unterschätzt. Als sie am nächsten Morgen in die Schule kam, sah sie aus, als hätte sie eine Gehirnoperation hinter sich. Große kahle Stellen zeigten sich zwischen dem verbliebenen langen, schmutzigen Haar; und den dunklen Rändern um ihre Augen war zu entnehmen, daß sie wenig geschlafen hatte. Die Kaugummiklümpchen waren fort, doch dasselbe galt auch für den größten Teil ihres Haares.

Sie steuerte sofort auf ihren Platz im Garderobenschrank zu. Ich folgte ihr, setzte mich neben sie und nahm ihr Gesicht in meine Hände. »Mach dir nichts draus, Lovey. Es wächst schon wieder. Es war sehr lieb von dir, den Kaugummi herauszuschneiden.«
Sie blickte mir in die Augen. »Mir. Mir Haar. Ich schneiden.«
»Das sehe ich. Ich verstehe, daß du es selbst tun wolltest. Du wolltest dein eigenes Haar selbst schneiden.«
»Ordentlich machen«, forderte sie. »Haar jetzt ordentlich machen, Lehrerin.«
Ungeduld und Kummer vermischten sich in ihrer Miene, während ihre Finger die kahlen, stoppligen Stellen erforschten, wo das Haar abgeschnitten war.
Ich betrachtete die Verheerung auf Hannahs Kopf. Das also sollte ich in Ordnung bringen? Wie stellte sie sich das vor? Glaubte sie, ich könnte ihr auf irgendeine Weise Haare verpflanzen?
»Es wird schon wieder gut, mein Kleines«, versicherte ich noch einmal. »Es wächst nach. Haare wachsen schnell.«
Das genügte Hannah nicht. Sie schüttelte den Kopf, zog mich zu dem Schrank, in dem wir unsere Bastelutensilien aufbewahrten, riß die Tür auf und reichte mir eine Kinderschere.
»Richten«, bat sie.
»Du möchtest, daß ich es schneide? Ist es das? Du willst, daß es gleichmäßig wird?«
Sie stand regungslos da, geduldig wartend und vertrauensvoll, obwohl sie ganz offenkundig nichts begriff, weil sie das Wort »gleichmäßig« nicht kannte. In diesen drei Monaten war sie weit gediehen. Ich konnte sie jetzt nicht im Stich lassen.
Ich erwog die Möglichkeit, sie zu Vincent, meinem Friseur, zu bringen, der mein Haar jeden Monat geschickt und fachkundig schnitt. Doch als ich an die weißen Kittel, die langen Reihen der Trockenhauben und die neugierigen Frauen dachte, verwarf ich die Idee.
»Gut«, sagte ich. »Aber wenn ich das tun soll, dann will ich es richtig machen. Brian, würdest du bitte ins Büro gehen und dir von Zoe die große Schere geben lassen?«
Brian stürmte hinaus.
»Und außerdem brauchen wir einen Spiegel und einen Kamm.«
Ich holte den großen Tischspiegel, den ich vor Jahren für unsere Sprechübungen gekauft hatte, stellte ihn auf den Schreibtisch, legte meinen Kamm daneben und unter den Stuhl ein altes Stück Tuch aus dem Malschrank.

Hannah setzte sich und starrte in den Spiegel. Ganz unwillkürlich hob sich ihre Hand, betastete Haar und Gesicht. Sie drehte sich nach mir um, wandte sich dann wieder dem Spiegel zu und beugte sich vor, um ihr Spiegelbild zu berühren.
»Mein?« fragte sie.
Und plötzlich war mir klar, daß sie noch nie einen Spiegel benutzt, daß sie sich soeben zum erstenmal betrachtet hatte. Ich kauerte mich schnell an ihrer Seite nieder, so, daß mein Gesicht neben ihrem erschien. Dieses Lehren ist wie die Büchse der Pandora – einmal geöffnet, zieht jede Kleinigkeit eine andere nach sich.
»Ja«, sagte ich und berührte ihr Gesicht. »Das bist du.« Ich wies auf mein eigenes. »Und das bin ich.«
Hannah betastete mein Gesicht, ohne die Augen von dem Spiegel abzuwenden.
»Sie«, stellte sie fest. »Ich.« Sie tätschelte den Spiegel. »Er machen Bild von Ihnen und mir, Lehrerin.«
»Ja, es ist ein ein Spiegel, und er zeigt wie in einem Bild jeden, der vor ihm ist. Siehst du, das sind Jamie und Rufus«, fuhr ich fort, nachdem ich die Jungen ins Blickfeld geschoben hatte. »Doch das Bild bleibt nicht immer. Nur solange wir auch da sind.«
Hannah nickte. Dann beschäftigte sie sich wieder damit, sich selbst im Spiegel anzuschauen. Sie berührte ihre Nase, ihren Mund. Ich muß mir einen größeren Spiegel beschaffen, dachte ich. Damit sie sich ganz sehen kann. Damit jeder von ihnen seinen Körper betrachten kann. Auf diese Weise lernen sie ihre Anatomie kennen und begreifen. Ich hätte das schon längst tun sollen.
»Morgen«, versprach ich ihr, »werde ich einen großen Spiegel mitbringen, einen hohen, in dem du dich mit einem Blick von oben bis unten sehen kannst.«
Brian erschien mit der Schere, und Hannah setzte sich auf dem Stuhl zurecht. Die drei Jungen stellten sich hinter mir auf.
»Kriegt Hannah jetzt von Ihnen die Haare geschnitten?« erkundigte sich Rufus.
»Hmmm.«
»Wo haben Sie denn gelernt, das zu machen?«
»Oh, es ist leicht« antwortete ich. »Keine Kunst.«
Aber Rufus hatte recht vermutet. Ich hatte noch nie jemandem die Haare geschnitten. Schnipp. Ich ergriff eine lange, schlaffe Strähne und schnitt sie ab. Die Jungen hielten keuchend den Atem an, als Hannahs Haar auf das Tuch fiel, und ich ließ die Hand einen Mo-

ment sinken; mir war, als hätte ich einen lebenswichtigen Teil von Hannah abgetrennt.
»Richten. Nicht so langsam. In Ordnung bringen«, kommandierte Hannah, völlig überzeugt von meinen Fähigkeiten.
»Ja, ja, ich bin doch schon dabei. Einen guten Haarschnitt kann man nicht so schnell hinzaubern.«
Es gab offenkundig keinen Ausweg, und so schnippelte und schnitt ich, während ich mich zu erinnern versuchte, wie Vincent es machte, und mich bemühte, einzelne Haarpartien schräg zu legen, damit sie die kahlen Stellen bedeckten.
Als ich fertig war, fühlte ich mich so ausgelaugt, als wäre ich dreißig Kilometer bergauf gerannt, und hinter mir hörte ich Brian einen langen Seufzer der Erleichterung ausstoßen, aber im Spiegel sah man Hannahs rundes kleines Gesicht, umrahmt von weichem, kunstvoll unregelmäßig geschnittenem Haar.
Ich ließ Brian die Schere zurückbringen und führte Hannah in den Waschraum, wo ich ihr das Haar mit klarem warmem Wasser wusch und es dann mit einem Handtuch fast trockenrieb. Jetzt, kürzer und sauberer, wellte es sich um ihre Wangen etwas, und die rotblonde Farbe trat deutlicher hervor.
Wieder in unserem Klassenzimmer, brachte ich den Spiegel und das Tuch weg und ging dann in den Abstellraum, um Besen und Kehrschaufel zu holen, da auf dem Boden noch einige lange Haarsträhnen herumlagen. In einer Ecke des Raumes blieb ich einen Moment stehen und seufzte. Ermüdung mischte sich mit Frustration. Wieder eine Stunde vorbei, der Tag schon fast zu Ende, und wir hatten uns noch nicht mit Rechnen befaßt, noch nicht mit dem geplanten naturkundlichen Experiment begonnen. Morgen, morgen, schwor ich mir. Morgen wird mich nichts aufhalten. Morgen holen wir alles Versäumte nach. Wie kam es zu so etwas? Wie geriet ich überhaupt in solche Situationen?
Als ich mit Besen und Schaufel in unser Klassenzimmer zurückkehrte, sah ich, daß die Außentür offenstand und Hannah nicht da war. Was jetzt? Das war zuviel. »Wo ist Hannah?« fragte ich die Jungen gereizt. »Wohin ist sie gegangen?«
Sie schauten mich stumm an, und Brian deutete auf die Tür.
»Das sehe ich selbst«, entgegnete ich ungeduldig. »Ich kann mir denken, daß sie da hinausgegangen ist, aber wo ist...«
Während ich sprach, ging ich zur Tür hinüber. Es war mir sofort klar, weshalb die Jungen keine Worte finden konnten.

Draußen auf der kleinen Veranda, wo ich am Vortag gesessen hatte, war Hannah. Sie hatte zwei Stühle hinausgeschleppt, sie so zusammengerückt, daß die Sitzflächen gegeneinanderstießen, und sich darauf ausgestreckt, das kurzgeschnittene Haar nach hinten gestrichen, die Augen geschlossen, das Gesicht der blassen Novembersonne zugekehrt.
»Hannah. Was machst du denn da?« fragte ich, obwohl ich es bereits wußte. Rührung stieg in mir auf. Ich bemühte mich, meine Stimme ein bißchen verärgert klingen zu lassen, aber meine Irritation hatte sich bereits irgendwohin verflüchtigt, und ich sagte nur: »Komm jetzt wieder herein, Lovey. Dein Haar ist noch naß, und du wirst dich erkälten.«
Hannah wandte den Kopf und lächelte mich an. Ihr Gesicht strahlte.
»In Moment. Ich braun werden, Lehrerin. Wie Sie.«

Zehntes Kapitel

Hannahs Tage waren stets ausgefüllt. Sie hatte nie Gelegenheit gehabt, all die kleinen, gewöhnlichen Dinge zu tun, mit denen sich andere Kinder zu Hause oder im Kindergarten beschäftigen. Ihr Zorn und ihr gespaltenes Verhalten hatten es ihr unmöglich gemacht, Erfahrungen zu sammeln und etwas zu lernen. Doch jetzt malte und zeichnete sie Bilder auf alles, was ich ihr vorlegte: Zeitungspapier, Wachspapier, Aluminiumfolie, sogar Schmirgelpapier. Es gefiel ihr, daß jedes ihrer Produkte sich anders anfühlte und anders aussah, und ihre Finger wurden zunehmend geschickter. Sie verwandte Kreide und Wasserfarben und Buntstifte, manchmal auch alles auf einmal.
Ab und zu nahm ich eins ihrer Bilder mit nach Hause und ließ es ohne Faden durch die Nähmaschine laufen. Die Nadel perforierte das Papier, und am nächsten Tag schnitt Hannah sorgfältig die Linien entlang, um sich ihr eigenes Puzzle anzufertigen. Neue Entdeckungen wie diese entzückten sie immer sehr, und ihre hohe, sanfte Stimme verkündete dann fröhlich: »Oh, gut, Lehrerin. Sehen. Bild sehen.«
Brian und Rufus hoben beinahe ebensooft lächelnd den Kopf wie ich. Hannahs freudige Erregung teilte sich uns allen mit.
Hannah begleitete uns jetzt zum Spielkreis. Sie sagte dort nie etwas; sie saß lediglich neben mir, eine Hand in meinem Schoß, und beob-

achtete alles, was vorging. Eines Tages brachte Patty einige ihrer Schallplatten mit, und wir lernten Hannah von einer neuen Seite kennen. Sie tanzte im ganzen Zimmer herum – Twist, Wiggle und ein Dutzend verschiedener Tänze, deren Namen ich nicht einmal kannte. Doch Hannah beherrschte sie alle, und sie tanzte sie mit Anmut und einem merkwürdigen, außergewöhnlichen Ausdruck.

In unserem Klassenzimmer wurde sie wieder Kind. Wir verwahrten in bemalten oder überklebten Kaffedosen alle Arten von Zahlen und Buchstaben: Schmirgelpapierbuchstaben, Holzbuchstaben von alten Anagrammspielen, magnetische Buchstaben – selbst Teigwarenbuchstaben. Hannah fand sie faszinierend, und sie konnte Stunden damit zubringen, sie zu sortieren und zusammenzusetzen.

Manchmal beschäftigten wir uns mit Lotto- und Bingospielen. Zuerst legte sie die Holzbuchstaben auf die entsprechenden Felder. Später lernte sie, wie sie hießen, und ich nannte einen Buchstaben, den ich verdeckt in der Hand hielt, und sie fand ihn auf dem Brett.

Sie spielte mit Dominosteinen und setzte die übereinstimmenden Punkte aneinander. Sie sortierte Stäbchen und Dosen nach ihrer Größe. Sie lernte die Bedeutung von »über« und »unter«, »gleich« und »verschieden«. Sie lernte, Objekte nach Farbe, Verwendung und anderen Eigenschaften zu ordnen. Sie malte mit Begeisterung Bilder von sich selbst. Ich brachte eine lange Rolle braunes Papier mit, und Hannah und Jamie legten sich darauf, und ich zeichnete ihre Umrisse nach. Brian und Rufus waren für diese Dinge schon zu groß, aber sie halfen den beiden anderen, die Figuren auszuschneiden und sie mit leuchtenden Farben zu bemalen.

Eines Tages befestigte ich auf der Staffelei ein großes liniertes Blatt und stellte zwei kleine Stühle davor, einen für Hannah und einen für mich. »So«, sagte ich. »Heute wollen wir eine Geschichte schreiben. Wir schreiben sie gemeinsam, aber eigentlich wird es deine Geschichte sein. Ich schreibe sie nur für dich auf.« Ich deutete auf das Papier und wedelte mit dem Filzstift in meiner Hand.

Hannah kam heran, setzte sich neben mich und starrte auf das leere Blatt.

»Es gibt vieles, worüber wir schreiben können«, sagte ich. »Ich werde mir drei Dinge ausdenken und sie hier notieren, anschließend denkst du dir drei Dinge aus, und eins davon nehmen wir dann.«

Hannah blickte mich traurig an. »Kann nicht denken. Kann keine Geschichte nicht denken.«

»Du bist noch nicht dran. Wart einen Moment, ja? Erst komme ich.

Laß uns einmal überlegen... Wir könnten über Essen schreiben – warmes Essen, kaltes Essen, Frühstück, Mittagessen...«
»Nachtisch«, unterbrach mich Hannah. »Nicht Essen schreiben. Nachtisch schreiben.«
Sehr sorgfältig schrieb ich das Wort *Essen*. »Das hier ist meine Liste. Und ich will, daß sie ›Essen‹ enthält. Du kannst auf deine ja ›Nachtisch‹ schreiben, wenn du willst.«
Hannah war von ihrem Stuhl aufgestanden und betrachtete jeden Buchstaben, den ich schrieb. Jetzt hatte ich sie soweit. Hannah wußte es zwar noch nicht, aber sie würde heute ihre ersten Leseversuche machen.
Wir hatten während der Vorwoche bereits Stunden mit Lesevorbereitungen zugebracht. Hannah kannte die Buchstaben des Alphabets. Sie konnte sie erkennen, benennen, sogar schreiben. Lautlich waren sie für sie weitaus schwerer zu erfassen, vor allem die Vokale, und es war mir klar, daß sich Hannah – wenn sie je lesen lernen sollte – viel mehr auf ihre Augen als auf ihre Ohren würde stützen müssen. Damals waren mir die Begriffe visuelle und auditive Dyslexie noch nicht vertraut, aber ich wußte, daß Hannah sehr bald Erfolge brauchte und visuell wesentlich leichter etwas erreichen konnte als auf andere Weise.
»Also ich nehme ›Essen‹ und – na gut, ›Bücher‹ und ›Häuser‹.« Da ich ihre Aufmerksamkeit durch »Essen« gewonnen hatte, bemühte ich mich, die anderen Möglichkeiten vager und langweiliger klingen zu lassen.
»Nachtisch«, sagte Hannah. »Ich mag Nachtisch.«
»Gut, das ist ein recht brauchbarer Anfangssatz. Wir wollen unsere restlichen Ideen einstweilen wegpacken und dieses Thema nehmen.«
Ich holte ein neues Blatt Papier und schrieb in die erste Zeile mit Druckbuchstaben NACHTISCH.
»Das ist unser Titel ›Nachtisch‹.«
Darunter schrieb ich »Ich mag Nachtisch« und las es laut, während ich die Buchstaben malte.
Hannah stand dicht neben mir, ihr kurzgeschnittenes Haar berührte fast das Blatt.
»Was für einen Nachtisch magst du denn?« erkundigte ich mich.
»Kuchen. Ich mag Kuchen.«
Sorgfältig schrieb ich in die nächste Zeile »Ich mag Kuchen« und sprach es langsam mit.

»Und ich mag auch Torte«, fuhr Hannah fort.
Dieses Kind... Warum hatte es so viele Jahre gedauert, bis Hannah etwas lernte? Sie war so leicht zu unterrichten. Ich fügte hinzu: »Ich mag Torte« – ich sagte es, und ich schrieb es hin – und kaum war ich fertig, erklärte Hannah: »Und ich liebe Eis.«
»Fein. Das klingt gut. Das wird unsere letzte Zeile: ›Und ich liebe Eis‹.«
Auf unserem Blatt stand jetzt:

> Nachtisch
> Ich mag Nachtisch.
> Ich mag Kuchen.
> Ich mag Torte.
> Und ich liebe Eis.

Ich legte den Stift hin und sagte zu Hannah: »Jetzt werde ich deine Geschichte lesen, ja?«
Sie nickte und ich legte meine Hand unter den Titel. »Nachtisch.« Meine Hand rutschte unter die erste Zeile, und ich las langsam und sehr betont: »Ich... mag... Kuchen« und unterstrich jedes Wort mit der Hand. Und als ich bei der letzten Zeile anlangte, sagte ich emphatisch und mit besonders viel Gefühl: »Und ich *liebe* Eis.«
»So, Hannah. Jetzt bist du dran. Wir beginnen hier mit dem Titel.« Ich ergriff ihre Hand und legte sie unter das Wort.
»Nachtisch?« fragte sie mit einem zweifelnden Blick auf mich.
»Ja, genau. Schau her. Das ist das Wort, siehst du? Das sind die Buchstaben, aus denen ›Nachtisch‹ besteht: N-A-C-H-T-I-S-C-H.« Mein Ziel war, Hannah klarzumachen, daß Buchstaben Worte bildeten und jedes gesprochene Wort sein schriftliches Gegenstück hatte. Ich zog ihre Finger die Zeile entlang.
»Nachtisch«, sagte sie.
»Richtig.« Ich führte ihre Hand zur nächsten Zeile und legte sie unter das erste Wort.
»*Ich*. Ich kenne Buchstabe. ›I‹... E-F-G-H-I.«
»Ja, das stimmt. Es ist der Buchstabe ›I‹, und das ganze Wort heißt ›Ich‹. Jetzt weiter. Was sagtest du, was du magst?«
»Ich mag Kuchen.«
»Großartig. Gut. Nun die nächste Zeile.« Ich ließ ihre Hand weiterwandern.
»Ich... ich mag Torte.«

Eine spürbare Erregung bemächtigte sich ihrer Stimme, als sie zu begreifen begann. Die Worte waren ihre Worte. Die Worte auf dem Papier waren die Worte, die sie gesprochen hatte.
»Und«, schrie sie freudig, »ich liebe Eis!«
»Na, was sagst du jetzt, du Supermädchen? Du hast die ganze Geschichte gelesen.«
»Noch einmal. Lehrerin. Lesen. Sie lesen.«
Hannah war jetzt so aufgeregt, daß sie nicht mehr stillstehen konnte. Sie hüpfte neben mir auf und ab, während ich auf die Wörter zeigte und sie noch einmal las.
»Ich... Ich lese Geschichte jetzt.«
Hannah las ihre Geschichte noch viele Male mit zunehmender Befriedigung, bis ich schließlich sagte: »Wir haben etwas vergessen. Du hast die Geschichte geschrieben. Es ist deine Geschichte. Der, der die Geschichte schreibt, setzt immer seinen Namen darunter.«
Ich gab Hannah den Filzstift, und langsam, sehr sorgfältig, schrieb sie die Buchstaben »H-A-N-N-A-H« unter die Seite. Dann wandte sie sich mir zu.
»Aufhängen. Geschichte aufhängen, Lehrerin.«
Ich befestigte das Blatt neben Jamies Bildern und den Arbeiten von Rufus und Brian an der Wand.
Ich nutzte jedes Mittel, das mir einfiel, damit Hannah während dieser ersten aufregenden Lernphase nicht nachließ. Das Beste und das Schlimmste, die Puppenfamilie – bei allen Gelegenheiten wiederholte ich ihre Worte, um ihr zu zeigen, daß ich sie gehört hatte und für ungeheuer wichtig hielt, so wichtig, daß sie aufgeschrieben werden mußten. Ich wollte ihr soviel Rückhalt geben, wie ich konnte, um ihr, ohne es auszusprechen, zu zeigen, daß sie gut war und zusehends weitere Fortschritte machte.
Hannah produzierte eine Geschichte nach der anderen, bis es schließlich an unseren Wänden keinen Platz mehr gab. Jede Geschichte gefiel ihr besser als die vorherige, und wenn sie eine neue fertig hatte, wanderte sie im Zimmer hin und her und las sie sich selbst laut vor.
Sie entstanden alle nach dem Muster der ersten, und obschon die Sätze mit der Zeit ein bißchen länger und abwechslungsreicher wurden, ging es im Grund stets um das gleiche – um Dinge, die für Hannah wichtig waren, wie bunte Kreide, rote und gelbe Murmeln, unsere Spielküche, Bauklötzchen, die Puppenfamilie, Hannahs eigene Familie.

Von den Geschichten kopierte sie einzelne Wörter auf Karteikarten, die sie in Päckchen, mit Gummiringen umwickelt, in ihrem Fach verwahrte. Jeden Tag holte sie die Kärtchen heraus, legte sie nebeneinander auf den Boden und übte sich darin, sie zu lesen. Anschließend kam sie damit an meinen Tisch, um mir ihre Künste vorzuführen.

Diese Art zu lesen wird in der Fachsprache heute »Sprecherfahrung« genannt. Ganze Bände sind über sie und die zugehörigen »Wortbanken« sowie über die Effektivität der Methode als solche geschrieben worden.

Es ist eine anregende, persönliche und in hohem Maße individualisierte Weise, lesen zu lernen, und eigentlich ist sie schon uralt. Seit den Anfängen unserer Schriftsprache haben die Menschen Geschichten erzählt, aufgeschrieben und gelesen.

Man muß nur ein paar Punkte beachten, wenn man sichergehen will, daß dieser Unterricht Erfolg hat. Erstens sollte das Kind eher ein visueller als ein auditiver Typ sein und über eine ausgeprägte Merkfähigkeit verfügen. Zweitens sollte man die Wortbank mit der Liste der 200 gebräuchlichsten Wörter vergleichen und später mit zunehmend anspruchsvolleren Vokabularlisten, die man sich aus den Wörterverzeichnissen der Grundstufenlesebücher zusammenstellen kann. Ein Großteil der Wörter, die der natürlichen Sprache eines Kindes entstammen, findet sich dort wieder, doch man kann sich anhand der Listen auch vergewissern, ob sich das Kind einem ständig wachsenden Schwierigkeitsgrad entsprechend weiterentwickelt. Drittens – und das ist das Wichtigste – muß dem Kind die Sache Spaß machen.

Als kein Platz mehr an unseren Wänden war, begannen wir Bücher zu verfertigen. Wir schrieben Hannahs Geschichten auf einseitig linierte Blätter, die ich an der oberen Kante lochte, zwischen zwei Pappdeckel steckte und schließlich mit Garn zusammenheftete. Hannah bemalte den Einband mit Buntstiften und illustrierte auf der Rückseite der Blätter die jeweilige Geschichte. Ich war beinahe ebenso stolz auf Hannahs Bücher wie sie selbst, und ich zeigte sie sowohl der Direktorin als auch meinen Kolleginnen.

Mehr noch als alle Lese- und Schreibbemühungen freuten mich indessen Hannahs verbale Versuche. Ihr Sprechvermögen war noch begrenzt, und sie stotterte ein wenig. Vor lauter Eifer kam sie auch nicht dazu, ihren unergründlichen Satzbau zu verbessern. Doch Stil und Inhalt wogen alle Mängel des grammatischen Ausdrucks auf.

Wenn es das Beste und das Schlimmste zu erzählen galt, brach manchmal eine übersprudelnde Heiterkeit aus Hannah hervor, die die Jungen und mich gleichermaßen bezauberte.
»Bestes heute Opa.« Hannahs Augen funkeln vergnügt, und sie gluckst vor Lachen.
»Was ist mit Opa?«
»Opa wohnen unten. Opa meistens schlechtgelaunt. Alle müssen tun immer, was er wollen. Jeden Tag fünf Uhr Mama Opa Abendessen kochen müssen, Mama Fenster zumachen müssen, Rollos runterziehen. Mama unten Wohnzimmer sitzen müssen, bis er schlafengehen. Ich muß Küche bleiben. Opa tun wie Boß von alle. Boß von Mama. Helen. Mir. Carl.«
Hannah hält inne und schüttelt den Kopf.
»Nur ›kleiner Cäsar‹ sich nicht kümmern.« Wieder fängt sie an zu lachen. Irgend etwas scheint sie ungeheuer zu belustigen.
»Wer ist kleiner Cäsar?« will Rufus wissen.
»Kleiner Cäsar Opas Hund. Opa auch kleiner Cäsar immer anschreien. Gestern abend kleiner Cäsar Opa fertigmachen.«
Hannah vergewissert sich durch einen Blick unserer ungeteilten Aufmerksamkeit, bevor sie mit der Pointe der Geschichte herausrückt.
»Cäsar bellen Straße gehen. Opa brüllen. Cäsar nicht rauslassen, Cäsar über Opas Lichtschnur Bein heben. Lichtschnur kaputt. Cäsar Pipi machen. *Zischsch! Fuiii! Peng! Peng!* Feuerwerk. Kein Licht. Mama sagen, Cäsar Opa kurzschließen.«
Was für eine Geschichte!
Die Jungen ließen Hannah sogar über die ihr zugestandenen fünf Minuten hinaus reden, so hingerissen waren sie von ihrem anschaulichen Bericht.
Als wir mit dem Besten und dem Schlimmsten fertig waren, nahm Hannah einen Bleistift und zeichnete die Szene, die sie geschildert hatte: das Zweifamilienhaus, Opas Wohnzimmer, das defekte Kabel und einen kleinen, borstig aussehenden Hund, der das Bein hob. Dann schrieben wir das Ganze auf – eine neue Geschichte für ihr Buch. Es war meine Lieblingsstory, obschon Hannahs Erzählungen immer sehr lebendig und rund waren.

Doch neben Heiterkeit und Freude gab es in Hannah auch eine blinde, rasende Wut, die mindestens drei- oder viermal wöchentlich in unserem Klassenzimmer zum Ausbruch kam.

Es war unmöglich, die Ursachen ihres Zorns zu ergründen. Einen gemeinsamen Faktor schien es bei dem, was die Explosion auslöste oder ihre Wucht bestimmte, nicht zu geben. Manchmal genügte ein Buntstift, der unter zuviel Druck zerbrach. Zuerst versuchte Hannah ihn wieder zusammenzusetzen; wenn sie sah, daß es unmöglich war, schleuderte sie ihn und die übrigen Farbstifte quer durch das Zimmer, raufte sich die Haare und ließ sich am Ende auf den Boden fallen, um sich hin und her zu wiegen und mit dem Kopf gegen die Fliesen zu hämmern.

Manchmal wurde ihr wildes Toben auch von größeren Frustrationen verursacht. Es kam vor, daß eins von Pattys Mädchen ihr Essen stibitzte, sich über sie lustig machte oder bis über die Grenzen des Erträglichen hinaus hänselte. Hin und wieder ergab es sich auch, daß eine freiwillige Hilfskraft aus einer anderen Klasse (wir selbst hatten keine, weil die Direktorin fand, wir schafften es recht gut allein), ein Verwandter oder eine meiner Kolleginnen etwas von ihr verlangten, was ihre Fähigkeiten überstieg. Sofort explodierte Hannah, und was immer die Gruppe gerade tat, fand ein jähes Ende.

Eigentlich hätte so etwas nicht sein dürfen, das war mir klar. Es war für die anderen Kinder nicht gut und für Hannah selbst ebensowenig. Aber ich wußte meistens nicht, was ich dagegen unternehmen sollte.

Ich war mit Zorn vertraut. Zorn, Angst und Einsamkeit waren meine Hauptfeinde, denen ich täglich gegenüberstand. Sie umgaben jedes Kind, das zu uns kam, wie eine Mauer. Doch ich hatte gelernt, meine eigenen Emotionen wie auch die der Kinder als Realität zu betrachten und mit ihnen fertig zu werden.

Es war die Maßlosigkeit von Hannahs Zorn, die alles so schwierig machte – und das selbstzerstörerische Element, das ihm anhaftete. Wenn sie mit dem Kopf gegen den harten Fliesenboden stieß, tat sie das so heftig, daß man den Eindruck hatte, sie wollte ihn zerschmettern, um sich von den Dämonen zu befreien, die sie jagten.

Ich sprach mit der Direktorin. Ich sprach mit dem Psychiater und mit dem Psychologen. Alle antworteten mir das gleiche. »Sie scheinen auf dem richtigen Weg zu sein, Mary, Hannah entwickelt sich gut. Sie können nicht erwarten, daß sich die Dinge schlagartig ändern.«

Aber ich war nicht auf dem richtigen Weg, und ich wußte es genau. Ich fing es falsch an, und ich wünschte mir sehnlich irgendeinen Menschen, der uns in dieser schwierigen Sache geholfen hätte.

Wenn Hannah zu toben begann, ging ich zu ihr, um bei ihr zu sein und sie vor sich selbst zu schützen. Ich hielt sie von hinten fest, so daß sie keine Stühle nach mir werfen oder mich attackieren konnte. Wenn sie sich dann auf den Boden fallen ließ, setzte ich mich neben sie und versuchte zu verhindern, daß ihr Kopf allzu hart auf die Fliesen aufschlug. Doch nichts schien zu helfen. Sie aß zwar mit uns und übte sich im Sprechen und Lesen, aber noch immer dominierte sie ihr Zorn und vergiftete die Atmosphäre unseres Klassenzimmers.
Die Jungen zogen sich verängstigt und aufgeregt zurück, wenn Hannah ihre Anfälle bekam. Sie fanden es schon schrecklich, wenn es in ihren eigenen Familien Streit gab, und diese wilden, leidenschaftlichen Ausbrüche, die jetzt fast täglich in unserem Klassenzimmer stattfanden, waren zuviel für sie.
Nach einem fast nur mit Spaziergängen ausgefüllten Wochenende (ich wandere immer herum, wenn ich nachdenken muß) kam ich zu dem Schluß, daß mich Hannah manipulierte. Genauso wie sie sich zu Hause und in den anderen Schulen in fast allen Dingen tyrannisch gebärdet hatte, machte sie jetzt bei uns von Wutanfällen Gebrauch, und ich ließ es ihr durchgehen. Aber was wollte ich tun? Ich mußte zurückdenken. Wie hatte es angefangen? Wie war unsere erste Begegnung verlaufen? Wie war ich an sie herangegangen? Wo hatte ich ursprünglich ansetzen wollen?
Ich mußte das Problem kühl und besonnen betrachten, es mit dem Verstand zu lösen versuchen... Das war es. Ich mußte Hannah mit Vernunft begegnen. Ihre Intelligenz: Das war meine erste Idee gewesen, ich hatte über ihre Intelligenz an sie herankommen wollen.
Und statt dessen hatte ich mich in Emotionen verwickelt, und meine eigenen waren ihr dabei noch förderlich gewesen. Meine hilfreichen Bemühungen, meine Aufmerksamkeit hatten die Ausbrüche eher verstärkt als gedämpft.
Am Montag morgen, als wir mit dem Besten und dem Schlimmsten fertig waren, verkündete ich: »In diesem Zimmer wird künftig niemand mehr schreien, brüllen, mit Gegenständen werfen oder ähnliches tun. Ich werde jeden, der irgend etwas macht, was mir nicht richtig erscheint, einmal warnen, und wenn es dann noch einmal geschieht, entziehe ich ihm ein Vorrecht.«
Wir verbrachten eine halbe Stunde damit, die Vorrechte jedes einzelnen festzulegen. Es war ein langwieriger, kühler, logischer Prozeß – genau das, was wir brauchten. Alle Kinder beteiligten sich dar-

an. Wir einigten uns auf drei »Vorrechte« für jedes Kind. Sie wurden zuerst an die Tafel geschrieben und dann auf festes Papier übertragen. Hannahs Liste sah folgendermaßen aus:

>HANNAHS VORRECHTE
>1. Bunte Kreide
>2. Die Spielküchenecke
>3. Nachtisch

Es waren einfache Dinge, aber unser Leben bestand aus einfachen Dingen. Hannah fand sie alle wichtig, doch das Wichtigste war für sie der Nachtisch. Der neue Plan sollte so funktionieren: Wenn Hannah ein Buch fortwarf, würde ich sagen: »Hannah, heb es auf. Geh an deine Arbeit zurück. Das ist eine Warnung.«
Daß eine Warnung ausgesprochen werden würde, war für die Kinder sehr wesentlich. Sie waren sofort damit einverstanden, bei schlechtem Betragen ein Vorrecht einzubüßen, aber nur, wenn dem eine nachdrückliche Warnung vorausgegangen war.
Angenommen, Hannah warf noch mehr Gegenstände durch das Zimmer, dann würde ich sagen: »Keine bunte Kreide heute, Hannah. Du hast dieses Vorrecht verloren.«
Hörte sie auf, so war das alles. Machte sie weiter, so wurde ihr als nächstes das Vorrecht entzogen, in der Küchenecke zu spielen, und wenn das nichts half, dann würde sie auch das Vorrecht einbüßen, das ihr ganz besonders am Herzen lag: ihren geliebten Nachtisch.
Der Plan hatte viele Schwächen, aber er bot uns wenigstens einen Leitfaden, und wir hatten ihn zusammen ausgearbeitet. Er sollte sofort zur Ausführung gelangen.
Wir hatten die Diskussion gerade fünf Minuten beendet, als Hannah Jamie zuerst eine und gleich danach noch eine Schallplatte entriß und das Vorrecht der bunten Kreide verlor. Zwei Minuten später wurde ihr das Vorrecht entzogen, in der Küchenecke zu spielen. Das zähmte sie allerdings ein bißchen, und sie saß trotzig und mürrisch auf den Treppenstufen, als wir vor dem Mittagessen in der Einfahrt Ball spielten.
Dieser Tag brachte keine weiteren Ereignisse, und es schien, als seien wir auf dem richtigen Weg. Ich ließ mich nicht mehr in Hannahs Zornesausbrüche hineinziehen; ich begünstigte ihr Toben nicht mehr, belohnte es nicht mehr. Ich reagierte mit kühler Vernunft darauf, ohne mich von meinem Platz zu rühren.

Der Rest der Woche verlief ähnlich. Fast jeden Tag oder zumindest jeden zweiten Tag büßte Hannah ein oder zwei Vorrechte ein. Jamie verlor einmal zwei, Rufus eines, Brian kein einziges; statt dessen verfertigte Brian an der Tafel eine Zeichnung, die seine Lieblingsfernsehshow darstellte und in der alle entzogenen Vorrechte als Preise wiedererschienen.
Am Freitag betrug sich Hannah während der ersten Stunde gut, ließ aber in der zweiten wieder einmal ihrem Zorn freien Lauf. Die bunte Kreide ging dahin, gefolgt von der Küchenecke. Ich mußte mich zusammennehmen, um nicht heftig zu werden, als sie ihren Bleistift in die Buchstaben stieß, die Jamie mit sehr viel Mühe aus Ton geformt hatte.
»Schön, Hannah«, sagte ich so ruhig wie möglich. »Jetzt ist auch dein Nachtisch weg.«
Zuerst glaubte sie nicht, daß es wirklich soweit kommen würde. Und als dann alle anderen Nachtisch erhielten und sie nicht, inszenierte sie einen Wutanfall auf dem Boden neben dem Eßtisch und anschließend noch einen in unserem Klassenzimmer. Aber es gab trotzdem keinen Nachtisch.
Allmählich kam ihr zum Bewußtsein, daß ich es ernst meinte. Es gab keine Möglichkeit mehr, uns alle in ihr wildes Toben hineinzuziehen, uns mit Hilfe ihrer Wut zu kontrollieren und zu manipulieren. Jetzt machte sie der Zorn zur Verliererin.
Tag für Tag mußte Hannah jetzt auf ihren Nachtisch verzichten, und schließlich weinte sie. Aber leise. Statt daß sich ein Wutanfall entlud, flossen jetzt kleine Tränenbäche.

Eines Tages erschien nach Schulschluß ganz unerwartet Hannahs Mutter, und ich erhob mich überrascht, um sie zu begrüßen. Obwohl wir einige Unterredungen gehabt und ungezählte Telefongespräche miteinander geführt hatten, war sie bisher nie von sich aus gekommen.
Jetzt stand sie unter der Tür, schaute sich in dem leeren Klassenzimmer um und blickte mich an, als ich auf sie zuging. Ich wollte ihr Hannahs Geschichten zeigen, ihre Bilder, ihre Bücher. Doch sie hatte offenkundig nur Sinn für das, was sie in diesem Moment beschäftigte.
»Was ist mit blauer Nachtisch?« fragte sie ohne Umschweife. Sie wirkte gar nicht mehr unsicher und scheu.
»Ja, wissen Sie...« begann ich.

Doch Mrs. Rosnic, sehr erregt, unterbrach mich sogleich. »Was Sie machen? Jeden Nachmittag, den ganzen Abend Hannah heulen wegen blauer Nachtisch, blauer Nachtisch, bis wir alle halb verrückt. Ich geben ihr Blaubeertorte. Ich versuchen mit Traubensaft. Aber sie schreien immer nur: ›Nein! Nein! Blauer Nachtisch. Blauer Nachtisch.‹ Hören Sie – geben Sie ihr blauer Nachtisch, egal was das sein. Ich zahlen dafür. Soviel Sie wollen. Nur geben Sie ihr blauer Nachtisch, damit sie aufhören zu toben und wir Ruhe haben.«
»Kommen Sie herein, Mrs. Rosnic«, sagte ich. »Ich werde Ihnen erklären, worum es geht.«
Auf ihrem breitflächigen, gutmütigen Gesicht erschien ein Ausdruck grenzenloser Verwirrung, als ich Hannahs Privilegienliste von der Wand nahm.
»Kommen Sie herein«, sagte ich. »Bitte. Das mit dem blauen Nachtisch wird noch eine Zeitlang dauern.«

Elftes Kapitel

In der Nacht fiel der erste Schnee des Jahres, so weich und leise, daß ich bis zum Aufwachen nichts davon ahnte. Doch da schien die Sonne bereits und verzierte die vereiste Oberfläche mit gebrochenen Regenbogenmustern, und die Welt war in glitzerndes Weiß gehüllt.
In der Schule herrschte eine heillose Konfusion. Busse trafen verspätet oder gar nicht ein. Das Telefon im Büro der Direktorin klingelte unaufhörlich. Ich zwängte mich mühsam durch das Gewühl der versammelten Eltern, Kinder und Busfahrer, um zu Henry zu gelangen, unserem Hausmeister, Gärtner und Freund. Ich war auf der Suche nach den Missionskisten.
Die Damen der Kirchengemeinde brachten immer die abgetragenen Kleidungsstücke ihrer Familien für die »Missionskisten«, und aus diesen Behältnissen besorgte ich mir mit Henrys Hilfe Kleider für die Kinder, sooft ich etwas brauchte.
Während der kalten Monate, wenn die Blumen unter Schnee oder hartgefrorener Erde schlummerten, überwinterte Henry in einer Ecke des Heizungsraumes. Um die Mittagszeit arbeitete er ein bißchen, besserte hier und da etwas aus oder polierte die Schränke in der Küche. Die Morgenstunden und die Nachmittage jedoch verbrachte er lesend oder dösend in einem alten Sessel neben der Heizung, wo es schön trocken und warm war.

Manchmal trank ich dort meinen Morgenkaffee mit ihm, betrachtete die Bilder in seinen Samenkatalogen oder erzählte ihm von den Kindern. Jetzt rief ich ihm ungeduldig zu: »He, Henry, wo haben Sie denn die Missionskisten hingetan? Ich brauche ein paar Sachen.«
Die Kinder besaßen warme Kleidung, aber in den hektischen Minuten, in denen sie sich für die Schule fertig machen mußten, kam es oft vor, daß ihre Eltern nicht an Stiefel, Handschuhe oder einen zusätzlichen Pullover dachten. Außerdem konnte ja niemand wissen, daß ich mit ihnen in den Schnee hinausgehen würde.
Henry führte mich nach oben in den großen Saal, wo an der Rückwand der Bühne hinter dunklen Samtvorhängen ein paar Reihen Kartons aufgestapelt waren. Sie waren alle bis an den Rand vollgestopft, und wir mußten eine Weile suchen, bis wir Schals, warme Pullover und Fausthandschuhe gefunden hatten.
»Noch eine Mütze und ich bin fertig, Henry. Oh, gut!«
Henry hielt eine kleine rote Strickmütze hoch, an der die Troddel fehlte. »Wär was für den Jungen. Den kleinen Burschen.«
»Jamie. Ja. Sie haben ein gutes Auge, Henry. Das dürfte genau das richtige sein. Vielen Dank für Ihre Hilfe. Macht es Ihnen auch wirklich nichts aus, wenn ich die Kirche um diese Sachen beraube?«
Henry stöberte noch in den Kartons herum. »Es heißt, daß das Zeug für die ›Bedürftigen‹ ist. Für welche Bedürftigen, hat niemand gesagt.«
Während er sprach, erspähte ich ein dunkelblaues Matrosenkleid in einer der Schachteln. Würde es Hannah passen? War es ein guter Gedanke, ein Kleid für sie auszusuchen? Würde es sie womöglich stören, daß es getragen war?
Das Kleid hatte einen viereckigen weißen Kragen und eine rote Krawatte. Goldene Sterne zierten die Kragenecken. Die Sterne gaben den Ausschlag.
»Kann ich das Matrosenkleid hier auch mitnehmen?« fragte ich.
Er holte es heraus. Es war zerknittert und hatte einen kleinen Riß im Ärmel, doch der Stoff war weich und fleckenlos. Henry strich es mit seinen rauhen, knorrigen Händen glatt. Die Arbeit mit Blumen ist der Arbeit mit Kindern gar nicht so unähnlich. »Für das Mädchen«, sagte er.
»Ja. Ich glaube, es paßt. Ich kann es heute abend ausbessern.«
In unserem Klassenzimmer legte ich das Kleid in einer Tüte auf das Schrankbord. Ich versorgte die Kinder mit Mützen, Handschuhen und Schals, und eine Minute später waren wir alle warm vermummt

zum Friedhof unterwegs, der auf der anderen Straßenseite lag. Es war ein ruhiger, geschützter Ort – ein perfekter Spielplatz für die Kinder.

Der Schnee lag kaum zehn Zentimeter hoch, aber er veränderte die Welt. Die Bäume hatten sich in verwirrende Eisskulpturen verwandelt und glitzerten in der Sonne. Von den Kieswegen und dem braunen Gras war nichts mehr zu sehen. Es war eine stille, von keiner anderen Farbe unterbrochene weiße Szenerie.

Zuerst zeigten die Kinder eine gewisse Scheu, wagten kaum einen Schritt zu tun und betrachteten jeden Fußstapfen, den sie hinterließen – stumm in einer stummen Welt. Aber ich wollte nicht, daß sie sich so schüchtern und behutsam bewegten. Ich bückte mich, nahm eine Handvoll Schnee, drückte ihn ein wenig zusammen und schleuderte diesen ersten Ball über das Brownsche Mausoleum, dann einen weiteren über das Grabmal der Johnsons und einen dritten über das der Ewings.

Die Kinder sahen mit unsicheren, fast ängstlichen Augen zu. Aber Schnee ist ja schließlich dazu da, daß man seinen Spaß daran hat, und sehr bald vergaßen sie ihre Scheu, machten sich ebenfalls Schneebälle, warfen sie in die Luft, bombardierten sich gegenseitig damit, lachten, rannten herum, versteckten sich hinter Grabsteinen, stießen sich um und wälzten sich miteinander im Schnee.

Ich stand da und beobachtete sie. Es geht nichts über Spielen. Kinder, die spielen lernen können, lernen es auch, die meisten anderen Dinge zu tun.

Der Saum von Hannahs langem Kleid wurde naß und schmutzig, und ich dachte voll Freude an das Matrosenkleid auf dem Wandbord, als ich den Rock mit der Kordel hochband.

Meine Nähkünste sind sehr begrenzt, doch an diesem Abend suchte ich mir dunkelblauen Faden heraus, stopfte den Riß, trennte die Seitennähte auf und ließ etwa fünf Zentimeter aus. Dann wusch ich das Kleid einmal durch und zog es im Bad auf ein Handtuch. Am Morgen, bevor ich zur Schule ging, bügelte ich es, schlug es in Seidenpapier ein und legte es wieder in die Tüte.

Ich wartete den ganzen Vormittag auf den richtigen Moment, aber er kam nie. Erst nach dem Essen bot sich eine Gelegenheit. Die Jungen wollten in der Einfahrt, wo der Schnee bereits abgetaut war, ein wenig mit ihren Rädern herumfahren. Hannah hatte noch nicht radfahren gelernt. Alle ihre Versuche waren an dem langen Rock gescheitert, der sich in der Kette verfing. Also blieb sie jetzt bei mir.

Ich ließ die Außentür offen, damit ich die Jungen hören konnte, aber meine Augen waren Hannah zugewandt, als ich die Tüte herunterholte und das Kleid auf den Tisch legte. »Das ist für dich«, sagte ich zu ihr. »Es ist etwas kürzer als deines, damit kannst du besser herumrennen und auch radfahren lernen.«
Hannah kam heran und begnügte sich zunächst damit, das Kleid ein wenig zu betasten. Erst nachdem sie sich durch einen Blick auf mich vergewissert hatte, daß ich es ihr auch wirklich erlaubte, nahm sie es und trug es in den Schrank, wo sie alle neuen Dinge besichtigte. Nach ein paar Minuten erschien sie wieder und drückte mir das Kleid in die Hände. »Geht nicht«, erklärte sie ernst. »Ich zu groß. Zu dick.«
»Vielleicht«, sagte ich. »Aber ich glaube es nicht. Komm, wir wollen es einmal probieren.«
Ich ging so behutsam wie möglich zu Werke, weil ich mir klar darüber war, wie schwer es für sie sein mußte, diesen langen Kittel abzulegen, in dem sie sogar schlief. Er war für sie mittlerweile bestimmt so etwas wie eine zweite Haut, ohne die sie sich nackt und ungeschützt vorkommen würde.
Regungslos stand Hannah da, während ich ihr Kleid aufknöpfte, es ihr über die Schultern streifte und dann ihre Arme herauszog. Sie hatte jetzt nur noch ein Baumwollhöschen an, das unter ihre unförmige Taille gerutscht war und auf den Hüften hing. Eine etwa acht Zentimeter lange Narbe zog sich über ihren Bauch.
Und plötzlich begann sie zu reden, schneller als je zuvor; die Worte sprudelten förmlich aus ihr heraus. Sie deutete auf die Narbe. »Schauen. Das von Operation. Hatte Operation, als ich Baby, und das mich komisch machen. Sie mir zuviel Schlafmedizin gegeben. Schlafmedizin mich dumm machen. Carl sagen, darum ich in Idiotenschule gehen müssen.«
Tränen standen in ihren Augen, aber sie fuhr fort: »Carl sagen das jeden Morgen, aber Mama sagen nein. Sie sagen, ich Glück haben, daß lebendig.« Hannah stieß einen tiefen Seufzer aus und nickte weise mit dem Kopf, als gälte es uns beide zu überzeugen. »Besser als tot.«
Ich schloß sie in die Arme. »Hör zu, Lovey«, sagte ich. »Du bist nicht dumm. Carl ist derjenige, der dumm ist, wenn er das nicht merkt. Schau, wie du liest und dir sogar eigene Bücher machst. Du warst immer ein gescheites Mädchen, nie dumm. Du hast dich nur nicht bemüht, etwas zu lernen. So, und jetzt probier dein Kleid.«

Sie schlüpfte hinein, und ich zog es nach unten. (Es spannte tatsächlich ein bißchen, und ich war froh, daß ich es an den Seiten ausgelassen hatte.)
»Oh«, sagte ich bewundernd. »Wie hübsch du bist. Einfach bildhübsch. Schau dich an.«
Ich führte sie zu dem langen Spiegel, den ich von zu Hause mitgebracht hatte, und sah zu, wie sie den weichen Wollstoff vorne glattstrich. Ihre blauen Augen wirkten noch intensiver blau als sonst.
»Schönes Kleid«, stellte sie fest. »Es wirklich schön, Lehrerin.«
»Gut. Dann wollen wir es gleich einmal der Direktorin und den Jungen vorführen.«
Doch Hannah hatte anderes im Sinn. »Jetzt radfahren!«
Ich holte unsere warmen Jacken aus dem Schrank, und wir gingen in das Büro der Direktorin, das unter anderem während des Winters unseren Fahrrädern als Garage dienen mußte.
»Sieh mal an... Hannah! Du bist aber schick!« staunte die Direktorin und fragte mich anschließend: »Woher stammt das denn?«
Ich wies nach oben und meinte selbstverständlich die Kirche.
Doch die Direktorin legte mehr in meine Geste hinein oder tat zumindest so und hob die Brauen. »Unser Herr ist wundertätig«, bemerkte sie.
Hannah zupfte mich ungeduldig am Arm. »Rad. Jetzt radfahren lernen.«
»Nur keine Sorge, wir gehen ja schon...« Ich griff nach einem Kinderrad mit Stützrädern.
»Nein«, sagte Hannah. »Das nicht. Das Baby-Rad sein.« Sie deutete auf das rote Fahrrad, das ich normalerweise benutzte. »Das da. Ich dieses Fahrrad haben. Ich groß. Ich gescheit. Sie sagen, ich gescheit. Ich nicht wollen Rad für Dumme.«
Also half ich ihr draußen hinauf, und dann lief ich neben ihr her und hielt die Lenkstange fest, während sie mit ihren befreiten Beinen eifrig drauflosstrampelte.
Henry und Zoe und die Direktorin erschienen vor der Tür und applaudierten, als wir an ihnen vorbeikamen, und auch die Jungen zeigten sich sehr beeindruckt. »Schaut euch Hannah an!« schrien sie, und: »He, Hannah!«
Nach einer Woche brauchte Hannah meine stützende Hand nicht mehr, und die Jungen fuhren nun immer als Vorhut voraus, wenn sie in der Einfahrt hin und her radelte.

Zwölftes Kapitel

Der Schulvorstand gab am zweiten Samstag im Dezember eine Cocktailparty für das Lehrerkollegium. Ich hatte keine große Lust, hinzugehen, doch als ich das der Direktorin sagte, runzelte sie die Stirn und erklärte: »Es ist wichtig, daß Sie kommen, Mary.«
Die Mitglieder des Schulvorstands hatten sich ungeheuer eingesetzt, als es galt, die Finanzierung der neuen Schule zu sichern. Sie hatten vermögende Freunde für das Projekt gewonnen, waren an einflußreiche Leute herangetreten, die ihnen bei Stiftungen behilflich sein konnten, und hatten außerdem auch selbst großzügige Beträge beigesteuert. Die Gelder waren jetzt da, die Pläne des Architekten fertig; in wenigen Monaten würde der Grundstein gelegt werden. Der Traum der Direktorin von einer eigenen Schule war der Verwirklichung nahe. Sie würde ein nach ihren Anweisungen entworfenes Gebäude mit Küche und Swimming-pool bekommen, das speziell den Bedürfnissen emotionell gestörter Kinder angepaßt war. Ein Wunschbild, das sie fünfzehn Jahre lang vor Augen gehabt hatte, würde Gestalt annehmen. Kein Wunder, daß sie dem Schulvorstand gegenüber alles vermeiden wollte, was als Interesselosigkeit oder Geringschätzung hätte ausgelegt werden können.
Es fiel mir nicht leicht, mich ihrem Willen zu fügen. Das Haus der Huntingtons, wo die Cocktailparty stattfand, war mir sehr vertraut. Mit Jean Huntington verband mich eine alte Freundschaft. Durch sie war ich vor Jahren auf die Schule aufmerksam gemacht worden, als sie mich bat, freiwillige Helferinnen dafür anzuwerben. Larry und ich hatten oft bei den Huntingtons zu Abend gegessen, und sie bei uns. Unsere Scheidung – das wußte ich – war für Jean schwer zu verstehen gewesen. Und noch unbegreiflicher – auch das wußte ich – fand sie die Tatsache, daß ich ganztägig an der Schule unterrichtete und, sofern nicht gerade Elizabeth und Rick aus dem College heimkamen, allein in einer kleinen Wohnung lebte.
Ich hatte es ihr einmal zu erklären versucht und ihr dargelegt, wie sehr mich die Kinder in Anspruch nahmen und daß ihr Schmerz, ihr Zorn und ihre Angst etwas zu sein schienen, was in schwächerer Form in uns allen vorhanden war. Ich hatte ihr erzählt, daß der Wunsch, die Kinder zu verstehen und ihnen zu helfen, meine Tage ausfüllte und ihnen Sinn verlieh; daß mich die Arbeit an der Schule veränderte und ich durch sie sozusagen meine äußeren Schichten abgestreift hatte, so daß ich nicht mehr ganz in ihre Welt paßte.

Ich hatte geglaubt, Jean würde mir folgen können – sie war letzten Endes unsere Vorsitzende und hatte jahrelang hart für die Schule gearbeitet – aber sie blickte mich verständnislos an und sagte nur in aller Höflichkeit, gewiß, sie begreife das, nur sei es doch wohl nicht nötig, daß ich dieser Aufgabe mein ganzes Leben widme.
Ich hatte genickt, als stimmte ich ihr zu. Es schien keine Möglichkeit zu geben, es zu erläutern – aber ich *wußte*, daß es nötig war, sehr nötig sogar, meine ganze Kraft einzusetzen. Ich hätte kein anderes Leben führen können, zumindest jetzt noch nicht. Ich hatte zuviel Zeit verloren, war zu weit im Rückstand. Ich mußte noch unendlich viel lernen, unendlich viel tun.
Die Party war in vollem Gange, als ich eintraf. Jim Huntington begrüßte mich an der Tür. »Wie schön, daß du gekommen bist«, sagte er. »Leg deinen Mantel in unser Schlafzimmer. Du kennst dich ja aus.«
Ich konnte richtig spüren, wie mich Förmlichkeit einzuhüllen begann. Ich schüttelte den Kopf. Ich hatte vergessen gehabt – völlig vergessen gehabt, wie es war.
Patty, meine Kollegin, kam gerade aus dem Schlafzimmer; sie trug eine Bauernbluse und einen langen Rock und sah darin ungeheuer frisch und jung aus. »Gott, wie freue ich mich, daß du da bist! Irgend etwas an dieser superfeinen, superzivilisierten Umgebung macht mich nervös. Wie wär's, wenn wir uns sobald wie möglich davonmachten und auf ein Bier und einen Rest Hammeleintopf zu mir nach Haus gingen?«
»Das klingt sehr verlockend«, sagte ich. Aber ich nahm mir vor, mein Bestes zu geben, solange ich auf der Party war. Schließlich war das ein Spiel, das ich einmal sehr gut beherrscht hatte.
Unbeschwert und ungezwungen. Geh herum und lächle. Nimm den angebotenen Drink und bleibe eine angemessene Zeit bei der Gruppe. Versuch dann jemandes Blick auf dich zu ziehen und laß diese Gruppe herankommen. Schau dich im Raum um; da – zwei Leute, jeder für sich. Hin zu ihnen und eine neue Gruppe bilden. Ah, jetzt läuft das Gespräch. Nimm eine Zigarette, laß dir Feuer geben. Erkundige dich nach den Kindern (nicht allzu eingehend, natürlich). Belaß es bei unverbindlichen Redensarten. Unterstreiche das Positive. Lach einmal kurz – gemäßigt, nicht zu laut. Laß dir etwas nachgießen. Geh langsam ein Stückchen nach rechts. Wende jetzt den Kopf nach links...
Ich sah mich in dem großen Raum um, betrachtete die Orientteppi-

che, die schönen alten Möbelstücke aus Mahagoni und Kirschbaumholz, die im Widerschein des Kaminfeuers aufleuchtenden Gesichter – attraktive, intelligente Gesichter. Meine Gedanken flackerten unruhig auf und ab wie die lodernden Flammen.
Warum hatte ich mich damals, als sich mir die Gelegenheit dazu bot, nie bemüht, diese Leute näher kennenzulernen? Warum hatte ich sie nie dazu ermuntert, über das zu reden, was wichtig für sie war? Ich hätte ganz einfach sagen können: »Erzählen Sie mir von Ihren Träumen, Ihren Hoffnungen, Ihren Kümmernissen. Vielleicht sind es auch die meinen, und wenn nicht, dann wäre es immerhin tröstlich, einander zu verstehen.« Warum sagte ich nie das? Warum sagte ich stets nur: »Sie sehen fabelhaft aus... Diese Farbe steht Ihnen hervorragend...« und ähnliches?
Plötzlich fand sich die Direktorin bei mir ein: »Na, bereuen Sie es?«
Überrascht wandte ich mich ihr zu und stellte erfreut fest, daß sie genauso aussah wie immer – schlicht und kompetent.
»Nein, eigentlich nicht. Und in keiner Weise, wenn Sie etwa die Schule meinen. Ich bin Ihnen dankbar dafür, daß Sie mich dort unterrichten lassen, daß Sie mich eingestellt haben...«
»Heute abend wird nicht über Geschäfte geredet«, sagte Jean Huntington, als sie in diesem Augenblick zwischen uns trat. »Hast du unseren Weihnachtsbaum schon gesehen? Wir haben ihn dieses Jahr eigens wegen der Party etwas früher aufgestellt. Er steht in der Bibliothek. Warum bringst du nicht deine Zöglinge einmal her, damit sie ihn anschauen können?«
»Danke, das ist sehr nett von dir«, antwortete ich, und ich dachte an die Kinder, an den Tannenbaum, den wir vergangenes Jahr in der Schule gehabt hatten, an die Papierketten, die Popcornschnüre. Und mit einemmal zog es mich heim.
Patty mußte es gespürt haben. Sie kam von der anderen Seite des Raumes zu mir herüber. »Na, kriegst du allmählich Hunger?« fragte sie, als ein Mädchen ein Silbertablett mit Kanapees vorbeitrug.
»Wie hast du das nur gemerkt?« gab ich zurück. »Ich hole nur noch meinen Mantel.«
Jean folgte mir, als ich nach oben ging. Was war los? Gab es irgend etwas, was sie mir erzählen wollte? Sie stand schweigend da, bis ich meinen Mantel aus dem Stapel auf dem Bett herausgezogen hatte. Dann fragte sie: »Besuchst du noch immer diese Pädagogikkurse?«

»Ja, an drei Abenden der Woche, drüben, im staatlichen College.«
»Oh. Na, dann wirst du ja bald fertig sein.«
»Leider nicht«, erwiderte ich. »Aus irgendeinem Grund sind diese Leute unglaublich knauserig mit Punkten für Nichtgraduierte. Man bekommt nur zwei für drei Wochenstunden. Sie haben mir allerdings meine zwei Jahre in Wellesley teilweise angerechnet, obwohl das schon so lange her ist. Du hast klug daran getan, das College abzuschließen, Jean.«
Ich lächelte sie an, als mir bewußt wurde, wie lange wir uns schon kannten.
»Auf jeden Fall brauche ich mindestens hundertzwanzig Punkte, um mich zu graduieren, und bis jetzt habe ich achtundsechzig. Selbst bei drei Abenden in der Woche komme ich nur auf zwölf im Jahr oder ein paar mehr, wenn ich den Sommer nicht mit Liz und Rick in unserem Cottage verbringe. Es wird also noch eine Weile dauern.«
Jean runzelte die Stirn. »Na ja, sieh zu, daß du so viele Wochenstunden belegst wie du kannst...«
Eine Schar Frauen betrat das Zimmer, und wir mußten unsere Unterhaltung beenden. Ich bedankte mich bei Jean und verabschiedete mich mit einer liebevollen Umarmung. »Besuch mich doch mal, wenn du kannst.«
»Das werde ich tun«, erwiderte sie. Noch immer hing etwas Unausgesprochenes in der Luft, aber vier andere weibliche Gäste warteten schon ungeduldig darauf, mit Jean zu sprechen. Ich knöpfte meinen Mantel zu und ging nach unten.

Ich saß am Tisch in Pattys Küche und sah zu, wie sie das Essen umrührte, noch etwas Basilikum hineintat, ihr Bier trank.
»Magst du überhaupt Hammeleintopf?« fragte sie. Ich hatte mir die Schuhe ausgezogen und meine Füße auf einen zweiten Stuhl gelegt, und ich hielt ebenfalls ein Bier in der Hand.
»Mmm—hmm. Besonders am zweiten Tag. Da ist es noch viel würziger.«
»Ganz meiner Meinung. Du, Mary... stimmt das, daß du auch einmal in so einem Haus gewohnt hast?«
»So irgendwie«, antwortete ich vage. Ich wollte nicht darüber reden, unsere Freundschaft sollte nicht durch etwas gestört werden, was schon lange vorbei war.
»Ich kann es mir einfach nicht vorstellen«, erklärte sie und schob die Ärmel ihrer Bluse zurück. Sie schien ungeheuer verblüfft.

»Na ja, ganz so groß war unser Haus nicht.«
»Das meine ich nicht«, sagte sie. »Ich meine nicht das Haus. Oder das Geld. Du wirkst einfach nicht alt genug für so eine Lebensweise.«
Mit ihrer Gabe, die Dinge intuitiv zu erfassen, hatte Patty durch Geld und Eleganz hindurchgeschaut und erkannt, was fehlte – Vitalität, Emotion. Sie hatte die Allgegenwart der Langeweile gespürt.
Ich hob meine Bierflasche ein wenig. »Danke, Patty.«
Die Küchentür öffnete sich, und Ted kam mit einigen Flaschen Bier herein. Er war Ende Zwanzig, mittelgroß, hatte braunes Haar und lebhafte helle Augen hinter einer stahlgefaßten Brille. Patty und Ted lebten zusammen und pflegten zu sagen, es sei zwar möglich, daß sie irgendwann einmal heirateten, aber nicht sehr wahrscheinlich. Sie glaubten nicht so recht an die Ehe. Dennoch hatte ich das Gefühl, daß ihrer Wohngemeinschaft mehr Liebe und Verbundenheit zugrunde lag als den meisten Ehen, die ich kannte.
Ted kniff Patty in ihre Kehrseite, als er am Herd vorbeiging, setzte sich an den Tisch und musterte mich.
»Tolles Kleid, was du da anhast. Wie war's auf der Party?«
»Ganz nett. Aber nicht so schön wie hier.«
Es war kein höflicher Zusatz, er drückte aus, was ich wirklich empfand. Mir gefiel es in ihrer gemütlichen kleinen Küche. Ted studierte Zeitungswissenschaften und fuhr daneben ein Taxi, um sich Geld zu verdienen. Er war warmherzig und intelligent. Während ich ihn jetzt so betrachtete, kam mir ganz plötzlich und schmerzhaft zum Bewußtsein, daß ich etwas entbehrte, daß ich es vermißte, Teil einer Zweisamkeit zu sein.
Patty, der keine Stimmungsschwankung entging, blieb stehen, als sie die Teller auf dem Tisch absetzte. »Hör mal, warum gründen wir nicht endlich einen Viererklub? Dieser Dozent aus dem College hat uns neulich abends besucht...«
»Nein, das schlag dir gleich aus dem Kopf«, sagte ich. »Keine Verkuppelungsversuche, bitte. Ich bleibe allein, vorerst zumindest.«
Sie nickten beide, akzeptierten es, bedrängten mich nicht. Ich bemühte mich, es noch ein bißchen zu erläutern.
»Ich muß erst einmal selbst etwas auf die Beine stellen.«

Dreizehntes Kapitel

»Natürlich werden wir Santa Claus sehen«, sagte ich. »Wer hätte schon einmal von einem Weihnachtsfest ohne Santa Claus gehört?«
Der Besuch bei Santa Claus würde unser letzter Ausflug vor den Ferien sein. Ich hatte mich in den verschiedenen Warenhäusern umgesehen, und der von »Altman« gefiel mir am besten – ein gutmütiger, riesenhafter Collegeboy, der sein Taschengeld aufbessern wollte.
Ich hatte ihn während des Spätnachmittags beobachtet und dann in seiner Abendessenspause mit ihm gesprochen und ihm unsere Schule und unsere Kinder beschrieben. Es ging mir darum, ihm verständlich zu machen, daß sie zwar genau wie andere Kinder behandelt werden sollten, aber schreckhafter waren und unerwartete Reaktionen zeigen konnten.
»Können Sie sie so gegen zwölf Uhr bringen?« fragte er. »Um die Zeit ist es hier ziemlich leer, zumindest in meiner Etage. Vermutlich, weil die Mütter da mit ihren Kindern zum Mittagessen heimfahren.«
Seine rote Mütze, der weiße Bart und die Perücke lagen auf einem Stuhl neben ihm; sein blondes Haar war hinten zusammengebunden, damit er es unter die Mütze stopfen konnte. Er hatte seine Frikadelle aus dem Brötchen herausgenommen und war gerade dabei, sie mit der Gabel zu zerteilen.
»Gut«, sagte ich. »Ich komme am Freitag mittag mit den Kindern her. Es werden acht sein, meine Klasse und eine andere. Ich habe nicht die geringste Ahnung, was für Wünsche sie äußern werden, aber was immer es auch ist, tun Sie bitte so, als sei es das Natürlichste von der Welt.«
»Hatte heute ein Kind, das wollte einen Daddy. Seine Eltern waren gerade geschieden worden.«
»Hm. Na ja, also ich weiß nicht, was die Kinder sagen werden. Vielleicht wollen sie nicht auf Ihrem Schoß sitzen – wundern Sie sich auch darüber nicht. Es dauert manchmal bei ihnen ein bißchen länger, bis sie akzeptieren, daß man sie anfaßt.«
»He«, sagte er. »Das hört sich an, als wär' es gar nicht so übel, in Ihre Schule zu gehen.«

Wir fuhren um zehn Uhr in zwei Wagen ab. Patty mit einer freiwilligen Hilfskraft und ihren vier Mädchen in einem Kombiwagen, ich

mit meinen vier Kindern in meinem alten Kabriolett. »Wir treffen uns auf dem Parkplatz«, rief ich Patty noch zu.
Altman gehörte zu einem großen Einkaufszentrum, das ungefähr acht Kilometer von unserer Schule entfernt war. Auf dem Parkplatz standen dichtgedrängt Hunderte von Wagen aller Typen. Die Leute in diesen Vorstadtgebieten neigen dazu, mehr zu kaufen, als sie brauchen – vermutlich ein Ausgleich für irgend etwas, ich weiß nur nicht genau, wofür.
Ich quetschte mich in eine Lücke neben einem Wagen, der schräg dastand, und half den Kindern, sich durch die halboffene Tür hindurchzuzwängen. Dann erspähte ich Patty und ihre Gruppe, und wir gingen zuerst einmal in ein Spielzeuggeschäft. Es war mir immer ein Vergnügen, die Kinder hierherzubringen; man machte ihnen damit eine große Freude. Ihre Augen wurden beim Anblick so vieler Spielzeuge kugelrund. Sie hätten Stunden vor der elektrischen Eisenbahn zugebracht, wenn wir so viel Zeit gehabt hätten. Diesmal betätigten Rufus und Brian sogar abwechselnd die Knöpfe, die den Zug vor- und rückwärts, durch Tunnels und über Brücken fahren ließen.
Ich stand mit Jamie und Hannah vor dem langen Tisch, auf dem die Puppen aufgebaut waren, und sah den beiden Jungen zu.
»Haben Sie irgendeinen Wunsch?« fragte die Verkäuferin.
»Nein, danke«, antwortete ich. »Ich beobachte nur diese zwei Jungen, die sich da mit der Eisenbahn beschäftigen. Sind sie nicht bezaubernd?«
Das junge Mädchen beäugte Brian und Rufus. »Für mich sehen sie genauso aus wie alle anderen Kinder. Tut mir leid. Gehören sie Ihnen?«
»Wir nehmen zwei von diesen Puppenpyjamas«, erklärte ich, um sie zu belohnen. Genau wie alle anderen Kinder! Ich hätte sie umarmen können.
Jamie griff nach einem Stoffkätzchen, drückte es an sich, wiegte es hin und her, murmelte unverständliche Worte.
Hannah und ich betrachteten die Puppenreihen. Ich suchte überall die braunäugige Shirley-Temple-Puppe meiner Kindheit. Ich erinnere mich noch, wie ich mich bemühte, nicht zu zeigen, daß sie mein erklärter Liebling war, weil ich irgendwie das Gefühl hatte, daß das unfair gegenüber meiner alten Stoffpuppe Rosemary und Nancy Lynn mit dem Porzellankopf sei. Puppen hatten in meiner frühen Kindheit eine große Rolle gespielt. Doch bei Hannah war es anders.

Ungeduldig zerrte sie mich zu den Hamstern und weiter zu dem Käfig mit den weißen Mäusen.
»Wir Mäuse haben«, sagte sie. »Viele Mäuse haben daheim. Sind süß.«
Mäuse. Ratten. Wanzen. Das waren Hannahs Spielgefährten.
»Haben auch Katze. ›Puma‹.«
»Wie?«
»Puma Name. Große Katze. Heißen Puma.«
»Oh, ich verstehe. Puma. Und außerdem den kleinen Cäsar.«
»Er Opas Hund. Nicht meiner. Puma sein Carls Katze. Nicht meine. Aber Mäuse. Sie niemand gehören. Sie von mir.«
Ich bilde mir so oft ein, die Jahre hätten mich härter gemacht, Kinder könnten mir nicht mehr das Herz zerreißen – und stelle immer wieder fest, daß ich mich getäuscht habe.
Das Menschengewühl um uns herum begann sich zu lichten. Viertel vor zwölf. Ich winkte Patty und die Helferin herbei, und wir sammelten die Kinder ein und machten uns auf den Weg zu Altman, wo uns schon im Erdgeschoß überall Rauschgold, rote Samtbänder, rote Geschenkpakete mit goldenen Schleifen und Weihnachtsbäume aller Art empfingen.
»Weiter«, sagte ich zu Patty. »Wir müssen in die fünfte Etage.«
Der Aufzug war so voll, daß wir unmöglich alle hineingepaßt hätten, und ich wollte nicht, daß die Kinder getrennt würden. Zurück zu den Rolltreppen.
Patty, Wanda und Barbara Lasky an der Hand, trat auf die Rolltreppe. Ihre Helferin folgte mit den zwei anderen Mädchen. Ich gab Brian und Rufus einen leichten Rippenstoß. »Vorwärts, ihr Burschen. Ihr kennt euch doch damit aus. Los.« Ich betrat die Rolltreppe als letzte, Hannah und Jamie dicht vor mir.
Jamie wandte sich mir verängstigt zu und drückte seinen Kopf an mich. »Dreh dich um, Jamie. Laß die Hand auf dem Geländer. So ist es recht. Ich bin ja da.« Ich legte meine Hand auf seine Schulter.
Santa Claus hatte recht gehabt; man sah kaum einen Kunden in seiner Abteilung. Es war die Dekorationsabteilung, doch in der Weihnachtszeit machten sich die Leute offenbar ihre Dekorationen selbst. Jedenfalls standen die Verkäufer gelangweilt herum, wenn sie sich nicht mit einem Kollegen unterhielten. In der Jungenabteilung am anderen Ende der Etage herrschte noch ein ziemliches Gedränge, aber hier bei Santa Claus war es ruhig. Er thronte in einem großen Sessel auf einer hohen Plattform und sprach gerade mit einem win-

zigen dunkelhaarigen Mädchen. Nur zwei oder drei Kinder warteten hinter der Samtkordel darauf, zu ihm vorgelassen zu werden.
Wir stellten uns an, vorneweg Rufus und Brian, dann ich mit Hannah und Jamie und hinter uns Pattys Gruppe.
Rufus war sehr nervös, als er an die Reihe kam, stieg jedoch die drei Stufen zu der Plattform hinauf. Es war offenkundig, daß er sich auf niemandes Schoß setzen würde. Von der Kante der Plattform her musterte er den Weihnachtsmann durch seine Hornbrille.
»Wie heißt du denn, Söhnchen?«
»Nicht Söhnchen.«
»Entschuldige.«
»Mein Vater sagt, es gibt keinen Santa Claus, also glaube ich nicht an dich. Ich bin sowieso Jude, und wir glauben nicht an Weihnachten. Wir haben Chanukka, das Lichterfest, und ich glaube nicht an Santa Claus.«
Der arme Santa Claus. Er war schon ein bißchen überrascht, bewahrte aber Haltung. Er gab Rufus einen Ballon voll Papierschneeflocken und sagte: »Hör mal, mein Junge. Kein Grund zur Beunruhigung. Viele Leute glauben an überhaupt nichts mehr und schon gar nicht an Weihnachten. Frohe Ferien. Wer ist der nächste? Okay. Komm herauf, mein Freund. Wie heißt du?«
Brians Hände zitterten heftig. »Brian«, antwortete er. »Brian O'Conell... rat-a-tat... tsching-bum, tsching-bum-bum... unser nächster Quizteilnehmer ist... wie heißen Sie?«
Wenn Brian verängstigt oder nervös war, strömten Hunderte von Gedanken und Sätzen durch seinen Kopf, und er konnte sie nicht alle zurückhalten, obschon er es versuchte und oft mitten im Satz abbrach, um seinen eigentlichen Faden nicht zu verlieren.
»Wie? Was sagtest du da? Hem... wie ich heiße? Hem... ich heiße Santa Claus. He-he.«
Der Weihnachtsmann wurde allmählich selbst ein bißchen nervös, und sein Blick irrte hilfesuchend zu mir. Ich gab ihm zu verstehen, es sei alles in bester Ordnung. Seine Aufgabe war nicht leicht.
Brian haspelte drei Werbetexte herunter und bat schließlich um ein Eldorado, eine eigens für ihn entworfene Garderobe und eine Ferienwoche in einem Club Méditerrané.
»O Mann«, seufzte Santa Claus und sah mich an. »Das haben Sie mir aber doch nicht so geschildert. Sie haben mir nicht die Hälfte gesagt. Wie viele sind es noch?«
»Sechs«, antwortete ich.

»Sechs? O du meine Güte! Verzeihung... O süßer Jesus von Bethlehem! Na schön, weiter geht's. Schicken Sie sie rauf, damit sie den komischen alten Weihnachtsmann betrachten können.«
Barbara Lasky kam ganz nahe an ihn heran, strich über sein Gesicht und seinen Bart und sagte: »Schau, was du mit deinem Haar gemacht hast. Oh-h-h, schau nur, was du mit deinem Haar gemacht hast.« Sie äußerte keinen Wunsch.
Tina setzte sich auf seinen Schoß, versprach, das ganze Jahr hindurch ein braves, sehr braves Mädchen zu sein und nie im Bus ihre Kleider auszuziehen, und wünschte sich »eine neue Lichtreklame, um mit Staubsauger zu spielen«.
Wanda Gomez hatte die normalsten Wünsche; sie wollte eine neue Puppe und eine Halskette wie die, die ihre Lehrerin trug, und sie biß sich nicht einmal in den Arm, was sie sonst in problematischen Augenblicken immer tat.
Die hübsche Jane weigerte sich, auf die Plattform hinaufzusteigen, und lachte leise vor sich hin.
»Nur noch zwei«, sagte ich, in dem Versuch, den Weihnachtsmann ein bißchen zu ermutigen.
Hannah stieg langsam hinauf und stellte sich dicht vor ihn. »Ich Liste haben«, verkündete sie. »Wunschzettel. Ich jetzt lesen. Okay, Santa Claus?«
»Ja natürlich. Gewiß. Ganz wie du willst, Schätzchen. Nur zu.«
Hannah zog aus der Tasche ihres Matrosenkleides ein zerknittertes Papier und las: »Wunschzettel für Santa Claus von Hannah. Neuer Herd – Mama. Pistole – Carl. Neue Lampe – Opa. Ball – Helen. Käse – Mäuse.«
»Alle mal schön stehenbleiben...« Ein Fotograf war plötzlich aus dem Nichts aufgetaucht. »Wir machen jetzt ein feines Bild für deine Familie, meine Kleine.«
»Nein«, sagte ich. »Tun Sie das nicht!« Doch ehe ich ihn daran hindern konnte, hielt er schon seinen Fotoapparat hoch, und das Blitzlicht flammte auf – Klick!
Ein Chaos entstand.
Hannah brach in Tränen aus, und Jamie schlüpfte unter der roten Samtkordel hindurch und rannte durch den riesigen Raum. Ich machte mich sofort an seine Verfolgung. Jedes Aufsehen vermeidend, aber mit schnellen Schritten, ging ich in die Jungenabteilung hinüber.
Jamie trug seine blaue Baseballmütze, so daß ich ihn leicht aus der

Menge herausfinden konnte. Es gab kaum größere Kinder, da die Ferien noch nicht begonnen hatten, und die wenigen, die zu sehen waren, trugen mitten im Winter keine Baseballmützen.
Jamie blieb vor dem Handschuhtisch stehen und schaute sich um. Ich versuchte noch mich hinter einem Weihnachtsbaum zu verstecken, aber er hatte mich schon erspäht.
Die Verkäuferin am Handschuhtisch fragte: »Kann ich etwas für dich tun, Kleiner?«
Jamie duckte sich sofort und rannte weg. Ich folgte ihm so diskret wie möglich. Ich konnte Jamie hier nicht allein lassen, wußte andererseits jedoch, da ich ihn schon in seiner ersten Phase gekannt hatte, daß es sinnlos war, ihm nachzulaufen. Nichts liebt ein Ausreißer mehr, als daß man ihm nachläuft, denn das zeigt ihm ja, daß er es ist, der die Situation kontrolliert.
Mit gleichmütiger Miene schlenderte ich zwischen den Leuten herum, faßte hier einen Handschuh an, berührte da einen Schal. Und ganz allmählich kam ich ein bißchen näher. Vielleicht würde doch noch alles gut enden. Vor dem großen Hut-Tisch, in der Mitte des Raumes, blieb ich stehen. Ich betrachtete eine norwegische Strickkappe und blickte dann auf. Jamie stand auf der anderen Seite des Tisches, genau mir gegenüber.
»Hallo Jamie!« Ich formte die Worte mehr mit den Lippen, als daß ich sie aussprach, und tat einen Schritt nach links.
Jamie tat ebenfalls einen Schritt nach links, so daß die Distanz zwischen uns gleichblieb. Seine Augen hatten einen verwirrten, leeren Blick, und ich war nicht sicher, ob er mich überhaupt erkannte. Ich machte rasch noch vier Schritte und hatte jetzt das Tischende erreicht.
Vier genauso schnelle Schritte brachten Jamie an das andere Tischende. Wieder standen wir einander gegenüber. Die Leute ringsum – gutgekleidete Mütter und Hausfrauen – begannen zurückzuweichen. Sie merkten, daß hier irgend etwas nicht stimmte, und blieben in der Nähe, um uns zu beobachten.
Schließlich waren wir ganz allein am Tisch, und dreißig bis vierzig Frauen hatten in etwa sechzig Zentimeter Abstand Posten bezogen. Ich rückte ein Stück weiter. Er rückte ein Stück weiter.
»He, Jamie. Na komm schon.«
Keine Antwort. Seine weitaufgerissenen, starren Augen erinnerten an ein Tier in der Falle.
Eine Sekunde lang dachte ich: Was habe ich eigentlich in diesem

stummen, irren Ballett vor all den Frauen verloren? Wie kommt es, daß ich nicht unter den Zuschauern bin?
In diesem Moment zwängte sich ein Mann in einem dunkelblauen Anzug zu mir durch. »Haben Sie ein kleines Problem?« erkundigte er sich mit öliger Stimme.
»Nein, ich habe einen kleinen Jungen«, gab ich wütend zurück. »Gehen Sie weg.« Ich wußte, daß es Jamies Verwirrung noch steigern würde, wenn ein Fremder da war.
»Ich bedaure, Madam. Ich bin für alles verantwortlich, was in dieser Abteilung geschieht. Ich kann nicht fortgehen. Ich bin der Abteilungsleiter. Was ist mit Ihrem kleinen Jungen? Ist er müde und hungrig? Wir sehen in diesen Tagen viele müde, hungrige Kinder. Die Mütter sollten vernünftiger sein. Ha-ha. Sollten sie eher heimbringen.«
Ich hatte große Lust, tätlich zu werden, aber ich wurde der Mühe enthoben. Jamie hatte früher daran gedacht.
Ein pelzbesetzter Hut segelte über den Tisch und traf den Abteilungsleiter am Arm. Die zuschauenden Damen hielten mit einem scharfen Geräusch den Atem an.
»Oh, na, das geht wirklich zu weit, mein Bürschlein. Das hättest du nicht machen sollen. Ja, also, Madam, es tut mir leid, aber jetzt werde ich einschreiten und die Sache selbst übernehmen müssen...«
»Das würde ich an Ihrer Stelle nicht tun«, begann ich, doch der Abteilungsleiter war bereits in voller Fahrt und verfolgte Jamie um den Tisch herum. Jamie warf ihm einen Hut nach dem anderen vor die Füße und ließ ihn nicht an sich herankommen.
»Hör jetzt auf damit!« Die Stimme des Abteilungsleiters klang zornig und ungeduldig. »Laß das endlich sein, du böser Junge!«
Ich mußte etwas unternehmen. Es herrschte bereits ein heilloses Durcheinander, und der Boden war mit Hüten übersät. Jamie war noch zu weitaus mehr imstande. Ich hatte zwei Jahre zuvor einmal gesehen, wie er eine Lehrerin tief in den Arm biß.
Der Abteilungsleiter suchte bei der umstehenden Menge Hilfe. »Gut«, sagte er wütend. »Holen Sie die Wachleute. Sie sollen sofort heraufkommen.«
Ich wußte nicht, ob ich das Richtige tat – aber irgend etwas mußte geschehen. Ich ging auf die Rolltreppe zu – mit langen, gemessenen, lauten, entschlossenen Schritten. Ich blickte mich nicht ein einziges Mal um, sondern sagte nur leise, aber vernehmlich und bestimmt: »Essenszeit, Jamie. Wir müssen in die Schule zurück.«

Ich ging weiter. Ich wandte den Kopf nicht um. Als ich die Rolltreppe erreichte, blieb ich stehen. Am Fuß der Treppe sah ich Patty und die Helferin mit den anderen Kindern – ganz vorn, mit verängstigter Miene Hannah. Ringsum war es absolut still. Noch einmal dachte ich: Wer bin ich, und was tue ich hier?
Und dann spürte ich, wie sich eine Hand in die meine schob. Eine kleine, heiße, feuchte Hand. Ich schaute hinunter, und da war Jamie; ganz friedlich stand er dicht neben mir, die Hand vertrauensvoll in der meinen.
»Hallo, Jamie«, sagte ich – und wußte mit einemmal, was ich hier tat. Ich wußte, wer ich war.

Vierzehntes Kapitel

Am dreiundzwanzigsten Dezember war ich um acht Uhr abends endlich mit meinem letzten Examen fertig. Ich holte den Truthahn ab und eine Reserveschachtel Kerzenbirnen für den Baum und kam gerade zehn Minuten bevor Elizabeth und Rick eintrafen nach Hause. Sie waren voller Neuigkeiten aus ihren Colleges und interessierten sich für meine Pädagogikkurse, und zwei Tage lang redeten wir fast ununterbrochen. Am sechsundzwanzigsten flogen wir nach Florida – ich hatte ihnen den Flug zu Weihnachten geschenkt –, um gute alte Freunde zu besuchen. Das Wetter war warm und sonnig, und die verbleibenden Tage verstrichen viel zu schnell.
Am ersten Januar kam ich spätabends zurück und fiel todmüde ins Bett, ohne auch nur meine Sachen ausgepackt oder einen Brief geöffnet zu haben.
Das Rasseln des Weckers riß mich am nächsten Morgen sehr unsanft aus dem Schlaf. Ich hatte gerade noch Zeit, mich fertig zu machen. Der Luxus des Ausspannens, des genüßlich-langsamen Tagesbeginns war vorbei. Doch als ich gleich darauf im Auto saß und zur Schule fuhr, war ich hellwach und konnte es kaum erwarten, die Kinder wiederzusehen.
Leider wurde der Morgen ein komplettes Desaster. Der erste Tag nach den Ferien ist immer schwierig, aber diesmal war es schlimmer als sonst. Der Spielkreis hatte einen chaotischen Verlauf genommen. Pattys Klasse hatte sinnloses Zeug geschwatzt, und Hannah sagte kein Wort und weigerte sich auch zu singen. Als wir später in unserem Klassenzimmer das Beste und das Schlimmste besprechen

wollten, brach sie in Tränen aus und erzählte ihre Geschichte. Kein Bestes. Nur Schlimmstes.
Sie hatte sich Käse als Weihnachtsgeschenk für ihre Mäuse besorgt – Santa Claus hatte es vergessen. Sie hatte die Mäuse »Wynky«, »Blynky« und »Nod« genannt und aus einer Schachtel und Stoffetzen ein Haus für sie gemacht. Und in der Nacht vor dem Weihnachtstag waren sie alle von Puma getötet worden. Carl hatte Puma absichtlich in Hannahs Zimmer gelassen, als sie schlief, und Puma hatte Wynka und Blynky getötet und von Nod nur den Kopf übriggelassen.
Kein Wunder, daß Hannah außer sich war. Das war zuviel für sie. Sie hatte ihrem armseligen Leben ein wenig Freude abzugewinnen versucht. Da sie keine Freunde besaß, hatte sie die Mäuse zu ihren Spielgefährten machen wollen, und nun waren selbst diese von der Katze ihres Bruders getötet worden. Wo war die Sonne jetzt? Wo war Hannahs Anteil am Glück? Wer bemißt überhaupt das, was jeder im Leben haben soll? Wie kommt es, daß manche Leute immer nur die schlechten Karten erhalten?
Als wir mit dem Besten und dem Schlimmsten fertig waren, nahm ich Hannah auf meinen Schoß und wiegte sie hin und her. Dies war nicht der geeignete Tag für Leseübungen.

Beim Mittagessen fragte mich Patty: »Wie denkst du über den Brief vom Schulvorstand?«
Ich stellte meine Kaffeetasse hin. »Was für einen Brief meinst du denn?«
»Ach, dieses Informationsblatt, das der Weihnachtskarte beilag. Es war eine kleine Zeichnung von der neuen Schule drauf, und darunter standen ein paar Sätze über das, was durch staatliche Subventionen möglich geworden ist: die Küche, der Swimming-pool und staatlich geprüfte Lehrkräfte. Ich überlegte mir nur, ob das für dich irgendwelche Auswirkungen haben könnte.« Pattys Ton war völlig unbekümmert.
»Ich weiß es nicht«, sagte ich. »Ich glaube es nicht. Niemand hat so etwas angedeutet.«
Der Nachmittag war beinahe ebenso strapaziös wie der Morgen, und alle Lehrerinnen, auch ich, sehnten das Ende dieses Schultages herbei.
Jamie, der als letzter ging, stieg gerade in seinen Bus, als Zoe, unsere Sekretärin, aus dem Büro zu mir kam.

»Sie haben Besuch. Soll ich sagen, Sie seien schon weg?«
»Wer ist es?«
»Mrs. Rosnic.«
»Mrs. Rosnic? Hannah ist eben abgefahren. Was macht sie denn hier? Und wer kümmert sich inzwischen um Hannah?«
»Mich dürfen Sie nicht fragen. Sie war schon auf dem Weg zu Ihnen, ich konnte sie gerade noch zurückhalten.«
Ich begleitete Zoe hinaus.
Bleich und bedrückt stand Mrs. Rosnic in ihrem abgetragenen Mantel neben der Tür zum Büro und drehte den Henkel ihrer großen schwarzen Tasche nervös zwischen den Händen hin und her.
»Hallo«, sagte ich und berührte ihren Arm. »Kommen Sie, wir gehen in mein Zimmer.«
Zoe hatte es gutgemeint, ich wollte nach Hause, aber andererseits war es wichtig für Mrs. Rosnic – für alle Eltern –, jederzeit zu mir kommen zu können. Ich machte selten »Hausbesuche«, wie sie die Direktorin nannte, weil es mir widerstrebte, unerwartet bei einer Familie zu erscheinen. Viele Lehrerinnen taten das, und die Direktorin befürwortete es sehr, aber ich hatte es einmal versucht und eine Mutter mit einer geschwollenen Lippe, einem blauen Auge und einem Berg ungespülten Geschirrs angetroffen. Sie hatte sich entschuldigt und irgend etwas über ihren Mann gemurmelt, der sich am Vorabend habe vollaufen lassen, und ihre Scham und Demütigung waren so groß gewesen, daß sie nicht über ihr Kind sprechen konnte. Die Direktorin fand zwar, diese Erfahrung sei sehr aufschlußreich für mich gewesen, aber in meinen Augen lief es darauf hinaus, daß man seine Nase in anderer Leute Angelegenheiten steckte, und das lag mir nicht. Deshalb ermunterte ich die Eltern, auch ohne vorherige Verabredung in die Schule zu kommen. Sie taten das oft, und es war wichtig, daß sie das Gefühl hatten, mir willkommen zu sein.
Mrs. Rosnic fing schon zu sprechen an, bevor wir richtig im Zimmer standen; sie sagte zuerst, daß der Großvater sich um die Kinder kümmere, und berichtete dann von Carl und Hannah, den Mäusen und der Katze. Hannah hatte sich während der ganzen Ferien nie gewaschen und nie ihre Kleider gewechselt. Jeden Tag war sie zwei- oder dreimal vor Wut völlig außer sich gewesen, hatte gegen die dünnen Wände getreten, gebrüllt und geschrien.
Die Nachbarn hatten sich bei der Polizei beschwert. Der Großvater wollte, daß Hannah in ein Heim käme. Mrs. Rosnic wußte sich nicht mehr zu helfen.

Ich ging im Zimmer herum, versuchte nachzudenken, das Ganze von Mrs. Rosnics Standpunkt zu betrachten. Hannahs Geschichten hingen an unseren Wänden, sie konnte jetzt lesen, schreiben, sie sprach. Ich war stolz auf sie. Und dennoch – wofür war das gut, wenn sie nicht zu Hause leben konnte? Was nützte das alles, wenn ihr Verhalten so schlimm, so unkontrolliert war, daß sie am Ende in ein Heim eingewiesen werden mußte? In der Schule hatte sie gelernt, sich zu beherrschen – daheim bediente sie sich nach wie vor ihrer Wutausbrüche, um ihren Kopf durchzusetzen. Mrs. Rosnic und ich hatten schon verschiedentlich darüber gesprochen, vor allem in den Tagen, als das blaue Dessert aktuell war, doch ich hatte mich offenbar noch nicht klar genug ausgedrückt.

Ich ging zu Mrs. Rosnic zurück. »Kommen Sie, setzen wir uns.«

Mrs. Rosnic begann von neuem. »Warum sie sich aufregen über Mäuse? Geben noch genug andere Mäuse.«

In Mrs. Rosnics Wohngegend gehörten Mäuse und Armut zum Leben. Niemand außer Hannah hielt sie sich als Haustiere. Alle Leute sahen in ihnen eine Plage und bemühten sich, sie loszuwerden. Aber niemand hatte ein Kind wie Hannah. Aus ihrem Toben, ihrem Geschrei und dem Kauderwelsch, das sie brüllend von sich gab, schlossen die Nachbarn, daß sie »nicht ganz richtig im Kopf«, irgendwie »kraus«, kurzum, »schwachsinnig« sein müsse. Das war es, was Mrs. Rosnic unerträglich fand, was entscheidend für sie war.

»Jetzt sie sagen, sie nicht gehen in Schule. Nie mehr. Sie nicht hören auf mich. Heute früh ich sie immerfort anschreien, sie sich eilen sollen, weil Bus gleich da. Carl lachen, und sagen, sie zu spät kommen in Idiotenschule. Hannah brüllen, ihn hauen. Dann Opa raufkommen, sie packen, festhalten, und ich ihr ein Kleid anziehen – und endlich wir sie in Bus setzen.«

Wer wollte Hannah tadeln, wenn sie über den Verlust ihrer geliebten Mäuse bekümmert und zornig war und sich in ihrer einsamen Verzweiflung nicht zu helfen wußte? Und wer wollte es dem Großvater und Mrs. Rosnic verargen, wenn sie sich – wegen Hannahs Betragen von den Nachbarn gedemütigt und gemieden – nach ein paar Stunden Frieden und Ruhe sehnten und gewillt waren, sich diese Stunden um jeden Preis zu erkaufen? Selbst Carl konnte man eigentlich nicht übelnehmen, daß er seinen Zorn an seiner Schwester ausließ.

Es ging hier auch gar nicht so sehr um Kritik. Wesentlich war, daß Hannah bei uns bleiben konnte. Sie machte in der Schule gute Fort-

schritte; sie konnte noch mehr erreichen. Doch dazu brauchte ich Zeit.
»Hören Sie«, sagte ich zu Mrs. Rosnic. »Sie werden sie ein paar Tage lang schreien lassen müssen. Reden Sie mit Ihren Nachbarn. Erklären Sie ihnen, daß es ein oder zwei Tage lang schlimm sein wird, daß aber dann eine Besserung eintritt.«
»Schreien? Sie jetzt schon schreien. Was Sie meinen?«
»Ich meine, daß Hannah im Augenblick alles, was sie will oder nicht will, durchsetzt, indem sie schreit und Wutausbrüche bekommt. Für Sie und Opa ist ihr Gebrüll eine Strapaze, also geben sie nach oder lassen es auf eine fürchterliche Szene ankommen und zwingen sie, was ihr beinahe ebensogut gefällt. Hannah will Ihre Aufmerksamkeit auf sich ziehen, sie braucht sie auch sehr, aber sie sollte das nicht durch Geschrei erreichen.«
»Sie schreien, gut.« Mrs. Rosnic nickte. Sie konnte mir offenbar noch nicht so recht folgen. »Was ich tun? Was sollen ich tun, wenn sie schreien?«
»Lassen Sie sie weiterschreien. Wenn sie zum Beispiel schreit, weil sie nicht in die Schule gehen will, beachten Sie sie gar nicht. Wenn sie den Bus versäumt, lassen Sie sie ihn versäumen.«
Einen Moment war es ganz still in unserem Zimmer. Dann sagte Mrs. Rosnic: »Sie ganzen Tag daheimbleiben lassen? Sie nicht zwingen, in Schule zu gehen? Sie ganzen Tag schreien lassen, wenn sie wollen?«
»Genau. Es wird ihr nicht schaden. Sie muß lernen, daß Gebrüll überhaupt nichts ändert.«
Mrs. Rosnic war stumm.
Ich konnte es ihr ansehen, daß sie nicht gern auf die sechs Stunden relativen Friedens verzichtete, die sie hatte, wenn Hannah fort war. Aber sie war eine starke Frau, und ich baute auf ihre Stärke und darauf, daß sie Hannah liebte und es Hannah im Grund sehr gut in der Schule gefiel.
»Legen Sie ihre Kleider bereit«, sagte ich. »Wecken Sie sie fünfundvierzig Minuten, bevor der Bus kommt. Sagen Sie ihr, daß sie aufstehen, sich waschen und anziehen soll. Dann lassen Sie sie allein und betreten Sie ihr Zimmer nicht mehr, ganz gleich, was sie tut, ob sie im Bett bleibt oder sich die Kehle heiser brüllt. Gehen Sie in die Küche und richten Sie das Frühstück. Machen Sie etwas, was Hannah besonders gut schmeckt und was Sie auch gern vorbereiten. Es darf nur nicht viel Arbeit mit sich bringen, und es muß auch billig

sein, damit Sie es wegwerfen können, falls sie es nicht ißt. Eine Viertelstunde vor Abfahrt des Busses rufen Sie Hannah zum Frühstück. Wenn sie fertig ist, loben Sie sie? Füttern Sie sie! Aber gehen Sie nicht zu ihr hinein, wenn sie nicht fertig ist. Lassen Sie den Bus kommen und abfahren. Werfen Sie ihr Frühstück weg. Lassen Sie sie zu Hause bleiben. Hannah ist acht Jahre alt, Mrs. Rosnic. Sie hätte sich schon seit Jahren allein anziehen und für die Schule fertig machen sollen.«

Ich wußte, daß meine Worte hart klangen, aber es war nicht zu vermeiden. Für Mrs. Rosnic würde es sehr schwer sein, es mit Hannah aufzunehmen, doch das war die einzige Möglichkeit, wenn man erreichen wollte, daß Hannah zu Hause bleiben konnte und nicht in einem Heim landete.

Ich bin kein Anhänger Skinners, ich teile die Überzeugung der »Behavioristen« nicht, daß man Menschen dazu erziehen kann, wie Tauben für Vogelfutter zu tanzen. Es ist eine mechanistische Betrachtungsweise, die den schöpferischen, affektiven Kern des Menschen leugnet; nichtsdestoweniger brauchen wir Anerkennung, um uns entwickeln zu können, und wenn uns Anerkennung versagt bleibt, versuchen wir Aufmerksamkeit zu erregen. Ein Kind wie Hannah kann zum Tyrannen werden, den Menschen in seiner Umgebung das Leben zur Hölle machen und sein eigenes zerstören. Man kann in solchen Fällen nur etwas ausrichten, wenn man die schweren Verhaltensstörungen allmählich aber zielbewußt abzubauen versucht.

Manchmal entsteht ein regelrechter Teufelskreis. Irgendein Elternpaar hat das vage Gefühl, daß es manipuliert wird. Es beschließt, derlei Versuche nicht zu beachten; daraufhin steigert das Kind sein schlechtes Verhalten, es schreit lauter oder tut etwas noch Schlimmeres, bis die Eltern finden, daß *das* zuviel ist, daß sie *das* nicht dulden können. Und damit hat das Kind ihre Aufmerksamkeit wiedererlangt. Mit der Zeit verschlimmert sich sein Verhalten weiter, und die Eltern fühlen sich in zunehmendem Maße frustriert. Der einzige Ausweg aus diesem Dilemma ist, das Schlechte vollkommen zu ignorieren und selbst den winzigsten Ansatz zu etwas Gutem zu loben.

Mrs. Rosnic stand seufzend auf. »Opa, ihm das bestimmt nicht gefallen.«

»Hannah wird es noch weniger gefallen«, sagte ich. »Rufen Sie mich an, wenn ich Ihnen helfen kann.«

Zu Hause angelangt, las ich als erstes den Brief, von dem Patty gesprochen hatte. Voller Stolz kündigte der Vorstand an, daß bis Herbst die neue Schule fertiggestellt sein würde: zehn Klassenzimmer, jedes mit eigenem Bad, Teppichböden, eine große, komplett eingerichtete Küche, ein beheizter Swimming-pool – und staatlich geprüfte Lehrkräfte. Staatlich geprüft. Es würde noch mehrere Jahre dauern, bis ich meine Abschlußprüfung machen konnte. Ich bedachte das Problem unter der Dusche, beim Abendessen, vor dem Einschlafen. Die ganze Nacht träumte ich von Swimming-pools, Mäusen und Abschlußzeugnissen. Puma fraß versehentlich Hannah und ließ nur ihren Kopf übrig, während ich auf einer verschneiten Straße einem spinnenbeinigen, schwarzumrahmten Zeugnis nachjagte.

Am nächsten Morgen nahm ich den Brief mit in die Schule und deutete auf die Wörter »staatlich geprüft«, während ich die Direktorin fragte: »Schließt mich das aus – was meinen Sie? Oder wird man mir aufgrund meiner Erfahrung und der Kurse, die ich mache, eine provisorische Lehrerlaubnis geben?«
Die Direktorin hatte es eilig und drückte sich sehr vage aus. »Es ist schwer zu sagen, was der Vorstand im Sinn hat. Warum man so viel Gewicht auf dieses Examen legt, weiß ich nicht. Vermutlich wegen der gesetzlichen Vorschriften. Ich habe keine Ahnung, was geschehen wird. Das liegt beim Vorstand... Mary, ich muß zu einer Versammlung in Milton. Die Nachbarn haben eine Eingabe unterschrieben, in der sie gegen die neue Schule protestieren. Sie sagen, es beunruhige sie, ›verrückte‹ Kinder in ihrer Straße zu haben. Es ist möglich, daß es ihnen noch in letzter Minute gelingt, unser Projekt zu stoppen. Ich habe jetzt einfach keine Zeit, um mich mit Ihnen zu unterhalten.«
Das Telefon klingelte. Es war Mrs. Gomez: Wandas Busfahrer war noch nicht da, er hatte sich bereits eine halbe Stunde verspätet. Ich ging in mein Klassenzimmer, genauso ratlos wie zuvor.
Hannah kam an diesem Tag nicht. Auch am nächsten Tag fehlte sie, Mrs. Rosnic ließ nichts von sich hören. Ich wartete, versuchte geduldig zu sein, hielt mir vor Augen, daß Lehrer oft nicht daran denken, wie gut Mütter und Väter ihre Kinder kennen. Lehrer vergessen, daß Mütter Stunden damit verbringen, ihr Kind in den Armen zu wiegen, es zu füttern, zu streicheln, zu baden und, wenn es krank ist, zu pflegen und daß ihnen Laute, Gerüche und Feinheiten vertraut sind, die ein Lehrer nie kennenlernen kann.

Bis Donnerstag nachmittag war ich soweit, daß ich an nichts anderes denken konnte als an Hannah. »Wenn sie morgen früh noch immer nicht kommt, werde ich anrufen müssen«, sagte ich nach dem Unterricht zu der Direktorin.
»Soll ich es jetzt gleich einmal versuchen?« fragte sie.
»Nein«, antwortete ich. »Mrs. Rosnic hat meine Privatnummer und diese hier. Ich bin sicher, sie würde mich benachrichtigen, wenn irgend etwas passiert wäre.«
Würde sie es wirklich tun? Wer war ich überhaupt, daß ich mir herausnahm, ihr zu sagen, wie sie sich verhalten sollte? Hannah hatte acht Jahre lang ohne meinen Rat überlebt. Vielleicht machte ich die Dinge nur schlechter statt besser.
Der Freitag brachte rauhes, naßkaltes Wetter, und mir war, als hätte ich die längste Woche der Geschichte hinter mir. Ich kam ziemlich früh und die Jungen ebenfalls. Niemand von uns erwähnte Hannah. Jamie ließ gleich den Plattenspieler laufen und begann, einen Fuß vor dem anderen, sich hin und her zu wiegen – hin und her.
Ich ging zu ihm, um ihn ein wenig abzulenken, und genau in dem Moment marschierte Hannah herein, und wir schrien alle zugleich: »Hannah! Hallo!«
Hannah ignorierte uns vollständig und steuerte geradewegs auf den Schrank zu. O mein Gott, dachte ich. Bitte, nicht wieder das. Nicht noch einmal von vorn beginnen müssen.
Doch Hannah blieb nur eine Minute da, bis sie ihren Mantel aufgehängt hatte. Dann ging sie zu ihrem Fach und fing in aller Ruhe und ohne uns zu beachten an, Inventur zu machen, indem sie Buntstifte, Bleistifte und Bücher auf den Boden legte. Gebannt sahen wir ihr zu.
Schließlich konnte es Brian nicht mehr aushalten und kauerte sich neben sie.
»He, Hannah, wo bist du denn gewesen? Wir haben dich vermißt... wir wußten nicht... was war mit dir?«
Hannah räumte ihre Bücher ein, sorgsam, bedächtig. Sie ließ sich Zeit, wählte den richtigen Augenblick, machte unmißverständlich klar, daß sie niemandem Rechenschaft schuldig sei. Was auch immer geschehen war, Hannah würde es auf ihre Weise erzählen und für einen Überraschungseffekt sorgen.
Endlich schaute sie Brian an und antwortete sehr würdevoll und kühl: »Nichts mit mir gewesen sein. Ich einfach Extraferien haben wollen.«

Und das war alles, was sie je über diese drei Tage sagte. Zu meiner Freude begann Mrs. Rosnic jetzt zu unseren Müttertreffen zu kommen, die jeden Mittwoch stattfanden. Sie, die vorher nie Zeit gehabt hatte, erschien jetzt. Sie, die bei starkem Verkehr nicht Auto fahren konnte, fuhr jetzt. Sie, die sich nie von der kleinen Helen hatte trennen können, ließ sie jetzt in der Kinderkrippe zurück, während sie – selbstsicher und viel redegewandter als früher – erzählte, wie sie Hannahs Wutanfälle überstanden und erreicht hatte, daß sie jeden Morgen rechtzeitig für den Bus bereit war. Die anderen Mütter hörten sehr beeindruckt zu und stellten anschließend Fragen, und Mrs. Rosnic gab ihnen Auskunft und sagte ihnen, wie man es machen konnte.

Fünfzehntes Kapitel

»Wer weiß, was ein Spiel ist?« fragte ich.
»Spiel ist Spaß haben«, antwortete Hannah. »Ballspielen, so was.«
»Stimmt. Gut. Das ist die eine Bedeutung von ›Spiel‹. Kennt jemand noch eine andere? Nehmt einmal an, ich würde sagen, daß wir uns ein Spiel anschauen werden. Was hieße das?«
»Das ist so etwas Ähnliches wie im Fernsehen«, meinte Brian. »Das Fernsehen bringt manchmal Spiele... dazwischen kommt nur viermal Werbung. Bum bum. ›Dieses Fernsehspiel ist ein Geschenk von Hallmark.‹«
»Richtig. Es ist so etwas Ähnliches – ohne Werbung allerdings.«
»Ist es ein Film, Mary?« wollte Rufus wissen. »Ist es das, was es in New York gibt? Letztes Jahr sind meine Eltern am Geburtstag meiner Mutter nach New York gefahren und haben sich ein Spiel angesehen.«
»Es gibt viele Spiele in New York. Ein Spiel ist wie ein Film, nur besser, weil man dabei richtige Menschen vor sich hat, die sich bewegen, sprechen, eine Geschichte darstellen. Und wißt ihr was? Wir werden uns eines anschauen. Du und du und du und du. Und ich. Heute in einer Woche werden wir ein Spiel sehen. Nicht in New York, sondern hier in der Nähe – drüben in der Wilson-Schule.«
Jedes Jahr führte die Kindertheatergruppe der »Junior League« irgendein Stück auf. Die Inszenierungen genügten auch höheren Ansprüchen, und man merkte stets, daß viel Arbeit und Talent dahin-

tersteckten. Für die Proben holten sich die jungen Mädchen sogar einen Berufsregisseur aus New York. War das Spiel einstudiert, dann kamen sie damit in die Grundschulen der Umgebung. Dieses Jahr stand *Pinocchio* auf dem Programm, und wir hatten die Erlaubnis erhalten, uns die Vorstellung in der Gemeindeschule anzuschauen.

Jeden Tag nach dem Mittagessen las ich den Kindern die Geschichte von Pinocchio vor, um sie mit dem dicken, gutmütigen Gepetto, der schönen blauen Fee, mit Pinocchio und seiner Lügennase und mit dem bösen Jungen Docht vertraut zu machen. Ich war sicher, daß das Stück in vielen Dingen vom Buch abweichen würde, aber dennoch dachte ich, die Kinder könnten ihm besser folgen, wenn sie eine gewisse Vorstellung von den Charakteren hätten.

Die Direktorin und die Eltern hatten unseren Theaterbesuch sofort genehmigt. Der Rektor der Wilson-Gedächtnis-Schule war nicht so leicht dafür zu erwärmen gewesen. Sein ausweichendes Benehmen war keine neue Erfahrung für mich. Wir sind nicht gerade sehr beliebt. So freundlich Kinder gemeinhin aufgenommen werden – emotional gestörte Kinder sind nicht überall willkommen. Anfangs konnten wir vielerorts unbemerkt ein- und ausgehen, doch jetzt, da unsere Schule sowohl der Öffentlichkeit als auch der Fachwelt besser bekannt und sogar Gegenstand von Zeitungsartikeln war, wurde das zunehmend schwieriger.

Ich fragte mich wirklich, wovor sich die Leute fürchteten. Selbst wenn das Schlimmste passierte und eines der Kinder einmal völlig die Nerven verlor, war das ja noch lange nicht das Ende der Welt. Doch es gab keine Möglichkeit, bürokratische Gehirne davon zu überzeugen, und so versprach ich meistens alles, was man von mir verlangte, und ließ dann die Probleme auf mich zukommen.

Zuerst hatte der Rektor der Schule erklärt, die einzigen freien Plätze für die Aufführung seien in der ersten Reihe. Wenn er gedacht hatte, uns damit abschrecken zu können, täuschte er sich. Ich war sofort einverstanden. Dann stellte er die Bedingung, daß wir uns klein machen müßten, damit die anderen Kinder über uns hinwegschauen könnten. Wenn er gefragt hätte, ob wir uns unsichtbar machen könnten, hätte ich ihm auch das zugesichert.

Als wir ankamen, gab es – wie erwartet – eine Menge freier Plätze. Wir saßen in der Mitte der ersten Reihe, aber in der Reihe hinter uns und seitlich war alles frei.

Wir waren früh da: der Vorhang war noch geschlossen. Ich saß zwischen Jamie und Hannah, die ihrerseits von Rufus und Brian flan-

kiert wurden. Sie waren alle mäuschenstill, sehr beeindruckt von dem Saal, der mindestens viermal so groß war wie die größten Räume unserer Schule. Ich spürte, daß Hannahs Arm neben mir zitterte. Als die Kinder im Gänsemarsch hereinkamen, beugte sich Brian vor, um mich zu fragen, ob es in einer »richtigen« Schule so zugehe.
Dann wurden die schweren Gardinen vor den hohen Fenstern zugezogen, die Lichter gingen aus, und der Vorhang hob sich.
Es war wunderbar. Wir alle – groß oder klein, Lehrer oder Schüler, normal oder emotional gestört – starrten fasziniert auf Pinocchio, der – steif und hölzern – mit seinen bemalten Backen und der spitzen Mütze genauso aussah wie im Buch. Und da war auch, mit einer Lederschürze angetan, alt und dick der gutmütige Gepetto, der alles für Pinocchio tat, obwohl dieser doch ganz offenkundig ein sehr unartiger Junge war und Gepettos Freundlichkeit überhaupt nicht zu schätzen wußte.
Ich betrachtete meine vier Kinder, die allesamt nach vorn geneigt auf ihren Stuhlkanten saßen und völlig vergessen hatten, daß sie sich klein machen sollten. Ich erinnerte sie nicht daran – sie waren lange genug klein gewesen.
Und jetzt erschien die blaue Fee. Sie hatte kein türkisblaues Haar wie im Buch, aber sie trug ein duftiges, kurzes Ballettkleid aus blauem Tüll, eine edelsteinbesetzte Tiara und einen funkelnden Zauberstab. Alles an ihr glitzerte, während sie herumwirbelte und ihren Zauber vollführte.
Hannah seufzte neben mir. »Ist schön.«
Am Ende der Aufführung spendeten wir begeistert Beifall und ließen dann stumm die verspätete Begrüßung des Rektors über uns ergehen. Auf der Heimfahrt schwatzten Rufus und Brian ununterbrochen. Wie hatte sich Pinocchio in einen wirklichen Jungen verwandelt? Wie war es zugegangen, daß seine Nase so lang wuchs? Ich lächelte, froh über den Erfolg unseres kleinen Ausflugs.
»Also hat euch das Spiel gefallen«, meinte ich.
»O ja«, antwortete Rufus. »Hören Sie, Mary. Hört mal alle zu. Wißt ihr was? Ich wette, wir könnten auch Theater spielen. Man müßte bloß aufschreiben, was die Leute sagen sollen. Ich glaube bestimmt, daß ich das könnte. Und wir müßten uns Sachen zum Anziehen besorgen. Das könnten Sie tun, Mary. Versteht ihr, wir könnten unser eigenes Pinocchio-Spiel aufführen und die anderen Kinder der Schule dazu einladen.«

Brian war von der Idee begeistert. »Und wir können auch Werbung machen wie im Fernsehen...«
Ich wollte etwas einwenden, doch Rufus kam mir zuvor: »Nein, Brian. Wir brauchen keine blöden Werbesprüche. Aber ich könnte Pinocchio sein. Du kannst den Docht spielen. Ach, und Gepetto...«
»Ich sein Gepetto«, erklärte Hannah sofort.
»Ja«, sagte Rufus. »Das wäre sehr gut. Du bist ja auch ein bißchen...«
Aber Gepetto war alt und dick und furchtbar häßlich. Ich wollte nicht, daß sich Hannah so sähe. Ich wußte genau, wer in ihren Augen schön war.
»Wie wär's mit Jamie?« meinte ich. »Er gäbe bestimmt einen guten Gepetto ab.«
Doch Rufus wandte ein: »Mary, Gepetto spricht viel. Er sagt mehr als alle anderen.«
Rufus hatte recht. Ich mußte mir etwas Neues einfallen lassen. »Hör mal zu«, sagte ich. »Laßt Jamie doch den Docht spielen, da braucht er nicht so viel zu reden.«
»Na ja«, sagte Rufus. »Vielleicht...«
»Machen Sie uns Kostüme, Mary?« wollte Brian wissen.
»Das können wir gemeinschaftlich tun, nachmittags.« Wir hatten uns zwar in Naturkunde mit Magneten beschäftigen wollen, doch das konnte warten.
Na, kommt schon, dachte ich. Wann erwähnt denn endlich einer die blaue Fee? Los, Rufus. Brian, unterstütz ihn. Melde dich freiwillig für die Gepetto-Rolle – laß Hannah die blaue Fee sein. Komm du selbst auf die Idee.
»Na schön«, sagte der langsame, bedächtige Rufus. »Wenn Jamie Docht ist, wer soll dann die Fee spielen? Man braucht ein Mädchen für die Fee...«
Und endlich war Brians gutmütige, piepsige Stimme zu hören. »Hannah. Sie ist ein Mädchen. Sie kann die blaue Fee sein.«
Großartig, Brian.
»Ja gut, aber sie ist...« Rufus zögerte, er wollte nicht unfreundlich sein. Unsere Kinder waren höchstens im Zorn einmal lieblos im Umgang miteinander.
»Das wäre das Allerbeste«, erklärte ich. »Was meinst du, Lovey? Rufus ist Pinocchio und Jamie Docht, du läßt Brian den Gepetto spielen und bist die blaue Fee.«

Hannah saß regungslos da und schaute geradeaus. Sie schloß die Augen, wie um sich diese tanzende, glitzernde, schimmernde Gestalt noch einmal vorzustellen. Dann schlug sie die Augen wieder auf, schwieg aber noch immer. Und endlich holte sie tief Atem. »Okay«, sagte sie. »Ich lasse dich Gepetto sein, Brian. Ich sein blaue Fee.«

Wir schrieben unser Stück; es war zwanzig Seiten lang, und ich tippte es sorgfältig ab und las es den Kindern noch einmal vor. Dann machte ich Kopien für jeden, doch außer Brian konnte niemand seine Rolle lernen, und wenn sie versuchten, sie abzulesen, gab es jedesmal ein Durcheinander. Also warf ich am Ende die Kopien weg, und wir einigten uns so, daß wir uns auf die Kostüme und die Dekoration konzentrieren würden und jeder das sagen sollte, was ihm in den Sinn kam.
Wir probten unser Stück zwei Wochen lang jeden Nachmittag, und Anfang Februar, an einem Mittwoch, fand dann die Aufführung statt.
Pattys Zimmer war durch eine Falttür mit einem unbenutzten Raum verbunden, der der Kirchengemeinde ab und zu als Kapelle diente. Für unsere Vorstellung schoben wir die Tür zurück, und Henry half uns, die gemalten Pappdekorationen und die Stühle für das Publikum aufzustellen.
Das Stück begann mit Brian, der sich als Gepetto bemühte, Rufus das Gehen beizubringen und seine steifen hölzernen Beine zu bewegen. Gepetto verkaufte seine Joppe, um für Pinocchio eine Fibel zu besorgen, damit er die Schule besuchen konnte. Sichtbar begeistert von seiner Rolle, strich Brian ständig über seine Lederschürze und ließ geschickt hier und da ein paar Werbesprüche in unser Stück einfließen. Auf dem Weg zur Schule traf Pinocchio dann mit Docht zusammen – Jamie schlingerte aufgeregt über die Bühne, packte Pinocchio und führte ihn in das Land der Spielzeuge.
Und nun sprach Pinocchio seine erste Lüge aus und gleich darauf noch eine und noch eine, und seine Nase (eine leere Toilettenpapierrolle, in der ein Papierkegel stak) wurde länger. Die ganze Schule klatschte begeistert, und meine Kinder verließen vor lauter Erregung fluchtartig die Bühne, und Henry mußte sie wieder zurückbringen. Es war der Moment, in dem die blaue Fee auftreten und Pinocchio helfen sollte.
Hannah hatte sich hinter einem Fenstervorhang verborgen gehalten, und lief jetzt, als ihr Henry etwas zuflüsterte, auf die Bühne. Ihre

Mutter hatte ihr ein bezauberndes Kleid aus alten Laken genäht. Es war lang und in einem satten Blauton gefärbt, der das Blau ihrer Augen noch leuchtender erscheinen ließ.
Ihr Zauberstab war das Ende einer alten Angelrute, an dessen Spitze ein Aluminiumstern saß. Ihre Tiara wackelte bedenklich auf dem kurzen Haar. Sie sah besser aus als je zuvor, aber sie tat nichts. Selbst Jamie hatte es fertiggebracht, auf die Bühne zu rennen und Rufus zu packen, um ihn in das Land der Spielzeuge zuführen. Doch Hannah tat nichts. Die verlegene Pause wurde immer länger, und Rufus trat von einem Fuß auf den anderen, spürbar nervös, weil die blaue Fee offenbar gar nicht daran dachte, wie vorgesehen seine lange Nase mit ihrem Zauberstab kürzer zu machen. (Rufus sollte hocherfreut nach seiner Nase greifen und dabei den Papierkegel in die Papprolle schieben).
Das hätte der Höhepunkt der Aufführung sein sollen – und nun stand Hannah da und rührte sich nicht.
Rufus starrte sie finster und zornig an, und Brian flüsterte ihr zu: »Weiter, Hannah. Berühr seine Nase mit dem Stern. Das kannst du doch tun!«
Aber Hannah ließ sich zu nichts bewegen.
Rufus wurde immer zorniger, »Schnell«, zischte er. »Beeil dich, du idiotisches Ding.«
Das war zuviel. Hannah war nicht gesonnen, sich noch einmal von irgend jemandem idiotisch nennen zu lassen. Zornig lief sie über die Bühne, auf den ungeduldigen Pinocchio zu. Sie vergaß, daß sie die blaue Fee war, vergaß Pinocchio, das Spiel und das Publikum.
Klatsch! Ein kräftiger, derber Schlag mit dem Zauberstab traf Rufus' Papiernase.
»Ich nicht idiotisch!« schrie die blaue Fee. »Ich nicht mehr dumm. Das nicht zu mir sagen.«
Pinocchios Nase kullerte über die Bühne. Rufus' eigene Nase war dem Schlag nur knapp entgangen und sah jetzt in dem bemalten Gesicht klein und verletzlich aus. Für mich war unsere Vorstellung eine Katastrophe. Aber die Kinder dachten anders darüber. Sie waren noch nie zuvor in einem Theaterstück gewesen, hatten nie etwas von Pinocchio gehört, und sie genossen die bewegten, aufregenden Vorgänge, die ihnen da geboten wurden.
Ich hob Pinocchios Nase auf, damit sie nicht zertreten würde, und gab sie Gepetto, der neben mir gestanden hatte. Brians Hände flatterten ein bißchen, als er die Nase entgegennahm, und plötzlich

steuerte er inspiriert auf die Bühnenmitte zu. »Gute, schöne blaue Fee. Du hast Pinocchio gerettet. Du hast seine gräßliche Nase weggezaubert und ihm eine wunderbare Nase von einem richtigen Jungen gegeben. Wir danken dir. Ende. Von General Electric, dem Haus der tausend Wunder, für Sie ausgewählt.«
Wir standen alle auf und applaudierten. Auch Rufus und Hannah vergaßen ihren Zorn und schlossen sich der Beifallskundgebung an. Selbst Jamie klatschte in die Hände. Unser Stück war ein Erfolg, ein glanzvolles Ereignis.
Wer sagt, daß man Rollen einstudieren muß?

Sechzehntes Kapitel

»O Mann, Lehrerin«, sagte Hannah. »Sie nicht einmal wissen, daß Valentinstag. Oh, Mann.«
»Tut mir leid. Ich hatte es total vergessen.«
»Macht nichts. Nicht wichtig. Ich habe zwei Geschenke.«
»Zwei Geschenke?«
Hannah nickte lebhaft. »Zwei. Eins von mir. Eins von Mama.«
»Für mich?« fragte ich. »Zwei für mich? Oh, Hannah. Und ich habe gar keines.«
»Das okay, Lehrerin. Wir haben zwei. Hier. Aufmachen.«
Für Hannah spielte es keine Rolle, wer die Geschenke erhielt oder gab, solange die Anzahl der Geschenke mit der der Personen übereinstimmte.
»Die Welt muß viel von dir lernen, Liebchen.«
Sie hob fragend den Kopf, verstand nicht, was ich meinte, nahm es aber auch nicht wichtig, weil sie viel zu aufgeregt über ihre Geschenke war.
»Da«, sagte sie und reichte mir eine braune Tüte. »Aufmachen. Von Mama.«
Die Tüte enthielt einen in Plastikfolie verpackten Laib Brot auf einem Pappteller und einen Zettel.
Sie sind eine gute Lehrerin für Hannah. Frohen Valentinstag – Mrs. Rosnic.
Das runde Brot war braun und knusprig.
»Das ist aber ein herrliches Brot!« sagte ich. »Deine Mama ist eine gute Köchin. Vielen Dank, Hannah. Es ist wirklich wunderbar.«
»Das nicht meines. Das hier meines. Schauen.«

»Du hast recht«, sagte ich. »Ich werde deiner Mutter heute abend schreiben.«
Hannah gab mir eine noch größere Tüte, aus der eine lange Rolle Papier herausragte.
»Aufmachen«, drängte sie mich.
Ich zerschnitt das Klebeband, das die Rolle zusammenhielt, und breitete das Papier auf dem Tisch aus, während Hannah erklärte: »Ich das malen, Lehrerin.«
Es war ein zauberhaftes, fröhliches Bild mit einem leuchtendblauen Himmel und einer großen gelben Sonne. Unter der Sonne war eine tanzende Gestalt. Sie trug einen Rock und – konnten das Leinenschuhe sein?
»Leinenschuhe?« fragte ich.
Hannah nickte bestätigend. »Ja, Leinenschuhe. Manchmal Sie sehen so aus. Und da, Ihr Herz.«
Mein Herz? Konnte Hannah mein Herz sehen? Hatte jemals irgendein Mensch mein Herz gesehen oder überhaupt sehen wollen? Doch da auf Hannahs Bild war es, ein großer roter Tropfen auf meiner Gestalt.
»Das ist schön, Hannah«, sagte ich. »Das ist ein schönes Herz.«
»Es groß, Lehrerin. Es ein großes Herz.«
Ich griff unter ihre Achseln und hob ihren plumpen, stämmigen kleinen Körper auf den Tisch, so daß ihre Augen mit den meinen in gleicher Höhe waren, schlang die Arme um sie und drückte sie fest an mich.
»Nicht halb so groß wie deines, Lovey. Nicht halb so groß.«

Siebzehntes Kapitel

»Geht in Ordnung, Mary«, sagte Bernie Sorrino, der Bezirksleiter des Sonderschulwesens. »Ich verbürge mich dafür. Für den nächsten Herbst ist Brian ein Platz in der 24. Städtischen Schule sicher; ich werde mich darum kümmern. Sie haben gute Arbeit bei ihm geleistet.« Und dann fügte er hinzu: »Wem versuche ich etwas vorzumachen? Sie haben viel mehr getan als das. Es ist schon beinahe ein Wunder, was da mit diesem Jungen geschehen ist. Ich erinnere mich noch gut, wie er war, als wir ihn zu Ihnen schickten – das sonderbarste Kind, das ich je gesehen habe – aß nicht, sprach nicht, flatterte herum und kreischte wie irgendein verrückter Vogel.«

»Danke, Bernie. Es wird Ihnen bestimmt nie leid tun. Sie werden noch stolz auf ihn sein«, sagte ich.
»Na, wir werden ja sehen. Ich habe versprochen, ihn unterzubringen, und ich halte mein Wort. Aber, Mary, Sie sollten ihn von jetzt an ein bißchen abhärten, sonst fressen ihn diese Stadtkinder mit Haut und Haaren.«
Er hatte recht, und ich wußte es. Bernie war ein robuster, tüchtiger, anständiger Mann, der sich selbst aus den Slums der Stadt hochgearbeitet hatte. Mit Beharrlichkeit und List hatte er sich ein Stipendium nach dem anderen erarbeitet oder auf andere Weise beschafft, bis er sein Pädagogikstudium mit der Promotion abschließen konnte. Er hatte in Vorortschulen angefangen; als ich ihn kennenlernte, war er für das Sonderschulwesen des gesamten Nordwestens unseres Bundesstaates zuständig – einer hochentwickelten, wohlhabenden und relativ ruhigen Region. Vor fünf Jahren war ihm angetragen worden, das Sonderschulwesen in der überbevölkerten, verwahrlosten Industriestadt zu übernehmen, in der sowohl er als auch Brian geboren waren. Eigentlich hatte er sich schon entschlossen, bevor man ihn rief, und bewarb sich um die noch gar nicht ausgeschriebene Stellung.
Unsere Direktorin hatte seinen Schritt kritisiert. »Ich dachte, Bernie sei ein gescheiter Kopf. Er war auf dem richtigen Weg, hatte die allerbesten Chancen; wenn er jetzt in die Stadt zurückgeht, wird er nie wieder hinauskommen. So eine Gelegenheit bietet sich ihm kein zweites Mal.«
Bernie erschien drei- oder viermal im Jahr bei uns, um sich nach Brian zu erkundigen, das einzige Kind, das je aus der Stadt zu uns geschickt worden war. Der Leiter der Schulbehörde hatte unserer Direktorin zu Anfang kurz und bündig erklärt: »Wir kümmern uns selbst um unsere Spezialfälle.« Aber für Brian fanden sie keine Lösung. Sie hatten ihn probeweise in normale Volksschulen geschickt, in Klassen für retardierte Kinder, in Heime. Und schließlich, vor vier Jahren, hatten sie den Achtjährigen auf seines Vaters Bitten hin widerwillig uns überlassen. Ich konnte ihr Zögern zum Teil verstehen; sie hatten keine Busse für Sonderschulfälle, waren aber durch die staatlichen Gesetze dazu gezwungen, die Beförderung zu übernehmen. Also legte Brian die dreißig Kilometer Schulweg jeden Tag mit dem Taxi zurück – eine Tatsache, die den städtischen Steuerzahlern bestimmt nicht leicht plausibel zu machen war.
Ich mochte Bernie Sorrino von Anfang an. Bei seinen Besuchen kam

er einfach in unser Klassenzimmer; um Ecken zu spähen oder durch Fenster zu schauen, das lag ihm nicht. Wenn wir zum Spielkreis bei Patty versammelt waren, öffnete er die Tür, zog sich einen der niedrigen Stühle heran und ließ sich neben einem der Kinder auf den winzigen Sitz plumpsen, den sein massiger Körper nach allen Seiten überragte. Er war alles andere als unauffällig, wenn er so dasaß – die kräftigen Beine weit von sich gestreckt –, aber er hatte etwas so Natürliches, Ungezwungenes und Vitales, daß er uns immer willkommen war. Sangen wir etwas, so sang er mit seiner nicht ganz tonsicheren Stimme völlig unbefangen mit. Die Kinder akzeptierten ihn viel leichter als die zaghaften Besucher, die stets auf den Zehen herumschlichen und sich bemühten, so wenig wie möglich aufzufallen. Bernie musterte Brian nie mit vielsagenden, durchdringenden Blicken, und er machte sich auch keine »kleinen Notizen – nur um mein Gedächtnis aufzufrischen«, wie es manche Verwaltungsbeamte, Sozialhelfer oder Psychologen taten. Wenn ungefähr eine Stunde verstrichen war, gab er mir mit dem Kopf ein Zeichen, und ich folgte ihm in den Korridor.

Bei seinem ersten Besuch zündete er sich, kaum daß wir draußen waren, eine Zigarre an und paffte eine Minute lang, ins Leere starrend. Dann sagte er, mir zugewandt: »Oh, entschuldigen Sie – ich habe ganz vergessen – möchten Sie eine?« und bot mir eine große, dicke Zigarre an.

»Nein, danke.« Ich wartete. Ich war mir noch nicht sicher. Machte er Spaß? Stellte er mich auf die Probe?

»Dieser Kleine«, fuhr er fort. »Dieser Kleine, dessentwegen ich hier bin, Brian O'Connell – wie entwickelt er sich?«

»Gut. Er hat schon viel erreicht, aber er hat noch einen weiten Weg vor sich.«

»Schön, Mary.« Er kannte meinen Namen; er wußte offenbar mehr, als er zugeben wollte. »Ich möchte, daß er bis zum nächstenmal lesen kann. Ist das klar?« Seine schwarzen, vorspringenden Augen funkelten hinter dem Rauch, der von seiner Zigarre aufstieg.

»Absolut klar«, antwortete ich mit undurchdringlichem Gesicht, aber bester Laune. »Die ganze Enzyklopädie, nicht wahr?«

Bernie Sorrino starrte mich ebenso undurchdringlich an und klopfte mir mit seiner kräftigen Hand gutmütig auf die Schulter. »Aber die große Ausgabe. Vergessen Sie das um Himmels willen nicht.«

Das war vor vier Jahren gewesen. Wir konnten uns damals schon gut leiden, und unsere gegenseitige Sympathie hatte inzwischen noch

zugenommen. Ich war mit ihm auf ein paar Symposien über Schizophrenie bei Kindern und Autismus gewesen. Einmal hatte er versehentlich eine ganze öffentliche Sitzung hindurch das Namensschild seiner Frau getragen – und er fand es ebenso komisch wie das Publikum, als ich ihn darauf hinwies.
Aber jetzt nahm ich Bernie ernst. Er kannte Brian, und er kannte die Stadt. Wenn er fand, daß Brian abgehärtet werden müsse, dann mußte das geschehen.
Ich begleitete ihn zu seinem Wagen hinaus. Die Kinder folgten uns und fuhren dann auf ihren Rädern an uns vorbei. »Können Sie sich ein bißchen detaillierter äußern?« fragte ich. »Wie soll ich ihn abhärten?«
»Bringen Sie ihm bei zu lügen, zu betrügen, zu stehlen, zu würfeln, Poker zu spielen, zu trinken, mit Rauschgift zu handeln, ein Messer zu benutzen, sich hin und wieder eine kleine Vergewaltigung zu genehmigen und bei alledem mit heiler Haut davonzukommen. Mein Gott, jetzt singt er da muntere Liedchen von Noah und seiner Arche und Paff, dem Zauberdrachen. Um Himmels willen, Mary, was wird ihm das in der Stadt nützen?«
Es war eine berechtigte Kritik. Die Atmosphäre, die in unserer Schule herrschte, strahlte Wärme, Schutz, Liebe aus. Wir setzten uns mit Realität auseinander, aber es war unsere eigene Realität. Wir begegneten einer Vielfalt teils extremer Emotionen und Verhaltensweisen mit Gleichmut. Wir ersetzten Phantasie und Eskapismus durch Unmittelbarkeit. Wir wollten erreichen, daß sich Kinder und Lehrkräfte mit Vertrauen und Offenheit gegenübertraten; wir unterstützten, förderten diese Eigenschaften, damit sich gute zwischenmenschliche Beziehungen entwickeln konnten (was auch der Fall war).
Brian war ein typisches Produkt unserer Schule; er war offen, ohne Falsch, sanft, vertrauensvoll – aber verletzlich, ein leicht zu treffendes Ziel. Die Realität unseres Klassenzimmers war eine ganz andere als die, die Brian in der 24. Städtischen Schule vorfinden würde. Je länger ich darüber nachdachte, um so klarer wurde mir, daß unsere arglose, protektive Art für Brian nachteilig sein mußte.

Am nächsten Tag brachte ich ein Kartenspiel und Poker-Chips mit. »So«, sagte ich zu den Kindern, »hier haben wir ein neues Spiel. Es heißt Poker.« Ich mußte irgendwo beginnen, und von Karten verstand ich immerhin noch ein bißchen mehr als von den anderen Dingen, die Bernie aufgezählt hatte. Ich wandte mich an Brian. »Ich

denke dabei hauptsächlich an dich. In deiner neuen Schule werden Kartenspiele gang und gäbe sein.«
Brian lächelte. »Sind sie wie das Konzentrationsspiel? Das gefällt mir sehr.«
»Nein, Brian. Sie sind anders. Ganz anders.« Ich wußte, daß sich Brian für das Konzentrationsspiel begeisterte – sowohl für das mit Karten als auch für die Fernsehshow. Er hatte ein phantastisches visuelles Gedächtnis; ob Staaten, Hauptstädte oder Baseballspieler – er kannte sie alle. Er konnte sich Sequenzen und Positionen mühelos merken. Poker zu lernen, würde ihm nicht die geringste Schwierigkeit bereiten. Doch darum ging es gar nicht. Ich mußte versuchen, ihn selbständiger zu machen. Ich wollte ihm nicht beibringen, wie man andere betrügt; er sollte sich lediglich zu helfen wissen, wenn man ihn betrog.
Brian fand am Pokerspiel schnell Gefallen. Rufus hielt zumindest mit, Jamie und Hannah verloren sehr bald das Interesse.
Poker zu dritt ist nicht besonders fesselnd, aber Rufus, Brian und ich beschäftigten uns jeden Tag nach dem Essen eine Weile damit, und die Jungen lernten die Fachausdrücke des Pokerspiels.
Brian war mit Begeisterung dabei. Zuerst hatte er die Angewohnheit, freudig kundzutun, was für Karten er in der Hand hielt; er sprach mit den hübschen Königinnen und versicherte ihnen, daß er bestimmt noch eine zweite finden würde. Doch bald lernte er zu schweigen. Er spielte mit viel Geschick, erinnerte sich an alles, zeigte keinerlei Emotion und gewann fortwährend; sein Stapel Chips war dreimal so hoch wie der von Rufus und mir.
Ich fand es an der Zeit, mit meinem eigentlichen Unterricht zu beginnen. Als ich wieder einmal Kartengeber war, versorgte ich mich mit Assen, zog Karten unter dem Stoß, aus der Mitte hervor. Brians Chips schwanden dahin, mein Turm wurde höher. Rufus besaß so wenig wie immer, aber er spielte mit hartnäckiger Entschlossenheit weiter.
Es dauerte mir zu lange. Wann würde Brian endlich etwas merken? Ich nahm mir ganz unverfroren ein As, um damit eine andere Karte zu ersetzen, und Rufus schrie: »He, Mary, das dürfen Sie nicht!«
»Was darf ich nicht?« Ich ordnete mein Blatt.
»Sie haben eine andere Karte genommen. Ich habe es gesehen.«
Ich blickte Rufus kühl ins Gesicht. »Wer sagt das?«
»Ich!« ereiferte sich Rufus. »Nicht wahr, sie hat es getan, Brian? Hat sie nicht eine andere Karte gestohlen?«

Brians Hände begannen zu flattern. »Macht nichts. Schöne Königinnen. Macht nichts, Rufus. Laß uns weiterspielen.«
Wir spielten, und meine Asse gewannen mühelos über Brians Königinnen.
Beim nächstenmal eignete ich mir gleich zwei Karten an.
»Sie hat es wieder getan!« schrie Rufus. »Brian, du *mußt* es doch gesehen haben.«
Brian senkte den Kopf. »Nicht wichtig. Ich will nur spielen.«
Ich legte die Karten hin. »Es ist sehr wohl wichtig, Brian. Es ist sogar sehr wichtig. Das nennt man betrügen, und jedesmal, wenn du so etwas siehst, mußt du sofort aus dem Spiel aussteigen. Schreien führt zu nichts, Rufus. Aber, Brian, man kann auch nicht ›nur spielen‹ wollen.«
Brian war sehr traurig. »Ich spiele gern. Warum muß ich aus dem Spiel aussteigen? Es ist mir doch egal, ob ich gewinne oder verliere.«
Manchmal schien es mir, daß die Kinder, die ich unterrichtete, die Welt mit klareren Blicken betrachteten als andere Leute. Und ich dachte dann, daß sie, wenn sie alle irgendwo zusammenleben könnten, eine Art Utopia verwirklichen würden – ein Utopia mit vielen Geschenken, bei denen es unwichtig war, von wem sie stammten oder wer sie erhielt. Ein Utopia mit vielen Spielen, bei denen es bedeutungslos war, wer gewann oder verlor.
Brian hatte die ganze Zeit gewußt, daß ich falsch spielte, doch es störte ihn nicht. Wenn ihm nichts am Gewinnen lag, konnte ich stundenlang einen Narren aus mir machen, und er hatte dennoch das, was ihn interessierte: Spaß am Spielen.
»Okay, Brian«, sagte ich. »Laß es gut sein. Wir wollen diese Poker-Lektion vergessen. Tu mir nur einen Gefallen, ja? Wenn du nächstes Jahr um Geld spielst – um wirkliches Geld, nicht um Chips –, und du siehst, daß jemand betrügt, dann leg deine Karten weg, wie du es auch machst, wenn du ein schlechtes Blatt hast, und passe.«
Brian schaute mich kritisch an. »Ja, natürlich, Mary. Echtes Geld will niemand verlieren.«
Er hätte wahrscheinlich von Anfang an gewußt, wie er sich verhalten mußte; dennoch beschloß ich weiterzumachen, ihn zu warnen, vorzubereiten auf das, was ihn in der Stadt erwartete.
»Weißt du, was Drogen sind?« fragte ich ihn eines Tages.
»Ja. Medikamente. So wie Anacin, Aspirin, Bufferin – ›verringert die Magensäure und damit den Schmerz‹. Ich habe es...«

»Ja, Brian. Ich weiß. Das hast du aus dem Fernsehen.« Wie sollte ich es ihm beibringen? Womit sollte ich überhaupt anfangen, um ihn über Marihuana, Haschisch, Opium, Amphetamine, Aufputschmittel, Kokain und ähnliches aufzuklären? Vielleicht war das Fernsehen sogar eine Möglichkeit... »Versuch es mit diesen Dingen so zu halten«, sagte ich. »Wenn du etwas aus dem Fernsehen kennst, kannst du es nehmen. Wenn nicht, dann rühr es nicht an.«
Ich schüttelte über mich selbst den Kopf. Ich, die ich Werbung immer kritisiert und erklärt hatte, daß sie mit falschen Versprechungen Bedürfnisse stimulierte, befürwortete sie jetzt.
Zum Thema Geld gab ich ihm den Rat: »Nimm so wenig wie möglich mit in die Schule. Nur soviel, wie du für das Mittagessen brauchst. Und wenn du kannst, besorg dir statt dessen Essenbons.«
Sex. Wir hatten oft über Masturbation gesprochen. Sie war ein nicht unerheblicher Teil unserer Realität, und wenigstens davon wußten unsere Kinder wahrscheinlich mehr als die der 24. Städtischen Schule. Hier lautete mein Rat: Tu es, wenn du allein bist. Nicht in der Öffentlichkeit. Ich verzichtete darauf, Themen wie Geschlechtsverkehr, Homosexualität und Vergewaltigung aufzugreifen. Brian würde vermutlich mit all diesen Dingen und noch anderen konfrontiert werden, aber für unseren Intensivkurs erschien es mir zuviel. Ich würde jede auftauchende Frage beantworten und im übrigen dafür sorgen, daß Brian wußte, wo er Bernie Sorrino finden konnte.
Waffen. Versuch dich nicht zur Wehr zu setzen, wenn jemand ein Messer, eine Pistole, eine Rasierklinge, eine abgebrochene Flasche hat. Solche Typen denken nicht logisch. Verhalt dich ruhig und gib ihnen alles, was du bei dir hast. Geh möglichst nie allein durch die Straßen.
Allein. Das war das schwerwiegendste Problem. Brian würde allein sein. Die meisten unserer Kinder waren außerhalb der Schule immer allein. Sie waren keineswegs von Natur aus Einzelgänger; sie hätten nur zu gern mit den Kindern aus der Nachbarschaft gespielt – aber ganz gleich, wie gut sie sich entwickelten, sie waren immer noch ein wenig »anders«, und die Kinder in ihrer Umgebung mieden nach guter amerikanischer Art alles, was anders war.

Es war an der Zeit, die 24. Städtische Schule einmal zu besuchen. Ich hatte meinen kleinen Vorrat an Ratschlägen erschöpft. Ich hatte beim Spiel betrogen und verlangt, daß Brian mich dabei ertappen und protestieren sollte. Ich hatte ihm beim Essen zu kleine Portio-

nen vorgelegt, ihn übergangen, wenn er an der Reihe war, und ihn dazu gezwungen, auf seinem Recht zu bestehen. Ich hatte ihn bemogelt, beschwindelt, provoziert – und er hatte es überstanden. Jetzt wollte ich mir die Schule ansehen.
Der Märzwind fegte Zeitungsfetzen und allen möglichen Unrat über die Straßen, als ich frühmorgens ankam. Die Stadt war größer, als ich sie mir vorgestellt hatte – das meiste alt, manches schön. Vollendet geformte Kirchtürme erhoben sich ganz unerwartet neben schmutzigen Mietskasernen und schäbigen Warenhäusern.
Die Schule stand auf einem freien, ebenen Gelände gegenüber einem leeren Lagerhaus. Ich stellte meinen Wagen auf dem Lagerhausparkplatz ab und versuchte über Bierdosen und zerbrochene Flaschen hinweg auf die andere Straßenseite zu gelangen. Das Gebäude sah aus, als hätte man es für ein Fest über und über mit bunten Stoffbahnen geschmückt. Beim Näherkommen entdeckte ich, daß es sich bei diesen Farbtupfen nicht um Dekorationen, sondern um Kinder handelte, die in den Fenstern hingen; sie pfiffen und schrien, analysierten jeden Zentimeter meiner Anatomie und hatten bei jedem Schritt, den ich tat, etwas zu sagen. Ich blickte hoch, winkte ihnen zu, und das Geschrei verebbte ein wenig. Plötzlich ertönte ein schrilles Klingelzeichen; die Gestalten zogen sich sofort zurück, Fenster wurden zugeschlagen, und es herrschte absolute Stille, als ich die Betonstufen hinaufstieg.
An der Eingangstür war ein Schild: *Besucher im Büro anmelden. Ohne Passierschein kein Zutritt.*
Bedrückt starrte ich darauf. Das war doch eine Schule? Sie wirkte eher wie ein Gefängnis.
Die vertrocknete, säuerlich dreinblickende Sekretärin, die im Büro saß, würdigte mich keines Wortes und deutete nur auf einen Anmeldeblock. Ich füllte das Formular aus. Sie las es widerwillig, telefonierte und stellte mir endlich einen Passierschein für das Zimmer Nummer 342 aus.
Aufsichtspersonal bewachte jede Treppe. Die Korridore waren fensterlos, die Türen der Klassenräume fest verschlossen. Du lieber Himmel, dachte ich, Sie müssen auch noch einiges lernen, Bernie.
Das war unfair. Ich konnte Bernie Sorrino nicht für das gesamte städtische Schulwesen verantwortlich machen; sein Aufgabenbereich waren die Sonderschulen. Und Nummer 342 war eine Spezialklasse.
»Die Kinder dort«, hatte mir Bernie erklärt, »passen nirgendwo rich-

tig hin. Ihre eigenen Voraussetzungen sind aber auch so unterschiedlich, daß man keinen Namen für sie findet. Man kann sie nicht in eine Klasse für retardierte Kinder schicken, man kann sie nicht in das Kurssystem eingliedern, wo sie für jedes Fach einen anderen Raum aufsuchen müßten. Also fassen wir sie zusammen, geben ihnen den gesamten Unterricht in einem Klassenzimmer und hoffen, daß sie überleben. Was ist, Herzchen? Das gefällt Ihnen nicht? Es ist noch das Beste, was wir zu bieten haben.«

Bernies Worte gingen mir im Kopf herum, als ich zaudernd vor Zimmer 342 stehenblieb, von dem Bewacher auf der Treppe mißtrauisch beäugt. Es gab jetzt kein Zurück mehr. Ich holte tief Atem und öffnete die Tür, auf das Schlimmste gefaßt. Meine Überraschung hätte nicht größer sein können.

In dem sonnigen Zimmer gab es ungefähr ein Dutzend Kinder. Einige Pulte waren zusammengerückt. Die Kinder drängten sich im Hintergrund des Raumes vor einem Spielkaufladen. Sie beachteten mich kaum, waren vollkommen damit beschäftigt, Einkaufslisten durchzusehen, Waren zu verlangen, zu stapeln, einzupacken, zu bezahlen oder Geld herauszugeben.

Eine junge Frau mit einem breiten Lächeln und einer runden Brille saß auf einer Fensterbank und beaufsichtigte das Ganze. »Kommen Sie herein. Sie sind sicher Mary MacCracken. Bernie hat Sie schon angekündigt. Ich bin Katie Moresco. Meinen Sie, Sie ertragen den Lärm?«

Ich hätte alles ertragen. Ich war so froh darüber, daß man ihr diese Klasse anvertraut hatte. Ich blieb den ganzen Morgen und war ungeheuer beeindruckt von ihrer menschlichen Wärme, ihrer Tüchtigkeit und ihrer Art, mit den Kindern umzugehen. Die Bücher und das übrige Lehrmaterial waren abgenutzt und schäbig, doch zumindest hieß das, daß sie gebraucht wurden. Die Kinder waren zwischen zwölf und vierzehn Jahre alt; ungefähr die Hälfte waren Farbige. Einige der jungen Gesichter spiegelten Zorn oder eine müde Gleichgültigkeit wider. Ihre Kleider waren abgerissen, ihre Hände schmutzig, aber ich sah kein Anzeichen für Retardation und, zumindest an diesem Morgen, keine extremen Verhaltensweisen.

Als die Mittagspause kam, stellten sie sich vor der Tür in einer Reihe auf und gingen dann in den Speisesaal.

Ich wandte mich Katie Moresco zu. »Brian hat Glück. Das ist bestimmt genau das Richtige für ihn.«

Sie hörte mich kaum. »Die Sterblichkeitsziffer in diesem Speisesaal

ist hoch. Es ist gut, daß Sie uns am Morgen besucht haben; nachmittags laufen hier massenweise Verwundete herum. Irgendwer kommt immer leicht beschädigt zurück: mit einer blutigen Nase, einer geplatzten Lippe, einem gebrochenen Arm. Und wissen Sie, wem man die Schuld an alledem gibt? Meinen Kindern! Alles wird den ›Spezialklassen‹ angelastet – nicht nur den Kindern, sondern auch den Lehrern. Manchmal könnte ich diese Leute hier umbringen, wirklich. Es versteht sich, daß sie geflissentlich wegschauen, wenn die anderen Schüler meine Kinder zusammenschlagen. Letztes Jahr war ich schließlich so wütend, daß ich jeden Tag da unten mit ihnen aß. Dieses Jahr meine ich aber, daß sie irgendwann einmal lernen müssen, in einem Dschungel zu leben.«
Sie holte aus ihrer Schublade ein Sandwich. »Kommen Sie mit ins Lehrerzimmer und trinken Sie eine Tasse Kaffee zu Ihrem Brot.«
Ich hatte mir nichts mitgebracht, hatte nicht einmal daran gedacht, weil ich an unseren Eintopf gewöhnt war. Aber ich mochte Katie Moresco und wollte mich noch eine Weile mit ihr unterhalten. »Haben Sie Lust, irgendwo ein paar Hamburger mit mir zu essen?«
Katie warf ihr Sandwich ohne eine Sekunde zu zögern in den Papierkorb. »Phantastisch. Gehen wir.«
Pikante Soße, Ketchup, Senf – Katie ließ nichts aus, klappte dann ihr Brötchen zu und grinste mich an. »Danke. Diese Schule ist so anheimelnd wie eine Gruft. Ich mag meine Kinder, aber alles andere dort find' ich schauerlich«, sagte sie. »Hören Sie, wie ist dieser Brian? Meinen Sie, er wird in die Klasse passen?«
Ich beschrieb unsere Schule und Brian so ausführlich ich konnte. Katie hörte aufmerksam zu und unterbrach mich von Zeit zu Zeit, um eine Frage zu stellen oder einen Punkt etwas genauer zu erforschen.
»Schön«, meinte sie schließlich. »Nach dem, was Sie da erzählen, sollte es eigentlich gutgehen. Im Lesen dürfte er so ungefähr den Stand von Joe haben; Mathematik kann er mit Trixie machen; und auf der persönlichen Ebene – na ja, wir werden sehen.«
Ich setzte Katie nach dem Lunch vor der Schule ab. »Vielen Dank. In ein paar Wochen bringe ich Ihnen Brian einmal, wenn Ihnen das recht ist. Sie sind doch im nächsten Herbst noch da?« Ich wollte die Gewißheit haben, weil ich erkannt hatte, wie wichtig sie für Brians Eingewöhnung war.
Katie beugte sich zum Wagenfenster herunter. »Ja. Natürlich. Es sei denn, ich hätte das Glück, ein Kind zu bekommen. Aber erschrecken

Sie nicht. Ich versuche schon seit fünf Jahren, schwanger zu werden; es ist also sehr unwahrscheinlich, daß ich es in diesem Sommer schaffe. Bis bald.«
Sie richtete sich auf, zögerte und beugte sich noch einmal zu mir herunter.
»Übrigens – was Brians Kontakt mit den anderen Kindern angeht –, ich dachte gerade, vielleicht könnte man da ein bißchen nachhelfen... Wo wohnt er denn, in was für einem Viertel? Ich meine, mit welchem Bus wird er fahren?«
Ihre Frage traf mich wie ein Schlag. Bus? Mit Mühe und Not brachte ich heraus: »Pine Street. Pine Street, 187. Mit den Stadtvierteln hier kenne ich mich überhaupt nicht aus.«
Die Schulklingel schrillte, und Katie trat winkend ein paar Schritte zurück, als ich abfuhr.
Brian. Mein Gott, er würde natürlich Autobusse benutzen. Die schönen, behüteten Zeiten des Taxis waren vorbei. Brian mußte lernen, Bus zu fahren.

Am nächsten Tag saßen die vier Kinder und ich unter dem Schutzdach der Bushaltestelle im Zentrum unserer kleinen Stadt. Wir hatten uns auf die letzte Bank zurückgezogen, und die Kinder betrachteten stumm die Grünflächen und Bäume des gegenüberliegenden Parks. Ich wußte, daß sie viel lieber dort drüben gewesen wären, wo sie niemand mit neugierigen und manchmal sogar feindseligen Augen angestarrt hätte. Was das betraf, so ging es mir nicht anders.
»Jetzt hört einmal her«, sagte ich so ruhig ich konnte. »Das ist gar keine große Sache. Wir haben es ja schon in der Schule besprochen. Wir nehmen den Bus nach Gendale, steigen aus, machen einen Rundgang durch die Stadt, fahren zurück. Ich werde für Hannah, Jamie, Rufus und mich bezahlen. Brian, du hast Geld von mir bekommen; du kaufst dir deinen Fahrschein selbst.«
Brian nickte, und alles schwieg. Rufus war der einzige, der je einen Bus von innen gesehen hatte. Das war über ein Jahr her, und seiner Schwester war es während der Fahrt schlecht geworden.
Ich schaute auf meine Uhr. Der Bus hatte schon fünf Minuten Verspätung, und um uns herum begannen sich die Leute zu drängen. Die Spannung teilte sich Jamie mit, und er stellte sich vor die Bank, setzte einen Fuß vor den anderen und begann sich hin und her zu wiegen. Ein Dutzend Augenpaare starrten ihn an. Ich stand auf, um ihn gegen die neugierigen Blicke ein wenig abzuschirmen.

Doch als der Bus kam, vergaßen die Leute Jamie und hasteten hinaus, um möglichst die ersten in der Reihe zu sein, obwohl der Bus völlig leer war. Ich schob Rufus, Hannah und Jamie vor mir her, und Brian folgte mir so dicht auf den Fersen, daß er mich zweimal trat. Ich löste unsere Fahrscheine, und als ich durch den Mittelgang nach hinten ging, bekam es Brian mit der Angst zu tun und lief uns nach.
»Da, Mary, zahlen Sie, zahlen Sie.« Er drückte mir sein Geldstück in die Hand.
Der Fahrer schrie: »Komm sofort her, Bürschchen. Ich hab' genau gesehen, wie du dich vorbeigedrückt hast.«
Ich drehte Brian herum und begleitete ihn zurück.
»Gib ihm das Geld, Brian.«
Sehr vorsichtig, damit er bloß nicht seine Finger berühre, ließ Brian die Münze in die Hand des Fahrers gleiten.
Der Mann starrte mich finster an. »Was ist los, Lady? Werden Sie nicht mit Ihren Kindern fertig? Die werden ja auch jedes Jahr schlimmer. Man darf sie keinen Moment aus den Augen lassen; sie beklauen einen, wo sie können.«
Ich fand keine Zeit für eine Antwort. Jamie schlingerte im Gang hin und her. Hannah hatte ihr kurzes Haar zu kleinen Zotteln zusammengezwirbelt, während sie auf den Bus wartete, und jetzt zupfte sie daran und stöhnte, auf einem Sitz kniend, den Kopf gegen das Polster gedrückt. Rufus harrte mit unglücklicher Miene neben ihr aus.
Ich schickte Brian und Jamie schon einmal nach hinten, nahm im Vorbeigehen Rufus und Hannah mit, und endlich waren wir alle untergebracht. Zwei Frauen standen auf und suchten sich anderswo Plätze. Wie Parias saßen wir da im rückwärtigen Teil des Busses.
Die Fahrt als solche verlief ereignislos, machte aber niemandem von uns Freude. Auch der Spaziergang durch Glendale war trist. Normalerweise besahen sich die Kinder so gerne Schaufenster, doch jetzt starrten sie völlig gleichgültig auf die Auslagen. Es hatte keinen Sinn, ihnen – was ich an sich vorgehabt hatte – ein Eis zu kaufen.
Wir nahmen den nächsten Bus zurück. Der unangenehme Ausflug hatte den gesamten Nachmittag beansprucht. Irgendwie schien mir das Ganze nicht der Mühe wert.
Dennoch wiederholten wir das Experiment in der darauffolgenden Woche gleich zweimal. Allmählich besserte sich einiges. Der Fahrer und verschiedene Fahrgäste erkannten uns wieder, und manchmal lächelte uns sogar jemand an.

In der nächsten Woche gab ich Brian statt des abgezählten Fahrpreises einen Dollar. Als er auf das Wechselgeld wartete, sagte der Fahrer zu ihm: »So ist's richtig. Aber zähl mal lieber nach. Könnt' ja sein, daß ich dich betrogen hab'. Ha-ha.«
Brian begann natürlich sofort das Wechselgeld zu zählen: fünfzig, fünfundsiebzig, fünfundachtzig, neunzig, ein Dollar. Sowohl der Fahrer als auch die Fahrgäste hinter ihm warteten geduldig, bis er fertig war.

Am ersten sonnigen Apriltag setzte ich Brian allein in den Bus. Wir brachten ihn hin, warteten zusammen, aber einsteigen würde nur Brian.
Als der Bus kam, sah ich ein wenig bestürzt, daß ausgerechnet an diesem Tag ein anderer Fahrer Dienst tat.
»Ich möcht' nicht fahren, Mary«, sagte Brian. »Nicht heute. Vielleicht morgen.«
»Beeil dich«, war alles, was ich darauf entgegnete. »Du hast keine Zeit mehr zu verlieren.«
Brian bezahlte, suchte sich einen Fensterplatz und drückte sein kummervolles, spitzes Gesicht gegen die Scheibe. Rufus, Hannah und Jamie winkten ihm vergnügt und munter zu; sie waren heilfroh, daß sie nicht mitfahren mußten.
Als der Bus fort war, stiegen wir in meinen Wagen, und ich beeilte mich ein bißchen, um so schnell wie möglich nach Glendale zu kommen, damit uns Brian bei seiner Ankunft bereits vorfände. Wir schafften es auch rechtzeitig und konnten ihn, als er aus dem Bus kletterte, gleich in Empfang nehmen. Tränen liefen ihm über die Wangen.
»Was ist denn, Brian?«
»Sie war schrecklich. Diese Frau neben mir war böse und schrecklich, und sie hatte einen schwarzen Schirm. Es regnet doch gar nicht. Der Schirm könnte ein Besen gewesen sein. Ein zusammengeklappter Besen.«
»Das ist lächerlich, Brian. Wenn jemand schrecklich ist, dann schau einfach nicht hin oder wechsle den Platz. Du machst es schon sehr gut.«
Und am nächsten Tag setzte ich ihn wieder in den Bus.
Nachts vor dem Einschlafen schaute sein blasses, bekümmertes Gesicht aus dem Busfenster auf mich herunter, und ich hätte ihn nur allzugern zu uns in den Wagen zurückgeholt, wo er sich glücklich

und geborgen fühlte. Doch ich brachte ihn immer wieder zum Autobus und holte ihn an der Endhaltestelle ab. Zumindest wickelte sich das ganze schneller ab; wenn wir uns beim Mittagessen beeilten, konnten wir hin- und zurückkommen, ohne daß der Unterricht darunter litt.

In der darauffolgenden Woche fragte Rufus, ob er Brian begleiten dürfe. Warum nicht? Brian bezahlte Rufus sogar die Fahrt. Sie saßen lächelnd nebeneinander, als der Bus abfuhr.

Eine Woche später wollte auch Hannah mitfahren. Bei ihr zögerte ich ein bißchen. Rufus war alles andere als gewandt, konnte sich aber zehnmal besser unter Menschen bewegen als Hannah. Doch Brian war begeistert, und letzten Endes war es das, worum es bei alledem ging: Brian sollte Gefallen an den Busfahrten finden. Also willigte ich schließlich ein, und die beiden Jungen und Hannah planten ihre Fahrt sehr sorgfältig und wählten den Freitag dafür.

Das Ereignis sollte gebührend gefeiert werden. Wir würden uns nicht damit begnügen, Eiswaffeln zu kaufen. Wir würden uns in die Eisdiele setzen und richtiges Ice-cream-Soda trinken.

Alle drei hatten sich für den Freitag stadtfein gemacht. Brian trug sein blaukariertes Hemd und den blauen Sweater, Rufus sein bestes Sporthemd, und Hannah hatte ihr Matrosenkleid und blankpolierte schwarze Schuhe an und war obendrein mit einer großen schwarzen Handtasche ausgerüstet, so wie sie ihre Mutter immer bei sich hatte. Offenbar war im Rosnicschen Haushalt selbst die kleinste Ortsveränderung mit dem Tragen von Handtaschen verbunden.

Jamie und ich schauten zu, wie sie einstiegen und hinten drei Plätze nebeneinander fanden, und dann gingen wir etwas vereinsamt zum Wagen zurück. »Sei nicht traurig, Jamie, wir fahren hinaus zur Müllhalde, und da darfst du den Wagen ein bißchen lenken, ja?«

Die Müllhalde war im Grund nur ein verlassenes, grasbewachsenes Gelände, das von einer nicht asphaltierten Straße eingefaßt wurde. Als wir dort anlangten, hob ich Jamie auf meinen Schoß und ließ ihn das Steuerrad festhalten und auf die Hupe drücken, während wir zweimal rundherum fuhren.

Der Autobus kam gleichzeitig mit uns in Glendale an. Es war offenbar irgend etwas geschehen. Der Fahrer stellte den Motor ab, schaltete sein rotes Blinklicht ein und stieg aus. Hannah, Brian und Rufus folgten ihm. Hannahs Gesicht war tränenüberströmt; Brian hüpfte mit flatternden Armen herum; Rufus grinste.

Der Fahrer – es war der, den wir kannten – kam auf mich zu. »Also,

auf den jungen Burschen da können Sie mächtig stolz sein.« Er deutete auf Brian. »Hat einen Verbrecher gefangen.«
»Einen Verbrecher?«
»Ja, Madam, einen Dieb. Wir haben ihn noch im Bus. Zwei Männer bewachen ihn da für mich. Ich hätt' ihn sofort zur Polizei gebracht, aber ich wußte, daß Sie warten würden, und wollt' nicht, daß Sie sich Sorgen machen. Aber jetzt fahren wir gleich hin und geben ihn ab...«
Die Geschichte wurde für Rufus' Geschmack etwas zu lang. »Er hat Hannahs Handtasche geklaut...«
»Stimmt«, bestätigte der Fahrer. »Ihre Kinder, die saßen ganz friedlich auf ihren Plätzen und benahmen sich tadellos. Und an der Southroad, da halt' ich zum erstenmal...«
»Und da hat er ihr die Tasche aus der Hand gerissen!« schrie Rufus.
»Und dann...«
»Jawohl. Aber der Bursche hier« – die große Hand des Fahrers legte sich auf Brians Schulter – »der ist sofort wie der Blitz hinter dem jungen Strolch hergelaufen und an ihm vorbei und hat ihm den Weg versperrt, bis...«
»Und Brian hat ihn angebrüllt, Mary«, fuhr Rufus eifrig fort. »›Her mit der Tasche!‹ hat er geschrien, und dann wollte der Kerl an ihm vorbeischlüpfen, aber Brian hat ihn nicht gelassen. Er hat es ihm richtig gegeben. Er hat ihm ein Bein gestellt, und der Kerl ist hingefallen, und dann ist der Fahrer aufgestanden und hat ihn gepackt.«
Hannah lächelte inmitten all der Tränenspuren und hielt die schwarze Tasche hoch. »Fahrer ihn packen, und dann Bri-an meine Tasche nehmen. Sie mir zurückbringen. War echtes Geld drin.«
Wenn ich die nüchternen Fakten betrachtete, war Brian lediglich dem Handtaschendieb nachgerannt, hatte ihm ein Bein gestellt und, nachdem ihn der Busfahrer überwältigt hatte, Hannahs Tasche zurückgebracht. Dennoch wäre das für einen Zwölfjährigen schon eine anerkennenswerte Tat gewesen, und für Brian war es eine großartige, glanzvolle Begebenheit. Das Phantastische war, daß es die anderen Kinder instinktiv spürten. Sie rühmten ihn, hoben seinen Mut in den Himmel und erkannten vor allem, was der Vorfall für ihn bedeutet hatte.
Brian stand jetzt ruhig da, die Hände in die Taschen versenkt. Er sagte nichts. Er brauchte es auch nicht. Er war ein Held.

Achtzehntes Kapitel

Am Samstag morgen erhielt ich zusammen mit einigen Rechnungen einen Brief vom Schulvorstand. Ich lehnte ihn gegen die Vase mit gelben Narzissen und betrachtete ihn, während ich meinen Orangensaft trank. Ich war immer weniger erpicht darauf, diese Schreiben des Vorstands zu lesen.
Als ich bei meiner zweiten Tasse Kaffee angelangt war, öffnete ich ihn dann. Er war unpersönlich, »An alle Angehörigen des Lehrkörpers« gerichtet und von Jean Huntington unterzeichnet.
Er enthielt nur zwei Absätze. Im ersten wurden die Lehrkräfte ersucht, jeweils zwei Fotokopien ihrer Lehrbefähigung und ihrer Zwischen- und Abschlußzeugnisse zu schicken. In dem anderen stand, eine Kopie müsse bei den Behörden vorgelegt werden und eine verbleibe beim Vorstand. Jean Huntington bedankte sich für unsere Mühe.
Ich hatte weder eine Lehrbefähigung noch Zwischen- und Abschlußzeugnisse vorzuweisen. Ich konnte lediglich die Punkte angeben, die ich vor langer Zeit während meiner zwei Jahre in Wellesley erworben hatte, und ein paar Kurse in Zeitungswissenschaften und Psychologie, die ich später belegt hatte. Und ich besaß meine zwölf Pädagogik-Punkte. Ich machte eine Aufstellung von alledem und schickte sie an den Vorstand.
Eine Woche später bekam ich einen neuen zwei Absätze langen Brief, in dem mir mitgeteilt wurde, man habe »mit Bedauern« festgestellt, daß die von mir eingereichten Unterlagen »den Anforderungen nicht genügten«. Im zweiten Absatz wurde ich gebeten, den Vorstand über meine weiteren Pläne zu informieren.
Was für Pläne? Dem Satz haftete etwas Unheilvolles an, und ich brachte auch diesen Brief der Direktorin.
Sie überflog ihn nur, und es fiel mir ein, daß sie ihn natürlich schon kennen mußte. Er kam vom Vorstand, und sie gehörte dem Vorstand an.
»Was soll ich tun?« fragte ich. Sie hatte mich eingestellt, hatte mich unterwiesen, hatte mich andere Lehrerinnen unterweisen lassen. Sie war schon über vierzehn Jahre auf diesem Gebiet tätig. Sie würde bestimmt wissen, wie man die Sache anpacken mußte.
Sie zündete sich eine Zigarette an und betrachtete mich über den Rauch hinweg. »Wahrscheinlich können Sie nicht allzu viel tun, Mary. Diese staatliche Subvention ist ein Geschenk des Himmels,

aber ich fürchte, sie bedeutet auch, daß wir einige unserer besten Lehrkräfte einbüßen werden.«
Einbüßen. Wovon redete sie überhaupt? Ich hatte nicht die Absicht, eingebüßt zu werden. Ich war Lehrerin, eine erfahrene, fähige Lehrerin. Sie wußte es. Ich wußte es. Ich wollte selbstverständlich weiter unterrichten; die Frage war nur, wie ich es erreichen konnte.
»Schauen Sie«, sagte ich. »Was ich herausfinden möchte, ist, wie ich an ein Papier herankomme, das den Vorstand zufriedenstellt. Ich versuche diese Kurse so schnell wie möglich hinter mich zu bringen, aber ich brauche eine einstweilige Lehrerlaubnis, bis ich mein Examen habe.«
Die Direktorin stand auf; es war offensichtlich, daß sie das Gespräch beenden wollte. »Nun, viel Glück«, meinte sie. »Ich hoffe, Sie schaffen es.« Noch eine vage, verabschiedende Geste mit der Hand – dann nahm sie den Telefonhörer auf.
Ich begriff endlich. Die Direktorin würde mir nicht helfen. Sie mochte mich vielleicht, hielt mich vielleicht auch für eine gute Lehrerin, aber sie würde sich nicht für mich einsetzen. Ihr Traum, ihr »unmöglicher Traum« von einer eigenen Schule war der Verwirklichung nahe. Sie würde ihn nicht wegen einer einzigen Lehrerin gefährden. Gute Lehrkräfte kamen und gingen im Leben einer Frau wie der Direktorin, doch es gab nur eine Schule. Ich machte ihr keinen Vorwurf. Die Schule war ihr Leben. Sie hatte jahrelang ihre ganze Kraft, ihr Geld, ihre gesamte Energie darangesetzt, diese Schule zu erhalten. Jetzt endlich war ihr die Schule fast sicher. Meine Probleme mußten ihr völlig belanglos vorkommen.
»Wie ist es gegangen?« fragte Patty, als ich etwas verspätet zum Spielkreis kam.
Ich schüttelte den Kopf. »Nicht besonders gut. Ich muß mir etwas anderes überlegen. Vielleicht spreche ich nach der Schule einmal mit Bernie Sorrino.«

Es war heiß in Bernies Büro, und er hatte den Ventilator in Betrieb.
»Setzen Sie sich«, sagte er. »Wie soll der Juni bloß werden, wenn schon im Mai eine solche Backofenhitze ist? Was kann ich für Sie tun, mein Herzchen?«
Ich zeigte ihm die Briefe des Vorstands. Er las sie aufmerksam und gab sie mir dann zurück.
»Was sagt die alte Dame dazu, Ihre Direktorin?«
»Sie wünscht mir viel Glück.«

»Ja, das war zu erwarten. Nur brauchen Sie leider etwas mehr als Glück. Wenn sie bereit wäre, für Sie einzutreten, könnten Sie vielleicht mit Ihrer Idee durchkommen. Es ist immerhin eine Privatschule, und die haben wesentlich mehr Bewegungsfreiheit als wir. Ich würde Ihnen sofort einen Job geben, wenn ich könnte, das wissen Sie. Andererseits muß die Direktorin wegen der Subventionen damit rechnen, daß man sich ihre Schule ziemlich genau anschaut. Wahrscheinlich möchte sie nichts riskieren.«
»Hören Sie, Bernie. Das Ganze ist einfach widersinnig. Ich belege diese Kurse, ich lerne nicht viel dabei, aber ich belege sie, und meine Noten sind gut. Ich bin jetzt sechs Jahre an unserer Schule – und seit fünf Jahren als festangestellte, bezahlte Lehrkraft. Mir gefällt meine Arbeit. Ich möchte weiter unterrichten. Der Staat muß doch Wert auf erfahrene Lehrer legen, die ihren Beruf gerne ausüben. Oder irre ich mich?«
»Jawohl, Sie irren sich. Den Staat interessiert nur, daß die Sache auf dem Papier gut ausschaut – alles andere ist ihm völlig egal.«
Meine Frustration wuchs. »Also gut. Ich werde mir ein Papier besorgen. Wohin muß ich mich wenden? Was muß ich tun?«
Bernie wischte sich über die Stirn. »Sie können kein Papier bekommen. Nicht ohne irgendeinen Titel. Vielleicht würde es sogar genügen, wenn Sie eine abgeschlossene Ausbildung im Tapezieren vorzuweisen hätten, um eine einstweilige Unterrichtserlaubnis bis zur Beendigung Ihres Pädagogikstudiums zu erreichen. Aber so haben Sie keine Chance.«
Ich stand auf. »Vielen Dank, Bernie. Es war nett von Ihnen, daß Sie sich die Zeit für dieses Gespräch genommen haben. Ich weiß, wie überlastet Sie sind. Sie irren sich nur in einem Punkt. Es gibt immer eine Chance.«
Bernie stand ebenfalls auf und zündete sich kopfschüttelnd eine Zigarre an. »Nehmen Sie sich die Sache nicht allzu sehr zu Herzen. Das ist sie nicht wert. Sagen Sie, warum heiraten Sie eigentlich nicht wieder?«
Ich blieb an der Tür seines Büros stehen. »Soll das etwa ein Antrag sein?«
»Gott behüte«, entgegnete er mit gespielter Entrüstung. »Bigamie. Und zu so was wollen Sie mich verleiten. Und meinen Heiligenschein ruinieren.« Dann wurde sein Gesicht wieder ernst. »Halten Sie mich auf dem laufenden. Ich möchte wissen, was geschieht.«
»Ja«, sagte ich. »Das werde ich tun. Und nochmals vielen Dank.«

Neunzehntes Kapitel

»Mach deinen Mund auf, Kleines. Laß mich mal hineinschauen.«
Hannah öffnete langsam den Mund. Die vorderen Zähne sahen tadellos aus, aber alle anderen waren in einem trostlosen Zustand – verfärbt, abgebrochen oder von Karies zerfressen.
»Tut das weh?«
Hannah schüttelte den Kopf. »Uh-uh...« machte sie um meinen Finger herum. Dann stieß sie ihn mit der Zunge fort und sagte: »Ich nicht gehen Zahndoktor.«
»Na, das ist wohl das Albernste, was du je von dir gegeben hast. Deine Zähne müssen in Ordnung gebracht werden, und der Zahnarzt kann das.«
Hannah schüttelte wieder den Kopf. »Zahndoktor böse. Carl weh tun. Mama nicht auf Stuhl sitzen lassen mit mir. Ich Zahndoktor beißen. Ich ihn hassen.«
»Um Himmels willen, was soll denn das heißen? Wie kann der Zahnarzt deine Zähne richten, wenn deine Mutter im Stuhl sitzt? Wie kann er etwas an deinen Zähnen tun, wenn du ihn beißt?« Jetzt schüttelte ich den Kopf.
Mrs. Rosnic hatte mit der Schule telefoniert und mir ausrichten lassen, ich solle sie sobald wie möglich zurückrufen. Als ich das tat, erklärte sie mir, daß sich Hannah weigere, zum Zahnarzt zu gehen, und bat mich, mir Hannahs Zähne anzuschauen.
Mrs. Rosnic hatte recht. Es war Eile geboten. Ich hatte noch nie so schlechte Zähne gesehen. Ich seufzte, bedauerte, daß ich mich nicht schon früher darum gekümmert hatte, und beklagte wieder einmal die Tatsache, daß wir keinen Schularzt hatten oder zumindest jemanden, der ab und zu Routineuntersuchungen durchgeführt hätte.
Es gab immer so viel zu tun und nie genug Zeit, um alles zu erledigen. Ich fühlte mich matt, ein bißchen erschöpft, wußte aber, daß dieses Unbehagen zum Teil auch daher rührte, daß ich dem Vorstand noch nicht geantwortet hatte. Über eine Woche war schon vergangen, und ich hatte noch nichts erreichen können. Nun, was im Augenblick zählte, waren Hannahs Zähne, und nach der Schule rief ich Mrs. Rosnic an, um ihr zu sagen, daß Hannah wirklich dringend einen Zahnarzt benötigte.
Es stellte sich heraus, daß Mrs. Rosnic eigentlich einen neuen Zahnarzt von mir empfohlen haben wollte. Hannah hatte den anderen

tatsächlich gebissen, und er weigerte sich, sie noch einmal zu behandeln. Ich versprach, mit der Direktorin darüber zu reden und zu sehen, was sich machen ließe.

Zwischen der Direktorin und mir bestand neuerdings eine Förmlichkeit, die es zuvor nie gegeben hatte. Es war, als fürchtete sie, ich könnte das Thema des Briefes noch einmal anschneiden, und ginge absichtlich jeder Diskussion mit mir aus dem Wege. Wann immer sie mit mir sprach, hielt sie eine Zigarette in der Hand, und der aufsteigende Rauch war eine zusätzliche Trennwand.

Doch sie blieb stets höflich, und jetzt schlug sie mir vor, die Mutter eines Kindes anzurufen, das gerade eine umfassende Zahnbehandlung hinter sich hatte. Sowohl die Lehrerin des Kindes als auch die Mutter empfahlen mir Dr. Sullivan, einen Zahnarzt, der sich auf Kinder spezialisiert hatte. Ich informierte Mrs. Rosnic und die Direktorin und rief dann Dr. Sullivan an. Seine Sekretärin erklärte mir zuerst, für die nächste Zeit seien alle Termine vergeben, stellte aber dann fest, daß für Donnerstag, den 14. Mai, zehn Uhr dreißig, jemand abgesagt hatte.

Ich meldete Hannah an, doch als ich mit Mrs. Rosnic telefonierte, stellte sich heraus, daß sie nicht gewußt hatte, wie weit es war, daß sie sich auf Autobahnen unsicher fühlte und außerdem Großvater und Helen nicht allein lassen konnte und – nun –, daß sie eigentlich gehofft hatte, ich würde Hannah hinbringen.

Ich sprach noch einmal mit der Direktorin, und wir richteten es so ein, daß die Jungen während meiner Abwesenheit auf andere Klassen verteilt wurden. Endlich war alles geregelt. Und dann erschien Hannah am 14. Mai nicht...

Ich rief bei den Rosnics an, und Mrs. Rosnic erklärte, es tue ihr leid, aber Hannah habe wieder ihre alten Tricks angewandt – sie wollte nicht in den Bus einsteigen, sie wollte nicht in die Schule gehen.

Es war neun Uhr fünfundvierzig. Es gab keine Möglichkeit mehr, den Termin um zehn Uhr dreißig einzuhalten. Die ganze Mühe war umsonst gewesen, Dr. Sullivans Zeit vergeudet – und nur, weil Hannah ihren Kopf durchgesetzt hatte.

»Mrs. Rosnic«, sagte ich. »Ich werde mit Dr. Sullivan sprechen und mich entschuldigen und schauen, daß ich einen neuen Termin bekomme. Sagen Sie das Hannah, und sagen Sie ihr, daß wir diesen neuen Termin einhalten werden.«

»Vielleicht besser, wenn sie gar nichts weiß...?« meinte Mrs. Rosnic hoffnungsvoll.

»Nein. Sie vertraut uns, und es ist nicht fair, sie zu hintergehen. Bestellen Sie ihr, daß ich fest damit rechne, sie morgen früh in der Schule zu sehen.«

Hannah kam anderntags lustlos hereingeschlurft, warf mir einen mürrischen Blick zu und verzog sich in den Garderobenschrank. Ich beachtete sie gar nicht, und nach einer Weile konnte sie es nicht mehr aushalten und verließ ihre Zufluchtsstätte.

»Nicht gehen zu Zahndoktor«, verkündete sie klar und unmißverständlich.

»Ganz recht, Liebchen. Heute nicht. Nächste Woche.«

»Sie gemein! Ich Sie hassen! Warum ich gehen müssen? Sie nicht gehen!«

»O doch«, sagte ich. »Ich begleite dich. Und außerdem gehe ich zweimal im Jahr zu meinem Zahnarzt.«

»Zweimal im Jahr?«

»Mm-hmm. Er macht meine Zähne sauber und bringt alles in Ordnung, was in Ordnung gebracht werden muß.«

Hannah trat vor mich hin und fixierte meinen Mund. Dann streckte sie die Hand aus, ich machte den Mund auf, und sie untersuchte meine Zähne mit den Fingern.

»Was das sein?« fragte sie und strich mit dem Finger über die Zähne in meinem Unterkiefer.

»Zähne.«

»Nein. Nicht Zähne. In Zähnen drin.«

»Füllungen.«

»Füllungen«, wiederholte sie. »Silber und weiß. Es schön.«

»Danke.«

»Zweimal im Jahr?«

»Mm-hmm.«

»Das viele Male. Sie schon hundertmal gehen.«

»He, nun übertreib bloß nicht. Ich bin noch nicht so alt.«

Hannah zog ihren Finger aus meinem Mund. »Sie sitzen auf Stuhl, okay? Ich sitzen auf Ihnen.«

»Nein. So kann der Zahnarzt – er heißt übrigens Dr. Sullivan – deine Zähne nicht richten. Aber ich werde bei dir sein. Wir fahren zusammen hin und gehen zusammen hinein. Der Zahnarzt hat zwei Zimmer, zumindest mein Zahnarzt hat zwei, und du wirst in dem einen sein und ich in dem anderen. Es dauert vermutlich eine halbe Stunde, und dann fahren wir wieder zurück.«

»Vielleicht ich nicht kommen. Vielleicht daheim bleiben.«

»Wir haben Dr. Sullivan schon einmal versetzt. Wir werden es nicht noch ein zweites Mal tun. Diesmal sind wir auf elf Uhr bestellt. Wenn du nicht in der Schule erscheinst, hole ich dich.«

Der Morgen des vierzehnten Mai war sonnig und heiß, und Hannah saß direkt neben mir im Wagen und drückte mir ihren Arm in die Seite. Ich wußte, daß sie Angst hatte, und ich konnte es ihr nicht verübeln. Aber sie verhielt sich ruhig und schaute geradeaus.
Wir fanden Dr. Sullivans Praxis in einer ruhigen Nebenstraße, und Hannah setzte sich vor den Schreibtisch der Sekretärin und machte alle erforderlichen Angaben selbst, buchstabierte ihren Nachnamen, nannte ihre Adresse, ihre Telefonnummer, sogar ihr Geburtsdatum.
Bei jedem anderen Kind hätte das schon Intelligenz und Haltung bewiesen; für Hannah war es eine spektakuläre Leistung. Vor neun Monaten hatte sie noch brüllend und schreiend auf dem Boden gelegen. Jetzt, kurz vor dem gefürchteten Besuch beim Zahnarzt, saß sie gefaßt auf einem Stuhl und gab ihre persönlichen Daten an.
Dr. Sullivan kam ins Wartezimmer, begrüßte uns freundlich und bat uns in den Behandlungsraum. Er war ein kleiner, schmächtiger Mann mit einem schmalen Gesicht, schütterem Haar und müden Augen hinter einer Brille. Ich war erstaunt, daß er mich aufforderte, Hannah zu begleiten, ging aber mit und blieb dann an der Tür stehen.
Mit geschicktem Griff half er Hannah auf den Stuhl, ließ sie einmal auf- und abgleiten und fragte, ob er in ihren Mund schauen dürfe. Es lag etwas Besonderes in der Art, wie er fragte: Etwas Freundliches, Höfliches. Der Respekt, mit dem dieser unscheinbare Mann Hannah behandelte, rührte mich.
Nach ein paar Minuten kam er zu mir herüber. »Wir werden ein paar Röntgenaufnahmen machen müssen. Aber auch so kann ich Ihnen schon sagen, daß es viel zu tun gibt. Es wird eine schmerzhafte Angelegenheit; mindestens zwei Zähne, vielleicht sogar noch mehr, muß ich ziehen. Sie wird eine Narkose brauchen.«
»Gibt es keine Alternative?« fragte ich. »Wissen Sie, Hannah hat ein paar sehr schlechte Erfahrungen gemacht. Sie erscheint zwar sehr ruhig, aber es kostet sie viel Überwindung. Sie ist sehr verängstigt.«
»Die Arbeit muß unbedingt gemacht werden, auch an den Milchzähnen. Sonst wird es noch schlimmer, und die Infektionen gehen in ih-

ren ganzen Organismus über. Wird sie Lachgas nehmen? Wie steht es mit den Finanzen? Kann sich die Familie das leisten?«
»Ich denke, mit Hannah werden Sie keine Schwierigkeiten haben, zumal, wenn Sie immer so mit ihr umgehen wie heute. Und das finanzielle Problem läßt sich schon irgendwie lösen. Muß das Geld auf einmal bezahlt werden?«
»Nein, natürlich nicht. Lassen Sie mich die Röntgenaufnahmen machen, und dann kann ich Ihnen sagen, was es kosten wird. Und jetzt können Sie sich ins Wartezimmer setzen, wenn Sie wollen.«
Ich ging zu Hannah hinüber. Sie wirkte winzig und ungeheuer mutig, wie sie da in dem riesigen Sessel saß. Ich sagte ihr, daß ich im Wartezimmer sein und daß es heute nicht weh tun würde; Dr. Sullivan machte nur Fotos, um zu sehen, was getan werden mußte.
Fünfzehn Minuten später waren Hannah und Dr. Sullivan zurück. Während sich Hannah von einem samtbezogenen Tablett einen goldenen Ring mit einer Rubin-Imitation aussuchte, sprach Dr. Sullivan leise mit mir. »Ich hätte mir keine bessere Patientin wünschen können. Ich werde mit den Zähnen anfangen, die noch zu retten sind, und sie füllen, damit sie nicht schlechter werden. Aber zwei muß ich ziehen.« In seiner Stimme schwang jetzt ein wenig Zorn mit. »Warum haben Sie sie nicht früher hergebracht?«
Ich wußte, wie ihm zumute war. Ich hatte in der Schule oft ähnliche Gefühle. Warum hatte man solange gewartet? Es wäre viel leichter gewesen, wenn man früher begonnen hätte.
»Ich habe sie erst in diesem Jahr bekommen.«
»Gut. Gut. Sie hätte schon vor Jahren Behandlung gebraucht. Entschuldigen Sie. Ich wollte Ihnen nicht zu nahe treten.«
»Ich weiß«, sagte ich. »Wieviel wird es kosten?«
»Die Familie lebt in ziemlich schlechten Verhältnissen?«
»In sehr schlechten.«
»Dann wollen wir es bei hundert Dollar belassen. Einverstanden?«
»O ja. Was geschieht denn nun eigentlich das nächste Mal? Ich könnte mir vorstellen, daß es leichter für sie ist, wenn sie weiß, was sie erwartet.«
Dr. Sullivan nahm seine Brille ab und rieb sich die Augen. »Das hat mich vor Ihnen erst einmal jemand gefragt. Normalerweise überlassen die Leute alles mir.«
Ein zorniger Ausdruck erschien in seinen Augen. »Vielleicht urteile ich zu hart, aber ich sehe ja immer, wie sich die Eltern aus allem heraushalten. Sie bringen mir das Kind, und damit meinen sie alles ge-

tan zu haben, was man von ihnen verlangen kann. Jede Ausrede ist ihnen recht, um zu erreichen, daß das Kind herkommt. Oft belügen sie es sogar – und dann wundern sie sich, warum die Kinder allen Zahnärzten mißtrauen.«

Er seufzte, sein Ärger verflog, und sorgfältig, fast behutsam setzte er seine Brille wieder auf. »Schwer zu entscheiden, wie man am besten an ein Kind wie Hannah herangeht. Ich glaube, ich werde auch für die Füllungen Lachgas benutzen. Ich könnte Novocain nehmen, aber diese große Nadel erschreckt jedes Kind, und Hannah hat vermutlich schon viel zuviel Angst kennengelernt. Sagen Sie ihr... warten Sie. Kommen Sie noch einmal mit hinein. Ich werde es ihr zeigen; das ist besser.«

Das Wartezimmer war jetzt vollbesetzt mit Müttern und Kindern, und zwei der Kinder weinten. Hannah thronte auf einem Lederstuhl, die Hände im Schoß, und betrachtete ihren neuen Ring, und wieder empfand ich Stolz, weil sie so viel Haltung zeigte.

»Hannah, wir sind für heute fertig. Dr. Sullivan sagt, du warst eine großartige Patientin, eine der besten, die er je gehabt hat. Wenn du möchtest, können wir jetzt noch einmal hineingehen; er will dir nämlich etwas zeigen, damit du weißt, was nächstes Mal gemacht wird.«

Hannah rutschte von ihrem Stuhl herunter und schob ihre Hand in die meine. Im Behandlungsraum betrachteten wir die Maske, die Dr. Sullivan in der Hand hielt.

»Schlafmedizin?« fragte Hannah. War es möglich, daß sie sich noch an diese Operation erinnerte, die sie als Baby erlebt hatte?

»Nein, damit schläft man nicht richtig. Man hat nur Träume. Träumst du manchmal?«

Hannah nickte. »Immer. Träumen von Mäusen. Von blauer Fee. Träumen immer.«

Dr. Sullivan legte sich die Maske an. Er sah lächerlich aus, weil er seine Brille darunter trug und nun einen seltsam glasäugigen Blick hatte. Aber ich hätte ihn am liebsten umarmt. Hannah war ihm wichtiger als er selbst oder sein Äußeres.

»Jetzt denkst du dir den besten Traum aus, den du dir vorstellen kannst, Hannah, und nächste Woche, während ich deine Zähne richte, wollen wir schauen, ob wir ihn für dich finden können.«

Auf der ganzen Heimfahrt drehte Hannah den Rubinring an ihrem Finger hin und her. Schließlich sagte sie: »Er nett, dieser Zahndoktor. Ich ihn nicht beißen.«

Die anderen beiden Besuche waren unangenehmer, aber jedesmal, wenn Hannah und Dr. Sullivan ins Wartezimmer zurückkehrten, hatte er den Arm um sie gelegt.
Schließlich sagte er zu mir: »So, mit den Füllungen wären wir fertig. Nächstes Mal werde ich die beiden Zähne ziehen.« Er senkte die Stimme. »Es kann schlimm werden. Einer der Zähne ist so weit hinüber, daß ich nicht weiß, wie ich ihn überhaupt mit der Zange fassen soll. Ich werde mein Bestes tun.«
Ich nickte, froh darüber, daß Hannah wenigstens in guten, fähigen Händen war, wenn sie das schon durchstehen mußte.
»Ich habe mit Mrs. Rosnic wegen des Geldes gesprochen«, sagte ich. »Wären Sie damit einverstanden, daß sie Ihnen zwei Dollar wöchentlich überweist?«
Er zögerte, und ich fügte schnell hinzu: »Wenn es Ihnen lieber ist, kann ich Ihnen auch jetzt einen Scheck geben, und sie schickt das Geld dann in die Schule.«
Seine Stimme klang heftig. »Seien Sie nicht albern. Das ist es nicht. Es ist nur... jede Woche zwei Dollar überweisen zu müssen. Das Leben ist für manche Leute so schwer. Es sollte doch eigentlich eine angenehmere Art zu leben geben.«

Hannah war bereits siebenundvierzig Minuten im Behandlungsraum. Ich hatte in allen Zeitschriften geblättert, und jetzt trat ich an das Fenster des überfüllten Wartezimmers. Die anderen Kinder und ihre Mütter nahm ich kaum wahr. Es konnte doch nicht so lange dauern – zwei Zähne!
Wie lange kann man an einem Zahn ziehen?
Dr. Sullivan legte mir die Hand auf den Rücken, und ich fuhr erschrocken herum.
»Es geht ihr gut«, sagte er sofort. »Sie ist nur noch ein bißchen benommen. Ich mußte ihr eine ziemlich starke Dosis geben, aber am Ende bekam ich die zwei Dinger doch heraus. Hier.«
Er gab mir ein mit einer klaren Flüssigkeit gefülltes Fläschchen, in der zwei Zähne lagen, vielmehr ein Zahn und Stücke eines anderen.
»Sie soll sich alle paar Stunden den Mund mit warmem Salzwasser ausspülen. Wenn sie große Schmerzen hat, zerdrücken Sie eine dieser Tabletten und vermischen Sie sie mit etwas Zucker und Wasser. Rufen Sie mich an, falls irgendein Problem auftreten sollte; und dann müssen Sie sie mir noch einmal zum Nachschauen bringen.«

Wir gingen zusammen in den Untersuchungsraum, wo Hannah mit geschlossenen Augen auf dem großen Stuhl lag.

»Tut mir leid, daß ihr Kleid etwas abbekommen hat...« Dr. Sullivan strich über ein paar dunkelrote Blutflecken.

Als er sie berührte, schlug Hannah die Augen auf.

»Hannah«, sagte er, »du warst sehr tapfer. Jetzt ist alles vorbei, und ich werde dir so etwas nicht mehr antun. Möchtest du noch einen Ring?«

Hannah schüttelte den Kopf. Einer genügte ihr. Sie trug den Rubinring jeden Tag; die Haut darunter war schon ganz grün.

»Ich habe ihr Zellstoff in den Mund gesteckt; sie kann also nicht viel sprechen. Nehmen Sie das Zeug in etwa einer Stunde heraus, und anschließend soll sie sich den Mund gründlich ausspülen.«

Ich hielt Hannah meine Hand hin, und sie nahm sie und folgte mir zur Tür. Dann drehte ich mich um und verabschiedete mich von Dr. Sullivan. »Ich danke Ihnen.«

»Ja, also, vergessen Sie nicht, sie jetzt regelmäßig herzubringen.« Er streichelte Hannahs Schulter. »Du warst wirklich sehr lieb. Das liebste Mädchen, das ich je gehabt habe.«

Während der ganzen Heimfahrt döste Hannah neben mir, den Kopf an meiner Schulter. Ich fuhr so vorsichtig, wie ich nur konnte, und immer wieder gingen mir die Worte im Kopf herum: »Das liebste Mädchen, das liebste Mädchen, das liebste Mädchen, das ich...«

Wir waren schon fast bei unserer Schule angelangt, als ich mich anders besann. Ich wendete und fuhr zu meiner Wohnung. Hannah schlief noch immer.

Benommen und schwankend stieg sie aus und lehnte sich an mich, als ich die Wohnungstür aufsperrte. Jetzt noch die mit gelbem Spannteppich überzogenen Stufen hinauf, zur Couch im Wohnzimmer... Ich setzte mich, legte die Füße auf den Teetisch, und Hannah kuschelte sich neben mir in die Polster.

Mein Herz klopfte heftig. Ich wußte, daß ich das eigentlich nicht tun durfte. Die Direktorin und Mrs. Rosnic glaubten, wir seien beim Zahnarzt. Ich hatte keine Erlaubnis, Hannah mit zu mir zu nehmen. Aber ich wollte sie einfach noch ein bißchen länger behalten, unter meinem Schutz wissen.

Hannah öffnete die Augen für ein paar Sekunden und schaute sich neugierig um. »Es schön«, sagte sie.

Ich zog ihr das Kleid aus, entfernte die Flecken mit kaltem Wasser und hängte es auf der hinteren Veranda zum Trocknen auf. Dann

setzte ich mich neben Hannah. Ich wartete, bis sie so fest schlief, daß ich aufstehen konnte, ohne sie zu stören, und ging zu meinem Schreibtisch.
Ich mußte es noch einmal versuchen. Ich konnte Hannah nicht verlassen. Noch nicht. Sie war noch so verwundbar, stand erst am Anfang ihrer Entwicklung. Es gab noch viel zuviel zu tun.

Sehr geehrte Mrs. Huntington,
Ich möchte Sie fragen, ob Sie und der Vorstand ihre Entscheidung der letzten Woche nicht noch einmal überprüfen könnten. Ich weiß, daß ich auf dem Papier keinen Befähigungsnachweis erbringen kann, aber ich bin überzeugt, ich könnte – wenn Sie mir Gelegenheit gäben, Ihnen und den Mitgliedern des Vorstands meinen Standpunkt vorzutragen...

Als der Brief fertig war, weckte ich Hannah, führte sie ins Bad und nahm ihr so vorsichtig wie möglich den Zellstoff heraus. Sie spülte sich den Mund und zog ihr Kleid an. Es ging ihr jetzt schon wesentlich besser, und sie aß sogar etwas von einer kalten Himbeerspeise.
Auf der ganzen Rückfahrt zur Schule hielt sie das Fläschchen in der Hand, in dem die Zähne lagen.
Als wir ankamen, nahm sie Henrys Blumen von meinem Tisch und stellte statt dessen das kleine Gefäß darauf.
»Zähne immer hier bleiben«, sagte sie. Die Jungen waren sichtlich ungeheuer beeindruckt.
Ich ließ das Fläschchen stehen, bis das Schuljahr zu Ende war, und ich besitze die Zähne noch immer; mit weichem Papier umwickelt, ruhen sie wohlverwahrt in einem Schächtelchen in meiner Schreibtischschublade.

Zwanzigstes Kapitel

Jean Huntington rief mich mittags in der Schule an.
»Mary, ich spreche jetzt in meiner Eigenschaft als Vorsitzende mit dir. Ich bin nur die Wortführerin des Vorstands. Ich hoffe, du verstehst das. Es ist nicht möglich, daß du zu einer Vorstandssitzung kommst. Tut mir leid, aber dafür gibt es keinen Präzedenzfall. Die Interessen der Lehrkräfte werden von der Direktorin vertreten. Jed-

wedes Anliegen, das du hast, sollte durch sie vorgetragen werden.«
»Ich verstehe. Gut.«
»Mary. Bitte, warte einen Moment. Als Freundin möchte ich dir sagen, daß ich... was immer ich tun kann ... nun, ich weiß, wieviel dir die Schule bedeutet.«
»Danke, Jean. Ich werde irgend etwas schreiben und es der Direktorin geben. Wann ist die Vorstandssitzung?«
»Ja – hm – morgen abend. Man kommt einfach nicht mehr herum... Du kannst dir gar nicht vorstellen...«
»Ich weiß«, sagte ich. Solche Redensarten hatte ich schon oft gehört.
»Um diese Zeit des Jahres...«
»Genau. Ich wußte, daß du Verständnis haben würdest. Und ich werde alles tun, was ...«
»Fein. Nochmals vielen Dank.«
Der Boden im Büro der Direktorin kam mir wie Treibsand vor. Ich hatte das Gefühl zu versinken, unterzugehen. Ich legte den Hörer auf und eilte in mein Klassenzimmer zurück.
Wenn Jeans Tage hektisch waren, so waren die unseren chaotisch. Wir standen mitten in einer Krise und hatten keine Zeit, an etwas anderes zu denken als an den unmittelbaren Augenblick.
Eines der kleineren Kinder hatte Masern bekommen. Ihre Lehrerin, im dritten Monat schwanger, wollte sich der Gefahr der Ansteckung nicht aussetzen und fehlte also, und die Direktorin hatte ihre Klasse übernommen.
Am Vortag hatten zwei weitere Mütter angerufen und Masern gemeldet. Schlimmer noch, Patty hatte sich ebenfalls angesteckt und war sehr krank. Ich telefonierte jeden Abend mit Ted. Er pflegte Patty zu Hause, aber die Ärzte glaubten, daß es nötig werden könnte, Patty in eine Klinik zu bringen.
In Pattys Klasse ging es zu wie in einem Tollhaus. Tina zog sich nicht nur im Autobus, sondern während des ganzen Tages aus. Wanda Gomez biß sich in den Arm und schlug sich ins Gesicht. Beim Mittagessen rieb sich Barbara Lasky Würstchen und Bohnen ins Haar, und Janie lachte unaufhörlich hysterisch vor sich hin und zerkratzte der Direktorin auf dem Weg zum Bus den Arm.
Einerseits unterstrich das Pattys Fähigkeiten. Wenn sie da war, herrschte in ihrem Zimmer Ruhe und Frieden. Die Mädchen lernten, lasen und schrieben eifrig, und nachmittags beschäftigten sie sich mit Handarbeit und Werken. Patty hatte Wanda und Tina

Stricken beigebracht, und ich freute mich immer wieder, wenn ich zu ihnen hineinkam und Patty und die Mädchen wie einen Damen-Nähkreis um den Tisch versammelt sah. Doch ohne Patty waren die Mädchen nicht fähig, das, was sie sie gelehrt hatte, weiterzubetreiben; ihre Sicherheit stützte sich auf Patty, und sie schienen nur in der Atmosphäre, die sie verbreitete, lenkbar zu sein.

Uns stand keine Krisenlehrkraft zur Verfügung, auf die wir, wie es an anderen Sonderschulen möglich ist, in solchen Zeiten hätten zurückgreifen können. Eine Krisenlehrkraft gehört zum regulären Lehrkörper, hat aber keine eigene Klasse, sondern springt da ein, wo besonders schwere Probleme auftreten oder sich Notfälle ergeben. Eine solche Lehrerin wäre mit Pattys Klasse während der Masernepidemie vielleicht einigermaßen fertig geworden. So aber waren wir tagsüber einem Chaos preisgegeben und fielen abends erschöpft ins Bett.

Die Direktorin stellte eine Aushilfekraft nach der anderen ein, um Pattys Klasse in den Morgenstunden zu bändigen; keine hielt es länger aus als einen Tag. Beim Mittagessen mußten wir allein zurechtkommen, die acht Kinder und ich. Am Nachmittag teilte die Direktorin die Mädchen auf verschiedene Klassenzimmer auf.

Meine Kinder, durch den Spielkreis und das gemeinsam eingenommene Mittagessen besonders eng mit Patty Klasse verbunden, wurden von Pattys Abwesenheit stärker betroffen als der Rest der Schule. Ich versuchte freundlicher, stärker, geduldiger zu sein, weil ich wußte, wie schwer es für sie war. Doch zugleich war ich beunruhigt. Ich konnte nicht umhin, mich zu fragen, ob meine Gegenwart etwa von ebenso großer Bedeutung für meine Kinder war wie Pattys Gegenwart für die ihren. Und wenn, was würde im nächsten Jahr geschehen, falls das Schlimmste eintraf und ich nicht zurückkommen konnte?

Ich begann mir meine vier noch näher zu betrachten als bisher. Für Brian – davon war ich überzeugt – brauchte man nichts mehr zu befürchten. Seit er Hannahs Handtasche wiederbeschafft hatte, war er zusehends sicherer, mutiger und leistungsfähiger geworden. Er würde ab Herbst die 24. Städtische Schule besuchen und sein Leben meistern. Er war mit der Außenwelt in Kontakt gekommen, und genau das hatte seine Angst vermindert.

Rufus hatte diese Stufe auch schon fast erreicht. Der stämmige, zuverlässige, liebevolle Rufus, der kaum noch plump und unbeholfen wirkte und nie mehr fehlte. Keine Pseudokrankheiten mehr, keine

Selbstgespräche unter dem Tisch. Er war jetzt fähig, sowohl schulische als auch soziale Situationen zu bewältigen. Ich rief seine Eltern an und schlug ihnen vor, die Möglichkeit einer Spezialklasse für Kinder mit Schädigungen des Zentralnervensystems für ihn zu untersuchen. Das Zittern der Augäpfel, sein linkischer Gang, deuteten eigentlich auf neurologische Ursachen hin. Ein Jahr mehr, vor allem in dem geräumigen neuen Schulgebäude mit eigenem Swimmingpool, wäre sehr nützlich gewesen, hätte das Erreichte gefestigt, aber Rufus würde es auch so schaffen, dachte ich.
Jamie, der kleine Jamie. Ich nahm ihn so oft ich konnte in die Arme und lobte ihn, wenn er schrieb und sagte: »Mein Name ist Jamie Walker.« Er hatte das vor einem Jahr erstmalig zuwege gebracht; das einzige, was er inzwischen dazugelernt hatte, war seine Adresse und seine Telefonnummer. Jamie würde niemals »in Ordnung kommen«, aber er hatte den Beistand einer großen, herzlichen Familie, einer Mutter, eines Vaters und vier älterer Brüder, die ihn zum Angeln und sogar ins Kino mitnahmen. Was auch immer in der Schule geschah, zu Hause war Jamie gut aufgehoben.
Hannah. Sie war jetzt beinahe hübsch. Rufus hatte eine »Gewichtsüberwachung« angeregt. Unter seiner Oberaufsicht wurden wir jeden Montag und Donnerstag gewogen. Ich hatte eine Waage mitgebracht, und zweimal in der Woche zogen wir alle unsere Schuhe aus, und Rufus wog uns, während Brian die Ergebnisse auf einer Tabelle an der Wand eintrug. Wir hatten alle ein bißchen abgenommen, aber Hannah war um fast zwanzig Pfund leichter geworden.
Sie besaß jetzt auch fünf neue Kleider. Eines Tages hatte mich eine Frau in der Schule angerufen und sich lediglich als Hannahs Patentante vorgestellt. Sie sagte, sie sei gerade bei den Rosnics zu Besuch und könne es kaum fassen, wie vieles sich bei Hannah geändert habe. Sie war froh und glücklich und wollte wissen, ob ich es richtig fände, wenn sie Hannah ein paar neue Kleider kaufte. Ja? Wunderbar. Und so besaß Hannah jetzt für jeden Tag ein anderes Kleid, und Mrs. Rosnic sorgte dafür, daß sie immer frisch und sauber waren. Hannahs Haar hatte mittlerweile fast wieder seine frühere Länge erreicht; es war weich, seidig und glänzend. Sie hatte schon einen langen Weg hinter sich, und ich verwandte nun meine ganze Energie darauf, ihre weitere Entwicklung zu fördern. Nichtsdestoweniger war sie noch immer sehr verwundbar.
Während Pattys Krankheit schickte die Direktorin an den Nachmittagen Janie und Barbara Lasky zu uns. Barbara war kein Problem; sie

saß meist zufrieden in der Sonne und kämmte sich unentwegt, und ich ließ sie gewähren. Aber Janie konnte nicht allein bleiben. Sie hatte die Angewohnheit, sich selbst den Hals zuzudrücken. Ihre Hände waren erstaunlich kräftig, und nachdem sie einmal so zugedrückt hatte, daß sie rote Striemen davontrug und sich erbrechen mußte, ließ ich sie nicht mehr von meiner Seite.
Morgens blieb uns jetzt nie mehr Zeit für unsere Rechenstunde, also versammelten wir uns nachmittags um die beiden runden Tische und lösten ein paar Aufgaben. Brian und Rufus waren gerade bei den Maßeinheiten. Ich versuchte die Theorie durch die Praxis zu ergänzen, indem ich sie den Raum, die Fenster, ihre Bleistifte und Bücher ausmessen ließ. Sie machten es recht gut und halfen sich gegenseitig mit den Linealen und Maßstäben.
Die anderen addierten und subtrahierten mit Hilfe von Perlen, Flaschenkapseln und Knöpfen. Jamie sortierte Murmeln in die Gebäckdose. Sortieren ist der Anfang des Rechnens.
An dem Tag, an dem Jean Huntington mich anrief, vertrat mich während meiner kurzen Abwesenheit die Direktorin. Sie sah ungeheuer erschöpft aus und war erleichtert, als ich zurückkam. Ich berichtete ihr kurz und kündigte an, daß ich am nächsten Tag einen Brief für den Vorstand mitbringen würde.
Sie nickte und sagte, sie wolle ihr möglichstes tun, aber ihr Ton war nicht dazu angetan, große Hoffnungen in mir zu wecken.
Ich setzte mich zwischen Hannah und Jamie. Ich hatte die Knopfschachtel meiner Großmutter mitgebracht. Als Kind hatte mich diese bemalte Blechbüchse fasziniert. Sie wurde für kritische Momente verwahrt. Meist holte meine Mutter sie bei anhaltend schlechtem Wetter hervor, oder wenn ich krank war. Ich legte jetzt drei runde Perlmuttknöpfe und zwei aus schwarzem Jett nebeneinander. Allein ihre Berührung war mir schon ein Vergnügen.
»Wie viele sind das insgesamt?« fragte ich.
Im gleichen Augenblick fegte Janie die Knöpfe zusammen und nahm sie in die Hände. Ich hatte keine Ahnung, was sie damit anfangen würde: sie wegwerfen, verschlucken, mit ihnen fortrennen?
Doch sie wandte sich mir zu, zog eine meiner Hände zu sich heran und legte mir die Knöpfe einzeln hinein. »Eins, zwei, drei, vier, fünf.«
Ich war verblüfft, und trotz meiner Erschöpfung empfand ich eine ungeheure Freude. »Sehr gut«, sagte ich. »Sehr gut, Lovey. Das stimmt ganz genau.«

Peng. Die ganze Knopfschachtel lag auf dem Boden, und Hannah war aufgesprungen.
»Sie nicht so nennen!« schrie sie mich an. »Sie nicht Lovey. Ich Lovey. Sie sie gar nicht kennen!«
»Hannah, Hannah«, sagte ich, müde und abgespannt. »Du hast recht. Es tut mir leid. Aber komm, laß es gut sein. Die Welt hat für viele ›Loveys‹ Platz.«
Hannahs Welt nicht.

Als ich am gleichen Abend den Brief an den Vorstand schrieb, versuchte ich sowohl mein Fachwissen herauszustellen als auch die Tatsache, daß es mein sehnlichster Wunsch war, weiterunterrichten zu dürfen. Doch die Müdigkeit übermannte mich, und was herauskam, las sich wie ein gestelztes Gesuch.
Ich gab den Brief am nächsten Morgen ab und rief anschließend Ted an, um mich nach Patty zu erkundigen.
Es ging ihr besser; das Fieber war weg, und die quälenden Kopfschmerzen hatten nachgelassen. Ich erzählte Ted von Janie, weil ich wußte, wie sich Patty darüber freuen würde, und berichtete dann von meinem Brief an den Vorstand.
Ted billigte mein Vorgehen nicht. »Du solltest dich wehren, verdammt noch mal. Die anderen Lehrerinnen würden dich alle unterstützen. Es muß sowieso schon etwas nach draußen gesickert sein, denn ein paar Mütter haben hier angerufen, um Patty auszuhorchen und sie zu fragen, was sie tun sollten. Sie würden sich sofort organisieren. Schau, Patty ist jetzt nicht dazu in der Lage, aber ich kann dir eine Starthilfe geben. Als erstes muß man erreichen, daß die Eltern eine Eingabe machen...«
Ich unterbrach ihn. »Ted, das kann ich nicht tun. Hier herrschen ohnehin chaotische Zustände, weil Patty fehlt und so viele Kinder krank sind oder gerade wieder zurückkommen. Die Direktorin muß vier Dinge gleichzeitig erledigen. Wir haben schon Anfang Juni, die Ferien beginnen bald. Ich kann nicht noch mehr Unruhe in die Schule bringen, zumal für den Herbst der Umzug in das neue Gebäude bevorsteht. Außerdem«, bekannte ich offen, »ist das nicht mein Stil. Ich wüßte gar nicht, wie man so etwas in die Wege leitet...«
»Ja«, grunzte Ted. »Das ist das Schlimmste. Du hast recht. Es ist nicht dein Stil. Hör mal, ich muß jetzt gehen. Aber halt uns auf dem laufenden, ja?«

Während der Ruhezeit nach dem Mittagessen saßen wir immer auf dem Teppich oder auf ein paar Matten, und ich las den Kindern etwas vor. Zuerst waren es Kurzgeschichten gewesen, doch dieses Jahr hatte ich mit ganzen Büchern angefangen. Ich fand es ihrer Intelligenz und Aufnahmefähigkeit angemessen. Da ihre eigene Lesekapazität unter dem Stand Gleichaltriger lag, handelten die Geschichten in ihren Lesebüchern stets von kleineren Kindern. Aber sie sollten eigentlich etwas über Kinder ihres Alters erfahren, deren Probleme kennenlernen und sehen, wie sie mit ihnen fertig wurden.
Ich sprach auf einer Lehrerkonferenz darüber. Unser Psychiater war skeptisch, was die Fähigkeit der Kinder betraf, sich lange genug für etwas zu interessieren, um ein oder zwei Kapitel aufnehmen zu können. Die Direktorin und der Psychologe bezweifelten, daß sie überhaupt imstande waren, sich von Tag zu Tag an das, was in dem Buch geschah, zu erinnern. Doch Psychiater, Psychologe und Direktorin irrten sich – und sie waren die ersten, die es zugaben und sich über die gespannte Aufmerksamkeit freuten, mit der die Kinder mir zuhörten.
Brian, Rufus und Hannah (Jamie kuschelte sich nur an mich) merkten sich nicht nur die Fakten, sie dachten sich auch in die Charaktere der Kinder hinein, urteilten und interpretierten. Ich fand etwas bestätigt, was ich schon seit langem vermutet hatte. Wir müssen emotional gestörte Kinder eher mehr als weniger lehren. Ihre Ängste, ihre Hemmungen, ihr sonderbares Verhalten verleiten dazu, sie zu unterschätzen. Aber Lernen ist heilsam; die Fähigkeit, mit Wissen umzugehen, ist tröstlich – ganz besonders für Kinder, die es so schwer haben, mit Emotionen fertig zu werden.
Wir hatten bereits ein Buch beendet und lasen nun ein anderes, das »Peter und sein Pferd« hieß. Es handelte von einem zehnjährigen Jungen, der bei einem benachbarten Pferdezüchter ein Fohlen namens Star trainieren half und mehr erreichte als die erwachsenen Trainer. Peter liebte Star und lief in jeder freien Minute hinüber, um das Tier zu sehen. Star seinerseits hing ungeheuer an dem Jungen; er spürte es immer, wenn Peter auf dem Weg zu ihm war, und trabte dann wiehernd zum Gatter, um ihn dort zu erwarten.
Brian, Rufus und Hannah waren von der Geschichte fasziniert. Sie alle sehnten sich nach irgendeinem Tier, das ihnen gehörte, und verstanden deshalb Peters Gefühle sehr gut.
Peter trainierte Star jeden Tag, um ihn auf die Bezirks-Pferdeausstellung vorzubereiten. Jedermann war aufgeregt. Natürlich würde

Star gewinnen, er war so schön, und Peter hatte ihn so gut trainiert... Doch genau einen Tag vor der Ausstellung brach sich Peter ein Bein und mußte ins Krankenhaus, wo man ihm einen Gipsverband anlegte. Peter würde nicht zu der Pferdeschau können.
Hannah und Brian stöhnten.
»Lesen Sie. Schnell, Mary. Ich möchte wissen, was passiert«, bat Rufus – unfähig, die Spannung noch länger zu ertragen.
Stars Besitzer brachte ihn zu der Pferdeschau. Alle waren sich darüber einig, daß dies in Peters Sinne war. Star sollte seine Chance haben, das Blaue Band zu gewinnen.
Doch als er in die Ringbahn kam, vergaß er alles, was er gelernt hatte. Statt das zu tun, was man von ihm erwartete, setzte er sich nervös in einen immer schneller werdenden Trab und warf unaufhörlich den Kopf herum, um nach Peter Ausschau zu halten.
Die Preisrichter wiesen ihn zurück, und sein Besitzer brachte ihn beschämt nach Hause.
Ein paar Tage danach wurde Peter aus dem Krankenhaus entlassen, aber der Mann, dem Star gehörte, ließ ihn nicht mehr zu ihm. Er war wütend und sagte, Peter habe Star so abhängig von sich gemacht, daß er ihm mehr geschadet als genützt habe.
Als ich mit dem Kapitel fertig war, herrschte zuerst betroffene Stille. Daß man einem Tier durch zuviel oder falschverstandene Liebe schaden konnte, war eine neue Idee, ein Gedanke, über den wir noch nie gesprochen hatten.
Hannah brach das Schweigen. »Dieser Star, er böse. Er genau wie die Kinder in Pattys Klasse. Er gut, wenn Peter da. Mädchen gut, wenn Patty da. Nicht gut, wenn Patty fort. Das ihr Problem und Problem von Star.«
Ihre Reaktion verblüffte mich. Ich wußte, daß sie intelligent war, aber ich hatte nicht erkannt, wie weit ihre Fähigkeiten reichten.
Nun wandte sich Brian an mich. »Peter wollte Star nichts Schlimmes antun, nicht wahr, Mary? Er wollte ihm nicht schaden. Ich glaube, es war, wie dieser Mann sagte. Star wurde einfach – wie hieß das Wort, Mary?«
»Abhängig«, kam Rufus mir zuvor.
»Ja. Star wurde abhängig von Peter.«
Brian, Hannah und Rufus bestätigten dies mit einem ernsten Kopfnicken.
»Und Pattys Mädchen?« fragte ich. »Ihr findet, sie sind wie Star? Zu sehr von Patty abhängig?«

»Ja«, erklärte Hannah. »Sie zu abhängig. Patty sie in Ordnung bringen müssen, sie machen ...« Sie stockte. Es fehlte ihr das Wort für das, was sie meinte.
»Unabhängig«, sagte ich leise und weich.
Aber die Kinder hatten schon den Tisch verlassen – und es war auch gleichgültig. Das Wort zu kennen, war nicht wichtig; was zählte, war, daß sie ein Gespür für die Dinge hatten, begriffen, worum es ging.
Draußen schien die Sonne genau wie zuvor, und in unserem Klassenzimmer war alles an seinem gewohnten Platz. Doch ich hatte das Gefühl, in dem Raum soeben ein Wunder erlebt zu haben.
Diese Kinder – diese faszinierenden, prächtigen Kinder – hatten nicht nur aufgenommen und verstanden, was sich in dem Buch, das wir lasen, ereignete – sie hatten auch seine Ideen herausgezogen, sie verallgemeinert und auf ihr eigenes Leben angewandt. Nichts in der Welt reicht an die Wunder heran, mit denen uns Kinder überraschen.

Einundzwanzigstes Kapitel

»Eine Hilfslehrerin?« fragte ich.
Es war einen Tag später. Wir hatten gerade zu Mittag gegessen, und ich stand im Büro der Direktorin; sie hatte mir meinen Brief zurückgegeben.
»Ja«, sagte sie und strich sich das weiße Haar nach hinten. »Das ist der Kompromiß, den der Vorstand gestern abend angeregt hat. Sie haben keine Zeugnisse, keine Lehrbefähigung. Auf der anderen Seite wissen wir alle, wie Sie in Ihrer Arbeit aufgehen und daß Sie den Kindern viel Gutes erweisen.«
Ich hörte sie kaum. Eine Hilfslehrerin.
»Was – was würde ich als Hilfslehrerin tun?«
Dies verärgerte die Direktorin, und sie antwortete barsch: »Das, was das Wort besagt. Einer Lehrerin als Hilfe zur Seite stehen. Schauen Sie, Mary, ich weiß, daß das wahrscheinlich nicht leicht für Sie zu schlucken ist. Sie sind lange so behandelt worden, als wären Sie eine Lehrerin. Doch Tatsache ist, daß Sie keine sind. Sie haben noch nicht einmal einen Collegeabschluß, um es ganz offen zu sagen. Der Staat kann Sie unmöglich als Mitglied des Lehrkörpers akzeptieren. Tut mir leid, aber so ist es nun einmal.«

Ich drehte mich um und ging zur Tür. Ich wollte nur fort – hinaus aus diesem Raum, zurück zu den Kindern.
»Mary...« Die Stimme der Direktorin klang jetzt etwas weicher. »Ich... es tut mir leid. Ich wollte nicht so grob werden. Wir wollen uns irgend etwas ausdenken. Vielleicht können Sie in einem Zimmer mit einer Schiebetür arbeiten, das an die Klasse einer richtigen Lehrerin angrenzt.«
Ich war ihr dankbar für diese Worte.
Wilder Zorn stieg in mir hoch und fegte alle Traurigkeit und alles Selbstmitleid hinweg. Zum Teufel mit ihr. Und mit dem Vorstand. Und mit der Schule.
Aber es war nicht so einfach. Die Schule bedeutete die Kinder.
In unserem Zimmer setzte ich mich ans Fenster, und Hannah sagte: »Sie lange fort, Lehrerin. Jetzt lesen.«
Sie brachte mir das Buch, und als ich es nahm, dachte ich unwillkürlich, wenigstens wäre ich noch hier bei dir, Liebchen. Wenn ich als Hilfslehrerin bliebe, könnte dieser Lernprozeß weitergehen...
»Mary«, sagte Rufus. »Sie lesen ja gar nicht. Geht es Ihnen nicht gut?«
»Oh«, murmelte ich, aus meiner Geistesabwesenheit herausgerissen. »Doch, natürlich. Na ja, ich bin nicht gerade topfit, aber so einigermaßen. Jetzt laßt uns einmal sehen, wo wir sind...«
»Star hat bei der Pferdeausstellung keinen Preis gewonnen. Der Mann ist böse auf Peter, weil Star ab-hän-gig geworden ist«, erklärte Brian.
»Richtig. Ja, dann hört zu. Wir sind fast fertig. Nur noch zwei Kapitel.«
Die Kinder setzten sich neben mich auf den Teppich, und ich las: »Die Tage vergingen für Peter jetzt sehr langsam, weil er Star nicht mehr sehen durfte...«
s war ein kurzes, trauriges Kapitel und noch schwerer zu verstehen als das vorangegangene. Strafen beschränkten sich bei uns auf einen Tag. Ganz gleich, was es gegeben hatte, mit dem Ende des Tages war es vergessen. In diesem Buch jedoch war schon über eine Woche vergangen, und der Zorn des Mannes hatte sich nicht gelegt. Peter durfte immer noch nicht zu Star.
»Was glaubt ihr, wird als nächstes passieren?« fragte ich.
Normalerweise hätten Rufus oder Hannah auf eine solche Frage sofort etwas zu sagen gehabt. Sie waren jederzeit bereit, ihre Meinung – ob richtig oder falsch – kundzutun. Brian brauchte dazu ein biß-

chen länger, doch am Ende wagte auch er es meist, eine Vermutung auszusprechen.
Aber diesmal nicht. Sie schauten mich stumm und traurig an.
»Wie hätte es denn anders kommen können?«
Jetzt reagierte Brian als erster. Er beantwortete die Frage nicht direkt, umging sie ein wenig, doch immerhin dachte er nach und versuchte seine Gedanken mitzuteilen.
»Es war nicht Peters Schuld. Er wollte nicht... Wenn sich dieses Pferd ein bißchen zusammengenommen hätte, wäre alles gut gewesen.«
Rufus vertrat eine andere Ansicht. »Peter hätte es nicht so abhängig werden lassen dürfen. Er hätte es dazu bringen müsen, sich zusammenzunehmen. Wissen Sie noch, Mary – Sie haben immer gesagt, ›wenn du dich nicht beruhigen kannst, helfe ich dir‹. Zuerst mußten Sie uns beruhigen, aber dann haben wir gelernt, uns zusammenzunehmen.«
Brian sagte: »Wenn sich dieser Star zusammengenommen hätte, wäre es nicht so wichtig für ihn gewesen, Peter zu sehen. Er hätte ihn dann gar nicht gebraucht.«
»Nein!« platzte Hannah heraus. »Das nicht richtig. Star brauchen Peter *immer*. Er ihn lieben. Er ihn nur nicht *die ganze* Zeit brauchen.«
Vielleicht ist es das, dachte ich. Wir brauchen einander alle, aber wenn wir über ein bißchen innere Kontrolle verfügen, brauchen wir einander nicht so sehr. Nicht *die ganze* Zeit.

Zweiundzwanzigstes Kapitel

»Wie lange dauert es?« fragte ich den Studienberater am College.
Er blickte mich zweifelnd an. »Sie meinen...«
»Ich meine insgesamt. Und ich brauche es schwarz auf weiß. Wie lange, wenn ich Abendkurse belege? Und wie lange, wenn ich ein reguläres Studium betreibe?«
»Aber ich dachte, Sie hätten gesagt, das könnten Sie nicht...«
»Bitte. Schreiben Sie es mir auf.«
»Schön.« Der vertrocknete kleine Mann, der für die Kursuspunkte zuständig war, nahm liniertes Papier und einen Bleistift. Er legte meine Papiere links neben sich und das Vorlesungsverzeichnis rechts neben sich. »Also. Sie haben jetzt achtundsechzig Punkte. Dazu

kommen sechs mehr, wenn Sie Ihr Examen bestehen, he-he. Hm, entschuldigen Sie. Gut, das wären dann vierundsiebzig. Sie brauchen einhundertvierundzwanzig für die Abschlußprüfung – alle in den entsprechenden Fächern und den erforderlichen Vorlesungen, natürlich. Da gibt es nicht viel Spielraum. Hmm. Aber lassen wir das. Angenommen, Sie belegen im Herbst wieder drei Abendkurse – das sind sechs Punkte – und noch einmal drei im Frühjahr – weitere sechs Punkte. Damit hätten Sie insgesamt sechsundachtzig.«
Es war, um aus der Haut zu fahren. Ich hätte dem jämmerlichen Wicht am liebsten ins Gesicht geschrien, nun beeilen Sie sich doch, beantworten Sie meine Frage, sagen Sie mir, was für ein Unterschied zwischen den zwei Möglichkeiten besteht!
Doch ich schwieg, und er fuhr pedantisch fort: »Und jetzt wollen wir das einmal ausrechnen. Vierundsiebzig von hundertvierundzwanzig, bleiben fünfzig.« Er lächelte mich an. »Eine hübsche glatte Zahl. Fünfzig. Das hieße, warten Sie mal, etwas über vier Jahre. Natürlich gibt es da noch die Sommerkurse...«
Ich hielt meine Stimme im Zaum – es war zwecklos, ihn anzutreiben. »Das mit den Sommerkursen können wir später untersuchen. Nehmen Sie jetzt einmal an, ich würde mich im Herbst normal immatrikulieren.«
»Ja, dann hätten Sie erst einmal dieselben vierundsiebzig Punkte, also fangen wir damit an. Vorausgesetzt natürlich, Sie bestehen die Aufnahmeprüfung. He-he. Ein reguläres Semester bringt fünfzehn Punkte. Der überzählige Punkt ist für Sport. He-he-he-he-he.«
Ich hatte gute Lust, ihm einen Schlag auf seinen glänzenden kleinen Schädel zu versetzen. Seine ganzen Semesterpunkte zu nehmen und ... Nein, nein. Hör jetzt zu. Er ist mit Sport fertig.
»Also – fünfzehn Punkte pro Semester, das wären dreißig im Jahr. Was hatten wir gesagt, wie viele Sie brauchen?«
»Fünfzig.«
»Ah, richtig. Hier steht es ja. Fünfzig, eine hübsche, glatte Zahl. Also, dreißig von fünfzig, da bleiben zwanzig. Ungefähr eineinhalb Jahre, wenn Sie sich ein bißchen dahinterklemmen. Wenn wir natürlich die Sommerkurse berücksichtigen...«
»Danke. Vielen Dank. Ich werde Ihnen Bescheid geben.«
Vier Jahre Abendkurse – und in unserer Schule bleiben, mit den Kindern weiterarbeiten, Hannah im Auge behalten können, ein kleines, aber angemessenes Gehalt beziehen.
Oder eineinhalb Jahre eines regulären Studiums, vielleicht auch we-

niger, um die Lehrbefähigung zu erlangen – dieses magische Papier, das automatisch eine »richtige Lehrerin« aus mir machen würde. Doch dann ohne Kinder, ohne Hannah – und ohne Gehalt, obwohl ich an sich genug gespart hatte, um durchzukommen.
Ich wußte noch immer nicht, was ich tun sollte, aber zumindest wurden die Alternativen allmählich klarer.

Dreiundzwanzigstes Kapitel

Es war so heiß, daß den Kindern bereits um halb zehn Uhr morgens Schweißperlen auf der Stirn standen.
Im Spielkreis taten wir kaum etwas. Wir sangen nur ein paar Lieder. Die letzte Aushilfskraft für Pattys Klasse hatte jetzt drei Tage ausgehalten, und für morgen erwarteten wir Patty zurück; das Schlimmste war also vorbei.
Aber es würde ein langer, heißer Tag werden. Die Luft war drükkend. Als wir mit dem Besten und dem Schlimmsten fertig waren, wischte sich Rufus zuerst über die Stirn und putzte dann seine Brille. »Könnten wir nicht schnell das Buch zu Ende lesen, Mary? Ich habe keine Lust, jetzt zu arbeiten. Es ist so heiß, und es ist doch nur noch ganz wenig übrig.«
Ich überlegte und fand dann, daß Rufus recht hatte. Wir konnten ebensogut am Tisch sitzenbleiben und das letzte Kapitel abschließen. Ich öffnete die Türen, um ein bißchen Luftzug zu erzeugen, und begann zu lesen.
Es war ein schönes Kapitel, und nach und nach vergaßen die Kinder die Hitze und ihr ganzes Unbehagen und versenkten sich voll und ganz in die Welt von Peter und Star.
Stars Besitzer ließ sich endlich doch erweichen und erlaubte Peter, Star wiederzusehen. Beide – der Junge und das Pferd – waren außer sich vor Freude, und Peter beschloß, den Fehler, den er begangen hatte, nicht noch einmal zu machen. Statt – wie vorher – Star eifersüchtig für sich allein zu beanspruchen, bat er die Männer im Stall, sich oft mit Star zu beschäftigen, und er selbst half auch bei den übrigen Pferden aus. So gewöhnte sich Star allmählich an andere Leute, und nun war er für die staatliche Pferdeausstellung reif.
Am Tag davor striegelte ihn Peter, bis sein Fell glänzte, und kämmte seine lohfarbene Mähne glatt. Doch Peters Bein war noch nicht ganz ausgeheilt, und einer der anderen Trainer führte Star in die Ring-

bahn. Peter schaute mit angehaltenem Atem zu, aber Star machte alles ganz perfekt und trabte mit ruhig erhobenem Kopf in der Ringbahn herum. Auf der letzten Seite gewann Star das Blaue Band – und der Besitzer schenkte es Peter und sagte zu ihm, es sei ebenso sein wie Stars Verdienst.
Hannah, Brian und Rufus seufzten glücklich auf.
»Ist gutes Buch, Lehrerin.«
Rufus sagte: »Star ist jetzt in Ordnung. Auf der zweiten Ausstellung konnte er den Kopf stillhalten. Er mußte sich nicht dauernd nach Peter umsehen. Ich glaube nicht einmal, daß er sich vornehmen mußte, ruhig zu bleiben. Das steckt nun schon in ihm drin, und er braucht nicht mehr darüber nachzudenken.«
»Und mit Peter ist auch alles gut«, bemerkte Brian.
»Er schadet Star nicht mehr.«
»Er Star nicht schaden wollen. Er Star jetzt gehen lassen. Wie Mäuse«, seufzte Hannah.
Wie Kinder. Wie alles, was man liebt.
»Es ist nicht so leicht«, sagte ich, »das zu lernen.«
Jamie schmiegte seinen Kopf an meinen Arm, und als er merkte, daß sich noch niemand aufraffen konnte, etwas zu tun, kletterte er auf meinen Schoß.
»Es dauert lange, bis man so etwas lernt. Sehr lange. Ich hatte genauso viel Angst wie Star.« Rufus wandte sich zu mir. »Wissen Sie noch, wieviel Angst ich hatte, als ich hierherkam?«
»Ich weiß es noch, Rufus. Ich erinnere mich ganz genau. Du trugst einen dunkelblauen Anzug...«
»Und ich hatte diese riesige braune Aktentasche. Erinnern Sie sich? Und schauen Sie, so bin ich gegangen...«
Rufus stand auf und lief zur Tür, und als er sich umdrehte, war aus ihm ein steifer, furchtsamer Junge geworden, der sich ungelenk, fast mechanisch bewegte.
»So bin ich hereingekommen, und dann hab' ich meine Aktentasche vor mich hingestellt, damit mich niemand sah. Jedenfalls hab' ich mir eingebildet, daß mich keiner sehen könnte. Ich hatte so viel Angst. Ich versuchte, mich zu erbrechen. Ich dachte, Sie würden mich dann heimschicken. Erinnern Sie sich noch an mein Bauchweh?«
»O ja, Rufus.« Ich erinnerte mich an so vieles. Es schien alles erst vor kurzem gewesen zu sein. Was war es nur, was mir mit einemmal fast die Kehle zuschnürte?

Brian sagte: »Und ich. Ich bin am längsten hier. Damals war noch keiner von euch da. Nur Sie, Mary. Und so bin ich hereingekommen...«
Brian ging zur Tür, drehte sich schnell um und rannte dann mit flatternden Armen und krächzenden Schreien auf uns zu.
»Genauso bin ich hereingekommen. Und hört euch das an: ›Horjutdi, Mgldeseju.‹ So hab' ich geredet.«
Hannah fragte. »Warum du so komisch sprechen, Bri-an? Das dumm.«
Brian schwieg einen Moment und schaute Hannah an. »Ich weiß es nicht«, antwortete er schließlich. »Ich weiß nicht warum. Ich war damals anders.«
Hannah dachte nach. »Das okay. Ich auch einmal dumm. Carl, Opa sagen, ich schwachsinnig.«
Die Jungen blickten sie an. Ich sah sie an. Ich bedauerte, daß es weder ein Tonbandgerät noch einen Zeugen in unserem Zimmer gab. Was sich da vor mir abspielte, war beinahe unglaublich. Diese Kinder wußten also, hatten die ganze Zeit gewußt, wie und wer sie früher gewesen waren – und mehr noch, sie erkannten, was inzwischen aus ihnen geworden war.
Hannah mußte es einfach tun. Ich wußte, daß es unvermeidlich war. Ich hätte zwar etwas darum gegeben, wenn sie es unterlassen hätte, aber wenn die Jungen ihre Anfänge demonstriert hatten, würde Hannah nicht zurückstehen wollen.
Sie duckte sich auf den Boden und begann sich auf allen vieren hin und her zu wiegen, hin und her, immer schwungvoller; und dann stieß ihr Kopf nach vorn.
»Hannah!« schrie ich. Es war unerträglich. »Nein! Tu das nicht!«
Aber ihr Kopf hatte den Boden ohnehin kaum berührt. Und jetzt stand sie auf und ging zum Wandschrank, stellte sich hinein und zog die Türen hinter sich zu.
Die Jungen und ich starrten die dichtverschlossenen Türen an. Dann öffneten sie sich einen Spaltbreit, dann etwas weiter, und am Ende steckte Hannah ihren Kopf durch. »Siehst du, Bri-an, ich nicht dumm jetzt. Nicht schwachsinnig.«
Sie machte die Tür auf, kam heraus und erklärte mit Überzeugung: »Ich Lovey jetzt.«
Es hatte sich soviel Emotion in dem Raum zusammengeballt, daß ich mich fragte, wie wir es den Rest des Tages hier aushalten sollten. Ich drückte Jamie noch einmal an mich, raffte mich hoch und begann Ti-

sche und Stühle wieder an ihren Platz zu stellen. Vielleicht konnten wir nach draußen gehen, Henry suchen...
Doch Hannah war noch nicht fertig. Sie zerrte an meinem Arm und fragte laut: »Wie Sie sein, Lehrerin? Niemand wissen, wie Sie sein, als Sie herkommen.«
Meinte sie, auch ich könnte meine Anfänge darstellen? Nun, ich konnte es nicht. Ich konnte nicht darüber sprechen, was ich empfunden hatte, wie ich gewesen war ...
»Das ist schon sehr, sehr lange her«, antwortete ich.
Hannah nickte.
»Ich meine, eine wirklich lange Zeit. Sechs Jahre.« Ich schaute sie an. »Du warst erst zwei.«
Hannah nickte wieder. Irgendwie war ich plötzlich auf dem Weg zur Tür.
»Ich hatte keine Ahnung, wie man jemanden unterrichtet – und ich wußte nicht viel über mich selbst.« Jetzt war ich bei der Tür angelangt und drehte mich ganz langsam um.
Fast gegen meinen Willen waren meine Schritte zögernder geworden, meine Schultern schlaff, meine Stimme leise, unsicherer.
»Ich wußte nur, daß ich lernen wollte, verstehen wollte, daß ich hier unterrichten wollte...«
Plötzlich merkte ich, wie mich die Kinder anstarrten. »Na ja«, fügte ich hinzu und straffte mich. »Das liegt eine ganze Weile zurück.«
Hannah erfaßte es, und sie fand auch das passende Wort dafür, das mir nicht eingefallen war. »Sie mickrig«, sagte sie. »Sie mickrige Lehrerin, als Sie herkommen.«
Sie deutete auf das Bild, das neben der Tafel hing. Es war ihr Geschenk zum Valentinstag. Da schien die Sonne, und die Lehrerin schwebte mit weit schwingendem Rock in ihren Leinenschuhen über das Gras, als ob sich die Welt in einer Minute durchmessen ließe, und bei alledem ruhte der große rote Tropfen – ihr Herz – behäbig auf ihrem Kleid.
»Die Lehrerin dort«, sagte sie, »nicht mehr mickrig sein.«
Es war jetzt klar. Hannah hatte es mir klargemacht. Ich konnte nicht noch einmal als Hilfslehrerin anfangen. Ich durfte nicht zurückgehen. Es war ausgeschlossen, daß ich mich vorsätzlich dafür entschied, wieder mickrig zu sein.

Vierundzwanzigstes Kapitel

Tag und Nacht gingen mir Geräusche von Kindern im Kopf herum, wischten meine Gedanken fort, ließen mich nicht schlafen. Ihre Worte, ihre Geschichten, ihre Lieder, ihr Geschrei, das Glück und Schmerz begleitete, vermischten sich mit meinen Herzschlägen. Wenn ich sprach, kam mir meine Stimme fremd vor, gedämpft, fern, von Kinderlärm überdeckt.
»Bist du sicher?« fragte Ted am Abend vor dem letzten Tag. Die Schule veranstaltete am nächsten Tag ein Picknick, und ich war bei Patty und verstaute Proviant in ihrem Volkswagenbus. Patty holte gerade noch einen Karton aus dem Haus. »Irgendwie«, sagte Ted, »kommt es einem so unfair vor, daß du keine Gelegenheit haben sollst, in der neuen Schule zu unterrichten und zur Abwechslung auch einmal ein paar Erleichterungen zu haben... Hör zu, Patty will dich nicht fragen, weil sie meint, es sei eine Beleidigung, aber sie würde dich gern in ihrem Klassenzimmer haben. Und die Sache mit der Hilfslehrerin – das wärst du ja nur dem Namen nach.«
»Ich weiß«, sagte ich. »Ich danke dir. Und Patty auch. Es gibt niemanden, mit dem ich lieber zusammenarbeiten würde, aber ich habe mir gedacht, es könnte doch sein, daß ich eines Tages in einer normalen Schule unterrichten möchte, und dazu brauche ich ein abgeschlossenes Studium. Und das scheint jetzt der beste Zeitpunkt zu sein, um mich darum zu bemühen.«
War das wirklich meine Stimme, so kühl und ruhig? Und war dieses Argument meinem Gehirn entsprungen? Wem wollte ich etwas vormachen? Was tat ich denn da? Wie sollte ich das auch nur zwei Tage – ganz zu schweigen von zwei Jahren – ertragen?
Aber der schwerste Teil war vorüber – zumindest redete ich mir das ein. Ich hatte den Entschluß gefaßt, die Antragsformulare für das College ausgefüllt, sogar die erste Rate meiner Studiengebühren schon bezahlt. Ich hatte dem Vorstand geschrieben, mit der Direktorin gesprochen; alles war geregelt. Fast alles. Ich würde es den Kindern im letzten Augenblick so beiläufig wie möglich sagen.

Der neunzehnte Juni begann mit strahlendem Sommerwetter. Es war unser letzter Schultag und – viel wichtiger noch – Hannahs Geburtstag. Sie wurde neun Jahre alt. Neun Jahre, und dies würde ihre erste Geburtstagsfeier sein. Es hatte zuvor nie jemanden gegeben, der hätte eingeladen werden können.

Während ich frühstückte, hörte ich mir den Wetterbericht an: Für den Nachmittag drohten mit großer Wahrscheinlichkeit Regen und Gewitter. Aber jetzt, um acht Uhr, war der Himmel wolkenlos. Ich fand, es sei ein gutes Omen; an Hannahs Geburtstag mußte die Sonne scheinen.

Sie hatte zwar bisher noch nie eine Party erlebt, doch dafür kam zu dieser die ganze Schule. Das Picknick am letzten Tag war eine Tradition bei uns, und jetzt traf es sich, daß Hannahs Geburtstag auf denselben Tag fiel. Ich brauchte nur noch ein bißchen nachzuhelfen.

Wir hatten drei Kuchen gebacken, und auf jedem stand in rosa Buchstaben HAPPY BIRTHDAY, HANNAH. Wir hatten Kerzen, Luftballons, Papiertischtücher, Partyhütchen und Geschenke besorgt. Patty und ich hatten bei Woolworth den halben Laden ausgeräumt, und jetzt wartete ein ganzer Stapel bunter Päckchen auf Hannah: Schaumbad, Buntstifte, Bleistifte, Zeichenpapier, ein Malbuch, ein Sprungseil, ein Paar Söckchen, eine Bluse. Ich war zuerst versucht gewesen, Goldfische oder Springmäuse zu kaufen, doch als ich dann an Puma dachte, gab ich sie zugunsten eines kleinen goldenen Herzens an einer dünnen goldenen Kette auf; es war mit einem roten Stein besetzt und paßte somit zu dem Ring, den Hannah beim Zahnarzt bekommen hatte.

Der Rest der Geschenke konnte bis zum Mittagessen warten, aber das kleine Päckchen mit der Kette gab ich ihr gleich bei ihrer Ankunft.

»Alles, alles Liebe zum Geburtstag, Hannah«, sagte ich und umarmte sie, und dann legte ich ihr das Kettchen um.

»Ist schön, Lehrerin. Genau wie Ring von Zahndoktor.«

»Genau wie dein Herz«, entgegnete ich. »Nur ist deines größer.«

Doch Hannah konnte es nicht ertragen, ein Geschenk zu erhalten und selbst keines zu haben. Also sah sie sich in unserem Klassenzimmer nach etwas um, was sie mir geben könnte – und am Ende fiel ihr Blick auf das Fläschchen mit den Zähnen, das noch immer auf meinem Tisch stand. Glücklich lief sie hin und brachte es mir.

»Hier. Meine Zähne von Zahndoktor. Sie behalten.« Ihr Lächeln erfüllte die ganze Ecke des Raumes mit Licht. »Für immer«, sagte sie.

Wir trafen uns um elf Uhr auf dem Parkplatz, etwa dreißig bis vierzig Kinder, Lehrerinnen, freiwillige Hilfskräfte, die Direktorin, sogar einige Mütter und jüngere Geschwister. Henry hielt einen

Strauß Rosen in der Hand. Mrs. Rosnic erwartete uns mit Helen und dem Eis.
»Mein Gott«, flüsterte ich Hannah zu. »Was für eine Party du haben wirst!«
Hannah strahlte, ihre Wangen waren vor Erregung gerötet, und ihre Augen waren so blau wie ihr neues Kleid. Die Jungen waren fast ebenso aufgeregt wie Hannah.
»Haben Sie den Kuchen mitgebracht, Mary? Ja?«
»Pssst, es ist eine Überraschung. Natürlich.«
»Und die Kerzen? Haben Sie neun Kerzen?«
»Ja. Keine Sorge, Brian. Wir haben alles.«
Und wir schienen wirklich alles zu haben. Als wir den kleinen Naturschutzpark erreichten, sprangen die Kinder aus den Wagen und rannten über die Wiesen zum Wasser hinunter. Inzwischen hatten sich Wildenten den See als Reservat auserkoren und kreischten jetzt schrill auf, als die Kinder kamen. Doch wir hatten Tüten mit Brotrinde mitgebracht, und die Vögel wurden bald wieder friedlich, als die Kinder sie fütterten.
Mütter und Lehrerinnen wechselten sich in der Beaufsichtigung der Kinder und der Vorbereitung des Picknicks ab. Brian, Rufus und ich setzten uns auf einen der Picknicktische, bliesen Luftballons auf und verteilten sie.
Ich genoß den Anblick der fröhlich herumspringenden Kinder, die sich am See und auf den Wiesen vergnügten oder Proviant aus den Wagen heranschafften.
Ihre Kleider versahen die Grünflächen mit bunten Farbklecksen, und Luftballons tupften den strahlendblauen Himmel. Ich versuchte mir das Bild einzuprägen, es festzuhalten, für immer zu bewahren.
Mittags verzehrten wir zuerst unsere Sandwiches. Hannah aß so gesittet, daß es schon fast unnatürlich wirkte. Wir tranken ihr mit Limonade zu und brachten dann die Geburtstagskuchen – alle drei, jeder mit zehn Kerzen. Neun für jedes Jahr und eine für das weitere Leben.
Ach, Hannah. Für das weitere Leben...
Hannah pustete die Kerzen aus, und Mrs. Rosnic füllte Eis in Pappbecher. Es war schwer zu sagen, wer glücklicher aussah. Nie zuvor, das wurde mir erst in diesem Moment bewußt, hatte ich Mrs. Rosnic lächeln sehen. Jetzt, mit diesen heiteren Mienen, waren sich die Gesichter von Mutter und Tochter erstaunlich ähnlich. Ich schlenderte hinüber zu ihnen und stellte mich neben sie.

Mrs. Rosnic berührte meinen Arm und wies strahlend auf Hannah. »Wer das denken?« flüsterte sie. »Sein so hübsch!«
Ich lächelte ebenfalls. »Ja, das ist sie«, antwortete ich leise. »Und Sie sind es auch.«
Wenig später fuhr ich mit einem Wagen voller Kinder, Luftballons, Papier und Seidenbändern in die Schule zurück. Hannah hatte jedes Stück Papier und jedes Band sorgsam gefaltet und sich geweigert, auch nur das kleinste Fetzchen davon wegzuwerfen.
Mrs. Rosnic fuhr von dem Picknick gleich nach Hause. Ich hatte zu Hannah gesagt: »Du kannst deine Mutter begleiten, Liebchen. Du brauchst nicht noch einmal mit in die Schule zu kommen.«
Doch Hannah schüttelte den Kopf und nahm ihren Stammplatz neben mir ein. Rufus, Brian und Jamie setzten sich nach hinten. Ihre Geschenke und die Kuchenreste hatte Hannah ihrer Mutter anvertraut, die alles behutsam in ihren Wagen legte. Hannah wollte offenkundig noch einmal mit den Jungen zusammen Auto fahren, bevor die Ferien begannen. Mir selbst ging es genauso. Es war das letztemal, daß ich von den Kindern umringt am Steuer saß, und ich fuhr so langsam wie möglich, um jede Sekunde auszukosten.
So kam es, daß wir etwas verspätet eintrafen. Busse, Wagen, sogar Brians Taxi hielten bereits vor dem Gebäude.
Ein fernes Donnergrollen war zu hören, als wir in unser Klassenzimmer rannten. Die Direktorin rief: »Beeilt euch, Kinder. Eure Busse warten.«
Ich bepackte die Kinder mit ihren Bildern und Arbeiten aus dem letzten Schuljahr. Hannah hatte so viel, daß sie zweimal gehen mußte. Und dann waren sie schließlich auf der kleinen Veranda vor unserem Klassenraum versammelt, und ich nahm jedes von ihnen einen Moment in die Arme.
»Hört zu«, sagte ich. »Ich wünsche euch einen schönen Sommer und alles Gute für das nächste Schuljahr. Ich gehe vielleicht im Herbst selbst noch einmal zur Schule und kann euch deshalb eine Zeitlang nicht sehen. Aber ich werde immer an euch denken...«
Das Donnergrollen kam näher; die Fahrer hupten; der Herbst war noch so fern. Die Nachricht, daß ich nicht zurückkommen würde, schien fast bedeutungslos zu sein.
»Lauft jetzt«, sagte ich. »Schnell, bevor es zu regnen anfängt.«
Rufus saß im ersten Bus, Jamie neben sich, und er winkte fröhlich, als er an mir vorbeifuhr. Brians Taxi folgte unmittelbar danach. Er drückte sein liebes, intelligentes Gesicht gegen die Fensterscheibe.

Ich trat einen Schritt vor die Tür. »Viel Glück, Brian. Viel Glück in der Schule!«
Er nickte, preßte sein Gesicht noch dichter an die Scheibe und brachte sogar ein winziges Lächeln zustande. Dann war auch er fort.
Hannah? Wo war sie? Es standen nur noch zwei Busse da, und diese beiden setzten sich soeben in Bewegung. Kinder winkten aus den halbgeöffneten Fenstern. Meine Augen suchten Hannah, ich wollte sie unbedingt noch einmal sehen. Und dann entdeckte ich sie.
Sie kniete auf einem Sitz am Fenster. Als sie an unserer Tür vorbeifuhr, rief sie mir etwas zu. Ihre Stimme vermischte sich mit den Abschiedsgrüßen der anderen Kinder: »Auf Wiedersehen, Patty. Auf Wiedersehen, Mary. Auf Wiedersehen, Ellen... Wiedersehen, Lehrerin...«
Aber ich hörte einen hellen, zärtlichen Ruf, der alles übertönte – oder zumindest schien es mir so: »Auf Wiedersehen. Auf Wiedersehen, Lovey.«

Epilog

Ich bin nie mehr in die Schule zurückgegangen – es wäre zu schmerzlich für mich gewesen und unfair den Kindern gegenüber –, aber ich habe ihren Weg verfolgt, und jetzt sind sie schon fast erwachsen.
Brian hat die Highschool beendet und einen Job bei einer kleinen Zeitung gefunden. Sein Gedächtnis für Zahlen, Namen und Rekorde findet in der Sportredaktion gute Verwendung.
Rufus ist fast ein Meter achtzig groß. Er absolviert gerade mit Erfolg sein drittes Highschooljahr. Während des Sommers arbeitet er in einem Lager für behinderte Kinder.
Jamie ist zu Hause und besucht einen vorberuflichen Schulungskurs, der ihn auf die Arbeit in einer Behinderten-Werkstätte vorbereitet.
Hannah lebt jetzt im Süden. Ihr Großvater starb, und Mrs. Rosnic verkaufte das Haus und zog mit ihren drei Kindern nach Florida zu ihrer langjährigen Freundin, Hannahs Patentante. Hannah trat in eine Tagesschule ein, die hinsichtlich der Betreuung emotional gestörter Kinder einen guten Ruf genießt. Zuerst kam sie in eine Klasse, in der ein Lehrer unterrichtete, doch dort wurde sie still, zog sich in sich selbst zurück. Daraufhin tat man sie in eine andere Klasse, wo sie sich unter der Anleitung einer fähigen jungen Frau weiterzuentwickeln begann. Nach dem, was ich zuletzt gehört habe, macht sie gute Fortschritte. Sie hat ein Talent für die Arbeit mit kleineren Kindern gezeigt und hilft oft in den unteren Klassen aus, vor allem in den Tanzstunden.
Ich habe mein Collegestudium mit einem »Bachelor«-Grad in Pädagogik und einem »Master« in Lernbehinderungen abgeschlossen. Ich arbeite sowohl an öffentlichen Schulen als auch privat noch immer vornehmlich mit Kindern, die emotionale Störungen und Lernprobleme haben.

Clara C. Park:
Eine Seele lernt leben

Die authentische Geschichte eines autistischen Kindes, das durch jahrelange, nie erlahmende Aufopferung von den Qualen seiner inneren Einsamkeit befreit wurde.

Wir wissen noch wenig über dieses Leiden, das die Psychiatrie Autismus nennt. Seine Symptome sind uneinheitlich, doch in den meisten Fällen ist die Persönlichkeitsentwicklung der Kinder gestört. Elly wurde als viertes Kind einer gesunden, glücklichen Familie geboren: Sie war weder debil noch im üblichen Sinn »zurückgeblieben«. Und dennoch war Elly krank. Auch mit anderthalb Jahren, wenn Kinder bereits sinnvolles Spiel, Laufen und Sprechen gelernt haben, rührte sie sich nicht aus ihrer Wiege. Ein stummes, monotones Hinundherschaukeln war ihre einzige Reaktion auf die Umwelt. Aber trotz aller negativen ärztlichen Diagnosen gab die Mutter ihre kleine Tochter nicht auf. Täglich erfand sie neue Spiele, um mit dem Kind Kontakt zu bekommen. Und so spärlich Ellys Reaktionen am Anfang auch waren, sie wurden doch mit jedem Lebensjahr wacher. Schließlich war es soweit, daß sie andere Kinder in ihrer Umgebung duldete und sich in die Gemeinschaft einzufügen begann. Ellys Seele hatte den Weg aus der qualvollen Einsamkeit gefunden.

»Wir sind eine durch und durch akademische Familie. Mein Mann ist der Sohn eines Professors, meine Mutter wurde zu einer Zeit, in der man auf die Erziehung eines Mädchens noch keinen besonderen Wert legte, aus einer kleinen Südstaaten-Provinzstadt in ein College im Norden geschickt. Ich selbst habe an der gleichen Universität, an der mein Mann sein Studium abschloß, meinen Master of Arts gemacht, danach aber aufgehört, weil ich keine klaren Ziele hatte. Als David promovierte, waren wir schon vier Jahre verheiratet, und mit seinem Eintritt ins Berufsleben schien mir die Zeit für Kinder gekommen. Ich hatte drei, bevor Elly geboren wurde. Als ich von meiner Schwangerschaft erfuhr, war Sara sieben, Rebecca sechs und Matthew drei Jahre alt. Es war eine abgerundete, gutgeplante Familie, zwei Mädchen und ein Junge.

Es gibt Tausende solcher Familien in diesem Land. Unser geräumiges Haus gehört zu einem homogenen Gemeinwesen, wo Nachbarn Freunde sind, große Rasenflächen ineinander übergehen und Kinder ungefährdet umherstreifen können. Unsere Stadt ist ein idealer Ort für Kinder. In unserer unmittelbaren Umgebung wohnten fünfzehn oder zwanzig mögliche Spielgefährten für Sara, Becky und Matt. Sie gingen bei uns ein und aus, ließen Bälle, Kaugummipapier und die diversesten Kleidungsstücke zurück, und unsere Kinder taten in anderen Häusern dasselbe. Diese Kinder waren mit Sorgfalt und beachtlichem Erfolg von modernen Müttern wie mir aufgezogen worden. Die meisten von uns waren für eine berufliche Karriere ausgebildet und hatten dann unsere Mutterschaft zum Beruf gemacht. Wir lasen, wir diskutierten unsere Probleme miteinander. Zwar wußte ich in theoretischer Hinsicht weniger über die kindliche Psyche als das Gros der anderen, aber ich setzte wie sie meine ganze Intelligenz und Intuition ein, um meinen erzieherischen Pflichten so gut wie möglich gerecht zu werden.«   *Clara C. Park*

Lizenzausgabe mit freundlicher Genehmigung des
Scherz Verlages, Bern und München
Copyright © 1967, 1972 by Clara C. Park
Titel der Originalausgabe »The Siege«
Aus dem Amerikanischen von Margitta de Hervás
Gesamtdeutsche Rechte beim Scherz Verlag, Bern, München, Wien

Inhalt

1. Das Elfenkind — 5
2. Wir selbst — 15
3. Ärzte und Diagnosen — 26
4. Gewollte Schwäche — 38
5. Augen, die nicht sehen — 52
6. Ohren, die nicht hören — 67
7. Gewollte Isolation — 82
8. In der Familie — 98
9. Die Spezialisten — 113
10. Die Eroberung der Vergangenheit — 135
11. Kompetenz u. Menschlichkeit — 147
12. Die Laien — 168
13. Der Sprache entgegen: Ein langwieriger Prozeß — 185
14. Ordnungsideen — 220
15. Jetzt und später — 236
16. Die anderen — 252

Das Elfenkind   I

Beginnen wir mit einem Bild: Ein blondes kleines Mädchen, das auf Händen und Knien in geheimnisvollem, weltvergessenem Entzücken unablässig einen Fleck auf dem Boden umrundet. Elly. Sie lächelt und lacht, blickt aber nicht hoch; nie versucht sie unsere Aufmerksamkeit auf das mysteriöse Objekt ihrer Wonne zu lenken. Sie sieht uns gar nicht. Für sie existieren in diesem Moment nur sie selbst und der Fleck auf dem Boden, und wiewohl sie mit achtzehn Monaten im Alter des Berührens, Schmeckens, Zeigens, Stoßens und Erforschens ist, tut sie nichts von alledem. Sie läuft nicht, sie klettert keine Treppen hinauf, sie zieht sich auch nicht an irgend etwas hoch, um nach einem Gegenstand zu greifen. Sie hat kein *Verlangen* nach Gegenständen. Sie begnügt sich damit, ihre Stelle zu umkreisen. Manchmal sitzt sie auch da, in der Hand eine lange Kette, deren wechselhafte Bewegungen sie verfolgt, während sie sie auf und ab schlingern läßt, auf und ab – zwanzig Minuten, eine halbe Stunde lang, bis jemand kommt, der Elly fortträgt oder füttert, ihr ein anderes Spielzeug oder auch ein Buch gibt.

Wir sind eine bücherliebende Familie. Auch Elly mag Bücher. Flink, geschickt, entschlossen blättert sie die Seiten um, eine nach der anderen. Es ist ihr gleich, ob sie bunte Bilder oder Text vor sich hat; niemand könnte sagen, ob sie etwas wahrnimmt oder nicht. Schnell, in ununterbrochenem Rhythmus, werden die Seiten umgewendet.

Man redet sie an, laut oder leise. Es kommt keine Antwort. Vielleicht ist sie taub. Das würde vieles erklären – ihre trotzig wirkende, absolute Indifferenz gegenüber simpelsten Anweisungen und Bitten; die Tatsache, daß Monat für Monat vergeht und sie nicht mehr als ein oder zwei Wörter spricht, die sie zudem nur einbis zweimal wöchentlich gebraucht; möglicherweise sogar ihr In-sich-selbst-Versunkensein. Aber wir glauben eigentlich nicht, daß sie taub ist. Sie kann auf ein plötzliches Geräusch hin ganz unvermutet den Kopf wenden. Abrupt dreht sie sich um, wenn mit gedämpftem Schwirren das Wasser in die Waschmaschine einläuft. Und außerdem sind da die Wörter. Wenn sie taub wäre, gäbe es keine Wörter. Und doch tauchen sie jählings auf, aus dem Nichts – um ins Nichts zu entschwinden; jedes neue Wort verdrängt das vorangegangene. Über einzelne Wörter verfügt sie immer wieder, nie allerdings über einen Wortschatz.

Zweiundzwanzig Monate. Sie läuft noch immer nicht, spricht nicht, reagiert nicht, wenn man sie anredet. Der Arzt ist beunruhigt, und sie wird drei Tage lang im Krankenhaus beobachtet. Man findet kein Anzeichen für Phenylketonurie* oder irgendeinen anderen physischen Defekt. (Sie war von Anfang an ein auffallend gesundes Kind; nie gab ihre Temperatur Anlaß, ein Thermometer zu holen.) Die Ärzte beobachteten sie, während sie, in sich selbst zurückgezogen, abwesend fast, in ihrem Kinderbett lag. Sie wollte sich nicht von den Krankenschwestern füttern lassen. Sie lächelten sie an; Elly blickte durch sie hindurch. Die Ärzte sprachen; sie hörte nichts. Sie pfiffen; Elly drehte den Kopf. Ihre Bewegungen waren behend, zielbewußt, ihr Gesichtsausdruck war intelligent. Man sagte uns, sie halte sich noch innerhalb der Kurve normaler Entwicklung, wenn auch im untersten Niveau; wir sollten sechs Monate abwarten und uns vorerst nicht beunruhigen. «Sie macht den Eindruck eines Kindes, das viel allein gewesen ist.»

Allein? Mit drei älteren Geschwistern in einem Haus, wo zudem ständig Nachbarskinder aus und ein gingen? Sie war allein, aber sie schuf sich ihr Alleinsein selbst, suchte, hütete es. Setzten wir sie auf den Boden, damit sie den Kindern beim Spielen zuschauen könnte, so quengelte sie. Wenn sie im Garten herumkrabbelte oder in ihrem Bett lag, war sie glücklich. Ich legte sie nach dem Mittagessen hin; um fünf Uhr war sie immer noch ganz zufrieden, sei es, daß sie

* Erbliche Molekularkrankheit, bei der Phenyl-Purinsäure mit dem Harn ausgeschieden wird. Durch geistige Mängel gekennzeichnet.

schlief oder sich lachend im Bett herumwarf oder vergnügt den Oberkörper hin- und herwiegte, vor und zurück, vor und zurück. Ich merkte allmählich, daß sie – versorgt mit Essen und Trinken – *niemals* den Wunsch verspüren würde, wieder aufzustehen. Sie fühlte sich nur in umschlossenen Räumen wohl. Jedesmal, wenn sie ein Laufställchen sah, wollte sie hinein. Wo keine materielle Schranke zwischen ihr und der Welt vorhanden war, richtete sie eine auf. Durch Menschen schaute sie hindurch, als wären sie Glas. Inmitten angeregt schwatzender Gesellschaft schuf sie sich Einsamkeit und Schweigen.

Ein anderes Bild: Sie ist am Meer, zwei Jahre alt inzwischen und sehr sicher auf den Beinen (als sie soweit war, fing sie einfach an zu laufen – ohne jede Schwierigkeit; es hatte nie ein physisches Hindernis gegeben). Ein braungebranntes, blondes, außergewöhnlich hübsches Kind, geht sie den Sandstrand entlang. Viele Leute schauen sie an, doch sie beachtet niemanden. Sie läuft weiter, in Familiengruppen hinein, an Picknickkörben, Sandburgen und Eimern vorbei. Sie streift die Menschen fast, und man möchte meinen, sie sähe sie nicht. Aber sie sieht sie wohl, denn – so nahe sie ihnen auch kommt, die Augen scheinbar auf irgendeinen Punkt hinter oder neben ihnen gerichtet – sie berührt sie nie. Weiter geht sie. Der Strand ist dort einsamer. Ihre kleine Gestalt wird immer winziger. Als ich sie kaum mehr erspähen kann, beginne ich zu laufen. Sie hätte ohne einen Blick zurück ewig weiterwandern können, so wenig bedeutete ihr menschlicher Kontakt.

Einmal nannte sie ein Freund, der zum erstenmal ihre weiße Haut und ihr glattes blondes Haar, ihre hellblauen Augen und ihre tänzerische Anmut sah, ein Elfenkind. Und sie hatte tatsächlich etwas elfenhaft Leichtes in ihren Bewegungen, eine elfenhafte Reinheit in ihren weltentrückten Augen. Nach und nach wurde sie größer und schmaler, doch an ihrem Gesicht schien die Zeit spurlos vorüberzugehen. Kein Stigma deutete auf eine Schädigung hin; sie sah im Vergleich zu anderen Kindern lediglich auf eine undefinierbare Weise jünger aus. Elfen kennen keinerlei Arglist; selbst wo sie grausam erscheinen, sind sie in Wirklichkeit nur unfähig, unsere

Wünsche, unsere Bedürfnisse und unsere Wärme zu begreifen. Sie haben kein Herz und altern daher nicht. Ellys elfenhafte Unzugänglichkeit, ihre heitere Selbstgenügsamkeit waren die eines Wesens, das in gewisser Weise unberührt von menschlicher Erfahrung leben konnte.

Kleine Kinder bestehen vorwiegend aus Bedürfnissen und Wünschen. Sie sehen sich genährt, gekleidet, saubergehalten, doch das ist nur der Anfang von alledem, was sie verlangen. Sie wollen den Keks, den ein anderer ißt, das Spielzeug, an das sie nicht herankommen, sie möchten spazierengefahren werden. «Mami – ich brauche – ich will – gib mir» – Gegenstände, Aufmerksamkeit, Liebe. Es ist schwer zu sagen, wann man zum erstenmal an seinem Kind gezweifelt hat, aber ich erinnere mich an einen Tag, an dem ich Elly zum Supermarkt mitnahm. Sie war neunzehn Monate alt. Sie saß im Einkaufswagen und ließ interessiert die Dinge auf den Regalen an sich vorüberziehen. Eine Freundin kam mit ihrem Töchterchen vorbei, das genauso alt wie Elly war. Es drehte sich um, schaute zur Mutter hoch und deutete auf eine Schachtel Süßigkeiten.

Mit einemmal fiel mir auf, daß ich Elly nie hatte deuten sehen.

Auf etwas zu zeigen ist eine so simple, spontane, primäre Handlung, daß es lächerlich erscheint, sie zu analysieren. Alle Kleinkinder deuten; der ausgestreckte Arm und Finger ist ein Vorstoß des Selbst in die Umwelt mit dem Ziel, sich zu einem **Objekt zu** äußern, die Aufmerksamkeit des anderen darauf zu lenken, es vielleicht für sich zu beanspruchen. Über das Deuten gelangt man zu der Frage, die die mannigfaltige Welt erschließt: «Was ist das?» Zeigen, etwas erreichen wollen, es ergreifen, heißt, eine Beziehung zwischen sich selbst und der Außenwelt herstellen. Etwas brauchen heißt, es mit sich in Verbindung bringen.

Der kleine Junge meiner Nachbarin ist fast drei Jahre alt und spricht noch sehr wenig; sie sind beunruhigt. Er kommt zu mir herüber, schaut mich an, deutet auf die Schaukel. Die Laute, die er hervorbringt, sind völlig undefinierbar, doch ich verstehe sie: «Ich will.» Ich setze ihn in die Schaukel. Kein Grund zu Besorgnis; *er* überwindet dieses Stadium bestimmt. Elly ist jetzt acht Jahre alt. Ich habe sie noch immer nicht zeigen sehen. Sie hat ein Vokabular von einigen hundert Wörtern. Es enthält «Rechteck», «Viereck» und «Sechseck», aber nicht «Was ist das?»

Die Intensität der Wünsche und die Aggressivität, mit der sie geäußert werden, ist bei Kindern unterschiedlich. Manche Kinder sind von Geburt an in gesundem Maße selbstgenügsam und fähig, sich aus eigenem Antrieb angeregt und vergnügt in ihrem Laufställchen, mit ihrem Spielzeug zu beschäftigen. Andere brauchen ständig Gesellschaft und können mit sich allein nichts anfangen. Solche Kinder versuchen wir zu ermuntern, sie behutsam zur Selbstgenügsamkeit hinzuführen, weil diese für uns ein positiver Zug ist, der die Entfaltung der eigenen Möglichkeiten begünstigt und letzten Endes selbständig macht.

Es dauert einige Zeit, bevor eine vielbeschäftigte Mutter merkt, daß ein Kind auch allzu selbstgenügsam sein kann.

Elly deutete nicht. Nie versuchte sie Gegenstände zu erlangen, die sich außerhalb ihrer Reichweite befanden; sie schien ihr Vorhandensein gar nicht wahrzunehmen. Sie war gern in ihrem Bett und in ihrem Laufställchen; nahm man sie heraus, so krabbelte sie von Zimmer zu Zimmer. Aber es war der reine Bewegungsdrang, der sie dazu trieb, nicht Neugier. Sie zog nicht an Lampen und Tischen, sie schob nichts von seinem Platz, sie machte keine Schublade auf. Es bedurfte keiner Sicherung der Treppe, wie sie bei den anderen Kindern nötig gewesen war. Elly war gar nicht daran interessiert, nach unten zu gelangen, und es bestand auch keine Gefahr, daß sie hinunterfiel. Wiewohl vieles nie in ihr Bewußtsein vordrang, nahm sie jede Kante wahr. Zudem akzeptierte sie Begrenzungen mit einer Bereitwilligkeit, die deutlich machte, daß sie sie willkommen hieß. Eines Tages lernte sie im Spiel mit ihrer Schwester, die Treppe hinaufzuklettern, und wir erwarteten, daß sie die neuerworbene Fähigkeit nun oft erproben würde. Doch schon nach zwei Tagen – wir hatten das Wochenende in einem Haus ohne Treppen zugebracht – dachte sie nicht mehr daran. Erst sechs Monate später machte sie den nächsten Versuch.

Sobald sie aufrecht sitzen konnte, nahm sie die Mahlzeiten mit uns am Tisch ein. Sie griff mit den Fingern nach dem, was man ihr vorlegte, oder ließ es sich von mir in den Mund schieben; manchmal wies sie es auch zurück. Was die anderen aßen, interessierte sie nicht. Sie war zufrieden. Nicht teilnahmslos – sie lächelte, lachte sogar. Sie war einfach zufrieden.

Wenn sie, was selten vorkam, einmal Schwierigkeiten machte, dann stets wegen etwas, was jedem außer ihr trivial vorkam. Man hatte ihr die Milch in einem Glas statt in ihrem silbernen Becher gegeben oder nach der Mahlzeit statt vorher. Es war nicht leicht zu erraten, was ihr nicht gefiel, denn sie lieferte uns keinen Anhaltspunkt; aber wir mußten uns bemühen, es herauszufinden, denn sie pflegte bei solchen Gelegenheiten in lautes Geschrei auszubrechen, das erst verstummte, wenn wir das Problem gelöst hatten.

Wir hatten nie daran gedacht, daß sie ein zurückgebliebenes Kind sein könnte, doch während der sechsmonatigen Wartezeit nach ihrem Krankenhausaufenthalt drängte sich uns die Befürchtung ständig auf. Wenn eine Zweijährige noch nicht richtig läuft, kaum etwas sagt oder versteht, immer wieder dasselbe oder gar nicht spielt, was anders könnte sie sein als entwicklungsgehemmt? Wir selbst und auch die Ärzte meinten Intelligenz wahrzunehmen. Doch das intelligente Aussehen eines Kindes ist ein ungreifbares Phänomen, eine Sache der Interpretation. Greifbar ist nur, was das Kind wirklich *tut*. Und dieses Kind tat von morgens bis abends beinahe nichts. Weshalb sollte sein In-sich-selbst-Versunkensein als zielgerichtet und konzentriert gedeutet werden, nur weil es uns in unserer Unerfahrenheit so vorkam? Sahen wir nicht vielmehr den umwölkten, starren Blick eines zurückgebliebenen Kindes, dessen in sich gekehrte Art die natürliche Haltung gegenüber einer seinem Begreifen entzogenen Welt war? Bei Jugendlichen – ja schon bei größeren Kindern – sind uns die Diskrepanzen zwischen dem, was sie zu tun vermögen, und dem, was sie tatsächlich tun, bis zum Überdruß vertraut. Aber bei einem Kleinkind? Elly war etwas über ein Jahr alt, als sich ihre Entwicklung zu verlangsamen begann. Sie war nie krank gewesen, hatte niemanden entbehren, keine Umweltveränderung ertragen müssen. In diesem Alter erwartet man gemeinhin, daß der Organismus spontan reagiert. Was er leisten kann, leistet er. Wenn Elly irgend etwas nicht tat, so hieß das zweifellos, daß sie nicht dazu befähigt war.

Doch so sehr wir uns auch an den Gedanken zu gewöhnen versuchten, wir fanden ihn nicht überzeugend. Ich wußte nicht viel von zurückgebliebenen Kindern, aber ich dachte mir, daß man sie vor allem an fruchtlosen Bemühungen erkennen müßte. Elly bemühte sich nie um etwas, und das wenige, das sie zu tun lernte, gelang ihr gleich beim erstenmal. Ich stellte mir entwicklungsgehemmte Kinder schwerfällig, unbeholfen, linkisch vor. Ellys Griff war fest, sie bewegte sich bedächtig, mit nachtwandlerischer Sicherheit. Sie stolperte nicht, fiel nicht hin, verschüttete nichts, ließ nichts fallen. Wie schön ihre Kette auf- und abschwang! Aber wie selten sie ihre kleinen, tüchtigen Finger gebrauchte! Mit der Zeit begann sie ein paar elementare Wünsche kundzutun. Sie verlangte nun endlich nach etwas – einem Stück Kuchen vielleicht, wenn wir am Tisch saßen. Natürlich bat sie nicht mit Worten darum und auch nicht mit irgendwelchen Lauten. Und ebensowenig griff sie selbst danach. Statt dessen packte sie den nächstbesten menschlichen Arm und dirigierte ihn entschlossen zu dem begehrten Objekt. Sie benutzte diesen fremden Arm und die Hand wie ein Werkzeug, so als ob der zugehörige Mensch nicht existierte.

Es war unmöglich, ihre Intelligenz testen zu lassen. Sie hätte durch den Psychologen einfach hindurchgeschaut. Jeder Test setzt eine Kommunikation voraus; in Ellys Fall kam keine Kommunikation zustande, und so konnte man ihr nicht begreiflich machen, was man von ihr erwartete – die bloße Idee, daß ein Mensch bezüglich eines anderen Erwartungen hegen könnte, war ihr schon fremd. Wir konnten sie nicht testen – aber ich konnte sie beobachten. Ein mit uns befreundeter Psychologe erwähnte einmal, daß ein zweijähriges Kind imstande sein müßte, einen Turm aus vier Bauklötzchen zu errichten. Elly besaß Bauklötzchen. Gelegentlich benutzte sie eines, um damit auf die Seiten eines Buches zu klopfen, während sie sie umblätterte. Das war alles.

Eines Tages setzte ich mich neben sie auf den Boden und baute aus vier Klötzchen einen Turm. Fein säuberlich trug sie ihn Block für Block wieder ab – schwungvolle Zerstörung lag ihr nicht. Ich nahm ihre Hand und benutzte sie als *mein* Werkzeug, um einen neuen Turm zu errichten. Daraufhin setzte sie sehr ordentlich einen dritten auf. Genauso verhielt sie sich, wenn es darum ging, Pflöcke in Löcher zu stecken oder Ringe auf einen Stab zu legen. Immer dieselbe Passivität, diese scheinbare Unfähigkeit; wenn jedoch die Initiative von außen kam, konnte sie Prinzip und Technik sofort begreifen.

In jenen Jahren sah ich Elly nur ein- oder zweimal nach Kinderart etwas nachahmen – spontan ein gehörtes Wort oder die Handlung eines anderen wiederholen. Elly tat so wenig von dem, was andere taten. Und ihre spärlichen Wörter und Handlungen entsprangen überdies noch nicht einmal einem sozialen Kontext, sondern, so schien es, dem Nichts. Um Kontakt bemüht, tat ich genau das, was sie nicht tat; ich richtete mich nach *ihr*, ich imitierte *sie*. Bedeckte sie also ein Blatt mit vagem Gekritzel, so folgte ich ihrem Beispiel. Nun langweilt das einen Erwachsenen bald; nach einer Weile zeichnete ich Kreise, ein oder zwei Gesichter und ein paar Fische. Elly achtete nicht darauf und kritzelte weiter.

Am nächsten Tag malte sie jedoch plötzlich ihre ersten geschlossenen Figuren. Drei Tage, nachdem ich ein Kreuz gezeichnet hatte, tat sie dasselbe. Erforderte es nicht mehr Intelligenz, eine Figur nach drei Tagen aus dem Gedächtnis wiederzugeben als gleich, wie es ein normales Kind getan hätte? Wie hoch würde ihr das bei einem Intelligenz-Test angerechnet?

Aber das waren Lichter, die kurz aufflackerten und verlöschten. Elly türmte einige Monate lang Bauklötzchen übereinander. Dann erfand sie, was schon erstaunlicher war, spontan ihr eigenes Klötzchenspiel, indem sie achtzig oder hundert Klötzchen in schnurgeraden parallelen Reihen anordnete. Sie beschäftigte sich unablässig damit, so, wie sie mit ihrer Kette gespielt hatte. Es war immer dasselbe: Jede neue Fertigkeit endete, statt zu schwierigeren Aktivitäten zu führen, in steriler Wiederholung, bis sie schließlich aufgegeben wurde. Nach drei Wochen hatte sie genug von Kreisen. Nach sechs Monaten waren die Bauklötzchentürme vergessen. Und jedesmal war es ein so endgültiges Sichabwenden, daß man den Eindruck haben konnte, sie hätte sich nie mit diesen Dingen beschäftigt.

Manches tat sie auch nur bei einer einzigen Gelegenheit. So sah sie z. B. am Tage ihrer Heimkehr aus dem Krankenhaus eine Schere auf dem Boden des Spielzimmers liegen und sprach daraufhin ganz unvermittelt das Wort aus, klar und deutlich. Und noch einmal, schon weniger deutlich. Sie gebrauchte es nie wieder. Eines Tages nahm sie die Kehrichtschaufel und den Handbesen und kehrte den Boden, wie jedes andere kleine Mädchen, das seiner Mutter gleichen möchte. Einmal «fütterte» sie eine Puppe mit Cornflakes. Einmal, nur einmal. Alle ihre Handlungen sind eine Augenblickssache und gehören sofort der Vergangenheit an. Man mißtraut seinen Sinnen, man mißtraut seinem Gedächtnis. Hatte ich es wirklich gesehen? Hatte sie es je getan?

Wieviel nahm sie von der Welt auf, die sie umgab? Fast nichts, so schien es. Eines Tages jedoch, mehrere Monate vor ihrem dritten Geburtstag, brach eine Bleistiftspitze ab, während wir nebeneinander auf dem Boden Papier bekritzelten. Elly stand auf, drückte mir den Bleistift in die Hand und schob mich zur Tür. Ich verhielt mich passiv; ich konnte nicht glauben, daß sie wirklich ein bestimmtes Ziel im Auge hatte. Aber sie dirigierte mich tatsächlich durch zwei Zimmer hindurch in ein drittes, geradewegs zum Bleistiftspitzer. Es wunderte mich, daß sie genau wußte, wo er stand und wozu er diente. Wenn sie das wußte, was mochte sie dann noch alles wissen?

Ich brachte sie wieder zum Arzt – demselben gescheiten Praktiker, der ihr auf die Welt verholfen, ihre Abnormität erkannt und ihre ersten Tests überwacht hatte. Er beobachtete sie, während sie bunte Holzdübel sehr sorgfältig in die zugehörigen Löcher steckte, und erklärte, sie mache nicht den Eindruck eines zurückgebliebenen Kindes. Es könne – er stockte. Es könne etwas anderes sein. Er sei kein Experte in Psychologie.

Ich war es ebensowenig.

Ich wußte nur, daß mein viertes Kind nicht wie seine Geschwister war, die mich brauchten und mich liebten wie ich sie. Elfen hatten mein Baby entführt und eins der ihren dagelassen. Und nun bewegte sie sich Tag für Tag mitten unter uns, ohne uns ganz anzugehören, fügsam, wenn wir uns ihr näherten, teilnahmslos, wenn wir uns entfernten, gelassen, unbeschwert, in vollkommenem Gleichgewicht. Sie existierte unter uns, aber ihre Daseinsebene lag anderswo. Solange keine Forderungen an sie gestellt wurden, war sie zufrieden. Wenn Lächeln und Lachen Glück widerspiegeln, war sie innerhalb der unsichtbaren Wände, die sie umschlossen, sogar glücklich. Sie bewohnte eine wehrhafte, selbsterrichtete Burg. Aber wir konnten sie nicht dort belassen. Wir mußten angreifen, einzudringen versuchen, nicht weil sie unglücklich darin gewesen wäre, was nicht zutraf, sondern weil das Gleichgewicht, das sie gefunden hatte, in seiner Vollkommenheit jegliche Chance einer Weiterentwicklung zunichte machte. Wir hatten alles akzeptiert; jetzt mußten wir unsere Einstellung ändern. Eine erschreckende Arroganz unsererseits, denn – was hatten wir ihr zu bieten? Wer von uns war so zufrieden wie Elly? Die Welt, in die wir sie hineinziehen wollten, war eine Welt der Gefahren, Fehlschläge und Frustrationen, der unerfüllten Wünsche und des Leides ebenso wie der Aktivität und der Liebe. Warum sollte sie ihr Nirwana verlassen? Doch sie gehörte auch uns, nicht nur sich selbst, und wir wollten sie bei uns haben. Und wenn es nicht genug war, was wir ihr zu bieten hatten – es gab nichts anderes. Angesichts eines lebensverweigernden kleinen Kindes entschwinden alle existentiellen Bedenken. Uns blieb keine Wahl. Wir waren entschlossen, jede List zu nutzen, um die Festung zu stürmen. Wir waren entschlossen, jede Verführungskunst zu gebrauchen, um unser Kind in ein menschliches Dasein hineinzulocken.

Wir selbst 2

Elly lebte nur scheinbar isoliert, denn schließlich wohnte sie ja bei uns. Ihr Haus beherbergte noch fünf Menschen außer ihr. Wir gingen an ihr vorbei, wir sprachen, wir berührten sie, wir sorgten für sie. Es wird Zeit, uns vorzustellen, die Familie, die Ellys Umwelt hätte darstellen sollen.

Ellys Vater ist Professor. Er erwirbt Wissen, er lehrt, er schreibt. Seine Arbeit ist abwechslungsreich, anspruchsvoll und im großen und ganzen befriedigend. Er ist an einem kleinen, sehr guten College* tätig, wo die Professoren sowohl Lehrer als auch Gelehrte sind, die nicht nur aus der Ferne dozieren, sondern mit ihren Studenten wirklich arbeiten. Schon bevor wir uns mit Ellys Problemen auseinanderzusetzen hatten, waren wir der Überzeugung gewesen, daß alles Lernen letzten Endes von den – wie man sie heute mit einem Anflug wissenschaftlicher Objektivität nennt – «zwischenmenschlichen Beziehungen» abhängt. Wir konnten nur nicht ahnen, was für eine schwere Probe unseren Überzeugungen noch bevorstand.

Wir sind eine durch und durch akademische Familie. Mein Mann ist der Sohn eines Professors, meine Mutter wurde zu einer Zeit, in der man auf die Erziehung eines Mädchens noch keinen besonderen Wert legte, aus einer kleinen Südstaaten-Provinzstadt in ein College im Norden geschickt. Ich selbst habe an der gleichen Universität, an der mein Mann sein Studium abschloß, meinen Master of Arts gemacht, danach aber aufgehört, weil ich keine klaren Ziele hatte. Als David promovierte, waren wir schon vier Jahre ver-

---

* Institution auf Universitätsebene, wo der niedrigste akademische Grad des Bachelor of Arts (B.A.) und des Bachelor of Science (B.S.) erworben werden kann.

heiratet, und mit seinem Eintritt ins Berufsleben schien mir die Zeit für Kinder gekommen. Ich hatte drei, bevor Elly geboren wurde. Als ich von meiner Schwangerschaft erfuhr, waren Sara sieben, Rebecca sechs und Matthew drei Jahre alt. Es war eine abgerundete, gutgeplante Familie, zwei Mädchen und ein Junge.

Es gibt Tausende solcher Familien in diesem Land. Unser geräumiges Haus gehört zu einem homogenen Gemeinwesen, wo Nachbarn Freunde sind, große Rasenflächen ineinander übergehen und Kinder ungefährdet umherstreifen können. Unsere Stadt ist ein idealer Ort für Kinder. In unserer unmittelbaren Umgebung wohnten fünfzehn oder zwanzig mögliche Spielgefährten für Sara, Becky und Matt. Sie gingen bei uns ein und aus, ließen Bälle, Kaugummipapier und die diversesten Kleidungsstücke zurück, und unsere Kinder taten in anderen Häusern dasselbe. Diese Kinder waren mit Sorgfalt und beachtlichem Erfolg von modernen Müttern wie mir aufgezogen worden. Die meisten von uns waren für eine berufliche Karriere ausgebildet und hatten dann unsere Mutterschaft zum Beruf gemacht. Wir lasen, wir diskutierten unsere Probleme miteinander. Zwar wußte ich in theoretischer Hinsicht weniger über die kindliche Psyche als das Gros der anderen, aber ich setzte wie sie meine ganze Intelligenz und Intuition ein, um meinen erzieherischen Pflichten so gut wie möglich gerecht zu werden. Ich hatte fasziniert die ersten Sprechversuche meiner Kinder überwacht. Ich hatte die ersten Zeichen der sprachlichen Entwicklung beobachtet, die von der Welt der Menschen und Objekte zum Beginn des abstrakten Denkens führt. Ich hatte Bücher mit ihnen angeschaut und ihnen vorgelesen. Ich hatte Ton und Modellierpaste für sie besorgt. Ich hatte ihnen die Zahlen und Buchstaben beigebracht und sie Wörter buchstabieren gelehrt. Ich hatte darauf geachtet, daß sie die klassischen Kinderbücher erhielten, die sowohl ihre Phantasie anregten als auch belehrend waren. Ich hatte gestraft und belohnt; ich hatte versucht, sie zu Großzügigkeit, Selbstbeherrschung und Güte zu erziehen. Ich hatte gewaschen und gekocht, zugeredet und diskutiert. Ich hatte mich voll und ganz der Aufgabe gewidmet, die ersten Jahre dieser kleinen Wesen zu überwachen, und ich war sehr stolz auf mein Werk. Jeder hätte gesagt – und viele Leute taten es –, daß ich drei reizende Kinder hatte.

Müßte ich sie beschreiben, dann würde ich es an dieser Stelle tun. Ihre unterschiedlichen Charaktermerkmale, die Stärken und die Schwächen eines jeden von ihnen sind Teil von Ellys Geschichte. Doch dieser Teil muß aus Fairness zu ihnen unvollständig bleiben, selbst auf die Gefahr hin, daß ich nicht die ganze Wirklichkeit erfasse. Ich schreibe hier nur das Notwendige nieder, das Auf-der-Hand-Liegende, was von Lehrern, Freunden und Nachbarn bestätigt wurde. Unsere Kinder waren intelligent, aufnahmebereit und anpassungsfähig. Überdies waren sie – obwohl das ziemlich belanglos ist – außergewöhnlich, ja beinahe unwirklich hübsch mit ihrem goldblonden Haar und der rosa schimmernden Haut. Ich schwelgte in ihrem hübschen Aussehen, das mir jedesmal wie ein Wunder vorkam, wenn ich an meine eigene, in dieser Hinsicht weniger begünstigte, bebrillte Kindheit dachte. Ich war, wie gesagt, furchtbar stolz darauf, drei solche Kinder hervorgebracht zu haben. Aber ich hatte die Vorstellung, daß mein Werk im wesentlichen getan sei und ich mich jetzt auch wieder einigen anderen Dingen zuwenden könnte.

Denn inzwischen hatte ich gemerkt, daß ich keine Frau war, die ausschließlich in Haushalt und Familie aufgehen konnte. Ich spürte eine Berufung in mir – etwas, was ich während meiner Ausbildung zu scheu und bescheiden gewesen war, mir selbst einzugestehen. Als ich auf der Universität war, hatte ich zwar schon ein wenig unterrichtet, aber erst jetzt war ich sicher, daß die Lehrtätigkeit genau das war, was mir zusagte. Ich hatte sieben Jahre damit zugebracht, kleine Kinder etwas zu lehren, und mit einigem Erfolg. Nun wollte ich junge Menschen unterrichten, deren Verstand meinem eigenen eher entsprach. In zwei Jahren würden alle Kinder die Schule besuchen, und ich hätte wieder etwas Zeit, um zu lesen und mein Wissen auf den neuesten Stand zu bringen. Ich konnte schreiben oder eine Schule ausfindig machen, wo man mich stundenweise arbeiten ließ.

In diesem Stadium hoffnungsvoller Planung überraschte mich meine vierte Schwangerschaft. Alles würde noch einmal von vorne beginnen. Ich war anfangs ein wenig deprimiert, weil sich die Tore von neuem für mich geschlossen hatten, doch ansonsten verlief die Zeit zunächst normal. Meine Niedergeschlagenheit wich bald einer tragikomischen Wut, und schließlich fand ich die ganze Angelegenheit nur noch erheiternd. Als ich im sechsten Monat war, bekamen die Kinder die Masern. Ich hatte sie nie gehabt und machte mir große Sorgen. Doch mein Arzt versicherte mir, daß die Masern im Gegensatz zu den Röteln dem ungeborenen Kind kaum gefährlich werden könnten. Außerdem, so meinte er, irrte ich mich vermutlich; die meisten Leute hätten irgendwann Masern gehabt. Vielleicht hatte ich es nur vergessen. Ich war dennoch beunruhigt und wandte mich deshalb an eine Bostoner Ärztin, mit der ich befreundet war. Sie bestätigte all das, was ich schon gehört hatte. Also erhielt ich von meinem eigenen Arzt Gammaglobulin, damit die Krankheit zumindest milde verliefe, falls ich sie mir zuzöge. Als ich sie dann tatsächlich bekam, ging es mir ziemlich schlecht, aber nach einer Woche war alles überstanden, und ich erholte mich schnell.

Drei Monate später, am 20. Juli 1958, kam das Baby pünktlich und ohne Komplikationen zur Welt. Wieder einmal hatte ich ein Kind geboren – eine unerhörte Erfahrung, die sich mit keiner anderen vergleichen läßt. Arzt und Schwestern bewegten sich hin und her wie im Traum. Ich lag völlig erschöpft im Kreißsaal, in jenem Zustand der aufs höchste gesteigerten Empfindsamkeit, der einer Anstrengung folgt, die einen Menschen total beansprucht hat. Was war es diesmal? Ein Junge, ein Mädchen? Die Schwester nahm die Antwort vorweg. «Es ist ein prächtiger Junge.»

Doch das stimmte nicht. Die Schwester hatte einen Fehler gemacht – sich vielleicht versprochen –, den sie sofort korrigierte. Aber nach länger anhaltenden Schmerzen ist man sehr verwundbar: Bis zu diesem Moment der Enttäuschung war ich mir nicht bewußt gewesen, wie sehr ich mir einen Jungen gewünscht hatte – einen Bruder für Matt, der sich nun unter drei Schwestern isoliert fühlen würde, einen Jungen, für den man größere Träume träumen kann... Aber es war ein Mädchen, und der Arzt hatte recht gehabt: Die Masern hatten keine Spur hinterlassen. Es war ein gesundes, wohlgestaltetes Kind, außergewöhnlich nur darin, daß sie Tag und Nacht schrie, weil sie Koliken plagten. Und selbst dies war in unserer Familie nichts Ungewöhnliches. Becky hatte dasselbe durchgemacht. Und letzten Endes sind diese Säuglingskoliken auch nichts Besorgniserregendes, sondern lediglich eine Belastung für das Kind und seine nächsten Angehörigen. Elly wurde abwechselnd von meiner Mutter und von mir gewiegt und gehätschelt, damit die Familie tagsüber ein wenig Ruhe hatte und nachts schlafen konnte. Elly schrie weiter und wuchs. Als sie dreiundeinhalb Monate alt war, hatte sie die Koliken im wesentlichen überstanden, und mit fünf Monaten war sie ein heiteres, munteres Kind.

Schon ein zweites Baby beobachtet man nicht mehr so genau wie das erste, und das vierte noch weniger. Dennoch erinnere ich mich, daß Elly anfangs im großen und ganzen pünktlich alles tat, was ein normales Kind zu tun pflegt. Mit sieben Wochen lächelte sie, wenn sie ihr Geschrei einmal unterbrach. Mit zwei Monaten lächelte sie sogar schon ihren Teddybär an, was uns sehr früh vorkam. Sie begann um dieselbe Zeit wie die anderen nach Gegenständen zu greifen. Wie sich aus Fotografien ersehen läßt, war sie mit fünf Monaten ein aufgewecktes, fröhliches Baby, das aus seinem Badewännchen heraus den Beschauer anlächelte. Manchmal spielt einem das Gedächtnis einen Streich. Meine Kinder haben alle das gleiche Haar und die gleiche Gesichtsfarbe, und ihre Babyfotos ähneln sich sehr. Nach drei Jahren, als Elly uns schon längst entrückt war, nahm ich mir einmal die alten Fotos vor, um festzustellen, wann es angefangen hatte. Ich fand das Bild eines lachenden Babys, dessen Augen am Gesicht seines Vaters hingen, der die Aufnahme machte. Ich legte es weg. Das war nicht Ellys leerer Blick, der niemanden wahrnam. Die Fotos mußten durcheinandergeraten sein. Das war nicht Elly, das war Matt. Aber ich irrte mich. Zwei Jahre später brachte mir meine Mutter einen Abzug dieser Aufnahme, auf dem das entsprechende Datum vermerkt stand. Es war Elly. Das lächelnde Baby hatte wirklich existiert. Sie war damals anders gewesen.

Wie jedes meiner Kinder stillte ich auch Elly neun Monate lang. Ihr kleiner, weicher Körper schmiegte sich wie die der anderen in meine Arme, und es schmerzte mich, Elly zu entwöhnen. Ich bin eine überschlanke, nervöse Frau. Heitere Gelassenheit kenne ich kaum, und so schätze ich die seltenen Gelegenheiten, die mir dazu verhelfen. Die langen Stunden, die ich damit verbrachte, entspannt meine Kinder zu stillen, während jeder von uns beiden zufrieden im anderen ruhte, waren für mich die glücklichste Zeit ihres Säuglingsalters.

Als ich Elly entwöhnte, war sie noch ein richtiges Baby. Die Kinder der meisten anderen Leute beginnen nach sechs Monaten alles mögliche zu unternehmen – sie setzen sich auf, sie krabbeln, sie fallen um, sie verschlucken Nadeln. Im selben Alter, in dem sich fremde Kinder bereits an ihren Laufställchen hochziehen, liegen die meinen noch den ganzen Tag auf einer Decke. Ich kannte das. Matthew hatte sich erst mit acht Monaten aufgesetzt; Becky brauchte elf Monate, bis sie zu krabbeln anfing, siebzehn, bis sie ohne Stütze stehen konnte, und neunzehn, bis sie laufen lernte. Bei Elly sahen wir zunächst nur, daß sie zu allem noch einen Monat mehr benötigte. Mit neun Monaten saß sie endlich aufrecht. Mit einem Jahr krabbelte sie herum. Monate vergingen, ohne daß sie zu laufen angefangen hätte. Eine andere Familie wäre angesichts so zögernder Fortschritte vielleicht beunruhigt gewesen. Wir sahen keinen Grund dafür. Elly krabbelte sehr sicher herum, nachdem sie einmal damit begonnen hatte. Und daß sie, auch als sie sich fortbewegen lernte, noch so genügsam schien – welche Mutter von vier Kindern hätte das nicht als eine Tugend betrachtet?

Wann fing es also an? Eine meiner Freundinnen, die selbst vier Kinder hat, sagt, sie habe schon ein ungutes Gefühl gehabt, als Elly erst acht Monate alt war, weil das Kind, ohne auch nur eine Klapper in der Hand zu haben, so zufrieden dalag. Hat sie damit einen entscheidenden Punkt getroffen? Es gibt Fotos aus jener Zeit (die Daten sind vage; wir konnten ja damals nicht ahnen, daß Elly einmal ein medizinischer Fall sein würde). Das freundliche, lebendige Lächeln ist fortgewischt, und nur auf einem einzigen Foto blickt sie in die Kamera. Ihre Miene ist ernst. Hatte es damals begonnen? Aber diese Fotos stammen von einem bestimmten Tag. Und auch ein Baby fotografiert sich nicht alle Tag gleich gut. Vielleicht war sie einfach müde gewesen ...

Hatte es etwas zu bedeuten, daß sie schon mit acht Monaten, gut gestützt auf einem Stuhl sitzend, jene seltsame Anspannung aller Muskeln zeigte, die ihren Körper anfallartig erzittern ließ und bis heute ihre Reaktion auf intensives Interesse oder Vergnügen geblieben, nur leider nie in Gegenwart eines Arztes aufgetreten ist? War es bezeichnend, daß sie noch mit einem Jahr keinerlei Gefallen an dem ersten Versteckspiel hinter einer Windel fand, das ihre Geschwister mit vergnügtem Kreischen quittiert hatten? Andererseits unterscheiden sich Kinder natürlich voneinander, und nicht alle mögen dieselben Spiele. Elly schien selbständig und fröhlich. Uns fiel jedenfalls damals nichts an ihr auf.

Man stellt sich die Frage nach einem etwaigen Trauma und findet keines. Sie war nur selten und niemals ernsthaft krank. Ein paar leichte Erkältungen, die fieberlos abliefen. Mit sechs Monaten die Windpocken in ungewöhnlich leichter Form. Mit siebzehn Monaten Ohrenschmerzen. Wir merkten es daran, daß sie wimmerte und sich das Ohr rieb. Sicherheitshalber holten wir den Arzt – zum erstenmal in ihrem Leben. Es ging ihr schon besser, als er kam, und sie hüpfte lachend in ihrem Bettchen auf und ab. Ich weiß noch, daß er sagte: «Was für ein reizendes Kind!» Und doch hatte es damals zweifellos schon begonnen.

Ihre eigene Gesundheit war intakt; die meine ebenfalls. Es hatte keine Krankenhausaufenthalte gegeben und nur eine einzige Trennung von uns – für ein Wochenende, als sie neun Monate alt war. Verblüfft hält man nach weniger offenkundigen Gründen Ausschau – kleinen Vorfällen und Erlebnissen, die sich nachträglich als bedeutsam erweisen könnten. Einmal rannte ein Kind mit Ellys Sportwagen gegen eine Bodenwelle, und sie wurde herausgeschleudert und fiel auf den Kopf. Eine Verletzung? Doch als ich sie aufhob, war sie nicht im mindesten benommen und schrie kräftig und laut. Dann war da jene Reise, die wir in Ellys zweitem Sommer unternahmen, einen Monat nach ihrem ersten Geburtstag. Es war eine typische Stationwagen-Safari, auf der wir nacheinander verschiedene Freunde besuchten. Einmal übernachteten wir unter sehr provisorischen Umständen und schliefen schlecht, auch Elly. Dementsprechend war die Fahrt am nächsten Tag ein regelrechter Alptraum. Die Kinder quengelten, das Benzin ging uns aus, und zudem verloren wir Geld. Elly wollte nicht schlafen und weinte stundenlang. Wir kamen völlig erschöpft bei der Familie an, die uns als nächste erwartete, und dann stürmte es auch noch so, daß wir drei Tage nicht aus dem Haus konnten, was bedeutete, daß sich sieben Kinder ständig in einem nicht sehr großen Wohnraum aufhalten mußten. Elly quengelte immerfort. Ich hatte sie noch nie so gesehen. Als sich das Wetter besserte, krabbelte sie allein in dem stillen Garten herum, und es gab keine weiteren Komplikationen. Hatte es damals begonnen? War jene aufregende, unbequeme Woche der Anfang?

Ich bezweifle es. Etwas so Gewöhnliches kann kaum derart verheerende psychische Folgen für ein Baby nach sich ziehen – wenn das Baby zuvor gesund war. Dennoch erwähne ich es, so wie ich alles andere erwähnt habe – die Masern, die Koliken, den Sturz aus dem Sportwagen und die Tatsache, daß ich eine intellektuelle Mutter war, die sich mit ihrer femininen Rolle keineswegs zufriedengab und das vierte Kind eigentlich gar nicht wollte. Denn irgendwo liegt die Erklärung – hier oder in dem, was sich vielleicht eines Tages über das komplexe Gleichgewicht des kindlichen Metabolismus oder die Choreographie der Elektronen im kindlichen Gehirn aussagen läßt. Ich muß in diesem Bericht jeden potentiellen Anhaltspunkt verzeichnen und nicht zuletzt das, was auf mich selbst zurückfällt. Unsere Daten müssen so vollständig wie möglich sein, wenn irgendwann einmal jemand das Wesentliche vom Unwesentlichen trennen soll.

Elly wuchs also heran, und obschon wir uns rückblickend an das eine oder andere Detail erinnern, setzte ihr Zustand alles in allem doch ganz unmerklich ein. Wir wußten, daß wir ein Kind hatten, das mit zweiundzwanzig Monaten noch nicht sauber war – aber das gleiche traf auf die meisten unserer Nachbarskinder zu. Sie lief noch nicht, doch der kleine Junge ein paar Häuser weiter saß ebenfalls zufrieden in seinem Laufställchen, bis er zwei war. Sie benutzte keinen Löffel – aber sie aß sehr fingerfertig mit den Händen. Sie sprach nur ein paar Worte, doch es war uns hinlänglich bekannt, daß Kinder in diesem Punkt nicht alle gleich sind, und im übrigen hatte Einstein auch erst mit vier zu sprechen angefangen. Die verschiedenen Anzeichen, die wir nun so klar erkennen, ließen sich damals leicht auf individuelle Unterschiede zurückführen. Schließlich soll man seine Kinder ja auch nicht drängen. Oft bemerkte irgend jemand, ich sei so an besonders intelligente Kinder gewöhnt, daß mir ein durchschnittlich begabtes Kind langsam vorkomme. Elly wirkte aufgeweckt und zufrieden und zeigte nicht die geringste Koordinationsstörung. Wir waren nicht beunruhigt, zumal wir mit den Jahren gelernt hatten, daß man sich meist grundlos aufregt und daß in vielen Fällen übertriebene Sorge einem Kind mehr schaden kann als das, was sie auslöst.

Wir wurden uns allerdings nach und nach bewußt, daß wir Elly für ein «schwieriges» Kind hielten. Mit vierzehn Monaten war ihre Betreuung noch so einfach gewesen, und da ich mich ja auch um die anderen Kinder kümmern mußte, war ich eine Zeitlang ganz froh, daß sie so geringe Ansprüche an meine Geduld stellte. Sie krabbelte zufrieden herum, entfernte sich nie zu weit, schlief lange und vertrieb sich munter die Zeit, wenn sie aufwachte. Sie versuchte nicht aus dem Bett zu klettern, aber das hatten ihre Geschwister ebenfalls nicht getan, und ich dachte mir auch nichts dabei, daß sie mich nicht rief. Das war Unabhängigkeit. Sie war so selbständig, so heiter und glücklich in ihrem begrenzten Aktivitätsbereich, daß es zu keiner der Willenskonfrontationen kam, wie sie zwischen Müttern und aktiveren Kindern an der Tagesordnung sind. Ich setzte sie wie ihre Geschwister mit dreizehn Monaten nach dem Frühstück auf den Topf. In der ersten Woche hatte die Methode Erfolg, dann nicht mehr. Ich beschloß, noch ein wenig zu warten, «bis sie soweit war». Beim vierten Kind ist man großzügiger. Ich konnte nicht wissen, daß sie noch vier Jahre lang «nicht soweit sein» würde. Auch daß sie den Löffel nicht handhaben lernte, beschäftigte mich nicht weiter. Sie aß sauber und ordentlich, und da sie die Mahlzeiten mit uns am Tisch einnahm, war es leicht, sie zu füttern, wenn es etwas gab, was ihre heiklen Finger nicht anfassen wollten. Und am allerwenigsten hätten wir daran gedacht, sie zum Laufen zu drängen. So fanden wir das Leben mit Elly leicht, bis uns gegen Ende ihres zweiten Lebensjahres allmählich das Gefühl beschlich, daß es nicht mehr leicht war.

Dabei hatte sie sich gar nicht verändert. Sie war so anspruchslos wie eh und je. Aber man erwartet von einer beinahe Zweijährigen doch einiges. Zumindest, daß sie, wenn sie auch selbst wenig sprach, die einfachen Dinge verstand, die man zu ihr sagte. Aber wir konnten bitten, verwehren, eine Belohnung anbieten, sie kommen oder gehen heißen – es geschah nichts. Es war, als hörte sie uns nicht.

Es wurde immer problematischer, sie Babysittern zu überlassen; sie setzen von einem Kind dieses Alters voraus, daß es Anweisungen befolgt und auf alles mögliche reagiert – auf den Ton der Stimme, auf ein Lächeln, auf den Anblick anderer Kinder, die den Raum betreten. Elly, selbstzufrieden auf dem Boden sitzend, blickte nicht einmal auf.

Wir haben auch aus dieser Periode Fotografien. Auf einer sieht man ein rundliches blondes Kind mit einem merkwürdig gespannten Ausdruck in die Kamera schauen. Von der gelösten, heiteren Art, an die ich mich erinnere, ist nichts zu sehen, aber ich weiß auch, was für einen Kampf es kostete, bis diese Fotos entstehen konnten. David machte sie, wie immer, und wir anderen, die Kinder und ich, versuchten währenddessen mit allen Mitteln, Elly auf uns aufmerksam zu machen und zu erreichen, daß sie uns anblickte. Bei all diesen ungewöhnlichen, beharrlichen Machenschaften war es kein Wunder, daß sie unruhig wurde. Ein zweites Foto zeigt sie einigermaßen entspannt in den Armen ihrer Schwestern, den Blick durch uns hindurch ins Leere gerichtet. Auf einem anderen lacht sie sogar; allerdings lacht sie niemanden an, und man sieht Saras und meine ausgestreckten Arme; zu zweit hatten wir sie gekitzelt, um diese Fröhlichkeit zu erzielen, die selbst auf den Fotos ein bißchen frenetisch wirkt.

Dabei konnte sie durchaus spontan lachen, und wenn wir einen solchen Moment hätten festhalten können, wäre ein ganz normales Bild zustande gekommen. Aber dieses Lachen war im wahrsten Sinn des Wortes spontan – es sprudelte aus dem Nichts hervor, es bezog sich auf keine menschliche Situation. Man konnte es weder mit Worten noch durch Mimik hervorlocken – nur indem man sie kitzelte, also durch einen unmittelbaren körperlichen Reiz. Die Kinder taten es anfangs hin und wieder, dann – da ihre kleine Schwester sie praktisch nie beachtete – immer seltener. Elly belästigte ihre Geschwister nicht, und sie brauchte sie nicht. Auf allen vieren kroch sie vergnügt und zufrieden von Zimmer zu Zimmer, vom Hintergarten zum Vorgarten, den Pfad hinunter, die Einfahrt entlang ... immer ihrer eigenen Wege.

Ärzte und Diagnosen 3

Ich habe die Worte unseres Arztes noch gut in Erinnerung: «Wenn Sie nicht beunruhigt sind, ich bin es.» Elly war zweiundzwanzig Monate alt und fast ein Jahr nicht mehr in seinem Sprechzimmer gewesen. Einmal nur war sie in der Zwischenzeit untersucht worden – wegen der bereits erwähnten Ohrenschmerzen. In der vertrauten Umgebung ihres Bettes wohlig geborgen, war sie dementsprechend munter und fröhlich gewesen; der Arzt, den wir riefen, hatte sie nie zuvor gesehen. «Was für ein reizendes Kind!» hatte er gesagt.

Hausbesuche sind für uns etwas Ungewöhnliches; in fünfzehn Jahren haben wir vielleicht vier erlebt. Wir sind lax, was Ärzte betrifft, denn wir waren von jeher in der glücklichen Lage, Gesundheit für etwas Selbstverständliches halten zu können. Nie sahen wir eine Notwendigkeit, Fachärzte zu konsultieren. Der ausgezeichnete praktische Arzt, der mich von Elly entband, untersuchte sie im ersten Jahr drei- oder viermal und gab ihr die üblichen Injektionen. Mit dreizehn Monaten hatte sie ein leichtes Ekzem, das er mit der einzigen Penicillinspritze, die je eines meiner Kinder erhalten hat, beseitigte. Es war an sich Zeit für ihre Impfung, aber er fand es besser, sie wegen des Ekzems zu verschieben. Es war typisch für uns, daß Monate verstrichen, ehe wir uns endlich aufrafften, Elly wieder zu ihm zu bringen. Da es nur um die Impfung ging, erwartete ich nichts Besonderes, als ich Elly auf den Untersuchungstisch setzte. Der Arzt fragte, ob sie laufen könne. Ich verneinte, fügte aber hinzu, daß auch Becky und Matthew es erst spät gelernt hatten und Elly bereits anfing – wenn man ihre Hände festhielt. Ich wollte es ihm zeigen. Ellys Knie knickten ein, und sie bewegte sich auf allen vieren fort. «Spricht sie?» – «Ein paar Wörter.» Die Erkenntnis kam nicht plötzlich, sondern begann sich barmherzigerweise allmählich herauszukristallisieren. Jedes Symptom konnte für sich allein völlig unwesentlich sein. Kinder sind unterschiedlich. Aber wenn man alles zusammennahm...

Wir hatten diesen Punkt indessen noch lange nicht erreicht, der Arzt und ich. Er meinte lediglich, sie sollte in einem Krankenhaus beobachtet werden. Es bestanden augenfällig zwei Möglichkeiten. Die eine war Phenylketonurie, jene bereits erwähnte Krankheit, die vorzugsweise bei hellblonden, blauäugigen Mädchen vorkommt und, wenn sie nicht frühzeitig erkannt wird, Retardierung verursacht, sich aber durch Diät kontrollieren läßt. Die andere war Schilddrüsenmangel, und das würde nicht nur erklären, daß sie kaum sprach, sondern auch, daß sie noch nicht laufen konnte. «Die Gelenke sind nicht kräftig genug... vielleicht durch den Mangel.» Merkwürdigerweise legte sich die aufkeimende Besorgnis wieder. Der Arzt hat nur dieses schlaffe und passive Geschöpf auf dem Boden seines Sprechzimmers gesehen, ich hingegen, die ich Elly kenne, wie sie die Daumen ihres Vaters mit ihren kräftigen Fingern umklammert und sich hochziehen läßt, ich, die ich täglich beobachten kann, wie sie ihr Bett als Trampolin benutzt, ich habe keinerlei Befürchtungen, daß mit Ellys Gelenken etwas nicht stimmt. Und selbstverständlich ist das auch nicht der Fall. Der dreitägige Krankenhausaufenthalt fördert keinerlei physische Schäden ans Licht. Unser Hausarzt beobachtete sie, untersuchte ihr Gehör, zog einen Kinderarzt zu. Gemeinsam gelangen sie zu der Feststellung, daß sie sich «noch innerhalb der Kurve normaler Entwicklung» halte. Es ist der mit den Familienverhältnissen nicht vertraute Kinderarzt, der bemerkt, sie mache «den Eindruck eines Kindes, das viel allein gewesen ist». Wenn man bedenkt, daß sie ihr kurzes Leben in einem von Aktivität durchpulsten Haus zugebracht hat, dann ist die Diagnose in diesem Ausspruch bereits enthalten. Aber weder wir noch die Ärzte kommen darauf.

Ich war auf eine irrationale Weise erleichtert über das negative Ergebnis des Tests. Noch nie war eins meiner Kinder im Krankenhaus gewesen. Die Ärzte hatten uns davon abgeraten, Elly zu besuchen, weil sie befürchteten, es könne sie aufregen. Am Abend hatte ich zum erstenmal seit Jahren kein kleines Kind zu Bett zu bringen, und ich setzte mich in ungewohnter Muße mit einem Buch ins Wohnzimmer. Doch ich konnte nicht lesen. Ich legte Brahms' *Requiem* auf – die Musik, die ich in der Nacht von Ellys Geburt gewählt hatte, um die Zeit der ersten Wehen zu überbrücken. «Denn alles Fleisch, es ist wie Gras, und alle Herrlichkeit des Menschen wie des Grases Blumen.» Ich saß im Lehnstuhl und hörte zu und weinte um mein Kind – mein Kind, dessen Fleisch war wie «des Grases Blumen», dessen Geburt zu dieser Musik begonnen hatte und das vielleicht nicht ganz vollkommen war. Ich war so stolz auf meine aufgeweckten, hübschen Kinder gewesen ... So war ich wirklich froh, als die Ärzte keinen körperlichen Defekt feststellten. Ich hatte mich doch nicht getäuscht; mein Kind war kräftig und gesund, und es würde laufen, sobald der gegebene Zeitpunkt kam. Ellys Knochen und ihr Gehirn – alles war in Ordnung. Sie würde wachsen und gedeihen und ihren Platz in einer vom Glück besonders begünstigten Familie einnehmen.

Man kann Demut lernen. Ein Jahr später wurde Elly in einem größeren, moderner ausgestatteten Krankenhaus von neuem untersucht. Und diesmal erfüllte mich in schlaflosen Nächten nur die eine Hoffnung, daß man einen physischen Mangel finden möge, irgend etwas, das mit einer Diät oder mit Tabletten behandelt werden könnte. Ich betete beinahe darum. Und als sich wieder herausstellte, daß mein Kind vollkommen gesund war, bedeutete das für mich Herzeleid und war keine Sache des Stolzes.

Doch vorerst gab es noch kein Herzeleid. Ellys Arzt und der Kinderarzt hatten uns gesagt, wir sollten sechs Monate abwarten und uns noch nicht beunruhigen. Ich erinnere mich an einen anderen Satz: «Ich glaube nicht, daß Sie eine Niete gezogen haben.» Wir freuten uns, das zu hören. In einem solchen Fall stößt man sich nicht an der Ausdrucksweise. Wir warteten also und beobachteten Elly. Sie lernte kurz nach ihrer Heimkehr aus dem Krankenhaus gehen. Sie lernte neue Wörter. Aber wir merkten jetzt, daß sie die alten vergaß, und sie achtete auch nach Monaten noch genausowenig wie früher auf das, was wir sagten. Wenn sie sich bei ihrer Entlassung aus dem Krankenhaus noch «innerhalb der Kurve normaler Entwicklung» befand, so hielt das nicht lange an. Sie blieb immer weiter zurück. Doch wir holten kein anderes Gutachten mehr ein. Wir waren von Anfang an entschlossen, nicht in den Fehler zu verfallen, den so viele Eltern entwicklungsgehemmter oder anormaler Kinder begehen: eine quälende, hektische und kostspielige Pilgerschaft anzutreten, von einem Spezialisten zum anderen, von Stadt zu Stadt, immer in dem verzweifelten Bemühen, Hoffnung zu kaufen. Unfähig zu sprechen, zu begreifen, auf ihre körperlichen Bedürfnisse zu achten, war Elly funktionell in jeder Hinsicht zurückgeblieben. Wenn gelegentliche Handlungen auf Intelligenz hindeuteten, so sagte uns der gesunde Menschenverstand, daß so etwas vermutlich bei allen entwicklungsgehemmten Kindern vorkam. Und zweifellos waren alle Eltern versucht, einem solchen pathetischen Aufflackern eine viel zu gewichtige, illusorische Auslegung zu geben.

Wir verbrachten das Wartejahr nicht passiv. Es war die Zeit, in der unsere beharrlichen kleinen Angriffe auf Ellys Festung einsetzten, die Zeit, in der wir die Belagerung begannen, von der dieses Buch handelt. Dennoch war es ein Jahr des Abwartens. Wir hatten das Empfinden, es sei zu früh, um sich absolute Gewißheit über den Zustand des Kindes zu verschaffen. Es war besser zu warten, so dachten wir – besser für Elly und für uns alle. Es war besser, würdiger, normaler, das Familienleben wie bisher weiterzuführen, als mit so vagen Symptomen zu anderen Ärzten zu gehen und ebenso vage Meinungen mit nach Hause zu nehmen. Es war würdiger – und auch klüger. Mein Mann ist Physiker, und wir sind auf wissenschaftliches Denken eingestellt. Wir nahmen an, daß Ärzte genauso vorgingen wie andere Wissenschaftler: indem sie Folgerungen aus Daten ableiten. Hier aber lagen nur wenige Daten vor. Zwei Ärzte hatten sie unzureichend gefunden. Wir wollten ausharren, bis sich mehr angesammelt hatte.

Wir warteten die sechs Monate ab und weitere sechs Monate. Dann machten wir uns zögernd daran, einen zweiten Vorstoß auf eine Diagnose zu unternehmen. Elly war noch nicht ganz drei.

Glücklicherweise brauchten wir nicht lange herumzufragen. Ein guter Freund von uns, selbst Arzt und Dozent, hatte viele Verbindungen zu den Bostoner und New Yorker Forschungskrankenhäusern. Sein kleiner Junge, genauso alt wie Elly, war sowohl geistig als auch körperlich schwer zurückgeblieben. Seine eigenen bitteren Erfahrungen hatten ihn weise gemacht. So wußte er, was wir brauchten: einen Arzt, der mit der Entwicklung auf dem Gebiet geistiger und physischer Krankheiten Schritt hielt, vor allem aber ein intelligenter, warmherziger Mensch war. Er empfahl uns Dr. Blank – einen bekannten Kinderarzt und Professor für Kinderheilkunde, einen eminenten Mann, auf dessen Urteil man sich verlassen konnte.

Wir fuhren mit Elly nach Boston und übernachteten bei Freunden. Am Morgen machte ich Elly für den Besuch bei Dr. Blank fertig. Ich zog ihr ein blaugetupftes Musselinkleid an. Schöne Kleider bedeuteten Elly nichts, aber für uns war es tröstlich, daß sie entzückend aussah, als wir abfuhren. Der Moment, in dem man zum erstenmal wegen eines geistig anormalen Kindes einen Arzt konsultiert, bringt eine große nervliche Belastung mit sich. Dieser Arzt war der Freund eines Freundes; gegenüber vielen anderen Eltern waren wir im Vorteil. Dennoch waren wir besorgt. Würde man mit ihm sprechen können? Würde er bereit sein, uns zuzuhören? Wir versetzten uns in seine Lage: Ein Ehepaar, das er nicht kannte, brachte ihm ein gesundes, hübsches, schwer geschädigtes Kind zur Untersuchung. Er war ein hervorragender, erfahrener Arzt, aber er konnte nur das analysieren, was er sah, und was gab es bei Elly schon zu sehen? Es war kaum anzunehmen, daß sie, wie ein Jahr zuvor bei unserem Hausarzt, schlaff dasitzen würde, womit ihm dann nur ihr nichtssagendes Schweigen und unser Bericht blieb, um zu etwaigen Schlüssen zu gelangen. Und warum sollte er uns glauben?

Aber wir hatten Glück. Unser Freund hatte gut gewählt. Dr. Blank verfügte sowohl in beruflichem als auch in menschlichem Sinn über außergewöhnliche Qualitäten. Wir erzählten ihm, was wir über den Kontakt mit Elly gelernt hatten, und er nutzte unsere

Erfahrungen, um in dieser Routineuntersuchung so weit an Elly heranzukommen, wie es nur wenigen Menschen möglich war. Wir empfahlen ihm, sie zu kitzeln, und er tat es. Er schwenkte sie auf und ab. Er verlor keine Zeit mit Worten. Er verstand es, mit Kindern umzugehen. Innerhalb von zehn Minuten hatte er ihr Lächeln und ihr Lachen gesehen – für uns etwas durchaus Alltägliches, nicht aber für die Ärzte, die sie bisher untersucht hatten.

Wir waren beruhigt. Gegenüber diesem sympathischen, gescheiten Mann, der uns zu vertrauen schien, konnte man sich natürlich geben. Ich begann eins unserer Spiele mit Elly. Ich hatte eine Tüte Süßigkeiten gekauft, um sie zu beschäftigen, falls sie unruhig würde. Nun nahm ich ein Bonbon heraus und steckte es ihr in den Mund. Sie ignorierte mich nicht. Sie sah nicht durch mich hindurch. Sie nahm sich kein zweites Bonbon heraus. Statt dessen griff sie in die Tüte und gab *mir* eines. Wenig zwischenmenschliche Aktivität für eine einstündige Sitzung, aber wir waren zufrieden. Dr. Blank hatte Elly von ihrer besten Seite kennengelernt. Wir würden uns auf sein Urteil verlassen können.

Gleich zu Anfang hatten wir ihn gebeten, uns schonungslos über die schlimmste Möglichkeit aufzuklären. Wir waren darauf vorbereitet, erwarteten beinahe schon zu erfahren, daß wir uns, wie so viele Eltern zurückgebliebener Kinder, einem Selbstbetrug hingegeben hatten, daß nichts Mysteriöses an unserer Elly war, daß alle positiven Zeichen nur in unserer verzweifelten Phantasie existierten, daß sie einfach ein zurückgebliebenes Kind war und ein schwerer Fall überdies, weil sie mit fast drei Jahren noch immer nicht auffassungsfähig für die menschliche Sprache war.

In meinen Augen konnte es nichts Schlimmeres geben. Ich hatte, wie jedermann, hier und da ein zurückgebliebenes Kind gesehen und von solchen Fällen gehört. Keine Familie bleibt ganz davon verschont. Mein eigener Onkel war durch einen Unfall vor Geburt verletzt worden und hatte nie gehen oder sprechen gelernt. Mir graute vor diesem Problem. Gegen alles, was meine Kinder an mich herantragen konnten, fühlte ich mich einigermaßen gewappnet, nur hier war ich im Zweifel. Ein gewisser Stolz auf den Intellekt hatte mit sich gebracht, daß ich Retardierung für das Schrecklichste hielt, was einem Kind, einer Familie und mir zustoßen konnte.

Doch offenbar gab es noch etwas Schlimmeres: Autismus. Dr. Blank hatte Kinder wie Elly schon öfter gesehen. Der Psychiater Leo Kanner von der Johns-Hopkins-Universität in Baltimore hatte zwanzig Jahre lang eine sonderbare Kategorie Kinder erforscht, Kinder, die viel mit psychotischen, neurotischen, hirngeschädigten und zurückgebliebenen Kindern gemein hatten, ihnen aber zugleich unähnlich waren. Sie hatten Ellys leeren Blick und ihre Unerreichbarkeit, ihre Unfähigkeit, mit anderen in Beziehung zu treten. Sie reagierten nicht, wenn man sie anredete; manche von ihnen waren ursprünglich für taub gehalten worden. Sie sprachen kaum oder haspelten allenfalls lange Formeln herunter – Fernsehwerbesprüche, Kinderreime, sogar Namenslisten von Präsidenten. Sie waren stets besonders geschickt mit den Händen, hatten alle eine Vorliebe für exakte, gewissenhaft ausgeführte Anordnungen von Objekten. Es waren ausnahmslos ungewöhnlich gesunde, aufgeweckte und hübsche Kinder. Sie hatten sogar die gleichen intellektuellen Eltern: Mein Mann und ich waren die typischen Eltern autistischer Kinder.

Viele Psychiater nennen diesen Zustand Kindheitsschizophrenie. Aber Kanner, der unter seinen kleinen Patienten zahlreiche Schizophrene hatte, fand, daß hier ein anderes Syndrom vorlag. Er nannte es «frühkindlicher Autismus». Und Autismus war es, was Dr. Blank für die schlimmste Möglichkeit hielt. Die Fähigkeiten eines zurückgebliebenen Kindes sind begrenzt, doch es kann Fortschritte machen. Die Intelligenz des autistischen Kindes hingegen kann normal oder gar überdurchschnittlich sein. Sie läßt sich nicht feststellen. Abgeschlossen von der Umwelt, geborgen und zufrieden in seinen immer wiederkehrenden Handlungen, gebraucht es sie nie und enthüllt sie noch nicht einmal im Verlauf eines Tests. Sein Zustand, eine bloße Imitation der Retardierung, ist im praktischen Sinne oft kaum davon zu unterscheiden.

Der Defekt schien psychischer, nicht physischer Art zu sein. Kanner hatte allerdings mit psychotherapeutischen Methoden niemals etwas erreicht. Dr. Blank wollte Elly stationär noch etwas eingehender untersuchen; bei zwei autistischen Kindern war kurz zuvor ein sonderbarer Stoffwechseldefekt festgestellt worden. Falls eine solche Störung vorlag, wäre dies etwas Greifbares, das vielleicht auch behandelt werden könnte – wenn nicht heute, dann später. Lag das Problem hingegen allein in Ellys kleiner Seele, so waren die Aussichten düster. Mit medizinischen Mitteln war ihr dann kaum oder, wie Dr. Blank meinte, gar nicht zu helfen.

Wir nahmen Elly mit nach Hause. Einen Monat später brachten wir sie noch einmal für drei Tage nach Boston. Ich durfte gar nicht daran denken, was wir Elly mit diesen häufigen Krankenhausbesuchen antaten, wenn die Störung psychischer Natur war. Sie war so still, so weltabgewandt – ich konnte nur hoffen, daß sie, die nur einmal eine kurze Trennung von uns erlebt hatte, ihre Ichbezogenheit nutzen würde, um sich gegen diese Erschütterungen ihres friedlichen Daseins zu schützen. Der Gedanke an sich war gar nicht abwegig. Elly achtete nicht auf Menschen, also würde das Krankenhaus sie nicht weiter bedrücken. Dennoch wußte ich, daß es sich nicht so verhielt. Während jener drei Tage vor einem Jahr hatte sie geweint und das Essen verweigert. Ihre Beziehung zu uns war inzwischen enger geworden. Sollten wir sie erneut verlassen, ohne ihr eine Erklärung liefern zu können? Es schnitt mir ins Herz. Doch es blieb uns nichts anderes übrig, und ich lernte allmählich, schmerzliche Gedanken von mir fortzuschieben. Da mir Elly nie erzählen würde, wie sehr sie gelitten hatte, würde es fast so sein, als wäre es nie geschehen. Ich war ohnehin machtlos dagegen. Besser als in dieser Kinderklinik konnte Elly nirgends versorgt werden. Menschliche Ärzte, erfahrene Pflegerinnen ... Erfahren genug, um die Bedürfnisse meines stummen Kindes zu begreifen und auf eine Weise zu befriedigen, die es annehmen konnte? Es war vernünftiger, solche Fragen nicht zu stellen.

David und ich brachten Elly also ins Krankenhaus. Es war ein sehr weitläufiges, riesengroßes Gebäude mit vielen Stockwerken. Vielleicht erschien es mir auch deshalb so riesig und erdrückend, weil ich mit der Krankheit nicht vertraut war. Ich war stets nur als völlig gesunder Mensch in Kliniken gewesen, hatte sie als eine Art Dienstleistungsstelle betrachtet, wo mir die Mandeln entfernt und wo ich entbunden wurde. Doch diese Klinik war anders. Sie war voll von Kindern – Kindern aus der ganzen Stadt, dem ganzen Land, und keines von ihnen war völlig gesund. Und auch Elly, die so fröhlich aussah in ihrem hübschen Kleid und die nicht ahnte, was mit ihr geschehen würde, war nicht ganz gesund.

Elly sollte um zehn Uhr aufgenommen werden. Wir mußten eine Weile in der Halle warten; sie war schon unruhig, als wir endlich den Aufzug betraten. Man hatte uns als erstes eröffnet, daß die für Fälle wie Elly vorgesehene Station überfüllt war und man sie deshalb anderswohin legen mußte, wo es mehr Platz gab. Wir hatten außerdem gehofft, ihr die Trennung leichter machen zu können, indem wir uns schnell und unauffällig zurückzogen. Doch als wir oben anlangten, stellte sich heraus, daß auf der neuen Station im Augenblick niemand frei war, um sich Elly zu widmen. Wir wurden in ein Vierbettzimmer geführt und mit Elly, ihrem Krankenhausnachthemd und einem kleinen weißen Bett unserem Schicksal überlassen.

Platz gab es in diesem Zimmer wirklich genug. Nur in einem der anderen Betten lag ein Kind – ein blasses stilles Mädchen mit tiefeingesunkenen Augen und dunklem Kraushaar. Es mußte ungefähr neun Jahre alt sein. Ein dünnes Röhrchen ragte aus seiner Nase und war an einen Apparat angeschlossen. Neben ihm saß seine Mutter; sie hatte dasselbe dunkle, gekräuselte Haar und war fast genauso bleich.

Sie sprachen nicht und wandten nicht den Kopf, als wir hereinkamen. Erst später erfuhren wir, daß dies die Endstation für hoffnungslose Krebsfälle war.

Die Zeit verstrich. Elly zeigte wenig Neigung, um elf Uhr morgens im Bett zu liegen. Vielleicht war das positiv zu werten. Wir versuchten sie abzulenken, taten – mit Rücksicht auf unsere stummen Leidensgefährten natürlich leise und diskret – alles mögliche zu ihrer Zerstreuung, hatten aber nicht viel Erfolg damit. Einmal ging David fort, um zu erfragen, wie lange es noch dauern würde. Aber erst nach drei Stunden wurden wir weggeschickt, und die Ärzte kamen.

In Dr. Blanks Bericht, den ich glücklicherweise erst viel später zu sehen bekam, steht über die Untersuchung folgendes: «... Ein gutentwickeltes, gesund wirkendes, blondes, blauäugiges Mädchen, das sich, unter seiner Decke versteckt, im Bett hin und her wiegte. Es weinte fast unausgesetzt und sprach kein Wort. Kopf normal groß ... Fontanelle geschlossen ... Ohren und Trommelfell vollkommen normal. Pupillenreaktion absolut befriedigend ... Nase normal, Mund ebenfalls, Nasenlöcher leicht erweitert. Keine ungewöhnliche Lymphknotenvergrößerung. Herz, Lunge und Abdomen normal ... Kopfhautnerven, tiefe Sehnenreflexe, motorische und sensorische Reaktionen alle im Bereich des Normalen, Gang und Haltung normal.» Hämoglobin und Urin waren ebenfalls normal. «Das EEG bei Tiefschlaf normal. Schädelradiographie ohne Befund. Serum-Komplementbindungstest für Masern-Antikörper negativ.»

Sie war also ganz gesund. Nichts deutete darauf hin, daß sie im Mutterleib die Masern gehabt hatte oder daß ihr Zustand auf eine etwaige Enzephalitis zurückzuführen wäre. Sie war gesund, soweit es sich durch medizinische Testverfahren feststellen ließ. Dr. Blank machte uns klar, daß das nicht viel besagte. Wenn er keine Stoffwechselstörung nachweisen konnte, so hieß das nicht, daß keine vorlag. Eine sichere Diagnose war ebenfalls unmöglich. Ellys Intelligenz war noch immer eine unbekannte Größe; man hatte keinen Weg gefunden, sie zu testen. Er sprach von Autismus und ersparte uns die anderen, viel bedrohlicher klingenden Begriffe – Kindheitspsychose, Kindheitsschizophrenie. Er wußte, daß wir ohnehin bald darauf stoßen würden. Doch selbst über Autismus bestand keine Gewißheit. «In vielerlei Hinsicht scheint sie ein autistisches Kind zu sein, das kaum Kontakte zu anderen Kindern herzustellen vermag. Ihre offenbar normale erste Entwicklungsphase, die dann ein Plateau erreichte, ihr Interesse an kleinen Objekten und ihrer methodischen Anordnung, der fehlende Sinn für die Sprache – alles deutet darauf hin. Andererseits gefällt es ihr, wenn man sich im Spiel physisch mit ihr befaßt, sie bezieht auch gern ihre Eltern in die ‹Spiele› ein, die sie kennt, und das paßt nicht in dieses Bild.» Daß sie sich gern kitzeln ließ, daß sie mir Bonbons gab, hatte die Diagnose kompliziert. Später dachte ich, daß die Diagnose nicht so schwankend ausgefallen wäre, wenn Dr. Blank sie nur im Krankenhausbett gesehen hätte. Wie viele «klassische» Fälle von Autismus mögen von Ärzten und Psychiatern diagnostiziert werden, die den Patienten nie in Gesellschaft vertrauter Menschen erlebt haben?

Einen eigentlichen Rat konnte er uns nicht geben. «Bringen Sie sie heim», sagte er, «und tun Sie, was Sie bis jetzt getan haben... Schenken Sie ihr viel Liebe... Halten Sie mich informiert...» Ein etwas hilfloses Achselzucken, Mitgefühl, Bedauern. Ein sympathischer, gütiger Mann, der ein viel zu tüchtiger und intelligenter Arzt war, um Gewißheit vorzutäuschen, wo er keine sah. Das bewunderten wir an ihm, und es gab uns Vertrauen.

Es änderte im Grund kaum etwas, daß wir nicht genau wußten, was Elly fehlte. Aber man strebt naturgemäß nach Erklärungen, wünscht sich eindeutige Situationen, denen man sich anpassen kann. Hier gab es weder vollendete Tatsachen noch eine mögliche Planung. Dies war nicht die gefürchtete Retardierung, die wir immerhin als etwas Endgültiges hätten hinnehmen können. Wenn wir sicher gewesen wären, daß Elly sich nicht normal entwickeln würde, hätten wir uns darein fügen können. Aber Autismus? Wie konnten wir uns auf etwas Unbekanntes einstellen? Mit Autismus zu leben würde einem Leben unter Wasser gleichen. Vielleicht gelangten wir nie an die Oberfläche, doch es blieb uns auch nicht die Wahl zu ertrinken.

In früheren Zeiten hatte ich mich manchmal gefragt, ob das Schicksal es nicht allzu gut mit mir meine. Und ich hatte daran gedacht, daß mir, wenn die Dichter recht hatten, wohl noch einige Heimsuchungen bevorstehen mußten, die die Waagschalen wieder ins Gleichgewicht brachten. Es ist schwer, nicht stolz auf sein Glück zu sein. Hybris wohnt uns allen inne: daß man ihren Namen kennt, hilft einem nicht, ihr zu entgehen. Irrationalerweise hatte ich mir eingebildet, daß ich alles, was ich besaß, in gewisser Weise verdient hätte, daß es zum Teil mein Werk sei. Wir verdienen nichts. Wir haben lediglich ein Anrecht darauf, Mensch zu sein *comme les autres.*

Gewollte Schwäche 4

«Andererseits gefällt es ihr, daß man sich im Spiel physisch mit ihr befaßt, sie bezieht auch gern ihre Eltern in die Spiele ein, die sie kennt, und das paßt nicht in dieses Bild.» Wir waren dankbar für jede Kleinigkeit, die gegen die schlimmste aller möglichen Diagnosen sprach. Der Zustand war nicht ganz hoffnungslos. Er konnte sich ändern. Wir hatten schon einiges erreicht. Dr. Blank hatte Ellys pathetisches, rudimentäres Kontaktbegehren für spontan gehalten. Wir indessen wußten, daß das nicht zutraf. Die Unsicherheit seiner Diagnose war der schönste Lohn für unsere Bemühungen um Elly.

Zwölf Monate lang waren wir bis dahin aktiv gewesen. Ein Drittel ihres kurzen Lebens hatte Elly in einer Art Belagerungszustand verbracht. Gleich nachdem sie von ihrem ersten Krankenhausaufenthalt zurückgekehrt war, hatten wir uns einige Taktiken zurechtgelegt. In den folgenden Kapiteln sind sie beschrieben und zugleich die Fortschritte, die Elly von zweiundzwanzig Monaten (die Zeit, um die ich Bericht zu führen begann) bis zu vier Jahren machte. Die spätere Entwicklung wird im weiteren geschildert.

Ich habe bereits erwähnt, daß wir entschlossen waren, uns nichts vorzumachen, als wir sie das erstemal nach Hause brachten – ein Kind, das nichts begriff, nicht sprechen und nicht laufen konnte. Der Arzt hatte gemeint, sie sei noch als normal zu bezeichnen. Es war uns indessen klar, daß diese unterste Stufe der Normalität angesichts der gegebenen Umweltbedingungen ganz und gar nicht normal war. Anstaltskinder oder Kinder aus zerrütteten Familien, wo es an Kommunikation mangelte und ständig laut herging, mochten vielleicht wie Elly erscheinen und dennoch normal sein. Elly nicht. Auf Ellys Intelligenz zu beharren und mit der Idee zu spielen, daß sie ihre Fähigkeiten lediglich zurückhielt, wäre unsinniger Selbstbetrug gewesen. Sie war ein zurückgebliebenes Kind im wahrsten Sinne des Wortes. Sie war zurückgeblieben in dem, was sie tat. Warum sollten wir unterscheiden zwischen dem, was sie tat, und dem, was sie war? Warum sollten wir uns einbilden, ihre Retardierung wäre «anders», eine «besondere»? Wir sind stolze Menschen, und wir wollten uns nicht einfältig benehmen.

Doch gleichzeitig waren wir nicht gesonnen, Elly ihrer selbstgewählten Isolierung zu überlassen. Früher hatte ich mich über ihre Anspruchslosigkeit gefreut; jetzt mußte ich sie bekämpfen. Man mußte Zugang zu ihr suchen, mit ihr spielen, ihr Neues zeigen, sie in die Familie hineinziehen. Sie war gern allein gewesen, sie hatte Stunden in ihrem Bett zugebracht. All das mußte nun enden. So wenig sie unsere Gesellschaft zu brauchen schien, sie würde uns um sich haben. Sie mochte sich damit begnügen, eine Kette auf- und abschwingen zu sehen; ich mußte geeigneteres Spielzeug für sie beschaffen und sie über diese Dinge an anspruchsvollere Erfahrungen und Fertigkeiten heranzuführen versuchen.

Man mußte mit Bewegung und dem Tastsinn beginnen. Verglichen mit der Berührung empfindet der lebende Organismus das, was Gehör und Augen wahrnehmen, indirekt, distanziert. Die Menschen können ohne Sehvermögen und in völliger Taubheit existieren. Sie können so mit ihren Gedanken beschäftigt sein, daß sie nichts von allem, was sie umgibt, sehen oder hören. Berührt man sie jedoch, so kommen sie zu sich. Berührungen werden am unmittelbarsten erfaßt.

Laute, Geräusche vermittelten keinen Kontakt zu Elly. Ihr visuelles Fassungsvermögen versprach nicht viel mehr – mich schaute sie wohl manchmal an, öfter als alle anderen Menschen, aber von besonders günstigen Situationen wie der morgendlichen Begrüßung abgesehen, beachtete sie auch mich nicht.

Es sei denn, ich kam sehr nahe an sie heran. Berührte ich sie, so merkte sie das. Und obgleich sie weder zu hören noch zu sehen schien, bewegten sich ihre Beine, Arme und Finger. Sie konnte Sinneswahrnehmungen meiden, aber sie vermochte nicht gänzlich zu negieren, daß sie einen Körper hatte.

So zeigte sich in ihren Bewegungen ab und zu ganz deutlich die Diskrepanz zwischen dem, was sie tat, und dem, wozu sie fähig war. Ich erinnere mich noch gut, wie uns eines Tages eine Freundin mit ihrem Kleinsten besuchte, der ein wenig älter war als Elly. Johnny hatte schon Monate zuvor laufen gelernt. Er hatte sich, wie so viele Kinder, in seinem Drang voller Ungestüm in diese neue Erfahrung gestürzt, noch bevor er körperlich weit genug entwickelt war. Er war gestolpert, gefallen, aber er lief. Wir hatten beide gelacht, als er, weil er wohl laufen, sich aber noch nicht so leicht hinsetzen konnte, aus dem Stand förmlich auf sein Hinterteil plumpste. Elly konnte auch stehen, und sie setzte sich ebenfalls, doch sie tat es, indem sie sich mit einer für ihr Alter ungewöhnlichen Anmut niederkauerte. Meine Freundin brachte unser beider Gedanken zum Ausdruck, als sie ausrief: «Elly, du schwindelst uns was vor!» Das war das Kind, das nicht laufen konnte? Natürlich konnte sie laufen. Sie würde gehen, sobald sie den Wunsch verspürte, einen Fuß vor den anderen zu setzen. Dennoch dauerte es Monate, ehe sie anfing.

Genauso verhielt es sich mit ihrer Handfertigkeit. Sie hatte mit etwa fünfzehn Monaten begonnen, mit den Fingern zu essen, aber sie benutzte keinen Löffel. Wir hatten die üblichen Tricks angewandt, einen kleinen Löffel für sie bereitgelegt, ihr verführerische Dinge vorgesetzt, für die man einen Löffel brauchte, doch Elly hatte sich nicht darum gekümmert. Eines Tages war sie vor uns mit dem Essen fertig geworden, und wir hatten sie aus ihrem hohen Stuhl gehoben. Plötzlich hatte sie – kaum groß genug, um an den Tisch heranzureichen – einen langen, unhandlichen Löffel ergriffen und sich damit einen beachtlichen Happen meines Desserts in den Mund befördert. Es geschah so schnell, daß wir es kaum sahen. Dann war sie fort. Wir machten am nächsten Tag einen neuen Versuch mit ihr. Ihre Hand wurde schlaff.

Es hatte natürlich keinen Zweck, auf sie einzureden. Ein Kind, das nicht auf die Worte «Elly, da ist ein Keks» reagiert, wird kaum die Drohung begreifen «Wenn du nicht den Löffel nimmst, bekommst du kein Eis». Doch selbst Tauben kann man die Beziehung zwischen Belohnung und Leistung beibringen; dieselben Methoden, mit denen man Ratten lehrt, durch ein Labyrinth zu laufen, hätten vielleicht auch angewandt werden können, um zu erreichen, daß unsere Tochter einen Löffel hielt. Jetzt lernen Kinder wie Elly durch die Verhaltensänderungsverfahren, die Psychologen wie Ivar Lovaas und Frank Hewett von der Universität von Kalifornien in Los Angeles entwickelt haben, nicht nur, selbst zu essen, sondern auch auf andere Menschen zu reagieren, sogar zu sprechen; das gewünschte Verhalten wird dabei in verschiedene Stadien zergliedert, und jeder Zentimeter Fortschritt ist ein Stimulans für den nächsten kleinen Vorstoß auf das Ziel. Heute werden die Eltern in solchen Methoden unterwiesen. Aber als Elly zwei Jahre alt war, standen diese therapeutischen Experimente noch in den Anfängen. Sie war schon sieben, als ich überhaupt zum erstenmal davon hörte.

Wir merkten sehr bald, daß Zwangssituationen nicht nur quälend für Elly waren, sondern obendrein auch zu nichts führten. Ich habe schon erwähnt, daß sie mit siebzehn Monaten lernte, die Treppen hinaufzukrabbeln, es allerdings dann vergaß. Nach Monaten – sie war gerade aus dem Krankenhaus zurückgekommen – lernte sie es wieder, und mit ein wenig Hilfe gelangte sie auch hinunter. Aber für sie war das nicht, wie für andere Kinder, eine erweiterungsfähige Fertigkeit, die sie mit Genugtuung in neuen Situationen angewendet hätte. Sie konnte diese eine Treppe hinauf- und hinunterkrabbeln, aber keine andere. Eines Tages – sie war etwas über zwei Jahre alt – trugen wir sie bei Freunden die Treppe hinauf und ließen sie auf halber Höhe stehen. Ich lächelte von unten ermutigend zu ihr auf. Sie begriff die Situation sofort, obwohl sie doch sonst nur so wenig verstand. Sie begann zu weinen, und zwar auf eine Weise, wie wir es nicht von ihr gewöhnt waren: Sie quengelte wohl gelegentlich oder weinte auch einmal laut, wenn ihr etwas weh tat, aber nie heftig oder lange. Bei dieser Gelegenheit aber weinte sie herzzerreißend, verzweifelt, zornig, tief aus dem Inneren heraus, wohin wir nie vordrangen. Wir warteten zwanzig Minuten. Dann trugen wir sie hinunter. Was hätte sie gelernt, wenn wir noch länger hart geblieben wären? Nichts, glaube ich, nur, daß wir bereit waren, sie unvorstellbar grausam zu behandeln. Ich bin beinahe überzeugt davon, daß sie sich ihr Leben lang nicht von der Stelle gerührt hätte.

Aber ihr Verlangen, herunterzukommen, war immerhin so stark, daß sie weinte. Das allein war schon selten. Normalerweise bot ihr ihre Gleichgültigkeit einen besseren Schutz. In fast allen Situationen arbeitete ihr Mangel an Interesse für sie und gegen uns. Die Ratte möchte das würzig riechende Kügelchen, die Taube das Korn. Was begehrte Elly so sehr, daß sie, um es zu bekommen, irgendwelche Bedingungen erfüllt hätte? Kein Keks, kein Spielzeug, keine Ausfahrt. Ein Kind, das wie ein Zen-Jünger die Fähigkeit erwirbt, seine Wünsche zu unterdrücken, erreicht allmählich einen satori-ähnlichen Zustand. Gelassen, in vollkommenem vegetativen Gleichgewicht, kann es sich damit begnügen, ganz einfach nichts zu tun. Einem wunschlosen Wesen gegenüber ist jedes von außen herangetragene Stimulans machtlos.

Immer wieder schien es also, als ob sie könnte, aber nicht wollte. Daher rührten natürlich auch die Zweifel des Arztes. Diese kräftigen Beine, diese so perfekt gesteuerten Finger, die die Glieder einer Kette erforschten, waren schwach und nicht zu gebrauchen, sobald sie mit einer gestellten Aufgabe konfrontiert wurden. Und was verlangte man von Elly? Daß sie kletterte, nach etwas griff, lief – all jene Betätigungen, in die sich andere Kinder in ihrem begeisterten Lerneifer spontan stürzen. Elly schien kräftig zu sein. Aber zwischen ihr und einer normalen Entwicklung lag diese furchtbare Schwäche, eine Schwäche, die durchaus real war, auch wenn sie offenbar nicht von den Muskeln, sondern vom Willen herrührte.

Wer kann unterscheiden, was gewollt und was ungewollt ist? Wer würde sich rühmen, Gedanken lesen zu können – und dazu noch die eines kleinen Kindes, das nicht sprach? So kann ich nur sagen, daß Ellys Schwäche den Eindruck machte, als sei sie gewollt. Ich bin mir dabei vollauf bewußt, wie schwer es ist, zu glauben, daß ein kleines Kind fähig sein soll, seine Lage abzuschätzen – wie es verängstigte Erwachsene tun – und zu beschließen, daß gegenüber den Risiken der Aktivität und des Heranwachsens alles andere vorzuziehen ist, sogar das totale Sichabschließen von der Umwelt. Das scheint ... das ist, als ob ... *als ob.* Immer wieder gebrauchten wir diese Formulierung, während wir nach Erklärungen für die seltsamen Widersprüchlichkeiten unsere Kindes Ausschau hielten. *Als ob* – aber wir konnten und können keine Gewißheit erlangen. Andererseits sind unsere Interpretationsversuche unvermeidlich. So müssen die Worte *als ob* dazu dienen, uns ständig daran zu erinnern, daß es keine zuverlässigen Interpretationen für uns gibt.

Es war, als ob Elly frühzeitiger, als man es bei einem Kind für möglich hielte, erkannt hätte, daß sie, wenn sie nie etwas zu tun versuchte, niemals ein Mißlingen zu fürchten brauchte. Sie war wohlgestaltet und kräftig, aber im Vergleich zu einem normalen Kind machte sie von ihrem Körper kaum Gebrauch. Die ersten Belagerungspläne mußten dieser zugänglichsten und am wenigsten abstrakten von Ellys Schwächen gelten. Es war sinnlos, sich auf die Eroberung von Ohren zu versteifen, die nicht hören wollten, und Augen, die nichts sahen. Man mußte als erstes versuchen, dem Kind sein oberstes angestammtes Recht, den Gebrauch des Körpers, wieder nahezubringen.

So hochtönend und kompliziert das klingt, es beschreibt etwas außerordentlich Simples. Es hat nichts Esoterisches, wenn eine Mutter mit Takt und Sensibilität versucht, ein kleines Kind immer wieder zu neuen Untersuchungen zu ermutigen. Das lernt jede Mutter. Alles, was ich in dieser abnormen, extremen Situation tun konnte, war nichts anderes als eine Erweiterung und Intensivierung all dessen, was ich auch mit meinen normalen Kindern unternommen hatte. Es scheint sehr einfach, und das war es auch. Wie hätte es anders sein können? Selbst die erfahrensten, besten Kindertherapeuten gehen, was ihre eigentlichen Handlungen anbetrifft, im Grund keine komplizierten Wege. Sie suchen nur die richtigen Ansatzpunkte.

Eine der ersten Fertigkeiten, die wir ihr beibringen konnten, war das Aus-dem-Becher-Trinken. Sie saß mit uns am Tisch, sie aß selbst, aber obwohl ihr kleiner Becher bequem erreichbar vor ihr stand, griff sie nie danach. Wenn sie trinken sollte, hielt ich ihn für sie fest. Nie schlossen sich ihre Finger um ihn, geschweige denn, daß sie ihn zum Mund gehoben hätte. Sie wurde zwei Jahre alt und war noch immer unfähig, den Becher zu fassen. Am Tisch. In der Badewanne war sie sogar fähig, höchst geschickt Wasser von einem Becher in den anderen zu gießen. Monate vergehen. Es ist Ende November; Elly, im Juli geboren, ist fast zweieinhalb Jahre alt.

Eines Tages überrascht sie uns beim Abendessen. Schnell und entschlossen hebt sie ein mit Milch gefülltes kleines Glas hoch und gießt seinen Inhalt fein säuberlich in ihr Apfelmus. Ich hatte am Vortag zum erstenmal Milch in ihr Apfelmus geschüttet, aber das erklärt kaum etwas. Denn Elly ist der urmenschliche Nachahmungstrieb fremd. Nichtsdestoweniger scheint ihr Widerstand etwas nachzulassen; am nächsten Tag nimmt sie in der Badewanne einen ihrer Becher und trinkt daraus. Und wieder einen Tag später hebt sie ihr Cornflakes-Schüsselchen, trinkt schnell ein wenig Milch daraus und schüttet den Rest auf den Tisch.

Es gab normalerweise so wenige Veränderungen in Ellys Verhalten, daß kein besonderer Scharfsinn dazu gehört, um eine neuerwachte Bereitschaft herauszuspüren, die sich vielleicht nutzen ließ. Ich hatte aus Erfahrung gelernt, daß Elly im Gegensatz zu anderen Kindern durch Belobigungen nicht ermutigt, sondern in den Rückzug getrieben wurde. Sobald man irgendeiner ihrer Handlungen Beachtung schenkte, hörte sie auf, es zu tun. *Als ob* sie nicht zu weiterem Fortschritt verpflichtet werden wollte – *als ob* sie fürchtete, daß jede Konzession, die sie machte, sofort ausgenutzt würde. Ich wußte, daß man jede neue Fertigkeit am besten ignorierte.

Also besorgte ich einen besonders kleinen Becher – so winzig, so unauffällig, daß man ihn kaum als Herausforderung betrachten konnte. Ich füllte ihn mit Ellys Lieblingssaft, aber nur zur Hälfte. Es war zwar bei ihrer ungeheuren Sorgfalt nicht einmal anzunehmen, daß sie aus einem vollen Glas etwas verschüttet hätte, aber ich wollte selbst die geringste Gefahr eines Versagens ausschließen. Ich stellte den Becher nicht auf den Eßtisch, wo ihre etwa zum Vorschein kommende Geschicklichkeit bemerkt werden würde, sondern auf einen niedrigen Stuhl. Es war noch nicht Essenszeit, aber Elly hielt sich wie gewöhnlich in der Küche auf. Sie entdeckte den kleinen Becher, und als sie danach griff und ihn austrank, taten wir so, als hätten wir nichts gesehen. Wir stellten den Becher nun auch nicht gleich an ihren Platz auf dem Eßtisch, sondern gaben ihr zu trinken wie zuvor. Erst nach einigen Tagen stellte ich das Becherchen vom Stuhl auf den Tisch, und ich ließ wieder mehrere Tage verstreichen, ehe ich es durch einen größeren Trinkbecher ersetzte. Man muß die Konzessionen anderer respektieren und anerkennen, daß sie sie mehr gekostet haben, als es vielleicht scheint. Selbst ein kleines Kind hat Gesicht zu verlieren, und wir vermuteten, daß Elly viel in ihr Unvermögen investiert hatte, wenngleich wir nicht wußten und bis heute nicht wissen, was es war und ist.

Genauso verhielt es sich, wenn man sie für ein neues Spielzeug interessieren wollte, und diese allmähliche Erweiterung ihres Horizonts schien sogar noch wichtiger als die Entwicklung von Fertigkeiten beim Essen und Trinken. Mein Tagebuch verzeichnet aus der Zeit nach ihrem Krankenhausaufenthalt folgendes:

Sie spielt noch immer hauptsächlich mit Rasseln, die sie vorzugsweise dazu benutzt, um auf Bilderbücher zu klopfen. Gewisse rhythmische Körperbewegungen wie Rütteln und Schaukeln (auf einem Stuhl oder im Bett praktiziert) sowie das Schwenken einer Kette und das Beklopfen von Gegenständen sind im Grund ihre einzige Aktivität. Man kann sie stundenlang ohne Spielzeug in einem Bett allein lassen; sie fällt weder herunter noch klettert sie heraus. Spiele, bei denen Pflöcke in Löcher gesteckt oder Ringe auf einen Stab gelegt werden sollen, sind für sie nur insofern interessant, als sie sie auseinandernimmt und die einzelnen Teile benutzt, um damit auf etwas herumzuklopfen.

Schon bevor sie ins Krankenhaus kam, hatte ich versucht, sie dazu zu bringen, Ringe auf einen Stab zu setzen. War es zu früh gewesen oder hatte ich es bloß falsch angefangen? Als sie zurückkehrte, überlegte ich mir eine neue Methode. Ich hockte mich auf den Boden neben sie und spielte für mich, ohne in irgendeiner Weise ihre Aufmerksamkeit auf das Spielzeug zu lenken. Langsam legte ich einige der größeren Ringe auf. Dann einen kleineren, aber etwas schief, wenn auch nicht so sehr, daß er Elly Schwierigkeiten bereiten konnte; und inzwischen war das, was ich tat, doch ein wenig interessanter geworden als das, was sie tat (nichts, wie gewöhnlich). Ich rückte ein bißchen ab und blickte anderswohin. Als ich meine Augen wieder zu dem Stab wandern ließ, saß der Ring an der richtigen Stelle.

Ich wiederholte das ein paarmal und riskierte dann etwas mehr. Vielleicht würde ich Elly schon den kleinsten, am einfachsten aufzusetzenden Ring geben können. Ich drückte ihn ihr nicht in die Hand, denn Elly akzeptierte Gegenstände nie auf so direktem Wege. Statt dessen legte ich ihn neben ihre Hand. Und sie nahm ihn und setzte ihn auf den Stab.

Am nächsten Tag setzte sie bereits alle Ringe auf, ohne Schwierigkeit, denn sie war im Grunde ja schon lange dazu fähig gewesen. Bald lernte sie auch von selbst, sie der Größe nach zu arrangieren – einer der ersten Hinweise auf etwas, was sich uns mit der Zeit immer deutlicher offenbarte: den auffallend ausgeprägten Ordnungssinn eines autistischen Kindes, der sie vielleicht auch dazu bewogen hatte, jenen ersten, von mir rein intuitiv schief aufgesetzten Ring an die richtige Stelle zu rücken.

Wie schwer es ist, zu vermeiden, daß dieser Bericht einer Aufzählung stolzer Erfolge gleicht! Denn was hatte ich eigentlich erreicht? Außer dem Beklopfen von Büchern, dem Schwenken der Kette und dem Sich-hin-und-her-Wiegen legte Elly nun Ringe auf einen Stab – immer wieder und immer wieder, als sei sie erleichtert über die Abwechslung. Mit jeder der wenigen Aktivitäten, die ich ihr zu suggerieren vermochte, war es dasselbe: Zuerst freudig aufgegriffen, wurde sie wiederholt und wiederholt und schließlich aufgegeben, als ob – *als ob* – sie ihrer überdrüssig geworden sei. Sie machte nie ein sinnvolles Spiel daraus, und ich fand keine Möglichkeit, ihr zu helfen. Bauklötzchen waren dazu da, um sie aufeinanderzutürmen und dann nebeneinander aufzureihen, aber nie, um ein Haus zu bauen. Zu der Zeit hatte ich allen Grund zu glauben, daß Elly gar nicht wußte, was ein Haus war, daß ihr nur das ein Begriff war, was sie aß und was sie am Körper trug. Mein Bericht, das muß ich noch einmal betonen, kann nicht wie der Bericht über ein normales Kind gelesen werden, wo die Beschreibung einer Aktivität für eine ganze Gattung gültig ist. Wenn ich über die zweijährige Elly berichte, brauche ich nicht auszuwählen, was ich beschreiben soll. Was ich erzähle, ist alles, was es zu erzählen gibt.

Doch diese kleinen Erfolge waren wertvoll. So begrenzt Ellys Spektrum auch blieb, es war weniger begrenzt als zuvor. Jeder noch so geringfügige Sieg stärkte etwas in Elly und in uns. In Elly vielleicht ein schwaches Gefühl der Tauglichkeit, in uns die notwendige Hoffnung, daß unsere Tochter hinter ihrer stummen Verständnislosigkeit ein bißchen Verstand verbarg. Nicht zuviel Hoffnung – trügerische Hoffnung war etwas, wovor wir uns schützen mußten. Nur genug, um den nächsten Angriff zu unternehmen.

Elly wird älter; sie ist fast drei. Wir haben sie zu einem Picknick mitgenommen. Zusammen sitzen wir auf einem vorspringenden Felsen neben einem Bach. Wo der Boden holprig oder steinig war, habe ich sie getragen; obwohl sie graziös und sicher läuft, genügt die geringste Unebenheit unter ihren Füßen, um sie erstarren zu lassen. Ich werfe einen Stein neben uns ins Wasser – ein Aufspritzen, ein Plumpsen, eine neue Erfahrung für ein Kind, das kaum über Erfahrungen verfügt. Elly müßte das auch tun können, denke ich. Sie braucht kaum die Hand auszustrecken. Ich gebe ihr einen Stein. Sie hat in diesen Monaten Fortschritte gemacht; ich lege ihn ihr nicht direkt in die Hand, aber sie nimmt ihn von meiner Handfläche. Sie läßt ihn ins Wasser fallen (daß sie ihn, wie eine normale Dreijährige, mit Genuß hinein*werfen* würde, ist natürlich unvorstellbar). Ich reiche ihr einen anderen und noch einen. Das Spiel gefällt ihr. Die Steine liegen aufgehäuft neben uns. Ich rücke ein wenig ab und stoße sie mit dem Finger an, um ihre Aufmerksamkeit auf die Steine zu lenken. Sie möchte noch einen Stein. Wird sie ihre

Hand die fünfzehn Zentimeter ausstrecken, die nötig sind, um sich selbst einen zu holen?

Nein, sie tut es nicht. Heute noch nicht. Ich dränge sie nicht; ich weiß, daß es nichts nützen würde. Meine Unbeweglichkeit ist ein Spiegelbild der ihren. Ich habe warten gelernt.

Die Bereitschaft wächst, wenn auch viel langsamer als bei dem langsamsten normalen Kind. Jede neue Fertigkeit macht die nächste leichter, wenn auch nicht leicht. Und das ist der Grund, weshalb ich mich weiterbemühe. Mir geht es weniger darum, daß mein Kind selbst essen lernt und eine Anzahl rudimentärer Fertigkeiten erwirbt – wiewohl mich das selbstverständlich entlastet –, sondern hauptsächlich darum, ihr Lebensgefühl zu steigern. Ich gehe dabei von der Annahme – mehr, dem Glauben – aus, daß auch der winzigste Erfolg eine Spur hinterlassen *muß*. Jede neue Leistung stärkt das Selbstvertrauen und ist zugleich ein Vorstoß in jene mit einem Schutzwall versehene Leere, eine Bereicherung der furchtbaren Einfalt und Anspruchslosigkeit. Und wenn sich Elly auch jeder Attacke widersetzt, so nehmen wir doch an (lange Zeit bleibt es bei einer bloßen Annahme), daß sie sich darüber freut. Sie ist zwar, was ihre Entwicklung betrifft, aller eigenen Initiative unfähig, aber wir klammern uns an die Überzeugung, daß sie sich letzten Endes freuen wird, sich zu entfalten, groß zu werden.

Also bemühen wir uns weiter, nicht zuviel, aber auch nicht zuwenig, mit so simplen Methoden, daß es lächerlich erscheint, sie überhaupt zu erwähnen. Sie ist drei Jahre und ein paar Monate alt, als sie sich plötzlich für das Licht interessiert. Sie weiß, daß es aufleuchtet, wenn man an einer Schnur zieht oder einen Schalter bewegt. Ich habe es sie nicht gelehrt, wäre auch gar nicht dazu imstand gewesen; es gehört zu den Dingen, die sie, wie sich herausstellt, einfach weiß. Wenn sie Licht möchte, führt sie meine Hand zum Schalter. Aber es ist meine Hand, die ihr Werkzeug ist, nicht ihr eigene; sie selbst kann den Schalter nicht bewegen. Um ihr beizubringen, wie man das Licht andreht, muß man zunächst den am einfachsten zu bedienenden Schalter des Hauses aussuchen. Es kann nicht die Schnur sein, an der man ziehen muß, und auch kein altmodischer Schalter, der eines Drucks bedarf, denn man durfte diesem kräftigen Kind nur die allergeringste physische Anstrengung abfordern. Ich nehme ihre Hand. Ich streiche damit über den Schalter. Zuerst nach unten, Licht aus, denn das ist leichter. Es dauert einige Zeit – wie lange, weiß ich nicht mehr. Endlich kann sie es allein tun.

Obwohl Wasser sie fasziniert, ist es natürlich schwerer, einen Hahn zu öffnen. Den Hahn in der Küche, der nur eines geringen Drucks bedarf, lernt sie von selbst bedienen – vielleicht nutzte sie dabei ihre Erfahrungen mit dem Lichtschalter. Aber ein gewöhnlicher Hahn erfordert sowohl Druck als auch eine Drehbewegung. Ich lege Ellys Hand darauf; Handgelenk und Finger werden schlaff. Meine Hand bedeckt Ellys Hand völlig, und indem ich die ihre als Werkzeug verwende, drehe ich den Wasserhahn auf. Die ersten Male wende ich allein alle Kraft auf. Elly liebt das Wasser, und sie hat nichts gegen eine Wiederholung einzuwenden. Unmerklich – ich hoffe, es ist unmerklich – läßt mein Druck nach. Die kleine Hand unter der meinen ist nicht mehr ganz schlaff. Es scheinen doch Muskeln da zu sein. Ich lasse ihre Fingerspitzen unter meiner Hand einen halben Zentimeter hervorschauen, als ich das Wasser wieder andrehe. Einen Zentimeter. Eineinhalb Zentimeter. Ganz allmählich kommt meine Hand auf ihrem Handrücken, auf ihrem Handgelenk zu liegen. *Sie dreht weiterhin den Hahn auf.* Meine Hand liegt auf ihrem Arm. Schließlich ruht nur noch ein Finger auf ihrer Schulter, der es ihr ermöglicht, die Fiktion aufrechtzuerhalten, daß ich es bin, nicht sie, die die Handlung vornimmt. Wir haben über eine volle Stunde über dem Waschbecken zugebracht. Und wir sind noch nicht fertig; am nächsten Tag muß der Prozeß erneut vollzogen werden, damit die Fertigkeit wiederauflebt, aber es geht schon schneller. Dann ziehe ich meinen Finger zurück; jetzt genügt meine Gegenwart. Am nächsten Tag tut sie es allein, glücklich, begeistert, ein ums andere Mal. Sie begreift den gesamten Vorgang, selbst Dinge, die mir zu schwierig vorgekommen waren, als daß ich versucht hätte, sie ihr zu erklären. Nie läßt sie das Becken überlaufen, nie dreht sie den Heißwasserhahn auf.

Doch das Werk ist noch nicht ganz getan. Wochenlang bedarf es eines kurzen Gewöhnungstrainings, wenn sie sich vor einem nicht vertrauten Wasserhahn sieht. Es dauert lange, bis die neue Fertigkeit vollkommen ist.

Elly scheint sich sicherer zu fühlen, wenn sie sich als unfähig betrachtet, irgend etwas zu tun. Ihre Unfähigkeit wirkt nicht nur gewollt, sondern auch sorgsam gehütet. Ich erinnere mich, wie sie, vier Jahre alt, nach beträchtlichen Fortschritten von der Art, wie sie hier verzeichnet sind, für ihr Bad bereit gemacht wird. Sie kann sich noch nicht ausziehen, aber seit einigen Wochen streift sie die Schuhe ab, wenn ich sie aufgeschnürt habe. Heute weigert sie sich mit schelmischem Lachen. (Daß sie gelernt hat, andere zu necken, stellt natürlich einen großen Fortschritt im Kontakt mit den Mitmenschen dar, doch darauf komme ich später noch zurück.) Ich unterdrücke die Versuchung, ihr zu helfen. Der Schuh steckt so lose an ihrem Fuß, daß er fast herunterfällt. Elly, die «unfähig» ist, sich die Schuhe anzuziehen, schätzt die Situation ab und schlüpft sehr geschickt wieder in den Schuh. Sie wollte ihn nicht ausziehen, und so zog sie ihn auch nicht aus!

Was immer es war, das Elly davon abhielt, ihre Hände zu gebrauchen, hemmte sie auch in der Beherrschung ihres Körpers. Ihre außerordentliche Behutsamkeit, die bewirkt hatte, daß wir uns, als sie klein war, weder vor Treppen noch vor Kanten ängstigten, verminderte sich nicht. Wir konnten nur annehmen, daß sie genausogut wie andere Kinder zu Balanceakten und Kletterkunststücken fähig war – so, wie wir angenommen hatten, daß sie laufen konnte. Drei Jahre lang waren die Gegenstände auf oberen Borden sicher; wenn Elly sie nicht erreichen konnte, zog sie nie einen Stuhl heran, um hinaufzusteigen und danach zu greifen. Über vier Jahre lang wurde sie in ihr Bett gehoben und herausgeholt. Mit der Zeit ließ ich die Seitenteile heruntergeklappt und stellte einen Stuhl neben das Bett. Elly streckte die Beine versuchshalber nach dem wartenden Stuhl aus und zog sie wieder zurück. Dabei erinnerten wir uns gut eines aufregenden Abends ein Jahr zuvor, an dem uns die größeren Kinder, die auf Elly aufpaßten, nach Hause holen mußten. Sie war, da wir Gäste hatten, in einem ihr unvertrauten Raum in ihrem Laufställchen untergebracht worden und dreimal herausgeklettert. Wie hatte sie es geschafft? Das Laufställchen war höher als die Seitenteile ihres Bettes. Niemand vermochte es zu sagen; sie hatte es natürlich nicht vor Zeugen getan. Als ich heimkam und sie wieder hineinlegte, blieb sie da. Natürlich; sie konnte doch nicht klettern, oder?

Genauso verhielt es sich mit Treppen. An einem Novembertag – sie war fast zweieinhalb – ging sie behutsam, auf jeder Stufe mit beiden Füßen innehaltend, die Treppe eines lokalen Museums herunter. Es waren breite, flache, leicht zu bewältigende Stufen. Erst im April stieg sie die höheren Stufen zu Hause hinunter. Jahre verstrichen, ihre Beine wurden länger, und noch immer ging sie die Treppe hinunter, indem sie jede Stufe mit beiden Füßen betrat. Sie war sechs, als sie Stufen endlich wie ein normales Kind mit jeweils einem Fuß nahm.

Zaudern, Vorsicht, Widerwille, mit der physischen Umwelt in Kontakt zu kommen. Das klingt nach Furcht, und vielleicht war so etwas auch vorhanden. Andererseits machte sie keinen angsterfüllten Eindruck. Wieso auch? Sie hatte eine Methode gefunden, die sie vor den Anforderungen der Umwelt schützte. Ziehe an nichts, drehe an nichts, dann ist kein Mißlingen möglich und du hast deinen Frieden. Das war keine Angst in erkennbarer Form. Es zeigte sich nur eine stark ausgeprägte Vorsicht. Wir konnten etwas dagegen unternehmen, Elly sehr behutsam mit winzigen, für sie leicht zu bewältigenden Schritten kleinen Erfolgen zuführen und hoffen, daß sie mit der Zeit wie ein normales Kind Gefallen an der Meisterung der Dinge ihrer Umwelt finden würde. Aber der Prozeß war unvorstellbar langsam. Wir warteten auf den Zeitpunkt, da ein positives Ergebnis ohne unser Zutun ein neues nach sich ziehen und Elly sich von selbst, wie andere Kinder, von Fähigkeit zu Fähigkeit vorarbeiten würde. Aber er kam nicht. Die Initiative mußte immer von uns ausgehen.

Augen, die nicht sehen 5

Ein normales Kind entwickelt sich beinahe automatisch. Es benötigt keine Wärter, die ihm helfen, seine Sinne zu gebrauchen. Für ein normales Kind genügt es, eine Welt um sich zu haben, die man berühren, hören, sehen kann. Wenn man jedem Kleinkind erst beibringen müßte, wie man nach etwas greift, wie man lauscht oder interpretiert, hätte die menschliche Rasse nie überlebt. Selbst der begabteste Pädagoge dürfte kaum erwarten, die Entwicklung des Sprechvermögens, die selbst bei einer schwerfälligen, normalen Zweijährigen ganz spontan vonstatten geht, zu programmieren.

Elly hingegen war kein normales Kind. Sie war zwar kein spasmisches oder paralytisches Kind, aber wir konnten nicht als selbstverständlich annehmen, daß sie ihren Körper gebrauchen würde. Mit den abstrakteren Fähigkeiten des Hörens und Sehens war es dasselbe. Auch sie konnte man nicht als gegeben betrachten. Elly war nicht blind, aber der Sehvorgang besteht ja nicht nur aus Bildern auf der Netzhaut. Der Organismus muß aufnehmen, er muß interpretieren, bevor man behaupten kann, daß er sieht. Was sah Elly, als sie mit achtzehn Monaten die Seiten ihres bunten Bilderbuches umdrehte? War das Rot, Braun, Schwarz und Blau eine Katze, ein Auto für sie? Ich hätte es nicht sagen können. Ich konnte nur beobachten, daß sie die Seiten schnell und ohne Pause umblätterte. Einmal – nur einmal – hatte sie ganz offenbar ein Bild erfaßt; es handelte sich um einen blauen Teddybär wie ihren eigenen. Mit siebzehn Monaten. Dann verstrichen Monate, ein Jahr, ein weiteres Jahr, und nie mehr wies etwas darauf hin, daß sie ein Bild aufnahm.

Je abstrakter ein Unvermögen, um so schwieriger ist es zu erkennen. Da Elly so vieles nicht tat, begannen wir uns erst mit der Zeit

Gedanken darüber zu machen, daß es vieles gab, was sie nicht zu sehen schien. Wir wußten natürlich, daß sie durch andere Menschen meist förmlich hindurchschaute. Aber wir brauchten lange, bevor wir merkten, daß sie nicht nur gegenüber Menschen blind war, sondern visuell kaum etwas aufnahm, was mehr als einen Meter entfernt war.

Ich habe schon erwähnt, daß sie nicht deutete. Nach einer Weile wiesen wir sie auch auf nichts mehr hin; es war unmöglich, sie durch Gesten oder Worte dazu zu bringen, irgend etwas anzuschauen, was sich nicht in unmittelbarer Nähe befand. Hatte das etwas zu bedeuten? Schließlich konnte man Elly ja nur durch machiavellistische Schachzüge dazu bewegen, überhaupt etwas zu tun. Wenn sie einen Hund, auf den wir zeigten, nicht sah, so war das nicht weiter überraschend. Doch mit der Zeit merkten wir, daß ihre Unzugänglichkeit gegenüber visuellen Reizen erschreckend war.

Ein Wagen hielt nur einen Meter von ihr entfernt. Sie warf keinen Blick darauf. Ein Hund lief vorbei. Sie schien ihn nicht wahrzunehmen. Sie war schon über drei, als sie zum erstenmal aufblickte und einen Vogel sah. Und erst nachdem sie vier war, zeigte ihre Reaktion, daß sie eine vielleicht acht Meter entfernte Kuh neben der Autobahn wirklich gesehen hatte.

Ich selbst leide an einer ganz einfachen, aber schweren Kurzsichtigkeit, die zwischen dem sechsten und achten Lebensjahr einsetzte, wenn ein Kind zu lesen beginnt. Natürlich dachte ich daran, daß bei Elly das gleiche Problem aufgetreten sein könnte, nur besonders früh. Ohne Brille kann ich eine Kuh auf der anderen Straßenseite ebenfalls nicht erkennen. Es schien mir jedoch unvorstellbar, daß Elly in dem Dunst leben könnte, der mich einhüllt, sobald ich meine Brille abnehme. Elly, die nie eine ungeschickte Bewegung machte, nie fiel. Sie fand sich in ihrer Umwelt perfekt zurecht. Wenn wir einen Spaziergang machten, kannte sie jede Straßenecke. Ich konnte hinter ihr zurückbleiben, und sie führte mich nach Haus. Sofern sie nicht über irgendeinen sechsten Sinn verfügte (und auch daran habe ich gedacht), mußte sie sich – so folgerte ich – die Positionen der Bäume und Gebäude im Vorübergehen eingeprägt haben; sie mußte sie also gesehen haben.

Wir hatten außerdem das Gefühl, daß jede Erklärung mehrere Symptome umfassen mußte. Wir hatten gelernt, daß es kein Mangel an Kraft oder Koordination war, der Elly davon abhielt, ihre Hände zu gebrauchen. Wir konnten also annehmen, daß ihre begrenzten visuellen Fähigkeiten keine physischen Ursachen hatten, sondern auf denselben mysteriösen Willensdefekt zurückzuführen waren. Wer dem, was er sieht, keine Bedeutung beimißt, ist auf seine Weise blind. Unsere Aufgabe war nicht, Ellys Sehkraft zu bessern, sondern den Kreis dessen, was sie betrachtenswert fand, zu erweitern, ihr zu helfen, Bedeutung in all dem zu finden, wovon wir einigermaßen sicher waren, daß sie es sah.

Denn was Elly für wichtig hielt, schien sie sehr wohl zu sehen. Hunde oder Kühe bemerkte sie weder von weitem noch von nahem. Unsere Katze ignorierte sie vollständig, mehr noch, als sie ihre Geschwister ignorierte. Aber es gab Dinge, die sie nicht ignorierte – Farben, abstrakte Formen. Daß sie diese sah, stand zweifelsfrei fest.

Eines Tages – sie war zwei Jahre und acht Monate alt – zog ich ihr ihren Anorak an. Normalerweise konnte sie es kaum erwarten, aus dem Haus zu kommen, doch an diesem Tag benahm sie sich merkwürdig. Statt sich gefügig ankleiden zu lassen, versuchte sie mir zu entwischen, und sobald ich fertig war, stieg sie die Treppe hinauf. Ich wartete, und als sie nach einer Weile noch immer nicht wieder erschien, ging ich nach oben und fand sie über einem Mosaikspiel, das ich auf eine Kommode gelegt hatte, um ihr Interesse zu wecken. Sie hatte es entdeckt, als ich sie die Treppe hinuntertrug, und ganz offenbar beschlossen, sich damit zu beschäftigen. Daher ihr Widerstreben.

Es handelt sich um ein gewöhnliches Legemosaik, das aus Rauten, Dreiecken und Vierecken in vier verschiedenen Farben besteht und mehrere Anordnungsmöglichkeiten bietet. Elly nahm vor meinen ungläubigen Augen vier Rauten und kombinierte sie zu einer größeren Raute; ein paar Dreiecke, auf die sie dabei stieß, schob sie zur Seite. Das wiederholte sie noch zweimal und wandte sich dann den

Vierecken zu; sie arbeitete mit einer unbeschreiblichen Konzentration. Zwanzig Minuten lang war sie voller Eifer bei der Sache. Die abstrakten, nichtssagenden Formen schienen für sie durchaus Sinngehalt zu haben. Es fiel ihr auch leicht, zwischen ihnen zu unterscheiden. Dennoch war dies dasselbe Kind, hinsichtlich dessen Intelligenz wir schwere Zweifel hegten, das sich kaum für normales Spielzeug interessierte und dessen Spieltrieb sich darin erschöpfen konnte, daß es Sand durch die Finger rinnen ließ oder Bauklötzchen in parallelen Reihen anordnete.

Als sie fertig war, räumte ich das Mosaik fort. Ich wollte nicht, daß das Spiel allzuschnell in ein bloßes steriles Wiederholen entartete. Zwei Wochen später suchte ich es von neuem hervor, und sie ordnete die einzelnen Teile sowohl der Farbe als auch der Form nach. Eine Woche darauf brachte ich ihr ein anderes Spiel, bei dem sie Sterne, Acht- und Sechsecke gut unterschied. Aber die Konzentration war verschwunden. Die Sache war zu leicht, als daß sie interessant gewesen wäre. Es schien keine Möglichkeit zu geben, von hier aus weiterzugehen.

Natürlich besaß sie auch Puzzlespiele, von denen wir, da es dabei Formen zu erfassen galt, hofften, daß sie eine Vorbereitung für das Erkennen von Bildern sein könnten. Bis dahin hatte ich allerdings nur geringe Erfolge mit ihnen gehabt. Ich holte sie dennoch ab und zu hervor, aber Elly beteiligte sich nur selten selbst. Sie sah mir zu, während ich die Puzzles zusammensetzte, und wenn sie auch keine große Begeisterung an den Tag legte, so war sie doch mit mehr Aufmerksamkeit dabei als sonst im allgemeinen. Um sie in das Spiel hineinzuziehen und zu erfahren, inwieweit sie ein Bild kannte, legte ich ab und zu ein Teil falsch an. Unfehlbar berührte mich ihre Hand, um mich zu korrigieren. Mit zweidreiviertel Jahren, im selben Alter, in dem sie sich für Zusammensetzspiele zu interessieren begann, beherrschte sie sozusagen auf passive Weise drei Puzzles, die ihrer Altersstufe angemessen oder sogar etwas anspruchsvoller waren. Ich vermutete, daß sie eigentlich mehr hätte leisten können, wußte aber noch nicht, wie ich sie dazu bewegen sollte.

Erst einige Wochen später kam der Durchbruch. Elly war fast

drei. Kurz zuvor hatten wir in Boston, während Elly im Krankenhaus untersucht wurde, nach Spielzeug Ausschau gehalten und ein sehr viel einfacheres Puzzle gefunden als die, an die sie gewöhnt war; es bestand lediglich aus fünf Teilen, die außerdem mit Einkerbungen versehen waren, so daß sie sich unschwer ineinanderfügen ließen. Zuerst zeigte Elly, wie üblich, wenig Neigung, die Teile in die Hand zu nehmen, doch als sie merkte, wie leicht die Sache war, konnte sie offenbar nicht mehr widerstehen. Probleme, an denen sie bei komplizierteren Puzzles gescheitert war, löste sie sofort. Dieses einfache Spiel gefiel ihr. Während der nächsten Wochen setzte sie es oft zusammen – so oft, daß ich befürchten mußte, sie werde bald, wie meist, das Interesse daran verlieren.

Ich räumte das neue Puzzle fort, und als ich es nach einer Woche wieder hervorholte, brachte ich auch die drei alten mit. Da sie in der gewohnten Umgebung das Interesse an ihnen verloren hatte, sorgte ich für einen neuen Rahmen und stellte die Schachteln in ein Zimmer, in dem sie sich noch nie mit ihnen beschäftigt hatte. Das leichte Puzzle lag obenauf. Sie setzte es schnell zusammen, nahm es wieder auseinander und holte sich dann ein anderes, das zuunterst lag. Es stellte den gestiefelten Kater dar, und sie war bisher nicht damit fertig geworden. Ohne lange zu überlegen, setzte sie die leichten Teile davon selbst zusammen. Die Stiefel des Katers indessen sind wohl ähnlich, aber nicht vertauschbar; selbst ein Erwachsener verwechselt sie leicht. Als sie nicht passen wollten, wimmerte Elly und nahm alles wieder auseinander. Ich half ihr mit den Stiefeln, und wir beendeten das Puzzle zusammen. Wenn ein Teil etwas sperrig war, drückte ich es mit Ellys Hand fest. Am nächsten Tag suchte sie wiederum das Kater-Puzzle heraus, setzte es diesmal (von mir beobachtet, ohne daß sie es merkte) vollkommen zusammen und drückte die Teile fest, wie ich es ihr gezeigt hatte.

Mit dem leichten Puzzle hatten wir unser Ziel erreicht. Wieder einmal wurde das Prinzip veranschaulicht: wollte man Elly eine neue Fertigkeit beibringen, so genügte es nicht, daß sie nachgewiesenermaßen im Bereich ihrer Möglichkeiten lag. Sie mußte so lächerlich einfach sein, daß sie keinerlei Herausforderung oder Bedrohung, keine Verpflichtung für die Zukunft darstellte. Nur dann wagte es Elly, sich darauf einzulassen. Ich wußte das. Die Erfahrungen mit dem Löffel, dem Becher, den Ringen hatten es mich gelehrt.

Elly konnte also jetzt Puzzlespiele zusammensetzen. Sie begriff neue im Nu. Die meisten Kinder lassen sich vom Bild leiten, nicht nur von der Form. Elly hingegen hatte einen so scharfen Blick für Formen, daß sie keine weiteren Anhaltspunkte brauchte. Sie konnte ein Puzzle sogar zusammensetzen, wenn die Bildseite umgedreht war. Die Puzzle-Schachteln stapelten sich. Dem Kater gesellten sich ein Fisch, ein Elefant, eine Feuerspritze zu. Oft vergnügte sich Elly damit, sämtliche Schachteln umzukippen. Wenn wir dann das Durcheinander ordneten, bestimmte sie die Herkunft der einzelnen Teile noch schneller als ich. Ihr Vermögen, Form und Farbe zu unterscheiden, war verblüffend. Aber vermochte sie das Bild als solches wahrzunehmen? War es ihr beim Zusammensetzen des Katers wenigstens dunkel bewußt, daß die Stiefel nach unten und der Kopf nach oben gehörten?

Offenbar nicht. Fünf Monate später scheiterte sie noch immer an ihrem ebenfalls fünfteiligen allereinfachsten Puzzle, das wir nach dem Erfolg des ersten gekauft hatten. Das problematische Teil stellte eine rundherum regelmäßige gelbe Sonne dar. Der einzige Hinweis auf die richtige Orientierung waren die aufgemalten Augen; wenn man auf ihre Stellung achtete, paßte sich das Teil leicht ein. Elly *lernte es nicht, den simplen Hinweis zu erkennen.* Augen, Gesichter überhaupt, gehörten einfach nicht zu den Dingen, die für sie Bedeutung hatten. So kam sie über diese Schwierigkeit nicht hinweg, wiewohl ihr weitaus kompliziertere Puzzles gelangen.

Es war etwas Erschreckendes an Ellys klaren Augen, die erstaunliche und uns nicht zugängliche Einzelheiten zu unterscheiden vermochten und für alles Offenkundige blind waren. Elly war drei Jahre alt, und ich hatte noch immer nicht herausgefunden, ob sie erkannte, daß eine Puppe menschliche Gestalt hatte. Plastische Darstellungen, die sowohl den Tastsinn als auch das Auge ansprechen, sind immerhin etwas weniger abstrakt als Bilder. Wir sitzen mit einer kleinen Puppe auf dem Boden. Sie gehört Ellys Schwestern und verfügt über eine umfangreiche Garderobe. Ich kleide sie an. Elly zieht sie aus, wählt ein anderes Modell, wir beginnen von neuem. Das Spiel nimmt sie mehrere Wochen lang gefangen. Kann ich daraus schließen, daß sie die Puppe als Darstellung des menschlichen Körpers erkennt? Ich brauche mehr Beweise. Also denke ich mir interessante Situationen für die Puppe aus, aber natürlich sind sie für Elly nicht interessant. Eines Tages kommt mir die Idee, mit den Zehen der Puppe zu spielen, sie abzuzählen und zu kitzeln, wie ich es so oft mit Ellys Zehen tue. Elly bleibt gleichgültig, doch am Abend überrasche ich sie dabei, wie sie in der Badewanne die Zehen der Puppe zählt, und dann höre ich das vergnügte Aufkreischen, das für sie den Höhepunkt eines Kitzelspiels anzeigt. Es scheint offenkundig, daß sie die Puppe kitzelt; sie sieht also, daß auch die Puppe Zehen hat.

Heute bin ich mir über das Prinzip im klaren, von dem ich damals nur eine dunkle Vorstellung hatte, so daß ich es nur zufällig anwendete: Um die Augen und Ohren und später den Verstand solcher Kinder zu erreichen, muß man mit körperlich erkennbaren Sensationen beginnen. Von Ellys Zehen zu den Zehen der Puppe. Erst drei Monate später kommt mir, während wir mechanisch die Seiten eines Kunstbandes umblättern, die Idee, dieses Verfahren auch auf die nackten Zehen der Renaissance-Jesuskinder zu übertragen. Und Elly *lacht*. Das ist seit jenem einzigen Mal vor zwei Jahren das erste Beispiel dafür, daß Farbe und Form eine Bedeutung erlangt haben und Elly ein Bild sehen kann.

Von ihrem eigenen Körper zur bildlichen Darstellung. Im gleichen Monat beginnt sich Elly für das Kindergartenübungsbuch ihres Bruders zu interessieren. Aufmerksam, aber ohne etwas zu erkennen, wendet sie, wie gewohnt, die Seiten um. Doch jetzt habe ich eine leise Ahnung, wie ich vorgehen muß. Als wir auf die große realistische Abbildung einer Eistüte stoßen, nehme ich ihre Hand und lasse sie die Eistüte tätscheln. Bald darauf schaut sie sich das Buch wieder an; jetzt entsteht bei der betreffenden Seite eine Pause in dem mechanischen Umblättern: dieses Bild sieht sie jedenfalls.

Das Buch enthielt viel Brauchbares; ich benutzte die Abbildung eines Schul-Spielplatzes dazu, um Ellys Finger die Rutschbahn hinuntersausen und Wippe und Schaukel ausprobieren zu lassen. Ihr Vergnügen zeigte eindeutig, daß sie begriff. Kamen wir zu dieser Seite und ich unternahm nichts, so legte Elly meine Hand auf die ihre, damit ihre Finger die Rutschbahn hinaufsteigen könnten. Sie ging nicht so weit, ihre Hand selbst zu bewegen. Aber offenkundig war sie glücklich über die neue Erweiterung ihrer Welt.

Doch hieß das nicht, daß sie fähig gewesen wäre, von sich aus weitere Vorstöße in dieser Richtung zu machen. Sie schaute ihre vielen Bilderbücher genauso teilnahmslos an wie bisher. Offenbar mußte jedes neue Bild separat erobert werden – wie es bei Lichtschaltern und Wasserhähnen der Fall gewesen war. Als wir eines Tages – es war zwei Wochen später – das Bild eines kleinen Mädchens betrachteten, ergriff Elly mit einer diktatorischen Geste meine Hand. Ich dachte, sie fände es, wie so oft, an der Zeit, die Seite umzudrehen, aber das stellte sie nicht zufrieden. Ich sollte mit ihrer Hand das Bild tätscheln. Sie wollte, daß ich ihre Augen auf das Bild aufmerksam machte. Das war wirklich ein Fortschritt. Ich merkte allerdings auch, daß es ihr offenbar gleichgültig war, ob sie die Figur berührte oder den leeren Raum um sie herum.

Damals hätte ich eigentlich ein Programm ausarbeiten müssen, aber Planung ist nicht meine Stärke, und außerdem hatte ich auch nur eine sehr vage Vorstellung von dem, worauf wir hinauswollten. Ich ahnte nicht, daß Bilder mir ein Jahr später bereits eine bessere Kommunikationsmöglichkeit bieten würden als Worte. So machte ich fast auf Geratewohl weiter und benutzte das Material, das mir im Haushalt zufällig unter die Hände kam. Aus Frauenzeitschriften schnitt ich bunte Abbildungen von allerlei Eßwaren aus und führte sie, um die Kluft zwischen Darstellung und Erfahrung zu überbrücken, an Ellys Mund und an den meinen. Eines Tages fand ich einen Ritz-Cracker abgebildet; er war so winzig, daß ich bezweifelte, ob sie ihn erkennen würde. Ich schnitt ihn aus und gab ihn ihr. Sie wußte, um was es sich handelte. Sie steckte ihn sich in den Mund und aß ihn.

Doch die hoffnungsvolle Tendenz wurde von Rückschlägen unterbrochen. Das Ausschneidespiel, das ursprünglich ihre Aufmerksamkeit auf Bilder ziehen sollte und an dem sie später auch insoweit aktiv teilnahm, als sie ihre Hand dabei auf die meine legte, entartete, wie so vieles andere, in sterile Wiederholung. Sie achtete jetzt nicht mehr auf die Bilder, die ich ausschnitt. Was sie wollte, war, daß die Zeitschrift in Streifen zerschnitten würde, und ob es sich dabei um Text oder Abbildungen handelte, war ihr ganz gleich. Es war, als zöge sie sich absichtlich von einem Sinngehalt zurück, den sie drei Monate zuvor offenbar gern akzeptiert hatte. Dennoch nahm sie mehr mit den Augen auf als früher, wenn man sie dazu bewegen konnte, es zuzugeben.

Abbildungen von Autos gefielen ihr, und sie hatte nichts dagegen, daß ich sie ausschnitt. Für Eßwaren interessierte sie sich jetzt kaum mehr, und auf menschliche Gestalten oder Gesichter reagierte sie normalerweise nicht. Eines Tages jedoch bezeigte sie aus unerfindlichen Gründen ein gewisses Interesse für das Gesicht eines Halbwüchsigen auf dem bunten Deckblatt einer Zeitschrift und ließ es mich ausschneiden. Es schien sie auch zu freuen, daß ich auf der nächsten Seite das Gesicht eines kleinen Mädchens ausschnitt. Darauf folgte ein Wagen, und anschließend begnügte sie sich wieder mit simplen Papierstreifen. Ich tat ihr den Willen, aber nach mehreren Seiten versuchte ich – ermutigt durch die ungewöhnliche Duldsamkeit, die sie an jenem Tag gezeigt hatte – die Schere um eine menschliche Gestalt herumzuführen. Elly widersetzte sich, wurde zornig. Sie brachte jene unartikulierten rauhen Protestlaute hervor, die man von Taubstummen kennt und die bis zum heutigen Tag eine Zerreißprobe für meine Nerven darstellen. Als ich dennoch weitermachte, zerknüllte sie das Bild und warf es fort. Ich schnitt wieder Streifen und versuchte es dann noch einmal mit der Figur – mit demselben Resultat. Nun suchte ich ein schönes Auto und fing an, es in Stücke zu zerschneiden. Das mißfiel ihr ungeheuer; auf menschliche Umrisse durfte ich nicht achten, es war mir aber ebensowenig gestattet, so zu tun, als sähe ich den Wagen nicht.

Zurück also zu den Papierstreifen. Meine Gedanken sind anderswo; wer weiß, wo die ihren sind. Da kommt das Foto eines Mannes. «Schau, ein Daddy mit Brille», sage ich leichthin, und ich erwarte in keiner Weise, daß sie es erfaßt. Ein Wort ab und zu ist ganz einfach angebracht. Man weiß ja nie... Ich beginne zu schneiden – aber keine Streifen; ich führe die Schere um den Kopf herum. Elly widersetzt sich nicht.

Plötzlich bemerkt sie die Brille, die der meinen sehr ähnlich ist, lacht, nähert ihr Gesicht dem meinen, schlingt die Arme um meinen Hals. Ich lache und drücke sie an mich und schneide weiter. Sie sieht lachend zu, hält das Bild lachend an ihr Gesicht, wie um es zu küssen (sie hat noch nie jemanden geküßt). Die Triumphe sind genauso mysteriös wie die Niederlagen. Lachend nehmen wir das ausgeschnittene Gesicht mit, als ich sie zu ihrem Nachmittagsschläfchen nach oben bringe.

Ein paar Wochen später kam mir eine neue Idee. Ich begann Bilder auszuschneiden, die ich selbst gezeichnet hatte. So konnte ich Gegenstände auswählen, von denen ich wenigstens vermutete, daß sie für Elly bedeutsam waren. Ich fertigte aus Pappe ein Baby mit beweglichen Armen und Beinen, die ich mit Musterklammern befestigte. Elly sah passiv, aber gefesselt zu, wie das Baby Form annahm; während ich arbeitete, hörten meine ungläubigen Ohren sie sogar «Bay-bay» (von «Baby») sagen. Doch sehr bald erlosch ihr Interesse; als ich dem Baby Papierkleider anzuziehen versuchte, warf sie sie fort. Ich zeichnete unser Haus und schnitt eine Tür aus, die man öffnen und schließen konnte. Das gefiel ihr, obwohl sie bis dahin noch nie auf die Abbildungen eines Hauses reagiert hatte. Ich machte eine Elly-Figur in Elly-Kleidern, und sie schien ungewöhnlich interessiert, womit ich meine, daß sie sie eine Weile festhielt und anstarrte, bevor sie sie fortlegte. Sie warf eine Vater-Figur auf den Boden. Und was eine Mutter-Figur werden sollte, gedieh durch Ellys Einschreiten nie über die Kopfumrisse hinaus. Ich sah, daß ich sie nicht drängen durfte, daß ich das Tempo verlangsamen und ihr gestatten mußte, für jeweils zwei Schritte vorwärts einen Schritt zurück zu tun.

Ein Vorteil des zeichnerischen Verfahrens lag auch darin – wie ich erst jetzt erkannte –, daß sich der Vorgang nach und nach vollzieht. Ein fertiges Bild wird als Ganzes wahrgenommen. Eine Zeichnung, die jemand gerade macht, lenkt durch das Allmähliche und Spannende des Prozesses die Aufmerksamkeit auf sich. Zuerst der Kopf, dann Arme, Körper, Augen, Nase, Mund – nicht immer in derselben Reihenfolge. Jeder Strich ist ein Ereignis. Was kommt als nächstes? Ich zeichne langsam, aber ohne Unterbrechung. Anfangs zeichnete ich die Umrisse sorgfältig und realistisch; ich erwartete nicht, daß Elly mit einer großzügig skizzierten Darstellung etwas anfangen könnte. Beim Bilderausschneiden hatte Elly lediglich zugeschaut. Doch während ich zeichnete, *beobachtete* sie mich. Ellys Aufmerksamkeit war etwas Unerforschliches und Kostbares – groß, wenn sie ihren eigenen Angelegenheiten zugewandt war, klein oder überhaupt nicht vorhanden, sobald es um die Belange anderer Leute ging. Und ein fallen gelassener Bleistift konnte bereits aller Konzentration ein Ende machen. Manchmal, wenn sie mir gegenübersaß, zeichnete ich sogar spiegelverkehrt, nur, um ihr Interesse nicht zu verlieren. Es wurde Juni. Elly war fast vier. Mehr als ein halbes Jahr war vergangen, seit sie zum erstenmal Kinderzehen auf Bildern erkannt hatte. Doch sie hatte für keinen Teil des Körpers ein Wort. Wieviel, so fragte ich mich, wußte sie wohl von ihrem Körper, diesem wichtigsten aller Erfahrungsfaktoren? Eines Tages zeichnete ich mit ihr, spielerisch, ohne etwas Besonderes im Sinn zu haben. Ich begann, wie so oft, ein Kind zu zeichnen und fing mit den Füßen an. Ich zeichnete Zehen, Füße, Beine, Höschen. Doch dann kam mir die Idee, daß ich den Vorgang des Zeichnens als solchen ausnutzen könnte, um herauszufinden, was Elly tun würde, wenn ich die Figur nicht fertigstellte. Wenn ich jetzt zu zeichnen aufhörte, konnte ich vielleicht Ellys passives Zusehen in aktive Mitarbeit verwandeln.

Ich ließ also die Hand auf das Papier sinken, den Bleistift noch zwischen den Fingern, und wartete. Ein paar Sekunden vergingen; dann stieß Elly meine Hand an. Ich zeichnete den Rumpf fertig, hielt inne. Elly wollte mehr sehen; ich fügte einen Arm dazu und hörte wieder auf. Elly berührte meine Hand, und ich begann gerade mit dem zweiten Arm, als ich spürte, daß sie nicht einverstanden war. Sie war keine passive Zuschauerin mehr, sie hatte ihre eigene Vorstellung. Sie verlangte als nächstes den Kopf. Ich zeichnete ihn, hielt inne und stattete die Figur schließlich auf Ellys Aufforderung hin mit einem zweiten Arm aus, so daß sie vollständig war. Es hatte sich erwiesen, daß Elly, die erst kurz zuvor gelernt hatte, ein Bild visuell zu erfassen, genauso viel über die bildhafte Darstellung des menschlichen Körpers wußte wie jedes andere Kind.

Aber immer war ich es, die tatsächlich zeichnete, die aktiv war. Wäre es nicht besser, wenn Elly selbst zeichnete? Das war sehr schwer zu erreichen. Zeichnen bedeutete, daß ein Druck aufgewendet, daß Bleistift, Buntstifte, Pinsel festgehalten werden mußten, und Elly hatte dafür keine Kraft in den Händen. Ich habe im ersten Kapitel von den Kreisen gesprochen, die sie malte, als sie zweieinhalb war, und bald danach wieder aufgab. Sie faßte keinen Buntstift mehr an – wenn es einem gelang, ihr einen zwischen die Finger zu stecken, so war der Strich, den sie damit zog, so dünn, daß man ihn kaum sehen konnte. Nach jenen ersten, wie durch ein Wunder entstandenen Kreisen zeichnete Elly fast ein Jahr lang gar nichts mehr.

Eine ungewöhnlich aktive und einfallsreiche Babysitterin hatte auf sie aufgepaßt, während ich ausgegangen war, und statt ruhig zuzusehen, wie Elly nichts tat, hatte sie versucht, ihre Aufmerksamkeit zu fesseln. Ich hatte ihr erzählt, daß Elly Formen erkennen konnte, und Jill hatte Papier und Buntstifte genommen und ein ganzes Blatt mit Dreiecken bedeckt. Sie zeichnete dreißig, bevor Elly selbst ein dünnes, wackliges Gebilde verfertigte, das aber unverkennbar ein Dreieck war. Wie war es dazu gekommen? Ich war nicht da und hatte es also nicht verfolgen können. Aber es war ein in zweifacher Hinsicht bemerkenswertes Ereignis. Jene Zirkel und Kreuze der Vergangenheit waren nicht in spontaner Nachahmung eines Modells entstanden, sondern erst nach einer gewissen Zeit. Sie tauchten unerwartet am nächsten Tag oder nach einer Woche auf und lieferten dem hoffnungsvollen Betrachter einen Beweis für Intelligenz, aber auch für jenes seltsame Sichabschließen von der Umwelt und das Fehlen zwischenmenschlichen Kontakts. Das Kind zeichnete zwar einen Kreis, doch durfte er nicht die Imitation eines von einer anderen Person gezeichneten Kreises sein; er mußte aus dem Nichts kommen. Diese zittrigen Dreiecke waren etwas Neues. Sie bestätigten nicht nur die verborgenen Fähigkeiten des Auges, der Hand und des Gehirns, sondern auch einen persönlichen Kontakt. Der Eifer und das Interesse des jungen Mädchens stellten eine Verbindung zu Elly her, die um so bemerkenswerter war, als Elly sonst durch Fremde einfach hindurchschaute.

Vielleicht reagierte sie genauso, wie normale Kinder so oft reagieren. Für fremde Menschen sind sie imstand, mehr zu tun als für ihre Eltern, weil sie wissen, daß sie das zu nichts verpflichtet. Jedenfalls ließ ich die Sache fürs erste auf sich beruhen und holte dann zwei Tage später Papier und einen Malkasten. Es mochte schwierig sein, Wasserfarben und Pinsel zu handhaben, aber sie erforderten dafür keine Druckausübung.

Diesmal kopierte Elly mein Modell-Dreieck sofort. (Es gibt normale Dreijährige, die nicht dazu fähig sind, doch das wußte ich damals nicht.) Während der nächsten drei Monate konnte man sie hin und wieder dazu bewegen, etwas zu zeichnen. Immer war es Zeichnen; die heikle, ordnungsliebende Elly benutzte Farben nie, um im eigentlichen Sinn des Wortes zu malen, nie spritzte und kleckste sie auf dem Papier. Sie, die Farben spontan unterschied, zeigte keinerlei Interesse daran, verschiedene Farben beim Malen zu benutzen. Sie verfertigte nur monochrome Zeichnungen, stets blieb sie bei der Farbe, mit der sie angefangen hatte. In jenem Jahr kamen Filzstifte auf den Markt, und Elly zog sie sehr bald vor, weil sie nicht mehr Druck verlangten als Wasserfarben und leichter zu handhaben waren. Denn die physische Schwäche war noch immer außerordentlich vorherrschend – letzten Endes lernte sie etwa um dieselbe Zeit erst einen Lichtschalter bedienen.

Elly zeichnete schnell und ohne Pause jeweils ungefähr zwanzig Minuten lang. (Ich registrierte das natürlich; eine große Konzentrationsspanne ist ein Zeichen von Intelligenz.) Sie zeichnete Kreuze, Punkte, Linien, Kreise, Dreiecke. Nie strichelte sie drauflos. Alle Linien schienen unheimlich vorbedacht, das Produkt eines Beschlusses. Ich gewöhnte mich daran, jedes Blatt durch ein neues zu ersetzen, sobald sie etwas darauf gezeichnet hatte, denn wenn ich es liegen ließ, wurden Kreuze und Dreiecke sehr bald sorgfältig mit einem dichten Punktschleier überdeckt. Wieder war es, als ob sie etwaige Verpflichtungen scheute, die das Eingeständnis ihrer neuen Fertigkeit mit sich bringen könnte.

Ellys Zeichnungen waren selten spontaner Art. Meist handelte es sich um Kopien von Figuren, die wir gezeichnet hatten. Wir beschränkten uns im allgemeinen auf Figuren, weil Elly um diese Zeit (mit etwa dreieinviertel Jahren) noch keine Bilder erkannte. Auch Buchstaben sind nur Figuren, wenn man sie der Bedeutung entkleidet, die wir ihnen gegeben haben. Irgend jemand – vielleicht eines der Kinder – schrieb einmal mit Wasserfarbe Ellys Namen in Blockbuchstaben. Als Elly das nächste Mal zeichnete, machte sie ein wackliges E. Wie früher kam die Handlung verzögert. Sie besaß noch immer die außergewöhnliche Fähigkeit, Eindrücke festzuhalten und nach unbestimmter Zeit ohne weitere Übung unverändert wiederzugeben. Etwa eine Woche später fügte sie ein L hinzu – dieses dreijährige Kind, das weder sprechen noch verstehen konnte.

Es war sehr ermutigend, solange es anhielt. Aber als zweieinhalb Monate mit vielleicht zehn Zeichensitzungen vergangen waren, schwand Ellys Interesse. Es war jetzt schwerer, sie dazu zu bewegen, selbst zu zeichnen; nur einmal bedeckte sie ein Blatt mit Rechtecken, indem sie meine schlaffe Hand als Werkzeug benutzte. Drei Monate nach ihren ersten Dreiecken zeichnete ich ihr ein paar als Vorlage, in der Hoffnung, sie würde selbst auch einige zeichnen. Sie wollte nicht. Als ich es mit dem alten Trick versuchte, eines unvollendet zu lassen, war die Linie, die sie beisteuerte, schwächer und zittriger als ihre allerersten. Ich nahm ihre Hand und zeichnete mit ihr ein Muster aus Querstrichen. Das war neu und interessant, und nach zwei oder drei Blättern zeichnete sie ebenfalls ein paar Striche. Zweimal holte sie in den folgenden Tagen zu meiner freudigen Überraschung selbst Stift und Papier herbei, um zu zeichnen. Sie legte auch jedes fertige Blatt beiseite, statt die Figuren mit

Punkten zu bedecken. Es war ein angemessener Abschied. Sechs Monate lang griff sie nie mehr freiwillig zu Pinsel, Filzstift oder Bleistift. Nur einmal während dieser Zeit benutzte sie meine Hand als Werkzeug, um zwei parallele Linien, ein E und zwei L zu zeichnen. Ich gab ihr den Pinsel. Sie machte noch ein letztes L allein, und mehr war aus ihr nicht herauszuholen.

Ich bedrängte sie nicht. Es schien nicht der Mühe wert. Ich hoffte, daß eine Pause die Fortschritte nicht ausradieren, sondern in gewisser Weise festigen würde. So räumte ich Farben und Stifte fort, damit sie ihr, wenn sie wieder auftauchten, reizvoll und neu vorkämen. Doch als Elly mit fast vier Jahren endlich wieder eigenhändig ein paar Linien zog, geschah es mit einem anderen Hilfsmittel und in einer völlig neuen Situation. Sie besuchte ihren Vater im College und benutzte dort zum erstenmal Kreide und Tafel. Ein einzigartig befriedigendes Medium für Elly. Alles, was sie zeichnete, konnte sofort wieder gelöscht, widerrufen, rückgängig gemacht werden, so, als wäre es nie gewesen.

Elly mochte ihre Fähigkeiten sich selbst gegenüber verleugnen. Aber wir kannten jetzt zumindest einige von ihnen. Sie konnte ihren Körper und ihre Hände gebrauchen. Sie konnte zeichnen. Und noch mehr: sie konnte nicht nur Umrisse und Objekte sehen, sondern auch Menschen und sogar bildhafte Darstellungen von Menschen. Es war viel mehr als zwei Jahre zuvor. Wir mußten damit zufrieden sein.

Ohren, die nicht hören 6

Ellys physische und visuelle Unzulänglichkeiten waren für uns offenkundig. Aber anderen Menschen fielen sie nicht auf, nachdem sie einmal laufen gelernt hatte. Nur wer sie genau beobachtete, bemerkte den leeren Blick in dem scheinbar aufgeweckten Gesicht, die Passivität hinter der Geschicklichkeit und der scheinbar vitalen Kraft. Als Elly zweieinhalb, drei, vier Jahre alt wurde, war es für die meisten Leute, die sie kannten, ihr größter Defekt, daß sie nicht mehr als ein paar unverständliche Silben sprach – vor allem da sie ansonsten ein reizendes, intelligent wirkendes Kind war. Und unwillkürlich drängte sich die Überlegung auf, ob die Sprachzentren im Gehirn einen spezifischen Schaden erlitten haben könnten.

Für uns indessen, die wir sie besser kannten, war dies nur der sichtbare Teil des Eisbergs. Eine Sprachstörung? Jeder, der mit ihr gelebt hatte, mußte gespürt haben, daß das Problem viel tiefer ging. Selbst wenn man sich einzig und allein mit der Sprechunfähigkeit befaßte, hatte die Tatsache, daß sie nichts sagte, weniger Gewicht als die, daß sie nichts verstand oder – schlimmer noch – einen überhaupt nicht zu hören schien.

Es ist nicht ungewöhnlich, daß bei einem autistischen Kind anfänglich Taubheit diagnostiziert wird. Angesichts eines so mysteriösen Falls versucht man es zwangsläufig mit einigen Hypothesen. Retardierung? Das Kind kann aufgeweckt wirken, wenn es will. Taubheit würde fast alles erklären – Ellys Unfähigkeit zu sprechen, ihr mangelndes Fassungsvermögen; auch ihr Sichabschließen von der Umwelt wäre ganz natürlich, wenn sie in einer stummen Welt lebte. Sie reagierte auf Laute ebensowenig wie auf Sprache. Ich erinnere mich, daß sie eines Tages mit dem Rücken zur Einfahrt auf dem Rasen saß. Etwas Befremdliches ereignete sich, von dem man annehmen würde, daß es jedem kleinen Kind auffallen müßte. Unsere Nachbarn hatten einen Kaminbrand. Auf unseren kleinen Vorhof kam mit entsprechendem Lärm eine echte rote Feuerspritze. Elly blickte nicht einmal auf. So vorsichtig sie auch in allem war, was den Körper unmittelbar gefährden konnte, sie achtete jahrelang nicht auf Motorenlärm, der doch unter Umständen etwas überaus Bedrohliches ankündigte. Signale, die um sie herum laut wurden und nicht direkt auf ihren Körper einwirkten, ignorierte sie völlig.

Doch Taubheit paßte ebensowenig wie die anderen Hypothesen zu allen Fakten. Für die wenigen Signale, denen sie Bedeutung beimaß, konnte ihr Gehör abnorm scharf sein. Aus irgendeinem Grund mochte sie die Geschirrspülmaschine nicht, und sie konnte noch durch eine geschlossene Tür hören, wenn man sie anschaltete. Im übrigen sprach sie ja gelegentlich – der beste Beweis dafür, daß sie nicht taub war. Ab und zu – bisweilen drei- oder viermal am Tag – sagte Elly ein Wort. Diese Wörter mußten von irgendwoher kommen. Taube Kinder haben keine Möglichkeit, sich Wörter anzueignen.

Wir brauchten auf Ellys erstes Wort auch nicht einmal besonders lange zu warten. Sie hatte mit vierzehn Monaten vollkommen normal «Teddy» gesagt. Etwa einen Monat später sagte sie «Mama». Im nächsten Monat «Dada» (von «Dad»). Jeder Monat brachte ein Wort. Es dauert einige Zeit, bis man merkt, daß das neue Wort den alten nicht hinzugefügt wird, sondern sie ersetzt; daß sie immer nur über ein Ein-Wort-Vokabular verfügte. Es dauert auch eine Weile, bis es einem auffällt, daß sie – obwohl sie «Teddy» sagen kann (und dies, wenn sie ihren Bären vor sich hat, so daß man weiß, es handelt sich nicht um einen Zufall) – auf das Wort «Teddy», von einem anderen ausgesprochen, mit keinem Zeichen des Begreifens reagiert. Bei einem normalen Kind ist der passive Wortschatz viel größer als der aktive. So ist man nicht vorbereitet auf das Phänomen eines Kindes, bei dem der aktive Wortschatz jämmerlich klein, der passive aber noch kleiner ist.

Elly war zweiundzwanzig Monate alt, als ich über ihre Sprechübungen Buch zu führen begann. Meine Regel war, ein Wort erst einzutragen, wenn Elly es mindestens dreimal in einem überzeugenden Kontext gebraucht hatte; ich machte lediglich mit dem seltsamen Zufallstreffer «Schere» eine Ausnahme. Es war nicht schwer, genau zu sein, denn es gab nur sehr wenig zu verzeichnen. Mit zwei Jahren hatte Elly sechs verschiedene Wörter ausgesprochen – die oben erwähnten, «Ada-gehen», «Nein-nein» und ihren eigenen Namen. Davon schien sie allerdings nur zwei zu verstehen. Sie drehte sich um, wenn man «Elly» rief, und sie hielt in jedwedem Tun inne, wenn man «Nein-nein» sagte. Zeitweise reagierte sie auf «Komm», wiewohl sie das Wort nicht selbst gebrauchte. Das war alles.

Nicht daß sie sich stumm verhalten hätte. Sie erfüllte das Haus mit ihren fröhlichen Lauten, den melodiösen Ba-bas und Ah-ah-ahs eines normalen Kleinkindes. In dem Sommer, in dem sie zwei wurde, hörte ich sie oft morgens im Bett ihren Namen aussprechen. «El-ly», sagte sie, lachend, kichernd, «El-ly». Die Laute, selbst die Konsonanten, waren außerordentlich klar. Ich freue mich, daß ich Gelegenheit hatte, sie zu belauschen. Ungefähr einen Monat lang sagte sie es. Dann vergingen mindestens zwei Jahre, bis sie ihren Namen wieder aussprach, und als sie es tat, klang es sehr undeutlich. Selbst heute noch sagt sie ihn nicht so klar wie in jenem Sommer vor sechs Jahren.

Doch ihre Sprache war nicht nur dürftig, sie hatte auch noch eine andere, viel bedeutsamere Eigenheit. Elly sprach wohl Wörter aus – wenn auch nicht oft –, aber sie gebrauchte sie nicht, um sich mitzuteilen. Sie faßte die Sprache nicht als Verständigungsmittel auf. Als sie zweieinhalb war, hatte ich meinem Verzeichnis verschiedene Wörter hinzugefügt. Einige waren simple Substantive wie «Buch», «Nadel» und «Milch». Bei anderen handelte es sich um Ausrufe – für Elly Lautverbindungen –, die sich auf bestimmte Aktivitäten bezogen, so zum Beispiel das «Da ist sie!», mit dem sie auf das Versteckspiel reagierte, wofür ich sie endlich hatte interessieren können. Aber nicht eines dieser Wörter wurde je *benutzt*, wenn man dies vom bloßen Aussprechen unterscheidet. Manchmal sagte

Elly «Mama», sobald sie mich erblickte, und manchmal nicht. Nie gebrauchte sie den Namen, um mich zu rufen. Sie mochte «Teddy» sagen, wenn sie ihn sah. Nie verlangte sie namentlich nach ihm.

Das hing natürlich mit der Tatsache zusammen, daß sie ganz allgemein nur sehr wenig forderte. Wenn es einem gleich ist, ob Mama kommt oder nicht, wird man sie kaum rufen. Wenn man den Teddybär nicht so gerne haben möchte, daß man die eigene Hand danach auszustrecken bereit ist, dann wird man kaum mit einem Wort um ihn bitten. Doch selbst als sie Wünsche zu äußern begann – etwa mit zweieinhalb Jahren –, tat sie das nicht über die Sprache. Sie hatte andere Methoden. War der Gegenstand nahe, so nahm sie die Hand des nächstbesten Anwesenden und benutzte sie als Werkzeug. War er weiter entfernt, so schob oder führte sie einen hin. Es gab Verschiedenes, was sie besonders gerne aß oder trank, und anderes, was ihr nicht so sehr schmeckte. Doch obwohl die Nahrung zu den wenigen Dingen gehörte, die bei ihr ein Verlangen auszulösen vermochten, verfügte sie nur über ein einziges Wort aus diesem Bereich: «Milch», und das merkwürdige war, daß sie sich gar nicht besonders viel aus Milch machte. Die Sprache hatte für Elly keinerlei funktionellen Charakter, und es war im Grund verwunderlich, daß sie unter solchen Umständen überhaupt einige Wörter beherrschte.

Denn woher konnten diese Wörter gekommen sein? Wenn sie sie nicht irgendwann gehört und begriffen hätte, wäre es ihr unmöglich gewesen, sie sich überhaupt anzueignen. Jedes von Ellys Wörtern war aus dem allgemeinen Sprachschatz zu ihr vorgedrungen. Doch man hatte den Eindruck, als verwandelte es sich, sobald sie es erworben hatte, in ihr Privateigentum.

Als sie drei Jahre alt war, umfaßte meine Liste zwanzig Wörter. Von diesen sprach sie allerdings in dem ganzen Monat vor ihrem dritten Geburtstag nur fünf. Die meisten von ihnen waren seit Monaten außer Gebrauch, und einige, wie das klare und häufige «Elly», waren ganz aufgegeben worden.

Wohin entwischten sie? Manche verschwanden einfach. Elly lernte mit zwei Jahren «Milch» und «Nadel» und verlor sie mit zweieinhalb. Sie war fünf, bevor sie sie wieder sagte, und als sie es tat, schienen es absolute Neuerwerbungen. Einige gingen die seltsamsten Wege. So hatte «Ball» eine höchst merkwürdige Geschichte. Sie hatte das Wort im Alter von zwei Jahren erworben, und beinahe unmittelbar darauf verschwand es von der Bildfläche. Sechs Monate später tauchte es einmal auf. Zwei Monate danach sagte sie es dreimal in einer einzigen Woche. Nach weiteren sechs Monaten sagte sie es wieder. Es hatte nie etwas mit den Bällen zu tun, die es bei uns zu Hause gab. Elly sagte es einmal, als sie einen kleinen Gummifußball sah, in dem keine Luft mehr war – ein Objekt, das für eine Zweijährige nur mit wirklichem Scharfblick überhaupt als Ball zu identifizieren war. (Zehn Minuten später, als sie einen gewöhnlichen Ball gezeigt bekam, blieb sie stumm.) Sie sagte es einmal, als ich einen durchlöcherten Plastik-Golfball in ihre Badewanne warf. Das Wort existierte offenbar tief in ihrem Inneren. Aber nur ein ungewöhnlicher Anreiz konnte es hervorlocken.

Der Wortschatz anderer Kinder entwickelt sich wie ihre physischen Fähigkeiten. Sie fügen ein Wort ans andere und beginnen dann, sie zu kombinieren. Elly tat das nicht. Jahrelang war jede Erweiterung ihres Vokabulars mit einer Beschränkung verbunden. Meist verschwand das alte Wort einfach. Aber manchmal konnte man den Prozeß verfolgen. Ich war dabei, als Elly das Wort «Auge» erwarb, und ich sah es an Sinn verlieren und untergehen.

Sie war drei Jahre alt, als sie es aufgriff. Wiewohl körperliche Sensationen ihren Hauptzugang zur Welt darstellten, war es das einzige einen Teil des Körpers bezeichnende Wort, über das sie verfügte. Sie war über vier, ehe sie sich ein weiteres aneignete. Sie lernte es auf eine für sie ungewöhnlichen Weise – nicht von mir, sondern von einer Freundin, und es bezog sich zudem nicht auf ein richtiges Auge, sondern auf ein großes, stilisiertes Auge auf einer Bademütze. Sie wiederholte es am nächsten Tag in einem neuen, korrekten Kontext, behielt es eine Zeitlang bei und sagte es, um Beifall einzuheimsen, mehrere Male am Tag. (Mit drei Jahren war sie weit genug fortgeschritten, um sich über Lob freuen zu können.)

Ich versuchte, den Sinngehalt des Wortes zu bewahren, indem ich auf Puppen- und Menschenaugen, manchmal auch auf Bilder verwies, und Elly gefiel das. Sie hatte ein «Augen»-Spiel; es bestand darin, daß sie meine Brille abnahm, «Auge» sagte und lachte. Ich konnte sogar fragen: «Wo hat das Hündchen sein Auge?», und eine Antwort erhalten, obwohl vorher alle «Wo»-Fragen genauso beantwortet worden waren wie «Wo ist dein Bauchnabel?» – nämlich durch das entzückte Enthüllen jener ein wenig komischen Körperstelle. Aber Wiederholung hat ihre Gefahren, wie ich schon an Ellys Bauklötzchenspiel gesehen hatte. Innerhalb eines Monats büßte das Wort bereits an Bedeutung ein und wurde zu einem Beifall eintragenden Trick. Zwei Monate später war es endgültig außer Gebrauch, und Elly gab keinerlei Begreifen zu erkennen, wenn es ausgesprochen wurde.

Als sie drei Jahre und zehn Monate alt war, berichtete ich Dr. Blank: «Noch immer kommen und gehen die Wörter; keine große Veränderung. Wöchentlich werden ungefähr 5 bis 6 benutzt.» Um ihren vierten Geburtstag herum überprüfte ich meine Liste, in der alle Wörter verzeichnet waren, die ich sie hatte sprechen hören, das Datum ihrer Aneignung und die Häufigkeit ihres Gebrauchs. Insgesamt waren es 31. Mein damaliges Resümee lautete folgendermaßen:

Unter den 31 Wörtern, die sie während ihrer vier Lebensjahre im korrekten Kontext ausgesprochen hat, sind 12 oder 13, deren Benutzung mich heute nicht überraschen würde. Andere würden mich dazu veranlassen, hier eine spezielle Eintragung vorzunehmen. So zum Beispiel die Wörter Nr. 27, 28 und 29, was zeigt, daß sie auch frisch Erworbenes vergessen kann.

Das hieß also, daß Elly in vier Jahren kaum irgendwelche Fortschritte gemacht hatte. Ihr Wort-Reservoir war größer, aber sie gebrauchte nicht mehr Wörter und diese nicht öfter als ein Jahr zuvor. Was hingegen das Begreifen anlangte, so bot sich ein etwas tröstlicheres Bild. Elly sprach regelmäßig Wörter und gab sie wieder auf, doch sobald sie einmal etwas, was wir zu ihr sagten, zu verstehen begann, neigte sie dazu, daran festzuhalten. Man konnte eine langsame, aber stetige Zunahme dessen verzeichnen, was sie erfaßte und worauf sie reagierte. Mit zwei Jahren drehte sie sich um, wenn wir «Elly» riefen, und krabbelte auf das Wort «Komm» zu uns heran. Als sie zweieinviertel Jahre alt war, schien sie die Bedeutung von «Jetzt gehen wir ada» – «Hinauf» – oder «Hinunter» zu erkennen. Mit zweieinhalb reagierte sie richtig auf «Gib mir (die Nadeln, das Buch, den Pinsel)». Aber in allen diesen Fällen konnte man sich des Eindrucks nicht erwehren, daß sie, während sie scheinbar für Wörter empfänglich war, in Wirklichkeit nur auf die nichtverbalen Hinweise reagierte, die sie der Situation entnahm. Wenn ich «Komm» sagte, hielt ich ihr die Arme entgegen. Meine ausgestreckte Hand begleitete das «Gib mir». Erst als sie drei Jahre und zwei Monate alt war, konnte ich in meinem Notizbuch vermerken: «Auf ‹Komm›, auf ‹Jetzt gehen wir ada›, ‹Setz dich auf deinen Stuhl› reagiert sie nun absolut sicher, *selbst wenn* ich, während ich spreche, außer Sicht bin (d. h., wenn kein für die Situation typischer Anhaltspunkt gegeben ist).» Nachdem sechs Monate verstrichen waren, konnte ich «Mach die Tür zu», «Hol deine Windeln», «Wir wollen hinausgehen» und «Jetzt fahren wir mit dem Auto» hinzufügen. Die Entwicklung hielt an; zwei Monate später berichtete ich Dr. Blank folgendes:

(Sie) versteht jetzt weitaus mehr Anweisungen und Anregungen wie «Steck deinen Fuß hinein» und «Klettere auf deinen Stuhl». Diese sind alle ziemlich lang; ihre Reaktion scheint mehr dem kompletten Lautmuster zu gelten als einzelnen Wörtern. Sie reagiert zum Beispiel auf «Komm, wir wollen hinaufgehen und dich baden», während sie viel leichtere Sätze wie «Butter, Elly?» nicht zu begreifen scheint, auch wenn die betreffenden Wörter zu ihrem Vokabular gehören. Sie versteht diese Wörter nur, wenn sie selbst sie ausspricht.

Bei dem, was sie verstand, handelte es sich im Grund um eine begrenzte Reihe routinehafter, erwarteter Sätze. Ich versuchte einmal – es war sechs Monate später – ein Spiel mit ihr, bei dem die Anweisungen eine flexible Reaktion erforderten. «Leg die Bohne in meine Tasche», «Leg die Murmel in meine Hand». Es war zu früh. Sie begriff nichts.

Doch es gab Fortschritte. Wir fühlten uns ein wenig ermutigt. Das Fassungsvermögen schien uns zu dieser Zeit wesentlich wichtiger als die Sprache, denn wenn Elly ihre Mitmenschen verstand, so zeigte das besser als alles andere, daß sie kontaktfähig war. Es ist durchaus möglich zu sprechen, ohne daß ein Kontakt existiert; das Wort «autistisch» (vom Griechischen *autos* = Bezogensein auf sich selbst) deutet schon darauf hin. Begreifen hingegen ist Kontakt als solcher. Wir konnten fürs erste mit der langsamen Steigerung von Ellys Hörfähigkeit zufrieden sein – sofern sich das Wort «zufrieden» auf unsere Unterwasser-Existenz anwenden läßt. Auf das Sprechvermögen selbst mußten wir warten.

Und was *taten* wir nun eigentlich während all dieser Zeit? Nicht sehr viel im Grund. Die Methoden, die wir ersannen, verdienten kaum, so genannt zu werden. Doch sie richteten sich nach Ellys Möglichkeiten, und im übrigen mußten wir selbst erst lernen, wie man Elly helfen konnte, damit sie Laute mit Sinngehalten verband.

Wieder erwies es sich als positiv, daß wir vorher schon Kinder gehabt hatten. Die meisten Eltern autistischer Kinder haben dieses Glück nicht, denn die Störung scheint vornehmlich Erstgeborene zu befallen. Aber wir hatten bei drei Kindern den jeweils unterschiedlichen Prozeß des Sprechenlernens verfolgt, und wir wußten, wie man mit kleinen Kindern reden mußte. Das heißt, mit normalen kleinen Kindern; für Elly konnte ja nicht dasselbe gelten, da sie von alledem, was wir sagten, nur das wenigste aufnahm. Doch so groß war der Unterschied auch wieder nicht; letzten Endes ist das, was man vernünftigerweise zu sehr kleinen Kindern sagen kann, ohnehin begrenzt. Bei Elly schrumpften die Möglichkeiten noch mehr zusammen. Aber wir würden sie nicht auf den Nullpunkt gelangen lassen. Wir mußten es vermeiden, ständig auf Elly einzuschwatzen, denn ein unveränderlicher Geräuschhintergrund wird leichter überhört als vereinzelte Laute – und die Sprache war für Elly grundsätzlich ein Geräusch. Doch sprechen mußten wir, ob sie uns hörte oder nicht.

Wir versuchten einfache und unkomplizierte Dinge zu sagen und möglichst zu warten, bis Elly in unsere Richtung blickte. Wir sprachen so klar, wie wir konnten. Wir vermieden lange Sätze. Wir benutzten weitgehend Ellys eigenes Vokabular, wiewohl sie ja auch davon nur wenig zu begreifen schien. Wir achteten darauf, möglichst nur einen Ausdruck für eine Sache zu verwenden. Gewissenhaft erwähnten wir alle Gegenstände, die Elly benutzte oder mit denen sie spielte, oder solche, die sie im gleichen Augenblick zufällig beachtete; dennoch vergingen Monate und Jahre, und sie erwarb nur einen kärglichen Bruchteil davon. Ganz bewußt schickten wir unseren Spielen und Aktivitäten bestimmte Redensarten oder Ausrufe voraus; so kam es, daß ihr «Vokabular» mit vier Jahren nicht nur einfache Objekt-Wörter enthielt, sondern auch feststehende Ausdrücke oder Lautverbindungen, die sich mit vertrauten Beschäftigungen oder Handlungen verbanden, so das «Da ist sie» des Versteckspiels oder das freudige «Hui», mit dem sie die Rutschbahn hinunterschoß. Wir experimentierten mit Schwankungen der Lautstärke – ein lauter Ton würde ihre Aufmerksamkeit vermutlich leichter auf sich lenken; außerdem nistete immer noch eine gewisse Furcht in uns, sie könne zumindest teilweise taub sein. Später, als ihr Schutzwall etwas niedriger wurde, entdeckten wir, daß sie selbst auf ein Flüstern zu antworten fähig war, aber in den ersten Jahren achteten wir darauf, sie aus der Nähe und mit etwas gehobener Stimme anzusprechen.

Wir fanden heraus, daß neben der Lautstärke bei Elly auch eine bestimmte Art wohlwollender Aggressivität wirkte. Wir lernten es von anderen. Von selbst wären wir um so weniger darauf gekommen, als man bei einem verschlossenen Kind instinktiv eher sanfte, zurückhaltende Methoden für angezeigt hält. In dem Sommer, in dem Elly drei wurde, besuchte uns ein alter Freund mit seiner Frau – jener im 3. Kapitel erwähnte Arzt, der selbst einen zurückgebliebenen Sohn besaß und uns an Dr. Blank verwiesen hatte. Natürlich betrachteten Fred und Joann unsere Elly mit besonderem Interesse. Joann wußte vieles, wovon ich nichts ahnte, und außerdem hatte sie bereits Methoden gefunden, um zu ihrem schwerfälligen kleinen Sohn vorzudringen, der augenscheinlich ganz anders war als die geschickte, flinke Elly. Fröhlich, lebhaft, aggressiv, begann Joann unsere Tochter mit höchster Lautstärke zu traktieren; und sie schrie dabei keine Wörter, sondern sinnlose Silben wie Ba-ba! La-la! Und Elly hörte sie. Statt erschreckt zurückzufahren, wie man es vielleicht erwartet hätte, schaute sie sie an und lachte. Monate danach sagte sie noch immer «La-la!»

Aber die Sprache ist nicht das einzige lautliche Gebiet, das Bedeutungsgehalt besitzt. Es gibt auch noch die Musik. Eines der besten Argumente gegen echte Taubheit war in Ellys Fall, daß sie allem Anschein nach von Anfang an Töne hatte hören können, wenn ich Klavier spielte. Doch wie so oft bei ihr kam nichts dabei heraus. Sie verlor das Interesse an Musik, und erst ein ganzes Jahr später, kurz ehe sie drei wurde, merkte ich, daß sie wieder darauf reagierte.

Und auch bei dieser Gelegenheit waren es andere Menschen, nicht wir, die sie dazu anregten. Obwohl ich ihr regelmäßig vorsang und einige ihrer eigenen Laute nicht unmusikalisch klangen, hatte sie niemals selbst eine erkennbare Melodie gesungen. Aber als wir einmal bei Freunden zu Besuch waren – wir blieben eine Woche, so daß der Aufenthalt für Elly eine deutliche Unterbrechung der täglichen Routine bedeutete –, sang die halbwüchsige Tochter des Hauses Elly ein Lied vor, in dem ein Boot und Ruder vorkamen. Sie machte ein Spiel mit vielen Schaukelbewegungen darauf, und Elly war offenbar so davon angetan, daß sie es noch ein paar Wochen nach unserer Rückkehr sang; wir konnten sogar das Wort «Ruder» unterscheiden. Dann wurde es aus dem Repertoire gestrichen. Wir sangen es weiter, aber was Elly betraf, so existierte es nicht mehr.

In jenem Herbst bekamen wir eine Folksong-Platte mit einfachen, ansprechenden Liedern, die Elly zu gefallen schienen. Wir legten sie oft auf, und einmal im Januar, Elly war dreieinhalb, meinte ich – und ich hätte es fast beschwören können – sie eines der Lieder singen zu hören. Um sie zu ermutigen, begann ich leise mitzusingen. Ich hätte es besser wissen müssen, hatten mir doch viele andere Erfahrungen gezeigt, wie wichtig es war, so zu tun, als bemerkte man Ellys Fortschritte nicht. Kaum hatte ich angefangen, hörte sie auch schon auf.

Doch meine unüberlegte Einmischung hatte ihre Sangesfreude nur gehemmt, nicht vernichtet. Sechs Wochen später sang sie das Lied wieder, vom Anfang bis zum Ende, und bis zum März jenes Jahres beherrschte sie fünf verschiedene Lieder, davon ein selbsterfundenes, und sie hatte auch das Lied von dem Boot wiederaufgegriffen. Sie sang gut und mit zunehmender Sicherheit und rhythmischer Perfektion. Und so, wie sie ein Jahr zuvor angefangen hatte, das simple Verlangen nach Essen zuzugeben, fand sie jetzt eine Methode, einen subtileren Wunsch zu äußern. Sie tat es natürlich nicht mit Worten und auch nicht durch eigenen Gesang kund – aber wenn sie wollte, daß ich ihr vorsänge, legte sie mir leicht die Hand auf die Lippen. Was ein ungewöhnlicher Fortschritt war.

Wir waren mit Dr. Blank in Verbindung geblieben. In jenem Frühjahr schlug er vor, Elly einen Plattenspieler mit 45 Touren und einem massiven Arm zu kaufen, den Kinder leicht handhaben könnten. Diese Vorsichtsmaßnahme war völlig unnötig: Wir kauften einen gewöhnlichen Apparat, und schon am ersten Tag wechselte Elly die Platten und steckte sie sorgfältig wieder in das zugehörige Album; sie unterschied die einzelnen Schallplatten vermutlich nach Farbe und graphischer Gestaltung der Hülle. Ich hatte bis zum nächsten Tag warten wollen, um ihr zu zeigen, wie der Apparat funktionierte. Aber plötzlich hörte ich aus Ellys Zimmer im ersten Stock Schallplattenmusik; sie hatte keine Belehrung gebraucht. Es schien tatsächlich alles eine Frage der Bewertung zu sein – was sie für wichtig hielt, konnte sie ebenso schnell lernen wie ein normales Kind.

In jenem Jahr nahm die Musik einen wesentlichen Platz in Ellys

Leben ein. Wir fanden es nur etwas entmutigend zu sehen, daß Ellys Vorliebe denselben obsessiven Charakter hatte wie jedes andere ihrer bisherigen Interessen. Drei volle Monate lang ließ sie täglich die *Dreigroschenoper* ablaufen. Doch insgesamt war die Entwicklung positiv. Wir merkten bald, daß es sich bei Ellys neuerwachter Fähigkeit zu singen nicht lediglich um eine der sattsam bekannten, ständig wiederholten autistischen Aktivitäten handelte, die hinter hohen Mauern geübt wurden. Ganz im Gegenteil – der Gesang eröffnete einen unerwarteten Weg der Kommunikation.

Ohne es recht zu wissen, hatten wir dafür ein Jahr zuvor die Grundlage geschaffen. Wir singen gerne, mein Mann und ich. Wir haben allen unseren Kindern vorgesungen und Elly vielleicht besonders oft, weil wir weniger mit ihr sprechen konnten. So hatten wir beispielsweise ein spezielles Gutenachtlied und ein anderes, dessen Melodie besonders einfach war, für Autofahrten:

> Wir fahren mit dem Auto
> Wir fahren mit dem Auto
> Elly und Mama
> fahren mit dem Auto

Dabei ließ sich «Mama» durch andere Familienmitglieder ersetzen, und wir dachten, daß dies Elly vielleicht helfen könnte, die Namen ihrer Geschwister zu behalten, wiewohl es nicht so aussah, als ob sich diese Hoffnung erfüllen würde. Elly wurde auch fast fünf, bis sie endlich Namen lernte, aber «Wir fahren mit dem Auto» war eins ihrer ersten Lieder. Merkwürdigerweise sang sie es das erstemal nicht im Auto, sondern zu Hause, einen Tag, nachdem ich den simplen Text gesprochen hatte. Das war der Anfang einer seltsamen und ermutigenden Entwicklung, die «Ellys Leitmotive», wie wir sie später nannten, sichtbar werden ließ. Wir merkten, daß dieses sonderbare Kind, das nicht einmal das einfachste Wort zu erfassen vermochte, Melodien aufnehmen und sie einer Idee dienlich machen konnte.

Melodien wurden für Elly Worte. *Ringel-, Ringelreihen* war die erste. Sie war in jenem Frühling dreidreiviertel Jahre alt, und sie hatte das Spiel schon seit vielen Monaten gekannt. Jetzt aber griff sie seine Melodie auf und benutzte sie spontan, um Kinder zu bezeichnen, die einen Kreis bildeten, dann wandte sie sie auf einen Kreis schlechthin an. Auf die ersten Noten reduziert, benutzte sie die Melodie über ein Jahr lang zur Bezeichnung kreisförmiger Gegenstände.

Andere Leitmotive folgten. *Happy birthday* bedeutete Kuchen und im weiteren auch Kerzen und Feuer. Das Auf und Ab der Tonleiter beschrieb Treppen. Wir fanden heraus, daß wir unsere Kommunikation mit ihr erweitern konnten, indem wir neue Leitmotive vorschlugen. Sie nahm diese viel leichter auf als Worte, und sie behielt sie auch. *London Bridge* wurde ein Motiv für Brücken; das Zwergenlied aus *Schneewittchen* diente dazu, das Verb «graben» zu illustrieren. Obwohl sie jetzt viele Lieder beherrschte, sang sie ihre Leitmotive nie ohne Anlaß oder um der reinen Liedqualitäten willen. Sie sang sie auch nicht mit musikalischem Gefühl wie die anderen, sondern schnell, schematisch, funtionell – eben gut genug, damit sie ihren Zweck als Kommunikationsmittel erfüllten. Musik verschaffte ihr Zugang zu Worten, denn natürlich barg jedes Leitmotiv einen verbalen Keim in sich. Sie hatte das Auto-Lied zum erstenmal aufgegriffen, nachdem ich den Text *gesprochen,* nicht gesungen hatte. Das einzige musikalische Motiv, dessen verbaler Inhalt keinerlei Verbindung mit der entsprechenden Situation zu haben schien, zeigte, als wir es endlich begriffen, deutlicher als alle anderen den verbalen Inhalt von Ellys Musik. Lange konnten wir uns nicht erklären, weshalb Elly mit vier Jahren immer das französische Volkslied *Alouette* sang, wenn wir sie nach beendeter Haarwäsche kämmten. Erst als sie über sechs war und viel flüssiger sprach, lösten wir das Rätsel: «Alouette» kam *all wet* (ganz nass) gleich – Wörtern, die sie mit vier weder gesagt hatte noch zu verstehen schien. Doch zweifellos hatte sie die Laute aufgenommen und über die Musik einen Zusammenhang hergestellt, den sie verbal nicht herstellen konnte oder wollte.

Die Musik vermittelte mir auch manchmal einen Einblick in ihr

Denken, den mir Worte noch nicht eröffneten. Ich schreibe hier ein
bemerkenswertes Ereignis nieder, so, wie ich es damals in meinem
Tagebuch aufzeichnete. Es fällt lediglich ein bißchen aus dem
chronologischen Rahmen, denn Elly war zu jener Zeit viereinhalb.

> Heute *hörte* ich Elly denken. Es war wie bei Wagner: Brunhilde
> singt, und gleichzeitig erklingt aus dem Orchester das Walhalla-
> Motiv, und man weiß, daß sie an Walhalla *denkt*, obwohl sie von
> etwas ganz anderem singt.
> Elly und ich spazierten über das College-Gelände. Wir kamen
> mit dem Fahrrad und stellten es an einem Schuppen ab. Dann
> gingen wir ein Stück zu Fuß und kehrten zurück. An der Stelle,
> wo der Pfad abzweigte, der uns wieder zu dem Fahrrad geführt
> hätte, beschloß ich, den Spaziergang noch etwas zu verlängern
> und einen kleinen Umweg zu machen. Als wir an der Abzwei-
> gung vorbeigingen, sang Elly ganz leise (für sich, nicht für mich)
> einen oder zwei Takte von «Riding on the bike» (Mit dem
> Fahrrad fahren). Es war offenkundig, daß sie sich überlegte, wie
> wir wohl auf diesem Pfad zu unserem Fahrrad gelangen könn-
> ten. Ich sagte ihr, wir würden das Fahrrad gleich wiederfinden,
> und sie schien mich zu verstehen, denn sie lief munter weiter. Ein
> paar Minuten später stellte sie mit ihren viereinhalb Jahren ihre
> erste Frage: Als wir um eine Wegbiegung kamen, gab sie (nicht in
> Melodieform) eine Reihe Laute von sich, aus denen ich ganz klar
> den *Rhythmus* von «Riding on the bike» heraushörte, und sie
> endete mit einem deutlichen Steigen der Tonhöhe, wie sie es noch
> nie gebraucht hatte. Es war, als hätte sie mich gefragt, wann wir
> denn nun zu unserem Fahrrad gelangen würden. Ich versicherte
> ihr noch einmal, daß wir bald da seien, und sie war fröhlich und
> zufrieden, bis wir den Schuppen erreichten.

Nur wer mit einem von Mauern umgebenen Menschen gelebt hat,
kann ermessen, was diese Erweiterung der Kommunikationsmöglichkeiten für uns bedeutete, auch wenn sie noch so rudimentär war
(und blieb). Für Musik schien jene Barriere, die noch immer

zwischen Elly und Worten stand, schon nicht mehr zu existieren. Und das war sehr wesentlich, denn nach unserer Überzeugung (zuerst war es nur eine Hoffnung gewesen) mußte es andere Barrieren in Mitleidenschaft ziehen, wenn eine fiel.

Wogegen man bei Elly am schwersten ankam, war ihre Unfähigkeit zu sprechen und zu verstehen. Wir konnten mit gewissem Erfolg langsam auf Körperbeherrschung und bestimmte Fertigkeiten hinarbeiten und das visuelle Wahrnehmungsvermögen zu erweitern suchen. Aber viel wichtiger wäre es gewesen, über das Gehör zu einer Kommunikation zu gelangen. Das Sprechvermögen ist eine offene Pforte. Die Person, die nicht sprechen kann, ist eingekerkert, und wer nicht zu sprechen gewillt ist, lebt in einer von Wällen umgebenen Festung. Wer will bei Zwei-, Drei-, Vierjährigen feststellen, zu welcher Kategorie sie gehören oder ob überhaupt ein Unterschied vorhanden ist?

Das Sprechvermögen war von entscheidender Bedeutung; es bestimmte über die Zukunft. Für autistische Kinder, die mit fünf Jahren noch keine sinnvolle Sprache entwickelt hatten, lautete nach Kanners Erfahrung die Prognose sehr schlecht. Man brauchte uns nicht zu erläutern, was «sehr schlecht» hieß; wir wußten, daß ein wesentlicher Prozentsatz von Kanners Patienten als funktionell Schwachsinnige in Institutionen eingewiesen worden waren. Angesichts einer so geringen Anzahl erfaßter Krankheitsfälle war es allerdings nicht gut, in statistischen Begriffen zu denken, und noch schlimmer war es, sich auf einen zu genauen Zeitpunkt festzulegen. Und dennoch – so weit wir die Zahl fünf auch in unserem Gedächtnis zurückdrängten, sie blieb darin haften.

Gewollte Isolation 7

Während ich schreibe, gliedere ich auf, unterteile, deute Beziehungen an. Ganz bewußt erwähne ich irgend etwas zuerst. Das ist unvermeidlich; um die Dinge zu berichten, muß ich sie aufgliedern. Ich muß analysieren, und indem ich analysiere, verfälsche ich. Analysierte Erfahrung ist nicht mehr gelebte Erfahrung. Schwäche, Blindheit, Taubheit, Isolation: ich habe hier in vier Abschnitte geteilt, was im Grunde doch nur ein und dasselbe ist. Die folgenden Seiten befassen sich eingehend mit Ellys Isolation und den Methoden, die wir uns ausdachten, um diese Abkapselung zu durchbrechen, aber eigentlich handelt es sich nur um ein neues Kapitel über den gleichen Gegenstand. Ellys Kontaktunfähigkeit ging aus allen bisher geschilderten Phänomenen hervor. Ob ich nun sage, daß Elly ihre Hände nur ungern gebrauchte oder daß sie anderer Leute Hände, ohne deren Existenz als menschliche Wesen zu beachten, als Werkzeuge benutzte – ich liefere auf jeden Fall nur zwei verschiedene Beschreibungen einer einzigen Realität. Elly nahm visuell nichts wahr und am allerwenigsten Menschen. Sie hörte nichts, aber was sie am wenigsten aufnahm, waren menschliche Stimmen, was sie am wenigsten verstand, waren die Worte und Belange anderer. Sie sprach nicht; es wäre merkwürdig gewesen, wenn sie es getan hätte. Ein Kind, das selbst seine Hände nur widerstrebend als Werkzeuge gebrauchte, wird sich kaum bemühen, sich das wichtigste aller Werkzeuge, die Sprache, anzueignen, denn sie ist prinzipiell ja eine Bestätigung anderer – ein Zugeständnis des Bedürfnisses nach Kontakt und Zusammengehörigkeit.

Welche von Ellys Unfähigkeiten ist als primär anzusehen? Sollte man – was das Natürlichste scheint – das auffallendste Symptom hervorheben, die Isolierung im Selbst, die dem Autismus seinen

Namen gab? Oder verlangen die Phänomene eine eingehendere Prüfung? Sollte man davon ausgehen, daß ein tieferliegender Defekt, der alle anderen erklären würde, vorhanden war – eine Unfähigkeit des Gehirns beispielsweise, Wahrnehmungen zu entschlüsseln oder verwertbar zu machen? War es möglich, daß sich ein kleines Kind angesichts einer Welt, in der ein unentwirrbares Chaos der Eindrücke sogar die Unterscheidung zwischen Objekten und Menschen erschwerte, zum Schutz gegen die Anarchie rundherum hinter Mauern verschanzte? Die Psychologen formulieren die Frage in ihrer eigenen Sprache: Was ist das Primäre, eine Affektstörung – eine Störung des Gefühls oder der Emotionen – oder eine Wahrnehmungs-Fehlfunktion? Doch selbst die Psychologen werden noch Jahre warten müssen, bis sie die Antwort kennen.

Glücklicherweise braucht man keine Antwort, um mit der Arbeit zu beginnen. Was ist das Primäre? Bei einem lebenden Organismus gibt es nichts Vorrangiges. Was immer man gegen eine von Ellys mangelnden Fähigkeiten unternahm, wirkte sich auf die anderen aus. Jedes Spiel, das wir spielten, jede Übung, die wir erfanden, damit Elly mehr Gebrauch machte von ihrem Körper, ihren Augen, ihren Ohren, ihrer Stimme, ihrem Verstand, trug außerdem dazu bei, die sorgsam gehütete Isolierung zu durchbrechen, die für ihre Umgebung der offenkundigste und bedrückendste Aspekt ihres Zustands blieb.

Andere Kinder sind gelähmt, taub, stumm – und sie wirken nicht nur so, sie sind es tatsächlich. Aber diese Kinder fühlen, reagieren, suchen Kontakte. Ganz gleich, mit welchem Gebrechen sie behaftet sind, irgendeine Kraft in ihnen treibt sie dazu, die Mauer zu durchstoßen, die ihre Behinderung zwischen ihnen und der Welt aufgerichtet hat. Sind sie blind, so erforschen sie ihre Umgebung mit den Fingern, sind sie taub, so greifen sie nach dem, was sie haben wollen, oder stoßen einen unartikulierten Schrei aus. Was soll man denken, empfinden und tun, wenn man sich vor einer Zweijährigen – der eigenen Tochter – sieht, die keine Neugier zeigt, sich niemandem nähert, die weder feindliche Gefühle noch Zorn zum Ausdruck bringt und nichts begehrt?

Das autistische Kind ist sich selbst genug. Seine gesamte Tätigkeit oder Untätigkeit ist darauf ausgerichtet, diesen Zustand unverändert zu belassen. Doch was uns, die wir in dieser Zeit der extremsten Abkapselung mit Elly lebten, beeindruckte, war nicht, wie man annehmen könnte, ihre Unzulänglichkeit, sondern eher die Tatsache, daß sie mit ihrer Umwelt außerordentlich leicht fertig wurde. Sie hatte Mittel und Wege gefunden, um sich eine Welt zu sichern, mit der sie es aufnehmen konnte, und war das gelassenste aller «gestörten Kinder». Eine normale Zweijährige erfährt an einem Tag mehr Unruhe und Frustration als Elly in einer Woche.

Ellys Unvermögen auf allen Gebieten wirkte zusammen, um die Umwelt ihren Bedürfnissen anzupassen. Wenn man sich mit achtzehn Monaten dazu entschließt, den Rest seines Lebens auf einer Decke sitzend zuzubringen, dann hat man keinerlei Probleme zu befürchten. Riskiert man es hingegen, aufzustehen, herumzulaufen, Dinge zu begehren, sich gefühlsmäßig an andere zu binden, die Welt zu erkunden und in ihr aktiv zu werden – kurz, akzeptiert man sein Menschsein –, *dann* hat man Probleme. Wie wir alle. Vielleicht sollten wir uns eher wundern, daß ein normales Baby sich so willig in diese rauhe Welt einfügt.

Aber was hätte Elly mit dreizehn, fünfzehn, achtzehn Monaten tatsächlich *beschlossen* haben sollen? Einem Kleinkind Entscheidungen zu unterstellen, ist widersinnig. Doch während wir mit diesem Baby lebten, Monat für Monat, sah es fast so aus, *als ob* eine derartige Entscheidung getroffen worden wäre.

Wer dem Ideal totaler Selbstgenügsamkeit huldigt, hat sie bestimmt noch nie selbst erlebt. Das geheimnisvolle Lächeln mag an Buddha erinnern, auf dem Gesicht eines kleinen Kindes wirkt es monströs. Heftige Sehnsüchte und Begierden zu entwickeln, mag auf die Dauer Kummer eintragen, aber es gehört nun einmal zum Menschen. Daß Elly nie etwas begehrte, war das Schlimmste von allem. Und hier setzten wir an. Es war auch noch schlimm für uns, als sie – zuerst selten, dann häufiger – nach etwas verlangte und einen fremden Arm zu dem begehrten Objekt dirigierte. Doch es war besser als totale Wunschlosigkeit.

Mit der Zeit wich der diktatorische Griff einer federleichten Berührung, einem ganz schwachen Druck – gerade ausreichend, um die gewünschte Wirkung zu erzeugen. Das zu akzeptieren, war einfacher. Wir konnten diese neue, sanfte Note als ein Zeichen dafür auslegen, daß sie sich anderer Menschen und ihrer Gefühle bewußt zu werden begann. Dies war eine ermutigende Betrachtensweise. Aber es ließ sich ebenso als eine Anwendung des von Elly intuitiv erfaßten Prinzips der geringstmöglichen Anstrengung erklären. Eine bloße Berührung reichte nun aus, um Elly das zu beschaffen, was sie sich wünschte. Und daß wir uns Elly anpaßten, hieß nicht unbedingt, daß sie sich auch uns anpaßte.

Eine schwedische Mutter, die von einem ähnlichen Fall berichtete, nannte ihr kleines Mädchen «das Kind in der Glaskugel». Was ist die Aufgabe derer, die versuchen, das Unantastbare zu berühren? Wie soll man die Welt begehrenswert für jene gestalten, die sie nicht begehren? Man lockt mit einer Blume, einer Stoffpuppe, Süßigkeiten. Man zeigt auf einen Vogel. Alles wird ignoriert – diesmal, das nächste und das übernächste Mal. Wie kann man mitteilen, daß Berührung, Sehen und Hören Freude verheißen, daß die Welt den belohnt, der sich für ihre mannigfaltigen Gesichter interessiert? Wie – die zermürbendste Frage von allen – kann man zu jener ummauerten Seele mit der Botschaft durchdringen, daß andere Menschen existieren, daß sie herzlich und liebevoll sind und einander brauchen?

Man bereitet eine Invasion vor. Eine Invasion ist nicht leicht. Es gibt Skrupel – besonders für den, der selbst Zurückhaltung, Beherrschung und Abwehr schätzt. Es gibt Risiken – daß man dem Geschöpf, dem man helfen will, Schaden zufügt, indem man es zu heftig bedrängt. Oder daß man gegen die ständige Teilnahmslosigkeit, die man so leicht als Zurückweisung interpretieren kann, unzulänglich gewappnet ist. Es ist nicht einfach, in ein Gebiet einzudringen, wo man, wie man mit Grund annehmen kann, weder gebraucht wird noch erwünscht ist; und es ist nicht einfach, immer zuversichtlich daran zu glauben, daß das, was man anzubieten hat, überhaupt erlangenswert ist.

Glücklicherweise ist alles, was wir tun, im Grunde höchst simpel, so simpel, daß wir unsere Skrupel und Zweifel überwunden haben – denn letztlich spielen wir ja nur mit einem Kind.

Man legt sich ganz einfach auf den Boden neben Elly, während sie in eine ihrer absurden Aktivitäten vertieft dasitzt, damit man sich auf einer Höhe mit ihr befindet, wenn sie aufblickt; und unsere Hand ist bereit, eine kleine Veränderung in dem Schema ihrer Tätigkeit vorzunehmen, auf die Elly dann reagiert oder auch nicht. Oder man steht neben ihrem Gitterbett, jenem Symbol ihrer Zurückgezogenheit, in gewisser Hinsicht zugleich Refugium und beliebtes Spielzeug. Ist sie erst einmal da, so wird das Bett eine Erweiterung ihres Körpers; sie kann sich darin herumwerfen, hüpfen, federn, einen Fuß in der Luft vielleicht, und wenn sie müde wird, sich wiegen und schaukeln, bis sie einschläft. In ihrem Bett löst sich ihr gespanntes Auf-der-Hut-Sein; sie ist zu Hause. Dieses Kinderbett ist ein Modell ihrer Festung. Es ist ein ausgezeichneter Ort, um einfache, Kinder ansprechende Spiele zu spielen. Man imitiert zum Beispiel mit der Hand ein Tier. Daumen und drei Finger krabbeln an der Bettkante entlang. Der vorgestreckte Mittelfinger vibriert, folgt schnüffelnd einer Spur. Wohlgeborgen hinter ihrem Gitter, schaut Elly interessiert zu. Das Tier läuft, bleibt stehen, läuft weiter. Als Ellys Aufmerksamkeit erlahmt, fängt es an herumzutollen, springt über die Brücke, die der andere Arm baut, auf Ellys Schulter, um sie im Nacken zu kitzeln, und Elly lacht. Ihr gefällt dieses Spiel, das die Spezialität ihres Vaters ist. Bald hält sie ihren eigenen Arm hin, damit das Tier hinauflaufen kann. Sie streckt den Fuß aus, um den Kinderreim zu hören, nach dem ihre Zehen abgezählt werden, ihre Hand, auf deren Fläche ein anderes Spiel vonstatten geht, und alle diese Spiele enden mit einem Kitzeln und einem vergnügten Aufkreischen. In diesen Augenblicken erscheint Elly einfach kindlich. Aber bei jedem anderen Kind werden die Spiele komplizierter, führen irgendwohin. Unsere Spiele sind nicht wertlos, wir haben auch Spaß daran. Während wir sie spielen, scheint ein Kontakt zwischen Elly und uns zu bestehen. Doch sobald wir aufhören, verkriecht sie sich wieder in sich selbst. Sie akzeptiert den Anreiz, aber wenn er endet, vermißt sie ihn nicht. Wohin gelangen wir von hier aus? Man kann sie nicht den ganzen Tag kitzeln.

Elly liegt mit dem Gesicht nach unten auf dem Boden, die Beine wie ein Frosch seitlich abgewinkelt. Sie ist unter einer Decke und völlig unsichtbar, aber ich kenne die Stellung und den gleichmäßigen Atemrhythmus, der dazu gehört. Sie ist mir entrückt, sie braucht mich in keiner Weise. Ich kauere mich neben sie, bereit, in ihre Welt einzutreten, sobald sie es will. Meine Finger stehlen sich unter die Decke, dann meine Hand. Keine Reaktion. Mein Kopf folgt. Elly weiß, daß ich da bin. Jetzt haben wir uns beide von allem, was uns umgibt, zurückgezogen, aber wir sind einander nahe. Wir sind in eine tiefinnerliche, warme, dunkle Geborgenheit gehüllt, die ein körperlicher Ausdruck anspruchsloser Intimität ist. Hier gibt es keine Schwierigkeiten, nichs zu tun, nichts zu sagen. Man braucht nur Muße und die Bereitschaft, eine geraume Weile unter der Decke zuzubringen.

Wir machten ein Spiel daraus, die Decke plötzlich zu lüpfen, um Elly darunter zu «entdecken». Als sie zwei war, konnten wir sie zu jenem Versteckspiel bewegen, das wir, als sie zehn Monate alt war, vermißten, und sie gab dazu sogar ein paar «Da-ist-sie»-Laute von sich. Mit der Zeit gingen wir weiter, aber nur ein bißchen. Allmählich schien sie mich gerne in ihre Abgeschlossenheit aufzunehmen. Mit dreieinhalb erfand sie sogar selbst ein neues «Entdeckungsspiel»: Sie ist in einem Wandschrank, ich muß die Tür öffnen. Besser noch, wir beide sitzen still in dem dunklen Wandschrank, die Tür ist zugezogen – sie und ich, dicht nebeneinander, alle anderen ausgesperrt. Wir tun das selbst heute noch manchmal.

Eine seltsame Tatsache half uns bei unserer Arbeit. Wir erlebten es mehr als einmal; etwas Ähnliches vollzog sich auch bei der bereits beschriebenen Begegnung mit Joann. Doch es hatte früher schon so etwas gegeben: Irgendein großer, lauter, herzlicher Vatertyp besuchte uns sporadisch auf der Durchreise, sah unsere kleine Elly, von deren Zustand er nichts wußte, und schwenkte sie hoch, drückte und kitzelte sie, während sie entzückt aufkreischte und kicherte wie jedes andere Kind. Einmal sah ich bei einem solchen Besuch erstaunt, wie Elly – die unzugängliche Elly – vom Boden aufstand, zu dem Fremden ging und auf seinen Schoß kletterte. Eineinhalb Jahre später, als wir Elly zu ihrer zweiten Krankenhausuntersuchung brachten, erinnerten wir uns an seine magische Wirkung und nahmen Elly mit zu ihm. Doch sein Zauber hatte sich verflüchtigt. Er wußte inzwischen, daß irgend etwas mit ihr nicht stimmte, und behandelte sie so, wie es jeder intelligente, sensible Mensch tut – zartfühlend, behutsam, vorsichtig. Elly sah ihn gar nicht.

Was sollten wir aus der Tatsache machen, daß Elly gerade auf eine rauhe Initiative reagierte, von der man gemeint hätte, sie fände sie abstoßend? Invasionen werden vom Glauben getragen. Wir sind nie Menschen mit einer angeborenen Glaubensfähigkeit gewesen, und Glaube fand hier auch kaum einen Ansatzpunkt. Während wir unentwegt Ellys hohe Mauer bestürmten, half uns deshalb die Tatsache, daß wir sie auf Invasionen sehr positiv hatten reagieren sehen. Es hielt uns aufrecht, daß sie sich, wiewohl sie selbst nicht die Initiative ergreifen konnte, darüber freute, wenn ein anderer sie ergriff.

Jedesmal, wenn wir einen neuen Vorstoß unternahmen, indem wir ihre Hand ergriffen (so wie sie unsere ergriff), sie hochhoben, ihre so beharrlich schlaffen Finger manipulierten, ermutigte uns der Gedanke, daß wir in der Burg vielleicht auf einen Freund zählen durften, eine fünfte Kolonne, die uns zwar nicht beistehen konnte, aber immerhin unseren Sieg erhoffte.

Wir mußten lernen, was Schauspieler wissen – Schauspieler und gute Lehrer: daß es gilt, jede etwa vorhandene Kluft zwischen einem selbst und dem Gegenüber – sei es ein Publikum oder ein einzelnes Kind – zu überbrücken; dabei muß die Anstrengung stets vom Akteur ausgehen. Und das einzige Material, das eine solche Brücke bauen kann, ist die Kraft der eigenen Persönlichkeit. Man muß sich auf eine Weise geben, die einem vielleicht, wenn man das Schauspielern noch nicht gelernt hat, übertrieben oder unnatürlich erscheint. Daran darf man sich aber nicht stoßen. Mit der Zeit lernt man, starke und leise Töne zu gebrauchen, Laute und Schweigen, Nachdruck, Tempowechsel, Gesten. Und da die Distanz, die man zu überbrücken sucht, nicht – wie beim Schauspieler – eine räumliche ist, kann man Mittel anwenden, die dem Mimen nicht zu Gebote stehen. Man kann Überraschungseffekte durch eine physische Annäherung erzielen; man kann die Aufmerksamkeit fesseln, indem man sich der Berührung bedient, die so vielfältig differenzierbar ist wie die Stimme. Es gibt zahlreiche Möglichkeiten; man findet sie, wenn man nach ihnen Ausschau hält. Aber in irgendeiner Weise schickt man seine Persönlichkeit in das wartende Vakuum hinaus. Man wird Torheiten begehen, sich lächerlich machen. Doch auch das läßt sich nicht vermeiden. Früher als man glaubt, gewöhnt man sich daran.

Es ist Verführung, darüber muß man sich im klaren sein. Man geht mit allem Charme, den man einzusetzen hat, ungefragt und ungebeten daran, eine andere Person dazu zu bringen, daß sie einen liebt. Wenn das, was man tut, mehr als Verführung sein soll, dann muß man die Verantwortlichkeit der Liebe auf sich nehmen. Man muß die Tatsache akzeptieren, daß Liebe bindet. Es darf kein Versprechen angedeutet werden, das man nicht zu erfüllen gewillt ist. Man kann ein solches Kind nicht aus seiner Burg herauslocken und dann nicht da sein. Man muß darauf gefaßt sein, daß Abhängigkeit die Isolierung wohl zu mildern vermag, sie aber nicht ganz vertreibt.

Natürlich spielte Elly die meisten Spiele mit mir. Sie hätte in ihrem Bruder, ihren Schwestern und vor allem ihrem Vater begabtere Spielpartner gehabt, aber sie waren zu viele Stunden des Tages nicht zu Hause. Ich war ihre ständige Spielgefährtin, und im ersten Jahr unserer Bemühungen wurde sie in zunehmendem Maße abhängig von mir. Sie schlief jetzt nicht mehr stundenlang, sie krabbelte auch nicht mehr allein im Garten herum. Zuerst war ich es, die sich dort einfand, wo sie war; dann begann sie mir überallhin zu folgen, bis es schließlich nur noch selten vorkam, daß wir uns in verschiedenen Räumen aufhielten. Sie wollte nicht einmal mehr, daß sich andere Kinder an unseren Spielen oder Spaziergängen beteiligten.

Ich sah dieses neue Abhängigkeitsverhältnis mit gemischten Gefühlen entstehen, aber die Freude behielt die Oberhand. War es doch letzten Endes genau das, was wir angestrebt hatten – daß sie kontaktfähig würde. Sie sonderte sich ohnehin noch immer allzu leicht ab. Wenn keine anderen Kinder anwesend waren, die einen Teil meiner Aufmerksamkeit beanspruchten, war sie auch jetzt noch imstand, mich völlig zu ignorieren. Ich konnte das Haus verlassen, ohne daß sie das auch nur beachtet hätte. Ich konnte nach einem Tag wiederkommen und dann ein paar Minuten lang mit ihrem Vater oder ihren Geschwistern sprechen, ohne daß sie sich, wenn sie auf dem Boden spielte und mir den Rücken zugekehrt hielt, beim Klang meiner Stimme umdrehte.

Obwohl Elly zu selbständigem Spielen unfähig war, hatte sie es gern, wenn jemand für sie ein Spiel inszenierte. Die meisten unserer Spiele habe ich schon geschildert. Aber es gab eines, das ich bisher unerwähnt ließ, weil es keine bestimmte Fertigkeit verlangt: unser Spiel mit Stofftieren und Puppen. Ich hoffte, das Puppenspiel könnte Elly das Tor zum gesellschaftlichen Leben öffnen, dessen sie sich in keiner Weise bewußt zu sein schien.

Sie war fast drei, als es mir endlich gelang, ihr Interesse für eine Babypuppe zu wecken. «Interesse» ist vielleicht zuviel gesagt; sie schaute zu, während ich das Püppchen anzog, und ließ sich dazu herab, ihm die Kleider auszuziehen. Das Spiel ging mechanisch vonstatten: Elly wählte die Kleider aufs Geratewohl aus, ich zog die Puppe an, sie zog sie wieder aus. Das war alles. Aber ich konnte nicht mehr erwarten, denn trotz ihres ausgeprägten Farbensinns bezeigte Elly nicht das geringste Interesse für ihre eigene Kleidung. Wir beschäftigten uns mit der Puppe um die Schlafenszeit, doch war Elly nicht dazu zu bewegen, die Puppe zu Bett zu bringen. Erst als ich im Haus einer Freundin ein Puppen-Gitterbettchen sah, kam mir der Gedanke, daß Elly, ganz auf ihr eigenes Gitterbettchen eingestellt, die Bestimmung dieses Puppenbetts vielleicht eher zu erkennen vermöchte als die der konventionellen Betten, in denen unsere Puppen schliefen.

Ich lieh mir das Bett und nahm es mit nach Hause. Es tat seine

Wirkung sofort. Elly wurde gerade für die Nacht gewickelt, als sie es erspähte; kaum hatte sie die Windeln an, stieg sie herunter, trat an das Puppenbett und stellte einen Fuß hinein. Wir setzten uns beide daneben und zogen, wie gewöhnlich, Puppen an, als Elly aufstand, zu ihrem eigenen Bett ging, in das sie bereits ein Buch gelegt hatte – was zu ihren normalen abendlichen Vorbereitungen gehörte –, das Buch herausnahm und es zu dem Puppenbett trug. Sie versuchte es hineinzulegen, vergeblich, weil es viel zu groß war. Ich holte ihr ein Miniaturbuch, aber sie schob es beiseite. Für Elly war das Puppenbett kein Spielzeug, sondern ein lebensnotwendiges Möbelstück. Sie spielte noch eine Weile mit den Puppenkleidern und stellte dann wieder ihren Fuß in das nicht einmal 25 Zentimeter lange, winzige Bett. Als nächstes versuchte sie hineinzusteigen – für eine Dreijährige ein schwieriges Unterfangen, aber sie schaffte es, von mir gestützt, einen Moment darin zu stehen.

So wenig Interesse Elly bis dahin für derlei Spielsachen bekundet hatte, sie hatte sie doch noch nie mit realen Gegenständen verwechselt. Kein einziges Mal hatte sie Anstalten gemacht, sich auf einen Puppenstuhl zu setzen oder Puppenkleider anzuprobieren. Das Gitterbett war etwas anderes, wenngleich ich noch heute nicht begreife, warum. Vielleicht sprach es jenen geheimnisvollen tiefinnerlichen Teil von Elly an, der sich nach geschlossenen Räumen sehnte. Auf jeden Fall hatte ich das Gefühl, daß wir uns auf heiklem Boden bewegten und ich langsam vorgehen mußte. Ich zog also weiterhin die kleine Puppe an – das Spiel hatte nun seinen vierten Monat erreicht –, ließ aber zwei Wochen verstreichen, bevor ich sie in das Gitterbett legte.

Elly schien gar nicht darauf zu achten. Sie hatte keine neuen Versuche gemacht, selbst in das Bett zu gelangen, und sich offenbar an seinen Anblick gewöhnt. Doch im stillen bildete sich eine Bereitschaft heran. Vier Tage vergingen, und jeden Abend legte ich als letztes die Puppe in ihr Bett. Am fünften Abend holte Elly entschlossen das alte Puppenbett aus einem Schrank und versuchte hineinzusteigen. Vielleicht war sie durch das Gitterbett darauf aufmerksam geworden – ich vermute allerdings, daß sie immer gewußt hatte, wozu es diente. Zufälle spielen bei Fortschritten eine große Rolle; es traf sich, daß der Holzrahmen des Bettes nicht mehr ganz intakt war, und ich brachte es zur Reparatur, ohne daß Elly protestiert hätte. Die Matratze blieb. Wie absichtslos legte ich das Puppenkopfkissen und die kleine Bettdecke darauf. Zu meiner Überraschung nahm Elly sofort eine zweite Bettdecke, legte sie sorgfältig auf die erste und glättete sie mit befriedigter Miene. Als ich ermutigt das Püppchen in das so vorbereitete Bett legen wollte, fand ich zu meinem Erstaunen bereits einen kleinen Teddybär unter der Decke. Endlich ein Moment echten Verstehens und zugegebenen Vergnügens. Elly lachte, tätschelte die Decke und sagte sogar «ni'-ni'» – (von *night-night*, d. h. *good night*, gute Nacht) ihr einundzwanzigstes Wort. Triumphierend ließ sie sich zu Bett bringen.

Ich kann nicht oft genug betonen, wie langsam sich dieser Prozeß vollzog. Es war, als ob Elly und ich einander zu verbergen trachteten, worauf wir hinauswollten. Was für das Gitterbett zuviel verlangt schien, konnte in dem normalen Puppenbett akzeptiert werden, und noch besser offenbar auf der bloßen Matratze, denn als das Bett repariert war, sträubte sich Elly dagegen, daß die Matratze wieder an ihren Platz zurückkam. Zweimal in einer Woche bereitete Elly das Lager auf dem Boden. Der zweckentsprechenden Verwendung des Gitterbettchens waren wir allerdings keinen Schritt nähergekommen, wiewohl Elly womöglich noch faszinierter davon war als zuvor. Sie trug es mit sich herum. Sie füllte es mit Crackers. Doch sobald ich eine Puppe oder ein Stofftier hineinlegte, nahm sie sie wieder heraus. Es war, als ob – *als ob* – sie sehr gut wüßte, worauf ich hinsteuerte, mir aber, wie es eine ihrer Babysitterinnen ausgedrückt hatte, «den Gefallen nicht tun wollte».

Wie sollte man vorgehen? Es war unmöglich vorherzusagen, auf welche Weise man einen Keil in diesen massiven Widerstand treiben konnte – unmöglich für mich; mit einer entsprechenden Ausbildung oder etwas mehr Naturtalent für die Betreuung von Kindern hätte ich vielleicht einen Plan ausarbeiten können. So tappten wir fast blindlings weiter. Eines Tages – Wochen später – kam mir plötzlich die Idee, eine zu große Puppe in das Miniatur-Gitterbett zu legen. Der Kopf hing höchst unbequem heraus; das Mißverhältnis war augenfällig. Elly erblickte die Puppe und entfernte sie ganz automatisch, wie immer. Aber nach ein paar Minuten kam sie wieder. Sie schaute mir ins Gesicht, lachte und legte die Puppe wieder zurück – nicht die Babypuppe oder die kleinen Bären, die so gut hineinpaßten, sondern den übergroßen Eindringling, der so offenkundig nicht dahin gehörte. Für diese Puppe holte sie sogar Bettuch, Decke und Kopfkissen herbei, hellauf lachend, fröhlich und vergnügt – wie auch ich. Und am Ende (ich hab' dich erwischt, und ich tu' dir nicht den Gefallen) nahm sie, noch lauter lachend, das ganze Arrangement wieder auseinander.

Dies war der Höhepunkt eines Prozesses, der sich von dem Zeitpunkt an, als sie das Puppen-Gitterbett zum erstenmal erblickte, über insgesamt siebenundfünfzig Tage hinzog.

«Sie will Ihnen nicht den Gefallen tun.» Die Babysitterin hatte bemerkt, daß Elly auf dem Autorücksitz gerne sang, wenn sie sich unbeobachtet glaubte, aber innehielt, sobald man sie anschaute. Wir alle hatten bemerkt, daß sie eine neue Melodie nur selten sofort sang. Meinem Kind schien der angeborene Nachahmungstrieb des Menschen also fremd zu sein. Was hatte der Imitationsvorgang an sich, das Elly zurückscheuen ließ? Sie *konnte* doch offenbar imitieren – die wenigen Wörter, die Melodien, die gezeichneten Figuren, ihre spärlichen Aktivitäten bewiesen das. Warum sträubte sie sich dagegen? Und weshalb zog sie es auf jeden Fall vor, erst eine gewisse Zeit verstreichen zu lassen? Eine Handlung läßt sich doch am besten unmittelbar nach ihrer Ausführung wiederholen. Elly benachteiligte sich durch den Aufschub ja nur selbst. Was für einen Sinn konnte er also haben?

Vielleicht, so dachte ich, sollte er die Isolierung bestätigen. Wenn man eine Melodie spontan nachsingt, gibt man damit einen bestehenden Kontakt zu. Eine Sender-Empfänger-Beziehung. Wartet man eine Weile ab, so wird dieser Kontakt erfolgreich verschleiert. Die Aktion kann jetzt den Eindruck erwecken, ganz auf eigene Impulse zurückzugehen.

Ich begann mich auf Ellys Imitationsschwierigkeiten zu konzentrieren, doch es verging lange Zeit, bevor mir ein Gegenmittel einfiel. Der Einfall war nicht etwa besonders brillant – ich würde den Prozeß einfach umkehren – wenn sie mich nicht nachahmen wollte, dann würde *ich* sie eben nachahmen.

Ich begann in dem Herbst, nachdem sie drei geworden war. Damals schien eine allgemeine Bereitschaft zu einer Weiterentwicklung aufzukeimen; die ersten Bildbetrachtungsübungen, die Bemühungen mit Schaltern und Wasserhähnen, das Spiel mit Puppen – all das fiel in diese Zeit. Elly war nicht stumm. Zwar sagte sie nur selten ein Wort, aber sie brachte wenigstens typische Baby-Laute hervor. Diese imitierte ich nun gelegentlich, so gut ich es vermochte.

Nach etwa vier Monaten ahmte ich eines Tages fünf kurze Laute nach, die in gehobenem Tonfall endeten: Ay-ah-ah-ah-AH! Und diesmal reagierte Elly mit einer Wiederholung. Ich ahmte sie erneut nach. Sie lachte. Ich probierte noch zwei andere Laute aus, das explosive Ba-ba und das La-la, das sie von Joann gelernt und nie vergessen hatte. Sie imitierte sie sofort. Daraufhin riskierte ich alles und sagte «Auge», das Wort, das sie so gut gelernt und dann aufgegeben hatte. Munter und fröhlich wiederholte sie auch dies.

Es war ein Kontakt zwischen uns entstanden – nicht durch Berührung, die man ja nur schwer ignorieren kann, sondern durch Laute. Ein großer Sprung vorwärts, so schien es, doch inzwischen wußten wir, daß Elly nicht sprunghaft fortschritt. Wir behielten das Spiel bei, und Elly hatte weiterhin ihren Spaß daran. Sie wählte gern schwierige Laute, als gefiele es ihr, sie anschließend von mir zu hören. Sie imitierte weitere unsinnige Silben. Aber sie sagte kein zweitesmal «Auge». Überhaupt gelang es mir nach jenem ersten Tag nie mehr, sie über Laute an irgendein vergessenes oder noch benutztes Wort heranzuführen.

All dies – der unter die Decke gesteckte Kopf, das Puppenspiel, die Imitationsübungen – diente ein und demselben Zweck: menschliche Kontakte zu fördern. Und es begannen sich allmählich kleine Beweise für einen gewissen Fortschritt anzusammeln. In den

Wochen vor ihrem dritten Geburtstag erlebte ich all das, was ich jetzt aufzähle: Während eines Kitzelspiels stocherte sie plötzlich belustigt mit ihrem Finger auf *mich* ein. (Es geschah sechs Monate lang nicht mehr.) Sie gab mir ein Bonbon, wie etwas später in Dr. Blanks Sprechzimmer, und sie steckte es mir auch selbst in den Mund und beschränkte sich nicht darauf, meine Hand zu dirigieren. Nachdem ein älterer Herr ihre Hand gekitzelt hatte, hielt sie sie ihm noch einmal hin. Sie machte sogar ein wenig den Clown für ihn, wie es ein normales Kind getan hätte. An einem denkwürdigen Nachmittag umarmte sie spontan ihre Schwester. Drei oder vier Male schubste sie die Kinder, und zwar nicht auf die gleichgültige Stör-mich-nicht-Art, die wir gewohnt waren, sondern mit dem ersten Zorn und der ersten Feindseligkeit, die sie je gezeigt hatte. Es mag seltsam erscheinen, Zorn als Fortschritt anzusehen, aber der Gleichgültigkeit ist er vorzuziehen. Er wirft allerdings auch Probleme auf, besonders, wenn er nicht zu Hause, bei den eigenen Kindern, zum Vorschein kommt, wo man vermittelnd und erklärend eingreifen kann, sondern bei anderen.

Von Anfang an hatte ich mich vor allem bemüht, Elly in Sozialsituationen einzuführen – sie mit Menschenansammlungen zu konfrontieren, in Geschäfte und zu Freunden mitzunehmen, besonders, wenn diese Kinder hatten. Es schien mir das vernünftigste, und es bereitete keinerlei Unannehmlichkeiten; dafür war Elly viel zu weltabgekehrt. Sie saß da und lief herum und spielte manchmal auch mit fremdem Spielzeug, während ich mich unterhielt und hoffte, daß ihre bloße Anwesenheit in einem sozialen Milieu schon gut für sie sei. Doch als Elly ein bißchen mehr aus sich herausging, brachte ihr Fortschritt Schwierigkeiten mit sich. Einmal beachtete sie plötzlich den kleinen Jungen einer Freundin, statt wie zuvor durch ihn hindurchzuschauen, und gab ihm ein Bauklötzchen. Wir waren natürlich hocherfreut. Aber durften wir uns noch freuen, als sie ihn später, ohne von ihm provoziert worden zu sein, mit unmißverständlicher Feindseligkeit umstieß? In der Theorie konnte ich feindliche Gefühle willkommen heißen; in der Praxis hingegen durfte ich Elly nicht dazu ermuntern, wenn wir uns weiterhin in der Gesellschaft bewegen wollten. Ich mußte ihr mit einem «Neinnein» einen Klaps auf die Hand geben. Eine Woche danach schubste sie derselbe kleine Junge, und sie gab ihm den Stoß nicht zurück, sondern schlug sich statt dessen auf die Hand. Von da an beachtete sie kleine Kinder nicht mehr.

Dennoch war eine allgemeine Aufwärtsentwicklung festzustellen, die uns die unvermeidlichen Enttäuschungen ertragen half. Als Elly nahezu vier war, gab sie das Puppenspiel auf und ließ sich durch nichts mehr dazu verlocken. Andere Dinge nahmen seine Stelle ein. Die neuerworbene Fähigkeit, Späße zu machen, jemanden zu necken, verschwand nicht. Elly goß absichtlich Wasser über mich und lachte. Sie drehte das Licht aus, während wir gerade zu Abend aßen. Neckereien gehören an sich nicht zu den Aktivitäten eines autistischen Kindes.

Es gelang uns, ein paar auf Gegenseitigkeit beruhende Spiele einzuführen – Spiele, in denen Elly ihre Rolle übernehmen mußte. Elly, die noch sechs Monate zuvor einen Ball aus dreißig Zentimeter Entfernung teilnahmslos zu einem zurückgerollt hatte, holte ihn jetzt voll Begeisterung herbei, wenn man ihn mehrere Meter weit warf. Endlich konnte ich nun draußen das erleben, was mir bei den anderen Kindern so viel Freude gemacht hatte – daß ein kleines, lachendes Geschöpf aus fünfzehn Meter Entfernung herbeirannte, um sich in meine ausgebreiteten Arme zu werfen. Als Zweijährige hatte Elly mit mir allein Ringelreihen gespielt, wenn ich sie bei den Händen nahm und sie tanzen ließ; mit drei akzeptierte sie andere Familienmitglieder in dem Kreis; acht Monate später auch Fremde – es kam sogar vor, daß sie Straßenpassanten anschleppte, die mitmachen mußten. Es war jetzt nicht mehr schwer, sie mit Babysittern zusammenzubringen. Ich setzte sie dazu auf ihre Schaukel, stellte das neue Mädchen so auf, daß sie es vor sich hatte, und hielt mich selbst im Hintergrund, um die Schaukel anzustoßen. Das rhythmisch wiederholte Sich-Nähern und -Entfernen schien eine flexible menschliche Beziehung anzudeuten, aus der man sich stets zurückziehen konnte, so wie die Schaukel jedesmal wieder zurückschwang. Jahrelang achtete ich darauf, daß immer jemand vor ihr stand, wenn sie schaukelte. Ich nutzte jede Chance für eine wechselseitige Aktivität. Elly sah mir gern beim Bettenmachen zu. Es war gar nicht so schwer zu erreichen, daß sie ihre Hände bewegte und mir die Kopfkissen brachte – der Anfang eines Trainings, das mir bereits ein Jahr später ermöglichte, «Bring mir» zu sagen. Es wirkte alles zusammen. Sprache, Verstehen, der Gebrauch der Hände, soziale Kontakte waren untrennbar miteinander verbunden. Das eine förderte das andere. Elly blieb zwar weiterhin eine fremdartiges Geschöpf, wurde in manchen Bereichen sogar immer fremdartiger. Aber sie war uns nähergekommen.

Eines Tages – sie war ungefähr vier Jahre alt – ließ sich ihr Bruder auf ein Bett fallen. Elly, die sechs volle Monate lang keine Puppe mehr zu Bett gebracht hatte, deckte ihn fürsorglich zu. Mir stiegen Tränen in die Augen. Das war das Ziel, auf das wir hingearbeitet hatten.

Ein paar Wochen später fingen wir wieder zu zeichnen an. Ich zog einen Kreis und gab Elly den Buntstift. Mit schwachen, aber sicheren Strichen setzte sie vier Merkmale ein: zwei Augen, Nase, Mund. Wie nebenher zeichnete sie dann einen Rumpf dazu und Arme und Beine. Elly, deren Augen sechs Monate zuvor kein Bild erfassen konnten, deren Hände zu schwach gewesen waren, um einen Bleistift zu führen, hatte gezeichnet, kein Dreieck oder ein E, sondern eine menschliche Gestalt.

Am nächsten Tag machte sie den zweiten Versuch, und diesmal steuerte sie auch den kreisförmigen Kopf bei. Ihr Material war der Sandhaufen, ihr Gerät ein Stock; sie verwischte ihr Werk sofort. Ich mußte viele Monate warten, bis sie wieder zeichnete. Aber immerhin blieb mir diese tröstliche Erinnerung.

In der Familie 8

Das also waren Ellys vier erste Lebensjahre. Die Tage eines autistischen Kindes sind so leer, daß man kaum mehr als hundert Seiten braucht, um den Zeitraum, der bei einem normalen Kind der erfahrungsreichste ist, nahezu vollständig zu erfassen. Inmitten unseres geräuschvollen, aktiven Haushalts existierte Elly – eine kleine Insel weltabgekehrter Einfalt –, und um sie herum spielte sich unser Leben ab.

Ich kenne die Frage gut: «Ist es nicht schwer für die anderen Kinder?» Ja, es ist schwer für die anderen Kinder. In den ersten schlimmen Jahren war es sogar sehr schwer. «Warum spricht Elly nicht?» – «Ich war kleiner als sie, als ich zu sprechen anfing, nicht wahr?» – «Ist Elly zurückgeblieben?» – Die Kinder spürten natürlich, daß etwas nicht stimmte, und es bedrückte sie, nicht zu wissen, was es war. Aber wir kannten die Antwort auf ihre Fragen ja selbst nicht.

Es war bitter für sie, daß ein hübsches Baby, mit dem sie so gerne gespielt, dem sie so gerne Liebe geschenkt hätten, durch sie hindurchschaute. Es war traurig für einen kleinen Jungen von sechs Jahren und ein neunjähriges und ein zehnjähriges Mädchen, sich voll Eifer ein Geschenk für das erste richtige Weihnachtsfest ihrer zwei Jahre alten Schwester auszudenken und befürchten zu müssen, daß sie weder dem Gegenstand noch ihnen selbst auch nur einen Blick gönnen würde. Es war schwer zu lernen, aggressiv zu sein und doch auch wieder nicht allzu aggressiv, zu wissen, wann man das Schwesterchen kitzeln sollte und wann man aufhören mußte. Sara, die Elly von Anfang an als «ihr» Baby betrachtet hatte, schöpfte aus dieser besonderen Beziehung ein gewisses Selbstvertrauen. Es war leichter für sie, die Initiative zu ergreifen, als für die nicht so dominierende Rebecca oder für Matthew, der selbst noch klein war. Sara konnte Elly dazu bringen, sie anzuschauen. Sie verstand es, Elly wirkungsvoll zu kitzeln, mit ihr umzugehen. Den kleineren Kindern fiel es schwerer, sich aufzudrängen, wo sie nicht erwünscht waren. Deshalb achtete Elly auch mehr auf Sara als auf die anderen beiden. Viel Aufmerksamkeit schenkte sie allerdings keinem ihrer Geschwister. Und es ist sehr schmerzlich, sich jemandem zu nähern und zurückgestoßen zu werden. In unterschiedlichem Maß litten sie alle darunter.

Doch Kinder gewöhnen sich daran, übersehen zu werden – es beschäftigt sie so vieles, daß die Frage, ob sich ihre kleine Schwester für sie interessiert, niemals vitale Bedeutung erlangen kann. Elly gab nichts, forderte aber auch nichts. Sie nahm keine sehr wichtige Stellung im Leben ihrer Geschwister ein. Und wir hielten das im Grunde für gut. Wenn sie ihre Geschwister ignorierte, konnten sie sie ebenfalls ignorieren. Unsere Aufgabe war zunächst vor allem, dafür zu sorgen, daß sie den wenigen sie selbst berührenden Besonderheiten von Ellys Existenz wenn schon nicht positiv, so doch neutral gegenüberstanden. Später würden sie lernen müssen, die Unannehmlichkeiten und Verlegenheiten, die ein anormales Kind mit sich bringt, zu akzeptieren. Die Bereitschaft dazu würde sich ganz von selbst entfalten, während sie mit Elly aufwuchsen. Aber wir konnten uns jetzt bemühen, so wenig Peinlichkeit aufkommen zu lassen wie nur möglich.

Wir hatten beschlossen – oder besser gesagt, wir hatten nie in Frage gestellt –, daß Elly bei uns leben sollte, damit sie – so hofften wir – von unserer Wärme und Liebe profitierte. Wenn aber Liebe ihre Therapie sein sollte, mußte man sie liebenswert finden können. Zuerst würden wir vielleicht nur verhindern können, daß sie andere abstieß. Doch das war immerhin ein Anfang; um der Kinder willen, um unsretwillen und um ihretwillen mußten wir alles tun, um das zu erreichen. Man kann von niemandem verlangen, daß er ein Kind bedingungslos liebt, am wenigsten von den Geschwistern.

Wenn Elly bei uns leben sollte, durften wir ihr nicht gestatten, destruktiv, schmutzig oder in ihren persönlichen Gewohnheiten unerträglich zu sein. Gegenstände, die den Kindern oder uns gehörten, mußten sicher sein. Man mußte sie überallhin mitnehmen können. Die Familie hatte ohnehin genug zu ertragen; sie sollte sich nicht obendrein noch wegen Ellys Benehmen oder Erscheinung schämen müssen. Glücklicherweise war Elly hübsch. Eines der unerklärlichen Details am Syndrom des frühkindlichen Autismus ist die Tatsache, daß die betroffenen Kinder durchwegs physisch attraktiv und besonders gesund sind. Das macht allen Angehörigen die Bürde etwas leichter. In dieser ungerechten Welt wird einem hübschen Kind vieles nachgesehen. Wir wuschen und bürsteten Ellys Haar regelmäßig (trotz beträchtlichen Widerstandes), achteten darauf, daß Nase und Mund immer sauber, die Finger nicht klebrig waren. Wir sorgten dafür, daß sie hübsche Kleider trug. Wenn sie sich beim Essen beschmutzte (was, wie ich schon erwähnte, seltener vorkam als bei normalen Kindern), entfernten wir die Flecken sofort oder zogen ihr etwas anderes an. Es bestand keine Gefahr, eine übertriebene Pedanterie auf Elly zu übertragen; sie war schon von Natur aus heikel. Vielleicht wäre es «natürlicher» oder «gesünder» gewesen, wenn es ihr gefallen hätte, schmutzig herumzulaufen, aber diese Lässigkeit lag ihr nicht. Es mochte ein Zeichen ihrer Krankheit sein, aber wir waren im Grund recht froh darüber, denn es erleichterte vieles.

Das Benehmen hingegen war schwerer zu steuern. Und eine gewisse Kontrolle war notwendig. Es ist nicht leicht, ein anormales Kind zu erziehen. Die Schwierigkeit liegt nicht so sehr im Kinde selbst als in der Tatsache, daß es einem widerstrebt, hart mit einem behinderten Geschöpf zu sein. Es ist nicht leicht, ein Kind, das einen nicht hört, für ein Vergehen zu strafen, wenn nichts darauf hindeutet, daß es überhaupt begreift, worin dieses Vergehen besteht. Man kann nicht sagen, daß Sara traurig sein wird, wenn Elly ihr Buch zerreißt (Elly begann erst mit sechs Jahren zu verstehen, was «traurig» bedeutet). Man kann nicht einmal sagen, daß Mama die Bücher fortnehmen muß, wenn Elly sie zerreißt. Man kann nicht sagen, daß das Badewasser, das sie auf den Boden schöpft, nach unten sickern und durch die Decke ins Erdgeschoß tropfen wird. Man kann nichts sagen, denn Elly begreift nur Handlungen, und auch die nur zu einem geringen Teil. Sie erfaßt lediglich, was sie berührt. Sie legt keinen Wert auf Dinge, also kann man weder mit Entzug noch mit Belohnung operieren. Was bleibt, ist die traditionelle Methode, die Anwendung von Gewalt.

Ich brauche modern denkenden Lesern nicht zu erklären, daß Gewalt in den Augen unserer Generation keine gute Methode ist. Einem normalen Kind mit Gewalt seinen Willen aufzunötigen, ist schon schlimm genug (obwohl eine spontane gewaltsame Reaktion, wie die jetzige Elterngeneration herausgefunden hat, manchmal für alle Beteiligten weniger schädlich ist als Nachsicht und moralische Überredungsversuche). Bei einem anormalen Kind erscheint Gewaltanwendung zu brutal, um sie auch nur in Erwägung zu ziehen. Ich weiß nicht, ob ich dazu fähig gewesen wäre. Glücklicherweise mußte ich mich mit dem Gedanken nie auseinandersetzen. Der wesentliche Teil von Ellys Erziehung war geleistet, bevor wir wußten, daß mit ihr etwas nicht stimmte.

Schließlich hielten wir Elly ja zweiundzwanzig Monate lang für ein normales Kind, wenn sie uns auch in zunehmendem Maße beschränkt und widerspenstig vorkam. Sie reagierte weder auf Verbote noch auf Anweisungen; wenn sie etwas tat, was sie nicht tun sollte, war es fast unmöglich, sie davon abzubringen. Sie achtete überhaupt nicht auf uns. Ihr scheinbar offenkundiger Ungehorsam belustigte mich zuerst, irritierte und verärgerte mich aber sehr bald. Warum überschwemmte sie so hartnäckig den Boden mit Badewasser, wenn ich sie doch immer wieder bat, es nicht zu tun? Die anderen Kinder waren nie so gewesen. Warum konnte ausgerechnet sie nicht auf ihre Mutter hören?

Sie machte mich so wütend wie keines ihrer Geschwister je zuvor – so zornig, daß ich mich schäme, wenn ich daran denke. Und in meinem Zorn schlug ich mein kleines Kind, bis sich seine Haut rötete und es vor Schmerz und Empörung kreischte. «Nein, nein, nein, NEIN!» schrie ich. Ich weiß nicht, wie oft es dazu kam, drei- oder viermal vielleicht, nicht öfter. Dann war es nicht mehr notwendig. Elly begriff sonst nichts, aber sie verstand «Nein, nein». Selbst einen harmlosen Klaps auf die Hand brauchte ich ihr nur noch selten zu geben. Ich mußte sie auch nicht mehr anschreien. Die Worte genügten.

Ich erfuhr sehr bald, daß sie möglicherweise gar nicht fähig gewesen war, das Verhalten, wofür ich sie bestraft hatte, zu ändern. Nach ihrer Rückkehr aus dem Krankenhaus wurde alles anders. Es vergingen Jahre, ehe ich wieder zornig auf sie werden konnte. Natürlich plagten mich Gewissensbisse wegen jener Wutausbrüche, und ich war froh, daß es außer Elly und mir keine Zeugen dafür gab. (Ich hätte mich geschämt, wenn mich die größeren Kinder so gesehen hätten.) Es war ein bitterer Gedanke, daß der einzige verbale Kontakt mit meinem Kind, den ich in zwei Jahren hatte erreichen können, aus dem Wort «Nein» bestand. Wörter haben für mich eine ungeheure Bedeutung. Mir war, als könnte jenes *Nein* einem ganzen Universum sein Minuszeichen aufzwingen.

Ich irrte mich. Mein Schuldgefühl war unnötig, und nach einiger Zeit empfand ich es auch nicht mehr. Und nicht nur, weil ich erkannte, daß es für Elly selbst gut war, wenn sie nun auf «Nein, nein» zuverlässig reagierte – das hatte ich im übrigen schon gewußt –, sondern auch, weil ich mir inzwischen klargemacht hatte, daß bei einem Kind wie Elly jeglicher Kontakt besser war als gar kein Kontakt. Es wäre zweifellos schön gewesen, wenn ich mit «Ich hab dich lieb» oder mit «Ja» zum erstenmal an Elly herangekommen wäre, obgleich man sich, um realistisch zu sein, vor Augen halten muß, daß das Wort «Nein» viel wesentlicher ist als «Ja» und die meisten Kinder es vorher lernen. Entscheidend war, daß ich mich Elly verständlich gemacht hatte. Und vielleicht war dieser Sturm von Gewalt und Emotionen notwendig, um die Mauer von Ellys Festung zu durchbrechen. In diesem Fall war ich froh, daß er im richtigen Moment ausbrach; ein halbes Jahr später hätte ich Elly gegenüber unmöglich Zorn empfinden können.

Ich hätte ihn also simulieren müssen, aber das wäre überaus schwierig gewesen. Es ist besser, einen heftigen Zorn wirklich zu verspüren, als ihn nur zu spielen. Aber wenn Wut die einzige Möglichkeit darstellt, einem Kind zu zeigen, daß es Grenzen für sein Tun gibt, und wenn man das Kind genügend liebt, um ihm diese Grenzen zu setzen, dann ist ein Zornausbruch notwendig. Ich bedaure inzwischen längst nicht mehr, daß ich einmal Gewalt gegen Elly angewandt habe.

Außerdem fand ich bald heraus, daß Elly Disziplin *verlangte*. Wenn sie ein Buch zerriß oder eine Wand bekritzelte und ich ihre Missetat übersah, nahm sie meine Hand und schlug damit auf die ihre. Gegen Ende ihres dritten Lebensjahres machte sie ein Spiel daraus (und es war, wie bereits erwähnt, höchst ungewöhnlich, daß Elly ein Spiel erfand). Ohne jede Provokation sagte sie selbst «Nein, nein», ergriff meine Hand, schlug damit auf die ihre und lachte hellauf. Dabei lachte sie in den seltenen Momenten, in denen ich ihr tatsächlich einen symbolischen Klaps gab, nie. Ich merkte, daß auch Bestrafung eine Art Kommunikation darstellt. So negativ sie ist, sie schafft eine Verbindung, weil beide Teile etwas erwarten. Ich suchte nach Spielen, die auf dem Prinzip der Wechselseitigkeit beruhten; Elly zeigte mir, daß dies eines war. Wenn du das tust, dann tue ich jenes.

Ein normales Kind braucht diese Gewißheit einer vorhersagbaren Ordnung, kann sie aber zur Not entbehren. Für ein anormales Kind, dessen Störung von einem Kontaktmangel herrührt, ist sie wichtiger. Für ein autistisches Kind ist sie schlechthin wesentlich. Allen Beobachtern solcher Kinder ist es aufgefallen, wie viel sie auf Ordnung geben, daß sie mit Vorliebe pedantisch genau irgendwelche Gegenstände nach einem persönlichen, immer gleichbleibenden Schema anordnen und kleinste Veränderungen verstört registrieren. Ein autistisches Kind kann sich untröstlich gebärden, wenn es seine Milch vor dem Dessert statt danach bekommt oder ein fehlendes Puzzleteil die Vervollständigung einer Figur unmöglich macht. Man darf annehmen, daß diese Kinder ein besonders stark ausgeprägtes Bedürfnis für eine geordnete soziale Umwelt haben. Was sie bekümmert und beunruhigt, ist nicht die Willkürlichkeit oder Ungerechtigkeit einer Strafe. Für sie, die soziale Beweggründe gar nicht begreifen, sind alle Ereignisse gleichermaßen willkürlich, und Gerechtigkeit sagt ihnen nichts. Es sind vielmehr die Abweichungen von gewohnten Mustern (ihrer einzigen Gewißheit in einer unverständlichen Welt), die ihnen zu schaffen machen. Wir wissen, daß man mit Kindern stets konsequent sein soll, und wir bemühen uns darum. Oft aber verhindern Trägheit, Unachtsamkeit oder besondere Situationen, daß die erwarteten Konsequenzen eintreten. Ein autistisches Kind nimmt die Besonderheiten einer solchen Situation nicht wahr, und seine Unruhe äußert sich in einem uncharakteristischen Aufruhr. Normale Kinder können Milde überleben, wie so vieles. Bei einem autistischen Kind müssen Nachsicht, Zaudern und Schonung, die man gerade ihm gegenüber besonders zu zeigen geneigt ist, um jeden Preis vermieden werden. Sie helfen dem Kind und seiner Familie nicht, sondern fügen ihnen nur schweren Schaden zu.

Dabei war Ellys Leben keineswegs durch Verbote eingeengt. Sie waren gar nicht nötig. Elly unternahm nur so wenig, und davon bedurfte kaum etwas einer Kontrolle. Sie war nicht destruktiv, sondern passiv, nicht aggressiv, sondern zurückhaltend. Das machte unsere Arbeit leichter. Sie achtete auf alles, was ihre eigene Sicherheit unmittelbar bedrohte. Mit den Gefahren des Straßenverkehrs verhielt es sich anders: So wie ich Elly niemals Vorsicht beim Laufen oder Klettern predigen mußte, hatte ich jahrelang keine Hoffnung, ihr beizubringen, daß man auf herankommende Autos achten mußte. Ich paßte selbst auf sie auf und dankte dem Himmel dafür, daß wir in einer Sackgasse mit wenig Verkehr wohnten.

Nur in einigen Punkten mußten wir streng sein, im übrigen durfte sie tun, was sie wollte. Da sie nur so wenige Verbote begriff – ich bezweifle, ob sie zu jener Zeit auch nur ein einziges wirklich verstand –, waren wir froh, diese auf ein Minimum beschränken zu können. Sie bezogen sich fast ausschließlich auf die Beschädigung von Gegenständen, die anderen gehörten – oder auch ihr selbst, wenn sie denen der anderen allzu ähnlich waren, als daß man von ihr hätte erwarten können, daß sie sie unterschied; so durfte sie zum Beispiel weder ihre eigenen Bücher noch andere zerreißen. Ansonsten ließ ich sie Schnee essen, durch Pfützen waten, und sie durfte sich schmutzig machen, wenngleich ich sie aus den erwähnten ästhetischen Gründen schnell wieder säuberte. Ich setzte sie nicht zwangsweise auf den Topf, da ich es für nutzlos hielt. Es war charakteristisch für sie, daß sie ihre eigenen seltsamen Normen entwickelte; mit vier Jahren hielt sie den Urin den ganzen Tag an, um ihn abends in der Badewanne zu entleeren. Es schien sie nicht zu stören; nach einer gewissen Zeit störte es auch mich nicht mehr.

Derartige Verhaltensweisen versuchte ich nicht zu ändern, weil sie mir nicht wichtig erschienen. Was ich als wesentlich betrachtete, wäre allerdings mancher anderen Mutter vielleicht unwichtig vorgekommen: für mich war es wesentlich, daß Elly mich weder nachts störte noch frühmorgens weckte. Da sich das nicht mit einem Klaps auf die Hand und einem «Nein-nein» erreichen läßt, machte ich von jedem Mittel Gebrauch, das mir einfiel. Ich legte *animal crackers** in ihr Bett, damit sie sie fand, wenn sie aufwachte. Später (denn sie kletterte erst mit vier Jahren aus dem Bett, und sie war fünf, als sie die Tür öffnen lernte), ging ich so weit, unsere Schlafzimmertür abzuschließen, weil sie uns eine Zeitlang allmorgendlich um halb sieben weckte. Es behagte mir keineswegs, ein kleines Kind auszusperren, das ich jahrelang dazu zu erziehen versucht hatte, meine Gesellschaft zu suchen. Doch die entscheidende Frage ist nicht, was man einem Kind erlauben sollte, sondern vielmehr, was man selbst ertragen kann. Wenn die Mutter zusammenbricht oder die Familie, ist auch das Kind verloren. Jeder Mensch hat andere Eigenheiten. Aber was immer einen stört – sei es, daß das Essen verschmiert wird oder man sich bis ins Badezimmer verfolgt sieht –, es muß beseitigt werden, konsequent und ohne Schuldkomplexe. Und das ist nur durch Disziplin möglich. Jedem Kind gibt Festigkeit ein sicheres Gefühl. Doch das autistische Kind akzeptiert eine Beschränkung, sobald es deren Unverrückbarkeit einmal erkannt hat, sogar sehr gern als wesentlichen Bestandteil seiner täglichen Routine.

Wenn ein anormales Kind in der Familie Hilfe finden soll, dann

---

* Crackers, die die Form von Tieren haben und bei Kindern besonders beliebt sind.

müssen alle gleichermaßen zu ihrem Recht kommen, das Kind selbst, sein Vater, seine Mutter, seine Geschwister. Die Mutter, die normalerweise durch die Umstände am stärksten belastet wird, muß sehr genau wissen, wieviel sie sich zumuten kann. Sie braucht keineswegs in fehlgeleitetem Selbstaufopferungsgeist alles hinzunehmen, denn ihr Zusammenbruch nützt niemandem. Sie muß auch abschätzen, wieviel der Rest der Familie ertragen kann, ohne die Bürde als zu schwer zu empfinden. Ich mußte dafür sorgen, daß das Leben meines Mannes und meiner Kinder nicht allzu sehr um Elly und ihre Probleme kreise.

Auch ich selbst brauchte ein gewisses Eigenleben. In den Stunden und Tagen, die ich damit zubrachte, Puzzlespiele zusammenzusetzen, in Wandschränken zu kauern und unter Decken zu liegen, war das natürlich nicht möglich. Zu Hause nahm mich Elly völlig in Anspruch. Ich weiß nicht, was geschehen wäre, wenn ich mich dem strengen Pflichtbewußtsein, das mich während der Schwangerschaft erfüllte, ganz unterworfen hätte. Ich hatte geglaubt, daß ich Elly nicht weniger geben dürfe als den anderen und meine Rückkehr in den Beruf noch sechs Jahre aufschieben müßte – bis sie in die Schule ging. Doch glückliche Umstände fügten es, daß alles anders kam.

Elly war gerade zwei; die sechsmonatige Periode des Abwartens und Beobachtens hatte begonnen. Wir waren besorgt, aber noch nicht verzagt. Es war Sommer, und ich las in der Zeitung, daß dreißig Kilometer von uns entfernt ein College eröffnet werden würde – das erste eines geplanten Zweijahres-College-Netzes, womit man den jungen Leuten unseres Staates Gelegenheit geben wollte, in unmittelbarer Nähe ihres Wohnsitzes zu studieren. Bei meinen Gedanken über eine etwaige Rückkehr in den Beruf war ich bisher immer über das Wie und Wo gestolpert. Das College meines Mannes hätte mich, selbst wenn ich qualifiziert gewesen wäre (was nicht der Fall war), nicht anstellen können. Ich besaß kein Lehrerpatent und konnte deshalb nicht an öffentlichen Schulen lehren. Doch ein College wie dieses neue würde vielleicht Schwierigkeiten haben, geeignete Lehrkräfte zu finden. Ich konnte mich zumindest bewerben; viel riskierte ich ja nicht. Und mir bliebe auf jeden Fall Zeit, meine Bedenken allmählich abzubauen. Es war schon Mitte August; das College sollte im September eröffnet werden. Die nötigen Kräfte mußten also längst engagiert sein. Selbst wenn man mich nahm, würde ich kaum vor dem nächsten Jahr anfangen können.

Doch ich bekam die Anstellung sofort.

Hätte ich noch ein Jahr warten müssen, so hätte ich den Job vielleicht nicht angenommen. Ich hätte dann – weil ich bis dahin wußte, daß Elly kein normales Kind war – nur daran gedacht, wie sehr sie mich brauchte, und übersehen, wie wichtig es für uns alle war, daß ich eine Zuflucht hatte, die mir einen gewissen Ausgleich bot. Höchstwahrscheinlich wäre ich so zu dem falschen Entschluß gekommen. Ich hatte wirklich Glück. Mein neuer Job führte mich nur dreimal wöchentlich für wenige Stunden von zu Hause fort, aber er beanspruchte mich so sehr, daß er für mich eine Art vorbeugende Arbeitstherapie wurde, die mich vor dem Zusammenbruch bewahrte. Er tut es noch heute, und obgleich ich kaum davon sprechen werde, ist er eigentlich ein sehr wesentliches Element in diesem Bericht.

Natürlich brauchte ich jemanden, der in meiner Abwesenheit Elly betreute. Ausgebildete Fachkräfte kamen für mich nicht in Frage. So übernahm meine Zugehfrau, die Elly seit ihrer Geburt kannte, diese Aufgabe. Mein Gehalt reichte gerade aus, um das ihre zu zahlen. Elly brauchte im übrigen ja nicht viel. Ich wußte sie gut und liebevoll versorgt, solange ich fort war, und ihr Vater kam regelmäßig zum Mittagessen heim, so daß wir sicher sein konnten, daß alles seine Ordnung hatte. Ihr ruhiges Leben verlief beinahe noch ruhiger, als ich zu arbeiten anfing. Eine Weile befürchtete ich, daß es ihr an Stimulierung mangeln könnte, doch dann tröstete ich mich damit, daß sie diese Erholungsstunden vielleicht sogar gebrauchen könnte, und vielleicht verhielt es sich auch tatsächlich so.

Ich hatte zwei Jahre lang dieselbe Zugehfrau und dann eine Reihe von Haustöchtern, die bei uns wohnten, Elly halfen, mir halfen. Ich wählte sie so sorgsam aus, wie ich konnte, denn sie sollten ja nicht nur uns eine Stütze, sondern zeitweilig auch Mitglieder der Familie sein. Sie mußten flexibel und intelligent sein. Es ist schwierig, sich einer neuen Familie anzupassen, und noch schwieriger, wenn man die Aufgabe hat, ein autistisches Kind liebevoll zu betreuen und zu unterweisen. Aber ein sensibles und begeisterungsfähiges junges Mädchen kann für diese Aufgabe viel mitbringen – weit mehr oft als die emotionell erschöpfte Mutter.

Elly zog großen Nutzen aus der Abwechslung, die diese Mädchen in ihre eingeengte, leere Welt brachten. Die Bettdecke und der Wandschrank und die ruhigen Spiele mit mir gaben Elly viel, und einige Zeitlang vielleicht sogar alles, was sie verarbeiten konnte. Doch auf die Dauer war es nicht genug. Glücklicherweise waren wir eine große Familie. Elly brauchte die Lebhaftigkeit, die in einer großen Familie herrscht, und je weiter sie sich fortentwickelte, um so mehr profitierte sie davon. Die Kinder kamen aus der Schule, kitzelten Elly oder brachten ihr neue Bücher und Bälle mit, mit denen sie spielen konnte; im Sommer tollten sie mit ihren Freunden auf dem Rasen herum, und Elly rannte – wenn auch ohne eigentlichen Kontakt mit ihnen – ebenfalls hin und her. Jedes Mitglied des Haushaltes behandelte sie ein wenig anders. Meine Stärke war die Beharrlichkeit, das stete Hinarbeiten auf ein Ziel. Ihr Vater war mehr für Späße und aufregende Unterbrechungen des täglichen Einerleis zuständig, für Spiele, auf die ich nie gekommen wäre oder an die ich mich nicht herangewagt hätte. Und für Elly waren Gelegenheiten, bei denen sie sich dem Spontanen, dem Abweichen von der Routine anpassen mußte, nur gut, nachdem sie einmal gewisse Fortschritte gemacht hatte. Selbst sie begann an solchen Dingen Gefallen zu finden. Die jungen Haustöchter taten manches, was wir nicht taten. Als Elly über vier war, begleitete sie sie ins Kino und zu Parties und lernte junge Männer mit Bärten und Gitarren kennen. (Für einige der jungen Männer war Elly der klassische Fall des aus der Gesellschaft «Ausgeflippten». Sie sagten, sie beneideten sie, und mein Herz zog sich zusammen.) Daß jeder anders mit ihr umging, erwies sich als gut für Elly, jetzt, da sie größer war. In den meisten Dingen waren zwar immer noch wir es, die uns Elly anpaßten, aber

Elly lernte auch in vielem, sich uns anzupassen. Sie akzeptierte, daß Jill irgend etwas anders machte als Mutter. Ich mußte Ellys Äpfel schälen; Jill tat das nicht. Rosemary redete ihr zu, sich die Hose selbst anzuziehen, und hatte Erfolg damit. Elly fügte sich in derlei Neuerungen, wiewohl sie Abweichungen in meinem Verhalten nicht hingenommen hätte; sogar autistische Kinder werden irgendwann gewahr, daß sich die Menschen nicht gleich verhalten.

Das sozialistische Motto – jeder nach seinen Fähigkeiten – bewährte sich in unserem kleinen Kollektiv. Ich war froh, daß der Beruf mich gezwungen hatte, unsere Familie noch um ein Mitglied zu erweitern. Andererseits waren wir eine turbulente Gruppe, wenn man uns alle zu Hause antraf; manchmal erschöpften mich die Komplikationen so vieler zwischenmenschlicher Beziehungen ein wenig. Aber wir gaben Elly etwas, was ihre beschränkte Natur ebensosehr brauchte wie Zurückgezogenheit und stille Verbundenheit: Anreiz, Zufallselemente und Liebe in den verschiedensten Formen. Die Helferinnen entlasteten auch die Kinder ein wenig. Ich wollte zwar, daß die Kinder uns in der Aufgabe, Ellys Entwicklung zu fördern, unterstützten, aber solange sie selbst noch Kinder waren, sollten sie ihren Beistand nicht als Arbeit auffassen. Sie sollten vor allem in ihrer natürlichen, frohen Art mit Elly spielen, was mir mit meinen vierzig Jahren doch nicht mehr so leichtfiel. Sie trugen sie herum, verkleideten sie, spielten Fangen mit ihr, fuhren sie im Sportwagen spazieren, rannten mit ihr durch den Garten. Ich wollte nicht zu viel von ihnen verlangen. Wenn sie Elly akzeptieren sollten, mußte ich darauf achten, daß die Notwendigkeit, «sich um sie zu kümmern», sie nicht ständig von anderen Dingen abhielt, die sie lieber taten. Ich bemühte mich auch, ihnen Brücken zu bauen, die es ihnen leichter machten, sich mit Ellys mysteriösem Zustand abzufinden. Ich wies sie auf alles hin, was Hoffnung gab, und bald entwickelten sie selbst einen Blick für solche Dinge. Es war Ellys Bruder, der sie den Buchstaben E malen sah. Und ihre Schwester, der Elly eines Tages Puffmais in den Mund steckte, merkte an einem leichten Grunzen, das sie jedesmal hören ließ, daß sie die Körner zählte. Mir war jede Taktik recht.

Elly brachte Süßigkeiten in unsere zuvor so sehr auf ein gesundes Gebiß bedachte Familie; ich sorgte dafür, daß die Kinder wußten, wem sie all das Gebäck und die Bonbons verdankten. Ich machte sogar von intellektuellem Snobismus Gebrauch und erklärte den Kindern, nachdem wir den Begriff «frühkindlicher Autismus» kennengelernt hatten, Elly sei kein gewöhnliches zurückgebliebenes Kind, sondern leide an einer seltenen, interessanten und erst vor kurzem entdeckten Krankheit. Sie verdienten die kleine Befriedigung, die ihnen der Gedanke verschaffen konnte.

Im übrigen halfen wir uns, indem wir Elly viel länger, als es an sich gerechtfertigt gewesen wäre, «das Baby» nannten oder sonstige kindliche Kosenamen gebrauchten. Es war für uns alle nur gut, wenn wir Mittel und Wege fanden, die uns vergessen ließen, daß dieses Baby schon drei, vier, fünf, sechs Jahre alt war. Die Worte hielten unsere Erwartungen bescheiden; sie verschleierten den trotz allen Fortschrittes immer augenfälligeren Unterschied zwischen dem, was sie war, und dem, was sie hätte sein sollen. Elly selbst erleichterte uns das, weil sie ihren elfenhaften Zauber behielt und so klein und zart blieb. Selbst als sie verständiger, empfänglicher wurde, hatten ihr Lachen, ihr Lächeln und ihre Freude noch immer etwas babyhaft Durchsichtiges; es waren keine komplexen Äußerungen wie bei einem anderen Kind.

Natürlich wurde mit der Zeit die Aufgabe der Kinder einfacher. «Elly hat mich heute nachmittag umarmt!» – «Elly hat mir Puffmaiskörner gegeben, und sie hat sie *gezählt!*» Sie hatten Spaß an ihr, als sie begann, ihre Geschwister zu necken und vergnügt zu sein und ihnen ins Gesicht zu schauen. Und es machte sie stolz, etwas zu ihrem Fortschritt beigetragen zu haben.

In einer vom Ernst ihres Zustandes bedrückten Atmosphäre hätte Elly nie geholfen werden können. Eine fröhliche, natürliche Umgebung war das Beste, was man ihr bieten konnte. Wir wandten letzten Endes ja eine Spiel-Therapie an, und Spiel muß etwas Frohes sein. Es bringt keinen Nutzen, wenn man es grimmig, mit zusammengebissenen Zähnen betreibt und einen Willensakt daraus macht. Wir versuchten so zu tun, als ob unser «Baby» wirklich noch ganz klein wäre, und unterhielten es dementsprechend. Wir sangen ihr die alten, schlichten Kinderlieder vor und machten Scherzreime auf «unser Dummerchen». Elly konnte das nicht weh tun, und uns tröstete es. Mit Tränen, langen Gesichtern und aufoperndem Märtyrertum war Elly nicht zu helfen. Da wir wußten, daß Kinder sich die Haltung ihrer Eltern zu eigen machen, vermieden wir es, unser Schicksal als eine Tragödie oder eine Heimsuchung darzustellen, damit es die Kinder nicht auch so empfänden. Wohl war es Wunschdenken, unsere gemeinsame Aufgabe nicht als Last, sondern als Privileg anzusehen, doch es half dabei, daß sie zu einem Privileg wurde. Unsere um der anderen Kinder willen angenommene Haltung kam uns selbst so weit zugute, daß aus dem Schein (beinahe) Wirklichkeit wurde.

Beinahe. Ich will niemandem etwas vormachen. Nicht immer war es leicht, wenn ich mit Elly allein war, gab es Momente, in denen mich alle Munterkeit verließ. Doch das war nicht weiter schlimm. Gewiß war es wichtig, im Kontakt mit Elly heiter und positiv zu sein. Aber meistens bestand ja gar kein Kontakt. Die Stimmungsempfindlichkeit normaler Kinder war einfach nicht vorhanden. Man konnte, wenn sie durch einen hindurchschaute oder mit ihrer Kette beschäftigt war, durchaus in Passivität versinken, vor sich hinstarren, sogar laut weinen, wenn man das Bedürfnis hatte. Sie nahm keine Notiz davon. Manchmal empfand man das als tröstlich, manchmal nicht.

Ich kann auch nicht behaupten, daß es uns gelungen wäre, für die Kinder alle Unebenheiten zu glätten. Ich brauche nur an jene schreckliche Woche zu denken, in der Ellys Routine unterbrochen worden war und uns das schlechte Wetter an ein fremdes Haus fesselte. Elly war unruhig und quengelig, und wir alle waren gereizt. Damals rief eines der Kinder plötzlich mit wilder Intensität aus: «Wir sollten sie fortschicken! Sie gehört in eine Anstalt!» Die Worte kamen von der gutmütigeren ihrer beiden Schwestern, derjenigen, die nie etwas für sich zu verlangen schien. Nie zuvor waren sie ausgesprochen worden. Viel konnte man nicht antworten, aber irgend etwas mußte man entgegnen. Ich sagte, daß wir alle manchmal daran dächten und uns dieser Weg auch jederzeit offenstehe. Aber wir müßten uns jetzt, nachdem wir uns so um Elly bemüht hatten und sie uns endlich ein bißchen liebte, überlegen, wie es wäre, wenn wir sie in einer Anstalt besuchten und sich herausstellte, daß sie alles vergessen hatte und uns nicht einmal mehr erkannte. Ich weiß nicht, ob es die richtige Antwort war. Auf jeden Fall sprach nie mehr jemand davon.

Elly blieb bei uns, und wir wurden mit allen Problemen einigermaßen fertig. Mehr behaupten zu wollen, wäre falsch. Vielleicht enthüllen meine Kinder eines Tages jemandem Leiden und Kümmernisse, von denen ich keine Ahnung habe. Aber wir sind zurechtgekommen. Die Kinder sind herangewachsen – unsere Älteste steht jetzt vor ihrem Stuidum –, und sie haben nie dazu geneigt, von Elly abzurücken. Sie nehmen sie ohne Verlegenheit überallhin mit und führen ihre seltsamen Fähigkeiten mit einem gewissen Stolz ihren Freunden vor. Und es überrascht mich eigentlich nicht. Wenn ich in dieser ganzen Angelegenheit eine feste Überzeugung hatte, dann die, daß wir gutgeratene Kinder hatten, die Elly und uns helfen und sich dadurch selbst vervollkommnen würden. Wie vieles uns auch beunruhigte, während Elly heranwuchs – in diesem Punkt waren wir völlig sicher. Ich habe es auch nie bedauert, daß sich unsere ansonsten so sehr vom Glück begünstigten Kinder mit diesem Problem auseinanderzusetzen hatten. Unsere Vorfahren hätten gesagt, wir alle haben unser Kreuz zu tragen. Unser Vokabular hat sich gewandelt, aber diese Worte haben einen kostbaren Sinn, der nicht verlorengehen sollte. Die Kinder sind nicht ärmer aufgewachsen, weil sie Elly in ihrer Familie hatten. Ich glaube, sie spüren das in gewissem Grad schon jetzt. Später werden sie es wissen.

Die Spezialisten 9

Elly war über dreieinhalb, als wir sie zum erstenmal zu einem Psychiater brachten. Dr. Blank hätte uns natürlich leicht an einen verweisen können, wahrscheinlich sogar im gleichen Krankenhaus. Doch er sagte uns nur, daß Kanner, der ja Kinderpsychiater war, mit Psychotherapie bei autistischen Kindern nichts erreicht hatte. Beim derzeitigen Wissensstand gab es nichts, was Medizin oder Psychiatrie hätten tun können. Wir sollten weitermachen wie bisher und ihn auf dem laufenden halten. Und sechs Monate lang taten wir das.

Doch wir lebten nicht in einem intellektuellen Vakuum. Selbst in unserer kleinen College-Stadt geschah, was in New York oder Boston wohl früher eingetreten wäre: der Gedanke an die Psychiatrie begann uns zu bedrängen. Irgend jemand hatte von Dr. Blank gehört; er stand als Kinderarzt in ausgezeichnetem Ruf, doch seine Voreingenommenheit gegen Psychiater war allenthalben bekannt. Jemand anders war beunruhigt, weil «niemand etwas mit Elly unternahm». Wieder jemand anders fragte, ob sie nicht besser in einem Heim aufgehoben wäre, wo sie die angemessene Betreuung erhalten könnte. Unsere Freunde waren glücklicherweise gebildet und taktvoll. Niemand gebrauchte harte, unangenehme Worte. Aber die Andeutungen waren nicht zu überhören. Ich konnte nicht darauf antworten. Ich konnte nicht sagen, daß Elly in einer Familie, die hart gekämpft hatte, um guten Mutes und normal zu bleiben, viel mehr von dem bekam, was sie brauchte, als in der bedrückenden Gesellschaft von ihresgleichen. Ich konnte nicht entgegnen, daß es bei mir, die ich *täglich* Stunden mit Elly arbeitete, niemals eine traumatische Unterbrechung geben würde, wie sie eintrat, wenn der Therapeut Ferien machte. Ich hatte noch nicht erkannt, daß ich unter ungewöhnlich günstigen Bedingungen arbeitete, da sich mein Kontakt mit der Patientin auf Erfahrungen konzentrierte, die besonders empfindliche Reaktionen auslösen: Ich weckte sie, gab ihr zu essen, brachte sie zu Bett, so daß ihre Hauptbefriedigungen von einer einzigen Person kamen. Ich konnte derlei ketzerische Gedanken nicht aussprechen; sie gingen mir allenfalls flüchtig durch den Kopf. In meinen selbstsicheren Momenten fand ich, daß sich meine Methoden kaum von den in der Psychiatrie angewandten unterschieden, die ich aus zwei Büchern kannte. Aber diesen Momenten folgten andere, in denen ich fürchtete, daß jeder Psychiater unsere Spiele sofort als das entlarven würde, was sie waren: die ungeschickten, törichten Versuche einer Mutter, die sich schon glücklich schätzen konnte, wenn sie in ihrer Unerfahrenheit – gehemmt überdies durch ihre tiefe persönliche Beziehung – keinen Schaden anrichtete. Denn welche möglichen Qualifikationen hatte eine Mutter schon vorzuweisen, um ohne professionelle Anleitung selbst mit ihrem psychotischen Kind zu arbeiten?

Es ist jetzt an der Zeit, dieses Wort und mit ihm das Thema der Terminologie einzuführen. Denn wir merkten, daß hinsichtlich der richtigen Benennung von Ellys Verfassung keine Einigkeit bestand. «Autistisch» faßte nach Dr. Blanks Meinung, die wir inzwischen teilten, die spezifischen Elemente des Kannerschen Syndroms zusammen, die allesamt bei Elly auftraten. Für viele andere jedoch bedeutete das Wort noch immer im weiten, ursprünglichen Sinn «absolut selbstbezogen». So gebrauchte es zum Beispiel auch der berühmte Bruno Bettelheim, und er wandte es vorbehaltlos bei Kindern an, die nach Kanners Kriterium keineswegs autistisch schienen.* Daneben benutzte er, wie zahlreiche seiner Kollegen, noch einen zweiten Fachausdruck: Kindheitsschizophrenie. Dieser schien aber nicht nur auf Elly und ihresgleichen – wenn es ihresgleichen überhaupt gab – anwendbar, sondern auf einen weitaus größeren Kreis Kinder, die einige von Ellys Symptomen und viele andere aufwiesen. Wir wurden gewahr, daß es im terminologischen

* In seinem Buch *The Empty Fortress* beschreibt Bettelheim die eindrucksvolle Heilung eines von ihm als autistisch bezeichneten Kindes.

Bereich rivalisierende Klassifizierungsarten gab – daß es für die Psychiater eine Streitfrage war, ob es sich bei Kanners Syndrom um einen besonderen Zustand handelte oder ob es eine Unterart der Kindheitsschizophrenie oder damit gleichbedeutend sei. Einige unterstellten es, indem sie es eine «atypische Entwicklung» nannten. Manche bestritten, daß es überhaupt existierte. Alle aber stimmten zumindest darin überein, daß man den Zustand als Geisteskrankheit oder Psychose betrachten müsse. Eine kleinere Gruppe von Beobachtern, unter ihnen der holländische Psychiater Van Krevelen, sah in dem Zustand weniger das Resultat einer Erkrankung als das eines konstitutionellen Defekts, der nicht der Schizophrenie, sondern der Oliphrenie, dem Schwachsinn, zugeordnet werden mußte. Die Meinung dieser Minorität drang allerdings kaum zu uns vor – wir fanden sie lediglich in ein paar Veröffentlichungen erwähnt, die uns Dr. Blank empfohlen hatte. Die überwältigende Mehrheit der amerikanischen Psychiater wollte den Zustand als eine Psychose aufgefaßt wissen – eine Ansicht, die von objektivster Seite, nämlich von unserer Krankenversicherung, bestätigt wurde. Die Kosten von Ellys klinischen Diagnosen waren zum Teil von der Versicherung übernommen worden, weil es sich bei ihrem Problem nicht um eine reine Verhaltensstörung und auch nicht um eine Neurose, sondern um eine echte Psychose handelte. Elly hatte den Normen entsprochen. Das Formular hielt es schwarz auf weiß fest. Unter Vorbehalt war Elly psychotisch. Und niemand außer ihrer Mutter arbeitete mit ihr.

Die Situation war, rein äußerlich betrachtet, widersinnig. Selbst der Zahnarzt, zu dem ich die erschrockene Elly wegen einer Karies brachte, meinte, es sei besser, wenn sie jemand anders begleite. (Wir machten die Probe – es war nicht der Fall.) Mir ist natürlich sehr wohl bekannt, daß die Mutter manchmal die ungeeignetste Person für die zweckentsprechende Behandlung eines Kindes ist. Diese volkstümliche Weisheit wird heute von der Wissenschaft weitgehend bestätigt. Die letzten Menschen, die man für befähigt hält, mit einem «gestörten» Kind zu arbeiten, sind seine Eltern, denn wer war letzten Endes für die Störung verantwortlich?

Babys, so heißt es, sind unendlich verletzlich. Schon bevor sie sitzen oder krabbeln können, sind sie imstand, die Kälte der Zurückweisung zu fühlen. Sie können von ihren Eltern durch Vernachlässigung geschädigt werden; sie können auch geschädigt werden, indem die Eltern ihre Bedürfnisse zu schnell erfüllen.* Die ersten Jahre eines Kindes sind von entscheidender Bedeutung – das predigen die Psychologen allenthalben, und wenn man keine Bücher über Psychologie liest, erfährt man es in vereinfachter, aber nicht wesentlich entstellter Form durch die Massenmedien. Wir hören ständig, daß unser Kind für immer durch das geprägt werden kann, was wir in den ersten Lebensmonaten tun – es mögen sechs, zwölf oder vierundzwanzig sein. Wie sollen wir dieser Verantwortung gerecht werden? Selbst den Eltern normaler Kinder merkt man in diesem Punkt eine gewisse Unruhe an. Welche Gedanken müssen dann die Eltern eines Kindes bedrängen, dessen Entwicklung falsch verlaufen ist? Bettelheim schreibt, daß in allen ihm bekannten Fällen kindlicher Schizophrenie die Zurückweisung durch die Eltern ein Element dargestellt habe. Die Psychiaterin Beata Rank legt als ihre «Haupthypothese» dar, daß «das atypische Kind eine ungeheure emotionale Entbehrung» erlitten habe, und fügt hinzu, «je kleiner das Kind, desto wichtiger ist es für uns Psychiater, die Persönlichkeit der Mutter zu ändern.»** Selbst der kluge, menschliche Erikson, der die Zurückweisung durch die Mutter das «Berufsvorurteil» der Kinderpsychiater nennt, wiederholt immer wieder, daß man «in jeder (!) Geschichte einer infantilen Schizophrenie eine Geschichte mütterlicher Entfremdung vom Kind finden kann».

In dieser Hinsicht änderte es nichts, ob Ellys Krankheit Schizophrenie oder Autismus genannt wurde. Kanners ursprüngliche Hypothese stimmte mit der allgemeinen Ansicht der Psychiater überein. Er glaubte, daß die Eltern in der Entstehung des frühkindlichen Autismus eine große Rolle spielen. Zwar berück-

---

* Moorow und Loomis in dem von Gerald Caplan herausgegebenen Buch *Emotional Problems of Early Childhood* (Basic Books, 1955).
** In Caplan, op. cit.

sichtigte er (wie Erikson) eine mögliche konstitutionelle Veranlagung des Kindes; er berichtete, daß viele autistische Kinder (im Gegensatz zu Elly) von der frühesten Kindheit an eindeutig teilnahmslos seien. Doch in seiner Diskussion der Krankheitsursachen spielten die Eltern eine weitaus größere Rolle. Er entdeckte einige merkwürdige Fakten, die ich hier kurz anführen muß, weil sie in gewisser Hinsicht unsere eigene Situation berührten.

Ich habe bereits erklärt, daß wir die typischen Eltern eines autistischen Kindes sind. Ich muß das jetzt näher erläutern. Sehr früh schon fiel Kanner bei seinen Untersuchungen auf, daß nicht nur die autistischen Kinder einander sehr ähnlich waren, sondern erstaunlicherweise auch ihre Eltern. Unter den Vätern der ersten elf Fälle fand Kanner vier Psychiater, einen Rechtsanwalt, einen Chemiker, einen Pflanzenpathologen, einen Forstwissenschaftsprofessor, einen Werbefachmann, einen Ingenieur und einen erfolgreichen Geschäftsmann. Von den elf Müttern hatten neun eine abgeschlossene Collegeausbildung. Nicht gerade eine Durchschnittsgruppe, könnte man sagen; doch als Kanner mehr Fälle beobachtete, stellte er fest, daß sich das Bild nur wenig änderte. Beinahe ausnahmslos standen die Eltern autistischer Kinder intellektuell wie beruflich über der Norm. Natürlich bedachte er, daß es sich einfach um die Charakteristika jener Eltern handeln könnte, die sich an einen hervorragenden Kinderpsychiater in einem berühmten Forschungszentrum wenden. Er überprüfte diese Möglichkeit, indem er die Unterlagen seiner autistischen Patienten den Unterlagen gegenüberstellte, die in seinen Kontrollordnern enthalten waren. Die Kontrollordner stellten einen Querschnitt seiner Praxis dar – alle Krankheitszustände, mit denen sich ein moderner Kinderpsychiater befaßt. Er verglich die beiden Elterngruppen und stellte fest, daß Kanners erster Eindruck richtig gewesen war. Die «autistischen» Eltern hatten sowohl als Gruppe wie auch individuell eine längere Ausbildung hinter sich und waren beruflich weitaus kompetenter. Außerdem unterschieden sie sich vor allem von den Eltern schizophrener Kinder dadurch, daß Geisteskrankheit bei ihnen und in ihren Familien ungewöhnlich selten vorkam. Während der Prozentsatz Geisteskranker in den Familien schizophrener Patienten höher war als bei der Gesamtbevölkerung, lag er bei autistischen Patienten niedriger.

Kanner begann sich daraufhin eingehender mit den Eltern zu befassen, die aus scheinbar so starkem Material derart von der Norm abweichende Kinder hervorgebracht hatten. Er nahm sich statt der Idee der «beruflichen Leistung» die weniger meßbaren Charakteristika vor, die einen beruflichen Erfolg möglich machten. Und er fand bei diesen Eltern außer der Intelligenz ungewöhnlich viel Energie, Beharrlichkeit und die Fähigkeit, sowohl Situationen als auch ihre Reaktion darauf zu beherrschen. Bei seinen Unterredungen mit ihnen stellte er fest, daß sie sehr reserviert und weitgehend imstand waren, die Dinge distanziert und objektiv zu betrachten.

Wenn eine Gruppe Eltern so sehr vom Durchschnitt abwich, wie es hier der Fall zu sein schien, durfte man dann nicht vermuten, daß sie ihre Kinder auch anders behandelt hatten? Die Kombination aus Antrieb und Zurückhaltung mochte sich als gut für berufliche Erfolge erweisen; für die Kindererziehung war sie weniger tauglich. Kanner schienen diese Eltern *allzu* verhalten, *allzu* beherrscht, kühle Leute, «gleichgültige, humorlose Perfektionisten, die mehr in der Welt der Abstraktionen zu Hause waren als unter Menschen und deren Umgang mit anderen auf einer gewissen Mechanisierung menschlicher Beziehungen gründete».* Einer von ihnen, ein prominenter Chirurg, erklärte auf Kanners Frage sogar, er würde seine Kinder nicht erkennen, wenn er ihnen auf der Straße begegnete. Kanner sah in der Gruppe «Eisschrank-Eltern», die «gerade so lange zusammenkommen konnten, um ein Kind zu erzeugen». Es gab Ausnahmen – ungefähr zehn Prozent schienen herzlich und verständnisvoll. Und natürlich waren die schädlichen Wirkungen ihrer Persönlichkeit nicht allumfassend; in sämtlichen Fällen waren die Geschwister der autistischen Kinder normal, und Autismus kommt auch, von eineiigen Zwillingen abgesehen, nie zweimal in einer Familie vor. Doch im übrigen war das Bild eindeutig.

* L. Kanner und L. Eisenberg in *Psychopathology of Childhood*, herausgegeben von P. H. Hoch und J. Zubin (Grune und Stratton, 1955).

Als mein Mann und ich von diesen Charakteristika erfuhren, erkannten wir uns unschwer selbst. Objektiv gesehen, gehörten wir zu der Gruppe; wir hatten beide einen akademischen Titel erlangt und außer einem Großonkel nie Geisteskranke in der Familie gehabt. Subjektiv betrachtet, kannten wir beide jene Schüchternheit, die sich als Zurückhaltung tarnt. Wir waren beide fähig, uns zu distanzieren, waren beide zur Selbstbeherrschung erzogen worden und vielleicht von Natur aus dazu veranlagt. Wir paßten gut zueinander, mein Mann und ich. Diese Merkmale hatten uns zusammengeführt und hielten uns vereint. Sie hatten uns gute Dienste geleistet. Wir hatten die meisten für positiv gehalten. Jetzt sahen wir sie in etwas Krankhaftes verwandelt.

Wir glaubten, die Zeit habe uns gelehrt, mit unserer Schüchternheit zu leben, sie zu bekämpfen, sie allmählich zu überwinden. Doch es ist leicht, sich selbst zu betrügen; die Psychologen wissen das. Man betrachte nur einmal – wie ich es getan habe – die folgende Beschreibung der Mütter «atypischer» Kinder, die Beata Rank in dem bereits erwähnten Buch liefert:

Nach außen hin können diese Mütter sehr ausgeglichen wirken; nicht selten sind sie in hohem Grade intellektuelle, hervorstechende Menschen. Eingehende Untersuchungen enthüllen jedoch, daß die meisten von ihnen unreif, narzißtisch und unsicher in sozialen Kontakten sind ... und heroisch gekämpft haben, um ihr Image einer hervorragenden Frau, Ehefrau und Mutter aufzubauen und zu erhalten. Je vollkommener der Erfolg ihrer Bemühungen, um so mehr glauben sie an Magie und an ihre eigene Magie (unbesiegbare Abwehrkräfte) ... Trotz ihres zur Schau getragenen Selbstbewußtseins und ihrer weltgewandten Art sind sie innerlich isoliert. Dieser Muttertyp neigt dazu, in zwei Schichten zu leben: Die oberste, für den Kontakt mit der Umwelt zuständige Schicht ist nur eine dünne Kruste, die eine starke Absonderungstendenz verdeckt. Wenn diese Zweischichtigkeit eine feste Lebensgewohnheit wird, kommt es zu einer schweren Störung.

Der Artikel beschäftigt sich dann mit einzelnen Fällen.

> Das Bild, das Mrs. I. von sich selbst hatte und erfolgreich der Welt präsentierte, war das einer gebildeten, tatkräftigen, charmanten Frau mit vielen Fähigkeiten und Interessen. Sie hatte einen akademischen Titel und war in ihrer beruflichen Laufbahn erfolgreich gewesen ... Während der Behandlung kam allmählich die hinter dieser Fassade verborgene Persönlichkeit zum Vorschein. Wir erkannten, daß sie eine sehr isolierte Person ist, die ihre Leere und ihren Hang zur Abkapselung damit zu bekämpfen sucht, daß sie sich unaufhörlich in Aktivität und Aufregungen stürzt.

Es wäre töricht von mir gewesen, zu negieren, daß die Therapeuten, die unter der Fassade dieser Frau die Wirklichkeit entdeckt hatten, unter der meinen etwas sehr Ähnliches finden könnten. Eine beängstigende Vorstellung ... Doch irgendwie setzte sie sich nicht fest.

Es ist schwer zu erklären, warum uns keine Schuldgefühle bedrückten. «Natürlich fühlen sich alle Eltern schuldig», hörte ich noch vor kurzem einen bekannten Psychiater in einer Fernsehsendung über Autismus sagen. Eine gute Freundin von mir, die selbst Psychologin ist, schlug einmal vor, ich sollte mich einer Psychoanalyse unterziehen, «um meine Schuldkomplexe zu überwinden». Ich habe den Eindruck, sie glaubte mir nicht, als ich ihr versicherte, ich hätte nie welche gehabt. Dabei wäre es durchaus berechtigt gewesen, wenn ich derartige Gefühle entwickelt hätte. Selbst wenn ich keine typische Mutter eines autistischen Kindes gewesen wäre – ich hatte mich doch eindeutig nicht über meine vierte Schwangerschaft gefreut. Ich wußte das, und meine Freundin wußte es ebenfalls. Die Furcht, daß Elly die Menschen vielleicht nur deshalb ablehnte, weil sie von ihrer Mutter abgelehnt worden war, wäre im Freudschen Sinn eine durchaus folgerichtige Reaktion für mich gewesen, als ich allmählich den Ernst von Ellys Zustand erfaßte.

Das Dogma, daß alle Eltern von Psychotikern unter Schuldgefühlen leiden, kommt nicht von ungefähr. Die Populärpsychologie hat selbst bei Eltern normaler Kinder alle möglichen Befürchtungen erweckt. Die Situation wird noch durch die Tatsache verschlimmert, daß ganz allgemein unter anormalen und besonders unter autistischen Kindern unverhältnismäßig viele erstgeborene sind. Das Verhalten dieser Kinder, ihre offenkundige Ablehnung aller Liebe ist für die unsicheren und unerfahrenen Eltern, die die Gefühle normaler Kinder ja noch nicht kennen, besonders erschreckend und erscheint ihnen noch verwirrender, als es schon ist. Für die Eltern ernsthaft geschädigter erstgeborener Kinder muß es heutzutage wirklich schwer sein, sich nicht in gewisser Weise verantwortlich zu fühlen.

Doch wir waren in einer glücklicheren Lage; wir hatten Sara, Becky und Matt. Sie waren interessiert und intelligent und kamen in der Schule, in der Nachbarschaft und zu Hause gut zurecht. Wenn man die Eltern für jedes Versagen verantwortlich machen will, muß man ihnen auch die Erfolge gutschreiben. Es war natürlich möglich, daß unsere Erfolge, wie bei Mrs. I., nur eine Fassade darstellten, daß ihre Nichtigkeit sich nun in diesem kleinen atypischen Kind zeigte. Manchmal überkam uns ein alptraumhaftes Objektivitätsverlangen (Objektivität gehörte ja letzten Endes zu unserem Syndrom), das uns die Dinge so sehen ließ. Doch diese Alpträume hielten dem Tageslicht nicht stand. Ein Blick auf unsere Kinder vertrieb sie. Wir waren stolz auf unsere Kinder. Wir hatten eine beachtliche Leistung mit ihnen vollbracht. Wir wußten es, und wir wußten, daß auch andere Menschen es wußten. Dieses Wissen und dieser Stolz hielten uns aufrecht, wenn wir die Formulierungen der Bettelheims unserer Welt lasen – dies und eine gewisse natürliche Skepsis. Die Familie eines Wissenschaftlers ist notgedrungen vertraut mit der langen Reihe plausibler Hypothesen, die sich später dennoch als unvollständig oder falsch erwiesen haben.

Zweifellos war das einer der Gründe, weshalb wir uns – bei allem, was wir ansonsten lasen – so wenig mit Psychologie befaßt hatten und auch keine Schuldkomplexe entwickelten, als wir mit der Zeit etwas mehr darüber lasen. Gespräche mit anderen Eltern autistischer Kinder haben mir inzwischen gezeigt, was für eine Tortur wir uns erspart haben. Wir wußten, daß wir Elly dasselbe gegeben hatten wie ihren Geschwistern. Elly hatte Wärme, Zärtlichkeit und Liebe empfangen. Außerdem hatte mich die Erfahrung mit drei Kindern gelehrt, daß Kleinkinder im Gedankenlesen keineswegs so begabt sind, wie oft behauptet wird. Elly hatte mit Sicherheit nie vermutet, daß ich (wie so viele Mütter normaler Kinder) eigentlich gar kein weiteres Baby hatte haben wollen.

Aber ich hatte mein viertes Kind bekommen, und es brauchte Hilfe; das gleiche galt für uns. Wir hatten fachärztliche Ratschläge eingeholt und befolgt. Doch wie will man sicher sein, daß man alles Menschenmögliche getan hat? Es gibt so viele Methoden... Eine Bekannte hielt mich im Supermarkt an: Sie hatte von einem Mann in Philadelphia gehört, der mit den Eltern anormaler Kinder gebetet und beträchtliche Erfolge erzielt hatte. Eine gute Freundin erwähnte in einem Brief eine mit ihr befreundete Theosophin und Hellseherin, die mit Ärzten in New York zusammenarbeitete. Später empfahlen mir andere das «Rehabilitation Institute» in Philadelphia; unerklärlicherweise ließ sich offenbar durch ein anspruchsvolles Programm physischer Therapie bei Hirngeschädigten jeglichen Alters manchmal eine bedeutende Besserung erzielen. Vielleicht konnte sich Elly auf allen vieren der Gesundheit entgegenarbeiten. Ich schreibe das alles ohne jede Ironie nieder. Wenn man Probleme hat, wird man nicht so leicht ironisch. Ich habe katholische Freunde, die für Elly beten, und ich, die ich selbst nicht beten kann, nehme ihre Gebete dankbar an. Hätte die Hellseherin in erreichbarer Nähe gewohnt, so wäre ich vielleicht mit Elly einmal zu ihr gefahren; ich wußte bereits, daß manche Leute auf Elly fast magisch wirkten. In einem verzweifelten Fall denkt man lange nach, bevor man irgendeinen Versuch ablehnt, der nach Ansicht vernünftiger Leute eine gewisse Hoffnung in sich birgt.

Viele vernünftige Leute fanden, Elly brauche psychiatrische Betreuung. Einer unserer besten Freunde kannte eine Fachärztin für Psychiatrie an einem berühmten Kinderinstitut; er machte sich sogar die Mühe, Ellys Fall mit ihr zu diskutieren, und berichtete uns dann, was sie gesagt hatte. Man hatte offenbar bei Kindern wie unserer Elly erstaunliche Erfolge erzielt, vor allem, wenn die Behandlung früh genug ansetzte. Die Zeit verstrich. Elly war dreieinhalb. Jeder Monat zählte. Wir hörten uns alles an und waren uns sofort klar darüber, daß wir uns ewig Vorwürfe machen würden, wenn wir nicht erkundeten, welche Möglichkeiten die Psychiatrie bot. Was immer Dr. Blank sagte oder Kanner schrieb, wenn wir es nicht mit der Psychiatrie versuchten, konnten wir nie behaupten, alles, was in unserer Macht stand, für Elly getan zu haben.

Nachdem der Entschluß einmal gefaßt war, hatte ich es eilig. Ich würde nicht mehr allein arbeiten müssen. Ich brauchte unbedingt Unterstützung; endlich würde ich sie finden. «Manchmal sind einfach alle meine Mittel erschöpft», hatte ich zu der mit mir befreundeten Psychologin einmal gesagt. «Mir fällt dann einfach nichts Neues mehr ein. Sie (die Psychiater) haben so viel Erfahrung – sie kennen so viele Spieltechniken, die sie mir zeigen könnten . . .»

«Na, daß sie *das* tun, glaube ich wieder nicht», hatte sie geantwortet. Später erinnerte ich mich an ihre Worte.

Wir schrieben an Dr. Blank. Er billigte unseren Entschluß mit einer gewissen Zurückhaltung. Wir setzten uns mit dem Kinderinstitut in Verbindung, das in einer für uns noch relativ leicht erreichbaren Stadt lag. Was Behandlung und Forschungsarbeit betraf, so gehörte es zu den aktivsten des Landes. Wir wollten das Beste für unser Kind.

Die Arbeitsweise des Instituts wirkte in ihrer Gründlichkeit sehr überzeugend. Elly sollte für eine exakte Diagnose zehn Tage lang beobachtet werden, und sowohl für meinen Mann als auch für mich waren ausführliche Interviews angesetzt. Da wir nicht so leicht für längere Zeit abkömmlich waren, blieb für die Unterredungen nur die kurze Zeitspanne zwischen den beiden Semestern, und wir mußten auch rechtzeitig Bescheid erhalten, damit ich meine Mutter bitten konnte, bei den Kindern zu bleiben. Wir hatten uns deshalb Anfang Dezember an das Institut gewandt.

Man zeigte sich dort sehr verständnisvoll und versprach, uns bald einen Termin zu geben. Bis dahin brauchten wir nicht mehr nachzufragen. Und dann begann es. Wir warteten, unsere Unruhe wuchs, der Dezember endete, der Januar kam, und der Semesterschluß rückte näher. Wenn wir diese Chance verpaßten, würden wir vier Monate länger warten müssen, und zählte nicht jeder Monat? Kein Brief kam. Nach sechs Wochen waren wir so nervös, daß wir anriefen. Wir wurden auf drei Tage später bestellt. Glücklicherweise kam meine Mutter ohnehin zu Besuch, so daß wir den Termin akzeptieren konnten.

In diesem Institut, so sahen wir zu unserem Erstaunen, war man sich wohl theoretisch der Tatsache bewußt, daß die Menschen in Sozialzusammenhängen existierten und daß das Familienleben kompliziert ist, war jedoch nicht an dem menschlichen Dasein interessiert, das sich außerhalb des großen, komfortablen Gebäudes abspielte. Der problematischen Frage, wer unsere Kinder während unserer langen Abwesenheit versorgte, schenkte das Institut keinerlei Beachtung. Es interessierte auch niemanden, was wir mit Elly während unseres ersten Interviews anfingen. Wir hörten nämlich zu unserem Erstaunen, daß wir sie nicht mitbringen sollten. Sie nicht mitbringen? Wo sollte sie sich denn inzwischen aufhalten? In einer so gut mit Personal versehenen Institution würde es doch jemanden geben, der sich um sie kümmern konnte, während mein Mann und ich interviewt wurden? Nein, es gab niemanden. Und es war nicht üblich, den Eltern zu gestatten, das Kind zur ersten Unterredung mitzubringen. Zum Glück wohnten wir bei liebenswerten Freunden, die Elly ein wenig kannten; wir konnten sie ohne allzu großes Unbehagen bei ihnen lassen. Doch wir dachten an die vielen anderen verzweifelten Eltern, die von überallher mit ihren Kindern angereist kamen. Hatten sie alle Freunde, die fähig waren, Babysitter für kleine Psychotiker abzugeben?

Aber wir schöpften wieder Mut, als wir das Institut betraten – ein riesiges altes Gebäude, das sehr freundlich, seriös und vertrauenerweckend wirkte. Für die Unterredung wurden wir getrennt. Man interviewte Vater und Mutter grundsätzlich nicht zusammen, damit sie sich nicht gegenseitig ergänzen, unterstützen und korrigieren konnten. Ich wurde einer Sozialhelferin zugewiesen, mein Mann dem Psychiater. So begann es.

Die Sozialhelferin erklärte mir zuerst, wie man vorzugehen pflegte: drei Interviews für Elly mit dem Psychiater, demselben, der sich mit ihrem Vater befaßte, ein Intelligenztest, eine Sitzung im Diagnose-Kindergarten und eine neurologische Untersuchung. Wir mußten uns nur noch auf den geeigneten Zeitpunkt für das Elektroenzephalogramm einigen.

«Das Elektroenzephalogramm?» Ich erinnerte mich an das desorientierte Kind, das ich acht Monate zuvor aus dem Krankenhaus heimgebracht hatte. Sollte Elly das noch einmal durchstehen? «Aber es *ist* doch schon ein EEG gemacht worden! Und alle möglichen Tests, sie war drei Tage lang in der Kinderklinik!» Hatte man die Unterlagen denn nicht gesehen?

Ein Elektroenzephalogramm sei in diesem Fall dann nicht nötig. Im übrigen, so wurde ich von der Sozialhelferin aufgeklärt, war es bei ihnen üblich, sich erst selbst ein Urteil zu bilden, ehe sie die Krankengeschichte lasen. Sie hatten ihre eigenen Methoden, um all das herauszufinden, was sie wissen mußten.

Diese Methoden, so stellte ich später fest, sind jedem vertraut, der sich mit Psychoanalytikern und Sozialhelfern* ein wenig auskennt. Wir jedoch waren weitgehend unvorbereitet. Die Situation schien ganz normal – zwei Leute saßen in einem Zimmer zusammen, der eine auf der Suche nach Information und Hilfe, der andere befähigt, sie zu vermitteln. Als Lehrer und als Individuen kannten mein Mann und ich beide Positionen. Obwohl oder vielleicht gerade weil wir so schüchtern waren, hatten wir zwischenmenschliche Distanzen weitgehend überbrücken gelernt. Und so merkten wir zunächst gar nicht, daß die Methode dieser Interviews darin bestand, sie so zu steuern, daß jede Möglichkeit einer natürlichen Beziehung zwischen den beiden Gesprächspartnern ausgeschaltet war. Ein einfaches, starr auf sein Ziel hin ausgerichtetes Verfahren. Wir sollten nicht befragt werden. Wir sollten lediglich

* Es handelt sich ganz offensichtlich um eine Art psychiatrisch geschulter Assistentinnen.

sprechen, unentwegt sprechen, und dies vor einem nahezu passiven Zuhörer, der sorgsam darauf bedacht war, nicht die geringste Reaktion zu enthüllen und keine spontanen Bemerkungen zu machen.

Selbst unter den besten Voraussetzungen kann man nicht natürlich bleiben, wenn man einem stummen Partner etwas berichten soll. Und hier waren nicht die besten Voraussetzungen gegeben. Hier standen wir vor Gericht. Es bedurfte keines Wortes über die Verantwortlichkeit der Eltern für die infantile Psychose. Und *gesagt* wurde auch nichts. Aber der Gedanke hing in der Luft. Ich versuchte das Thema offen anzuschneiden und erwähnte den in diesem Kapitel zitierten Aufsatz über Mütter atypischer Kinder; ich durfte annehmen, daß man ihn kannte. Vielleicht würde ich auf diese Weise endlich erfahren, woran ich war. «Ah, Sie haben das gelesen?» lautete die mustergültig kontrollierte Erwiderung der Sozialhelferin. Und mehr sagte sie nicht.

Man konnte nicht natürlich sprechen, und dabei hing doch so viel davon ab, was die stumme Zuhörerin dachte. Da ich keinerlei Kommunikation zustande brachte, orientierte ich mich danach, wie ich Elly am nützlichsten sein konnte. Wenn ich mich gefügig und vernünftig zeigte, würde es mir am ehesten gelingen, in der knappbemessenen Zeit die nötigen Angaben zu vermitteln.

Meine Familie, meine Schwangerschaft, Ellys gesamtes Leben – wie konnte ich all das erfassen? Ich legte zunächst das Material vor, das ich mitgebracht hatte – die Fotos, die Ellys Zustand seit ihrer frühesten Kindheit veranschaulichten, meine Aufzeichnungen über ihre Fertigkeiten, ihren Wortschatz, unsere Spiele und ihre Ergebnisse. «Wenn Sie das kurz durchsähen, könnten Sie mir Fragen stellen, und wir könnten daran anknüpfen...»

Doch natürlich verhallten meine Worte. Es war nicht ihre Gepflogenheit... Ich packte meine Unterlagen wieder ein.

Gehorsam begann ich sodann zu berichten. Ich habe ein gutes Gedächtnis, weiß über die Stadien kindlicher Entwicklung Bescheid und hatte Ellys Heranwachsen außerdem mit größter Aufmerksamkeit verfolgt. Ich bemühte mich, alles in meinen Bericht hineinzupressen, was mir irgendwie von Bedeutung schien. Ich fing mit der unerwarteten Schwangerschaft an, meiner Niedergeschlagenheit, und erwähnte jedes Detail, das ihnen Aufschlüsse bieten konnte. Ich kann nicht lange sprechen, ohne gelegentlich scherzhafte Wendungen einzuflechten. Sie lockern auf, schaffen eine freundschaftliche Atmosphäre. Die Sozialhelferin hörte sich meine Scherzworte mit orientalischem Gleichmut an, so wie sie sich alles anhörte, was ich sagte, sei es, daß ich von Ängsten, Genugtuungen oder Leid berichtete. Nur einmal brachte ich sie aus der Fassung, als ich nämlich das Wort «autistisch» benutzte. «Wo haben Sie das her?» wurde ich sofort in scharfem Ton gefragt. «Von Dr. Blank», antwortete ich, «dem Arzt, der uns hierher überwiesen hat...» – «Wir gebrauchen es nicht», sagte die Sozialhelferin.

In einem anderen Zimmer bemühte sich mein Mann gleichermaßen, nützliche Auskünfte zu geben. Auch er fragte zuerst. So vieles an Elly war mysteriös. Diese Leute hatten so viele Kinder gesehen und konnten uns so viel sagen. Doch jede Frage wurde höflich abgefangen; wir könnten sie im abschließenden Interview stellen.

Nun durften wir ihnen Elly bringen. Da sie bei den ersten beiden Interviews nicht mit dem Psychiater allein bleiben wollte, hatte ich Gelegenheit, sein Verfahren zu beobachten. Ich sah zu, wie er Plastilin, Süßigkeiten, ein Puppenhaus verwendete. Elly holte nacheinander sämtliche Einrichtungsgegenstände des Puppenhauses heraus und drückte methodisch jeweils ein Bein oder eine Kante in das Plastilin. Als sie die kleine Toilette ergriff, nahm sein Gesicht einen gespannteren Zug an. Doch Elly war es lediglich um einen weiteren Abdruck zu tun. Der Psychiater sprach wenig, und wenn, dann machte er nur die ruhige, immer gleichlautende, positive Feststellung: «Plastilin (Süßigkeiten, Puzzles, Puppenhäuser) können *Spaß* machen.» Ich glaubte zu verstehen, weshalb er das sagte. Eines Tages würde Elly vielleicht fähig sein, es zu begreifen.

Ich lernte manches aus den vorsichtigen, indirekten Annäherungsversuchen des Psychiaters, und mehr noch aus der Beobachtung Ellys unter anderen gestörten Kindern im Diagnose-Kindergarten. Ein riesiger Spiegel hing an der Wand. Ich meinte seinen Zweck zu erraten und nahm mir vor, Elly nach unserer Rückkehr einen Spiegel zu kaufen. Der Intelligenztest faszinierte mich. Die Testleiterin vermochte ihre Überraschung über dieses verständnislose Kind, das den verbalen Testteil überhaupt nicht erfassen konnte, nicht ganz zu verbergen: Elly ärgerte sich, weil sie die Gegenstände, die sie eigentlich hätte identifizieren sollen, nicht von den Karten, an denen sie befestigt waren, lösen konnte – und dennoch zog sie Glasperlen auf, schichtete Bauklötzchen der Größe nach übereinander und fügte die Sterne und Halbmonde genausoschnell in die entsprechenden Formen ein wie ein Erwachsener. Das war ein Fortschritt. Im Krankenhaus hatte man sie überhaupt nicht testen können. Ich genoß auch die Untersuchung durch die Neurologin. Sie gab mir das Gefühl, wieder unter Menschen zu sein, beantwortete Fragen, wir scherzten, lachten. Als Ärztin hatte sie vermutlich kein Couch-Training erhalten. Sie durfte sich kontaktfreudig zeigen.

Dann war es überstanden. Im großen und ganzen waren wir von diesen Leuten beeindruckt – vor allem von ihrer geschickten Art, mit Elly umzugehen, die am Ende ihrer letzten Sitzung versucht hatte, dem Psychiater mit ernsthafter Miene ins andere Stockwerk zu folgen. Es beunruhigte mich ein wenig, daß die Sozialhelferin noch am letzten Tag fragen konnte: «Lächelt sie überhaupt jemals?» Doch es war meine Schuld, daß ihnen Ellys fröhliche Seite entgangen war: Ich hatte unbedingt gewollt, daß sie uns herumtollen sähen, Ellys Lachen hörten, wenn ihr Vater sie in die Luft warf, und jeden Tag hatte ich mir vorgenommen zu fragen, ob sie uns nicht beim Spiel zuschauen wollten. Aber ich kam nie dazu, mit Elly zu spielen: Die kühle, distanzierte Atmosphäre ringsum hinderte mich daran. Und so brachten wir sie heim, um dort auf den Termin für das abschließende Gespräch zu warten, bei dem uns alle Daten vorgelegt würden und auch Fragen gestattet waren.

Wir warteten. Wieder hofften wir täglich auf einen Brief. (Jeder Monat zählt.) Wir warteten eineinhalb Monate lang. Dann endlich kam die Benachrichtigung, und wir machten die Fahrt noch einmal, um uns den Urteilsspruch anzuhören.

Im folgenden berichte ich, was wir über Ellys Zustand hörten. Es ist keine Zusammenfassung. Es ist *alles,* was sie sagten, wenngleich der Psychiater, ein ziemlich schleppend und undeutlich sprechender älterer Mann, viel mehr Zeit benötigte, um es auszusprechen, als für die schriftliche Wiedergabe erforderlich ist.

1. Elly brauchte Psychotherapie.
2. Die Resultate jenes Teils des IQ-Tests, der mit ihr hatte durchgeführt werden können, lagen über dem Durchschnitt ihrer Altersstufe, und man glaubte nicht, daß bei ihr ein geistiger Mangel vorlag.
3. «Sie hat viele Ängste.»

Man hatte also unsere Auskünfte überhaupt nicht benutzt; die Interviews mußten einen ganz anderen Zweck verfolgt haben. Wer Psychologie studiert hat, weiß vielleicht, was für einen. Ich kann nur Vermutungen anstellen. Vielleicht sollten wir enthüllen, wie wir als Menschen und Eltern waren. Vielleicht nicht. Denn auch darüber fiel kein Wort.

Natürlich stellten wir Fragen. Man hatte uns ja erklärt, wir könnten es tun. Doch keine unserer Fragen vermochte dem Psychiater noch etwas abzuringen, was über diese Feststellungen hinausging. Er sagte nicht, Elly gleiche irgendeinem Fall, der ihm zuvor begegnet war. Er sagte auch nicht, ein ähnlicher Fall sei ihm unbekannt. Wir hatten gehofft, von seiner umfangreichen Erfahrung mit anormalen Kindern profitieren zu können, doch als wir uns nach den übrigen im Institut untersuchten Kindern erkundigten, gab er uns vage zu verstehen, jedes Kind sei anders... Er wollte Ellys Zustand keinen Namen geben, schwieg sich auch über mögliche Prognosen aus. Ich fragte, ob er mir irgendeine Lektüre empfehlen könne. Krankengeschichten? Sie hatten mir schon einige Ideen vermittelt. So unschlüssig er zuvor schien, jetzt wurde er fest. Fallbeschreibungen waren schlecht für uns. Ich versuchte es mit etwas anderem. Der Kindergarten hatte mich beeindruckt. Gab es Bücher über Kindergartenmethoden für gestörte Kinder? Gestörte Kinder? Es sei schon sehr schwer, *normale* Kinder großzuziehen, sagte der Psychiater zu einer Mutter von vier Kindern.

Was sollten wir dann mit Elly unternehmen? Wenn wir in der Stadt lebten, so antwortete er, wäre Elly zweifellos ein Fall für das Institut. Aber wir wohnten nicht in der Stadt, und in unserer Nähe gab es keinen Kinderpsychiater.

Ein- oder zweimal brachten wir ihn durch unvermittelte Fragen dazu, etwas von Bedeutung zu äußern. Wir hatten unser akademisches Urlaubsjahr* vor uns und beabsichtigten es in England zu verbringen. Sollten wir lieber hierher kommen, wo Elly behandelt werden konnte? Wieder zeigte er sich fest; wir sollten die Familienpläne nicht um einer Behandlung willen aufgeben, die vielleicht zu gar nichts führte und nur Groll in Elly säte – denn: «Wir vollbringen keine Wunder, wissen Sie.» Das war eine bittere Pille. Elly hatte keinen geistigen Mangel, und sie war noch keine vier Jahre alt. Dennoch konnte ein Jahr Psychotherapie unter Umständen spurlos an ihr vorübergehen. So schlimm stand es also um sie.

Irgendwann erwähnte er meine Aufzeichnungen. «Wir haben sie gelesen», sagte er. Wir warteten auf irgendeinen Kommentar. «Sie waren sehr interessant», versicherte er uns.

Die Unterredung dauerte nur vierzig Minuten. Wir suchten noch immer nach den magischen Fragen, als sie endete. Doch mehr Zeit konnte man uns nicht mehr gewähren.

Langsam gingen wir die Stufen des Gebäudes hinunter, das uns nun an Kafkas Schloß erinnerte. Wir waren auf schlechte Nachrichten gefaßt gewesen; wir hatten damit gerechnet, erschüttert und verstört sogleich die Heimfahrt anzutreten. Statt dessen konnten wir nur hilflos lachen, und dann verbrachten wir einen wunderbaren Nachmittag in einem Museum.** Erst nach und nach regten sich Ärger und Unmut in uns, und wir wurden aus folgsamen

* Wird den amerikanischen Universitätsdozenten alle sieben Jahre zu Forschungszwecken gewährt.
** Ellys Vater fügt hinzu: «Daß wir ein Museum wählten, war ganz natürlich. Künstler teilen sich uns sogar über große Zeitabstände hinweg mit, indem sie sehr sorgfältig, liebevoll und ehrlich vorgehen und alles enthüllen, was sie wissen.»

Kindern wieder intelligente Erwachsene, die fähig waren, Entrüstung zu verspüren. Zehn Tage lang hatten wir jenen Computer mit Informationen gefüttert. Und als man uns am Ende gestattete, auf den Knopf zu drücken, ging nicht einmal das Licht an.

Doch wir waren immerhin einen Schritt weiter gelangt. Elly brauchte psychotherapeutische Hilfe. Wir mußten versuchen, sie ihr zu beschaffen. In unserer Nähe gab es keinen Spezialisten für Kinder, aber in der benachbarten Stadt befand sich eine staatliche Kinderklinik für Verhaltenssteuerung. Sollten wir uns dahin wenden? Das Institut war durchaus dafür gewesen.

Ich tat es, nachdem ich vorsichtshalber einen Monat hatte verstreichen lassen (wiewohl jeder Monat zählte), damit dem Institut Zeit blieb, den von mir erbetenen Bericht abzusenden. Als ich mich zu der ersten Besprechung in der Klinik einfand, war er noch immer nicht eingetroffen. Zwei Monate später schilderte ich Dr. Blank, der Elly ein Jahr lang nicht gesehen hatte, die erzielten Fortschritte. Natürlich, so bemerkte ich, sei mein Brief lediglich eine Ergänzung des Institutsberichts, der ihm inzwischen zweifellos vorliege. Doch das traf nicht zu, und aus gutem Grund. Er war noch gar nicht abgefaßt. Er wurde erst sechs Monate nach Ellys letztem Interview geschrieben, als ich mich aufgebracht an den Leiter des Instituts wandte.

Wenn ich unsere Erfahrung mit der anderer Leute vergleiche, stelle ich fest, daß wir trotzdem noch Glück hatten. Man behandelte uns gut. Ich wurde weder der Ablehnung meines Kindes noch einer krankhaften Mutter-Kind-Bindung bezichtigt. Der Leiter einer Klinik für autistische Kinder, die zu einem riesigen Krankenhauskomplex gehört, schrieb einmal, eins der größten Behandlungsprobleme sei der Widerstand der Eltern gegenüber der Idee, daß sie die Krankheit verursachen. Wir hätten ebensogut an ihn geraten können.

So hatten uns die Spezialisten weder gelobt noch beschuldigt, und sie hatten sich überdies bemüht, nichts Entmutigendes über Elly zu sagen. Dennoch waren wir verletzt und bedrückt. Wir hatten Erwartungen gehegt, die jedermann, der sich auf diesem Gebiet nicht auskennt, durchaus vernünftig erscheinen werden. Ganz unbewußt hatten wir darauf gehofft, daß man uns nicht als Patienten betrachten würde, sondern als schätzenswerte Mitarbeiter bei der Aufgabe, die kranke kleine Seele unseres Kindes zu heilen. Diese Aufgabe war sehr schwer, und wir hatten sie bisher allein gemeistert. Wir hatten viel aus der Biographie Annie Sullivans gelernt, die das blinde und taube Kind Helen Keller aus dem Kerker seiner Einsamkeit befreite. Nun brauchten wir Informationen und zweckdienliche Methoden. Wir brauchten Teilnahme – nicht von der sentimentalen Art; wir waren schließlich erwachsene Menschen – sondern einen Beweis jenes Mitgefühls, das einem normale Ärzte so bereitwillig zeigen. Und – war es so unvernünftig? – wir brauchten ein bißchen Sicherheit, ein wenig Anerkennung, ein wenig Lob. Wir wären nie auf den Gedanken gekommen, daß diese Erwartungen naiv waren, daß der Abgrund zwischen den Eltern und der helfenden Institution keinesfalls durch zwischenmenschliche Beziehungen überbrückt werden durfte. Letzten Endes hätte es leicht sein müssen, es auszusprechen: «Sehen Sie, Sie sind Spezialist. Ich brauche Auskünfte, ich will mich über Spieltherapie informieren, ich muß alles erfahren, was man über Kinder wie Elly weiß, denn wer immer möglicherweise mit ihr arbeiten wird – ihr wichtigster Psychotherapeut bin ich.»

Aber natürlich war es nicht leicht; es war sogar unmöglich. Das System dieser Leute machte es unmöglich. «Autistisch» gehörte nicht zu ihrem Vokabular. Sehr weise, denn es paßte hervorragend zu ihnen. Wir kannten diese Unzugänglichkeit, dieses furchtbare Schweigen, diese Augen, die sich abwandten. Und die erschreckendste Entdeckung bei alledem war, daß es uns noch eher gelang, etwas gegen Ellys Burgmauern auszurichten, als an diese Spezialisten heranzukommen.

Gutsituierte, gebildete Angehörige des gehobenen Mittelstandes entgehen normalerweise der Entpersönlichung; es kommt kaum vor, daß sie hilflos institutionellen Händen ausgeliefert sind und auf den Stand von Kindern reduziert werden, denen man Situationen vermittelt, nicht erklärt. Diese Erfahrung ist sehr schmerzlich, aber sie hat einen tiefen erzieherischen Wert. Wir wissen jetzt, daß es keine bedrohlichere Attacke gibt als die gegen die persönliche Würde, keine schlimmere Entziehung als die der Achtung. Ich glaube, wir können uns nun vorstellen, was die Slum-Mutter empfindet, wenn die Fürsorgehelferin um die Ecke kommt. Dabei gehören doch nur geringe psychologische Kenntnisse dazu, sich an die Stelle eines anderen zu versetzen.

Die Spezialisten dieses Instituts versagten nicht, was ihr Wissen anbetraf. Sie brachten am Ende sogar einen – allerdings nicht für unsere Augen bestimmten – einigermaßen detaillierten Bericht zustande, der weit ausführlicher war als die drei orakelhaften Sätze, mit denen man uns abgespeist hatte. Vielmehr versagten sie, weil es ihnen an Phantasie mangelte. Sie waren unfähig, sich unsere Gedanken und Gefühle vorzustellen.

Ich kann mir denken, was sie in uns sahen – hochintellektuelle, kühle, beherrschte, gutinformierte Musterbeispiele des Kannerschen Elterntyps. Wir *waren* beherrscht; es blieb uns gar nichts anderes übrig. Eisschrank-Spezialisten schaffen Eisschrank-Eltern, sofern die Eltern überhaupt stark genug sind, um ihre Impulse zu zügeln. Ich war in höchster gefühlsmäßiger Erregung zu meinem ersten Interview gegangen, darauf gefaßt, zu zittern, zu weinen, mich in Dankbarkeit aufzulösen. Da ich noch nicht einmal auf Vorwürfe stieß, sondern schlechthin gar keine Reaktion vorfand, unterdrückte ich meine Emotionen natürlich sofort und vergalt Sachlichkeit mit Sachlichkeit. Der von Kanner beobachtete Persönlichkeitstyp mag in seiner beherrschten, zurückhaltenden, distanzierten Art unangreifbar scheinen. Doch ein kluger Seelenarzt weiß, daß er gerade aus diesem Grund besonders verletzlich ist. So ließen mich meine jüngsten Erfahrungen auch die Geschichte jenes Vaters, der behauptete hatte, auf der Straße seine eigenen Kinder nicht erkennen zu können, in einem anderen Licht sehen. Ich überlegte, ob es sich hier nicht vielleicht nur um die ironische Antwort eines unglücklichen Mannes handelte, der sich in solchem Maße fehlinterpretiert sah, daß eine derartige Frage an ihn gerichtet werden konnte.

Ein Buch sollte ein stummer Dialog sein; der Leser, so hoffe ich, wird gleich ausrufen (wenn er es nicht schon getan hat): «Aber es sind doch nicht alle Psychiater so!»

Ich weiß es. Ich habe das Thema so ausführlich behandelt, weil viele so sind, und unter ihnen gute. Doch wir konnten schon acht Monate später feststellen, daß sie nicht notwendigerweise so zu sein *brauchten*. Und mein Ton wird auch ein ganz anderer sein, wenn ich unsere zweite Erfahrung mit der Psychiatrie schildere. Elly wurde das nächstemal in England untersucht, in der berühmten Hampstead Clinic. Diese war uns im Institut empfohlen worden, als wir von unseren Reiseplänen berichteten. Man hatte uns auch die Adresse zu schicken versprochen, es allerdings dann doch nicht getan. Wir erwähnten die Möglichkeit bei einer Zusammenkunft mit Dr. Blank. Sein Gesicht leuchtete auf. «Ja», sagte er. «Bringen Sie sie dorthin. Im allgemeinen halte ich nicht viel von Psychotherapie, wie Sie wissen. Aber mit Anna Freud ist es etwas anderes. Ich werde ihr schreiben. Anna Freud ... ganz gleich, was für eine Sprache man spricht – sie spricht sie auch.»

Die Eroberung der Vergangenheit   10

Ellys vierter Geburtstag verlief so ereignislos wie alle vorherigen, nur fand er in einer Familie statt, die sich für eine lange Abwesenheit rüstete. Zwei Tage danach sollten wir nach England fliegen.

Seit Wochen schon hatten sich große und kleine Koffer in Dielen und Gängen angesammelt. Elly kümmerte sich nicht darum. Wir sprachen fast nur noch über England und all das, was wir dort vorfinden würden. Elly hörte es nicht. Ihr Vater war bereits einen Monat fort. Elly fiel sein Fehlen nicht auf. Wir gaben uns keine besondere Mühe, sie in irgendeiner Art auf die Reise vorzubereiten. Ich wußte nicht, wie ich es hätte anfangen, welcher Worte ich mich hätte bedienen sollen. Es schien mir auch nicht notwendig. Elly zeigte sich nicht besonders anhänglich, was Orte betraf, und sie war schon früher von zu Hause fort gewesen. Wir hatten manchmal mit ihr anderswo übernachtet, eine Woche, zehn Tage in den verschiedensten Häusern zugebracht. Die neue Umgebung hatte sie nie beunruhigt. Ihre seltsame Unzugänglichkeit schirmte sie gegen alles ab. Nur ein paar wenige Aspekte der Umwelt schienen für Elly Bedeutung zu haben. Es war nicht schwer, die Beständigkeit dieser Elemente zu wahren. Einige Dinge, die sie besonders gerne aß, ein paar unveränderliche Routinen – und im übrigen sorgten wir dafür, daß es überall, wo sie schlafen mußte, ein Gitterbett gab, das sie als ihre Festung betrachten konnte. Eine ihrer jüngsten Neuerungen, die sich, wie so oft, über Nacht in eine feste Gewohnheit verwandelt hatte, war eine Bettspreite, die über das Gitterbett gelegt werden mußte. Von allen Seiten und von oben abgeschirmt, war das Bett ein sicherer Zufluchtsort. Normalerweise hätte ich versucht, gegen ein solches Abkapselungssymbol anzugehen, doch jetzt akzeptierte ich es bereitwillig. Es würde sich als nützlich erweisen, wenn es galt, die fremde Atmosphäre eines neuen Hauses und Landes in die unveränderliche Umgebung zu verwandeln, die Ellys innere Welt brauchte.

Wir hatten den Reiseverlauf bis ins kleinste Detail ausgearbeitet, um Unterbrechungen, Verzögerungen und ähnliche mißliche Erfahrungen auf ein Minimum zu beschränken. Mein Mann war eigens früher geflogen, um ein Haus für sieben Personen zu finden und vorzubereiten – für uns sechs und Jill, das junge Mädchen, das uns half; ein Haus, das – ganz gleich, in welch chaotischem Zustand es ansonsten war – ein ordentliches Zimmer und ein Gitterbett für Elly enthielt.

Gütige Freunde brachten uns zu dem dreihundert Kilometer entfernten Übersee-Flughafen. Wir traten den Flug allein an; das Mädchen sollte erst einen Monat später nachkommen. Die Reise verlief gut. Elly weigerte sich zwar, irgend etwas Unbekanntes zu sich zu nehmen, aber ich konnte ihr wenigstens, geschickt in etwas Süßem verborgen, eine Dramamine-Pille verabreichen. Unter der leicht betäubenden Wirkung dieser Pille fand sie sich damit ab, von ihrer Spreite bedeckt, neben mir auf dem Sitz zur Ruhe gebettet zu werden. Zehn Stunden, nachdem wir Boston verlassen hatten, kamen wir in unserem neuen englischen Heim an, wo Elly, erschöpft wie wir alle, zufrieden in das alte weiße Krankenhausgitterbett kroch, das David gebraucht gekauft hatte.

Die rosafarbene Bettspreite tat ihre Wirkung. Nichts hatte sich verändert. Elly begann sich sofort hin- und herzuwiegen, vor und zurück, vor und zurück. Zu Hause hatte sie durch diese Bewegung ihr Bett im ganzen Zimmer herumgeschoben, bis wir es schließlich zwischen am Boden angenagelten Holzstücken verkeilt hatten. Hier machte es erheblich mehr Lärm: beim Aufstoß der Eisenbeine erbebte der Fußboden. Doch bald war sie eingeschlafen.

In der darauffolgenden Woche ging alles gut. Da es noch niemanden gab, bei dem ich Elly hätte lassen können, begleitete sie mich zum Einkaufen, so wie sie es zu Haus getan hatte. Die neue Umgebung brachte keine sichtbare Reaktion hervor. Elly schien ganz ruhig zu sein.

Kleinere Schwierigkeiten gab es allerdings. So mochte Elly zum Beispiel den köstlichen englischen Apfelsaft nicht. Und sie vermißte heiße Würstchen. Sie hatte die von ihr akzeptierten Nahrungsmittel genauso streng begrenzt wie alle anderen Elemente ihrer Welt, und wenn eines davon ausschied, machte sich sein Fehlen sofort bemerkbar. Schon seit Monaten trank sie keine Milch mehr; da sie nun auch den Apfelsaft ablehnte, blieb ihr nur noch Wasser. Doch sie hatte sich schon früher gegen irgendwelche Eßwaren aufgelehnt, und es war immer vorübergegangen. Sie war zwar dünn und blaß, aber zäh und widerstandsfähig und stets gesund. Sie paßte sich dem Leben in England mindestens ebenso leicht an wie wir. So hatten wir das Empfinden, alles in allem sei der Wechsel ziemlich reibungslos vonstatten gegangen.

Dann war sie eines Tages nicht mehr gesund. Ganz plötzlich begann sie zu wimmern, erbrach sich, schien sich zu beruhigen, erbrach sich zehn Minuten später wieder. Nun überrascht es an sich niemanden, wenn sich ein kleines Kind übergibt, besonders nach einem Wechsel in der Ernährung. Ich tätschelte sie, setzte mich neben ihr Bett und wartete. Nicht lange; denn gleich darauf würgte und hustete sie, ihr leerer Magen verkrampfte sich, und es kam doch nur noch ein wenig Schleim und Galle hoch. Es ging vorbei, und sie legte sich ermattet zurück.

Fünf Tage lang hielt das an. Elly aß nichts und trank nichts. Anfangs spielte sie zwischen den einzelnen Übelkeitsanfällen noch, doch bald war sie zu schwach dafür. Sie hatte keinerlei Reserven und verfiel zusehends. Wenn ich sie hochhob, merkte ich zu meinem Schrecken, wie federleicht sie jetzt war. Unter ihrer blassen Haut traten Rippen und Gelenke hervor wie bei einem halbverhungerten Kind. Seltsamerweise suchte sie nicht in ihrem Bett Zuflucht. Vielleicht war es ihr starrer Sinn für das Angemessene, der sie davon abhielt, den ganzen Tag an einer Stätte zuzubringen, die für die Nacht vorgesehen war. Sie schleppte sich statt dessen mühsam von Zimmer zu Zimmer, um dort passiv auf einem Bett oder einem Teppich liegenzubleiben, bis sie der Brechreiz von neuem packte.

Der Arzt kam täglich, aber was ihr fehlte, war ihm ebenso rätselhaft wie uns. Elly hatte kein Fieber, keinen Durchfall und offenbar auch keinerlei Infektion; nur dieses fortgesetzte, sinnlose Revoltieren des leeren Magen quälte sie, das mit Wimmern begann und mit der erschöpften Resignation Stummer endete. Der Arzt fürchtete eine gefährliche Austrocknung des Organismus, aber Elly weigerte sich, an den Süßigkeiten zu lecken, die wir ihr gaben, und lehnte auch Wasser ab. Ohne Worte gab es keine Möglichkeit, ihr zu erklären, daß sie krank war, daß Wasser ihr helfen würde. Ein Kind ohne Sprechvermögen ist genauso unerreichbar wie ein krankes Tier. Flößte ich ihr gewaltsam etwas Wasser ein, so kam es sofort wieder hoch.

Am sechsten Tag hörte der Brechreiz auf. Elly trank ein halbes Glas Wasser und aß einen Lutscher. (Es war nicht leicht gewesen, ihn zu finden. Später mochte sie englische Süßigkeiten, aber anfangs hatten sie die falsche Form.) Sie setzte sich auf. Am nächsten Tag trugen wir sie in die Küche hinunter. Noch zittrig führte sie mich geradewegs zum Kühlschrank. Sie legte meine Hand auf den Türgriff. Als ich die Tür geöffnet hatte, nahm sie mein Handgelenk und bedeutete mir, ein Ei herauszuholen.

Elly hatte über zwei Jahre – ihr halbes Leben lang – kein Ei mehr gegessen. Eier waren nicht unter den eßbaren Dingen, die sie zu sich nahm. Soweit mir bekannt war, wußte sie auch nichts über sie, denn Kochen interessierte sie nicht, wie so vieles andere, was menschlich war – sie beobachtete es allenfalls mit leerem Blick. So nahm ich das Ei etwas erstaunt heraus. Für unbefangene Augen ist es keineswegs offenkundig, daß ein Ei ein Nahrungsmittel ist; es hat für den, dem noch nie eines zu Gesicht gekommen ist, so wenig Verheißungsvolles wie eine Auster. Aber Elly, so stellte sich heraus, wußte alles über dieses Ei, sogar, wie es zubereitet werden sollte (als Rührei) und was für eine Pfanne dazu nötig war; all das gab mir ihr leichter Griff zu verstehen. Sie verlangte innerhalb einer Stunde sechs Eier und verbrachte die nächste Woche damit, daß sie in der Küche saß und dutzendweise Eier aß. Sie konnte natürlich keine bessere Rekonvaleszenznahrung wählen. Nach einer Woche war sie gesund.

Aber sie war auf eine merkwürdige Weise verändert. Wir brauchten uns zum Beispiel nicht mehr den Kopf darüber zu zerbrechen, wie man das laute Geräusch des aufschlagenden Bettes dämpfen könnte. Jahrelang hatte jene rhythmische Wiegebewegung zu Elly gehört, war eine der wenigen Aktivitäten ihres Lebens gewesen. Während ihrer Krankheit hatte sie davon ablassen müssen, weil sie zu schwach dafür war. Sie kam nie mehr darauf zurück.

Und während sie in Amerika unbekümmert die Nachbarschaft durchstreift hatte und selbst barfuß überall herumgelaufen war, setzte sie hier freiwillig keinen Fuß vor die Tür. Im Haus wirkte sie zwar fröhlich und munter, doch draußen bewegte sie sich nicht mehr ungezwungen; sie rannte nicht, hüpfte nicht, sondern kauerte sich irgendwo nieder, um im Sand zu wühlen oder mit Kieselsteinen zu spielen – und selbst das nur, solange jemand bei ihr war. Sie wollte nicht mehr mit uns spazierengehen. Wir bewogen sie dazu, ein paar Schritte zu tun – nur ein paar, denn sie begann sofort zu wimmern und, wenn wir uns hartnäckig zeigten, zu weinen; dann trugen wir sie einige Meter weit, setzten sie ab, entlockten ihr wieder ein paar Schritte, und so hielten wir die Fiktion des Spazierengehens aufrecht. Es war nur eine Fiktion. Aber wir wollten ihr nicht das Gefühl geben, daß sie mit ihrer Rückkehr in die früheste Kindheit Erfolg hatte.

Diese Veränderungen waren dauerhaft. Obwohl wir mit Takt, Behutsamkeit und Geduld nach vielen Wochen erreichten, daß sie wieder normal lief, ging sie, solange wir in England waren, nie mehr aus eigenem Antrieb nach draußen, und auch nach unserer Rückkehr in die vertraute Umgebung hielt sie sich stets zumindest in Sichtweite des Hauses.

Wir begannen uns über die Bedeutung jener plötzlichen Erkrankung, die keine feststellbare Ursache, nur Konsequenzen hatte, Gedanken zu machen. Lag ihr vielleicht eine traumatische Erfahrung zugrunde – mysteriöser Begriff, dem Jargon unserer Umgebung entnommen und nicht richtig verstanden? War die Reise ein psychisches Trauma, nicht ausgedrückt und für Elly nicht ausdrückbar, das tiefinnerlich festsaß und sich auf die einzig mögliche Art äußerte, nämlich in physischen Symptomen? Elly hatte die Übersiedelung scheinbar gelassen hingenommen. Aber wir hatten nicht überlegt, was es für ein vierjähriges Kind bedeuten mußte, das Zuhause ohne ein Wort der Erklärung zu verlassen. Eine Woche lang denkt man noch, es sei ein Besuch wie jeder andere. Doch wenn die Tage vergehen und keine Rückkehr kommt, wird es klar, daß das Zuhause einfach verschwunden ist, vom Erdboden verschluckt. Ohne Sprechvermögen kann Elly keine Fragen stellen, ihre Unruhe nicht äußern. Keine Erklärung kann sie erreichen, selbst wenn ihr eine geboten würde. Nichts macht ihr begreiflich, daß das Zuhause noch existiert, daß es aus einem bestimmten Grund verlassen worden ist, daß sie eines Tages zurückkehren wird. Ein unverständliches Erdbeben hat über Nacht ihre physische Welt vernichtet. Denn da sie nicht über Wörter verfügte und keinen Kontakt zu Menschen hatte, war ihre Welt vor allem die physisch wahrgenommene – Spielzeuge, Möbelstücke, Häuser, Straßen. Wer wollte ermessen, wieviel anderes das Verschwinden all dieser Dinge für Elly auszulöschen schien? Bis zu welchem Grad war ihr zerbrechliches Selbst in jenen verlorenen Zimmern eingeschlossen? Brachten sie auf räumlichem Wege – dem einzigen, den sie fassen konnte – Zeit, Kontinuität der Persönlichkeit, Vergangenheit zum Ausdruck?

Auf derlei Fragen gibt es keine Antwort, und wir fanden nie heraus, was es mit jener sonderbaren Krankheit auf sich gehabt hatte. Doch wenn wir auf die Lösung dieses Rätsels gewartet hätten, um zu einem Entschluß zu gelangen, wie wir mit Elly vorgehen sollten, hätten wir wahrscheinlich nie etwas unternommen. In einigen Monaten stand uns eine zweite Übersiedelung bevor, wieder ein anderes Haus; wir wollten den Sommer in Österreich verbringen, bevor wir nach Amerika zurückkehrten, und Elly zeigen, daß ihr Zuhause gar nicht verloren war. Wie konnte ich sie vorbereiten? Bei den einzelnen Wörtern, die Elly mit den Monaten erlernte, handelte es sich immer um einfache Substantive. Es gab keines, das ich für die Erläuterung so subtiler Themen wie Ort und Zeit und Ursache hätte verwenden können — kein «Als», kein «Zurück», kein «Wieder» oder «Bald»; «gehen», «weil», «Österreich», «England», «Amerika», selbst das Wort «heim» — dies alles kannte sie nicht. Wie soll man etwas sinnlich nicht Wahrnehmbares ohne Wörter mitteilen? Erörtert man Vergangenheit und Zukunft mit seiner Katze?

Um diese Zeit begann mich die Frage zu beschäftigen, wie ich Elly zu einem brauchbaren Gedächtnis verhelfen könnte.

Das entscheidende Wort war tatsächlich *brauchbar*. Wir wußten, daß sie ein Gedächtnis hatte, und sogar ein ungewöhnlich gutes. Seine Wunderleistungen waren nichts Neues mehr für uns. Sie war etwas über zwei Jahre alt, als sie eines Tages verschwand — sie, die nicht sprechen und nichts begreifen konnte und kaum auf ihre Umgebung achtete. Es war noch nie vorgekommen; sie konnte erst seit drei Monaten laufen und war bisher niemals allein irgendwohin gegangen. Wo sollten wir sie suchen? Dann fiel mir ein, daß ich sie am Vortag in ihrem Sportwagen (sie lief noch nicht sehr ausdauernd) mit in die Stadt genommen und dabei einen neuen Weg gewählt hatte, der über einen Parkplatz führte. Die Streifen und Pfeile auf dem Asphalt hatten sie so entzückt, daß ich sie aus dem Sportwagen hob, damit sie ein wenig auf dem Boden herumkrabbeln konnte. Es war ein dürftiger Anhaltspunkt, aber einen anderen gab es nicht. Ohne große Hoffnung begann ich meine Suche also dort. Und tatsächlich, ich fand sie damit beschäftigt, auf Händen und Knien einen Pfeil zu umrunden; der kleine Körper wäre einem Autofahrer weniger aufgefallen als ein Hund.

Um zu diesem Parkplatz zu gelangen, mußte sie durch drei weitläufige Hintergärten gehen, zwei Straßen überqueren, zwei mögliche Seitenstraßen hinter sich lassen und in die dritte einbiegen. Sie hatte zu Fuß eine Strecke zurückgelegt, die sie erst einen Tag zuvor kennengelernt hatte — und dies nur aus der Sportwagen-Perspektive. Sie war schnell gelaufen; denn von dem Augenblick an, in dem ich sie vermißte, bis zu dem, als ich sie fand, waren nur ein paar Minuten verstrichen. Eine bemerkenswerte Leistung für jede Zweijährige; überaus eindrucksvoll bei einem Kind, das nicht zu sehen und nicht zu hören und keinerlei Eindrücke zu registrieren schien – das manchmal tagelang nichts enthüllte, was auf Intelligenz hindeutete. Ich testete sie. Die Mutter eines anormalen Kindes führt ständig Tests durch. Ich blieb auf unseren Spaziergängen absichtlich zurück und ließ sie die Führung übernehmen. Sie war nie unschlüssig, bog nie in die falsche Straße ein. Ein einziger Besuch, und sie hatte sich den Weg unfehlbar gemerkt. Und überdies brauchte dieses Wissen nie untermauert zu werden; mit dreieinhalb Jahren führte sie mich zu einem hinter einer Baumgruppe verborgenen Haus, in dem sie nur einmal – sechs Monate zuvor – gewesen war. Ich hatte mich an diese Fähigkeit so gewöhnt, daß sie mich nur noch in ganz außerordentlichen Fällen überraschte. Ich nahm sie als so selbstverständlich hin, daß ich mich wunderte, wenn die klugen, normalen Kinder meiner Nachbarin nicht perfekt über die Lage der einzelnen Zimmer unseres Hauses Bescheid wußten. Elly brauchte keine zweite Unterweisung.

Man mußte also nicht erst ein Gedächtnis schaffen. Elly erinnerte sich an ihr Zimmer, an ihr Haus, ihre Nachbarschaft, ihre Stadt. Die Erfahrungen, die ich ihr zugänglich machen wollte, waren nicht verlorengegangen; für Wörter unerreichbar, mußten sie dennoch vorhanden sein. Wie sicher das klingt! Dabei konnte ich bei Elly doch niemals sicher sein. Daß sie ihr Zuhause in der Erinnerung behielt, mochte für den Intellekt eine Gewißheit sein – die Emotionen sahen die Dinge anders. Sie zeigen einem nicht das Kind, das man aus gelegentlichen Leistungs- und Wissensproben konstruiert, sondern das Kind, das man jeden Tag vor sich hat, das Kind, das kaum etwas tut und nichts weiß. Dieses in Schleier und Nebel gehüllte Kind ist es, mit dem man arbeitet; der Verstand hinter seiner Stirn, so sehr er beeindruckt, wenn man alle Proben zusammennimmt, scheint stets nur eine dem Wunschdenken entsprungene Fiktion. Das Kind hat Erinnerungen an zu Hause, die wir freilegen können? Was für ein Optimismus! Das Kind ist uns völlig entrückt, und es hat überhaupt keine Vergangenheit.

Dennoch begann ich zu überlegen, was ich tun könnte. Elly besaß ein Puzzle, das ein großes Haus mit vier riesigen Fenstern darstellte; in jedem davon konnte man ein kleineres Puzzle zusammensetzen, so daß man die Einrichtung von vier verschiedenen Räumen sah: Küche, Wohnzimmer, Schlafzimmer, Bad. Ich hatte dieses Puzzle wochenlang angestarrt, bevor mir ein Gedanke kam: Ich würde unser Haus in den Staaten auf ein Blatt Papier zeichnen und sehen, ob es mir gelang, Ellys Erinnerungen an die Oberfläche zu locken, wo sie sie mit anderen teilen konnte.

Zusammen setzten wir uns oft auf den Boden wie so oft zuvor. Ich zeichnete das Haus. Elly schaute mit stiller Aufmerksamkeit zu; ihr leerer Blick wurde jetzt immer seltener. Natürlich hatte ich kein Foto mitgenommen. Unsicher versuchte ich die Fassade in meinem (schwachen) Gedächtnis zu rekonstruieren. Wie verlief die Dachschräge? Sollte ich den Kamin sichtbar machen? Wo lagen die Fenster, und wie groß waren sie? Während ich nachdachte, mußte ich zügig weiterzeichnen, selbst wenn irgend etwas nicht ganz korrekt ausfiel. Elly sah mir zu, und ich durfte ihr Interesse nicht durch Stümperarbeit aufs Spiel setzen. Ich zeichnete den Umriß des Daches, die richtige Anzahl Fenster, dann konzentrierte ich mich auf die Veranda, die ich noch gut im Kopf hatte. Drei Stufen, zwei Säulen (dorische), die Tür, der Briefkasten. Ich zeichnete Büsche und Blumen, und ein paar Narzissen (ein Wort, das Elly kannte) gaben dem Ganzen einen frühlingshaften Anstrich. Elly sah mit unverbindlicher Aufmerksamkeit zu. Wie bei ihrem Puzzle begann ich nun in die Fenster des Erdgeschosses die Einrichtungsgegenstände unseres Wohnraumes einzuzeichnen – Sessel, Tisch, Couch. Das Fenster war vollgestopft, von Perspektive konnte keine Rede mehr sein. Ich wußte allerdings gar nicht, ob Elly Bilderperspektiven überhaupt wahrnahm. Warum sollte sie? Im Mittelalter hatte man schließlich auch darauf verzichtet... Der Plattenspieler, über allem anderen schwebend, komplett mit Tonarm, Nadel und Platte, vervollständigte das Bild. Jetzt erwachte plötzlich Ellys Teilnahme. Gespannt und erregt begann sie auf und ab zu hüpfen – ihr Zeichen dafür, daß ihr etwas gefiel. Sie setzte sich wieder und fuhr mit dem Finger auf dem Kreis, der die Schallplatte andeutete, herum. Und nun fing sie zu singen an. Zuerst erkannte ich die

Melodie gar nicht, weil es so lange her war, seit ich sie zum letztenmal gehört hatte – aber dann fiel es mir ein; sie stammte aus der *Dreigroschenoper*.

Fast ein Jahr hatte Elly diese Musik nicht mehr vernommen. Sie hatte eine spezielle Vorliebe dafür gehabt; über zwei Monate lang hatte sie täglich nach der Platte verlangt. Dann war sie, wie so oft, ganz davon abgekommen. Niemand hatte die Melodien seither gesungen. Die Schallplatte war in Amerika geblieben und gehörte, wie die Musik, zu einer unwiederbringlich verlorenen Vergangenheit. Doch sie war nicht ganz verloren. Wir hatten einen winzigen Teil davon wiedererlangt. Vielleicht konnten wir noch mehr finden.

Viele der Dinge, die ich zeichnete, riefen keine Reaktion hervor. Merkwürdigerweise bekundete Elly kaum Interesse für ihr Kinderbett, wiewohl ich es besonders liebevoll ausarbeitete. Dafür faszinierte sie der Schaukelstuhl, und wieder verriet sie durch Musik, daß sie meine Erinnerung teilte, denn sie begann die Melodie eines Wiegenliedes zu singen, das sie zum erstenmal gehört hatte, während ich sie in diesem Stuhl, der in ihrem Zimmer stand, hin- und herschaukelte.

Danach wußte ich, wie ich vorgehen mußte. Elly war glücklich, als ich einen großen Schaukelstuhl vor das Haus plazierte, in dem eine bebrillte Mutter saß, die eine Elly mit glattem Haar und Ponys in den Armen hielt. Ich wollte nicht nur das Haus wieder herbeizaubern; ich wollte auch versuchen, es mit den menschlichen Beziehungen zu füllen, die Elly so erfolgreich zu negieren bemüht war. Ich fertigte rohe Porträtzeichnungen der Familie an, ein Gesicht in jedem Fenster, eine Gestalt unter der Tür, und obwohl Ellys eigentliches Interesse noch immer dem Haus und den Möbeln galt, den Details der Badewanne und des Waschbeckens, nahm sie die Figuren doch hin. Wir zeichneten oft, mehrere Male in der Woche, und die Zeit verstrich.

Dann verließen wir England, verfrachteten den Kleinbus und uns acht (inzwischen hatte sich meine Mutter zu uns gesellt) in ein Flugzeug, dann in einen Zug bis München. Das letzte Stück bis zu unserem Bestimmungsort, St. Gilgen, legten wir mit dem Wagen zurück. Die österreichischen Berge und die unwirklich blauen Seen kamen uns nach der eintönigen Umgegend der englischen Universitätsstadt paradiesisch vor, aber ich hatte noch nie erlebt, daß sich Elly um eine Szenerie gekümmert hätte. Wie würde sich die neue Veränderung auf sie auswirken? Während wir uns in den fremden Räumen häuslich niederließen, beobachteten wir Elly sehr sorgsam. War dies wieder ein Schock für sie? Würde sie wieder krank werden? Zu laufen aufhören? Nicht mehr nach draußen gehen wollen?

Am Tag nach unserer Ankunft begann ich zu zeichnen. Ich zeichnete das Haus in England, den Kleinbus, aus dem acht Köpfe herausschauten. Ich zeichnete das Flugzeug und den Bus, als er verladen wurde. Ich ließ uns alle das Flugzeug besteigen, und Elly erkannte sich und hüpfte und quietschte. Dann kam der Zug mit den acht Köpfen an den Fenstern; Elly, die nie auf die Abbildung eines Zuges reagiert hatte, war außer sich vor Vergnügen. Ich vergaß auch den Schlafwagen nicht, die drei Betten, eines über dem anderen, in dem einen ich, im zweiten Ellys Großmutter, im dritten Elly. Ellys Augen leuchteten, sie lachte, sie sagte «Tschu-tschu», und den ganzen Sommer lang mußte ich all das immer wieder zeichnen, Menschen und Dinge.

Sie erbrach sich nicht wieder. Sie benahm sich außerhalb des Hauses absolut natürlich. Wir verlebten einen wunderschönen Sommer, und am Ende, vor unserer Zehntagefahrt nach Le Havre, begann Elly auch noch spontan den Topf zu benutzen. Aus alledem ließ sich natürlich, wie es bei negativen Beweisen stets der Fall ist, nichts Schlüssiges entnehmen. Vielleicht hätten wir ohnehin keine Schwierigkeiten gehabt. Ich weiß es nicht. Menschsein setzt unter anderem auch eine verwertbare Vergangenheit voraus. Damit sich ein Kind zu einem vollen Menschen entwickeln kann, braucht es eine Vergangenheit, zu der es Zugang hat. Selbst jetzt haben Elly und ich noch nicht die verbale Stufe erreicht, die es uns ermöglichen würde zu sagen: «Erinnerst du dich?» Aber immerhin schaut sie mir schon mit Vorliebe zu, wenn ich ihre drei Häuser zeichne – eines in Österreich, eines in England, eines in Amerika. Da sie auch auf der jeweiligen Rückansicht besteht, sind das sechs Bilder, und in jedem Fenster sieht man die entsprechenden Möbelstücke. Sie kann jetzt auch ein paar Fragen in Worte fassen: «Beckys Bett?» – «Daddys Bett?» – «St.-Gilgen-Haus?» Österreich liegt fast vier Jahre zurück, und die Erinnerung verblaßt allmählich. Dennoch fiel mir kürzlich noch etwas Neues ein: Ich ergänzte das österreichische Bild durch eine rohe Skizze des hübschen Zwiebelturms von St. Gilgen. Jeder Zwiebelturm hat seine Eigentümlichkeit; man mußte schon sehr wohlwollend sein, um diesen zu erkennen. Aber Elly kreischte sofort voll Begeisterung: «St.-Gilgen-*Kirche!*» Und unverzüglich mußte ich auch die Zeichnungen von Ellys englischem und amerikanischem Haus mit der jeweiligen Kirche versehen. Die englische Spätgotik wurde kein Meisterwerk. Glücklicherweise kann ich wenigstens die neuenglische Neoklassik täglich betrachten und so mein Gedächtnis auffrischen. Elly hat das nicht nötig.

Kompetenz und Menschlichkeit II

Ich habe die chronologische Ordnung meiner Story gesprengt. Wir müssen nun zu der vierjährigen Elly zurückkehren, die gerade in England angekommen ist. Sie war nicht das eben beschriebene Kind, das sich über meine Bemühungen um die vergleichende Kirchenarchitektur freut. Die damalige Elly hatte überhaupt erst sechs Monate zuvor eine gewisse Fähigkeit erlangt, Bilder zu betrachten. Sie war noch nicht imstand, auch nur die elementarste Frage zu stellen oder auf die elementarste Antwort zu reagieren. Sie hatte sich gerade von der schwersten Krankheit ihres Lebens erholt und war gedrückt, mit verengtem Horizont daraus hervorgegangen. Es war dieses Kind, das wir, sobald wir uns häuslich eingerichtet hatten, in der Hampstead Clinic vormerken ließen.

«Ganz gleich, was für eine Sprache man spricht, sie spricht sie auch», hatte Dr. Blank von Anna Freud gesagt. Wir kamen allerdings gar nicht mit ihr selbst in Berührung. Es war nicht nötig, denn wir machten eine sehr überraschende Entdeckung: Ihre Klinik war so von ihrem Geist durchdrungen, daß dort *jedermann* unsere Sprache sprach. Das Gebäude selbst unterschied sich kaum von denen, die wir bereits kannten; Kliniken für gestörte Kinder scheinen vorzugsweise in älteren, ein wenig schäbigen Häusern mit vielen Zimmern untergebracht zu sein. Das Untersuchungsteam war dasselbe – Sozialhelferin, Psychiater und Testpsychologe. Soweit ich es beurteilen kann, waren auch ihre theoretischen Voraussetzungen ungefähr die gleichen. Sogar die Puzzlespiele waren mir vertraut, die Elly für den Intelligenztest zusammensetzen mußte. Dennoch war alles anders. Das kalte, unverbindliche Spezialistentum, das wir in Amerika angetroffen hatten, gab es hier nicht. Sobald wir die Tür in Maresfield Gardens Nr. 21 durchschritten hatten, wurden wir nicht wie kranke Kinder, sondern wie Erwachsene, Menschen, Freunde behandelt.

Wir unterhielten uns mit feinfühligen, intelligenten Leuten über eine Angelegenheit von gemeinsamem Interesse. Sie zogen aus unserem Ton und unserem Benehmen gewisse Schlüsse und gestatteten uns, dasselbe bei ihnen zu tun. Mit jedermann dort kam es zu diesem gegenseitigen Sich-Aufeinandereinstellen, das wir Kommunikation nennen. In unserem eigenen Land waren wir von Fremden wie Fremde behandelt worden, und Fremde waren wir geblieben. Hier waren wir keine Fremden.

Die Psychologin lachte mit mir, während wir zusahen, wie Elly ihre Puzzles zusammensetzte. Der Rest beanspruchte nicht viel Zeit. Sie hatten den Bericht des Instituts vorliegen, der erst kurz vor unserer Abreise abgeschickt und selbstverständlich nicht uns, den Eltern, sondern ihnen, den Spezialisten, geschickt worden war. Sie hatten sowohl diesen Bericht als auch die Krankengeschichte gelesen. Die Sozialhelferin fragte mich nach Fotos von Elly. Ich hatte keine; nach den Erfahrungen mit dem Institut hatte ich sie in Amerika zurückgelassen. Ermutigt erwähnte ich meine Aufzeichnungen. Aber gewiß, sie würden sie sehr gerne lesen. Als wir eine Woche später wiederkamen, wußten sie, was darin stand.

Ich hatte beschlossen, auf alle Fälle durchzusetzen, daß man mich im Spiel mit Elly beobachtete. Doch ich brauchte mich gar nicht darum zu bemühen; die Sozialhelferin war ohnehin an unseren Spielen interessiert. Sie hatte selbstverständlich meine Aufzeichnungen ebenfalls gelesen. So konnte ich auf einzelne nur flüchtig gestreifte Punkte näher eingehen. Unter anderem schilderte ich ihr, ganz ähnlich, wie ich es hier im 4. Kapitel getan habe, auf welchem Wege ich nach und nach erreicht hatte, daß Elly einen Wasserhahn aufdrehen konnte. In solchen Dingen, so meinte ich, könnte sie mir bestimmt beratend beistehen. Ich vergesse ihre Erwiderung nie. «Ich habe eher den Eindruck, daß wir von *Ihnen* lernen können ...»

Ich traute meinen Ohren nicht. Nachdem wir über verschiedenes andere gesprochen hatten, sagte sie etwas, worauf ich noch weniger gefaßt war. «Vermutlich hat man Ihnen schon oft erklärt, daß das ein sehr interessanter Fall ist.» Oft? Interessant? Man hatte uns überhaupt nichts erklärt, und am allerwenigsten das. Ich verspürte Erleichterung. Wenn man schwere Probleme hat, hilft es, daß jemand sie interessant findet. Aber ich hatte noch nicht alles gehört. Was den Fall so ungewöhnlich machte – die Worte waren Balsam für mein Gemüt –, sei die Beharrlichkeit und Energie der Eltern. Rückfälle hätten vorübergehenden Charakter behalten. «Eine schwere Regression ist jetzt kaum mehr zu befürchten.»

Ich glaube, ich begann nicht zu zittern. Die berühmte, von Kanner beschriebene Kontrolle ließ mich nicht im Stich, obwohl meine Haut plötzlich eine hauchdünne Hülle schien, die mit knapper Not das Chaos animalischer Dankbarkeit, das mich erfüllte, zusammenhielt. Für Güte ist man anfälliger als für Schmerz. Man entwickelt Abwehrkräfte gegen Mißachtung und Gefühllosigkeit; gegen Wärme und Verständnis nicht. Wenn man lange derartigen Belastungen ausgesetzt ist, hat man ein immenses Verlangen nach Freundlichkeit. Solange man keinen wirklichen Kummer kennt, denkt man vielleicht, das beste in einem solchen Fall wäre, daß niemand darauf eingınge, daß die Leute einen nur in dem Bemühen unterstützen, so zu tun, als sei alles wie sonst. Aber es ist nichts so wie sonst. Und man möchte, daß die anderen das wissen. Was man braucht, ist nicht unausgesprochenes, sondern ganz offen bezeigtes Mitgefühl und Verständnis. Was man braucht, ist Liebe.

Zu viel verlangt? Es ist überraschend, wie großzügig man von manchen Seiten geboten bekommt, was man so dringend nötig hat. Ich erinnere mich bestimmt an jeden einzelnen Menschen, der in jenen Jahren gütig zu mir war, denn ich zehrte von der Güte. So erinnere ich mich zum Beispiel an den Mann, der, als ich mich für eine etwas peinliche Kapriole Ellys mit einem gemurmelten «Kein normales Kind» entschuldigte, lächelnd erwiderte: «Na, ich bin auch nicht ganz normal.» Meine Ehrenliste ist lang – zu lang, um sie hier wiederzugeben. Sie enthält die Namen von Laien und Spezialisten. Was sie uns gegeben haben, mag, oberflächlich betrachtet, unterschiedlich sein; im Grund war es dasselbe.

Vielleicht träfe das nicht zu, wenn den Ärzten und Psychologen ein unfehlbares Wissen über psychotische oder geschädigte Kinder zur Verfügung gestanden hätte, das sie uns hätten mitteilen können. Aber das war nicht der Fall, und sie machten uns auch nichts vor. Sie ersetzten ihr fehlendes gesichertes Wissen nicht durch Theorien. Aber sie schenkten uns etwas, was Laie und Spezialist gleichermaßen geben können – Mitgefühl, Verständnis und Unterstützung.

Das soll nicht heißen, daß sie keinen Versuch unternommen hätten, das, was sie wußten, anzuwenden und Elly in eine der von ihnen als sinnvoll betrachteten Kategorien einzuordnen. Sie waren in diesem Punkt wie in anderen Dingen aufrichtig und machten uns den Ernst des Zustandes, den wir aus den nebelhaften allgemeinen Feststellungen des Instituts nur vage hatten herauslesen können, unmißverständlich klar. Bis dahin hatten wir uns für die Prognose von Ellys Zukunft lediglich auf eine kleine Anzahl Fallbeschreibungen stützen können, die Kanner einige Jahre zuvor zusammengestellt hatte.[*] Ihre Brauchbarkeit war fragwürdig, da sehr wenige von Kanners Patienten das Erwachsenenalter erreicht hatten; das Bild, das uns diese Fälle von Ellys Zukunftschancen vermittelten, umfaßte alle Möglichkeiten von der quasi-vegetativen Existenz in einem staatlichen Krankenhaus bis zur (in nur einem Fall gegebenen) scheinbaren Normalität. In Hampstead hingegen schätzte man den frühkindlichen Autismus als Kategorie offenbar ebenso wenig wie in dem Institut, und so bestärkte man uns auch nicht in irgendwelchen vagen Hoffnungen, die auf Kanners Beobachtung beruhen. Die Sozialhelferin betonte, daß Elly die formativsten Jahre der Kindheit entgangen seien und daß dieser Verlust nie mehr ausgeglichen werden könne. Der Psychiater erörterte die Probleme, die für Kinder dann entstehen können, wenn sie die Grenzen zwischen sich und anderen wahrnehmen; in seinem abschließenden Bericht schrieb er: «Der Defekt liegt möglicherweise im Integrationsprozeß des Ego.» Und er brachte die Begriffe «Kindheitspsychose» und «Schizophrenie» vor, unterstrich jedoch ihre außerordentlich allgemeine Natur. Er nahm an, daß man den Begriff Kindheits-

[*] Kanner und Eisenberg, *op. cit.*

schizophrenie eines Tages als Sammelbecken mannigfaltiger Zustände ansehen würde, die gegenwärtig noch nicht unterschieden werden konnten.

Elly war völlig in ihr Spiel vertieft, während er sprach. Wie unter Zwang drehte sie immer wieder die Hähne des Waschbeckens auf, ließ Wasser einlaufen, drehte zu. Eine gespannte Erregung hatte sich ihrer bemächtigt. Das war eine neue Fixierung; in jedem Haus strebte sie jetzt unweigerlich den Waschbecken und Badewannen zu und schrie, wenn man sie daran hinderte. Das unerwartete Vorhandensein eines Waschbeckens in diesem Raum machte jeglichen Kontakt unmöglich. Sie war wieder in ihrer Burg, allem entzogen. Der Psychiater des Instituts hatte es acht Monate zuvor günstiger getroffen.

Das Rauschen fließenden Wassers gab den Worten des Arztes noch mehr Gewicht: «Die Prognose lautet nicht gut.» Er erklärte, es sei nicht damit zu rechnen, daß sie je eine integrierte Persönlichkeit werden würde, und ich wußte sofort, daß er nicht nur an eine zurückgezogen lebende Frau dachte, die Briefmarken sammelte und nie heiratete.

Doch es war das nichtssagende Ausweichen des Instituts gewesen, das uns verletzte, nicht diese harte Offenheit. Wir waren dankbar dafür, daß diese Leute uns genug respektierten, um uns ihre Gedanken anzuvertrauen.

Und wenn wir uns auch nicht mehr auf die schwache Hoffnung stützen konnten, daß eine völlige Genesung möglich war, so hatten wir doch einen neuen Halt gewonnen: «Eine schwere Regression ist jetzt kaum mehr zu befürchten.» Die klugen, freundlichen Spezialisten dieser berühmtesten Kinderklinik der Welt hatten mich in meiner Arbeit bestätigt. Sie glaubten nicht, daß ich Elly in meinem vermessenen Alleingang Schaden zugefügt hatte. Sie glaubten, daß ich ihr geholfen hatte. Und sie empfahlen vorerst keine Psychoanalyse, sondern sprachen sich dafür aus, daß ich mit Elly wie bisher weiterarbeitete. Mit einem Unterschied: Von jetzt an würde ich fachkundige Anleitung haben. Eine ihrer Psychoanalytikerinnen war dabei, ihre Praxis in die Stadt zu verlegen, in der wir wohnten.

Anfangs ging ich dreimal wöchentlich zu ihr – für meine Begriffe oft, für ihre zu selten. Ein wenig erstaunt bemerkte ich, daß sich die Sitzungen nicht auf Elly, sondern auf mich konzentrierten. Erst viel später erfuhr ich von meinem Mann das einzige, was man mir in der Klinik verschwiegen hatte: Sie hatten geglaubt, ich würde weniger um Ellys als um meiner eigenen Emotionen willen Hilfe brauchen. Unsere Unterredungen kreisten jedenfalls mehrere Wochen lang um mich, wühlten allen möglichen Schlamm auf und nahmen viel Zeit in Anspruch, die ich eigentlich gar nicht hatte. Zugleich forderte mich die Psychotherapeutin immerfort auf, mir mehr Zeit für mich selbst zu nehmen, zu lesen, zu schreiben, Kontakte zu den Engländern zu suchen, und ganz allgemein ermutigte sie mich, mir begabt, heroisch und nicht gebührend geschätzt vorzukommen. Es war ein sehr angenehmer Prozeß. Alles, was sie mir sagte, war schmeichelhaft und mitfühlend; sie schien besser als jeder andere Mensch zu erkennen, wie hart meine Aufgabe war. Doch so dankbar ich auch für die Unterstützung war, mit der Zeit wurde ich unruhig. Ich wollte mich nicht so viel mit mir beschäftigen und kein Selbstmitleid in mir heranzüchten, denn beides brachte mir nicht den geringsten Nutzen.

Was dann geschah, war ein Beweis für die Intuition und die Flexibilität eines guten Psychoanalytikers. Wir waren offenbar fast gleichzeitig zum selben Schluß gelangt. Abrupt änderte sie ihr Vorgehen. Sie begann Elly zu Hause zu besuchen. Wir sprachen nicht mehr von mir, sondern über Ellys Probleme. Ich ging seltener zu ihr, und schließlich wurde sie für mich eine erfahrene Beraterin, die über Kinder gut Bescheid wußte und mich an ihrem Wisssen teilhaben ließ. Doch sie war eine Beraterin, die mich jetzt gut kannte – wie ich sie. Wir freundeten uns sogar miteinander an, obwohl sie das zuerst aus beruflichen Erwägungen zu vermeiden suchte – eine persönliche Beziehung sei mit psychiatrischer Hilfe unvereinbar, sagte sie mir; ich hatte es nicht gewußt. Aber es gab zu vieles, das wir gemein hatten, und sie half mir gerade als Freundin sehr viel weiter.

Diese Hilfe nahm verschiedene Formen an. So verrieten zum

Beispiel manche Wörter, die ich benutzte, daß ich gewisse Dinge voraussetzte. Mehrmals hatte ich von einem «Durchbruch» gesprochen. Freundlich erkundigte sie sich, was ich darunter verstünde. «Was erwarten Sie?» Ich erkannte augenblicklich, wie viel dieses Wort in sich schloß – wie viele romantische Gedanken, bestärkt durch zahlreiche Berichte über Heilungen, die einem wie Wunder vorkamen, es aber vermutlich für diejenigen, die die dunklen Geheimnisse des Unbewußten entschlüsseln konnten, nicht waren. Elly, so hatte man mir in dem Institut erklärt, habe keinen geistigen Defekt. Doch in fast ihrem gesamten Verhalten wirkte sie stark geschädigt. Wie war das zu erklären, wenn nicht durch irgendeine emotionelle Sperre, eine Barrikade aus Ängsten und Depressionen, die niedergerissen und entfernt werden konnte? Wir hatten schon begonnen, sie abzutragen; war Elly nicht jetzt, wenn sie mit Jill, mit den Kindern, mit ihrem Vater, mit mir zusammen war, viel häufiger vergnügt und fröhlich als früher? Wenn sie körperlich gesund war und keinen geistigen Schaden hatte, dann mußte ihr Problem ein rein emotionelles sein. Und lief das nicht darauf hinaus, daß sich in ihr ein normales Kind verbarg, das wir, wenn wir nur das richtige Mittel fanden, hervorlocken konnten?

All diese Erwartungen, so sah ich jetzt, beinhaltete das Wort «Durchbruch». Ich hatte unwillkürlich angenommen, daß sich die Psychiatrie auf diese Art Optimismus stütze. Nun merkte ich, daß die klugen Spezialisten viel zuviel Erfahrung hatten, um derlei naive Ansprüche an ihre Methode zu stellen. Es gab Wunderheilungen, gewiß, und ein vor einiger Zeit erschienenes Buch* erzählt die Geschichte eines Jungen, der Ellys Double gewesen sein könnte und dem Spieltherapie die Brillanz seines Geistes und die Liebesfähigkeit seiner Seele erschloß. Zweifellos entspricht das den Tatsachen. Es geschehen Wunder. Aber ich hatte eine Frau vor mir, die zu gescheit war, um zu behaupten, daß sie einen solchen Prozeß herbeiführen könne, oder sich beziehungsweise mir die Illusion zu gestatten, daß sich hier einer vorbereite.

* Virginia M. Axline, *Dibs*, Die wunderbare Entfaltung eines menschlichen Wesens (Scherz Verlag, 7. Auflage 1972, und Knaur-Taschenbuch Band 813, 1. Auflage 1982).

Manchmal sprachen wir von Wörtern, häufiger von den Dingen selbst. Wir begannen und schlossen mit spezifischen Details. Um die Zeit unserer ersten Sitzung brauchte ich gerade dringend einen Rat in einer ganz konkreten Angelegenheit: Elly, deren Darmentleerung außer den kleinen Unannehmlichkeiten gelegentlicher Reinigungsprozeduren nie ein Problem geboten hatte, begann ihren Stuhl unvermittelt tagelang zurückzuhalten. Bei ihrer starren Selbstkontrolle fiel ihr das leicht; schwer war für sie nur, den Dingen freien Lauf zu lassen. Monatelang hatte sie nur zwei- oder dreimal täglich uriniert, doch das hatte weder sie noch uns gestört. Sie hatte regelmäßig alle ein bis zwei Tage ihren Darm entleert, tagsüber in das Höschen, nachts in die Windeln. (Schon seit Jahren setzten wir sie nicht mehr auf den Topf.) Aber das änderte sich plötzlich, als David und ich – in der Freiheit schwelgend, die uns das liebenswerte, intelligente Mädchen bescherte, das nun bei uns lebte – einmal für elf Tage nach Paris fuhren. Alles ging gut in unserer Abwesenheit, nur hatte Elly, obwohl sie sich mit Dosenananas vollstopfte und in rauhen Mengen importierten amerikanischen Apfelsaft trank, keinen Stuhlgang. Auch als wir zurückkehrten, konnte sie sich nicht befreien. Sie hatte zwar kaum Beschwerden, doch es konnte natürlich nicht ewig so weitergehen. Ein Abführmittel für sie zu finden, war nicht einfach; sie nahm grundsätzlich nichts zu sich, was sie nicht kannte. Schließlich akzeptierte sie Feigensirup, geriet jedoch außer sich, als sie merkte, daß die Darmentleerung nun durch die künstliche Verflüssigung ihrer Kontrolle entzogen war. Sie beschmutzte die Windeln, die wir ihr ständig unterlegen mußten, und weinte herzzerreißend wie nie zuvor.

Die Psychoanalytikerin erwies sich damals als eine unschätzbare Hilfe. Sie interpretierte Ellys Verhalten als einen stummen Protest gegen unsere Abwesenheit; nachdem sie sich mit den Kinderärzten ihres Londoner Krankenhauses beraten hatte, gab sie uns ein harmloseres Abführmittel, das Elly nur daran hinderte, ihre Darmentleerung länger als vier oder fünf Tage zurückzuhalten. Das konnte ihr nach Meinung der befragten Ärzte nicht schaden – eine Versicherung, die für uns sehr wesentlich geworden ist, denn diese jähe Änderung in Ellys Verhaltensmuster erwies sich, wie so manche andere, als dauerhaft. Wir konnten von Glück reden, daß das Problem nicht aufgetreten war, solange wir noch keine Hilfe hatten. Moderne Eltern sind hinsichtlich des Reinlichkeitsthemas derart empfindlich und unsicher geworden, daß es uns ohne fachkundige Unterstützung beinahe unmöglich gewesen wäre, konsequent und besonnen vorzugehen.

Nicht daß uns der professionelle Beistand hier oder in anderen Fällen Patentlösungen geliefert hätte. Wir lernten durch ihn lediglich, uns auf einen *modus vivendi* einzustellen, bei dem wir Abwesenheiten und Unruhen vermieden. Der Nutzen, den ich aus meinen Sitzungen mit der Psychotherapeutin zog, lag weniger in ihren Ratschlägen für eine Steuerung von Ellys Verhalten oder dessen gelegentlicher Interpretation, sondern mehr in der Atmosphäre, die sie schuf.

Sie sagte mir zu Anfang, ich müsse mit Fehlern von ihrer Seite rechnen. Dies trug ihr in besonderem Maße meinen Respekt ein. Sie gab mir vielerlei Empfehlungen. Manches davon erwies sich als unanwendbar oder unwichtig, einiges als falsch. Wie hätte es auch anders sein sollen? Wenn man etwas erprobt, muß man Irrtümer in Kauf nehmen. Was mir bei unserer gemeinsamen tastenden Suche nach einem weiterführenden Weg Zuversicht gab, war gerade, daß ich Tatsachentreue vorfand, wo ich angewandte Theorie erwartet hatte. Ich hatte geglaubt, ich würde durch die verbalen Labyrinthe Freudscher Psychoanalyse geführt werden. Es war zwar gelegentlich von «oral» und «anal» die Rede, doch in Anbetracht unseres speziellen Problems war das nicht überraschend. Ich fand sehr bald heraus, daß es im Grund nur hieß: «Lassen Sie Elly mit Herden und Kühlschränken spielen, und verzichten Sie auf Badewannen und Spielzeugtöpfchen.» Elly brachte allerdings nur lauwarmes Interesse für Küchengegenstände auf, keines für Töpfchen, und niemand vermochte ihr Interesse an Badewannen zu dämpfen. Ich habe nie herausbekommen, ob sie mehr «oral» oder «anal» war, denn meiner Freundin, der Psychotherapeutin, lag der theoretische Bereich nicht sonderlich. Sie brachte nur selten eigene Interpretationen vor und war durchaus nicht begeistert, wenn wir selbst Ellys zunehmend komplexeres Verhalten mit sinnreichen Hypothesen zu erklären versuchten.

Eine davon betraf Ellys neuerworbene Fähigkeit zu zählen. Natürlich waren wir hocherfreut darüber. Doch diese Fähigkeit zeigte eine wunderliche Tendenz. Statt sich, wie bei einem normalen Kind, auszudehnen, so daß das Kind weiter und immer weiter zählen lernt, erstarrte sie zu einer Fixierung. Elly mußte vier Waschlappen im Badezimmer haben, vier Kekse auf dem Boden. Sie mußte sie haben; sie waren so wichtig für sie, daß wir sie ihre Statussymbole nannten. Wir wußten, daß sie rein intuitiv subtrahieren konnte, denn wenn ein oder zwei Kekse fehlten, wies sie alle, die man ihr anbot, zurück, bis man ihr genau die fehlende Anzahl gab.

Da wir dieses Verhalten notgedrungen stets im Auge haben mußten, bemerkten wir, daß Elly in der Woche, nachdem Jill zu uns gekommen war, ihrer Sammlung einen Keks und einen Waschlappen hinzufügte. Kurze Zeit darauf tat sie noch zwei hinzu – Schokoladenkekse diesmal, etwas größer als die anderen. Dann, als wir in Paris und Jill und die Kinder allein waren, verschwanden die zwei Schokoladenkekse und wurden durch vier Crackers ersetzt. Insgesamt waren nun neun Elemente notwendig – in zwei Gruppen zu je fünf und vier aufgeteilt.

Psychologie ist ein Spiel für jedermann. Unsere Zugehfrau, die außerordentlich nett zu Elly war, hatte bereits die Möglichkeit erwähnt, daß die vier Kekse die vier Kinder darstellten und daß Jill das fünfte sei. Davon ausgehend überlegte nun Jill weiter; die häufige Notwendigkeit, verlorene oder zertretene Kekse zu ersetzen, sorgte dafür, daß das Problem uns alle gefangennahm. Konnten die zwei Schokoladenkekse nicht die Eltern darstellen? Als sie den Familienkreis verließen, blieben fünf Kekse, und die ursprünglichen vier kamen hinzu, um der Unsicherheit über Jills Status Ausdruck zu geben, denn nun war es nicht mehr klar, ob sie als Kind oder als Ersatzmutter fungierte.

Diese Hypothese gewährte uns allen eine gewisse intellektuelle Genugtuung. Ich selbst war zwar an dem Gedankenspiel nicht beteiligt, da ich im Theorienaufstellen sehr zaghaft bin, aber ich fand, es sei ein hübscher Versuch, und berichtete unserer Psychotherapeutin davon. Es hörte sich so ähnlich an wie gewisse Dinge, die ich in Psychologiebüchern gelesen hatte, und ich dachte, es müßte ihr gefallen.

Sie bezeigte indessen keinerlei Interesse, sondern warnte mich davor, «Konstruktionen zu machen». Ich war erstaunt; ich hatte mir unter angewandter Psychologie mehr vorgestellt als die rein pragmatische Methode, die ich – mehr von Aktion und Reaktion als von Theorien geleitet – bisher verfolgt hatte. Doch es freute mich, daß ich fachkundige Billigung gefunden hatte, um meine Arbeit an Elly wie zuvor fortzusetzen; zu etwas anderem wäre ich auch gar nicht fähig gewesen. Die Warnung vor Interpretationen half mir; ich lehnte sie nun zwar nicht etwa ganz ab, beurteilte sie aber danach, inwieweit sie den Tatsachen entsprachen. Es gab ohnehin nur sehr wenige geistige Konstruktionen – so wahrscheinlich sie auch klangen –, die für das, was ich mit Elly unternahm, irgendeine Bedeutung hätten haben können. Ich konnte es unterlassen, in ihrer Gegenwart schmutzige Windeln zu waschen, wie mir die Psychotherapeutin geraten hatte, weil die Darmentleerung «das erste Geschenk des Kindes für seine Mutter» ist. Doch da sie auf den ganzen Vorgang auch weiterhin nicht achtete, merkte ich, daß ich wohl nie erfahren würde, ob die Routineänderung sie beruhigte oder ihre Erziehung zur Reinlichkeit beschleunigte. «Konstruktionen», ganz gleich, ob unser eigenes Werk oder das eines Spezialisten, sind zweifellos interessant. Es mag durchaus Fälle geben, wo sie nachweisbar zutreffen – wenn nämlich das Kind positiv auf Routineänderungen reagiert, die man auf Grund ebendieser Deutungen vorgenommen hat. Wenn es in Ellys Fall überhaupt solche Deutungen gab, so sind wir nicht darauf gestoßen. Die einzige «Konstruktion», die sich hier anwenden ließ, war so offenkundig und von unserer Seite so tief empfunden, daß wir nicht darüber zu sprechen brauchten: alle Kinder, ob krank oder gesund, brauchen Liebe, und die Aufgabe derer, die sie lieben, ist, Liebe zu verschenken – nicht auf eine Weise, dies sie selbst befriedigt, sondern auf eine Weise, die das Kind akzeptieren und für seinen Entwicklungsprozeß verwerten kann.

Damit waren wir wieder bei spezifischen Fragen angelangt: Was sollte man mit Elly unternehmen, wie ihre leeren Tage ausfüllen, auf welche Weise ihre wenigen spontanen Versuche, eigene Spiele zu erfinden, ermutigen, wie ihr neue brauchbare Erfahrungen beschaffen, wo sie von sich aus nicht dazu kam? Wie zuvor, lernte ich am besten durch Beobachtung. Zweimal kam die Psychotherapeutin zu uns nach Hause – ein weiterer Beweis ihrer Flexibilität, denn viele Kinder werden von Leuten behandelt, die sie nie daheim gesehen haben. So war es ihr möglich, einige ihrer Ideen aus unmittelbarer Anschauung auf ihre Zuverlässigkeit hin zu überprüfen. Sie konnte sich davon überzeugen, daß Ellys heikles, pedantisches Wesen nicht etwa krankhafte Ordnungsliebe zu Hause widerspiegelte (ein Blick auf das Wohnzimmer genügte!) und daß ihre Leistungsschwäche nicht eine Reaktion auf die unangemessen hohen Anforderungen unserer Familie war. Und während sie beobachtete, konnte ich zusehen, wie sie mit Elly spielte. Es war eindrucksvoll, denn sie gehörte zu jenen Menschen, die Elly in die Handlung hineinziehen konnten, ohne etwas von ihr zu verlangen. Die meisten Leute versuchten mit Elly zu sprechen. Die Psychotherapeutin war, wiewohl höchst ausdrucksfähig, eine Expertin in nichtverbaler Kommunikation. Sie spielte Klavier für Elly. Sie holte Tassen und Untertassen herbei und brachte Elly dazu, Tee-Party zu spielen. Sie setzte sich neben sie auf den Boden, um zuzuschauen, wie sie malte. Elly, an meine Zeichenstunden gewöhnt, wollte sie dazu bewegen, selbst zu zeichnen. Sie weigerte sich nicht, beschränkte sich aber auf rudimentäre Zeichen, die Ellys Versuchen glichen und kein unerreichbares Vorbild darstellten. Ein Jahr zuvor, als ich mit Elly zu malen anfing, hatte ich meine Zeichnungen absichtlich so realistisch wie möglich gestaltet, um ihr das Erkennen leichter zu machen. Die Technik hatte sich als sehr wirksam erwiesen, aber jetzt sah ich ihre Schattenseiten. Elly würde eher für jemand anders zeichnen als für mich.

Die Psychotherapeutin hatte einen Blumentopf gebracht. Sie

versuchte, Elly dafür zu interessieren, ihn mit Erde zu füllen. Sie konnte sich zwar lediglich davon überzeugen, daß Elly für Schmutz weder eine Vorliebe noch eine Abneigung hatte, aber ich sah etwas, was sich vielleicht später verwenden ließ. Während ich die Psychotherapeutin beobachtete, hatte ich den Eindruck eines enormen Reservoirs, das zahllose Kunstgriffe und Fertigkeiten speicherte; die meisten davon waren bei diesem sehr einfachen Gemüt noch unanwendbar, aber ich konnte aus ihnen für die Zukunft so manches lernen. Ich hätte sie zu gerne im Umgang mit anderen Kindern beobachtet. Das war unmöglich, aber sie war bereit, mir über ihre Erfahrungen zu berichten. Die Kinder, die sie beschrieb, schienen viel weniger schwere Fälle als Elly; selbst diejenigen, die nicht sprachen, hatten gezeigt, daß sie dazu fähig gewesen wären. Ich versuchte mir vorzustellen, daß Elly, wie das kleine Mädchen, von dem ich hörte, mit dem Inhalt meiner Brieftasche spielte und dabei Spannungen und feindselige Gefühle enthüllte, die sonst nie an die Oberfläche drangen. Aber ich konnte es nicht. Wenn ich ihr meine Brieftasche gäbe, würde sie sie nicht beachten oder bestenfalls die darin enthaltenen Gegenstände in Reihen auslegen. Aber ich wollte mir die Idee für später aufheben, wenn Elly besser entwickelt wäre.

Sie machte stetige Fortschritte. Wir führten in England ein ruhiges Leben; innerhalb der Mauern und Zäune unseres gepflegten Vorortes spielten Kinder, aber ich wußte nicht, wie ich Elly in ihre Nähe bringen könnte. Auch zu Hause war sie auf den weiten, offenen Rasenflächen voller Kinder nur neben den anderen hergerannt. Hier gab es außer ihren Geschwistern keine Kinder, mit denen sie hätte herumlaufen können. Doch ich spürte eine schwache Bereitschaft aufkeimen. Ich brachte sie oft zu einem Spielplatz, wo sie mit abwesendem Blick eine Weile schaukelte, von kräftigen, drahtigen Jungen und Mädchen umgeben, die ihr nicht mehr Aufmerksamkeit schenkten als sie ihnen. Aber eines Tages, als eine Gruppe Kinder aus dem angrenzenden Schulhof kam, tat sie etwas Unerwartetes – sie machte eine jähe Wendung und lief mitten in sie hinein. Ich erzählte dies und andere, ähnliche Vorfälle der Psychotherapeutin. Und sie unternahm daraufhin den Schritt, der Elly mehr Nutzen brachte als alles andere, was für sie getan worden war. Sie vermittelte, daß Elly mit normalen Kindern in einen Kindergarten gehen konnte. Daß Elly inzwischen imstand ist, die Schule zu besuchen, haben wir großenteils der Intelligenz und Hingabe der Pädagoginnen an diesem hervorragenden Kindergarten zu verdanken. Da Elly nicht als Schülerin aufgenommen werden konnte, ließ mich die Leiterin mitkommen, so daß Elly als Gast gelten konnte. Auf diese Weise war es mir möglich, die Arbeit ungewöhnlich begabter Kindergärtnerinnen zu beobachten, bei denen man nicht hätte sagen können, wo der Unterricht endete und die Therapie anfing.

Denn wir waren nicht die einzigen Parias, die man hier zugelassen hatte. Elly war noch nicht einmal am schwersten behindert; sie zeigte sich weitaus gewandter als das körperlich überentwickelte, anschmiegsame mongoloide Kind, das sich so unbeholfen unter den Spielsachen bewegte. Ich erfuhr später, daß Eltern, die ihren normalen Kindern in diesem ausgezeichneten Kindergarten einen Platz sichern wollten, sie bereits bei der Geburt vormerken ließen. Es handelte sich nämlich keineswegs um ein Zentrum für Anormale; die gesunden Kinder waren bei weitem in der Mehrzahl. Aber für Kinder, die einen solchen Rahmen besonders dringend brauchten, fand die Leiterin immer einen Platz. Ganz gleich, ob ihr Problem körperlich oder seelisch bedingt war, durch Leid, einen Verlust oder zerrüttete Familienverhältnisse verursacht, sie wurden gleichberechtigte Schulinsassen, selbst wenn sie, wie das kleine mongoloide Kind, außer ihrer Hilflosigkeit nichts beizusteuern hatten. Tüchtigkeit und Phantasie verbanden hier kranke und gesunde Kinder zu einer gedeihlichen Gemeinschaft, in der fünfzig kleine Leute zwischen zweieinhalb und fünf Jahren nicht nur unterrichtet, gefördert und gepflegt wurden, sondern auch ihre Hauptmahlzeit erhielten. Sieben Stunden hielten sich die Kinder täglich dort auf; Elly kam als Gast allerdings nur zweimal wöchentlich für eineinviertel Stunden.

Ich lernte in dem Kindergarten viel, vor allem, was Einfälle und

Findigkeit anlangt. Diesen Leuten schien nichts zu entgehen. Sie beobachteten Elly so genau, als hätten sie nichts anderes zu tun. Ellys Badewannen- und Waschbeckenfixierung, die nun schon ein paar Monate anhielt, hatte die Psychotherapeutin und mich sehr beschäftigt. Die Kindergartenleiterin hatte nur einmal gehört, daß Elly gern mit Wasser spielte, und als Elly das erstemal kam, fand sie Zuber, Tassen, Kessel und eine wasserdichte Schürze vor. Man hätte keine bessere Einführung wählen können. Elly war begeistert; sie gab fröhliche Vogellaute von sich, sie sang. Doch bald erschien ein kleiner Junge. Er wollte mitspielen. Elly hatte bisher natürlich immer nur nach eigenem Gutdünken gespielt und nie mit einem Kind ihres Alters. In den meisten Fällen nahm sie andere Kinder überhaupt nicht wahr, obwohl sie ihre Geschwister und Erwachsene jetzt oft beachtete. Diesen Jungen sah sie indessen sehr wohl. Sie scheuchte ihn mit scharfen, besorgten Lauten fort. Andere Kinder fanden sich ein. Elly kümmerte sich nicht um sie; sie benutzten das Wasser nicht. Der kleine Junge nahm den Kessel und goß das Wasser aus. Elly kreischte, sprang wild in die Höhe und stieß ein paar rhythmische Töne aus, die, wie ich wußte, unser «Jetzt ist es genug» imitierten. Gelassen sorgte die Leiterin dafür, daß das Spiel weiterging. Während eine andere Kindergärtnerin für die zuschauenden Kinder neue Beschäftigungen vorschlug, dachte sich Miss J. ein Wasch-Spiel aus, das Elly und der kleine Junge gemeinsam betreiben konnten. Elly beruhigte sich ein bißchen, und der kleine Junge verschwand ohnehin sehr bald. Nun war natürlich alles in Ordnung; als dann ein anderes Kind kam und sie wieder zu kreischen begann, erklärte Miss J. sehr freundlich, Elly habe noch nicht gelernt, etwas mit jemandem zu teilen, und ließ sie allein mit dem Bottich spielen. Die verbliebene Zeit war ganz dem Wasser gewidmet. Elly wurde des Bottichs überdrüssig, verließ das Spielzimmer und fand einen Wasserhahn, unter dem ein großer Eimer stand. Sie hatte ihn gesehen, als wir zu einem ersten Gespräch in den Kindergarten kamen. Es war kein Spielzeug – Kinder spielten normalerweise gar nicht in diesem Raum, der zugleich als Waschraum und Toilette diente und große Waschzuber, vier kleine, durch halboffene Vorhänge abgetrennte Toiletten und vier kleine Waschbecken enthielt. Hier durfte Elly unabhängig von den anderen Kindern spielen. Sie füllte den Eimer und leerte das schwere, unhandliche Gefäß (die schwache Elly!) in eine der kleinen Toiletten. Sie machte ihn zu voll und verschüttete ein wenig Wasser auf den Boden und ihre Hose. Sie weinte vor Zorn – ein ganz anderes Geräusch als ihre vorherigen ängstlichen, schrillen Schreie –, aber als das Wasser aufgewischt war, kehrte sie zu dem Eimer zurück. Nur vermied sie es jetzt sorgfältig, zu viel Wasser einzufüllen. Sie spielte in hermetischer Absonderung, bis ihre Zeit um war – abgesehen von einem Gang ins Spielzimmer, wo sie eine Puppe holte, um sie anschließend auf den Eimer zu setzen, und einer zweiten kurzen Unterbrechung, während der sie zusah, wie eine Kindergärtnerin Wasser in den Zuber einlaufen ließ. Sie wollte nicht fort, am Ende kehrte sie noch einmal zu dem Eimer zurück und leerte ihn in die Toilette. Miss J. sagte: «Auf Wiedersehen, Elly.» Keine Antwort. Sie beugte sich herab, näherte sich Ellys Gesicht. Elly sieht sie nicht. Sie küßt sie. Ellys Gesicht ist ausdruckslos. Wir gehen.

Ein wenig verheißungsvoller Anfang, aber zwei Tage später kommen wir wieder. Elly zögert – sie will nicht durch das Tor gehen. Ich trage sie hin, setze sie ab und warte. Sie läuft aus eigenem Antrieb hinein. Diesmal haben die aufmerksamen Beobachterinnen zwei Schüsseln bereitgestellt und zwei Puppen danebengelegt; so kann Elly ungestört neben einem anderen Kind mit ihrer Waschschüssel spielen. Doch es ergibt sich eine Schwierigkeit, die Miss J. nicht voraussehen konnte; daß Ellys Puppen im Bad sitzen und deshalb bewegliche Glieder haben müssen. Zufällig ist die Puppe des anderen Kindes so beschaffen, aber man kann Elly natürlich nicht gestatten, sie an sich zu reißen. Ich halte nach einer ähnlichen Puppe Ausschau, finde aber keine. Elly kreischt. Ruhig werden die Schüsseln und das Wasser fortgebracht, und man führt Elly an Spielsachen heran, die sie emotionell nicht so stark ansprechen.

Das nächste Mal konnte Elly ihre Wasser-Fixierung auf die kleinen Waschbecken übertragen. Dies war eine weniger isolierte Beschäftigung; sie beobachtete fasziniert, wie sich die Kinder die Hände wuschen, vor allem, weil die Rohre in einen offenen Abfluß führten, wo das Wasser sichtbar dahinschoß, sobald ein Stöpsel herausgezogen wurde. Als ein kleines Mädchen, dem Elly ein wenig abseits stehend zugeschaut hatte, fertig war, ging sie zu ihm und berührte seinen Arm. Sie wollte, daß es die ganze Prozedur noch einmal wiederholte. Ich erklärte es der Kleinen, die zuerst zögerte, dann aber einwilligte, nachdem ich hinzugefügt hatte, Elly bekäme vielleich mehr Mut, wenn sie ihr zusehen dürfe. Das zweite Kind, an das Elly das gleiche Ansinnen stellte, weigerte sich. Ich erbot mich, daß Becken selbst vollaufen zu lassen, doch das wollte Elly nicht. Statt dessen berührte sie das Kind noch einmal, und daraufhin tat ihr ein drittes kleines Mädchen, das die ganze Szene beobachtet hatte, ungefragt den Gefallen. Nun endlich wagte es Elly, selbst den Stöpsel hineinzustecken und das Wasser aufzudrehen; als der Stöpsel entfernt war, trat sie ein Stück zurück, um zuzuschauen, wie sich das Wasser in den Abfluß ergoß.

Die Kindergärtnerinnen mischten sich in diese Zwangshandlung nicht ein, nahmen sie aber zur Kenntnis. Elly begann jedesmal mit den Becken. Zuerst ließen sie sie so lange dort spielen, wie sie wollte, doch nach ein paar Malen fanden sie, Elly sei nun so weit, daß man diese Aktivität zugunsten einer freieren, ungebundeneren beschneiden könne. Der Kindergarten war sehr gut mit Spielzeug ausgestattet – meist einfache Dinge wie Bücher, Puzzlespiele, Wagen, Rutschbahnen, Malutensilien. Unlustig begann Elly, von den Kindergärtnerinnen ermuntert, all das zu erforschen. Es gab ein hohes, prächtig bemaltes und reich geschmücktes Schaukelpferd, auf dem Elly und andere Kinder, die sich für eine Weile zurückziehen wollten, sitzen und in rhythmischer Bewegung das Leben des Kindergartens überblicken konnten, ohne daran teilzunehmen. Nach einer gewissen Zeit kam stets eine Kindergärtnerin herbei, um das Kind, das zu lange allein gewesen war, wieder der Gemeinschaft zuzuführen und darauf zu achten, daß jeder, der schaukeln wollte, an die Reihe kam; manchmal sang sie auch das hübsche Schaukelpferdlied, das Ellys Leitmotiv für diese Schule wurde.

Wenn Elly ihren Platz einem anderen Kind abtreten mußte, kam sie herunter und ließ sich zum Spielen führen. Sie interessierte sich nicht mehr für Puzzles, obwohl sie sie jetzt ohne Schwierigkeit zusammensetzte. Sie strebte geradewegs der Puppenhaus-Badewanne zu, doch mit etwas Geschick konnte man ihre Aufmerksamkeit auf ein Spielzeugtelefon oder einen Wagen lenken. Sie probierte die Farben aus und bedeckte ein Blatt Papier mit ordentlichen Parallelen. Malzeug gab es auch bei uns zu Hause, aber monatelang hatte sie, ganz gleich, was für eine Taktik ich anwandte, nur Farben gemischt und sie von einem Gefäß ins andere gegossen. Hier, wo sie andere Kinder vor Staffeleien sah, malte sie fast jeden Tag ein Bild – abstrakte Figuren in reinen, unvermischten Farben.

Sie begann auf die Menschen um sich zu reagieren; nach zwei Wochen zeigte sie einer Kindergärtnerin mit strahlendem Lächeln ein Spielzeugpferd. Obschon sie auf die Kinder weniger achtete, war sie doch beim sechsten Mal bereit, das Wasser in dem Kübel mit jemandem zu teilen. Beim achten Mal beanspruchte sie nicht mehr die ganze Aufmerksamkeit einer Kindergärtnerin für sich. Nach vier Wochen legte mir Miss J. nahe, mich ins Büro zurückzuziehen; ich konnte Elly weiterhin durch die Glastrennwand beobachten, aber sie kam allein zurecht.

Elly gefiel der Kindergarten. Wenn sie auch vielleicht selbst nicht fähig war, die Monotonie ihrer Aktivitäten zu durchbrechen, so begrüßte sie doch jede Abwechslung, die von außen kam. Die Psychotherapeutin hatte mir empfohlen, Elly besonders nachsichtig und schonend zu behandeln, falls sie sich zu Hause nervös und gespannt zeigte. Sie war nicht nervös, doch ich konnte sehen, daß diese neue Erfahrung sehr unterschiedliche Gefühle in Elly auslöste. Zuerst war sie freudig erregt gewesen, wenn wir uns dem Gebäude näherten, aber als wir am sechsten Tag – in der dritten Woche – in eine Abzweigung einbogen, die sie, wiewohl zehn Minuten entfernt, als zum Kindergarten führend erkannte, sang sie einen Takt des Schaukelpferdliedes und begann bitterlich zu weinen. Sie weinte, bis wir ankamen. Ich parkte den Wagen wie immer auf der anderen Straßenseite und überlegte, was ich tun sollte. Es hatte doch so ausgesehen, als gefiele ihr der Kindergarten! Im übrigen konnte ich mich bei aller Toleranz der Kindergärtnerinnen nicht entschließen, ein weinendes Kind in das friedliche Gebäude zu bringen. Es würde besser sein, wenn sie aus freiem Willen hineinginge. Also blieb ich wartend sitzen, bis sie, noch immer weinend, selbst die Hand auf den Türgriff legte. Ich öffnete die Tür. Weinend trat sie ein wenig vor, um aus dem hohen Kleinbus gehoben zu werden. Ich stellte sie auf den Bürgersteig. Weinend machte sie sich daran, die Straße zu überqueren, das Tor zu öffnen, den Pfad entlangzulaufen, das Haus zu betreten. Drinnen angelangt, hörte sie zu weinen auf, und sie weinte kein zweites Mal mehr. Das nächste Mal wimmerte sie nur. Danach verlief die Fahrt zur Schule ohne Spannungen. Elly lernte, sie als selbstverständlich hinzunehmen.

Fünf Monate konnte Elly diesen Kindergarten besuchen. Dann mußten wir fort. Sie hätte ohnehin nicht viel länger bleiben können, denn einen Monat später, mit fünf Jahren, wäre sie altersmäßig schon nicht mehr akzeptabel gewesen. Es ist müßig, Spekulationen über die Fortschritte anzustellen, die sie dort hätte machen können. Miss J. hatte mir einen Jungen in Ellys Alter gezeigt, der spielte, redete, die Kindergärtnerin küßte und außer seinem eigenartig trippelnden Gang völlig normal wirkte. Zwei Jahre zuvor, so sagte sie mir, war er als stilles, scheues, verschlossenes Kind, das als taubstumm galt, aufgenommen worden. Die Kindergärtnerinnen bemerkten bald, daß er zusammenzuckte, wenn irgendwelche Gegenstände auf den Boden fielen; ganz allmählich – ich hatte die Methode ein wenig verfolgen können – war er an Aktivität und Sprache herangeführt worden. Miss J. war der Ansicht, Elly habe sehr viel mit James, so wie er damals war, gemein, und James kam im Herbst in eine normale Schule. Aber Elly war fünf, und James war zweieinhalb gewesen. Und weder Miss J. noch ich waren Diagnostiker – James' Behinderung mag sehr gut eine ganz andere gewesen sein. Nun, wir konnten, wie gesagt, ohnehin nicht bleiben. Doch wir hatten wertvolle Erfahrungen gesammelt, die wir mit nach Hause nahmen; Elly konnte nach unserer Rückkehr in die Kindergartenklasse einer hiesigen kleinen Privatschule eintreten. Sie ist seither ohne Unterbrechung zur Schule gegangen. Daß das möglich war, verdanken wir der Güte, Flexibilität und Intelligenz der englischen Spezialisten.

Wieder in Amerika, wandten wir uns, dem Rat der Psychotherapeutin folgend, an einen außerordentlich befähigten Psychiater, der sich kurz zuvor in einer nahegelegenen Stadt niedergelassen hatte. Wie immer in solchen Fällen, erschienen wir etwas befangen bei ihm, aber er empfing uns genauso freundlich und verständnisvoll wie seine englischen Fachkollegen. Wir hatten damit gerechnet, daß er uns eine therapeutische Betreuung für Elly vorschlagen würde, zumal sie nun wieder einen festen Wohnort hatte, und es war uns des zweifelhaften Erfolges und der hohen Kosten wegen nicht ganz wohl bei dem Gedanken gewesen. Doch er tat es nicht. Nach drei oder vier Sitzungen, in denen er sich ausschließlich mit Elly befaßte, empfahl er mir, daß ich sie weiterbetreuen sollte wie bisher. Er erklärte sogar, Elly hätte sich selbst im besten Internat für gestörte Kinder nicht positiver entwickeln können als bei uns zu Hause.

Ich suche ihn ein- oder zweimal jährlich mit Elly auf, und er sagt mir, in welchem Maße sie sich weiterentwickelt hat. Wir kämen ohne ihn nicht mehr aus. Er fungiert als Mittler zwischen uns und der Welt. Er versorgt uns mit Dokumenten, Klassifikationen, Terminologie – alledem, was die verwirrten Verwaltungsangestellten und Lehrer, die sich mit Elly befassen müssen, beruhigt. Welche Schule nähme sie auf, wenn nur ihre Eltern ein Wort für sie einlegten? So hat sie ihre Zeugnisse und Gutachten; sie hat einen Psychiater. Wir schwelgen in einer aufmunternden Unterstützung. Er war es, der mir vorschlug, dieses Buch zu schreiben.

Vielleicht gewinnt er eines Tages den Eindruck, daß eine psychoanalytische Behandlung nutzen könnte; bisher sind vier Jahre vergangen, ohne daß er es angeregt hätte. Auf jeden Fall akzeptiert er uns einstweilen als Partner für die Behandlung unseres Kindes. Er hält sich nicht für den privilegierten Hüter eines Geheimnisses, zu dem wir keinen Zugang haben, weil wir nicht dafür qualifiziert sind. Was immer uns seiner Ansicht nach helfen kann, teilt er uns mit. Und er tut alles, was in seiner Macht steht. Es ist zugleich wenig und viel.

Als wir nach unserer ersten Begegnung mit Spezialisten verletzt und enttäuscht zu Dr. Blank kamen, sagte er uns, wir hätten zu viel erwartet. Die Psychiatrie sei eine Gabe, keine Wissenschaft. Wir pflichteten ihm bei. Was wir erbeten und mit unglaublicher Naivität zu erlangen geglaubt hatten, war der Rat eines liebevollen, weisen und guten Menschen. Wir waren bekümmert und enttäuscht gewesen, als wir diesen Rat nicht erhielten. Doch wir hätten eigentlich gar nicht überrascht sein dürfen. Nur sehr wenige Leute sind weise und gut. Es ist ein bemerkenswerter Beweis für den amerikanischen Glauben an die Macht des Geldes, anzunehmen, daß es jemanden gibt, der Weisheit und Güte verkauft. Wir hatten kein Recht, schockiert darüber zu sein, daß wir diese Annehmlichkeiten bei unserem ersten Versuch nicht mit Dollars erstehen konnten. Müßten wir nicht vielmehr erstaunt und dankbar sein, daß einem Geld überhaupt Zugang zu den seltensten menschlichen Tugenden verschaffen kann, daß einige Psychiater weise und gut sind, echte Ratgeber, deren menschliche Qualitäten, wo nicht ihre Wissenschaft, zu einer Heilung beitragen können?

Die Laien   12

Es ist an sich einleuchtend, weshalb Psychiater Eltern als Mitarbeiter im allgemeinen wenig schätzen, auch wenn sie sie nicht auf Grund der Hypothese, daß ihre eigene pathologische Verfassung die des Kindes verursacht hat, in Patienten zu verwandeln suchen. Sie können nämlich noch eine Reihe anderer Gründe, darunter ein paar sehr gute, anführen, um die Fähigkeit der Eltern, ihr Kind richtig zu behandeln, zu bezweifeln. Selbst einen Außenstehenden mag es wundern, wie Vater und Mutter unter den hemmenden Umständen, die ihrer Stellung anhaften, eine Therapeutenrolle spielen können.

Vernünftiges Handeln setzt einen gewissen Abstand voraus, den Eltern bei einem Kind gar nicht haben können; ihre natürliche gefühlsmäßige Bindung wird durch die konstante körperliche Nähe noch verstärkt. Obwohl sie sich damit begnügen müssen, von einem Tag auf den anderen hinzuarbeiten, können sie es nicht vermeiden, in die Zukunft zu denken; es ist schwer, die vergebliche Frage «Was wird aus ihm und uns werden?» zu unterdrücken. Da soviel auf dem Spiel steht, können sie dazu verleitet werden, einen Zwang auf das Kind auszuüben, wozu das Familienleben zahllose Gelegenheiten bietet. Wo ihre Verbundenheit und ihre Besorgnis keine nervöse, schädliche, übertriebene Aktivität auslösen, kann die entgegengesetzte Möglichkeit subtilere Probleme heraufbeschwören: Da sie ihr Kind lieben, sind sie unter Umständen nicht hinlänglich gegen die Mißachtung und Zurückweisung gewappnet, die jeder, der mit gestörten Kindern arbeitet, erwarten muß, gegen die Ablehnung, die einem vorsätzlich erscheint, obwohl man weiß, daß sie es nicht ist. So viele nicht akzeptierte Vorschläge; so viele ungehörte Worte; das Lächeln, das übersehen wird; Berührungen, auf die keine

Reaktion kommt – bei alledem besteht die Gefahr, daß die Eltern am Ende viel zu verwundet sind, um einen neuen Angriff zu wagen, denn Zurückweisung schmerzt immer, auch wenn man sich daran gewöhnt hat. Und noch etwas kann ein Hindernis darstellen – die Tatsache, daß es für Menschen, die keine Spezialausbildung genossen haben, schwer ist zu wissen, was getan werden muß.

Kein Vater, keine Mutter wird diese Handikaps abstreiten – sie kennen sie viel zu gut. Doch nachdem wir Eltern in der klinischen Literatur nur wenig Lob gefunden haben, ist es an uns, unsere Handikaps in die rechte Perspektive zu rücken. Da wir uns ihrer bewußt sind, können wir lernen, sie zu überwinden. Und wir sollten erkennen, daß sie durch besondere Vorteile, die selbst der beste Psychiater nicht hat, ausgeglichen werden können.

Der erste dieser Vorteile ist ein sehr wesentlicher: die absolute Vertrautheit mit dem Fall von Geburt an. Jeder Kinderpsychiater, der sich mit der Vergangenheit seines kleinen Patienten befaßt, ist auf das angewiesen, was die Eltern ihm erzählen, mag er auch von vornherein entschlossen sein, die Hälfte abzustreichen. Selbst wenn es ihm gelingt, dem kindlichen Bewußtsein eine flüchtige Erinnerung zu entlocken, die sein Bild abrundet, muß er doch den Details im Lebenslauf des Kindes nachgehen, um den Sinn dessen zu erfassen, was er gefunden hat. Und seine Quelle für diese Details werden fast immer die Eltern des Kindes sein. Je kleiner das Kind, um so sicherer ist das der Fall, vor allem, wenn sein Sprechvermögen beeinträchtigt ist und der Therapeut sich auf Gedankenlesen beschränken muß. Die Eltern eines psychotischen Kindes sind für den Psychiater, was Informationen anbetrifft, eine wahre Fundgrube, die er schon aus zeitlichen Gründen niemals ganz erschöpfen kann. Wenn ein Gegenstand oder ein Ort für das Kind eine Fixierung ist – wer außer den Eltern weiß über deren Ursprünge Bescheid? Wer kennt die charakteristische Einstellung des Kindes gegenüber Essen, Schlaf, Spiel so gut wie sie? Wer außer ihnen kann sagen, was es bedroht und was es erfreut hat? Doch wieviel von dem, was sie an möglichen bedeutsamen Fakten wissen, kommt dem Psychiater je zu Ohren? Psychiater und Eltern erforschen beide ein unbekanntes

Land, aber die Eltern haben zumindest eine Karte, auf der die wesentlichen Markierungen eingetragen sind. Sie wissen vielleicht nicht alles, was sie wissen müßten, aber sie wissen mehr als jeder andere. Solange sich das Kind normal entwickelt und sie ihr Wissen nicht brauchen, werden sie möglicherweise gar nicht gewahr, daß sie darüber verfügen. Doch wenn der Zeitpunkt kommt, ist es da und kann genutzt werden.

Der zweite Vorteil ist eine andere Version des ersten: Genauso, wie die Eltern die Vergangenheit des Kindes besser kennen, als ein Arzt es jemals vermag, wissen sie auch mehr von seiner Gegenwart. Sie können das Kind in all den mannigfaltigen Situationen, denen es ausgesetzt ist, beobachten, nicht nur in der künstlichen Situation einer therapeutischen Sitzung. Die Konflikte und Ängste der Kinder enthüllen sich dem erfahrenen Psychotherapeuten durch den Verdrängungsmechanismus; Geschwisterrivalität wird durch die Puppenfamilie sichtbar, mit der jeder Therapie-Raum ausgestattet ist. Probleme des Reinlichkeitstrainings durch die Miniaturtoilette im Puppenhaus. Auch der Vater oder die Mutter können Spielsachen verwenden lernen, aber sie dienen ihnen mehr zur Anregung des Kindes als zu diagnostischen Zwecken, weil ihnen dafür ja die unmittelbare Beobachtung zur Verfügung steht. Sie wissen, wie ihr Kind auf seine Brüder und Schwestern, auf die Großeltern, die Lehrer, auf Besucher reagiert. Vor allem die Mutter weiß, wie sich das Kind beim Frühstück und im Bad verhält, wie es Belastungen erträgt, wie es sich auf einer Party, im Supermarkt, im Zirkus benimmt. Sie bemerkt eher als der beste Psychiater eine Abweichung vom gewöhnlichen Verhalten, die eine neue Erklärung anbietet oder ein neues Stadium einleitet. Ich habe im vorherigen Kapitel geschildert, wie Elly plötzlich in eine Gruppe Schulkinder hineinrannte und was wir – Mutter und Psychotherapeutin – gemeinsam daraus machten. Ein solcher Moment hätte sich in einer therapeutischen Sitzung nie ergeben können.

Eltern sind *da*. Weil sie da sind, können sie handeln, sobald das Kind eine entsprechende Bereitschaft zeigt. In den ersten Lebensjahren steht fast immer ein Elternteil in wirklichem oder möglichem Kontakt mit dem Kind, vierundzwanzig Stunden lang. In Büchern über Kindertherapie heißt es immer wieder, daß die Erfahrungen des Schlafenlegens, des Fütterns und des Weckens für ein Kind besonders wesentlich sind. Man braucht erfahrenen Eltern auch nicht zu sagen, wann ihr Kind am empfänglichsten ist. Ihr durch Generationen hindurch überliefertes Wissen ist in den Rhythmus des Familienlebens eingegangen und kommt in den Riten der Familienmahlzeit und der Geschichte vor dem Einschlafen zum Ausdruck. Sogar Elly lächelte mich an, wenn ich sie morgens aus dem Bett hob.

Wenn man vierundzwanzig Stunden lang Kontakt hat, kann bei jeder Erfahrung ihre mögliche Verwertbarkeit erwogen werden. Der Alltag liefert einem weit mehr Material, als man sich selbst ausdenken könnte – eine Fahrt zum Milchgeschäft (es war bei einer solchen Gelegenheit, daß Elly zum erstenmal aus eigenem Antrieb in den Wagen stieg), zur Bäckerei, wo einem eine freundliche Frau einen Keks reicht und Elly «danke» zu sagen beginnt, der Besuch eines kleinen Mädchens, das Erdnußbutter ißt, worauf Elly sie ebenfalls zu essen anfängt. Kehrichtschaufeln, Spülbecken, Kieselsteine, eine Schale mit Cornflakes – in alledem liegen Lektionen verborgen. Und wenn man ein Kind seit seiner Geburt kennt, hat man eine ebensogute Basis wie jeder andere, um zu beurteilen, welche dieser Erfahrungen ein Kind bereits nutzen kann und welche nicht. Sein Zurückweisen, eine gewisse Schärfe in der Stimme lehren einen den Unterschied zwischen Anreiz und Druck.

Das intime Vertrautsein mit dem Kind ist ein Vorteil, dessen Ausmaß mir erst nach und nach klarwurde. Man kennt sein Kind, und man kennt auch seinen Ehepartner und seine Familie. Natürlich nimmt man die zum Teil beträchtlichen individuellen Unterschiede in der Familie wahr, aber auch etwas, was weniger offenkundig ist – die Züge, in denen sich die einzelnen Mitglieder gleichen, die Verhaltensmuster, die die Eltern bei allen ihren Kindern, seien sie gesund oder krank, und auch bei sich selbst feststellen. Mein Mann erinnerte sich, daß er als Kind sein Gitterbett genau wie Elly hin und her bewegte, bis es festgenagelt wurde. Eine gewisse Passivität war auch uns nicht fremd. Ellys physische Behutsamkeit wurde von uns allen geteilt, nur daß sie bei uns nicht ins Krankhafte überging. Wenn ich mir Elly betrachtete, dachte ich an Sara, die selbst als Baby nie einen Fremdkörper in den Mund nahm, und an Becky, die weinte, als ich sie zwang, den Wasserhahn aufzudrehen. Der kräftige Matt, dessen Bewegungen so perfekt ineinanderzuwirken schienen, war vier, als er endlich lernte, so fest auf die Pedale seines Dreirads zu treten, damit es fuhr. Meine Kinder öffneten ebensowenig wie ich als Kind Arzneiflaschen oder untersuchten ohne Erlaubnis Schränke oder Gefäße. Alle schwenkten, wenn sie erregt waren, auf eine verkrampfte Weise, wie man sie in anderen Familien nicht sah, die Arme. Alle scheuten sich davor, Druck anzuwenden; lange vor Ellys Geburt hatte es mich insgeheim wütend gemacht, daß drei gesunde Kinder «Mami» riefen, weil eine Tür etwas sperrig war. Wir stürzen uns nicht einfach ins Leben. Insgesamt haben wir sechs hundertvierzig Jahre gelebt (einen Großteil davon natürlich gleichzeitig). Der einzige Knochen, der bei uns zu Bruch ging, war eine große Zehe, und unser Medizinschrank enthält kein antiseptisches Mittel.

In gewisser Weise gehörte Elly also in unsere Familie. Sie hätte meine energische Nachbarin zur Verzweiflung gebracht, genauso wie die Vitalität der Nachbarskinder zuviel für mich gewesen wäre. Jede Therapie beginnt damit, daß man den anderen akzeptiert. Wir alle konnten Elly leichter akzeptieren, weil wir sie in uns selbst wiederfanden.

Diese profunde Kenntnis des Kindes in seiner Umgebung gipfelt darin, daß die Eltern seine Sprache kennen. Vielleicht ist das der bedeutendste aller Vorteile, die sie haben. In erster Linie verhindern Verständigungsprobleme die Arbeit mit Kindern, die entweder sehr klein sind oder aus einem anderen Grund nur schlecht oder gar nicht sprechen können. Und gerade die Kommunikationsschwierigkeit ist ein Maßstab dafür, wie dringend ein Kind Hilfe braucht.

Die Eltern – und ihre Verbündeten, die anderen Kinder und Haushaltshilfen, die in gewissem Grade alle die gleichen Vorteile haben – kennen die Sprache des Kindes. Sie haben sie auf natürlichem Weg gelernt, Monate und Jahre hindurch, Geste für Geste, Laut für Laut, Wort (endlich) für Wort. Sie haben eine spezielle Intuition entwickelt, um den Sinn der kindlichen Sprache schneller und treffsicherer zu erfassen, als es ein Fremder je vermag. Sie hören die Angst aus dem schrillen Kreischen heraus, das der Außenstehende nicht von Gelächter unterscheiden kann; sie wissen, daß Durch-das-Zimmer-Laufen oder Auf-und-ab-Hüpfen Zustimmung ausdrückt. Sie verstehen das neue Wort in seiner fluktuierenden Unklarheit, weil sie es in der Situation kennengelernt haben, aus der es hervorgegangen ist – und wenn es gefühlsmäßige oder symbolische Obertöne enthält, so können allenfalls sie das wissen. Erst in ihrem fünften Lebensjahr begann sich Elly in größerem Umfang Wörter anzueignen, und was sie an Zahl gewannen, büßten sie an Klarheit ein. Wie hätte ein Fremder ein Kind verstehen wollen, das «Buh» für sechs verschiedene Wörter von «Baby» bis «Fisch» gebrauchte? In jenem Sommer in Österreich sagte Elly «Huh» und weinte vor Enttäuschung, wenn wir nicht aus dem Zusammenhang errieten, ob sie wollte, daß wir ein Haus, eine Hand, eine Henne, einen Hut oder ein Pferd (engl. *horse*) zeichneten. (Wenn *wir* dieses «Huh» imitierten, war sie nie befriedigt; sie hörte die feinen Unterschiede heraus.) Ist es denkbar, daß sich Elly unter der Anleitung eines geschickten Menschen, der sich *nicht* auf ein elementares Verständnis ihrer Sprache stützen konnte, bemüht hätte, deutlich zu sprechen? Wir versuchten das damals, indem wir freundlich sagten, wir könnten sie nicht verstehen, und darauf warteten, daß ihre Enttäuschung darüber eine bessere Aussprache bewirkte. Aber sie war noch nicht soweit; Kommunikation interessierte sie nicht genug, um eine Motivation zu schaffen. Jetzt, vier Jahre später, zeigen sich hier die ersten Ansätze – allerdings auch nur Ansätze.

Wenn Elly mit fünf Jahren zu einem Psychiater in Behandlung gekommen wäre (und selbst das wäre Jahre nach dem Beginn ihrer Fehlentwicklung gewesen), hätte er Monate gebraucht, um ihre Sprache zu lernen, und auch dann wäre er in ihrer Welt immer nur Gast geblieben, hätte nie dazugehört. Und angenommen, er hätte durch einen übernatürlichen Sprachinstinkt erkannt, daß «Ih-ih huh» «England-Haus» hieß, so hätte er es dennoch kaum als das Verlangen interpretiert, ein Haus, an das sie sich erinnerte, gezeichnet zu sehen, und er wäre nicht imstand gewesen, ihre Enttäuschung über sein Versagen zu entschlüsseln. Wie viele Auslegungen mißlingen, weil jenes Wissen, das alle Eltern haben, fehlt? Als die englische Psychotherapeutin hörte, daß Elly einmal Pipi gesagt hatte, verwies sie das Wort in den Bereich der Toilette. *Ich* wußte aber, daß sie es ausgesprochen hatte, als sie unseren Nachbarsjungen Peter sah, und daß sie das übliche Pipi nie gehört hatte und demzufolge auch nicht hätte gebrauchen können. Es war kein besonderes Verdienst meinerseits; ich kannte lediglich ihre Sprache.

Gute Psychotherapeuten erreichen ohne sprachliche Mittel, allein mit Gegenständen und Spielmethoden schon erstaunlich viel. Aber einmal müssen sie zu Worten gelangen; wenn das Kind in eine sprechende Welt eintreten soll, müssen sie seine Sprache mit ihm erwerben, bis es die normale sprechen kann. Als ich die fünfjährige Elly zu ihrem jetzigen Psychiater brachte, merkte er gleich, daß er sehr lange brauchen würde, um sie auch nur einigermaßen zu verstehen. Das war einer der Hauptgründe, weshalb er sie mir überließ. In einem so schweren Fall sei jeder therapeutische Prozeß langwierig, erklärte er mir, und der Erfolg ungewiß. Er brauchte nicht hinzuzufügen, daß psychiatrische Hilfe teuer ist. Das wußte ich. Ein weiterer Vorteil der häuslichen Therapie. Die Eltern arbeiten umsonst.

Es wäre vielleicht eleganter, diesen Punkt zu übergehen, vor allem da wir in der bevorzugten Lage waren, ihn nicht als ausschlaggebend betrachten zu müssen. Aber sehr viele Eltern sind weniger begünstigt. Kinder mit schweren Schäden brauchen eine intensive Therapie. Doch die Kosten einer Behandlung, die sich über Jahre hinaus erstreckt, können nur wohlhabende Eltern tragen, und selbst sie nicht mühelos. So bleibt der Familie, die sich keine oder keine langwierige Therapie leisten kann, nur die Möglichkeit, sie selbst zu übernehmen.

Der letzte Vorteil, den Eltern und auch andere Laien haben, mag sehr gut eine gewisse Demut sein. Diese Demut erwächst ihnen daraus, daß sie sich bewußt sind, keine Spezialisten zu sein, und mehr noch aus dem täglich und stündlich verstärkten Gespür für die Mysterien und Ungewißheiten des Zustandes, dem sie sich gegenübersehen. Immer wieder werden sie zu einer Erklärung gelangen, die plausibel erscheint, bis die Tatsache auftaucht, die ihr widerspricht. Da sich ihr Leben im Bereich der Fragen abspielt, auf die es keine Antworten gibt, gehen sie natürlicherweise von Erfahrungen aus. Sie haben gelernt, sich vorwärtszutasten; sie haben es nicht nur aus ihrer Erfahrung mit einem anormalen Kind gelernt, sondern auch aus dem Umgang mit normalen Kindern. Jahre vor Ellys Geburt erzählte mir eine Freundin im Verlauf einer jener Mutter-zu-Mutter-Plaudereien, durch die elterliche Erfahrungen Verbreitung finden, eine Geschichte. Sie enthielt eine gute Lehre, und ich möchte sie deshalb hier wiedergeben.

Meine Freundin und ihr Mann waren auf einer Reise, die sie mit ihren Kindern unternahmen, in Deutschland angekommen. Sie wollten eine Großtante des Ehemanns besuchen, die sie nie gesehen hatten und nur aus spärlichem Briefwechsel kannten. Seine Eltern hatten Deutschland schon sechzig Jahre zuvor verlassen; die jungen Amerikaner sahen dem Besuch mit einer gewissen Nervosität entgegen, weil sie befürchteten, daß die ungehinderte Spontaneität moderner Intellektuellenkinder bei deutschen Damen einer früheren Generation Anstoß erregen könnte. Deshalb waren sie erleichtert, als die alte Tante bei ihrer Ankunft vorschlug, die Kinder sollten im Garten spielen, während sich die Erwachsenen im Haus unterhielten. Nach ein paar Minuten wollte die Mutter nach dem Rechten sehen und fand zu ihrer Bestürzung ihren vierjährigen Sohn neben einer zerbrochenen Sonnenuhr. Als tolerante und verständnisvolle Mutter setzte sie ihm freundlich auseinander, jedermann wisse, daß ein solches Mißgeschick passieren könne und daß kleine Jungen Fehler machten; es sei aber viel besser, sich dazu zu bekennen, als so zu tun, als wäre man es nicht gewesen. Hand in Hand gingen sie hinein, und der kleine Junge sagte zu seiner Tante, es tue ihm schrecklich leid, daß er ihre Sonnenuhr kaputtgemacht habe.

Die alte Dame betrachtete ihre jungen Verwandten belustigt und ein wenig verwirrt und erwiderte, die Sonnenuhr sei schon seit Jahren zerbrochen.

Ellys Fassungsvermögen ist noch immer zu primitiv, als daß es mich dazu verleiten könnte, ihr eine Interpretation ihres Benehmens zu liefern; dies «Warum» und «Weil» des menschlichen Handelns sind Wörter und Realitäten, die sie noch nicht versteht. Aber selbst wenn sie dazu fähig wäre, würde ich es mir lange und gut überlegen, bevor ich sie über die Hintergründe ihrer eigenen Handlungen aufklärte; die zitierte Episode hat mir gezeigt, wie leicht es für einen bewunderten Erwachsenen ist, ein Kind von seiner eigenen Interpretation zu überzeugen. Nicht alle Psychotherapeuten sind so vorsichtig wie meine englische Freundin, die mich vor «Konstruktionen» warnte. In den Krankengeschichten, die ich gelesen habe, bin ich auf brillante, findige Deutungen gestoßen, und je scharfsinniger sie sind, um so mehr erschrecken sie mich. Eine Interpretation muß ziemlich offenkundig sein, wenn man sie bedenkenlos anbieten will. Ich habe von einem kleinen Mädchen gelesen, nicht älter als Elly und in der Sprache ebenso zurückgeblieben, dessen Psychiater aus obskuren Wörtern und Handlungen schloß, es fürchte, seine Mutter gekränkt zu haben. Möglicherweise traf das zu. Niemand fand es heraus, denn das Kind wurde nicht geheilt. Ein wenig Demut ist auf jeden Fall gut; wenn ein Psychotherapeut erklärt, daß sich ein Kind beispielsweise schuldig fühlt, kann er es von einem Druck befreien, mit dem es nicht fertig wird, er kann ihm aber auch Schuldgefühle einflößen, die es nie zuvor empfunden hatte. Eltern, die ein Kind so viel häufiger sehen als der Therapeut, sind mit Interpretationen sparsam, einmal, weil ihnen die entsprechende Ausbildung dafür fehlt, und zum anderen, weil sie sich ihres Eintauchens in eine komplexe Realität bewußt sind, die diese Interpretationen jederzeit als vereinfacht, schädlich oder falsch entlarven kann. Man kann genauso gut zu viel wie zu wenig wissen.

Und ich will keineswegs bestreiten, daß Eltern zu wenig wissen. Es liegt mir auch fern, Unwissenheit zu einer Tugend machen zu wollen; das ist sie nur unter der sehr speziellen Gegebenheit, daß die Spezialisten «so viele Dinge wissen, die nicht so sind», wie der Humorist Mark Twain von der Menschheit im allgemeinen feststellt. Und wenn auch viele von ihnen über Kastrationskomplexe, Masturbation, Zurückweisung durch die Eltern und dergleichen eine Menge wissen, was in besonderen Fällen nicht anwendbar ist, so wissen sie doch ungeheuer viel, was zutrifft, und das müssen die Eltern lernen. Der berühmte Kinderpsychiater Bruno Bettelheim, dessen Therapie für gestörte Kinder auf einer völligen Trennung von den Eltern beruht, hat geschrieben: *Liebe ist nicht genug*, und er hat recht. Man muß auch wissen, *wie* man lieben muß. Ich will das Wissen der Psychotherapeuten durchaus nicht herabsetzen, ich möchte nur, daß sie die Eltern daran teilhaben lassen.

Ich lernte das, was ich lernen mußte, von Elly und mit ihr zusammen – langsam und mühevoll. Aber ich hätte schneller, gründlicher und kontinuierlicher gelernt, wenn ich von Anfang an mit tüchtigen und mitfühlenden Spezialisten in Kontakt gewesen wäre. Als ich später Krankengeschichten las, tröstete es mich, zu sehen, daß die Spezialisten im Grunde auch nichts anderes taten als ich selbst. Sie mögen Theorien haben, nach denen sie sich richten können, doch diese Theorien führten zu keiner allgemein akzeptierten Therapie. Qualifizierte Experten, die sich mit Kindern wie Elly befaßten, versuchten es mit medikamentöser und Schock-Behandlung, Massage, sämtlichen spieltherapeutischen Mitteln – sogar mit Liebe. Aber sie standen in Kontakt zueinander und zu der Fachliteratur, während wir allein waren. Kein Mensch, ganz gleich, ob er eine entsprechende Ausbildung erhalten hat oder nicht, denkt an alles oder auch nur an die vollzählige Reihe der begrenzten Möglichkeiten, die für einen bestimmten Fall in Frage kommen. Insofern kam es mir sehr zugute, daß ich jene deprimierenden Krankenberichte gelesen hatte und die Spezialisten des Instituts sowie die englische Psychotherapeutin im Umgang mit Elly beobachten konnte. Vier Stunden im Institut, vier mit der englischen Psychotherapeutin – das war meine gesamte Ausbildung, bis Elly viereinhalb Jahre alt war. Dann etwa fünfzehn Stunden in dem hervorragenden Kindergarten – wenn sie nur früher gekommen wären! Später schlug Ellys jetziger Psychiater vor, daß ich eine New Yorker Sonderschule für ernsthaft gestörte Kinder[*] besuchen sollte, wo ich freundlich aufgenommen wurde und in einem Tag Anregungen für die Arbeit von Monaten sammelte. Diese Erfahrungen waren die wertvollste Hilfe, die ich finden konnte, aber nur die letzte war geplant und mir empfohlen worden. Die anderen ergaben sich fast zufällig, und es waren insgesamt viel zu wenige. Man hätte mir von berufener Seite aus der Kenntnis des Problems heraus zu viel mehr solchen Erfahrungen verhelfen können. Es lag mir fern, professionelles Wissen zu unterschätzen; ich wollte nur, daß mich die Experten bei ihrer Arbeit zuschauen ließen. Doch dieses Begehren war absolut unüblich, und ich brauchte Jahre, bis ich so weit gelangte, daß ich es aussprechen konnte. Zu der Zeit, als es am dringendsten notwendig gewesen wäre, sah ich keine Möglichkeit, es kundzutun, und ich kann mir im übrigen vorstellen, wie man mein Ansinnen an einem Ort aufgenommen hätte, wo man mir sagte, Krankengeschichten seien nicht gut für mich. Dennoch ist es in unserer fortgeschrittenen Zeit seltsam, daß eine Mutter auf ihre eigenen Einfälle und die Aufschlüsse angewiesen ist, die sie Zeitungsartikeln und Biographien von Annie Sullivan entnehmen kann.

Die Eltern anormaler Kinder brauchen Hilfe, aber nicht als Patienten. Die Unterstützung, die sie benötigen, ist von anderer Art. Sie müssen vor allem die Möglichkeit zum Lernen erhalten. Selbst diejenigen Psychiater, die mir nicht von Fachliteratur abrieten, förderten Lektüre nicht, und sie gaben mir auch keinerlei Hinweise, wo ich in diesem großen, mir fast gänzlich unbekannten Gebiet durch eigene Anschauung etwas hätte gewinnen können. Und obschon ich aus dem Lesestoff, der mir zufällig in die Hände fiel, einiges lernte – wieviel mehr hätte ich aus der Beobachtung lernen können? Ich plädiere dafür, daß die Schranken, die Eltern und Spezialisten trennen, niedergerissen werden. Warum gewährt man

[*] Es handelt sich um die berühmte «League School for Seriously Disturbed Children» von Dr. Carl Fenichel.

den Eltern keinen Zutritt zu den Therapie-Räumen und Sonderschulen? Die Schwierigkeiten sind offenkundig, aber sie können überwunden werden. Die Gegenwart eines Beobachters kann die Therapie unterbrechen, und Kinder – vor allem anderer Leute Kinder – können nicht zu Meerschweinchen degradiert werden? Richtig. Doch man kann ja Mikrophone und Einweg-Glasscheiben verwenden. Ein ungeübter Beobachter versteht nicht, was er sieht? Gut, dann muß eben die Sitzung mit der Sozialhelferin oder dem Psychotherapeuten in eine Frage-und-Antwort-Ausbildungsperiode verwandelt werden. Wenn die Reaktionen der Mutter eine Analyse erforderlich machen, so werden sie durch die gemeinsam erlebten Erfahrungen im Therapieraum für beide Teile besser verständlich, als wenn sie vage aus Erinnerungen und Träumen rekonstruiert werden. Es gibt Mütter und Väter, deren Persönlichkeit sie gänzlich ungeeignet für diese Arbeit macht? Natürlich, das kommt bestimmt oft vor. Absolut ungeeignete Eltern werden aber auch kaum Wert auf eine solche Ausbildung legen. Und wenn sie es tun, dann kann man sie ja ausschließen, sobald ihre Untauglichkeit erwiesen ist.

Schwere geistige Schäden bei Kindern sind viel zu weit verbreitet, als daß eine intensive Behandlung durch Spezialisten in jedem Fall möglich wäre. Das heißt aber, daß man Laien ausbilden muß – es sei denn, man will völlig resignieren. Vor allem muß man die Eltern unterweisen, damit sie das, was sie sowieso tun müssen, mit Geschick und größtmöglichem Erfolg tun. Mütter (und Väter, die Zeit haben) werden willige Schüler sein – wie alle Menschen, die etwas lernen, was sie dringend brauchen. Und es kann vorkommen, daß sie das, was sie gelernt haben, später nutzen können, um anderen zu helfen.

Ich habe bisher von den besonderen Vorteilen gesprochen, die die Eltern anormaler Kinder haben. Es gibt aber noch einen anderen Vorteil, den ich nicht unerwähnt lassen darf. Es ist kein spezieller – er ist sogar so alltäglich, daß man ihn leicht übersieht oder für unwichtig hält. Es ist die generelle Erfahrung, über die bereits die Eltern normaler Kinder verfügen. Ich habe mir angewöhnt, geistige Gesundheit und Krankheit nicht als getrennte Zustände zu betrachten, wie sie die Worte zu beschreiben scheinen, sondern nur als Gradunterschiede. Die Bedürfnisse der Kranken sind vordringlicher als die der Gesunden, aber es sind im Grund dieselben. Kranke Kinder müssen akzeptiert, versorgt, getröstet, korrigiert werden – wie die gesunden. Und was am wichtigsten ist, sie müssen, wie alle Kinder – wie alle Menschen überhaupt – respektiert werden. Gute Eltern haben keinen anderen Zauberschlüssel für den Umgang mit Kindern als einen überaus simplen: das Bemühen, jede Situation vom Standpunkt des Kindes zu sehen. Manchen Leuten gelingt das instinktiv, aber es ist eine Technik, die auch erlernbar ist.

Das Kind ist krank, seine Denkprozesse sind unvollständig, verzerrt? Wir alle dürften gelegentlich krank sein, und Verzerrung und Unvollständigkeit sind uns nicht fremd. Da unsere Kinder uns meist ein wenig ähneln, ist uns sogar ein besonderer Einblick möglich, weil er ja auf der Kenntnis unserer eigenen Person gründet. Unsere Kindheitserinnerungen helfen uns, die unserer Kinder zu verstehen.

Ich sehe ein kleines Mädchen vor mir, sieben Jahre alt, bis zur Unfähigkeit schüchtern und so verkrampft, daß die alltäglichsten Situationen Übelkeit und Erbrechen hervorrufen konnten. Ich erinnere mich an einen Vater, der dem kleinen Mädchen weniger aus täglicher Vertrautheit als aus despotischen Übergriffen bekannt war – Übergriffen, die Furcht und Mißtrauen weckten, ohne daß das Kind dies hätte bekennen können, weil Kinder ja schon früh lernen, daß man den Vater lieben muß. Ich erinnere mich an ein Wochenende, an dem eine so akute Krise eintrat, daß ein Arzt gerufen werden mußte: Das kleine Mädchen hatte zwei Tage lang nichts bei sich behalten können, und der Arzt und die Mutter waren – in der Hoffnung, die Spannung würde von selbst nachlassen – übereingekommen, es nicht zum Essen zu zwingen. Ich vergesse nie, wie plötzlich der Vater ganz unerwartet in der Küche erschien, groß, gutaussehend, entschlossen. *Er* würde das Kind schon zum Essen bringen, diese Leute hatten ja keine Ahnung, es kam nur darauf an, wie man es anfing. Er würde eigenhändig ein einfaches, schmackhaftes Mahl zubereiten, dessen Anblick den

Gaumen reizte. Dann könnten sie sehen, wie sie *ihm* zuliebe essen würde.

Und tatsächlich, sie aß, während er neben ihr stand; sie aß bis zum letzten bißchen Apfelbrei alles auf und kämpfte bei jedem Löffel mit einem würgenden Brechreiz. Auf diese Weise dachte sie ihn zufriedenzustellen, ihm zu geben, was er wollte, damit er sie in Ruhe ließ und sie nie mehr zu essen brauchte, solange sie nicht dazu fähig war. Sie konnte nicht ahnen, daß er danach glauben würde, sie könnte immer tun, was sie einmal getan habe; sie konnte nicht wissen, daß er ein echtes, erschreckendes Unvermögen (das sie ihr ganzes Leben hindurch begleitete) als die Laune eines verzogenen Kindes betrachten würde. Auch diese Erinnerung ist Teil meiner Erziehung. Sie lehrte mich, als ich selbst Kinder hatte, Heroismus nicht mit Stärke zu verwechseln. Respekt muß aus Kenntnis erwachsen – man muß wissen, was ein Kind tun kann und was ihm im Augenblick oder vielleicht für immer unmöglich ist. Als Elly kam, machte ich mir zum Prinzip, was ich so lange zuvor schon gelernt hatte: Gelangt ein Kind einmal auf Grund einer ungewöhnlichen Motivation zu einer unerwarteten Leistung, so darf man es nicht auf dieses Leistungsniveau festlegen; denn die eine Anstrengung kann seine Kraft bis zum Letzten beansprucht haben.

Jeder Vater, jede Mutter ist einmal ein Kind gewesen und wahrscheinlich sogar ein Kind, das dem eigenen nicht unähnlich war. Alle Eltern können sich an Vorfälle erinnern, die ihnen helfen, die Verwundbarkeit oder Stärke ihrer Kinder abzuschätzen. Die Kindererziehung ist eine Übung in Selbsterkenntnis und der daraus entspringenden Achtung vor dem anderen. All jene unzähligen Familien, die verhältnismäßig glücklich leben, sind ein Beweis dafür, daß normale Eltern intuitiv um dieses Prinzip der Achtung wissen. Sie sind in vielen Dingen erfahren, doch was jede ihrer Handlungen durchdringt, ist ihr Geschick in der Anwendung jener goldenen Regel, die alle persönlichen Beziehungen lenkt. Das Familienleben ist die erste Schule, in der wir die Methoden der Liebe lernen, und wenn sie auch nicht perfekt ist, so kenne ich doch keine bessere.

Ich habe nicht gewagt, in meine Liste der elterlichen Vorteile die Liebe der Eltern zu ihrem Kind aufzunehmen. Liebe ist nicht nur nicht genug – man hat uns sogar beinahe davon überzeugt, daß sie ein Nachteil ist. Doch ich kann nicht glauben, daß wir für die Arbeit mit unserem Kind nicht taugen, weil wir es lieben. Auch wenn man liebt, kann man lernen, Abstand zu wahren und objektiv zu sein. Die Psychiater arbeiten selbst mit Liebe – nur daß sie in ihrer seltsamen Sprache Übertragung heißt. Sie wird gewöhnlich als Liebe des Patienten zum Therapeuten verstanden, aber die Psychiater haben von ihrem Meister Freud gelernt, daß sie in beiden Richtungen wirksam ist und sie den Menschen, dem sie helfen, ebenfalls lieben. Um aber zu verhindern, daß sie die Kraft der umgekehrten Übertragung auszehrt, haben die Psychiater gelernt, der therapeutischen Beziehung Grenzen zu setzen, und es ist unter anderem dieses Wissen, das sie den Eltern vermitteln können. Sie haben auch die Gefahren einer Liebe erkennen gelernt, die das Geschöpf, dem sie zugewandt ist, zur Befriedigung ihrer eigenen Bedürfnisse benutzt. Eltern können tatsächlich ihre Kinder ausbeuten, um ihr persönliches Ego aufzubauen, genauso wie Lehrer ihre Schüler, Pfarrer ihre Gemeindemitglieder, Psychiater ihre Patienten – Eltern haben kein Monopol im Mißbrauch einer engen menschlichen Beziehung inne. Wenn Liebe helfen kann, so kann sie auch schaden. Den meisten von uns begegnet diese Art Liebe zum erstenmal in der Schule des Familienlebens – in der Kindheit anderer, sofern wir Glück gehabt haben, in unserer eigenen, wenn das nicht der Fall ist. Wir lernen sie beim Lesen, Beobachten, Zuhören unterscheiden – auf möglichst vielfältige Weise, denn es ist eine absolut unerläßliche Lektion. Wir wissen, wir dürfen es nie dahin kommen lassen, daß sich Elly schuldig fühlt, weil wir ihr so viel Zeit widmen mußten; wir dürfen nie die Worte «die besten Jahre unseres Lebens» aussprechen, nie vergessen, daß Elly uns nie um das gebeten hat, was wir ihr geben, daß wir es ihr aus freien Stücken gegeben haben. Glücklicherweise sind diese Prinzipien jedermann zugänglich, denn wir *müssen* sie selbst erwerben.

Wir müssen also die Irrwege der Liebe kennen, die nur uns selbst

Nutzen bringen und nicht dem Menschen, den wir lieben. Doch wir sollten uns ihrer nicht allzu stark bewußt sein, damit wir nicht gehemmt sind für die Arbeit, die getan werden muß. Wir müssen die Lektion lernen, aber sie darf uns nicht einschüchtern. Allzu viel Einsicht wird zum Klischee; und wenn es ein Klischee gibt, das noch weiter verbreitet ist als das der elterlichen Abweisung, so ist es das der besitzergreifenden Mutter.

Die Seelenärzte erweisen den vielen Tausenden geschädigter Kinder keinen Dienst, wenn sie das Vertrauen der Eltern in das untergraben, was sie durch intelligente Liebe erreichen können. Intelligenz und Liebe sind keineswegs natürliche Feinde. Nichts schärft das Gespür für die Andeutungen und Schatten im Denken eines anderen mehr als die Liebe. Es gibt unzählige Eltern und ebenso Lehrer, Sozialarbeiter, Ärzte, Geistliche und Psychiater, gewöhnliche Männer und Frauen, die diese intelligente Liebe täglich praktizieren und wissen, daß Liebe nicht nur ein Gefühl, sondern auch eine Methode ist.

Gewöhnliche Männer und Frauen. Es soll hier mit Nachdruck festgestellt werden, daß die besonderen Vorteile der Eltern durchaus nicht selten, sondern weitverbreitet sind. Es ist eine Weile her, daß ich mich von den Spezialisten ausgeschlossen fühlte. Die, mit denen ich in letzter Zeit in Kontakt komme, behandeln mich fast so, als gehörte ich zu ihnen. Ihre liebenswürdige Art läßt mich vermuten, daß sie – wie vielleicht auch der eine oder andere Leser – denken, ich hätte etwas Außerordentliches geleistet, etwas, wozu nur wenige Mütter imstand gewesen wären. Ich glaube das nicht. Ich habe an meiner englischen Zugehfrau gesehen, daß eine ungebildete Mutter von sechs Kindern im Umgang mit einem psychotischen Kind so viel Takt zeigen kann, wie ihn nur wenige Experten aufbrächten. Von den verschiedenen Arten des Erfolgs ist die erfolgreiche Elternschaft die am häufigsten anzutreffende; nur so konnte die Spezies überleben. Es ist auch die unauffälligste; jene Millionen Mütter und Väter nämlich, die ihre Kinder erfolgreich durch Krankheit und Krisen führen, lernt der Psychiater niemals kennen. Man darf nicht die immense Fülle an Güte, Wissen und Findigkeit unterschätzen, über die normale Eltern verfügen. Was mich betrifft, so möchte ich betonen, daß ich keine Wunder tue. Ich bin nicht «kinderlieb»; im Grunde mache ich mir nicht einmal sonderlich viel aus Kindern. Ich kannte keine, bevor ich eigene hatte, und selbst jetzt noch würde ich niemals freiwillig die Gesellschaft eines kleinen Kindes suchen. Was immer ich an Erfolgen aufzuweisen habe, darf nicht für etwas Außergewöhnliches gehalten werden.

Einmal schilderte ich in einer Anwandlung von Eigenlob und Selbstbemitleidung einer Freundin, die selbst drei Kinder besaß, was ich alles mit Elly unternommen hatte. Als mein Wortschwall endlich versiegt war, erwiderte sie mit heilsamer Nüchternheit: «Nun, etwas anderes konntest du ja nicht tun, oder?» Natürlich nicht. Sie brauchte mir nicht zu versichern, daß sie dasselbe getan hätte.

Psychotische Kinder sind aus Rätseln und Geheimnissen zusammengesetzt. Man weiß so wenig über sie, daß die Unterscheidung zwischen Laien und Spezialisten noch kaum Bedeutung erlangt hat. Es gibt viele Eltern, denen, wie uns, gar nichts anderes übrigblieb, als sich zu Experten in der Abnormität ihres Kindes heranzubilden. Ich habe einige dieser Eltern kennengelernt. Sie sollten nicht allein arbeiten müssen.

Der Sprache entgegen: Ein langwieriger Prozeß 13

Ich habe die ersten vier Lebensjahre Ellys in fast allen Einzelheiten geschildert. Ihre nächsten vier genauso minuziös zu beschreiben, wäre mir selbst in einem viel umfangreicheren Buch unmöglich. Einmal ist ihr Verhalten komplexer geworden, und zum anderen habe ich, da sich ihre Abkapselung lockerte und Helfer und Lehrer immer mehr zu ihrer Entwicklung beitragen konnten, nicht mehr so sehr wie anfangs auf alles geachtet, was sie sagte und tat. Das meiste davon nahm ich allerdings doch wahr, und es ist ein Maßstab für ihren Fortschritt, daß ich nun über viele Daten verfüge, die hier einfach keinen Platz finden. Elly hat allmählich ein reicheres Leben zu führen begonnen, das sich nicht mehr in einem Notizbuch festhalten läßt.

Bei unserer Rückkehr nach Amerika war Elly fünf Jahre und zwei Monate alt. Die Hingabe und Intelligenz der englischen Kindergärtnerinnen hatten Ellys Anpassungsvermögen so weit verbessert, daß sie in eine kleine örtliche Privatschule eintreten konnte. Dort fügte sie sich in die Schulroutine ein und genoß die kleinen Anregungen der Kindergarten-Klasse: Modelliermasse, Farbe, Musik und Tanz. Nach zwei Jahren kam sie in die Vorschulklasse. Sie war älter als die anderen Kinder, aber es spielte keine große Rolle; denn sozial gesehen, war sie selbst dem jüngsten von ihnen an Reife weit unterlegen. Die Kinder versuchten anfangs mit ihr zu reden, doch sie gaben diese Bemühungen bald auf, als sie keine Antwort erhielten. Nur die aggressivsten von ihnen konnten einen Kontakt herstellen – ich erinnere mich an einen kleinen Jungen, der eine vergnügt lachende Elly im Zimmer herumzerrte. Doch so etwas geschah nicht oft. Die meisten kleinen Kinder sind zu scheu und zu sehr mit sich selbst beschäftigt, um als Therapeuten wirken zu können. Elly reagierte auf ihre freundlichen, gütigen Lehrerinnen, nicht auf die Kinder, die ihre Gefährten hätten sein sollen. Es half ihr zweifellos, daß sie sich im gleichen Raum mit ihnen aufhielt, dieselben Dinge tat. Davon waren wir überzeugt. Sie trug nichts zum Gruppenleben bei, doch da sie noch immer sehr still und gefügig war, störte sie es auch nicht. Aber zumindest war sie nützlich beschäftigt, während sie nach und nach etwas Empfänglichkeit für einfache sprachliche Kommunikationen von Erwachsenen, die nicht zu ihrer Familie gehörten, entwickelte.

Denn als sie heranwuchs, wurde das Sprachproblem wichtiger als jedes andere. Durch die Sprache mußte sie zur Menschheit finden. Kanner betrachtete die Sprache als beste Basis einer Prognose. Das fünfte Lebensjahr war seiner Ansicht nach das entscheidende. Bis zu ihrem fünften Geburtstag hatte Elly tatsächlich eine kommunikative Sprache heranzubilden begonnen.

Wie ich an anderer Stelle erwähnte, hatte Elly nach der Zählung, die ich um ihren vierten Geburtstag herum vornahm, bis dahin in ihrem ganzen Leben einunddreißig verschiedene Wörter gesprochen, von denen sie damals nur noch knapp die Hälfte regelmäßig gebrauchte. Im Verlauf einer Woche sprach sie nicht mehr als fünf oder sechs. Sie reagierte auf eine Reihe elementarer Anweisungen. Das war alles.

Die Situation begann sich im gleichen Jahr – es war jenes, das wir im Ausland verbrachten – zu bessern, ganz allmählich, ohne jähen Umschwung. Vier Monate nach ihrem vierten Geburtstag hatte die Zahl der Wörter achtunddreißig erreicht. Und was noch wichtiger war – als ich die verschiedenen Wörter zählte, die sie in einer einzigen Woche gebraucht hatte, kam ich auf einundzwanzig. Zwei Monate später waren zwar nur drei neue Wörter hinzugekommen, und sie verwendete noch immer ungefähr zwanzig Wörter pro Woche, aber es waren im großen und ganzen die gleichen. Statt des enttäuschenden Auftauchens und Verschwindens ihrer früher erlernten Wörter bildete sich jetzt ein Sprachkern, mit dem wir rechnen konnten.

Gleichzeitig begann sie Interesse dafür zu zeigen, daß wir Dinge benannten – die Buchstaben ihres Alphabet-Kastens, die Früchte und das Gemüse auf dem hübschen Vorhang, mit dem ich ihr Schlafzimmer abgedunkelt hatte, damit wir ein bißchen mehr Schlaf bekämen. Sie versuchte auch selbst, «Erdbeere» oder «Sellerie» zu sagen – die Barriere gegen die Imitation war endlich gefallen. Aber sie sprach diese Wörter so schwerfällig aus, daß sie kaum zu verstehen waren und man sie nur aus dem Zusammenhang heraus erkennen konnte; ich trug sie nicht in die Wörterliste ein.

Unklar war alles, was Elly sagte; nur wer sie gut kannte, verstand etwas. Endkonsonanten sprach sie niemals aus, die anlautenden Konsonanten undeutlich oder falsch. Mehrsilbige Wörter waren selten und verwandelten sich meist in exotische Gebilde; so wurde Beckys Name zu «Beh-Beh» und war nur zu erkennen, weil Elly etwa das Bild ihrer Schwester anschaute. Wie so vielem anderen, schien auch dieser sprachlichen Unklarheit etwas merkwürdig Absichtliches anzuhaften. Wenn Elly ein Wort zum erstenmal sagte, kam es oft ganz deutlich heraus, wie beispielsweise das klare «Schere», womit sie uns überraschte, als sie noch nicht ganz zwei war. Doch sobald sie es, oft mit einem schelmischen Lächeln, wiederholte, klang es nicht mehr so klar. Ihre Aussprache besserte sich auch nicht, als sie begann, sich Wörter leichter anzueignen; im Gegenteil, sie wurde schlechter. Es war, als ob *(als ob)* sie jetzt, da sie zu sprechen anfing, darauf bedacht wäre, ihre Unverständlichkeit beizubehalten, um – sich? uns? – die Bedeutsamkeit ihres Eintritts in die Welt zu verbergen. Um dieselbe Zeit nahmen wir ein neues Phänomen wahr, das – wiewohl es mit der Sprache nichts zu tun hatte – ihrer sprachlichen Unklarheit vergleichbar schien. Sie kniff jetzt oft die Augen zusammen – manchmal bis zu dem Extrem, daß sie völlig blind herumtappte. Ein paar Sekunden, höchstens eine Minute hielt das an. Dabei überzog ihr Gesicht stets ein schwaches Lächeln. Die Handlung schien eine Art Isoliertheit auszudrücken, nun, da sie uns allmählich näherkam; dennoch war es mehr ein Absonderungs*spiel* als wirkliche Absonderung. Sie praktizierte es allerdings mit den Jahren immer seltener – ein Neck-Spiel, das die Abkapselung, die es ausdrückt, zugleich

verneint, weil es unsere Reaktion bereits einbezieht. Wir vermuten
– wissen können wir es nicht –, daß die verbale Unklarheit für
Ellys Seelenleben eine ähnliche Bedeutung hatte wie diese Mimik.

Zwei Monate vor ihrem fünften Geburtstag umfaßte Ellys Wortschatzliste einundfünfzig Wörter, von denen mehr als die Hälfte häufig gebraucht wurden. Dieses Verzeichnis war das letzte, das ich zusammenstellte. In jenem Sommer begann sie schnell Wörter zu erlernen, und bis Weihnachten (es war das Jahr unserer Rückkehr nach Hause) stand es fest, daß sie unbegrenzt viele gewöhnliche Hauptwörter zu erwerben imstand war. Alles, was sie sehen konnte, sei es in der Realität oder abgebildet, konnten wir benennen, und sie konnte sich daran erinnern und es erkennen. Alles – vom Albatros bis zum Zebra. Der Grad der Vertrautheit spielte keine Rolle. Jetzt ging es nicht mehr darum, ihr Vokabular zu erweitern. Man mußte vielmehr erreichen, daß sie mehr Wortarten benutzte und sie zu größeren Bedeutungseinheiten kombinierte.

Daß sie sich so stetig Wort für Wort aneignete, schien ein erstaunlicher Fortschritt. Man konnte kaum glauben, daß das dieselbe Elly war, die vier Jahre lang von all den Worten, die wir zu ihr sagten, nur so wenige behalten hatte. Wenn wir allerdings erwartet hatten, daß sich nun, da sie für Wörter aufnahmebereit geworden war, alles ändern würde, so sahen wir uns getäuscht. Elly lernte mit der Leichtigkeit der normalen Zweijährigen, die sie nie gewesen war, neue Wörter. Aber sie lernte nicht wie eine normale Zweijährige sprechen.

Ich habe soeben erklärt, daß sie unbegrenzt viele Substantive erwerben konnte. Doch selbst bei den so einfach zu erlernenden Substantiven gab es noch Beschränkungen, was die Art anbetraf. Sie konnte ein Wort wie Iglu sofort aufnehmen und behalten, obwohl es gänzlich außerhalb ihrer Erfahrung lag. Sie konnte die Wörter «Eiche», «Ulme» und «Ahorn» lernen und richtig anwenden. Wörter hingegen, die – wie man hätte meinen sollen – ihrer gelebten Erfahrung viel näher waren, konnte sie weder verstehen noch lernen. Begriffe wie «Zuhause», «Schwester», «Großmutter», «Lehrer», «Freund», «Fremder» überstiegen ihr Fassungsvermögen noch, als sie fünf war; bei «Freund» und «Fremder» ist das bis heute der Fall. Eigennamen erwarb sie so ungeheuer langsam, daß ein ganz deutlicher Zusammenhang mit ihrer Gefühlsschwäche zu bestehen schien. Ein Name bezeichnet letzten Endes die individuelle Bedeutung einer Person. Abgesehen von «Mama», das gelegentlich gebraucht wurde, und dem ganz selten ausgesprochenen «Da-da» brachte Elly ihre ersten fünf Lebensjahre hinter sich, ohne auch nur ein einziges Familienmitglied beim Namen zu nennen. Erst im ergiebigen Sommer ihres fünften Geburtstages versuchte sie Namen auszusprechen; in wenigen Monaten waren «Sara», «Becky», «Matt» und «Jill» (die sehr geliebte Haustochter) einigermaßen verständlich und wurden oft gebraucht. Elly begriff auch, wenn man «Geh zu Sara» sagte. Wir konnten sogar das eine oder andere ihrer neuen Substantive anhängen: «Bring Jill die Puppe.» Offenbar waren es die Menschen allmählich wert, beim Namen genannt zu werden; ein Widerstand war noch immer zu spüren. In der Schule gönnte sie den übrigen Kindern kaum einen Blick; nichts wies darauf hin, daß sie sie überhaupt auseinanderhielt. Eines Tages jedoch – sie war etwa fünfeinhalb und seit drei Monaten in der Klasse – führte die Lehrerin ein Experiment mit ihr durch. Sie stellte die Kinder in einem Kreis auf und fragte: «Elly, wo ist Mark?» Elly, den Kopf gesenkt, die Augen auf den Boden gerichtet, deutete mit dem Finger – zwar nicht auf Mark, aber immerhin in seine Richtung. «Wo ist Andrea?» Wieder schnellte der Finger vor. «Wo ist Sue?» Dasselbe. Es gab dreizehn Kinder. Wie sich herausstellte, kannte Elly alle beim Namen.

Man hat die Möglichkeit in Betracht gezogen, daß es die Abstraktions-Fähigkeit sein könnte, die bei Kindern wie Elly geschädigt ist. Tatsächlich stimmt es, daß Elly nicht imstand war und es großenteils noch heute nicht ist, Wörtern wie «Liebe», «Haß», «Furcht», ganz gleich, ob in ihrer vollen Abstraktion als Substantive oder unmittelbarer in Verbform benutzt, eine Bedeutung zu geben. Doch meine Erfahrung legt eine andere Formulierung nahe – anstelle von «abstrakt» und «konkret» sollte man vielleicht «relativ» und «absolut» einsetzen. Es trifft zu, daß ein abstraktes Wort wie «Spaß» Elly überforderte. Aber genauso schwer fiel es ihr, ein bestimmtes, sichtbares, greifbares Individuum zu erfassen, das durch einen Namen Ausdruck fand. Zudem begriff sie ohne jede Schwierigkeit eine ganze Klasse von Wörtern, die im allgemeinen als Ergebnisse der Abstraktion gelten, weil der Verstand, um zu ihnen zu gelangen, von einer Reihe individueller Erfahrungen ausgehen, ihre wichtigen gemeinsamen Merkmale abstrahieren und diese in einem Wort unterbringen muß. Schon mit zweieinhalb Jahren hatte Elly die allgemeine Bezeichnung «Ball» auf so verschiedene Objekte wie ein flaches Gummioval und eine perforierte Plastikkugel angewandt. Das war vielleicht nicht sehr eindrucksvoll – bis man sich überlegte, daß zu einem Zeitpunkt, als sie nur fünf Wörter kannte, eines ein Abstraktionsprodukt war. (Bälle, die wie Bälle *aussahen*, lockten das Wort nicht hervor; Elly reagierte auf den Begriff, nicht auf das Erscheinungsbild.) Mit dreieinhalb war ihr die Idee des Kreises verstandesmäßig völlig klar; da sie aber das Wort nicht kannte, gebrauchte sie zur Vermittlung dieser Idee die Musik. Mit fünfeinhalb Jahren, als sie endlich Wörter in größerem Umfang aufzunehmen vermochte, lernte sie «Dreieck», «Viereck» und «Rechteck» genauso leicht, wie sie mit drei ein Bauklötzchen vom anderen unterschieden hatte. Die einfachen Ideen hinter den Worten: «Wohin ist Becky gegangen?» oder: «Magst du Süßigkeiten?» – Fragen, auf die eine durchschnittliche Dreijährige antworten' kann – überstiegen jedoch ihr Fassungsvermögen. Aber ihre Lehrerinnen konnten sagen: «Male ein rotes Dreieck, Elly», und sie tat es. Wörter, die eine Form benannten, gingen ihr so leicht ein, daß man den Vorgang kaum als Lernen bezeichnen konnte. Ihre Schwestern zeigten ihr an einem Sommermorgen, um sie zu unterhalten, ein Pentagon, ein Hexagon, ein Heptagon, ein Oktogon ... Es gab kein Zaudern, hier war keine Übung, keine Wiederholung notwendig. Sie sprachen die Wörter einmal aus; danach kannte Elly sie einfach. Sechs Monate später bat sie mich um ein «Heptagon». Ich dachte, sie habe «Hexagon» gesagt – Sechsecke zeichneten wir manchmal und sprachen darüber. Dem war nicht so. Mit einer heroischen Anstrengung gelang es ihr, sich klarer auszudrücken: «He*p*tagon – sieben Seiten!» Es war, als hätte sie die Begriffe schon seit Jahren gekannt und nur auf die Worte gewartet, um sie zu beschreiben. Und natürlich hatte sie das auch getan; als Menschen noch unsichtbar für sie gewesen waren, hatte sie auf Umrisse und Farben reagiert. Rechteck, Raute, Viereck – diese Wörter sind außerordentlich abstrakt. Wenn Ideen *bedeutungsvoll* für sie waren, hatte Elly mit der Abstraktion keine Schwierigkeit.

Wir hatten ihr bis zu jenem Sommer ihres fünften Geburtstages noch keine Farbbezeichnungen beibringen können, obwohl wir Farben natürlich genausogut wie Formen bereits erwähnt hatten. Sobald sie sie aber gelernt hatte, gebrauchte sie sie und enthüllte dabei ein feines Unterscheidungsvermögen, einen ausgeprägten Farbensinn, der alles übertraf, was wir vermutet hatten. Die eindrucksvollste Bestätigung ihres Farbverständnisses lieferte sie, als sie sechs war. Ich hatte mehrere Dosen Farbpulver für sie gekauft und rührte jeweils kleine Mengen an, wenn sie malen wollte. Elly schien mit den reinen Farben, dem Rot, dem Blau, dem Schwarz, völlig zufrieden zu sein. Als wir wieder in das Geschäft kamen, um Farbe nachzukaufen, verlangte sie eine Dose Weiß, die wir mitnahmen und zu den anderen auf das Regal stellten. Eine Woche später wollte sie malen, und als ich fragte, welche Farben ich anrühren sollte, sagte sie: «Rosa», «hellblau» – Töne, die sie nie zuvor verlangt hatte. Es war ihr klar, daß wir diese Farben jetzt herstellen konnten, daß Weiß nötig war, um Pastelltöne zu erreichen – etwas, was man vielen normalen Sechsjährigen erst beibringen muß. Schon mit fünf Jahren hatte sie «*Rosa*-orange» und «Grün-blau» gekannt. Mit sieben unterschied sie exakt und voll Enthusiasmus zwischen pfauengrünen und pfauenblauen Wagen. Farben waren so wesentlich für sie, daß ich sie benutzen konnte, um ihre Aufmerksamkeit auf Dinge zu lenken, die sie normalerweise nicht bemerkt hätte. Ich sagte also «*purpur*farbene Berge», «ein *braunes* Pferd», und Elly, die sich kaum für Tiere und überhaupt nicht für Landschaften interessierte, sah das Pferd und den Berg, die durch ihre Farbe bedeutsam geworden waren, und lernte das Wort dafür. Was sie fesselte, war jedoch nicht der Berg oder das Pferd, sondern der verallgemeinerte Farbbegriff, der auf jedwedes Objekt angewandt werden konnte.

Es gab viele solche abstrakten Wörter, die sie hätte lernen können, aber ich konzentrierte mich auf das Menschliche, das Alltägliche und das Vertraute. Wie die viktorianische Gouvernante, deren Schützling die Form der Erde als Rotationsellipsoid beschrieb, fand ich es viel *hübscher*, einem kleinen Mädchen zu sagen, sie sei wie eine Orange geformt. Später kam ich auf die Idee, ihr die Wörter «gebogen» und «gerade» beizubringen. Nur eine Zeichnung war notwendig. Wieder war es das Wort, nicht die Idee gewesen, was gefehlt hatte. Elly bewies mir das auf einem unserer Spaziergänge. Als wir uns einem Haus näherten, das wir ein Jahr oder länger nicht mehr besucht hatten, redete Elly plötzlich, laut und dringlich. «*Gebogene* Treppe!» Ich klingelte ein wenig aufgeregt. Ich selbst hatte die Treppe nie bemerkt, obwohl ich öfter hier gewesen war als Elly. Ich hätte wissen können, daß ich mich auf sie verlassen durfte. Als wir die Halle betraten, sah ich, daß die Treppe tatsächlich eine vollendete Kurve beschrieb. Ellys Fähigkeit, solche Abstraktionen vorzunehmen, war gewiß nicht geschädigt. Sie war sogar so groß, daß Ideen ohne jede sprachliche Nachhilfe monatelang in ihrem Verstand hafteten und sofort, wenn die Worte fielen, ans Tageslicht kamen.

Die Sprache schien für Elly aus Wörtern zu bestehen, die sie lernen konnte, sobald sie ihr erklärt wurden, und solchen, die sie nicht lernen konnte. Lange gab es offenbar keine in der Mitte angesiedelte Gruppe. Was sie zu erfassen vermochte, waren absolute Wörter – ganz gleich, ob konkret oder abstrakt –, die in sich verständliche Begriffe wiedergeben. «Schachtel», «Katze», «Giraffe», «Rechteck», «Zahl», «Buchstabe». Was sie nicht verstehen konnte, waren Relationsbegriffe, deren volle Bedeutung den jeweiligen Situationen entnommen werden muß – Situationen, in denen das menschliche Element eine Rolle spielt. Elly erwarb das Wort «Mann» ein Jahr, bevor sie den Namen irgendeines bestimmten Mannes lernte – «Mann» ist ein absoluter Begriff. Kennt man einmal ein Wesen mit kurzem Haar und Hose, so braucht man nichts weiter zu begreifen; von nun an sind Männer als solche erkennbar. «Mann» ist absolut und abstrakt, aber bestimmte Männer sind Leute, zu denen man in Beziehung tritt – sofern man es tut.

«Lehrerin» ist ein Wort, das, wie «Mann», Ergebnis einer Abstraktion ist, aber man lernt es in einer Bezugssituation: «Meine Lehrerin». Dasselbe gilt für «Schwester», «Freund», «Zuhause». Es ist charakteristisch für das Durchschnittskind, daß es Begriffe am besten in Situationen lernt, in denen es eine persönliche Beziehung vorfindet. Bei Elly schien die persönliche Beziehung, wo nicht ein Hindernis, so doch zumindest belanglos. Wir wollten ihr Wörter verschaffen, die sie befähigten, in der einem kleinen Kind vertrauten Welt aktiv zu sein. Aber wir waren es, die festlegten, was ein Kind vertraut finden sollte. Elly hatte eine andere Betrachtungsweise. Was war für sie vertrauter, ein Rechteck oder eine Freundin? Ihr Sinn für das Wichtige oder Unwichtige war einfach anders als der unsere.

Ich erinnere mich, wie ich ein paar Monate nach ihrem fünften Geburtstag ihre neue Fähigkeit, Namen zu lernen, durch eine Comics-Bildreihe anregen wollte, in der ein Junge – Dick –, mit Pinsel und einer Dose roter Farbe ausgerüstet, einen Stuhl anstreicht. Ich deute auf die Zeichnung, sage «Junge», merke, daß sie begreift, und füge hinzu: «Dick». Elly reagiert sofort ungewöhnlich freudig; sie lächelt, sie hüpft auf und ab, sie wiederholt das Wort, sie wendet es bei den folgenden Zeichnungen an. Auch ich freue mich. Noch nie hatte sie so schnell einen Eigennamen gelernt. Doch plötzlich steht sie auf und geht zur Wand. Sie ist blau angestrichen. «Dick», sagt sie in nachdrücklichem befriedigtem Ton. Sie läuft in ein anderes Zimmer, stellt sich vor eine andere, rosafarbene Wand. «Dick.» Ich merke, was ich schon vorher hätte wissen sollen: Sie hat nicht den Namen des Jungen abstrahiert, sondern den Begriff «Farbe», der ebenfalls der Bildreihe anhaftet und für sie interessanter und leichter verfügbar ist als die «einfache», «unmittelbare» Idee einer mit einem Namen versehenen Person.

Ellys Unvermögen, menschliche Situationen zu verstehen, zeigte sich besonders deutlich an ihren Schwierigkeiten mit persönlichen Fürwörtern. Bis sie sechs war, gebrauchte sie überhaupt keine. Das war allerdings nicht so überraschend, wie es scheint; instinktiv hatten wir in unserem Bemühen, richtig verstanden zu werden, von uns und ihr immer namentlich gesprochen, wie man es mit einer Zweijährigen macht. Aber als wir mit Vorbedacht «Möchtest *du*...» anstelle von «Möchte Elly einen Keks?» einsetzten, erkannten wir, wie ernst das Problem war. Die Antwort lautete nämlich mit sechs Jahren nicht «Ja» (das kam viel später, und nicht spontan, sondern als Resultat eingehenden Unterrichts) oder auch nur «Ich möchte einen Keks»; sie war ein simples Nachsprechen: «Möchtest du einen Keks?» Diese Echolalie*, komplett bis zur steigenden Tonhöhe der Frage, gehörte, wie wir wußten, zum autistischen Syndrom: autistische Kinder, die, im Gegensatz zu Elly, im normalen Alter sprechen können, sprechen dennoch nicht, um sich mitzuteilen, sondern wie Papageien. Elly hatte dieses Symptom nicht früher gezeigt, weil sie noch nicht so gut sprechen konnte. Jetzt konnte sie das, und hier war es. «Daddy hat dir ein Geschenk mitgebracht», sagte ich beispielsweise. Und mit der Zeit beschränkte sie sich nicht mehr auf das bloße Nachsprechen, sondern sie sagte, aus freien Stücken, voller Freude über das Geschenk: «Daddy bringt dir ein Geschenk mit.» Und nun erkannten wir ein weiteres Merkmal der Sprache autistischer Kinder. In jeder Aussage ist «du» (dir, dich) gleichwertig mit «ich» (mir, mich).

In diesem Gebrauch gab es nichts Konfuses, keinen Doppelsinn. Die Vermutung einiger Psychiater, daß das Phänomen ein Zeichen für die Schwäche des Ego und seine verschwommenen Grenzen sei, wird durch meine Beobachtungen nicht gestützt. Elly wußte, wer sie war. Sie war «Du». Der Gebrauch war exakt, bestimmt. Die ganze Familie verstand es. Er kehrte die normale Bedeutung einfach um – völlig logisch, wenn man es sich recht überlegt. Elly glaubt, ihr Name sei «Du», weil jeder sie so nennt. Niemand nennt

---

* Krankhafter Automatismus. Er zwingt die Personen, die davon befallen sind, alle ihnen vorgesprochenen Worte nachzusprechen.

sie «Ich». Doch andere Leute nennen sich «Ich», und so begann Elly sie mit der Zeit auch «Ich» zu nennen. Diese Umkehrung der Bedeutung widerstrebt jedem Korrekturversuch; wenn Elly jetzt, mit acht Jahren, sagt: «Das gefällt mir», so heißt das nicht, daß es ihr gefällt, sondern daß es ihrem Gesprächspartner gefällt. Was kann ich dagegen unternehmen? Ich kann sie auffordern, «Küß mich» zu sagen und das verstärken, indem ich sie küsse; ich kann mich weigern, die Schaukel in Bewegung zu versetzen, solange sie nicht sagt: «Stoß mich an.» Aber diese seltenen Möglichkeiten, den korrekten Gebrauch zu fördern, können sich gegen die zahllosen, inkorrekten Verstärkungen, die jeder Tag bietet, nicht behaupten. «Du hast einen Fehler gemacht», sage ich, und Elly erwidert: «Du hast einen *Fehler* gemacht!» – «Nein, *ich* habe keinen Fehler gemacht, *du* hast einen Fehler gemacht.» «Du hast einen Fehler gemacht!» Was immer man auch sagt, macht es nur noch schlimmer. Zweimal – bei Gelegenheiten, zwischen denen ein Jahr lag – hatte Elly «mir» richtig auf sich bezogen. «Becky hat mir ein Buch gegeben», erklärte sie neulich, das Buch in der Hand. In meinem Übereifer wollte ich sie ermutigen und bestätigte ihre Worte: «Ja, sie hat dir ein Buch gegeben», womit ich allerdings die Wirkung, die ich hatte verstärken wollen, sofort zerstörte. Ich bin so weit, daß ich mich frage, wie normale Zweijährige etwas so Subtiles begreifen können. Mütter wissen, daß viele Kinder diese Schwierigkeit haben, wenn sie zu reden anfangen. Normalerweise ist sie aber in wenigen Wochen behoben. Wie? Ein Psychiater sagte einmal auf einer Party zu mir, der korrekte Gebrauch der Fürwörter der ersten und zweiten Person[*] könne nicht logisch erfaßt werden. Der soziale

---

[*] Ich sollte der Vollständigkeit halber hier erwähnen, daß Elly sich der Pronomen in der dritten Person erst bewußt wurde, als sie fast acht war und spontan aus einem Stapel Wortkarten «er» und «sie» als nächstes Lernobjekt auswählte. Doch wiewohl sie die Wörter erkennen kann, hat sie sie bisher nur ein- oder zweimal ausgesprochen, und sie beginnt auch erst, sie zweifelsfrei zu verstehen. Jetzt endlich scheint es sicher, daß sie sie bald erwerben wird. Aber es ist nichts Natürliches an dem ganzen Prozeß.

Sinn muß hier helfend eingreifen – dieser komplexe Sinn, der ermittelt, was für eine Beziehung zwischen den Menschen in einer gegebenen Situation besteht, wie sie von sich selbst denken und was für Wörter sie demzufolge benutzen, um sich zu identifizieren. Ellys Gebrauch ist streng konsequent, unfehlbar logisch. Was ihm abgeht, ist jener soziale Instinkt, der selbst das begriffsstutzigste normale Kind im Labyrinth der persönlichen Beziehungen leitet.

Dieser Mangel beeinträchtigte Ellys sprachliche Entfaltung. Sie lernte einfach deshalb Hauptwörter leichter als Tätigkeitswörter, weil es mehr Hauptwörter gibt, deren Bedeutung nicht von der umgebenden Situation abhängt. Eine Giraffe – ganz gleich, ob in der Strauchsteppe, im Zoo oder in einem ABC-Buch – ist eine Giraffe. Mit «gehen» oder «kommen» indessen verhält es sich anders. Ein Verb in einer Zeichnung festzuhalten, ist ein schwieriges Unterfangen, wie jeder, der sich daran versucht, sehr schnell merken wird. Da Handlungen einen Handelnden erfordern und oft auch noch ein Objekt, auf das die Handlung einwirkt, läßt sich selbst aus der einfachsten Verb-Darstellung mehr als eine Bedeutung abstrahieren. Im Gegensatz zum Substantiv besagt das Verb etwas über eine Situation. Daraus muß Elly das Richtige entnehmen, und das Richtige unserer, nicht ihrer Auffassung nach. Die Episode mit Dick und dem Farbkübel veranschaulicht den Doppelsinn, der Abbildungen innewohnt, und dabei sind Abbildungen noch um vieles simpler als wirkliche Situationen. Wir entdeckten bald, daß der Zeichenvorgang, durch den wir ihr «spielen» beibringen wollten, ebensogut «Schaukel» oder «Mädchen» darstellen konnte.

Doch trotz dieser Schwierigkeit folgten den Substantiven in Ellys Sprache allmählich die Verben. «Laufen» war zum Beispiel eins ihrer ersten Wörter gewesen, das sie benutzte, wenn auch nicht begriff, bevor sie zwei Jahre alt war. Vier Jahre später kamen «schauen», «springen» und «rennen» dazu und später, in ihrem siebten Lebensjahr, «geben», «bewegen», «stoßen», «öffnen», «schließen», «schneiden», «weh tun» – Wörter, die leicht bildlich oder durch Bewegungen darzustellen sind. Die Kinder lehrten sie «husten», «lachen», «weinen», «schreien» und «rülpsen»; Elly und sie machten sich einen Spaß daraus, zu demonstrieren (gewöhnlich am Eßtisch), daß sie fähig war, all diese Handlungen auf Befehl zu vollziehen. «Sterben», sagten sie, und Elly sank röchelnd zu Boden. Der Erwerb anderer Verben war von größerem Nutzen: Als Elly acht war, reagierte sie auf «sagen»: «Sag ‹Butter›, nicht ‹Buh-buh›», und innerhalb weniger Monate gebrauchte sie das Verb selbst. Ich fand keine Möglichkeit, «sehen» zu erklären; Elly eignete es sich mit sieben Jahren als eine Art untergeordnetes Synonym für «schauen» an, das sie zu der Zeit sowohl verstehen als auch gedruckt erkennen konnte. «Hören» ist noch schwieriger; ich bin heute noch nicht sicher, daß sie es begreift, und sie gebraucht es nie. Die Verben «wissen» und «verstehen» übersteigen ihr Fassungsvermögen ebenfalls, obwohl ich seit drei Jahren auf unklare Aussprache stets mit «Ich weiß nicht» oder «Ich kann das nicht verstehen» reagiert habe. Die fast undefinierbaren Wörter wie «haben», «setzen – legen – stellen», «nehmen» und «bekommen» werden erst jetzt nach und nach verwendet, und ihre Grenzen überschneiden sich auf sinnentstellende Weise. Ist Ellys Vater krank, so ist sie fähig, «Daddy ha' Arm gebrochen» zu sagen, dabei «hat» («ha'») richtig zu verwenden und gleich danach zu erklären: «Daddy gib' Fieber.» Und in einer weiteren seltsamen Umkehrung der normalen Lernordnung hat Elly diese simplen Wörter erst gelernt, als man sie ihr geschrieben zeigte – Wörter, die ein Kind normalerweise aus seiner Umwelt aufnimmt, lange bevor es zu ihrer symbolischen Darstellung imstande ist. Die visuelle Erfahrung, Buchstabenkombinationen zu erkennen, hat ihre Aufmerksamkeit auf Wörter gelenkt, deren sie sich vorher gar nicht bewußt zu sein schien, obwohl sie sie dauernd hörte. Nie hatte sie das Wort *ist* ausgesprochen, bis ihre Kindergärtnerin sie aufforderte, es zu schreiben; zu diesem Zeitpunkt war sie sieben. Ihre Aussagen lauteten und lauten größtenteils noch jetzt «Becky *Mädchen*», «Tasse *zerbrochen*». Als sie das Wort jedoch einmal geschrieben sah, begann sie es zu hören, und nun gebraucht sie es, wenn man es von ihr verlangt.

Es ist deshalb nicht überraschend, daß Elly jahrelang ohne die

Verben auskam, die sich um die Begriffe Liebe, Verlangen und Bedürfnis gruppieren. Die Wörter «ich will» kennzeichnen das kleine Kind; dieses Kind hingegen wollte mit zwei Jahren noch gar nichts und war sechs, bevor es endlich die Form «will» aussprach – und natürlich ohne «ich». In den dazwischenliegenden Jahren teilte Elly ihre spärlichen Wünsche zuerst durch Gesten, dann – als sich ihr Sprechvermögen mit fünf Jahren plötzlich ausweitete – durch Benennung dessen mit, was sie wollte. Daß sie überhaupt fähig war, mit Worten um etwas zu bitten, schien ein großer Fortschritt; wir hofften – erwarteten vielleicht sogar –, sie würde aus der Erkenntnis, daß Sprache Macht war, die Freuden der Kommunikation in zunehmendem Maße schätzen lernen. Und sie zeigt jetzt, mit fast neun Jahren, immerhin eine neue Beweglichkeit in der Äußerung ihrer Wünsche; bei einer einzigen Mahlzeit gebrauchte sie kürzlich vier verschiedene Muster, nicht nur das primitive «Erdnußbutter?» sondern auch «Ha' Eh' (Elly) Vanillejoghurt?» – «Brauch' Ei?» und «Will' Torte?» Wenn es ihr nicht gelingt, sich mit ihren unklaren Worten mitzuteilen, was oft der Fall ist, dann spricht sie sie manchmal auf unsere Aufforderung hin besser aus; meist aber tut sie, was sie mit zweieinhalb Jahren getan hat – sie führt einen zu dem begehrten Gegenstand oder bringt eine andere Hand dazu, sich danach auszustrecken. Zweifellos ist ein Fortschritt gegeben – aber wenn man sich vor Augen hält, wie viele Möglichkeiten bestehen, um etwas zu verlangen, und wie oft andere Kinder von diesen Möglichkeiten Gebrauch machen, merkt man, wie weit der Weg noch ist.

Wenn «wollen» und «brauchen» nur so zögernd benutzt wurden, so blieben diejenigen Verben, die unmittelbar Gefühle ausdrücken – lieben und gern haben zum Beispiel –, noch hinter ihnen zurück. Obwohl wir Elly natürlich immer wieder versicherten, daß wir sie gern hatten, daß wir sie liebten, war sie fast sieben, bevor sie die Wörter selbst benutzte. Anne Sullivans Beispiel vor Augen, die ihrem Schützling Helen Keller den Begriff «Liebe» vermutlich auf die gleiche Weise vermittelte, ließen wir die Handlung das Wort begleiten, und Elly «verstand» es. Meine diesbezügliche Tagebucheintragung lautet: «‹Lieben› wird jetzt häufig benutzt. Es bedeutet ‹umarmen› – ‹streicheln›. Ob sie wohl einmal so weit gelangt, daß sie auch die eigentliche Bedeutung erfaßt?»

Noch weniger Wörter als für die positiven Emotionen erwarb Elly für die negativen. Ich erinnere mich, wie uns Becky mit achtzehn Monaten durch die Heftigkeit ihres «Geh weg!» erschreckte. Elly hat nie so etwas gesagt. Wenn sie sich zu etwas äußern will, was ihr nicht gefällt, steht ihr außer «nein» und der schrillen, abwehrenden Stimme ihrer stummen Jahre nichts zur Verfügung. Aus einleuchtenden Gründen habe ich darauf verzichtet, ihr «hassen» und «abscheulich finden» zu erklären. Sie gebraucht wohl «mag nicht», doch das «Nicht» besteht aus einem gerade noch angehauchten «N», so daß die eigentliche Bedeutung kaum klarwird. Selbst für mich sind die Worte nur in bestimmten Zusammenhängen und mit viel Glück verständlich. Elly scheint dieser Mangel nicht zu bedrücken; sie kommt ohne Verneinungssätze aus. Was ihr nicht gefällt, vermeidet sie einfach.

Dieselben Beziehungsprobleme beeinträchtigten – allerdings noch in erschwerter Form – auch die Erlernung von Eigenschaftswörtern. Ellys erste Adjektive sind bereits genannt worden – es waren die von ihr so schnell aufgegriffenen, die Farben und Formen bezeichneten. «Groß» und «klein» als relative Begriffe waren ihr schon nicht mehr so leicht zugänglich. «Lang» und «kurz», «nahe» und «weit» waren noch schwerer. Augenblicklich erforscht sie mit einer gewissen Faszination die Steigerungsgrade der Eigenschaftswörter: um die Schlafenszeit, wenn ich das Licht ausmache, sagt sie «dunkel, dunkler, dunkelsten». Elly kam jahrelang ohne Wörter aus, die ein Werturteil ausdrücken. Bevor sie über «gut» und «böse» verfügte, erwarb sie *right* und *wrong**, aber selbstverständlich nur im Sinn von «richtig» oder «falsch». «Falscher Fuß», sagt sie, wenn sie absichtlich den rechten Fuß in den linken Schuh gesteckt hat. So etwas macht ihr Spaß. (Versehen fand sie schon immer erheiternd.)

* Was im Englischen sowohl «recht» und «unrecht» als auch «richtig» und «falsch» bedeutet.

Die Sprache bleibt für sie ein Mittel, das der Identifikation dient, der Bezeichnung von Phänomenen; sie ist noch nicht fähig, sie zu benutzen, um Werturteile oder Gefühle auszudrücken. Kleine Kinder gebrauchen «böse» in allen Abstufungen der Furcht und des Zornes; Elly sagt jetzt auch «böse». Aber sie spricht es mit heiterer Gelassenheit aus: «Böse Dose», sagt sie, wenn sie Bierdosen am Strand einsammelt. «Böser Hund», bemerkt sie angesichts einer umgeworfenen Mülltonne. Elly mag Hunde nicht. Kommt ihr einer zu nahe, so klammert sie sich an mich; springt er an ihr hoch, so wimmert sie. Aber es fiele ihr nie ein, ihr Gefühl in Worte zu fassen. In solchen Fällen sagt sie nie «böser Hund».

Trotz ihres ausgeprägten Farbensinns gebraucht sie weder «hübsch» noch «reizend» oder «schön» – alles Wörter, die sie oft hört. Auch «häßlich» sagt sie nicht. Mit «Zwölfeck» und «fleischfarben» scheint sie viel mehr anfangen zu können. In dem Sommer, in dem sie sieben Jahre alt wurde, eignete sie sich «traurig» und «glücklich» an; sie sang das Sei-nicht-traurig-Lied, das die Kinder für sie erfunden hatten, und als ich ein trauriges und ein glückliches Gesicht zeichnete, meinte Elly dazu: «Mundwinkel hinab», «Mundwinkel hinauf». Sie wußte, wie «traurig» und «glücklich» aussah. Vielleicht hatte sie es schon lange gewußt, so wie sie «gebogen» und «gerade» gekannt hatte; vielleicht auch nicht. Auf jeden Fall hatten die Worte die Vorstellungen verwertbar gemacht, und sie gebrauchte sie dann und wann. Wir förderten den Gebrauch, indem wir beispielsweise verkündeten: «Sara ist traurig», worauf Sara zu Ellys Belustigung ein paar Krokodilstränen hervorpreßte. Sagte Elly dann: «Glücklich sein!» so hellte sich Saras Miene auf. Dieses annähernde Erfassen emotionaler Zustände war Lichtjahre von Ellys einstiger Unzugänglichkeit entfernt. Dennoch bestand zwischen Ellys Idee und den Feinheiten wirklicher Emotionen ungefähr dieselbe Beziehung wie zwischen einer Landkarte und den Farben und Formen der erlebten Landschaft.

«Jung/alt» und die Umstandswörter «schnell/langsam» erwarb Elly, als sie fast acht Jahre alt war. «Lustig» lernte sie von einer Wort-Karte; obwohl sie viel lacht, bezieht sie es noch immer ausschließlich auf Clowns. Ich brachte ihr «müde» und «ausgeruht» bei; sie selbst griff «krank» und «besser gehen» auf. Eine spärliche Liste, aber sie ist praktisch vollständig – ich kann allenfalls ein oder zwei Wörter übersehen haben, die noch daraufgehörten. Wenn Elly so etwas wie «beunruhigt», «freundlich», «gefährlich», «zornig», «wütend», «erschrocken» oder «nett» gesagt oder durch irgendein Zeichen angedeutet hätte, daß sie sie begriff, so hätte ich es bestimmt nicht vergessen.

Präpositionen, Verhältniswörter also, sind Wörter, die ihrem Wesen nach eine Beziehung andeuten. Noch mit sechseinhalb Jahren verstand Elly keine Präpositionen und gebrauchte selbstverständlich auch keine. Um diese Zeit war sie wohl imstand, so einfache Anweisungen zu begreifen wie «Bring mir den Bleistift», aber trotz ihres ungewöhnlichen Orientierungssinnes konnte sie noch immer nichts mit den simplen Beschreibungen anfangen, die auf «Wo ist er?» – eine Frage, die sie nie stellte – geantwortet hätten. Wo ist der Bleistift? *Unter* dem Bett, *in* der Schublade, *hinter* dem Bücherregal. Überaus nützliche Wörter. In ihrem siebten Lebensjahr beschloß ich, daß sie zu nützlich waren, um noch länger auf ihr Auftauchen zu warten. Da ich keine Wortkarten finden konnte, fertigte ich schließlich selbst welche an. Mit ihrer Hilfe konnte Elly die gedruckten Wörter über Nacht lernen, die gesprochenen in ein oder zwei Tagen. Ich lehrte sie nur vier oder fünf der gebräuchlichsten und leicht darstellbaren Präpositionen; sie verstand sie in Anweisungen und begann nach und nach einige in ihre eigene Sprache aufzunehmen.

Doch die Probleme, die solche Wörter aufwarfen, waren einfach verglichen mit dem Problem, das krause Gemisch der Adverbien, Artikel und Konjunktionen zu vermitteln, die unseren Gesprächen erst ihren genauen Sinn verleihen. Aber, wenn, ob, vielleicht, weil, bald, als, noch, wie, außer – diese Wörter scheinen unbedeutend, bis man sich vorzustellen versucht, wie es wäre, wenn man ohne sie auskommen müßte – und vor allem bis man sie jemandem beibringen muß. Beibringen? Niemand lehrt solche Wörter. Das kleine Kind scheint sie aus der Luft zu greifen. Aber Elly nahm nicht einmal das simple verbindende «Und» von selbst an. Sie war sieben, als mir endlich einfiel, wie ich es ihr klarmachen könnte, und bezeichnenderweise waren es Farben, die mir dazu verhalfen. Unsere Nachbarn hatten ein graues Haus mit blaugestrichenem Holzwerk; Elly nannte es das «blau-graue Haus». Obschon sie «graublau» in der Sprache vielleicht mit «blau und grau» verwechseln konnte, wußte ich, daß ihr dieser Fehler angesichts der Realität nie unterlaufen würde. Also malte ich ein blaues und ein graues Haus, schrieb die jeweilige Farbe darunter und sprach die Wörter aus. Von da an konnte sie «und» verstehen und las es auch gelegentlich. Wenn man sie bedrängte, brachte sie sogar einen Laut heraus, der es repräsentierte. Doch wer kann «wenn», «als» oder «aber» zeichnen?

Es sind Wörter wie diese, die ein Vokabular in Sprache verwandeln. Ein Sortiment Wörter – sei es noch so groß – ist nicht mit Sprache gleichzusetzen. Sie müssen kombiniert werden.

Das Durchschnittskind beginnt wie Elly mit Einzelwörtern und fängt dann irgendwann zwischen eineinhalb und zwei Jahren an, sie miteinander zu verbinden. Elly war fast sechs, als wir sie endlich zwei kombinierte Worte aussprechen hörten. «Laura *Mädchen*», sagte sie von dem kleinen Nachbarskind, und diese Art der Äußerung ist heute noch, drei Jahre später, charakteristisch für ihre Sprechweise. Wie bei einem normalen Kind, nur wesentlich langsamer, wichen Zwei-Wort-Kombinationen längeren Aneinanderreihungen. Mit den Jahren brachte sie es gelegentlich so weit, sogar acht Wörter in logischem Zusammenhang auszusprechen. Doch normale Sätze waren es nicht; der fast vollständige Mangel an Artikeln, Konjunktionen, Präpositionen, Verbabwandlungen für Zeit oder Person und der seltene Gebrauch des Verbs «sein» sorgen dafür, daß sie, obwohl ihre Sprache komplexer wird, noch immer eine Art «Pidgin-Englisch» spricht. In der Vergangenheitsform drückte sie sich zum erstenmal in dem Sommer aus, als sie acht wurde. Danach hat sie es nur ganz selten wieder versucht. Die beiden Fälle, in denen sie eine Idee von etwas Zukünftigem übermittelte, sind sehr aufschlußreich: Als man ihr erklärte, ich käme in einer Minute, sagte sie: «Ge (= geben) Minute Mama kommen»; im Herbst, als wir uns über Doppelfenster unterhielten, verkündete sie: «Winter sein, ha' (= haben) ‹do›-Fenster». Ihr Erfassen der Zeiten ist begrenzt. Frage ich sie: «Hast du zu Mittag gegessen?» so erwidert sie: «Ja», wenn es nicht zutrifft, weil sie glaubt, ich hätte gefragt: «Möchtest du dein Mittagessen?» Das Verständnis der Zeiten setzt das Verständnis bestimmter Situationen voraus. Wenn ich sage, sie spricht «Pidgin», so muß ich hinzufügen, daß es sich überdies um ein verzerrtes «Pidgin» handelt, denn Ellys Fassungsvermögen für die Wortfolge – der wichtigste Anhaltspunkt, wenn man den Sinn eines Satzes erkennen will – ist sehr schwach. Wenn Elly sagt: «Dr. Mama Puppe gebe' Medizin», so soll das heißen, daß Dr. Mama der Puppe Arznei verabreicht. Doch Elly hat die Wortfolge durcheinandergebracht (und natürlich den Artikel ausgelassen), so daß der Zuhörer aus dem Zusammenhang interpretieren muß. Wenn Elly, einen Hut auf einem Tisch vor sich, dieses Bild beschreiben will, so gelingt es ihr vielleicht – aber es kann auch sein, daß sie sagt «Tisch auf Hut». Würde Elly heute sagen: «Keine vier finden Papa Erdnüsse», so bedeutete das: «Ich kann nicht vier große Erdnüsse finden.» Gewiß ist ihre Wortfolge öfter korrekt als inkorrekt, doch das will bei der ungeheuer einfachen Sprache eines achtjährigen Kindes nicht viel heißen.

Elly war nicht heimisch in ihrer Welt, und die Art, wie sie sich die Sprache aneignete, unterscheidet sich nicht sehr von der eines Touristen, der eine Fremdsprache lernt. Zuerst und relativ leicht erwirbt er die Hauptwörter: Dinge, auf die man zeigen kann. Tätigkeits- und Eigenschaftswörter stellen sich langsamer ein, und sie würden noch mehr Zeit erfordern, wenn ihm nicht – was bei Elly wiederum nicht der Fall sein konnte – die Möglichkeit zu Hilfe käme, sie auf entsprechende Wörter seiner Muttersprache zu beziehen. Den Satzbau erlernt er noch langsamer; simple Korrektheit kann schon Monate beanspruchen. Jahre später entdeckt er immer noch neue feine Abstufungen in dem, was einer Situation angemessen ist, und unvermutete Bedeutungsnuancierungen. Jeder, der erkennt, was für ein schwieriger, langwieriger Prozeß es ist, sich in eine andere Sprache einzufühlen, vermag sich die Lage eines kleinen Mädchens auszumalen, das dieses Problem bei seiner eigenen Sprache hatte, und er kann sich über die sprachlichen Leistungen normaler Kinder zwischen einem und vier Jahren nur wundern.

Man lernt eine Sprache natürlich schneller und besser, wenn ein Grund dafür vorliegt, wenn es Dinge gibt, die man herausfinden, und Menschen, zu denen man in Kommunikation treten möchte. Die Leute erlernen eine Sprache, weil sie sie sprechen wollen und müssen, und wenn der Wunsch oder die Notwendigkeit nicht sehr groß ist, dann lernen sie sie nicht sehr gut. Es ist unmöglich, Ellys schleppende Sprechentwicklung zu erörtern, ohne die Rolle der Motivation zu bedenken. Die wohlbekannte Schwäche, die Trägheit und die Abkapselung hatten ihre vorherrschende Stellung noch nicht eingebüßt.

Wie schon gesagt, lernte Elly Namen. Doch wozu benötigt man Namen? Um eine bestimmte Person zu kennzeichnen, aber auch um zu rufen, und ein Kind wird sie normalerweise für beide Zwecke gleich oft gebrauchen. «Mom? Mom? *Ma*ma!» Die Laute klingen mir in den Ohren. In sechzehn Jahren habe ich mich auf die Stimmen jedes meiner Kinder eingestellt. Ich kann sie in meiner Phantasie hören, ich kann sie durch Wände hindurch vernehmen, aber Ellys Stimme ist nicht darunter. Sie hat mich noch nie gerufen. Sie ruft auch ihren Vater, ihre Schwestern, ihren Bruder nicht. Ausgenommen – die Ausnahme ist so aufschlußreich wie die Verallgemeinerung – ausgenommen die Fälle, in denen wir ihr *sagen* können, daß sie irgend jemanden zum Essen rufen soll. Dann tut sie es und imitiert dabei unsere Stimmen bis in die Intervalle hinein. «Sa-ra! Beck-y!» Aber aus persönlichem Interesse ruft sie nicht. Vor kurzem hat sie sich ein neues Spiel ausgedacht. Nach acht Jahren hatte sie endlich herausgefunden, wie ich heiße. «Cla-ra!» Der charakteristische Tonfall eines lauten, auf eine gewisse Entfernung bemessenen Rufes. Ich halte mich im gleichen Raum auf, doch das spielt keine Rolle. Sie ruft mich im Grunde ja gar nicht, wie ich sofort erkenne: sie hält ihre Puppe Deedee (immerhin bekommen Puppen neuerdings Namen!) mit ausgestreckten Armen vor sich. «Deedee ‹Cla-ra!›» Es ist Deedee, die mich ruft, nicht Elly. Die Leute rufen einander. Nach acht Jahren hat sie es gemerkt, ahmt es nach, tut es im Spiel. Aber sie *selbst* tut es nicht. Wenn mich Elly wirklich sucht, ruft sie nicht «Clara» oder «Mama», sondern wandert mit einem gelegentlichen «Hallo?» von Zimmer zu Zimmer. Ein großartiger Fortschritt, finden wir, denn obwohl sie mir zu Hause beinahe überallhin folgte, suchte sie mich in all den vergangenen Jahren nie, wenn sie mich plötzlich nicht mehr sah, und sie sagte auch nicht «hallo». Es scheint, als ob sie eines Tages – vielleicht, wenn sie neun Jahre alt ist – so weit sein könnte, meinen Namen zu rufen.

Man gebraucht die Sprache nicht nur, um Bitten und Fragen in Worte zu kleiden, sondern auch, um den Forderungen anderer zu entsprechen, ihre Fragen zu beantworten, Informationen zu übermitteln. Obwohl Elly in ihrem sechsten Lebensjahr auf vielerlei Anweisungen (wenn auch keineswegs auf so mannigfaltige wie ein normales Kind) reagieren konnte, war sie nicht imstand, irgendeine Frage zu beantworten. Mit sechseinhalb brachte sie ein «Nein!» zuwege, wenn man sie fragte, ob sie mehr Fleisch haben wollte; dies ist eine einfache Art der Selbstverteidigung, und vielleicht die erste natürliche Erwiderung. Mit den Monaten erweitert sich die Fähigkeit: «Ist Matt ein Mädchen?» – «Ist Beckys Kleid blau?» – «Nein!» Und, wie immer, begleitet fröhliches Gelächter den komischen Fehler. Erst als sie sieben war, gelang es uns, ihr die Antwort «ja» beizubringen. Das Fehlen dieses Wortes ist als ein spezifisches Symptom des frühkindlichen Autismus bezeichnet worden. Elly brauchte drei Monate, um es zu lernen. Wir konfrontierten sie mit einer Situation, bei der man mit einer bejahenden Antwort rechnen durfte, und forderten sie auf, entweder «nein» oder «ja» zu sagen. «Elly, möchtest du Eis? Nein oder ja?» Sie schaffte es mit knapper Not, das «Ja» nachzusprechen; erst viel später war sie auch fähig, es von sich aus zu benutzen. Wenn man dagegen bedenkt, wie leicht sie sich «schwierige» Wörter wie «Heptagon» einprägte ...

Sie vermag jetzt jede Frage korrekt zu beantworten, die eine Ja-oder-Nein-Antwort erfordert, vorausgesetzt, sie begreift, worum es geht. Sie kann auch eine ganze Reihe anderer Fragen beantworten, für die eine bestimmte Antwort erforderlich ist. Einige davon sind schon ein wenig anspruchsvoll. «Was ist heute?» – «Was ist viermal drei?» – «Wie viele ... siehst du?» Die Fähigkeit, diese Fragen zu beantworten, entstand allerdings nicht spontan, sie wurde Elly beigebracht. Ich meine damit natürlich nicht, daß ich Elly darüber belehren mußte, was für einen Tag wir hatten oder wie sie sich Klarheit über eine Anzahl Gegenstände verschaffen konnte. Für solche Dinge benötigte sie keinen Unterricht. Sie hatte ja schon mit vier Jahren gezeigt, daß sie zu zählen vermochte, und als sie sechs war, brauchte sie nur eine Reihe Objekte in einem ihrer Bücher zu überblicken, um sofort, das heißt *ungefragt*, «sieben» oder «drei» zu sagen. Aber sie konnte nicht antworten, wenn ich sie fragte: «Wie viele?» Es war die Frage als solche, die sie nicht begriff. Als ich nach geraumer Zeit das Problem erkannte, machte ich mich daran, ihr die Wort-Muster von Frage und Antwort zu vermitteln. Ich sagte «wie viele?» beantwortete die Frage selbst und fragte dann Elly. Nachdem ich das mehrere Tage lang getan hatte (allabendlich um dieselbe Zeit, mit demselben Buch), konnte Elly die Frage allein beantworten. Andere Frageformen fielen ihr schon leichter, weil sie inzwischen die Routine verstand, aber die Zahl der Fragen ist noch immer sehr beschränkt (und sie wird sowohl durch meine geringe Erfindungsgabe begrenzt als auch durch Ellys Fassungsvermögen). Elly hat keine einzige ohne Anleitung gelernt. Und was am bezeichnendsten ist, sie kann keine Frage beantworten, die ihr abverlangt, daß sie sich aus der Vielfalt dessen, was sie umgibt, eine passende Entgegnung aussucht. Wir können fragen: «Wie alt ist Großpapa?» und eine genaue Antwort erhalten, denn dieses Thema fasziniert Elly; sie vergißt nie, wie alt jemand ist. Wir können auch fragen: «Ist Großpapa oben?» und ein korrektes Ja oder Nein hören. Fragen wir aber: «Wo ist Großpapa?» so bekommen wir keine Antwort. Wenn wir auf eine Person zeigen, können wir fragen: «Wer ist das?» Fragen hingegen wie «Wer ist deine

Lehrerin?» oder «Wer ist das dort in der Küche mit Sara?» können wir nicht stellen. Und noch weniger können wir fragen: «Was hast du zu Mittag gegessen?»

Sie selbst formuliert nie eine Frage, denn das «Würstchen?» oder «Du will' ein' Keks?» oder «Ge' (= geben) Bonbon?» sind keine echten Fragen, da die erwartete Antwort nicht eine Information, sondern eine Handlung ist. Wiewohl ich ihr vor einem Jahr beibrachte, auf «Was ist das?» zu antworten, fragt sie es selbst nie. Sie fragt auch nicht: «Wann gehen wir einkaufen?» obschon sie «Einkaufen?» als Frageform benutzt. Das machtvolle Wort «Warum?», das eine weit komplexere Art der Frage einleitet, kann Elly nicht verstehen. Und – was uns am meisten behindert, weil wir die Worte täglich gebrauchen – wir können sie nicht fragen: «Was möchtest du?» oder «Was ist los?» Wenn sie weint, wenn sie Angst oder Spannung zeigt, müssen wir trotz der Hunderte – und es können Tausende sein – von Worten, die sie kennt, noch immer den Grund erraten, genau wie damals, als sie zwei Jahre alt war.

So also sah die Situation von Ellys fünftem Lebensjahr an aus – eine rudimentäre, verzerrte Sprache, die sich allerdings, was Wortschatz und Brauchbarkeit anbelangte, ständig ausdehnte und in zunehmendem Maße von außen kommende Korrekturen zuließ. Ich habe bereits dargelegt, daß Ellys Sprache nicht das freie Produkt einer spontanen Entwicklung war, daß wir beständig in den Prozeß eingriffen, wie wir auch versuchten, Elly zu lehren, was man ein normales Kind nicht zu lehren braucht. Wir sind Laien in der Sprach-Therapie wie in allen anderen therapeutischen Bereichen; es ist uns klar, daß es vieles gibt, was wir nicht wissen. Aber wir verstehen etwas von Sprachvermittlung – nicht nur in Form des Unterrichts, sondern innerhalb der gesamten gegebenen Umwelt –, und wir wissen, welche Bemühungen erfolgreich waren. Die meisten davon habe ich bereits andeutungsweise geschildert. Doch vielleicht hilft es jemandem, wenn ich hier noch einmal im einzelnen zusammenfasse, nach welchen Prinzipien wir vorgegangen sind und welche Verfahrensweisen wir brauchbar fanden.

Ich will mit der offenkundigsten Methode beginnen, die jedermann vorschlägt. «Du solltest versuchen, es ihr nicht zu geben, bis sie darum bittet.» Natürlich haben wir das immer wieder versucht. Andere Leute haben es ebenfalls getan; die englische Kindergärtnerin wollte ihr eine Nascherei vorenthalten, bis Elly «bitte» sagte. Elly war damals viereinhalb. Doch es kam nichts dabei heraus, wie auch unsere früheren Versuche zu nichts geführt hatten. Man erreichte nichts als Gleichgültigkeit oder, wenn Elly das Objekt wirklich begehrte, Verwirrung und Frustration. Aber Kinder entwickeln sich, und ein Jahr später war die Methode erfolgreich. Allerdings nicht so oft, wie man es sich gewünscht hätte. Statt sich anzustrengen, weinte Elly noch immer sehr oft oder verzichtete einfach. Aber selbst der Teilerfolg erschien uns schon wunderbar. Wir belohnten jede ausgesprochene Bitte sofort; ich sprang freudig auf, wenn sie, statt mich am Arm zu zupfen, zu mir sagte: «Steh auf, bitte.» Wenn sie «Bonbon» sagte, bekam sie einen. Für die Disziplin und Ellys Zähne war das nicht unbedingt gut; unsere Versuche, ihr die Vorteile der Sprache zu zeigen, hatten fatale Ähnlichkeit mit dem bedenklichen Fingerzeig: Du brauchst nur zu sprechen, um zu erhalten, was du willst! Aber wir mußten Kompromisse eingehen. Auf keinen Fall durften wir riskieren, daß Elly zu dem Schluß gelangte, Worte nützten nichts.

Vor allem durfte sie nicht auf den Gedanken kommen, die Sprache sei ein unzuverlässiges Instrument. Wenn sie ihre eigene Sprache sinnvoll finden sollte, mußte sie auch sicher sein, daß die unsere eine wahrhaftige Beschreibung der Wirklichkeit lieferte. Damit meine ich nicht nur, daß wir sie nicht belügen konnten. Das versteht sich von selbst. Doch es wurde uns darüber hinaus zur zweiten Natur, unsere Behauptungen zu überprüfen, um uns zu vergewissern, daß sie nicht durch Ereignisse widerlegt würden. Wenn wir sagten: «Großmama kommt um fünf», dann mußte es wahr sein; sofern nur die geringste Unsicherheit bestand, durften wir nichts sagen. Wenn ich eine Einkaufsfahrt versprach, dann mußte ich sie machen, so lästig sie mir vielleicht auch war, und da ich das wußte, bedachte ich alle Vorhersagen und Versprechungen sehr genau. In den ersten Jahren von Ellys sprachlicher Entwicklung fehlten mir noch die Wörter, um veränderte Umstände zu erklären, und die Bedeutung von «vielleicht» war Elly verschlossen. Erst jetzt beginnen wir allmählich, uns mit Formen zu befassen, die Ungewißheit ausdrücken; damals konnten wir es uns nicht leisten, Elly damit zu verwirren.

Auch unser zweiter Vorstoß auf dem Gebiet der Verständigung folgte ausgetretenen Spuren; es war die Methode, Gegenstände zu bezeichnen. In Ellys sechstem Lebensjahr begann sie schließlich auch Resultate zu erbringen. Dieses namentliche Benennen bleibt natürlich eine primäre Methode, aber sie ist überaus einfach und wirksam. Weniger augenfällig sind die Möglichkeiten, das gesprochene Erkennen eines Gegenstandes durch das geschriebene Wort zu verstärken. Ich wäre nie darauf gekommen, das zu tun, wenn sich Elly nicht von sich aus für Buchstaben interessiert hätte. Sie hatte ihr erstes mysteriöses «E» mit dreieinhalb Jahren gemalt und gekichert, als ich ein paar Monate später «Elly» auf ihre Hand schrieb. Am Tag nach unserer Rückkehr aus Europa holte sie ihren alten Buchstabenkasten hervor und setzte spontan «Elly» zusammen; um sich ein zweites L zu beschaffen, das ihr fehlte, drehte sie sehr erfinderisch die Zahl sieben um, Buchstaben gefielen ihr augenscheinlich sehr, und da ich so oft mit ihr zeichnete, war es ganz natürlich, daß ich die Dinge, die ich zeichnete, mit ihrer Benennung versah. Ich schrieb langsam, mit klaren Druckbuchstaben; Ellys Augen folgten meiner Hand, sahen das Wort Form annehmen. Ich schrieb den Namen, bevor ich überhaupt die zugehörige Zeichnung machte, in der Hoffnung, Elly so den Erkennungsprozeß zu erleichtern. Und sie war es, die mich dazu bewog, dasselbe Wort und dieselbe Illustration immer wieder von neuem zu wiederholen. So war es nicht überraschend, daß sie mit fünfeinhalb Jahren «Haus» erkennen und «Fenster» schreiben konnte. Im nächsten Jahr lernte sie über eine Reihe Spiele, die jeweils einen kleinen Schritt vorwärts bedeuteten, sechzig Wörter auf Karten erkennen, die anfangs Bilder trugen, später aber keine mehr aufwiesen.

Ich kann die seltsame Umkehrung des natürlichen Prozesses, die ein Kind über das geschriebene Wort an die Sprache heranführt, nicht erklären. Doch das ist nicht der einzige Fall, in dem sich mir gewisse Züge Ellys erschlossen, indem ich mich selbst betrachtete. Es gibt Menschen, und ich bin einer von ihnen, die das geschriebene Wort leichter begreifen als das gesprochene – Menschen, die Gehörtes unter Umständen nicht behalten, dasselbe aber lernen und sich einprägen, wenn sie es geschrieben sehen. Die äußere Struktur der Buchstaben allein scheint das Wort für sie herauszukristallisieren, sie zu befähigen, die korrekte Aussprache gewissermaßen zu hören; seine Schreibweise wird für sie zu einem untrennbaren Teil seiner Identität. Ich konnte mir vorstellen, daß es sich bei Elly ähnlich verhielt. Vielleicht erzeugt ein geborener Korrekturleser einen anderen ...

Doch obwohl das gedruckte Wort Elly so leicht einging, hatte ich mit dem Lesen keine besonderen Erfolge erzielt. Als ich sah, daß ich Elly beliebig viele Wortkarten zumuten konnte, legte ich ihr keine neuen mehr vor; denn ich wollte nicht, daß ihr «Lesen» in stereotypes Erkennen entartete. Es war wesentlich, daß ihr Vokabular nicht ihr Fassungsvermögen überschritt, da das Lesen zu der Zeit nicht als solches wertvoll war, sondern weil es die Erfahrung des Sprechens intensivierte. Anstatt also den Schatz an Wörtern, die sie erkannte, zu vergrößern, faßte ich die Wörter, die sie schon beherrschte, in kurzen Sätzen zusammen. Dabei achtete ich darauf, daß über jedem Wort das zugehörige Bild erschien, damit ich sicher sein konnte, daß die Symbole ihre Bedeutung behielten. «Elly (natürlich hatte ich *dafür* auch eine Karte gemacht) verletzt Finger rot Blut weint.» Sehr, sehr langsam konnte ich sie durch die Wortreihe geleiten; die Wörter, die sie sich über Nacht einprägen und sofort wiedererkennen konnte, waren ihr längst nicht mehr so leicht zugänglich, wenn sie sinnvoll zusammengesetzt wurden. Sie gefielen ihr auch nicht mehr so sehr; unsere Wort-Übungen vor dem Einschlafen schienen ihr keinen Spaß mehr zu machen, und sie erkannte plötzlich vertraute Wörter nicht mehr, wenn man sie ihr in einem Buch zeigte – es war sogar schwer, sie überhaupt dazu zu bringen, sie anzuschauen. Ich überlegte mir ein anderes Schlafenszeit-Spiel und legte die Karten beiseite. Sinnvolles Lesen lag immer noch in ferner Zukunft. Die Karten, die Wörter, die ich schrieb, dies alles konnte lediglich darauf *hinzielen*. Sie waren ja auch bereits nützlich, wenn sie nur Ellys Aufmerksamkeit auf Laut und Bedeutung lenkten. Wie unsere Zeichnungen, wie unsere mimischen Darstellungen intensivierten und festigten sie ihre Sprech-Erfahrung. Ohne die Karten, ohne meinen immer bereitgehaltenen Bleistift wäre Ellys Verständnis der Verben noch verzögert worden. Wir hätten – wer weiß, wie lange – auf «und», «der/die/das», «ein», «ist» warten müssen. Ich glaube, sie würde bis heute noch nicht begreifen, was «in der Schachtel» bedeutet.

Buchstaben führten uns auch auf einem dritten Weg an die Sprache heran. Das Aussehen eines Wortes konnte benutzt werden, um Ellys unklare Aussprache verbessern zu helfen, die jetzt, da sie mehr sprach und mehr Wörter durcheinanderbringen konnte, stärker auffiel als je zuvor. Buchstaben konnten ihre Aufmerksamkeit auf einen verschwommenen anlautenden Konsonanten oder einen völlig verschluckten Endkonsonanten lenken. Natürlich nur, wenn Elly die Funktion der Buchstaben begriff, die nicht nur das Erfassen von Symbolen voraussetzte, sondern auch die genaue Unterscheidung von Lauten, die sie so leicht zu vergessen schien. Glücklicherweise gehörte die Buchstabenfunktion zu jenen Dingen, für die Elly keinen Lehrer brauchte. «E für Elly», «B für Becky» hatte ich ohne große Erwartungen gesagt, und kaum einen Gedanken an das, was ich tat, verschwendet. Ich hätte nie zu hoffen gewagt, daß Elly schon bald aus eigenem Antrieb «C für Clara» und «B für Bett» beisteuern würde. Ihr gefielen Buchstaben einfach, so wie ihr Formen und Farben gefielen. Sie gefielen ihr sehr gut – so gut, daß sie sogar über sie nachdachte. Trotz ihrer falschen Aussprache erriet sie intuitiv ihre einfachen Bedeutungen. Manchmal überraschte sie mich ungefragt mit den Anfangsbuchstaben von Wörtern, die sie weder vom Ansehen kannte noch aussprechen konnte; ihr «S» war ein dumpfes Zwitterding zwischen T und D, aber wir erkannten den Laut wieder, als sie «S für Stephen» sagte.

Ihr Vater kombinierte Buchstaben und Bilder zu einem Aussprachespiel. Indem er sich der Technik sofortigen «Nachfassens» bediente, die allen Lehrmaschinen zugrunde liegt, zeichnete er ein Bild oder schrieb ein Wort und gab Elly dann einen winzigen Bonbon, wenn (und nur wenn) sie sich um eine deutlichere Aussprache bemühte. Dieser Anreiz bestätigte ihm, was er schon immer vermutet hatte: daß Elly weit klarer aussprechen konnte, als sie es tat. Ellys Aussprache war noch mit zwei Jahren, so glauben wir, in der Anlage normal, aber inzwischen hatten vier fast stumme Jahre ihren Tribut gefordert, und es gab jetzt in der Lautbildung echte Schwierigkeiten. Doch dank seiner Sprachbegabung gelang es David, seine eigenen Ausspracheprozesse so gut zu analysieren, daß er Elly bei der Bildung schwieriger Laute helfen konnte. Ohne seine Bemühungen hätten wir uns aus Büchern Hinweise zusammensuchen müssen. Zweifellos kennen Sprach-Therapeuten viele Tricks, auf die er nicht gestoßen ist. Aber zu der Zeit hätte nur ein sehr außergewöhnlicher Sprach-Therapeut etwas bei Elly erreicht, während sie zu ihrem Vater uneingeschränktes Vertrauen hatte. Später einmal – vielleicht sogar noch dieses Jahr – wird Elly von einem Spezialisten sprachtherapeutisch betreut werden. Vorerst aber machen ihr Vater und sie einige Fortschritte.

Keine sehr guten allerdings; hier ist es wie mit anderen Dingen; was Elly in einem bestimmten Zusammenhang lernt, ist nur sehr langsam auf einen anderen zu übertragen. Zunächst schien ihre klarere Aussprache mehr der Schaustellung als einem nüchternen Zweck zu dienen. Doch mit der Zeit begann sich das Bonbon-Spiel auf die normale Sprache auszuwirken; als ich sie an ihrem siebten Geburtstag zum Psychiater brachte, bemerkte dieser, er könne neunzig Prozent von dem, was sie sage, verstehen. (Mit fünf Jahren, als sie zum erstenmal bei ihm war, sprach sie wenig, und er hatte gar nichts verstehen können.) Jetzt können wir immerhin mit einfachen anlautenden Konsonanten und vielen Endkonsonanten rechnen. Manchmal kommt sogar einer in der Mitte hinzu. Ich bin überzeugt davon, daß die Aussprache eines Tages für Elly nicht mehr das größte Verständigungs-Handikap sein wird.

Doch die Aussprache, so wichtig sie auch für den Kontakt mit anderen sein mochte, war letztlich eine Detailfrage, bei der es um einzelne oder kombinierte Laute ging. Unsere Arbeit mit Elly war aber trotz aller Einzelprobleme stets auf ein übergeordnetes Ziel ausgerichtet. Uns kam es letztlich weniger auf isolierte Wörter und Wortgruppen an als auf die Sprache in ihrer Gesamtheit. Wie sollten wir mit Elly sprechen, wenn wir erreichen wollten, daß sie an die Möglichkeit wechselseitiger Kommunikation glaubte? Wenn wir noch immer einiges von dem, was Elly sagte, nicht verstanden, so durften wir nicht vergessen, daß für sie unsere allermeisten Äußerungen unverständlich waren. Wir mußten ebensogut unsere eigene Sprache im Auge behalten wie die ihre.

Wir wußten, wann uns Elly verstand und wann nicht. Wenn sie uns verstand, so reagierte sie dementsprechend oder hüpfte begeistert auf und ab. Blieb ihr hingegen etwas unbegreiflich, so blieb sie gleichgültig oder gab eine eindeutig unangebrachte Antwort. Natürlich hatte man uns irgendwann einmal von Kindern erzählt, die scheinbar nichts hörten und dennoch, wie sich später herausstellte, alles aufgenommen hatten; die Sozialhelferin des Instituts hatte es für möglich gehalten, daß Elly weit mehr verstand, als sie zugab. Selbst damals schon war uns das höchst unwahrscheinlich vorgekommen, so gerne wir es auch geglaubt hätten. Und in den Jahren danach deutete nie etwas darauf hin, daß Elly insgeheim begriff. Erst im letzten Jahr begann sie hin und wieder irgend etwas aus einer Unterhaltung aufzunehmen, ohne daß sie direkt angesprochen wurde – manchmal sogar das allgemeine Gesprächsthema. Doch wenn sie mit uns am Tisch sitzt, wenn sie sich unter anderen Kindern auf dem Spielplatz bewegt, hat man noch immer das Gefühl, daß sie von einer fremden Sprache umgeben ist. Wie ein Tourist in seinen ersten Wochen im Ausland kann sie meist nur das verstehen, was sie zu hören erwartet, und auch nur dann, wenn es unkompliziert an sie selbst gerichtet und größtenteils ihr eigenes Vokabular ist. Wir alle kennen den Unterschied zwischen unserem Hotel-Französisch und dem, das die Kellner untereinander sprechen. Ich habe Elly einige Male von mir geführte Telefongespräche imitieren hören. Kichernd sagt sie: «Tah. Te tah. Pa pi pi pi pah.» Die Silben geben eine Vorstellung davon, wie sinnlos ein Großteil der Sprache in ihren Ohren klingt.

Natürlich wollten wir nicht, daß unsere Tochter, das, was wir redeten, sinnlos fand; es war unser vordringliches Anliegen, zu erreichen, daß sie die Sprache zumindest als etwas potentiell Verständliches betrachtete. Das führte uns zu einem Entschluß, den viele Leute fragwürdig finden werden. Wenn wir wollten, daß Elly an den Sinn des Sprechens glaubte, dann – so fanden wir – mußten wir auf ihre eigene Sprache eingehen.

Natürlich war das im Grund gar kein großer Entschluß; wir faßten lediglich in Worte, was wir schon jahrelang getan hatten und was die meisten Eltern ganz intuitiv tun, wenn sie mit Babys und kleinen Kindern reden. Sie verwenden kurze, vertraute Satzmuster und wählen Wörter, die ihre Kinder verstehen können. Sie machen sich keine Gedanken über den subtilen Vorgang, der Wörter zu einer Sprache ausbaut; sie brauchen es nicht. Automatisch, ohne daß sich jemand eigens darum kümmert, nähern sich Wortschatz und Satzmuster des Kindes mit der Zeit in Umfang und Nuancierung dem elterlichen Vorbild. Nach und nach lassen die Eltern dann ihre unbewußten Vereinfachungen fallen, und irgendwann zwischen dem dritten und fünften Lebensjahr des Kindes stellt sich heraus, daß jedermann die Landessprache spricht. Doch wir sahen uns, als Elly fünf war, erst am Anfang dieses Prozesses, nicht an seinem Ende. Elly beherrschte keine Sprache, sie kämpfte noch mit Wörtern. Wir hatten die Möglichkeit, in Sätzen von normaler Schwierigkeit und Länge mit ihr zu sprechen und zu hoffen, daß sie eines Tages begriff, oder uns auf diejenigen zu beschränken, die sie mit einiger Wahrscheinlichkeit verständlich fand. Wir wählten die letztere.

Also redeten auch wir «Pidgin»-Englisch, mit einem Unterschied. Denn Elly sollte uns zwar folgen können, mit der Zeit aber von ihrer primitiven Sprache loskommen. Das hieß, daß man sie unterstützen mußte, damit sie allmählich verfeinerte Bedeutungen erfaßte. Unser «Pidgin» mußte dem ihren immer einen Schritt voraus sein. Nur einen kleinen Schritt allerdings; nichts, was wir bei Elly beobachteten, hatte uns Anlaß zu dem Glauben gegeben, sie sei irgendwelcher großen Schritte fähig.

Es ist hier unmöglich, detailliert die Sprechweise zu beschreiben, die wir bei Elly verwandten; ich kann unser Vorgehen nur in großen Zügen andeuten. Es erinnerte an die wohlbekannten Methoden elementarer Kinderbücher, die neue Wörter nicht zu mehreren, sondern einzeln einführen. Jedes neue Wort wird in den verschiedensten Zusammenhängen vorgestellt und bis zum Überdruß wiederholt. Nichts, was das Begreifen erleichtern könnte, wird ausgelassen, selbst wenn es noch so offenkundig scheint und es für ein sprachlich begabtes Kind auch *ist*. Etappen, die der Durchschnittserwachsene überspringt, sind herausgearbeitet und einem Programm eingefügt worden, das dem Kind erlaubt, sich allmählich mit einer großen Anzahl gedruckter Worte vertraut zu machen. Die Herausgeber solcher Lesehilfen wissen, daß die Grundform «gehen» und «geht» oder «gegangen» für viele Kinder völlig verschiedene Wörter sind. Mit Ellys Sprache verhielt es sich ganz ähnlich wie mit solchen Leseanfängen.

Diese Art Bücher lehrten mich viel. Wenn ich mit Elly redete, achtete ich darauf, einen Satz möglichst nicht mit mehr als einem unbekannten Wort zu belasten. Ich war gewillt, ihn unentwegt zu repetieren; autistische Kinder finden Wiederholungen nicht öde, und ihre Eltern müssen sich ihnen notgedrungen anpassen. Ich bemühte mich, daran zu denken, das Wort oder den Satz gleich danach in einem anderen einfachen Zusammenhang zu benutzen und ihn auch am nächsten und am übernächsten Tag zu verwenden.

Ich machte mir Ellys persönlichen Wortschatz und auch ihren Satzbau zu eigen – und versuchte sie in einer leicht gehobenen Form zu verwenden. Die Kluft zwischen der simplen Frage «Elly gehen Laden?» und «Elly, ich gehe jetzt in den Laden, um Eier einzukaufen, willst du mit mir kommen?» ist sehr breit, und ich war der Ansicht, daß ich sie nicht auf einmal überbrücken könne. Also entschloß ich mich zu einem Kompromiß, und dieser Kompromiß näherte sich mehr Ellys Version als der meinen. Kürzlich erhielt ich einen Telefonanruf von der Mutter eines autistischen Kindes. Sie schilderte mir, daß der Junge unfähig war, etwas zu erwidern, wenn sie ihn bat: «Erzähl mir ...» jedoch zu antworten vermochte, wenn sie in aufforderte: «Sag die Wörter.» Der Spezialist, der sie beriet, hatte das einmal mitangehört und ihr erklärt, sie könne kaum erwarten, daß das Kind sprechen lerne, wenn sie sich selbst einer so merkwürdigen Sprache bei ihm bediene. Eine ganz natürliche Meinung – für jemanden, der nicht mit dem Problem gelebt hat.

Zuerst hatten wir gehofft, Elly würde sich, sobald sie einmal zu reden anfinge, die Sprache unwillkürlich aneignen wie ein normales Kind. Und sie griff auch Wörter auf – vor allem Substantive –, die wir ihr nicht beigebracht hatten. Ganze Sätze anzunehmen fiel ihr hingegen sehr schwer, so schwer, daß wir schließlich anfingen, uns etwas aktiver an diesem Prozeß zu beteiligen. Wir beschränkten uns also nicht mehr darauf, selbst zu sprechen, damit sie uns verstehen könnte, sondern suchten auch Wege, um ihr neue Kommunikationsmuster zu vermitteln, die sie verwerten konnte. Wir begannen damit allerdings erst in ihrem siebten Lebensjahr. Lange Zeit hatten wir uns vornehmlich auf Wörter beschränkt, und es dauerte eine Weile, bis wir auf den Gedanken kamen, ganze Aussagen durch Wiederholung zu lehren, so, wie man ein Wort lehrt. Einige davon waren vielleicht etwas anspruchsvoll, die meisten aber drückten ganz simple alltägliche Dinge aus, obschon sie Elly weniger einfach vorkamen als die anderen. «Vergiß den/die/das ... nicht.» – «Sei nicht traurig, sei glücklich.» – «Komm bald wieder.» – «Oh, wir haben einen Fehler gemacht.» – «Das ist nicht schlimm.» Eigentlich hätten wir uns immer danach richten sollen, was für Muster sie ihrer Erfahrung nach brauchte. Wenn ich ein Handbuch für die Eltern autistischer Kinder schriebe, würde ich das empfehlen. Doch wir gingen nur selten so bewußt und zweckentsprechend vor. Erst in letzter Zeit haben wir uns ernsthaft dem Problem zugewandt, ihr die nötigen Wörter für häufig wiederkehrende Situationen zu beschaffen. Das hat sich als sehr vernünftig erwiesen, und ich wünschte, wir hätten früher daran gedacht. Es hat uns wirkungsvoller als alles andere geholfen, mit Frustrationen und nervösen

Momenten fertig zu werden, zu denen es kommt, wenn irgend etwas nicht planmäßig verläuft. Ungewißheiten gibt es immer, und wir können Elly nicht ganz davor bewahren. Doch immerhin ist es bereits ein Fortschritt, wenn Wörter nicht nur als Werkzeug, sondern auch als Schutz verwendet werden können. Diesen Sommer führte ich das Muster «manchmal Süßigkeiten kaufen, manchmal *nicht*» ein, und es hat sich als ausdehnungsfähig erwiesen. «Manchmal in die Schule gehen, manchmal nicht in die Schule gehen.» – «Manchmal gehen wir auf diesem Weg nach Hause...» Die Wörter selbst sind die erste wirkliche Hilfe, um der ernstesten emotionalen Schwierigkeit zu begegnen, die der Autismus mit sich bringt: der Neigung, ganz in Routine und stereotyper Wiederholung aufzugehen. Das Leben muß ordnungsgemäß verlaufen, seine Formen müssen dieselben bleiben, können es aber manchmal nicht sein. Man kann nicht immer den gleichen Heimweg wählen, soll es auch gar nicht tun; man nimmt absichtlich einen anderen. Elly und ich sind jetzt so weit gekommen, daß eine etwa entstehende Beunruhigung durch Worte geglättet werden kann. «Manchmal...» Das vertraute Gebilde wird zum festen Punkt in der sich verändernden Welt, und Elly besteht auf seiner Anwendung. Sie fordert meinen Mund mit der beredten Geste eines Dirigenten, der den Geigen den Einsatz gibt, zum Sprechen auf. Wenn ich aus Widerspenstigkeit oder Unachtsamkeit den Moment verpasse, steuert sie das komplette Muster selbst bei, auch wenn sie vor Enttäuschung weint, weil sie «manchmal *keine* Süßigkeiten» haben kann. Die Muster sind schwerfällig, aber Elly beginnt sie von sich aus abzuändern und neuen Situationen anzupassen. An Matts Geburtstag bemerkte ich: «Matty ist zwölf.» – «Manchmal Matty elf, manchmal...» und dann, in dem Gefühl, daß das nicht stimmen konnte, setzt sie ein anderes, geläufiges Muster dafür ein: «Matty gestern *abend* elf.»

Ellys Sprechvermögen hat sich sehr gebessert. Der Psychiater sagt das, jedermann sagt das. Dennoch können wir nie sicher sein, ob sie nicht noch weiter gelangt wäre, wenn wir die andere Möglichkeit gewählt hätten – Elly eigene Muster finden zu lassen, mit Elly normal zu sprechen und darauf zu warten, daß sie es verstand und nachahmte. Der Lehrer an Dr. Fenichels Schule sagte zu mir: «Ich rede immer normal mit ihnen – irgendwann begreifen sie es schon.» Vielleicht hätte Elly es irgendwann begriffen und sich die Sprache so in besserer Form angeeignet. Doch da uns die Zeit drängte, entschlossen wir uns, ihr früher zu einer bedeutungsvollen Welt zu verhelfen, selbst wenn diese unvollkommen war.

Zudem stand Elly ja auch mit Menschen in Kontakt, die normal sprachen. Sie hörte täglich die verschiedensten Sprechmuster. Jedes Familienmitglied sprach anders; wir strebten durchaus keine künstliche Uniformität an. Die Kinder redeten, weil sie verstanden werden wollten, ein nachlässiges «Pidgin» mit ihr. Ihr Vater benutzte eine einfache Sprache von etwas erweitertem Wortschatz und gebräuchlicheren Sätzen. Das gleiche taten die Au-pair-Mädchen. Die Kindergärtnerinnen sprachen mit ihr wie mit einer Dreijährigen. Meine Hoffnung war, ihr durch meine simple Konversation zu helfen, daß die wunderbare Vielfalt von Lauten, die sie umgaben, für sie sinnvoller wurde; andere konnten auf meinen Grundlagen weiterbauen.

Heute versteht Elly viel von dem, was man einer Vierjährigen erzählen könnte. Doch obschon sich ihr «Pidgin» gebessert hat, es ist noch immer «Pidgin». Ich kann nicht ergründen, ob ich ihren Sprechprozeß beschleunigt oder verzögert habe. Was ich sicherlich gefördert habe, ist ihr Begreifen. Und es war ja vor allem das Begreifen, das ihr die Welt erschließen mußte. Im übrigen nimmt sie von sich aus, wenn auch nicht so viel wie eine normale Dreijährige, so doch zusehends mehr als früher auf. Vielleicht kommt sogar einmal der Tag, an dem wir uns aus ihrem Lernprozeß ganz zurückziehen können.

Neulich plapperte sie zwei Minuten lang ohne Pause fröhlich auf mich ein. Ein Wunder? Für mich nicht, denn ich habe jeden Schritt, der zu dieser Fähigkeit führte, verfolgt. Ich schreibe ihre Worte hier unverfälscht nieder. Lediglich die Aussprache habe ich ein wenig verständlicher gemacht. Der Leser mag sich selbst ein Urteil über Ellys Redegewandtheit bilden.

«Gehen Roger-Haus. Ha' kleine Weihnachtsparty. Kommen zurück gehen schlafen, wachen auf ha' Weihnachten machen Strumpf auf. Jill kommen *wieder*. Jill kommen wieder Weihnachten. Elly gehen Puppenhaus sehen Puppen-Christbaum.»

Wir begeben uns also zum Puppenhaus. Jetzt überrascht mich Elly; sie spricht die Wörter, die ich noch vor zwei Monaten, als ich dieses Kapitel zu schreiben anfing, vermißt habe. «Nettes, schönes Zimmer. *Schöner* Tag. Da Christbaum. Ja. Schauen. *Zwei* Zuckerstangen. Aufessen, Puppe. (Sie singt:) O Tannenbaum. Puppe ha' zwei Fernsehen. Farbfernsehen, Schwarz-Weiß-Fernsehen. (Keine Erfindung: ihre Puppen sind sehr gut eingerichtet.) Puppe ha' Christbaum. *Ja!*»

Ordnungsideen 14

Während wir uns zum Essen versammeln, überblickt Elly den Tisch. «Nur fünf zum Abendessen! Sechs minus eins gleich fünf!* Sara? Sara?» Ihre Stimme wird vor Unruhe schrill. «Sara macht Babysitter», erklären wir, und Elly wiederholt: «Sara mach' Babysitter.» Die Worte helfen ihr, sich mit der Situation abzufinden, aber ganz befriedigt ist sie noch nicht; sie fragt ein zweites und ein drittes Mal. Dann holt sie eine Puppe, setzt sie auf den freien Stuhl, und der Frieden ist wiederhergestellt.

Ein andermal kommen ihr Onkel, ihre Tante, zwei Kusinen zu Besuch – das Haus ist voll. Elly ist hocherfreut: «Zehn zum Abendessen», erklärt sie, wartet aber ungeduldig darauf, daß wir uns alle setzen und ihre Vorhersage erfüllen.

Ich entsinne mich eines Tages vor zwei Jahre, an dem besonders viel Bewegung in unserem Wohnzimmer herrschte. Leute saßen, standen, gingen ein und aus. Elly ist unruhig. Wir müssen uns alle hinsetzen, in Reihen nebeneinander; dann erst ist sie zufrieden. Ein paar Minuten später gibt sie uns wieder frei. Dies war eine ihrer lästigsten Obsessionen. Doch wie alle war auch diese nach einer gewissen Zeit überwunden. Ich hatte sie vergessen. Und hier ist sie nun wieder, verfeinert, in Worte gekleidet, in Zahlen ausgedrückt – ein Beispiel für Ellys Ordnungssucht, mit der wir so lange gelebt hatten, daß wir unser Gedächtnis bemühen mußten, um zu erkennen, wie sonderbar sie war.

Mit zwei und drei Jahren waren es Bauklötzchen in Parallelreihen gewesen. Mit vier Jahren nebeneinander gelegte Waschlappen und Kekse, bei denen Elly, die keine Zahlwörter kannte, jedes

---

* Diese Form macht Elly keine Schwierigkeiten, während sie Mühe hat zu sagen: «Sechs weniger eins *sind* fünf.»

fehlende Teil sofort registrierte. Ordnungsprinzipien begriff sie erstaunlich schnell. Sie nutzte jede Gelegenheit, um Objekte nach Form, Farbe, Größe und später auch nach Art und Funktion zu arrangieren. Die Klassifikationsübungen der Vorschulbücher waren für sie etwas völlig Einleuchtendes. Sie brauchte sich die Anweisungen der Lehrerin gar nicht anzuhören. Alle Katzen gehörten zusammen, der Hund mußte weg: das entnahm sie den Abbildungen. Sie konnte ohne Worte begreifen, was verlangt war, weil es ihren eigenen Wünschen genau entsprach – eine Bestätigung geordneter Formen in einer sich ändernden Welt.

Dabei war ihr Leben gar nicht besonders wohlgeordnet. Man darf sich Ellys Zimmer nicht als einen Raum ausmalen, in dem Spielsachen unverrückbar auf Regalen stehen. Elly wollte keineswegs, daß es in den Zimmern im üblichen Sinn aufgeräumt aussah. Eines ihrer Spiele bestand im Gegenteil darin, daß sie Dinge fallen ließ, verstreute und mit den Fingern durcheinanderbrachte. Ihre Arrangements waren kleine Inseln in der allgemeinen Unordnung – Gestaltungen, die aus dem Nichts zu kommen und höchste Befriedigung zu verschaffen schienen. Solche Arrangements nahmen dann für eine Zeitlang zwingenden Charakter an, so daß der Freude über ihre Vollendung die Unruhe gegenübertrat, die entstand, wenn die Vollendung sich aus irgendeinem Grund als unmöglich erwies. Doch zu dieser Unruhe kam es nicht häufig; es machte Elly einfach Spaß, Dinge zu arrangieren, und da sie im allgemeinen nichts daran hinderte, war sie gewöhnlich auch davon befriedigt. Einmal vervollständigt, durfte das Werk sogar zerstört werden, weil es ja jederzeit wiederholbar war. Es war der Vorgang als solcher, der Elly Freude bereitete.

In einer geordneten Welt finden Dinge einen räumlichen und Ereignisse einen zeitlichen Platz. In Ellys sechstem Lebensjahr entwarf eine meiner Helferinnen einen einfachen Kalender aus verschiedenfarbigen Karten für die einzelnen Wochentage. Elly lernte sie leicht, und wir merkten sehr bald, daß sie ohne jegliche Belehrung genau wußte, was an jedem Tag geschah. «Mittwoch gehen Mama College!» – «Samstag keine Schule!» Die relativen Begriffe «morgen» und «bald» waren wieder viel schwieriger, weil ihnen eine exakte Bedeutung abging; Elly versteht sie noch immer nicht ganz. Wenn sie enttäuscht ist, weil wir heute nicht einkaufen fahren, ist das «morgen» lautende Versprechen nie so tröstlich wie «Freitag», selbst wenn uns noch Tage von Freitag trennen. «Drei Uhr» bewirkt, was «bald» nicht vermag, und Elly vergißt bestimmt nicht, uns mitzuteilen, wann es Freitag oder drei Uhr ist.

Als sie heranwuchs, konnte Elly größere Zeiteinheiten begreifen. Mit siebeneinhalb Jahren malte sie vier nahezu gleiche Bilder: ein kleines Mädchen und ihre Mutter vor einem Haus. Unterschiedlich war nur die Farbe der einfachen Landschaft. Blaßgrün, grün, orange, weiß. «Frühling, Sommer, Herbst, Winter!» sagte sie zu mir – genau wie die Darstellungen der Jahreszeiten in ihren Büchern. Als sie fast acht war, begann sie sich für ihr eigenes und anderer Leute Alter zu interessieren, neben der Gegenwart für Vergangenheit und Zukunft. Die Zahl vermochte die Zeit zu ordnen und war auch ein wesentlicher Aspekt der Menschen. «Du (d. h. natürlich «Ich») acht.» – «Becky fünfzehn.» – «Mama zweiundvierzig.» Mit besonderer Genugtuung nahm sie Geburtstage vorweg und berichtete den bisherigen Stand dementsprechend: «Ha' Geburtstag Mama dreiundvierzig!» Ereignisse waren in einer durch Zahlen geordneten Zukunft untergebracht: «Du vierzehn sehen Rosemary!» (Denn Rosemary, unsere letzte Au-pair-Hilfe, war, als Elly sieben wurde, nach England zurückgekehrt, «verschwunden», jeglichem Blick entzogen. Elly hatte sich zur Lösung dieses Konflikts «vierzehn» ausgedacht; wir werden versuchen, ihre Vorhersage zu verwirklichen.) Ihre Zahlen ordneten eine Zukunft, in der sie sich zu unserer Freude immer weiterentwickelte. Sie hebt ihre Hand, um ihre zukünftige Größe anzuzeigen: «Du neun so sehen Spiegel besser!» – «Du neun, siebenundsechzig», sagte sie eines Tages im Jahre 1966 (als sie acht war). Auch die Vergangenheit erlangte zahlenmäßige Wirklichkeit. Als wir die beliebten Familienfotos betrachteten, wurde eines Tages das «Sehen Sara Baby?» durch «Sehen Sara eins?» ersetzt. Sie bittet mich noch heute, ihre streng numerierte Vergangenheit darzustellen. «Zeichnen Elly null? Zeichnen Elly eins? Zeichnen Elly zwei?» ... und Zahl für Zahl, Bild für Bild beginnt sich das Baby zu entwickeln.

Den Raum hatte sie natürlich schon weitaus früher als die Zeit organisiert. Ich weiß nicht, wie es die zweijährige Elly schaffte, sich Häuser und Straßen so unauslöschlich einzuprägen, aber sie hatte es getan. Es verstrichen dennoch fünf Jahre, bevor wir auf den Gedanken kamen, ihr eine Landkarte zu zeigen, und selbst dann mehr spaßeshalber. Aber wir hatten ein Sommerhaus gekauft und dachten, es könnte Elly vielleicht doch ein stärkeres Gefühl der Sicherheit geben, wenn wir ihr, ehe wir uns erneut auf eine Reise begaben, unsere Route auf der Straßenkarte zeigten. Die Idee hatte augenblicklich Erfolg. Immer wieder zeigte sie begeistert auf unsere Stadt, die Autobahn, den Ort, wo wir zu Mittag aßen, die Fähre und unsere Ferieninsel. Nach ein paar Wochen wechselten wir auf den großen Atlas über und wiederholten unsere inzwischen drei Jahre zurückliegende Europareise. Meine Hand verwandelte sich in ein Flugzeug, das uns nach England brachte. Wrum-wrum: wir fuhren nach Southend, überflogen den Kanal, bestiegen den Zug (tschuk-tschuk) nach München, kamen in St. Gilgen an, reisten über Le Havre wieder nach Hause. Jetzt war es auch möglich, das Thema der Abwesenheit zu erörtern: Ich konnte sagen, daß Rosemary in England war, daß Jill in Pennsylvania (Raum) lebte und uns zu Weihnachten (Zeit) besuchen würde. Ein illustrierter Plan unserer Collegestadt versetzte Elly in aufgeregte Glückseligkeit. Hier konnte sie auf meine Führung verzichten und alle wohlbekannten Wege selbst verfolgen, zur Bücherei, zur Kirche, zu Daddys Laboratorium. Gleichzeitig begannen sie Straßenschilder zu faszinieren; ich entsinne mich einer langen Nachtfahrt, bei der jedermann apathisch dasaß, nur Elly nicht, die immer wieder begeistert ausrief: «Zwei! Sieben! *Gebogener* Pfeil! Pfeil *gerade!*»

Sechs Monate später waren wir wieder in unserem Sommerhaus. Elly war noch nicht ganz acht. Wir waren am Vortag angekommen und richteten uns häuslich ein, während sich Elly, von niemandem beachtet, mit Buntstiften aus dem Vorjahr beschäftigte, die sie zu ihrer Freude irgendwo entdeckt hatte. Ich betrachtete die Blätter, die sie produzierte, erst am folgenden Tag. Sie waren mit völlig ungewohnten, neuartigen Zeichen bedeckt – langen, gewundenen Bändern aus drei parallelen Strichen, von gelegentlichen Vierecken und Rechtecken unterbrochen. Schlangen? Ich erhielt keine Antwort.

Und plötzlich wußte ich es. Zwei Ränder, eine Mittellinie. Straßen! «Hast du eine Straße gezeichnet, Elly?» – «Ja!» Jetzt verstand ich auch: Hier war ein Viereck für unser Haus, eine Straße – ohne Mittellinie, mit rohen Bleistiftschraffierungen ausgefüllt («*Lehm*weg!») – führte zur Hauptstraße, wo die weiße Linie begann. Mein Finger gelangte in die Stadt. «Eisenwarengeschäft!» – «Markt!» – «Fähre!» Alle wesentlichen Gebäude waren da, und Elly hatte die wichtigsten Abzweigungen korrekt eingetragen. Ganz perfekt war die Karte allerdings nicht; das Eisenwarengeschäft stand auf der falschen Straßenseite. Aber es gibt normale ältere Kinder, die das Wesen einer Landkarte, eines Lageplans überhaupt nicht erfassen.

Derlei Darstellungen sind an die Wirklichkeit gebunden, der sie entsprechen sollen; je spontaner sie sind, um so ungenauer fallen sie aus. Wenn Elly eine Karte oder die Jahreszeiten darstellte, zeichnete sie nicht spontan, sondern reproduzierte eine in der Außenwelt gegebene Ordnung. Doch Ellys Zeichen- und Malarbeiten waren nicht weniger methodisch und sauber, wenn sie sich nicht nach einer zwingenden Vorlage richteten. Es soll an dieser Stelle gleich betont werden, daß Elly mit insgesamt vielleicht sechs oder acht Ausnahmen nur «gegenstandslose» Bilder verfertigte. Immer war das hervorstechende Kennzeichen die «ordentliche» Art der Ausführung. Selbst eine Staffelei mit der Gefahr verlaufender oder heruntertropfender Farbe war für Elly kein Problem. Sie lernte ganz einfach, nur so viel Farbe mit dem Pinsel aufzunehmen, daß sie damit mühelos eine klare, reine Linie ziehen konnte. Einzelne Farbtöne wurden stets nebeneinander aufgetragen ohne sich irgendwo zu überdecken. Und obwohl Elly wußte, wie sie zwei Farben mischen mußte, um eine dritte zu erhalten, tat sie es nie auf dem Papier. Ihre Pinsel waren die saubersten der ganzen Klasse.

Dennoch hätte man sie nicht als pedantisch bezeichnen können, dafür arbeitete sie viel zu schnell. Flink, aber wohlüberlegt verteilte sie in harmonischer Gestaltung der gesamten verfügbaren Fläche ihre Linien und Figuren auf dem Papier. Gewöhnlich malte sie ihre Muster auf den weißen Hintergrund, doch auch als sie, von den Kindergärtnerinnen angeregt, Flächen auszufüllen begann, blieben ihre Farben immer rein und scharf abgegrenzt. Ich habe viele ihrer Blätter aufbewahrt. Sie überspannen eine Periode von drei Jahren. Einen technischen Fortschritt zeigen sie nicht; ich bezweifele, ob sie irgend jemand ohne Hilfe zeitlich einordnen könnte. Bis auf sehr wenige sind sie alle «abstrakt». Man sieht parallele Linien, gewellt oder gerade; Zickzack-Muster, Streifen, Kreise, Vierecke, Rechtecke, Dreiecke in verschiedenen Größen und Kombinationen. Ein neues Motiv pflegte sie ein oder zwei Wochen lang mit geringen Abweichungen täglich zu wiederholen, um es sodann ganz und gar aufzugeben – sehr im Gegensatz zu ihren gegenständlichen Darstellungen, die immer einmalige Angelegenheiten waren und – oft nach monatelanger Pause – plötzlich aus dem Nichts zu kommen schienen.

Einmal zeichnete sie einen Wagen mit einer hohen Antenne darauf. Autos gelten ihr nicht viel, und unser Wagen hatte keine Antenne. Aber sie hatte sich eine Woche lang flüchtig für Antennen interessiert und das Wort gelernt. Der Wagen erschien eines Morgens auf ihrer Staffelei, und danach sah man ihn nie mehr wieder. Ähnlich erging es einem Haus, einer Treppe, einem Bett. Die einzige Zeichnung, die eine persönliche oder gefühlsmäßige Bedeutung zu haben schien, entstand, als Elly etwas über fünf Jahre alt war. Es lohnt sich, sie zu beschreiben.

Sie zeichnete eine Gestalt, die unter der Tür eines Zimmers stand. Die Tür mit ihrem Griff war klar erkennbar; dahinter sah man ein Bett. Obwohl die Gestalt nur ganz roh skizziert war und weder Haare, noch Arme oder Kleider aufwies (mit diesen Dingen stattete Elly ihre Figuren erst im nächten Jahr aus), waren die räumlichen Gegebenheiten so eindeutig, daß man merken konnte, was dahinter stand.

Um die Zeit waren wir gerade aus dem Ausland zurückgekommen. Wie wir erwartet und gehofft hatten, zeigte Elly ein ungeheures Interesse, Dinge und sogar Menschen wiederzuentdecken. Doch wir waren noch keine zwei Wochen zu Hause, als das College unsere Fußböden neu versiegeln ließ. In den Gängen türmten sich Möbelstücke, und wieder war das Chaos da. Elly, die so freudig heimgekehrt war, beklagte sich nicht. Sie löste das Problem auf ihre Weise, indem sie in ihr Zimmer ging und die Tür schloß. Wochenlang hielt sie sich nur in geschlossenen Räumen auf.

Obwohl sie dabei Gesellschaft akzeptierte, sperrte sie doch viel von dem Leben aus, das sie mit uns teilen sollte. Ich sprach deshalb mit dem Psychiater darüber, und er war sehr beruhigt, als er das Bild mit der offenen Tür sah; er erfaßte seine mögliche Bedeutung im Gegensatz zu mir sofort. Und tatsächlich begann sie die Tür wieder offen zu lassen. Danach machte sie allerdings nie mehr Zeichnungen, denen wir eine Botschaft hätten entnehmen können. Mit fünf und sechs Jahren malte sie monatelang fast täglich ein Bild, und es war noch nicht einmal ein gegenständliches darunter. Wenn sie überhaupt etwas Erkennbares malte, dann schien es ein bloßes Objekt wie die, die ich auf ihr Verlangen hin für sie zeichnete. Einmal – sechs Monate nach der Gestalt unter der Tür – unterbrach ich ihre abstrakte Periode und forderte sie auf, ein Mädchen zu zeichnen (weil sie doch offenbar vergessen hatte, wie man es machte)! Gleichmütig, völlig interesselos, skizzierte sie eine Figur – Kopf, Körper, Arme, Beine. «Gib ihr einen Hut», bat ich, und sie tat es. Nichts hätte einfacher sein können. Sie schien zu sagen: «Du wolltest ein Mädchen haben und hast eines bekommen. Jetzt laß mich malen, was ich will.»

Und sie hatte nun einmal eine Vorliebe für das Gegenstandslose. Natürlich erwogen wir auch die Möglichkeit, daß den so oft wiederholten Mustern Bedeutungen anhafteten, die über diese Muster hinauswiesen, uns aber verschlossen waren. Parallelen, Zickzacklinien, ein Kreis, ein Viereck – waren diese reinen, abstrakten Formen vielleicht Symbole für etwas, was Elly tiefinnerlich beschäftigte? Nichts wies darauf hin. Zu meinem Erstaunen demonstrierte Elly eines Tages, als sie noch nicht ganz acht Jahre alt war, wie absichtsvoll sie eine menschliche Situation in eine bildliche Abstraktion verwandeln konnte. Sie begann mit der Zeichnung einer Geburtstagsfeier, auf der erkennbare Köpfe (nicht die kompletten Gestalten, die sie zuvor machmal gezeichnet hatte) sich um ein Rechteck scharten. Diese identifizierte sie in exakter Reihenfolge: «Mädchen, Frau, Junge, Mädchen, Frau, Junge.» Ein zweites Bild zeigte dasselbe Rechteck, aber nun waren aus den Köpfen einfache Farbflecken geworden, die nichtsdestoweniger wie zuvor identifiziert wurden. Auf späteren Versionen erscheinen mit dem Namen benannte Familienmitglieder als bloße Farbwürfel. Doch dieser Abstraktionsprozeß hatte nichts Unbewußtes. Elly machte dabei Bemerkungen und lachte. Die Farbwürfel waren keine mysteriösen Symbole, sondern lediglich eine Art Kürzel. Ich dachte an einen der Unterschiede, die nach Kanner zwischen schizophrenen und autistischen Kindern bestehen. Schizoide Kinder leben, so Kanner, in einer Welt der Phantasiegebilde und sogar Halluzinationen; autistische Kinder hingegen scheinen überhaupt nicht zu Halluzinationen zu neigen. Wie Elly ... Es gab keinerlei Anzeichen, daß sie sich auf irgend etwas bezogen hätte, was nicht objektiv vorhanden war. Es paßte zu allem, was ich von Elly wußte, daß ein roter Kreis für sie ein roter Kreis war und nichts weiter. Bei den seltenen Gelegenheiten, in denen sie einmal von den abstrakten Mustern abwich, brauchte man auch nicht zu fragen: «Was ist das?» Es war sofort zu erkennen. Elly konnte beliebig Menschen und Gegenstände zeichnen oder Muster. Die beiden Bereiche blieben stets getrennt, überschnitten sich augenscheinlich nie. Reale Dinge waren keine Muster und wurden nicht als solche behandelt. Deshalb waren Ellys gegenständliche Zeichnungen auch weit weniger «ordentlich», weniger «gestaltet»; keine Figur, kein Objekt erschien zweimal, und unter Umständen drängte sich alles am unteren Rand oder auf einer Seite zusammen. Es war, als wüßte sie, daß es sich bei der Wirklichkeit und der reinen Form um zwei verschiedene Welten handelte, und habe sich für die Welt der Form entschieden.

Vor mir liegen unzählige Zettel, auf denen ich mir Ellys Ordnungsideen notiert habe. Das Problem der Auswahl ist hier schwieriger als anderswo. Ellys Verstand arbeitet auf eine Weise, daß er eine gegebene Reihe 2, 4, 6 ... spontan mit 8 fortsetzt und bis 100 weiterführt. Dasselbe tut sie mit Zahlenreihen, bei denen die Differenz 5, 10, 11, 100 beträgt. Nicht so leicht bewerkstelligt sie es mit der Differenz 3 und 4; sie ist zwar fähig, 9 und 3 zusammenzuzählen, kann sich aber bei 49 plus 3 irren. Was bei alledem veranschaulicht wird, ist nicht ihre rechnerische Begabung, sondern ihr Begreifen eines ordnenden Prinzips. Dieses Begreifen ist um so bemerkenswerter, als wir sie nicht *auffordern*, die nächste Zahl beizusteuern. Es ist für sie einfach klar, daß es das ist, was getan werden muß – daß das System selbst es verlangt.

Als sie zwischen fünf und sechs Jahren verbal zählen lernte, hatte sie noch Schwierigkeiten mit neuen Wörtern. Zwei Wörter für dasselbe Ding verwirrten sie, und ich vermied so etwas auch nach Möglichkeit. Deshalb sah ich Probleme mit den Ordnungszahlen voraus (denn die Wörter «erster» und «zweiter» unterscheiden sich sehr von «eins» und «zwei»), ebenfalls mit dem Sprung von beispielsweise «... achtundzwanzig, neunundzwanzig» (so einfach, so ordentlich) auf «dreißig». Doch sie erfaßte Ordnungszahlen sofort. Und obwohl sie anfänglich zehnundzwanzig sagte, wußte sie, ohne daß man es ihr erklärte, daß es sich bei zwanzig, dreißig etc. um andere Zahlen handelte, die sich untereinander glichen. Innerhalb eines Tages hatte sie ihr «zehnundsiebzig» und «zehnundachtzig» schon durch achtzig und neunzig ersetzt. Neben Zahlen waren ihr auch Wörter leicht zugänglich, sobald sie eine ermittelbare Ordnung widerspiegelten.

Ich hatte zunächst davon abgesehen, ihr die Null beizubringen, weil ich wußte, daß sie kein ganz einfacher mathematischer Begriff war. Elly hörte dann aber doch irgendwo davon, vielleicht im Kindergarten, und begann sie zu benutzen. Ich hatte ihr nie Zahlen aufgezwungen; sie war siebeneinhalb, als ich mit ihr zu rechnen begann: $1 + 1 = 2$; $2 + 1 = 3$. Ich war jedoch nicht auf ihre kritische Reaktion vorbereitet: «Keine Null!» Sie wünschte:

0 + 1 = 1, und ich rechnete ihr es vor. Dann: «Oh, wir vergessen! Null plus null gleich null!» Seit einem Jahr ist die Null nun Ellys Lieblingszahl. Sie gebraucht sie sogar als Ersatz für die Verneinung: «Null Wagen in der Garage.» Ich kann mir vorstellen, wie mir Bruno Bettelheim auseinandersetzen würde, daß ein autistisches Kind dieses Symbol aufgreift, um seine innere Leere und Verzweiflung auszudrücken, um kundzutun, daß es sich gegen seine destruktive Umwelt nur noch zu verteidigen vermag, indem es sich in eine Null verwandelt... Ich kann solche Deutungen genausogut wie jeder andere liefern. Aber es war ein Psychoanalytiker, der mich vor «Konstruktionen» – irreführenden Interpretationen – warnte. Jedenfalls ruft Elly jedesmal, wenn sie zum Ende einer zu Null hinabführenden Zahlenfolge kommt, triumphierend aus: «Juchhe! Juchhe! Juchhe!»

Der Leser wird sich vielleicht gefragt haben, weshalb so viel von dem, was Elly sagt, mit einem Ausrufezeichen versehen ist. Um sich Ellys Tonfall vorstellen zu können, muß man sich vor Augen halten, daß ihre Sprache großenteils aus Feststellungen besteht, die unterschiedlich stark betont werden – je nachdem, wieviel Nachdruck oder Begeisterung mitspielen. Ein nachdenklicher, schüchterner Ton ist selten. Unruhe hat fast immer ein fragendes Heben der Stimme zur Folge, so daß man beinahe hinter alles, was Elly äußert, ein Fragezeichen oder ein Ausrufezeichen setzen könnte. Ein «Nein» beispielsweise, von dem sie sicher ist, daß man es akzeptiert, lautet «nein!» Eines, von dem sie fürchtet, es könnte nicht akzeptiert werden, das aber nichtsdestoweniger wichtig für sie ist, kommt als scharfes «Nein?» heraus.

Schwerverständliche Ideen versucht Elly jetzt vorzugsweise durch ordnende Prinzipien zu erfassen, so wie sie es früher über Farben getan hat. Sie ist beglückt, wenn Wörter ordnende Regeln enthüllen. Die eigentlichen Regeln, die hinter der Wortfolge im Satz stehen und so stark situationsbedingt sind, begreift sie, wie gesagt, weniger als eine normale Dreijährige. Anders aber verhält es sich mit einem Prinzip, das nicht in Situationen und Gepflogenheiten wurzelt, sondern eher willkürlich und inhaltslos ist. So sahen wir ungläubig zu, wie Elly, gerade acht Jahre alt, aus der endlich erlernten Mehrzahl von *man* (Mann) – *men* – ihre Schlüsse zog. Ich hatte ihr den Plural durch ein Bild vermitteln können: Die zwei Wörter, und darunter auf der einen Seite ein Mann, auf der anderen mehrere Männer. Am nächsten Tag fertigte Elly, geschäftig und in sich gekehrt, fünf verschiedene Zeichnungen an. Die eine reproduzierte mein «Man/men»-Original. Als nächstes kam Mama-Meme – durch eine und mehrere Mamas illustriert –, Daddy-Deddy, Sara-Sere und Matt-Mett – jeweils mit einer einzelnen Figur und einer Gruppe versehen (Das einzige Familienmitglied, dessen Name kein «a» enthielt, wurde natürlich nicht in den Plural gesetzt.) Die völlige Abkehr vom normalen Gebrauch (Elly bildet normale Mehrzahlformen noch immer nicht, obwohl sie weiß, wie man es macht, weil das englische Plural-«S» der schwierigste aller Endkonsonanten für sie ist), die absolute Mißachtung menschlicher und situationsbedingter Elemente sind offenkundig; offenkundig ist auch die spontane Abstraktion und die Anwendung eines Ordnungsprinzips. Außergewöhnlich ist beides.

Immer wieder hatten wir es gemerkt: Das mangelnde Interesse an menschlichen Dingen war nicht alles, es spielte auch eine positive Tendenz mit, die echte Feude am Abstrakten, Beziehungslosen. Die passive zweijährige Elly hatte das Mosaikspiel nur flüchtig gesehen, scheute aber nicht einmal die Mühe, nach oben zu gehen, nur um damit spielen zu können. Vier Jahre später gerät Elly bei der einfachen Beobachtung, daß manche Ärmel kurz, andere hingegen lang sind, in eine Ekstase, bei der jeder Muskel in ihrem Körper angespannt ist. Jetzt sagt sie zu mir: «Machen 'rithmetik?» und während ich die von ihr genannten Ergebnisse aufschreibe, wirft sie sich kichernd, kreischend, lachend vor Vergnügen in ihrem Bett herum. Erfahrungen, die das Durchschnittskind besonders uninteressant fände, weil sie völlig im Leeren hängen, sind für Elly in den allermeisten Fällen reizvoll. Sie hat soeben unsere Postleitzahl herausgefunden – 01267. Natürlich ist sie begeistert.

Je formeller eine Norm, eine Konvention, um so anziehender war sie für Elly. Die Interpunktionen gefielen ihr sehr. Auch ihr

Buchstabenkasten machte ihr Spaß, solange ich ihn nicht benutzte, um Wörter, die sie von Karten kannte, zusammenzusetzen. Zu solchen Zwecken gebrauchte sie ihn nämlich nie; sie zog es vor, die Buchstaben nach eigenem Gutdünken zu arrangieren oder sie hochzuheben und durch die Finger fallen zu lassen. Ein Buch über die verschiedenen Schriftarten faszinierte sie, und hätte ich es darauf angelegt, so hätte ich ihr mühelos die Wörter «Fraktur» und «Gotisch» beibringen können. Lange bevor sie in der Schule die Handschrift lernte, versuchte sie schon ihre Druckbuchstaben in kursive zu verwandeln, indem sie sie mit Bindeschnörkeln versah. «Handschrift», sagte sie dabei. Die römischen Ziffern gingen ihr sofort ein; kürzlich hat sie eine glückliche Stunde damit zugebracht, alle, von I bis L, mit der Schreibmaschine zusammenzustellen. Ihre Schwestern brachten ihr mühelos das Taubstummenalphabet bei, das sie sich für eine Schultheateraufführung hatten aneignen müssen. Als Sara die griechischen Buchstaben lernte, bat ich sie dringend, Elly damit zu verschonen; ich fürchtete, ihr Gedächtnis würde auch noch diese Symbole aufnehmen.

Es war schwer genug, die, die sie bereits kannte, mit einer Bedeutung auszustatten; denn so leicht es ihr fiel, ein Wort zu bewahren, sein Sinngehalt stellte sie vor ein Problem. Wir achteten darauf, daß sie keines ihrer Wörter mechanisch erwarb, indem wir das Lernen durch Bild und Handlung unterstützten. Doch sobald ich einmal auf den üblichen Wortkarten-Drill verzichtete und die Wörter sinnvoll nutzen wollte, sträubte sich Elly (bei diesem «Drill» werden die Karten mit der Druckseite nach oben ausgelegt und nach dem Erkennen des Wortes umgedreht, damit man das Bild sehen kann, und jede korrekte Identifizierung wird mit einer neuen Wortkarte belohnt). Schon wenn ich versuchte, ihr die Wörter in einem ihrer Kinderbücher zu zeigen, schaute sie weg oder schloß die Augen. Ihr machte nur das korrekte, einer festgelegten Routine folgende Erkennen von sechzig Wortkarten Spaß. Lesen um des Sinnes willen interessierte sie nicht. Das geht so weit, daß sie nicht mehr gerne Bücher mit mir ansieht, damit ich ihr nicht abverlangen kann, ein Wort wiederzuerkennen.

Selbst was ich zeichne, ist neuerdings in Gefahr, auf Zahlen reduziert zu werden. «Zeichnen Elly weinen?» – «Zeichnen Elly 2 Tränen?... 4 Tränen... 6 Tränen... 8 Tränen?» und dabei ist sie immer gut gelaunt, es sei denn – natürlich – ich weigerte mich, die Reihen zu vervollständigen. Als ihre Babypuppe beide Beine einbüßte, dachte ich zuerst, es würde sie stören, weil ich als Kind einen ausgesprochenen Horror vor Entstellung empfunden hatte. Keineswegs; sie war entzückt. «Zeichnen Baby null Bein?» – «Zeichnen Baby ein Bein?... zwei Bein... drei Bein?» – «Zeichnen Baby acht Bein?» Ich nenne das Scheusal ein Spinnenbaby.

Ich erinnere mich an einen für Elly so charakteristischen Vorfall, daß man ihn als die Essenz all dessen, was sie zu sein scheint, bezeichnen könnte. Sie war sechseinhalb Jahre alt. Ich war den ganzen Tag fort gewesen, und als ich bei meiner Rückkehr ins Schlafzimmer kam, saß Elly an der Schreibmaschine. Sie sprang hoch, rannte auf mich zu und sagte zum erstenmal in ihrem Leben: «Hallo, Mama!» Dann lief sie wieder zu der Maschine und zwitscherte: «Komma! Ausrufzeichen!» Und trotz meiner Glückseligkeit stellte ich noch Überlegungen an: Es ist das «Hallo, Mama», das dich überrascht, dachte ich, nicht das Ausrufzeichen.

Was für ein Kind war das, das sechs Jahre brauchte, um seine Mutter begrüßen zu lernen (diesen Gruß wiederholte sie seither nur selten), dessen Verstand aber unfehlbar bedeutungslose Begriffe festhält, die Wochen oder Monate zuvor ohne Nachdruck erwähnt worden sind?

Viele autistische Kinder können mit Zahlen gut umgehen; manche sind sogar außerordentlich dafür begabt, weit mehr noch als Elly. Ellys exaktes Unterscheidungsvermögen für Formen und ihr scharfer Blick für die fehlenden Glieder einer Gruppe waren keine isolierten Erscheinungen, sondern typisch für den Zustand. Mit ihrem Gehör für Musik, der abstraktesten aller Künste, verhielt es sich ebenso. Sogar das Bestreben um Unveränderlichkeit, das Kanner für ein primäres Symptom hielt, kann dem autistischen Ordnungssinn zugerechnet werden; eingeführte Muster, seien sie räumlicher Art (mit Keksen und Waschlappen) oder zeitlicher (mit Ritualen und Routinen) mußten erhalten bleiben und komplett sein. Elly konnte akzeptieren, daß ich mich beispielsweise weigerte, die numerierten Dreieck-Serien zu zeichnen, mit denen sie jeden Tag beschloß. Es ist uns bis zu einem gewissen Punkt gelungen, ihre Fixierungen abzuschwächen, und vor allem als sie älter wurde, konnte ich immerhin sagen, es sei zu spät für die üblichen sechsundzwanzig, doch für zwölf bliebe uns Zeit. Hatte ich die Serie aber einmal angefangen und wurde dann vor dem zwölften Stück unterbrochen, so war Elly vor Kummer außer sich.

Reihen, Folgen müssen vervollständigt, Ordnungen bekräftigt, Grenzen gewahrt werden. Sie war noch immer das gleiche Kind, das sich mit drei Jahren am liebsten in umfriedeten Räumen aufgehalten hatte. Allmählich brachte ich Elly dazu, sich am Ausmalen der Dreiecke zu beteiligen. Ich wählte meine Buntstifte, sie die ihren. Es gibt ein paar hundert solcher Blätter mit Dreiecken. Später suchte sie die Stifte für mich aus. «Nur zwei?» fragte sie ängstlich, als ich nach einem dritten griff. «Nur grün und gelbgrün, ja!» Als ich mir die Dreieckbögen nach Wochen besah, erkannte ich etwas, was mir an jenen Abenden entgangen war. Elly benutzte nicht nur eine streng beschränkte Palette, sondern auch allabendlich dieselbe Farbkombination in fast gleichbleibender Reihenfolge.

Ein ähnlich begrenzendes Prinzip schien auch hinter ihrer Neigung zu liegen, ihrer Umwelt und ihren Aktivitäten stereotype Züge zu geben. Als Elly drei war, konnte ich Kanners primäres Symptom, das Streben nach Unveränderlichkeit, noch nicht bei ihr feststellen. Doch in latenter Form war es bereits vorhanden. (Man muß auch bedenken, daß Kanner seine Patienten nicht immer schon mit drei Jahren kennenlernte.) Später entwickelte sich dann das pathologische Symptom zusammen mit der Fähigkeit der Selbstbehauptung – mit einem Charakterzug also, den wir als Zeichen von Gesundheit betrachten. Als Elly drei und vier Jahre alt war, verschlossener und noch nicht so gut imstand, sich durchzusetzen, begleitete sie mich widerspruchslos überallhin. Mit fünf begann sie das Bestreben zu zeigen, in diese oder jene bestimmte Straße einzubiegen, sofern wir das zuvor einmal getan hatten. Mit sieben und acht – heute – hat jeder Spaziergang für sie eine festgelegte Route. Sie akzeptiert zwar, daß man aus einem bestimmten Grund vom gewohnten Weg abweicht – weil es spät ist, weil man plötzlich etwas anderes vorhat. Aber ich brauche nur vorzuschlagen, daß wir einen anderen Heimweg nehmen könnten, schon legt ihr besorgtes «Nein?» ein Veto ein, und wenn ich dennoch darauf beharre, dann wird die Neuerung meist beim nächsten Spaziergang beibehalten. Die Bindung an eine überschaubare Umwelt bleibt.

Kürzlich zeichnete Elly über eine Stunde lang; einundzwanzig sorgfältig ausgeführte Blätter waren das Ergebnis. Jedes trägt eine große Ziffer, das erste natürlich eine Null. In der Null sitzt eine kleine Gestalt. Sie lehnt sich gegen die Eins. In allen Zeichnungen begegnet man der Gestalt wieder – stehend, kletternd, sitzend. Manchmal ist die Figur «Elly», manchmal «das Mädchen».

Eine spätere Serie führt den Prozeß einen Schritt weiter. Der Körper ist verschwunden, und das Mädchen ist vollkommen mit der Zahl verschmolzen. Nur ihr schematischer Kopf ist noch da.

Das Mädchen, das in die Zahl eingeht. Elly zieht eine kahle Welt vor (auch wenn sie nicht mehr darin lebt), allen Beiwerks entblößt, das sie normalen Gemütern erst interessant und wertvoll macht; eine Welt, die auf das Wesentliche – Muster, Form und Zahl – reduziert ist. Diese Vorliebe kann natürlich als ein Rückzug verstanden werden, als ein Verlassen der realen, ungeordneten Welt, die Angst und Schmerz verursacht. Doch manchmal finde ich, diese Interpretation geht am Kern der Sache vorbei. Das hübsche blonde Kind, das seinen Fleck umkreiste, lachte laut vor Entzücken. Ellys Freude ist spontan und ungezwungen. Wenn sie unnatürlich scheint, dann nur deshalb, weil man sie bei kleinen Kindern nicht erwartet. Freude kann an sich gar nichts Unnatürliches oder Ungesundes sein. Eine Welt, in der Ordnung herrscht, ist erfreulich – darin sind sich Theologen und Mathematiker einig. Verglichen mit ihnen empfindet Elly gewiß eine sehr simple Freude; dennoch glaube ich, daß sie von gleicher Art ist.

Elly kann dieses Kapitel besser beenden als ich. Wir beobachten sie, während sie mit ihrem neuen Stadtplan spielt, den sie unbedingt haben wollte, als sie ihn in unserem College erspähte. Ich sah keinen Grund, ihn mitzunehmen, weil in Ellys Zimmer bereits einer an der Wand hing, tat es dann aber doch, und sie hat sich die für sie sehr uncharakteristische Mühe gemacht, ihn selbst neben dem anderen zu befestigen. «42 a», sagt sie, «42 a diese Karte». Ich brauche eine ganze Weile, bis ich endlich merke, was sie offenbar die ganze Zeit gewußt hatte. Die beiden Stadtpläne sehen gleich aus, sind es aber nicht. Von hundert Gebäuden sind etwa fünf oder sechs verändert oder durch andere ersetzt worden, so daß eine neue Legende nötig war. 42 a steht nicht auf der alten Karte.

Elly fährt fort: «Null Heizanlage?» Ich widerspreche ihr, da ich glaube, sie meint «keine Heizanlage». Ich beruhige sie: «Es gibt eine Heizanlage, hier ist sie.» Doch sie wiederholt den Satz beharrlich. Ich verstehe sie nicht, bis sie meinen Bleistift nimmt und selbst neben das Gebäude eine Null setzt. Dann erst sehe ich, daß alle anderen Gebäude numeriert sind, nur die Heizanlage nicht. «Man hat es vergessen», sage ich, indem ich eines unserer vertrauten Muster verwende. «Man hat vergessen!» kräht Elly wieder und wieder. Ich höre sie, sehe aber erst, was sie tut, als ich genau hinschaue: Sorgfältig schreibt sie als ersten Punkt in der Legende 0 HEIZANLAGE hin. Sie schreibt es falsch ab, radiert es aus, schreibt es neu hin. «Vergessen.»

Fasziniert beschäftigt sich Elly weiter mit der Karte. Sie genießt die Beziehung zwischen Abstraktion und Realität. «In die Stadt gehen?» Und in ihrer Phantasie tut sie es. «Nicht Straße überqueren! Kaufen sieben Bonbons? Kaufen fünf Gummibonbons! Gehen Bäckerei! Kaufen zwei Keks. Ein großer Kuchen. Gehen Drugstore. Kaufen drei neue Flasche. Nein. Null Flasche. Kaufen acht Pralinenschachtel. Kaufen neun neue Gummibonbon. Zehn neue Pralinenschachtel . . .»

Die Haare auf ihrem Kopf sind numeriert.

Jetzt und später 15

Sechseinhalb Jahre lang belagern wir die Burg nun schon. Was für einen Eindruck macht Elly heute? Jemand, der sie zum erstenmal sieht und ihre Geschichte nicht kennt, würde sie jetzt vermutlich gar nicht für autistisch halten. Sprache dringt in ein Gehör ein, das so lange taub schien; Augen, die nichts sahen, sind nun fähig, die mannigfaltigen Aspekte der Welt wahrzunehmen. Die autistische Abkapselung hat sich sehr gelockert. Wer sieht, wie Elly mit ihren Schwestern lacht, wie sie das Bonbon-Spiel mit ihrem Vater genießt, könnte vielleicht merken, daß ihre Gefühlsäußerungen etwas rudimentär sind, aber er würde sie nicht für ein auffallend kontaktgestörtes Kind halten. Vielleicht könnte er sogar miterleben, daß ihr aufkeimender Gemeinschaftssinn sprachlichen Ausdruck findet, wie es geschieht, wenn sie, eng an mich geschmiegt, unsere beiden Gesichter in einem Handspiegel betrachtet: «Mama *lieben* dich!»

Wer zu uns käme, wenn ich nicht zu Hause wäre, könnte Elly im Kontakt mit jemandem sehen, der kein Familienmitglied ist – der freundlichen, verständnisvollen Frau, die mir ein bißchen Freiheit ermöglicht. Mrs. Gerrys bester Befähigungsnachweis sind ihre sechs Kinder und achtzehn Enkel. Sie bringt Elly Überraschungen mit, läßt sie zuschauen, während sie kocht und bäckt, redet ihr zu, damit sie sich ihre Stiefel anzieht, und zeigt sich, wo es angebracht ist, auf liebevolle Weise fest und unnachgiebig.

Man braucht nun keine Wunder mehr zu tun, um an sie heranzukommen. Wenn uns jemand besuchte und Elly kennenlernen wollte, so wäre das höchst einfach. Zunächst würde Elly den Fremden nicht beachten, da sie grundsätzlich annimmt, daß sich die Erwachsenen erst einmal auf eine für sie unverständliche Art unterhalten wollen. Also würde ich ihre Hand in die des Besuchers legen, um den Kontakt herzustellen, ich würde ihr seinen Namen nennen und alles weitere dann ihm überlassen. Ein Fremder, der mit ihr herumtobt, Bilder malt, Süßigkeiten hervorzaubert oder sie im Auto spazierenfährt, kann sich über ihre Reaktion nicht beklagen: sie lächelt, lacht, spielt mit ihm, sagt sogar etwas. Sie verliert nur sofort das Interesse, wenn der Besucher ihr schwere Fragen stellt, so zum Beispiel, wie sie heißt, oder wenn er eine Sprache spricht, die über das Fassungsvermögen einer Dreijährigen hinausgreift. In diesem Fall ignoriert sie ihn gleich wieder – sie schaut nicht durch ihn hindurch wie früher einmal, sie läßt ihn einfach unbeachtet, wie es jedes Kind mit einem verständnislosen Erwachsenen tun würde.

Wendet der Besucher in diesem Fall dann mir seine Aufmerksamkeit zu und wir unterhalten uns, so wird sie irgendwann ungeduldig und sehr bald entschieden: «Mama *sprechen!*» Im übrigen kommt ihr Ärger durch alle möglichen quietschenden, kreischenden und knarrenden Laute und Geräusche, wildes Herumhüpfen und plump vorgetäuschte Stürze zum Ausdruck – vielleicht fließen auch Tränen, wenn es zu lange dauert. Dann beende ich das Gespräch entweder, oder ich zeige mich unerbittlich. «Manchmal spreche ich mit dir, manchmal spreche ich mit anderen Leuten.» Worauf sich Elly schreiend zurückzieht, meist ins Bett. Nach einer Weile beruhigt sie sich, und ich hoffe wieder einmal, daß die Erfahrung kein Trauma, sondern ein weiterer Schritt auf dem Weg zu der Erkenntnis ist, daß sie nicht einmal diejenigen Menschen, die sie am meisten liebt, ganz besitzen kann.

Ich will meine Schilderung an diesem Punkt unterbrechen. Wo Ellys Entwicklung heute angelangt ist, läßt sich am besten durch ein paar Einblicke in ihr Leben während der letzten Monate schildern. Der Leser kann seine eigenen Schlüsse daraus ziehen – darunter zweifellos einige, auf die ich noch nicht gekommen bin – und selbst beurteilen, wie weit Elly vorgedrungen und wie lang der Weg noch ist.

Elly ist in ihrem Spielzimmer mit dem Puppenhaus beschäftigt. Ich sitze neben ihr auf dem Boden, schweigsam und ein wenig gelangweilt. Elly spielt sehr schön, braucht mich auch kaum dazu, aber wenn ich zu lesen beginne, versucht sie sehr bald wieder meine Aufmerksamkeit auf sich zu lenken, und wenn ich fortgehe, läßt sie alles liegen und läuft mir nach. Ich habe gelernt, daß es ihr Bedürfnis nach Gesellschaft am besten befriedigt, wenn ich ihr gestatte, mich ein oder zwei Stunden lang ganz und gar für sich zu haben; danach kann sie – eine Weile zumindest – ohne mich auskommen.

Sie setzt gerade die winzigen Puppen nebeneinander auf das Dach des Puppenhauses. Sie hat viele – die konventionelle Familie und zahlreiche «Außenstehende». Elly bewegt das an Scharnieren aufgehängte Dach, und die Puppen fallen herunter. Sie lacht vergnügt; offenbar war das der ganze Grund, weshalb sie die Puppen auf das Dach setzte. Sachlich bemerke ich, daß sie weinen, daß sie verletzt sind. Elly lacht. «Können nicht Abendessen auf *Dach* habe'!» Dem pflichte ich bei. Nun beginnt sie erheitert in hohen, dünnen Tönen Puppenweinen zu imitieren, bis ihr eine rettende Idee kommt. «Puppen Karussell fahren, besser gehen.» Sie setzt sie alle in das Karussel, und sie hören zu weinen auf. «Wollen glücklich sein, ja!» stellt sie fest. Eine Puppe fängt noch einmal zu weinen an. Elly setzt sie auf das Dach, läßt sie herunterfallen. «Arme Mädchen», sagt sie lachend.

Einen Monat später gibt es ein anderes Puppenhaus-Spiel. «Flasche Wein einkaufen, alles austrinken!» Elly nimmt eine winzige Flasche aus der Puppenküche und tut so, als entkorkte sie sie, wobei sie mit der Zunge ein perfektes «Plop» hervorbringt. Wir lachen beide, ich überrascht, sie voller Stolz. Das kunstfertige Geräusch ist nichts Neues, nur erschien es hier zum erstenmal in einem sinnvollen Zusammenhang. Sie beginnt den Puppen Wein anzubieten. Munter piepsend nimmt sie ihre Reaktion vorweg. «Baby ‹nein danke›! Großmama trinken alles aus! Lehrerin trinken alles aus! Junge ‹nein danke›!» Ich mische mich ein. «Elly», frage ich, «möchtest du Wein?» – «Elly ‹nein danke›!»

Ellys Puppen kommen in die Klinik, sie sitzen auf dem Topf, sie feiern Partys. All dies tun sie wiederholt und in Mustern, doch es ist ein Vergnügen, sie zu beobachten. Es gibt andere Arten des Spielens, die für Elly genauso lustig sind, für den Beobachter aber weitaus weniger.

Es ist Samstag. «Schöner Tag», verkündet Elly. «Freier Tag.» Mit einer Fröhlichkeit, die besonders gelöst und spontan wirkt, beginnt sie zu spielen: Sie ordnet Objekte auf einem Tablett an – eine Puppe, eine Kasperltheaterpuppe, einen Plastikindianer, eine Haarbürste, einen Katalog, zwei Bücher, sechs verschiedene Puppenkleidungsstücke. Glücklich legt sie alles nebeneinander, tätschelt jedes Stück. «Und Schuh – und Kleid» ... Sie bedeckt die Sammlung mit einem roten Taschentuch. «Hübsch!»

Ihr Arrangement hat nicht die mindeste Bedeutung. Die Objekte haben keine Beziehung zueinander. Es handelt sich lediglich um eine Reihe im mathematischen Sinn, und Elly freut sich darüber – eine Reihe von Gegenständen auf einem Tablett. Bei anderen Gelegenheiten gelingt es ihr, ein klein wenig Phantasie aufzubringen und einer Anordnung einen fast unheimlichen sozialen Sinn zu geben. So zum Beispiel, wenn Elly die Buchstaben des Scrabble-Spiels auf dem Spielfeld auslegt und uns mitteilt, daß sie eine «Dinnerparty» haben. Andere Spiele sind noch entmutigender. An diesen nehmen wir nicht teil. Jeden Tag leert Elly ihren Spielzeugkorb aus, zerrt ihre Bücher auf den Boden, kippt systematisch alle Puzzlespiele um, wühlt in den Teilen und läßt sie sich durch die Finger gleiten, wie sie es mit Murmeln, Erdnüssen, sogar mit den kleinen Puppen des Puppenhauses tut. Wenn ich mich ständig um sie kümmern und ihre Phantasie anregen würde, gäbe es solche Spiele vielleicht nicht. Aber ich kann es nicht. Ihr Spiel umfaßt den gesamten Bereich von absoluter Sterilität bis zu lustigen Einfällen wie den am Anfang beschriebenen. Doch solche positiven Vorfälle sind nicht typisch für Elly, wenn sie auch immer häufiger vorkommen. Es sind ihre derzeitigen Spitzenleistungen, was Phantasie und Flexibilität anlangt.

Ellys Spiel hat überraschende Momente, und das gleiche gilt für ihre Konversation (soweit sind wir immerhin gelangt).

«Elly dreihundert!» verkündet sie.

«Dreihundert ist zu alt. Elly stirbt», entgegne ich. (Der Begriff «Sterben» wird uns noch einige Arbeit kosten, denn bis jetzt wird er lediglich durch zerquetschte Mücken gestützt.)

«Zu alt, sterben», sagt Elly fröhlich und mimt eine Leiche. «Groß stark tot, zu alt. Mich tragen? Elly zu müde? Elly dreihundert, ja!»

In letzter Zeit hat Elly häufig von «Dreck» gesprochen, «Hundedreck, Puppendreck, unser Dreck». Sie meint damit Kot. Wir haben es akzeptiert, weil ihre undeutliche Aussprache das Wort in Gesellschaft weitgehend entstellt. Doch ihre Sprache bessert sich, und sie geht schließlich in die Schule. Ich möchte, daß sie lernt, wenn sie es auch nicht begreifen kann, daß «Dreck» kein Allzweck-Gesprächsgegenstand ist. Also sage ich: «Ich möchte nicht über Dreck reden.» Am Vortag hatte ich dasselbe schon einmal beim Abendessen gesagt. Elly erinnert sich nicht nur an meine Worte, sondern auch daran, wo und wann ich sie ausgesprochen habe. Angestrengt versucht sie sich vorzustellen, worauf dieses Nicht-über-Dreck-Reden-Wollen wohl hinauslief. Wir sitzen jetzt nicht bei Tisch, aber für sie sind die Worte noch immer ihrem ersten Zusammenhang verhaftet, und ihm muß sie entnehmen, was ich als passenden Gesprächsgegenstand betrachten könnte. Triumphierend sagt sie: «Ich (d. h. natürlich, ‹du, Mutter›) möchte über Kuchen reden!»

So entfaltet sich das Verständnis allmählich, und Elly beginnt sogar an den Problemen anderer teilzunehmen. «Becky Auge *rot*. Brauchen Salbe.» In ihrem besorgten Ton erkenne ich meine eigene Stimme wieder. «Becky Auge besser. Nicht anfassen, *jucken!* Auge tut weh. Au! Becky traurig? Nein. Becky Salbe hineintun.»

Das also ist Elly in ihrem häuslichen Rahmen, gelegentlich frustriert, aufgeregt oder besorgt, aber im wesentlichen fröhlich, aktiv, voll heiterer Geschwätzigkeit. Wenn man sie hingegen außerhalb des Hauses beobachtete, würde man etwas ganz anderes sehen. Draußen spielen Kinder, wohlbekannte Kinder, die schon lange in der Nachbarschaft wohnen. Nie kommt ein Gespräch mit ihnen zustande. Sie spielen anders als Elly, und für jeden Kontakt mit ihr brauchen sie mich als Dolmetscher, damit ich ihnen Ellys Benehmen entschlüssele. Allein finden sie es zu schwer, sich mit ihr zu befassen. Ich ermutige Elly ständig, Antwort zu geben, wenn ein Kind «Hallo, Elly» sagt. Und ich bin zufrieden (das Kind allerdings ist verwirrt), wenn sie zurückruft: «Hallo, Elly.»

Auch hier gibt es unerklärliche Ausnahmen. Elly kann eigenwillig sein, und sie weiß, wie man andere neckt. Sie grüßt nur selten jemanden, den sie gut kennt, stürzt aber manchmal auf irgendeinen jungen Studenten zu, den sie nie zuvor gesehen hat, und umarmt ihn auf der Straße. Er ist natürlich ebenso verlegen wie ich, und Elly beäugt uns schalkhaft. Oder sie trägt – nicht oft – einem anderen Kind so tölpelhaft ihre Freundschaft an, daß sie es durch ihr bizarres Benehmen erschreckt. Es ist schwer, auf diesen sporadischen, launenhaften, unerwiderten Annäherungsversuchen Geselligkeit aufzubauen.

Elly besucht nun an unserer hiesigen Volksschule eine Spezialklasse für entwicklungsfähige zurückgebliebene Kinder. Nach drei Jahren unter normalen Kindern fand man es an der Privatschule unmöglich, sie auch nur in die ausnehmend kleine Gruppe der Erstklässler zu versetzen. Und im Grund waren ihre Fortschritte daran schuld, daß man sie nicht behalten konnte. Sie war nicht absonderlicher als früher, aber da sich manches bei ihr gebessert hat, fallen ihre Symptome jetzt mehr auf. Sie ist nicht mehr das schweigsame Kind, das niemanden störte, sondern ein äußerst aktives kleines Mädchen, das seine Stimme und den ganzen Körper benutzt, um die positiven und negativen Gefühle auszudrücken, die sich ihm endlich eröffnet haben. Denn da ihr die Welt der Gefühle weitgehend neu ist, muß sie erst lernen, sie zu beherrschen, und zwar, ohne sie zu unterdrücken.

Es ist nicht leicht. Ihre ersten Wochen in der Volksschule waren eine harte Probe für alle Beteiligten. Es ist der Vorstellungskraft, der Anpassungsfähigkeit und dem guten Willen ihrer Lehrerin und ihrer Mitschüler zu verdanken, daß Elly nun ihren Platz in der Klasse einnimmt und aus dem Kontakt mit Kindern ihres Alters Nutzen ziehen kann.

Elly lernt viel in der neuen Schule. Sie widmet sich begeistert den visuellen Wahrnehmungsübungen, die die anderen Kinder so schwer finden. Ihre Rechenkenntnisse erweitern sich zusehends. Doch all das ist zweitrangig. Denn Ellys wichtigstes Fach ist Benehmen. Der Umgang mit Menschen. Jemanden mit vernehmbarer Stimme grüßen, sich an einem Spiel beteiligen, zuhören und auch begreifen, wenn eine Geschichte erzählt wird, Rücksicht üben, Freundschaften schließen – dies alles ist für Elly neu. Und es mag sehr wohl sein, daß sie schon quadratische Gleichungen lösen kann, bis sie das alles endlich lernt.

Die zehn geistig zurückgebliebenen Kinder in ihrer Klasse bringen mehr Toleranz für störendes oder sonderbares Verhalten auf als normale Kinder, weil sie wissen, daß auch ihr eigenes manches zu wünschen übrigläßt. Und die gescheite, warmherzige junge Lehrerin, die sie unterrichtet, versteht es, ihnen klarzumachen, daß sie Elly helfen können und zugleich mit sich selbst ganz zufrieden sein dürfen. In den ersten schlimmen Tagen sagte ein Junge einmal mit Genugtuung und Überraschung: «Elly kann besser rechnen als ich, aber ich *benehme* mich besser.» An der Privatschule hat man mit Entsetzen vernommen, daß Elly eine Klasse für zurückgebliebene Kinder besuchen muß. «Sie ist doch ein aufgewecktes kleines Mädchen!» Ich weiß nicht, was «doch» in diesem Zusammenhang heißen soll. Die zurückgebliebenen Kinder sind Elly haushoch überlegen. Man braucht sich nur ihre Gespräche in der Kantine anzuhören: «He, was gibt's zum Mittagessen? Möchtest du wissen, was ich gestern gemacht habe? Was für ein Zeug ist das? Ich mag keine Pflaumen, und du? Willst du meine? Willst du nachher mit mir spielen? Wir brauchen den Ball. Johnny hat ihn. Komm, sei nicht gemein, Johnny! Er ist immer so. Soll ich dir eine knallen?» Das also ist Retardierung, diese Pronomen, diese Präpositionen, diese Verben mit ihren Hilfsverben und ihren Zeiten, diese Beherrschung der Sprache und ihrer gesellschaftlichen Bezüge? Dennoch können einige dieser Kinder noch mit dreizehn Rechenvorgänge nicht verstehen, die Elly mit ihren acht Jahren schon intuitiv klar sind. Wie ist es möglich, daß sie bei so einfachen Dingen versagen, wenn sie die Subtilitäten zwischenmenschlichen Kontakts erlernen können? Und andererseits – was haben sie, das Elly fehlt? Warum verbinden und verästeln sich Ellys Fähigkeiten nicht zu weitergehendem Begreifen?

Es ist gewiß nicht an mir zu entscheiden, welcher Fachausdruck für Ellys Syndrom zutreffend ist. Einer aber ist meiner Meinung nach bestimmt nicht anwendbar. Mein Kind ist kein «gestörtes Kind». Hier und da geschieht etwas, das ihre Fähigkeiten übersteigt, und solche Dinge verwirren sie. Doch je länger ich sie beobachte, um so besser kenne ich sie, und je mehr es bei ihr zu sehen gibt, um so fester bin ich davon überzeugt, daß wir es nicht mit einer Störung, sondern mit einem Mangel zu tun haben. Die Schraube ist nicht locker, sie fehlt. Diese derbe Ausdrucksweise stammt aus einer unschuldsvollen Vergangenheit, in der jene, die über geistige Verwirrung schrieben, ihre Unsicherheiten noch nicht mit einer präzisen Terminologie bemäntelten. Vielleicht ist ihre Sprache gerade deshalb so aufschlußreich. Elly ist nicht verrückt. Sie ist nicht schwachsinnig. Sie ist *einfältig*, und dies sowohl, was den Kopf, als auch, was das Herz angeht. Während ich beobachte, wie sich Ellys Empfindungsfähigkeit langsam entfaltet, denke ich an die Worte eines mit uns befreundeten Arztes, der selbst Vater autistischer Zwillinge ist und zusammen mit seiner Frau eine Schule für solche Kinder gegründet hat: «Autismus ist nur ein Symptom», stellte er einmal fest. «Wenn das Kind heranwächst und in entsprechend liebevollen Händen ist, bessert sich der Autismus. Aber davon wird das Kind noch lange nicht normal.» Das stimmt, und es führt mich zum scheinbar bedeutungslosesten der vier Aspekte, unter denen ich das Kleinkind Elly beschrieben habe. Vielleicht mag der Schlüssel zu Ellys anormaler Verfassung weniger in ihrer Blindheit, Taubheit oder Isolation als vielmehr in jenem Phänomen liegen, das ich als «gewollte Schwäche» bezeichnet habe – ihrem erschreckenden Widerwillen, auf die Umwelt physisch einzuwirken. Während der vergangenen Jahre haben wir gesehen, wie sich Ellys Passivität allmählich in außergewöhnliche Aktivität verwandelte, was uns zu dem Gedanken führte, daß man bei der Lektüre von Krankengeschichten jeden Fall *als Geschichte* auffassen muß, denn nicht überall wird anerkannt, daß dasselbe Kind – oder derselbe Zustand – in den verschiedenen Stadien völlig verschiedene Aspekte aufweisen können. Je nach Ellys Gemütsverfassung ist ihre Aktivität gelöst oder angespannt-erregt; normalerweise trifft das letztere zu, und je besser sie sich unterhält, um so angespannter wirkt sie. Da sie so aktiv ist, muß man sie schon eingehender beobachten, um zu merken, wie beschränkt ihre Aktivität ist und wieviel Energie und Phantasie nötig sind, um sie zu bereichern oder auszudehnen – Energie und Phantasie, die normale Kinder selbst beisteuern, die aber Elly noch immer größtenteils von draußen beziehen muß. So kräftig und zäh sie erscheint, Elly ist im Grund noch immer schwach.

Sie hat das meiste von dem, was sie mit vier Jahren nicht tat, tun gelernt. Sie bewegt Türklinken, sie öffnet Fenster, sie hält den Reißverschluß zusammen und zieht ihn hoch, sie knöpft ein Kleidungsstück auf, wenn es nicht zu viele Knöpfe sind, sie knöpft einen Knopf zu. Sie geht Treppen Fuß für Fuß hinunter. Sie springt von einer Stufe herab (mit sieben Jahren hat sie sich dazu aufgerafft), und kürzlich tat sie sogar einen Sprung über zwei Stufen. Sehr vorsichtig klettert sie allein über eine Umzäunung, wenn die Person, die sie begleitet, für die suchende Hand nicht greifbar ist. Sie zieht sich an, sofern ihre Kleider bereitliegen und sie ständig angespornt wird. Sie geht morgens und abends allein zur Toilette, und sie folgt dabei nicht einem Impuls, sondern einer von ihr selbst festgelegten Routine. Diesen Monat fing sie an, sich das Haar zu bürsten. Gelegentlich haben wir sogar einmal das den Müttern normaler Dreijähriger so geläufige stolze, ungeduldige «Elly tun» gehört, wenn sie einen Brief einwirft oder eine schwere Tür aufstößt.

Aber sie ist acht Jahre alt. Sie kann nicht Dreirad fahren. Ohne Ermunterung zieht sie auch keinen Wagen, und sie kann nicht mit einem Schlitten umgehen. Sie steigt keine Leiter hinauf und wagt sich keine Rutschbahn hinunter, obwohl sie beides mit drei Jahren tat und diesen Sommer ohne Proteste eine sechs Meter lange Leiter zu einem Segelboot hinunterstieg. Sie kann keine Sicherheitsnadel befestigen oder öffnen, keinen Knoten lösen und auch ihre Schnürsenkel nicht zubinden. Sie benutzt noch immer fremde Hände zu eigenen Zwecken. Sie übersieht das zugehörige menschliche Wesen allerdings nicht mehr. Sie reagiert vielleicht sogar auf ein gutmütiges «Tu du es, Elly». Aber sie versucht nun schon seit sechseinhalb Jahren, selbständige Handlungen zu vermeiden.

Ihre einst so auffallende Handfertigkeit hat sich nicht weiterentwickelt. Mit fünf Jahren war ihre Schrift gut; sie ist heute genausogut, nicht besser. In der Schule belohnt man besondere Leistungen mit einem Stern. Zuerst entzückte sie das, doch jetzt befriedigt sie jede Bewertung, von 0 bis 8. Sie kennt den Unterschied durchaus. Aber ihr gefallen grundsätzlich alle Bewertungen, und der Stern ist nun keine Neuheit mehr, der eine dauerhafte Anstrengung motivieren könnte. Elly bemüht sich eigentlich nur im Rahmen einer stereotypen Aufgabe, und selbst da würde sie es noch vorziehen, wenn die Arbeit ein anderer machte.

Es ist natürlich unmöglich, diese physische Trägheit von der geistigen und emotionellen Trägheit, die sie begleitet, zu trennen. Wieder handelt es sich um ein Merkmal des Zustandes, und nicht um etwas, was nur Elly betrifft. Eine Mutter schreibt über ihren autistischen Sohn, daß er nicht fähig war, eine Aktivität von selbst aufrechtzuerhalten; derselbe Junge, der mit vier Jahren stundenlang einen Ball über den Boden rollte, konnte mit sechs noch immer nicht sprechen, war aber imstand, zu lesen und schriftlich Fragen zu beantworten. Im Gegensatz zu Elly las er Geschichten, wenn ihn jemand Seite für Seite hindurchgeleitete, und stellte am Ende Fragen. Die Geschichten gefielen ihm auch, doch er konnte das Buch wochenlang griffbereit neben sich liegen haben – er streckte nie aus eigenem Antrieb die Hand danach aus. Und so ist es mit Elly. Was immer sie tut, ganz gleich, wie vielversprechend es beginnt, läuft sich tot. Nirgendwo ist eine anhaltende Vorwärtsbewegung zu verzeichnen.

Von wie vielen bemerkenswerten Handlungen mußte ich berichten, daß sie sie «nur einmal», «zweimal in sechs Monaten» ausgeführt hatte oder «kein Interesse mehr dafür» zeigte? Jedes andere

Kind, das sich so leicht neue Wörter einprägen konnte, hätte innerhalb eines Monats lesen gelernt. Elly liest freiwillig überhaupt nichts außer Schildern mit Aufschriften wie PARKEN VERBOTEN; dergleichen findet sie ungemein reizvoll – vielleicht, weil von hier aus kein Fortschrittszwang droht. Elly kann auch buchstabieren, jedenfalls schließe ich dies aus der Tatsache, daß sie tagelang – bedeutungslose – Silben aufschrieb und sie korrekt aussprach.

Selbst in dem Lernbereich, wo sie am meisten zu Hause ist, hält sie die Trägheit zurück. Als ich ihr zeigen wollte, das $1 + 1 = 2$ waren, hatte sie bereits Beispiele wie $6 + 6 + 7 = 19$ zur Hand. Jetzt aber, sechs Monate später, macht sie in der Schule bei weitaus simpleren Aufgaben alle möglichen Fehler. Als sie zu ihren 64 Buntstiften eine neue Schachtel mit 48 Buntstiften erhielt, ermittelte sie irgendwie, daß sie 112 besaß, obwohl sie Additionen, bei denen Zahlen behalten werden müssen, noch gar nicht durchzuführen gelernt hatte. Wenn man all dies betrachtet, fragt man sich beinahe automatisch, was sie tun könnte, wenn sie wollte.

Geschädigt – um es noch einmal zu resümieren – erscheint bei Elly also nicht nur die Empfindungsfähigkeit, sondern auch eine vielleicht noch wesentlichere: die Fähigkeit, die Umwelt aus eigenem Antrieb immer wieder neu zu erforschen. Wir wissen wenig über die Neugier und noch weniger über die neumodischeren Begriffe Motivation oder Antrieb. Das Interesse an einer physischen Erforschung der Umwelt ist bei manchen Kindern groß, bei anderen – wie bei meinen drei normalen Kindern – gering. Elly aber zeigte überhaupt kein Interesse an der Erkundung dessen, was sie umgab.

Ganz gleich, ob die Neugier für die Aktivitäten des Lernens und Forschens durch die Familie bestärkt oder entmutigt worden ist – jeder Mensch enthüllt diesen Antrieb; selbst Tiere tun das, vor allem unsere Vettern, die Affen. Ein Wissenschaftler hat das Verlangen nach neuer Erfahrung als einen Instinkt bezeichnet, und es muß ein Instinkt sein. Denn wenn Tiere die Lust an neuen Erfahrungen nicht verspürten, die sie dazu führen, ihre Umwelt zu erforschen und zu bewältigen, wäre ein Überleben der Spezies gar nicht denkbar. Eines Tages werden wir vielleicht erfahren, auf welche Weise diese Neugier und dieser Antrieb in den Körper «eingebaut» sind – ob in die Gehirnimpulse, die Nervenstruktur, die Blutzusammensetzung, oder in irgendeinen noch nicht entdeckten geheimnisvollen Mechanismus. Selbst jetzt schon wissen nicht nur die Neurophysiologen, sondern wir alle, wie durch physische Ursachen wie Altern, Schlafmangel oder Drogen Wille und Motivation reduziert und zeitweilig sogar aufgehoben werden können. Die meisten Menschen empfinden eine solche Verminderung als unangenehm, aber das muß nicht notwendigerweise der Fall sein. Angenommen, ein Kind hätte *immer* die Empfindung innerer Freiheit, des Losgelöstseins, die von LSD hervorgerufen wird? Ein solches Kind würde doch zweifellos die Beschränkungen willkommen heißen, die es vor dem Zwang der Aktivität bewahren, und – wenn es sich durch seinen Wachstumsprozeß unvermeidlich in die Komplexität des Lebens hineingezogen sieht – die unveränderlichen Muster suchen, die ihm in einer Welt des Werdens Stabilität garantieren.

Die Passivität eines solchen Kindes könnte auch das Erkennungsvermögen beeinträchtigen und damit die Ideenassoziationen erschweren, die nötig sind, um vergangene Erfahrungen in neuen Situationen zu verwerten. Es ist tatsächlich der zentrale Mangel des autistischen Kindes, daß es unfähig oder nicht gewillt ist, die primären Bausteine der Erfahrungen zusammenzusetzen. Dieser Mangel wirkt sich auf die Sinnesorgane aus, auf die Sprache, auf die Aktivität und auf das Gefühlsleben. Die Realität, so, wie sie sich dem Menschen erschließt, ist ein Gewebe, das aus Zusammenhängen geknüpft werden muß. Und die Realität der Personen und Gefühle ist das verwickeltste aller Gewebe. Das Kind, dem schon einfachere Beziehungen verschlossen bleiben, wird aus solchen komplexeren noch weniger klug werden; seine «affektiven Funktionen» sind unvollständig. Da dieser Mangel mehr auffällt als die anderen, ist man versucht, ihn als primär zu betrachten. Doch wenn man sieht, daß er mit den Jahren stetig verblaßt, während die anderen nur ihren Aspekt ändern, beginnt man zu zweifeln.

Nicht alle Individuen besitzen sämtliche Merkmale der Spezies. Manchen gehen sogar sehr wesentliche ab. Wenn wir uns ein Individuum vorstellen, das wohl die Fähigkeit hat, seine Umwelt zu erforschen, dessen diesbezüglicher Antrieb aber entweder nicht vorhanden oder stark beeinträchtigt ist, kommen wir der Essenz des autistischen Kindes sehr nahe.

Was Elly auch völlig abgeht, ist Zielbewußtsein – ein Mangel, der natürlich mit dem fehlenden Antrieb in unmittelbarem Zusammenhang steht, weil er «fehlendes Interesse an zukünftigen Erfahrungen» bedeutet. Wo dieser Mangel gegeben ist, muß zwangsläufig auch die Vorstellungskraft gering sein, die in der Motivation eine so große Rolle spielt. Ellys simples Gemüt dachte sich keinerlei mögliche Zukunftserfahrungen aus; ihr Horizont war leer.

In dem Institut sagte man uns seinerzeit, Elly fürchte sich vor vielem. Wir akzeptierten das damals. Heute aber sind wir nicht mehr so sehr davon überzeugt. Furcht sieht etwas kommen, malt sich etwas aus, etwas, *was geschehen kann*. Wenn man mir die Unterscheidung gestattet – sie ist Angst im voraus. Ich kann mich nicht an eine einzige Situation erinnern, in der Elly Furcht gezeigt hätte, obwohl es viele gab, in denen das natürlich gewesen wäre. So konnte man sie beispielsweise nicht dazu bringen, den Straßenverkehr zu fürchten. Sie weiß wohl, daß man nach rechts und links schauen muß, bevor man eine Straße überquert, aber sie tut es nie von selbst. Die Idee, daß ein Auto ihr ernsthaften Schaden zufügen könnte, scheint ihr nicht einzugehen – und das, obgleich sie mit fünf Jahren sogar einmal von einem Lastwagen umgestoßen wurde. Ich habe ihr die Gefahr am Beispiel eines dreibeinigen Hundes klarzumachen versucht. Es ist mir nicht gelungen; die Geschichte entlockt ihr nur spaßhafte Kommentare wie: «Hund verletzen! Nur drei Beine! Krankenhaus gehen!» Elly *weiß* wohl, was Autos anrichten können. Doch sie kann es sich nicht *ausmalen*.

Ihre Einstellung zu Hunden im allgemeinen veranschaulicht ebenfalls den Unterschied zwischen Furcht, die das noch nicht Gegebene voraussieht, und Angst, die das nicht tut. Elly ist in Gegenwart eines ungestümen Hundes ängstlich, aber sie würde sich nie ein Haus zu betreten weigern, wo sie aus früherer Erfahrung weiß, daß ein Hund darin ist. Hier merkt man, daß sie als autistisches Kind nicht zu Halluzinationen neigt. Denn was ist Halluzination, wenn nicht Phantasie, die so lebhaft ist, daß sie die Sinnesmechanismen in ihren Dienst stellt? Elly hat für das, was der Fall ist, und das, was nicht der Fall ist, ein ungewöhnlich ausgeprägtes Gefühl; es ist die Hauptquelle ihres Humors. Ihr Vater brachte der Vierjährigen bei, was es hieß, «so zu tun, als ob»; wie man etwa – und er demonstrierte es – Schlafenszeit vortäuschte, indem man sich auf den Boden legte, ein Blatt Papier als Decke, einen Stock als Puppe neben sich. Elly lachte über das Unsinnige seines Tuns. Mit sieben und acht lernte sie dann in einem gewissen Grade selbst «zu tun, als ob». Als ich sie am Daumen lutschen sah, sagte ich ihr, es sei Schokolade; sie selbst fügte «Erdbeer» und «Vanille» hinzu. Es konnte kein Zweifel bestehen, daß dies ein Scherz war, Teil eines ständigen, genußreichen Spiels zwischen Realität und Unwirklichkeit. Doch insgesamt war ihre Phantasie sehr dürftig entwickelt. Wir haben auch nie bemerkt, daß sie Alpträume gehabt hätte. Angst vermag sie nur vor etwas Sichtbarem, Gegenwärtigem zu verspüren.

Mit anderen Emotionen verhält es sich ähnlich. Um den ganzen Bereich von Empfindungen zu umfassen, braucht man ein wenig Phantasie. Eifersucht wäre ein relativ harmloses Gefühl, wenn wir sie nur in Anwesenheit der geliebten Menschen spüren würden. Ohne die Fähigkeit, Verbindungen zu knüpfen, würden wir nur sehr vereinfachte Versionen des Hasses oder der Zuneigung fühlen. Und wenn die mangelnde Vorstellungskraft sich schon auf die Empfindungsfähigkeit auswirkt, so ist der Zusammenhang mit dem fehlenden Forschungsdrang noch eindeutiger. Neulich spielte ich «Such-den-Knopf» mit Elly, und ich merkte, daß sie sich keine neuen Verstecke vorstellen konnte. Sie fand den Knopf nur, wenn er irgendwo sichtbar blieb oder wenn ich ihn an Orten verbarg, wo sie ihn früher schon einmal gefunden hatte.

Ein letztes Beispiel für ihre Nüchternheit, ihren Phantasiemangel, ist ihre Einstellung gegenüber Blut. Blut kann für Kinder und

Psychiater ein heikles Thema sein – Emotionen, Phantasien und Theorien ausgesetzt. Elly weiß über Menstruationsblut Bescheid. Ich versuchte zu vermeiden, daß sie etwas merkte, doch man ist kaum je allein, wenn man Elly betreut, und in einer solchen Situation kommt es irgendwann einmal zu einer Nachlässigkeit, einem Versehen. Es bestand Grund, Ellys Reaktion auf Blut zu fürchten, weil man ihr das Phänomen ja nicht erklären konnte. Es trug auch nicht zu meiner Beruhigung bei, daß sie «Rote Blut, weh tun!» durch «Finger vom Schlitzchen lassen!» ergänzte und damit zeigte, daß sie eine Verbindung zwischen Masturbation und Menstruation gesehen hatte – eine Tatsache, von der ich sie genausowenig abbringen konnte, wie ich sie darauf gebracht hätte. Aber sie zeigte keine Angst und noch weniger Furcht, obwohl die weitere Entwicklung bewies, daß es keine blinde Gleichmütigkeit war, was sie demonstrierte. «Zähne putzen, rote Blut weh tun», stellte Elly bald danach fest. Mutter braucht sich nur die Zähne zu putzen, um Blut hervorzubringen; Elly kratzt sich eine Schürfung auf und rotes Blut kommt. So einfach ist das für sie – ihre Reaktion ist auch hier dieselbe...

Wo stehen wir also jetzt, und wohin gehen wir? Die Sozialhelferin in Hampstead sagte mir, daß wir die verlorenen Jahre nie aufholen könnten – und falls ein biologischer Mangel vorliegt, können wir diesen ebensowenig ausgleichen. Doch Elly hat sich entwickelt und entwickelt sich noch immer. Sie ist viel weiter gelangt, als wir in ihren ersten Jahren zu hoffen gewagt hätten, und ein Vergleich ihres Falles mit den Krankengeschichten anderer als autistisch geltender Kinder könnte beträchtlichen Optimismus wecken. Dr. Bruno Bettelheims Buch *The Empty Fortress* (Die leere Festung), das gerade erschien, als ich diese letzten Kapitel abschloß, gibt uns Hoffnung. Er beschreibt darin Kinder, die in Ellys derzeitigem Alter ihren Stand noch längst nicht erreicht hatten; selbst solche Kinder hält er für heilbar, wenn man rechtzeitig vor der Pubertät eine gründliche Langzeit-Therapie durchführt. Von den drei Fällen, die im Zentrum des Buches stehen, war jedoch nur einer nach Kanners Kriterien autistisch, und dieses kleine Mädchen wurde nicht gesund.

Auch Ellys Psychiater ermutigt uns; vor einem Jahr erzählte er mir von einem Jungen, der in einer sehr ähnlichen Verfassung wie Elly gewesen sei und nun an der Harvard-Universität studiere. Aber er fügt auch hinzu, es sei zwecklos, Spekulationen über die Zukunft anzustellen. Weder er noch wir noch jemand anders wissen, was aus ihr werden wird. Wir könnten allenfalls sagen, daß die Prognose einmal nahezu hoffnungslos war, während es jetzt überhaupt keine Prognose gibt.

Es war eine lange Belagerung. Als Belagerung ist sie erfolgreich gewesen, denn wir haben Zugang zu Elly gefunden. Zumindest gibt es keine Mauern mehr, die sie der Liebe und Wärme entziehen. Doch wir sind nicht die ersten, die entdecken, daß der Zugang zu einem menschlichen Wesen an sich noch keine Heilung bedeutet; wir sind nicht die ersten, die entdecken, daß dieser Zugang, der unmöglich schien, zwar schließlich gefunden werden kann, aber lediglich der Arbeit, die getan werden muß, eine Zukunft eröffnet. Eine Heilung zu erwarten ist ein Luxus, auf den wir zu verzichten gelernt haben. Wir arbeiten, von andern unterstützt, und Elly wächst heran und beginnt allmählich, selbst etwas zu ihrer Entfaltung beizutragen. Wir sind befriedigt, weil wir uns vorwärts bewegen. Und wir vermeiden es ebenso wie Elly, in die Zukunft zu schauen.

Die anderen 16

Wo viel Mühe auf ein ungewisses Ziel verwendet wird, könnte ein Außenstehender fragen, ob es sich lohnt. Wir, ganz mit unserer Aufgabe beschäftigt, lernen es, keine solchen Fragen zu stellen, da wir uns nur solche Gedanken leisten können, die unsere Arbeit nicht lähmen; dennoch können selbst wir sie nicht ganz unterdrücken. Und natürlich hätten wir nicht weitermachen können, wenn wir nicht hier und da eine Antwort gefunden hätten.

Auch wenn wir nur die Möglichkeiten eines einzigen mit einem schweren Defekt behafteten menschlichen Wesens erweitert hätten, wäre unsere Arbeit schon gerechtfertigt gewesen. Es kam aber weitaus mehr dabei heraus. Das Ergebnis ist für uns und, wie ich hoffe, auch für andere eine Bereicherung der Erfahrung, die eigentlich aus jedem Kapitel dieses Buches hervorgehen müßte. Was wir lernten, während wir die langsame Entwicklung dieses hinter unsichtbaren Mauern lebenden Kindes verfolgten, hat Anwendungsmöglichkeiten, die weit über den Einzelfall hinausreichen. Wir sahen Elly als eine Burg, und wir beschlossen sie anzugreifen, weil ihr das Gleichgewicht, das sie gefunden hatte, keine Entfaltung gestattete. Es gibt andere, an sich nicht mit Elly vergleichbare Menschen, die dennoch, wie sie, den Herausforderungen ihrer Welt nicht trotzen können und zu einem inneren Gleichgewicht gelangen, das ihre Entwicklung hemmt. Ich lehre an einem College, und ich habe von Elly viel über Studenten gelernt – über normale, vielfach hochintelligente Studenten, die sprechen, lesen, verstehen und sich um ihre Obliegenheiten kümmern und dennoch unsere Begriffe des Normalen und Anormalen in Frage stellen, weil sie Elly so ähnlich sind. Das schwerste Problem des Lehrens – vor allem, wenn man es mit jener Gruppe zu tun hat, die wir so kühl die «kulturell

Benachteiligten» nennen – liegt in der Motivation: Als Lehrer wird man mit einer gegen das Lernen, gegen die Leistung überhaupt gerichteten Haltung konfrontiert, die zahlreiche Hemmnisse aufschichtet – gegen den Stoff, gegen eine notwendige Arbeitsweise, gegen die Fortsetzung der Ausbildung, gegen die Suche eines den Fähigkeiten entsprechenden Jobs. Die Persönlichkeit, deren Hauptaktivität darin besteht, ihre eigenen Möglichkeiten zu leugnen oder zu vereiteln, zeigt zwar komplexere Handlungsweisen als Elly, obwohl die ihren vielleicht nicht weniger raffiniert sind. Ich habe acht Jahre lang Lernhemmnisse beobachtet; sie können so stark werden, daß sie sogar die primären Fähigkeiten des Sehens und Hörens beeinträchtigen. Man kann von einem Kind, das sich taub stellt, viel über menschliche Selbst-Begrenzung und -Zerstörung lernen.

Elly, anders geartet als wir, ist uns doch auch sehr ähnlich – ähnlich in ihrer Unbeweglichkeit, die uns alle mehr oder minder oft befällt, wenn wir vor einer scheinbar unmöglichen Aufgabe stehen. Ich beobachte, wie sie ihre Augen vor der Realität schließt, die sie nicht sehen möchte, und erkenne meine Studenten und mich selbst.

Ich lerne von Elly, und ich lerne von meinen Studenten; sie lehren mich auch etwas über Elly. In den ersten Jahren von Ellys Belagerung kannte ich einen Studenten, der selbst gerade erst aus einer dunklen Festung ans Licht getreten war; er war in klinischer Behandlung gewesen, und die Denkweise, die ich mir erst aneignen mußte, war ihm aus eigener Erfahrung vertraut. «Die Dinge werden ihr zuviel, und sie beschränkt sich einfach auf eine kleine Anzahl», sagte er zu mir. Ich habe das nie vergessen, weil ich dieser Neigung noch oft begegnet bin – bei Elly und anderen Menschen. Der Mensch hat vielerlei Möglichkeiten, um sich hinter Wällen zu verschanzen. Apathie, Schwäche, Ironie, Unaufmerksamkeit, Schweigen, Mißtrauen sind nur einige der Materialien, aus denen die Persönlichkeit Burgen erbauen kann. Die Erfahrungen mit Elly ermöglichten es mir, in bescheidenerem Ausmaß auch etwas gegen fremde Mauern zu unternehmen. Jedesmal nur zögernd, denn es ist eine Anmaßung, einem anderen helfen zu wollen. Ellys Beispiel hat mir allerdings gezeigt, daß es zugleich ein Versäumnis ist, nicht wenigstens den Versuch zu unternehmen. Nicht immer haben meine Belagerungen Erfolg. Aber wenn ich versage, dann nur, weil ich selbst ungeschickt oder mit den falschen Mitteln vorgegangen bin, nicht weil das Unternehmen unmöglich gewesen wäre. In jeden noch so trutzigen Wall kann man eine Bresche schlagen. Ich habe noch nicht einen einzigen Menschen kennengelernt – so abweisend und feindselig er sich auch geben mochte –, der im Grunde nicht genau das, wogegen er sich zu wehren schien, gewollt hätte. Von allem, was mir Elly schenkte, ist das Kostbarste ein Glaube, der sich fast schon in unumstößliches Wissen verwandelt hat: daß ein menschliches Wesen selbst hinter den stärksten Mauern, die es aufrichten kann, seinen Belagerer erwartet.

Als ich dieses Buch begann, hatte ich ein Motto dafür – das großartige Sonett des englischen Barockdichters John Donne, in dem er seinen Gott anfleht, seinen Widerstand zu brechen. Ich fand aber, ich könnte es nicht an den Anfang setzen, da es meine Geschichte in einen Schleier der Frömmigkeit hüllen würde, der absolut falsch wäre. Doch dieses Buch ist unter anderem ein persönlicher Bericht, und wenn es ein wahrhaftiger sein soll, dann kann ich die Worte, die mir so oft eine Stütze waren, nicht auslassen:

Zerschmettre mein Herz, dreieiniger Gott! Denn bislang / hämmerst du nur, behauchst, polierst und suchst zu flicken. / Damit ich mich erheben kann und stehn, stürze mich nieder und neige / deine Kraft, um mich zu zerbrechen, niederzuschlagen, zu verbrennen und neu zu machen. / Ich mühe mich wie eine von einem Usurpator eingenommene Stadt, die einem anderen Herrscher gehört, / dich einzulassen; aber ach! ohne Erfolg. / Dein Vizekönig in mir, die Vernunft, sollte mich verteidigen, / aber sie ist gefangengesetzt und erweist sich als schwach oder untreu. / Dennoch bin ich dir in echter Liebe zugetan und möchte gerne wiedergeliebt werden; / aber ich bin deinem Feinde angelobt. / Scheide mich von ihm, löse oder zerhau den Knoten (der mich an ihn bindet). / Nimm mich zu dir, nimm mich gefangen! Denn ich / werde niemals frei sein, wenn du mich nicht in deinen Dienst zwingst, / und niemals keusch, es sei denn, daß du mich vergewaltigst.*

Ganz und gar theologisch fundierte Worte, aber nicht irriger als andere auch. Ich kenne keine bessere Beschreibung des schrecklichen, zwingenden, herbeigesehnten Sturmangriffs der Liebe, die uns Gottlose so nahe, wie es überhaupt möglich ist, an die Erfahrung heranführt, die andere Gott nennen.

Doch dieses Buch soll nicht mit mir enden, sondern mit Elly und mit den anderen Menschen, und so will ich noch eine Geschichte erzählen. An einem schönen warmen Nachmittag vor einem Jahr arbeitete ich im Garten, als ein Student – keiner der meinen, sondern einer der behüteten, begünstigten jungen Leute aus dem College meines Mannes – auf mich zukam. Dieser junge Mann in Madras-Shorts war nackt bis zur Taille und barfüßig, er stützte sich auf ein hübsches Mädchen, und er war stockbetrunken. Zu meinem Erstaunen schien er mir etwas sagen zu wollen. Alle möglichen empörten Gefühle wallten in mir hoch; wenn Elly mich nicht gelehrt hätte zu warten, zuzuhören und unter die Oberfläche zu schauen, hätte ich meinem Herzen bestimmt Luft gemacht oder wäre einfach fortgegangen. Statt dessen ließ ich ihn sprechen. «Sie kennen mich nicht», begann er, «und ich würde das nicht sagen, wenn ich nicht betrunken wäre, aber ich finde Elly wunderbar. Sie macht etwas Magisches aus dem grünen Rasenfleck, der für uns eine ganz gewöhnliche Welt ist.»

Ich vergaß, daß er betrunken und liederlich war. Ich sagte ihm, sie sei ein Elfenkind, und deshalb spreche sie nicht, und er lächelte und schwankte fort. Am nächsten Tag schrieb er mir einen Brief. Ich kopiere ihn hier.

* Aus: *Englische Barock-Gedichte* (Verlag Philipp Reclam, 1971).

Sehr geehrte Mrs. Park,
Ich bin der Betrunkene, zu dem Sie so nett waren, als er am Samstag nachmittag an ihrem Garten vorbeikam. Wenn ich jetzt nüchtern bin, so heißt das nicht, daß ich besser imstande wäre, ihnen zu erklären, wie sehr mich Elly beeindruckt hat. Elly verwandelt unseren trüben Hinterhof in ein Wunderland. Sie schafft eine Welt, die Sie und ich nur in Träumen kennenlernen können. Manchmal, wenn ich vom Fenster aus zuschaue, wie sie nach unserer Musik tanzt, kann ich diese Welt fast sehen, wie sie sie sieht. Elly kann dasitzen und meinen Freunden, wenn sie an ihren Motorrädern herumbasteln, einen ganzen Nachmittag zuschauen, ohne ein Wort zu sagen. Und ich habe dabei das Gefühl, daß ich mit aller Konversation der Welt nicht mehr im Einklang mit ihnen sein könnte als sie.
Ich weiß, daß es eine sehr entmutigende, sehr frustrierende Erfahrung sein muß, Ellys Mutter zu sein. Nach wenigen Momenten an ein paar Nachmittagen habe ich schon das Bedürfnis verspürt, sie zum Sprechen zu bringen — das Bedürfnis, mit dem Wort in ihre Welt einzudringen. Ich hoffe, daß Elly eines Tages gesund wird und daß sie ein glückliches Leben vor sich hat. Ich schreibe Ihnen, weil ich sicher bin, daß Sie als Ellys Mutter nicht genug Gelegenheit haben, Elly zu schätzen — nur etwas zu bekommen und nichts zu opfern — wie ich. Ich dachte, vielleicht würde es Ihnen helfen, zu hören, was ich zu sagen hatte. Ich wünschte, ich könnte es besser für Sie ausdrücken.
P.S.: Ich spreche normalerweise nicht so, verraten Sie mich also bitte nicht.

Es hilft natürlich. Es hilft sehr, in vielerlei Hinsicht. Es hilft zu wissen, daß ein Fremder, der Elly sieht, über ihre Defekte hinausblicken und etwas von ihrer seltsamen Integrität erspüren kann, und es hilft mehr als alles andere, zu wissen, daß ein Mensch einem andern, der ihm fremd ist, in Güte und Liebe nahezukommen vermag.

Ob aus fremden Freunde werden, ob ein Wiedersehen harmonisch wird – der erste Eindruck ist entscheidend

288 Seiten/Leinen

Wie man die erste, entscheidende Phase einer Begegnung bewusst gestaltet und in allen Lebensbereichen anwendet, zeigt diese Schule des Kontakts mit vielen Beispielen, Übungen und Ratschlägen, die das ganze Spektrum mitmenschlicher Beziehungen umfassen.